中國佛教典籍選刊

祖堂集

上

〔南唐〕静　筠二禪師　編撰
孫昌武
〔日〕衣川賢次
〔日〕西口芳男　點校

中華書局

圖書在版編目(CIP)數據

祖堂集/(南唐)静　筠二禪師編撰;孫昌武,(日)衣川賢次,(日)西口芳男點校.—北京:中華書局,2007.10(2025.9重印)
(中國佛教典籍選刊)
ISBN 978-7-101-04208-5

Ⅰ.祖…　Ⅱ.①静…②筠…③孫…④衣…⑤西…
Ⅲ.禪宗-語録　Ⅳ.B946.5

中國版本圖書館CIP數據核字(2004)第058104號

責任編輯:劉浜江
封面設計:周　玉
責任印製:韓馨雨

中國佛教典籍選刊
祖　堂　集
(全二册)
〔南唐〕静　筠二禪師 編撰
孫昌武〔日〕衣川賢次 〔日〕西口芳男 點校
*
中華書局出版發行
(北京市豐臺區太平橋西里38號　100073)
http://www.zhbc.com.cn
E-mail:zhbc@zhbc.com.cn
河北博文科技印務有限公司印刷
*
850×1168毫米 1/32 · 30⅞ 印張 · 4插頁 · 656千字
2007年10月第1版　2025年9月第6次印刷
印數:8801-9400册　定價:158.00元

ISBN 978-7-101-04208-5

中國佛教典籍選刊編輯緣起

佛教是世界三大宗教之一，約自東漢明帝時開始傳入中國，但在當時並没有產生多大影響。到魏晉南北朝時期，佛教和玄學結合起來，有了廣泛而深入的傳播。隋唐時期，中國佛教走上了獨立發展的道路，形成了衆多的宗派，在社會、政治、文化等許多方面特别是哲學思想領域產生了深刻的影響。這時佛教已經中國化，完全具備了中國自己的特點。而且，隨着印度佛教的衰落，中國成了當時世界佛教的中心。宋以後，隨着理學的興起，佛教被宣布爲異端而逐漸走向衰微。但是，佛教的部分理論同時也被理學所吸收，構成了理學思想體系中的有機組成部分。直到近代，佛教的思想影響還在某些著名思想家的身上時有表現。總之，研究中國歷史和哲學史，特别是魏晉南北朝隋唐時期的哲學史，佛教是一項重要内容。佛學作爲一種宗教哲學，在人類的理論思維的歷史上留下了豐富的經驗教訓。因此，應當重視佛學的研究。

佛教典籍有其獨特的術語概念以及細密繁瑣的思辨邏輯，研讀時要克服一些特殊的困難，不少人視爲畏途。解放以後，由於國家出版社基本上没有開展佛教典籍的整理出版工作，因此，對於系統地開展佛學研究來説，急需解決基本資料缺乏的問題。目前對佛學有較深研究的專家、學者，不少人年事已高，如果不抓緊組織他們整理和注釋佛教典籍，將來再開展這項工作就會遇到更多困難，也不利於中青年研究工作者的成長。爲此，我們在廣泛徵求各方面意見的基礎上，初步擬訂了中國佛教典籍選刊的整理出版計劃。其中，有重要的佛教史籍，有中國佛教幾個主要宗派（天台宗、三論宗、唯識宗、華嚴宗、禪宗）的代表性著作，也有少數與中國佛學淵源關係較深的佛教譯籍。所有項目都要選擇較好的版本作爲底本，經過校勘和標點，整理出一個便於研讀的定本。對於其中的佛教哲學著作，還要在此基礎上，充分吸取現有研究成果，寫出深入淺出、簡明扼要的注釋來。

由於整理注釋中國佛教典籍困難較多，我們又缺乏經驗，因此，懇切希望能够得到各方面的大力支持和協助，使這項工作得以順利完成。

中華書局編輯部

一九八二年六月

目録

祖堂集卷第二

祖堂集卷第三

祖堂集卷第四

祖堂集卷第五

祖堂集卷第六

祖堂集卷第七

祖堂集卷第八

祖堂集卷第九

祖堂集卷第十

祖堂集卷第十一

祖堂集卷第十二

祖堂集卷第十三

祖堂集卷第十四

祖堂集卷第十五

祖堂集卷第十六

祖堂集卷第十七

祖堂集卷第十八

祖堂集卷第十九

祖堂集卷第二十

點校説明

《祖堂集》，五代泉州招慶寺静、筠二禪師編撰，成書於南唐保大十年（九五二），後有所增補，在現存完整的禪宗燈録裏是所出年代最早的，在我國久佚。自上世紀初在韓國海印寺發現，其多方面的學術價值即得到國内外學術界廣泛關注，相關研究也取得了多方面進展。國内外業已出版十餘種複印本和點校本。本書是中、日學者合作完成的該書又一種點校本。有關祖堂集存留、發現、出版的一般情況及其學術價值、研究現狀等，請參閲本書附録衣川賢次文章。兹將本書使用版本和點校體例列敍如次。

版本：祖堂集只存一副經版，即現存韓國伽耶山海印寺所藏八萬大藏經裏藏外「雜版」的一部，爲所有傳世印本所從出。由於經版存留年代久遠，已有破損，某些版面剝蝕嚴重，給判讀造成相當困難。本書採用日本禪文化研究所基本典籍叢刊本爲底本。該本是根據日本京都花園大學圖書館所藏拓印本（原爲海印寺住持玄鏡法師所藏）影印的，部分漫漶不清之處和毁損嚴重頁面則利用東京大學東洋文化研究所藏本作了配補。禪文化研究所作爲基本典籍叢刊影印時，曾根據海印寺經版和花園大學所藏底本對漫漶不清處加以研判；不能判明者再參照各種禪籍相關内容並兼取已有相關祖堂集文字辨析的研究成果（主要是太田辰夫祖堂集口語語彙索引，一九六二年；太田辰夫唐宋俗字譜祖堂集之部，一九八二年；柳田聖山祖堂集索引，一九八零——一九八四年）加以考校，綜合上述資料的判讀結果標記在印本每個版面天頭。其中有部分是整個版面文字的復原，也有個别字句的校補考訂。對於這些校補考訂，又分别不同情況作出標記：有原本顯然錯誤應當訂正的；有原版模糊文字可以確認的；有不可確認但根據其他禪籍進行考校可提出參校意見的；還録寫部分其他禪籍中可用做校讀相應原文的文句、段落等等。又一九七六年韓國東國大學校根據祖堂集另一傳本影印，收入高麗大藏經補遺第四十五卷。這一傳本是較花園大學圖書館所藏更早的拓印本，可據以辨識花園大學本某些缺損漫漶文字（但是這個印本在影印時曾對於某些模糊不清的字跡添墨補寫或移植漢字，有些錯誤被後出印本所沿襲），本書點校利用爲主要參校本。此外已經出版的幾種點校本和學術界有關研究成果可資參考者，此次點校也注意借鑑和汲取。

體例：本書按原卷次以禪師爲單位劃分單元。每一單元内容如次：

標題：每位禪師以師號爲標題，上加序號，下註法諱和生卒年（可考者）；

本文：依照禪師生緣和公案劃分段落，每個段落標序號；具體公案的拈擧代别另段低四格過録；

碑誌：有碑誌者，著録作者、名目，並説明存佚情况；

傳記：有關該禪師傳記資料，列出目録；

著作：禪門著述包括語録、偈頌、詩歌、論著、經典註疏等，爲簡化起見，不作具體區分，一律列入著作一項：此項下列舉禪師著作並著明存佚狀況（本書所引錄偈頌不煩俱列）；如果該禪師著作有外語譯本、註釋本可資參考者，亦摘要列出目錄；

考證：禪師名稱、行跡等有所考辨者，加以說明；

資料：按錄文序號條列其他文獻中相關資料目錄；禪籍基本取宋代以前者。

錄文：基本依照原底本過錄。但鑒于原版使用字型不規則，做了必要的規範化，原則大體如下：

一般廣義的異體字，包括異寫、俗寫、通假字、古今字等按原版字型過錄；

某些文字俗體筆畫有增減，或近似的偏旁部首混用，或增減偏旁部首等，逕改爲正體字過錄，依據具體情況或出校；

特殊俗體字逕改爲正體字過錄，具體更動情況見書後附錄異體字對照表；文字更動依據具體情況或出校。

本書底本所用字型分歧變化複雜。錄文既求盡可能保存原貌，又不得不對某些特殊用字進行規範，具體處理相當困難。本書也算是點校古籍中過錄文字的一種嘗試，一定會有不當、錯誤之處。

校釋：校釋作頁邊註：

原文確有錯譌或脫衍的，予以校改刪補，必要時出校說明；

原文疑有錯譌或脫衍的，保持原文，出校說明校改刪補意見；

原文漫漶破損，可確切判讀者，予以校補，必要時出校説明；

原文漫漶破損，難以確切判讀者，出校説明校補意見；

部分通假字、古今字、俗體字按原字型過錄，必要時出校説明（一般典籍常用者不煩出校；頻繁使用不煩一一出校）；

文句隔礙難通而相關文獻中有異文可資參考者，出校並過録相關資料；

個别事實或文字有所考訂者，出校説明；

其他。

本書校點主要參考下列先行版本和研究成果：

高麗大藏經第四十五卷補遺Ⅱ祖堂集，韓國東國大學校，一九七六年；

佛光大藏經禪藏史傳部祖堂集，臺灣佛光山出版社，一九九四年；

吴福祥、顧之川點校祖堂集，岳麓書社，一九九六年；

張華點校祖堂集，中州古籍出版社，二零零一年；

柳田聖山編祖堂集索引，日本京都大學人文科學研究所，一九八零年—一九八四年；

日本禪文化研究所基本典籍叢刊祖堂集索引，日本京都禪文化研究所，一九九四年。

另先賢時彦研究論著多種。參考、引用處不敢掠美，隨文標註，僅此致謝。

本書初稿分别由孫昌武（第一、二卷）、衣川賢次（第三—十一卷）、西口芳男（第十二—二十卷）完成（其中傳記資料則基本由孫昌武搜集）；初稿作成後，經參加者反復討論、審校，最後由孫昌武總其成而定稿。因此有關責任自當歸屬後者。

孫昌武

二零零三年於南開大學

二零零七年五月修訂

祖堂集序

泉州招慶寺主淨修禪師文僜述

夫諸聖興来，曲收迷子。最上根器，悟密旨於鋒鋩未兆之前；中下品流，省玄樞於機句已施之後。根有利鈍，法無淺深。矧乎聖人雖利生而匪生，聖人雖興化而寧化〔一〕。苟或能所斯在，焉為利濟之方？然遺半偈一言，蓋不得已而已。言教甚布於寰海，條貫未位於師承。常慮水涸易生，烏馬難辯〔二〕。今則招慶有淨、筠二禪德，袖出近編古今諸方法要，集為一卷，目之祖堂集。可謂珠玉聯環，卷舒浩瀚，既得奉味，但覺神清。仍命余爲序。堅讓不獲，遂援毫直書。庶同道高仁，勿以譏誚，乃錄云尔。

已上序文并祖堂集一卷，先行此土。尔後十卷齊到〔三〕。謹依具本，爰欲新開印版，廣施流傳，分為二十卷。以此先寫七佛，次腴天竺二十七祖并諸震旦六代，代有傍正。祖位次第，並以録上。隨其血脉，初後聯綿，佋穆之儀，有孫有嫡也。其纂成，所以群英散説，周覽於眼前；諸聖異言，獲瞻於卷

〔一〕此句「聖人」二字疑衍。
〔二〕辯：當作「辨」。本書「辯」、「辨」、「誁」、「弁」不分，以下一般不出校。
〔三〕十：原作「一」，據高麗大藏經補遺本改，「一」當爲「十」字破損。

內。今以沙門釋匡儁所冀：　中華集者，永袪惜法之痕；　此界微眚，願敦弘禪之美。深慚洞徹，乞恕愆疣。一一上名，次第如後：

第一毗婆尸佛、第二尸棄佛、第三毗舍浮佛、第四拘留孫佛、第五拘那含佛〔一〕、第六迦葉佛、第七釋迦佛〔二〕、第一大迦葉祖釋尊傳金襴袈裟，見在鷄足山。令迦葉持此衣，待弥勒出世，分付此衣，傳衣爲信也〔三〕、第二阿難祖、第三商那和修、第四優婆毱多、第五提多迦、第六弥遮迦、第七婆須密、第八佛陁難提、第九伏陁密多、第十脇祖師、第十一富那夜奢〔四〕、第十二馬鳴尊者、第十三迦毗羅祖師〔五〕、第十四龍樹祖師、第十五提婆祖師〔六〕、第十六羅睺羅已上七佛並西天二十三祖　第一卷畢、第十七僧伽難提、第十八伽耶舍多、第十九鳩摩羅〔七〕、第二十闍夜多〔八〕、第二十一婆修盤頭、第二十二摩拏羅、第二十三鶴勒祖師、第二十

〔一〕本文作「拘郍含牟尼佛」。

〔二〕本文作「釋迦牟尼佛」。

〔三〕以下所錄二十八祖傳承，諸本壇經和各種資料記述多有不同，本書記載與前出寶林傳、後出景德傳燈錄、傳法正宗記、歷代佛祖通載、宗寶本壇經等相一致；諸書記錄祖師名稱亦有差異。

〔四〕本文作「富郍耶奢」。

〔五〕本文作「毗羅尊者」。

〔六〕本文作「迦郍提婆尊者」。

〔七〕本文作「鳩摩羅多」。

〔八〕二十：原作「一十」，當爲「二十」字破損；高麗大藏經補遺本作「二十」。

四師子比丘、第二十五婆舍斯多、第二十六不如密多、第二十七般若多羅、第二十八初祖達摩、第二十九祖惠可〔一〕、第三十祖僧璨、第三十一祖道信、第三十二祖弘忍、第三十三祖慧能〔二〕已上天竺並震旦六代衣鉢相傳事跡畢。

初祖傍出、道育＊〔三〕、惣持＊　第二卷畢。

四祖下傍出：慧融第一〔四〕、智嚴第二＊、慧方第三＊、法持第四＊〔五〕、智威第五＊、慧忠第六＊。前智威下出：馬素和尚〔六〕。馬素下出：道欽和尚。道欽下出：烏窠和尚已上九人則空宗也。

五祖下傍出：神秀和尚＊、安國師〔七〕、道明和尚＊。前神秀出：普寂和尚＊。普寂下出：嬾瓚和尚〔八〕。老安下出：騰騰和尚、坦然和尚＊、破竈墮已上八人則北宗也〔九〕。

〔一〕本文作「慧可」。
〔二〕本文作「惠能」。
〔三〕名字下有「＊」號者本書無行錄記述。
〔四〕本文作「法融」。
〔五〕第：原字漫漶，據高麗大藏經補遺本校補。
〔六〕景德傳燈錄卷四作「玄素」。
〔七〕本文作「老安國師」，在「懶瓚和尚」之後。
〔八〕瓚：原作「攅」；本文作「懶瓚」。
〔九〕北：原作「比」。

六祖下出：　思和尚〔一〕、荷澤和尚、忠國師〔二〕、崛多三藏、智筞和尚〔三〕、本淨和尚、一宿覺和尚、讓和尚〔四〕已上八人第四十一代　第三卷畢。

思和尚下出：　石頭和尚。忠國師下出：　躭源和尚已上二人四十二代。

石頭下出：　天皇和尚、尸利和尚〔五〕、丹霞和尚、招提和尚、藥山和尚第四卷畢、大顛和尚、長髭和尚已上七人四十三代。

天皇下出：　龍潭和尚。丹霞下出：　翠微和尚。藥山下出：　雲巖和尚〔六〕、華亭和尚、椑樹和尚、道吾和尚。大顛下出：　三平和尚。長髭下出：　石室和尚已上八人四十四代。

龍潭下出：　德山和尚第五卷畢。翠微下出：　投子和尚。圓禪師下出〔七〕：　宗密禪師〔八〕。雲巖下出：　神山和尚、洞山和尚。道吾下出：　漸源和尚、石霜和尚第六卷畢。花亭下出：　夾山和尚已上八人

〔一〕本文作「靖居和尚」。

〔二〕本文作「慧忠國師」。

〔三〕智筞：景德傳燈錄卷五、傳法正宗記卷七等作「玄策」。

〔四〕本文作「懷讓和尚」。

〔五〕本文作「尸梨和尚」。

〔六〕本文作「雲嵒和尚」。

〔七〕圓禪師：景德傳燈錄卷一三標目作「道圓禪師」，爲「曹谿別出第五世」。

〔八〕宗密禪師：本文作「草堂和尚」。

四十五代。

德山下出：巖頭和尚、雪峯和尚第七卷已畢。洞山下出：雲居和尚、欽山和尚、中山和尚、曺山和尚、華嚴和尚、本仁和尚、青林和尚、踈山和尚、龍牙和尚、幽棲和尚。夾山下出：上藍和尚第八卷已畢、落浦和尚〔一〕、盤龍和尚、逍遙和尚、洞安和尚〔二〕、黃山和尚、韶山和尚。石霜下出：棲賢和尚、大光和尚、肥田和尚〔三〕、涌泉和尚〔四〕、南際和尚、雲盖和尚、九峯和尚、南嶽泰〔五〕、寶盖和尚已上二十八人四十六代。

巖頭下出：玄泉和尚〔六〕、烏嵒和尚〔七〕、靈嵒和尚〔八〕、羅山和尚第九卷已畢、雪峯下出：玄沙和尚、長生和尚、鵝湖和尚、大普和尚、鏡清和尚、翠嵒和尚〔九〕、報恩和尚、化度和尚、鼓山和尚、隆壽和

〔一〕落浦：景德傳燈錄卷一六、傳法正宗記卷七等作「樂普」；宗鏡録、古尊宿語録、五燈會元等作洛浦、敦煌遺書S.1635泉州千佛新著諸祖師頌作樂浦；本書卷七夾山和尚章作樂蒲，並爲同音轉換。

〔二〕本文作「先同安和尚」。

〔三〕本文作「肥田伏和尚」。

〔四〕本文作「湧泉和尚」。

〔五〕本文作「南嶽玄泰和尚」。

〔六〕本文作「玄泉彥和尚」。

〔七〕本文作「烏巖和尚」。

〔八〕本文作「靈巖和尚」。

〔九〕本文作「翠巖和尚」。

尙、安國和尙、長慶和尙第十卷已畢、保福和尙、雲門和尙、齊雲和尙、永福和尙、福清和尙、潮山和尙、惟勁和尙、越山和尙、睡龍和尙。雲居下出：佛日和尙、水西和尙〔一〕。曹山下出：仲曹山和尙〔二〕、金峯和尙、鹿門和尙第十一卷畢、荷玉和尙、育王和尙。華嚴下出：紫陵和尙、長興和尙〔三〕。龍牙下出：報慈和尙。踈山下出：後踈山和尙。九峯下出：禾山和尙、寶峯和尙、光睦和尙、同安和尙、汸潭和尙〔四〕。雲盖下出：後雲盖。玄泉下出：黃龍和尙。羅山下出：龍光和尙、龍迴和尙、清平和尙。玄沙下出：中塔和尙已上四十七人四十七代。

長慶下出：仙宗和尙第十二卷畢、後招慶、報慈和尙。保福下出：龍潭和尙、福先招慶、山谷和尙已上五人四十八代〔五〕　第十三卷畢。已上九十六人石頭下法孫〔六〕，次辯江西下。

六祖能大師下出：讓和尙〔七〕四十一代。

〔一〕本文作「水西南臺和尙」。

〔二〕本文作「中曹山和尙」。

〔三〕景德傳燈錄卷二〇「京兆華嚴寺休靜禪師法嗣」下未著錄長興和尙。

〔四〕汸潭：汸，同「泐」；據景德傳燈錄、五燈會元等並作「泐潭」。泐潭在江西靖安縣石門山下，爲馬祖入寂、建塔藏舍利處。本書「泐潭」凡七見，均作「汸潭」。

〔五〕以上實爲六人。

〔六〕以上石頭法孫實爲百零三人。

〔七〕與第三卷重出。

讓和尚下出：馬祖四十二代。

馬祖下出：大珠和尚、百丈政、杉山和尚、茗溪和尚、石鞏和尚、紫玉和尚、南源和尚、百丈和尚、魯祖和尚、高城和尚〔一〕、章敬和尚第十四卷畢、西堂和尚、鵝湖和尚、伏牛和尚、盤山和尚、麻浴和尚〔二〕、塩官和尚、五洩和尚、大梅和尚、永泰和尚〔三〕、東寺和尚、鄧隱峯、歸宗和尚、汾州和尚、大同和尚、金牛和尚、龜洋和尚、陳禪師〔四〕、黑磵和尚、魔巖和尚〔五〕、龐居士已上三十一人四十三代〔六〕 第十五卷畢、南泉和尚。

百丈下出：溈山和尚、黃蘗和尚、西林和尚〔七〕、古靈和尚、性空和尚第十六卷畢、大慈和尚、西院和

〔一〕據景德傳燈錄（卷六、七、八標目）、傳法正宗記等著錄馬祖道一弟子中名法藏者三人，未知此高城和尚孰是。

〔二〕浴，「谷」通；本文作「谷」；馬王堆漢墓帛書乙本老子德篇「浴得一以盈」，通行本均作「谷得一以盈」，甲本同。祖庭事苑卷一：「麻浴，『浴』當作『谷』，音欲。水注溪曰谷，言所居也。」本書四出「麻谷」，五出「麻浴」，一律不校改。

〔三〕永泰和尚附見宋高僧傳卷一一曇藏傳，景德傳燈錄卷七標目有「荊州永泰寺靈湍禪師」。

〔四〕即景德傳燈錄卷一三泉州龜洋慧忠禪師，爲青原行思第七世法嗣。

〔五〕本文作「閉魔巖和尚」；即景德傳燈錄卷一〇五臺山秘魔巖和尚，爲懷讓下三世法嗣、永泰靈湍弟子，傳法正宗記卷七同。

〔六〕此句依例應移「南泉和尚」下；馬祖弟子加下南泉共計爲三十二人。

〔七〕本文作「西林操和尚」。

尙。西堂下出：處微和尙、海東陳田〔一〕、海東桐裏、海東實相〔二〕。章敬下出：海東慧目山〔三〕、公畿和尙。塩官下出：閑南和尙、海東崛山〔四〕。盤山下出：普化和尙。麻浴下出：海東聖住〔五〕。大梅下出：天龍和尙。五洩下出：正原和尙。歸宗下出：芙蓉和尙。南泉下出：岑和尙、白馬和尙、下堂和尙、海東雙峯〔六〕第十七卷畢、趙州和尙、紫湖和尚〔七〕、陸亘大夫已上二十七人四十四代。

溈山下出：仰山和尙第十八卷畢、香嚴和尙、鴻諲和尙〔八〕、靈雲和尙、王敬初〔九〕。黃蘗下出：臨濟和尙、觀和尙〔一〇〕、陳和尙。西院下出：大陏和尙〔一一〕、靈樹和尙、堯山和尙。閑南下出：道吾和

〔一〕本文作「陳田寺元寂」；景德傳燈錄卷九標目作「雞林道義禪師」；並見海東沙門天頭禪門寶藏錄。
〔二〕景德傳燈錄卷九標目作「新羅國洪道禪師」。
〔三〕景德傳燈錄卷九標目作「新羅國玄昱禪師」，亦見禪門寶藏錄。
〔四〕本文作「通曉大師（梵日）」；景德傳燈錄卷一〇標目作「新羅品日禪師」，亦見禪門寶藏錄。
〔五〕本文作「嵩嚴山聖住寺故兩朝國師（無染）」；景德傳燈錄卷九標目作「新羅國無染禪師」，亦見禪門寶藏錄。
〔六〕景德傳燈錄卷九標目作「新羅國道均禪師」，亦見禪門寶藏錄。
〔七〕紫湖：景德傳燈錄卷一〇、傳法正宗記卷七等作子湖；祖庭事苑卷三：「『紫』當作『子』。子胡巖蹤禪師……。」
〔八〕鴻諲：本文作「徑山和尚」；景德傳燈錄卷一一、傳法正宗記卷七等作「洪諲」。
〔九〕「初」下原衍「敬」字。
〔一〇〕觀和尚：即景德傳燈錄卷一二福州烏石山靈觀禪師，傳法正宗記卷七同。
〔一一〕陏，本文作「隨」。

尚〔一〕。天龍下出：俱胝和尚。紫湖下出〔二〕：勝光和尚已上十四人四十五代也。仰山下出：資福和尚第十九卷畢、海東順之〔三〕。王常侍下出：米和尚〔四〕。臨濟下出：寶壽和尚、灌溪和尚、興化和尚〔五〕已上五人四十六代〔六〕。灌溪下出：後魯祖、隱山和尚〔七〕、興平和尚〔八〕、米嶺和尚〔九〕第四十七代也　第二十卷畢。

海東新開印版祖堂集，現其本迹者二百五十三員〔一〇〕，并載於二十卷内；莫知迹者，不能具録矣。

〔一〕本文作「道吾休和尚」。

〔二〕出：原作「世」。

〔三〕順之：景德傳燈録卷一二作「順支」。

〔四〕米和尚：景德傳燈録卷一一作潙山靈祐法嗣。

〔五〕「興化和尚」原脱，本文灌溪和尚章下有興化和尚章，據補。

〔六〕補「興化和尚」應作「六人」。

〔七〕隱山和尚：即景德傳燈録卷八潭州龍山和尚，爲馬祖道一法嗣；傳法正宗記卷七同。

〔八〕見景德傳燈録卷八，爲馬祖道一法嗣；傳法正宗記卷七同。

〔九〕見景德傳燈録卷八，爲馬祖道一法嗣；傳法正宗記卷七同。

〔一〇〕統計數字有誤。本目録計收録二五五人，補「興化和尚」爲二五六人；本書記述行録者二四六人。

祖堂集卷第一

一 毗婆尸佛

第一毗婆尸佛，姓拘樓，刹利王種。父字槃裱，母字槃頭末陁。所治國名刹末提。偈曰：

身從無相中受生，喻如幻出諸形像。

幻人心識本来空，罪福皆空無所住。

資料〔一〕

僧祐釋迦譜卷一、法苑珠林卷八、宗鏡錄卷九七、景德傳燈錄卷一、聯燈會要卷一、大光明藏卷上、五燈會元卷

〔一〕 過去七佛觀念形成於部派佛教時期，有關傳説見劉宋求那跋陀羅譯雜阿含經卷一五第三六六經、姚秦佛陀耶舍共竺佛念譯長阿含經卷一大本經（勘同祐錄失譯七佛父母姓字經、宋法天譯七佛經、宋法天譯毗婆尸佛經）、苻秦曇摩難提譯增一阿含經卷四五十不善品等經典；本書參考資料中相關翻譯經典名稱不具錄。參閱柳田聖山祖堂集の本文研究（一），日本花園大學禪學研究第五四號，一九六四年。

一、禪門諸祖師偈頌卷上之上、歷代佛祖通載卷一。

二　尸棄佛

第二尸棄佛，姓拘樓，刹利王種。父字阿輪拏，母字婆羅訶越提。所治國名阿樓邦和提。偈曰：

起諸善法本是幻，造諸惡業亦是幻。
身如聚沫心如風，幻出無根無實性。

資料

僧祐釋迦譜卷一、法苑珠林卷八、宗鏡錄卷九七、景德傳燈錄卷一、聯燈會要卷一、大光明藏卷上、五燈會元卷一、禪門諸祖師偈頌卷上之上、歷代佛祖通載卷一。

三　毗舍浮佛

第三毗舍浮佛，姓拘樓，刹利王種。父字須波羅提和，母字耶舍越提。所治國名阿耨憂摩。偈曰：

假借四大以為身，心本無生因境有。
前境若無心亦無，罪福如幻起亦滅。

資料

僧祐釋迦譜卷一、法苑珠林卷八、宗鏡錄卷九七、景德傳燈錄卷一、聯燈會要卷一、大光明藏卷上、五燈會元卷一、禪門諸祖師偈頌卷上之上、歷代佛祖通載卷一。

四　拘留孫佛

第四拘留孫佛，姓迦葉，婆羅門種。父字阿枝達兜〔二〕，母字隨舍迦。所治國名輪訶利提〔三〕。偈曰：

見身無實是見佛，了心如幻是了佛。
了得身心本性空，斯人与佛何殊別？

資料

僧祐釋迦譜卷一、法苑珠林卷八、宗鏡錄卷九七、景德傳燈錄卷一、聯燈會要卷一、大光明藏卷上、五燈會元卷一、禪門諸祖師偈頌卷上之上、歷代佛祖通載卷一。

〔二〕阿枝達兜：七佛父母姓字經作「阿枝違兜」。
〔三〕輪訶利提：七佛父母姓字經「提」下有「那」字。

五 拘那含牟尼佛

第五拘那含牟尼佛，姓迦葉，婆羅門種。父字耶睒鉢多，母字欝多羅。所治國名差摩越提。偈曰：

佛不見身知是佛，若實有知別無佛。
智者能知罪性空，坦然不懼於生死。

資料

僧祐釋迦譜卷一、法苑珠林卷八、宗鏡錄卷九七、景德傳燈錄卷一、聯燈會要卷一、大光明藏卷上、五燈會元卷一、禪門諸祖師偈頌卷上之上、歷代佛祖通載卷一。

六 迦葉佛

第六迦葉佛，姓迦葉，婆羅門種。父字阿枝達耶〔二〕，母字檀明越提耶。所治國名波羅私。偈曰：

〔二〕阿枝達耶：「耶」下原衍「婆」字；據柳田聖山祖堂集の本文研究（一）：「七佛父母姓字經：『父字阿枝達耶，婆羅門種。』蓋本書誤以『婆』字屬上。」

一切衆生性清淨，從本無生無可滅。
即此身心是幻生，幻化之中無罪福。

資料 僧祐釋迦譜卷一、法苑珠林卷八、宗鏡錄卷九七、景德傳燈錄卷一、聯燈會要卷一、大光明藏卷上、五燈會元卷一、禪門諸祖師偈頌卷上之上、歷代佛祖通載卷一。

七　釋迦牟尼佛前五六五—前四八六〔一〕

1　第七釋迦牟尼佛，姓釋迦，刹利王種。父字閱頭檀，母字摩訶摩耶。所治國名迦維羅衛。偈曰：

幻化無因亦無生，皆則自然見如是。
諸法無非自化生，幻化無生無所畏。

2　是釋迦佛者，即賢劫中第四佛也。三劫之中，初千佛，花光佛爲首，下至毗舍浮佛，於過去莊嚴劫中而得成佛也；中千佛者，拘樓孫佛爲首，下至樓至如来，於現在賢劫中次第成佛也；後千佛

〔一〕關於釋迦牟尼生卒年，異説甚多，此據北傳資料推算，爲目前中國佛教界所承認。其他説法不備舉。

者，日光如来爲首〔一〕，下至須弥相佛，於未来星宿劫中當得成佛也。賢劫初時，香水潹滿，中有千莖大蓮華，王其第四禪觀見此瑞，遞相謂曰：「今此世界若成，當有一千賢人出現於世。」是故此時名為賢劫。准因果經云：「釋迦如来未成佛時為大菩薩，名曰善慧，亦名忍辱。功行已滿，位登補處，生兜率天，名曰聖善，亦曰護明，為諸天王説補處行〔二〕，亦於十方現身説法。期運將至，當下作佛。覩諸國土，何者處中，則知迦毗羅國最是地之中矣。」故本起經云：「佛之威神，至尊至重，不生邊地之傾斜也。此迦毗羅城，三千日月、乹坤之中央也，往古諸佛皆興於此。」俱舍論云：「剡浮洲之中矣〔三〕。」山海經云：「身毒之國，軒轅氏居之。」郭璞註曰〔四〕：「則中天竺也。」〔五〕彼土自分五天竺國，中天竺國是天地之中。名既非邊，中義現矣。因果經云：「中天大夏種姓有四，謂刹利帝種〔六〕，婆羅門種，毗舍羅種，首陁種。刹利王種，最爲高貴，劫初以来相承不絶；餘之三姓，非此所論。但明佛姓，自分

〔一〕日：原字破損，據禪文化研究所本校定。

〔二〕天王：過去現在因果經卷一、釋迦氏譜四明法王下降迹引因果經並作「天主」。

〔三〕前引柳田文云：「俱舍論卷八及釋迦氏譜三序所託方土引俱舍論并作『剡浮洲之中有金剛座』云云。」則「中」下或有脱文。

〔四〕郭：原作「廓」。

〔五〕上引山海經及郭璞註，不見今本；此據釋迦氏譜三序所託方土。

〔六〕刹利帝：印度種姓制度中第二種姓爲「刹帝利」，「利帝」或爲誤倒；此誤倒亦見本卷阿難尊者章、寶林傳卷二、法琳辯正論卷四等。又本書常稱「刹利種」、「刹利帝」或即「刹利王」之意。下第4節用法同。

五別。」〔一〕又長阿含經云：「劫初成時，未有日月，光明諸天〔二〕，福盡下生，皆化為人〔三〕。歡喜為食，身光遠照，飛行自在，無有男女、尊卑、親屬，自然地味，味如蘓蜜。有試當者〔四〕，遂生摶食〔五〕，光滅通亡〔六〕，呼嗟在地。食多貌悴，食小形澤〔七〕，便興勝負。地味則沒，又生地皮，因食地皮故，諸惡湊集。又生林藤、粳米等，衆味甘美。因茲食者具男女根，如是展轉，便為姻媾，遂始胎生。」樓炭經云：「自然粳米，朝刈暮熟。」中阿含經云：「米長四寸，人競預取，如是相煞〔八〕。預取之處，後更不生。」長阿含經云：「尒時衆生既見不重生故，各懷憂惱，互封田宅，以為壃畔。其有自藏以来〔九〕，盗他田槩，由是諍起，無能決者。議立一人，号平等主，賞善罰惡，仍共供給。時有一人，容質瓌偉，威嚴鞠物，衆所

〔一〕前引柳田文云：「引文非因果經，所據實爲釋迦氏譜二序氏族根源。」

〔二〕光明諸天：長阿含經卷六小緣經、釋迦氏譜二序氏族根源並作「光音諸天」。

〔三〕皆：原字漫漶，據禪文化研究所本校定。

〔四〕當：長阿含經卷六小緣經、釋迦氏譜二序氏族根源並作「嘗」，「當」爲形近致訛。

〔五〕摶：原作「搏」，據長阿含經校改。

〔六〕滅：原作「威」，據釋迦氏譜二序氏族根源引長阿含經校改。

〔七〕小：「少」通。

〔八〕煞：前引柳田文：「『人競預取』至『後更不生』十六字爲釋迦氏譜二序氏族根源之文，而本書改『如此相教』作『如是相殺』。道宣所據爲僧祐釋迦譜卷一引樓炭經，大正藏校記引三本及宮本『教』作『效』，似較勝。」

〔九〕此句釋迦氏譜二序氏族根源作「遂有自藏己米」。

信伏，則往請之。彼既受已，遂有民主名焉。」樓炭經云：「衆人言議，為作長号，謚之曰王。以法取租〔一〕，故名刹利，此譯田地主也。時閻浮提天下富樂安隱，地生青草，如孔雀毛。八万郡國，聚落相聞，無有寒熱及病惱者。王以正法治世，奉行十善，互相崇敬，猶如父子。人壽極久，不可量計。後有餘王不行正法，其壽遂減至十千歲。如是漸減，至今百年。先於劫初創始為王，展轉相承，至菩薩身、羅睺羅，正嫡便絶。餘族枝派，今猶嗣位，故下廣列轉輪、粟散紹續之相也。」〔二〕初民主王号曰大人，第二弥寶王，乃至第三十三善思王。如上三十三王子子相承也，亦是粟散而已。次下並是轉輪聖王，嫡嫡相承，至於菩薩。

3　樓炭經云：「真闍王有一太子，名波延迦〔三〕。」譯云大魚王也。佛本行經云：「中天有城，名曰褒多那，人民繁熾。其中有帝，名大魚王。從此王乃至大名稱王，有子孫相承，苗裔計有八万四千二百七十二王，盡是金輪王。最後有二王，為閻浮提主，名茆草王；草王有太子，名大茆草王。大茆草王無子為王，作是念言：『我上祖代代相承，皆是金輪王之苗裔。我今無嗣，種姓將恐斷絶。我若出家，恐断王種；若不出家，則斷聖種。』思惟是已，則持國事付諸大臣。王乃入山修道，成五通仙，

〔一〕租：原作「祖」；據釋迦氏譜校改。
〔二〕本節引文見釋迦氏譜二序氏族根源（文字略有不同），不見今本大樓炭經。
〔三〕波延迦：「延」原作「迮」。釋迦氏譜二序氏族根源引樓炭經作波延迦；今本大樓炭經卷六作波延，據改。

名曰王仙。此王仙先有夫人，名善襄，在宮有娠，後生一子，是大茆草王之苗裔也。後諸大臣知是王仙太子，遂則重冊灌頂，紹承王位，号為遮王，又云鬱摩王，亦曰懿摩王也。王有二妃，一名善賢，二名妙端正。妙端正者生四太子：一名炬面，二名金色，三名象衆，四名別成。善賢夫人唯生一子，名曰長壽，端嚴可喜，世間小雙〔一〕。唯無骨相，不堪紹位。善賢思維：妙端正四子炬面等輩，兄弟群族〔二〕；我今唯此一子，雖然端正，不堪為王，作何方便，令我此子得紹王位〔三〕？尒時遮王駕車宮苑，安慰諸妃。善賢出來啓王言：『我種種安隱。唯有一願，擬從王乞，願王賜我。』王曰：『從心所欲，朕當与之。』善賢曰：『王不得變悔。請王設誓。』王言：『若變悔者，朕當破作七分。』善賢白大王曰：『炬面等四子，宜可擯出。』王言：『此四子無過，云何擯出？』王良久思惟，為自設誓已，不違願故，遂判四子擯於他方。時四王子白父王言：『我等四人不造餘過，忽然擯我出國〔四〕，何也？』王言：『知汝四子實無過失，不幸橫遭。如上所説，此非我心，善賢之意。』時四童子所生庶母并眷屬等聞此事已，疾至王所，白大王言：『我等四子奉王擯出，我願隨去。』王言：『宜依。』遮王有勑續告四子：『若欲姻娉，莫婚他族，宜親內姓，無令種姓断絶。』此四童子敬王教勑，則領眷屬面北而去。至

〔一〕小：「少」通。
〔二〕族：佛本行集經卷五作「強」。
〔三〕令：原作「今」，據佛本行集經卷五校改。
〔四〕出：原字破損，據禪文化研究所本校定。

舍夷林，其中水土寬平，無諸坑阜，将諸眷属住此林中。福德盛故，遂成巨國。後遮王思問群臣：『朕昔擯出四子，今在何方？』大臣奏曰：『今在香山之北、雪山之南，二山中間有林，名曰舍夷。地沃豐饒，人民熾盛，百姓歸之，猶如鄽市。欝成大國，冊立為王。名尼拘羅城，古仙迦毗羅得道之處，因玆立城名也。』時遮王聞已，再三歎言：『我子釋迦！我子釋迦！』因此從德立姓，姓釋迦。釋迦者，譯言能仁也。大遮王三子已歿，唯有別成，號曰尼拘羅王，是佛祖祖。此王有大子〔二〕，名曰拘盧羅王，是佛高祖。此王有太子，名曰瞿拘盧王，是佛曾祖。此王有太子，名曰師子頰王，是佛祖。此王有四太子，一名輸頭檀那，則淨飯王；二名輸拘盧檀郍，則白飯王；三名途盧郍，則斛飯王；四名阿弥都檀郍，則甘露飯王。淨飯王有二太子，一名悉達多，則是佛，四月八日生，身長丈六；二名難陁，則是逆風掃地者也，四月九日生，身長丈五尺四寸。白飯王有二太子，一名調達，是佛當兄〔三〕，四月七日生，身長丈五尺四寸；二名阿難，是佛侍者，四月十日生，身長丈五尺三寸。斛飯王有二太子，一名釋摩男，捉土成金者，四月十二日生，身長丈四寸。甘露飯王有二太子，一名波投，出家竟，四月十三日生，身長丈四寸；二名跋提子，入道，四月十四日生，身長丈四寸。」

4 佛本行經曰：「尒時護明菩薩在兜率天上，心念欲化一切衆生，遂勑金團天子：『汝善觀

〔二〕大，「太」通。
〔三〕當兄：當，「堂」通；本書「當」作「堂」例亦見卷九落浦和尚等章。

察諸王種族，則當為吾揀一生處。』金團天子奉菩薩勑，為其觀察。觀察已竟，白菩薩言：『有刹利種，姓瞿曇氏，刹利帝後，依瞿曇大仙學道，從師姓瞿曇氏。元本以来，世世為金輪王之種族。乃至遮王苗裔以来，子孫相承，住彼迦毗羅城，釋種之所都也。其中有王，名師子頰王。此王有太子，名輸頭檀郍王。今此王者，於一切世間天人之中有大名稱，堪為菩薩托生之處。』菩薩歎曰：『善哉！善哉！汝善觀察諸王種姓。如汝所說，我定生彼。』」又經云：「護明菩薩欲降下時，摩耶夫人告淨飯王言：『大王當知，我今欲受八禁清淨齋戒。』當齋戒已，遂則眠，於夢中見有一六牙白象，其首朱色，七支拄地〔一〕，以金裝牙，天人乘之，從空而下，赴淨飯王宮。」據阿含經曰：「推佛降神母胎，則當此土姬周第五帝昭王即位二十三年癸丑之歲七月十五日〔二〕，託陰摩耶；至二十四年甲寅之歲，摩耶夫人於毗羅苑中遊戲快樂，見波羅樹花可愛，舉右手攀枝，菩薩從右脇而誕生，身真金色，相好具足。」又普曜經云：「佛初生時，放大光明，照十方界，地涌金蓮，自然捧足，東西南北各行七步，觀察四方，一手指天，一手指地，作師子吼：『天上天下，唯我獨尊。』」又偈曰：

『我生胎分盡，是最後末身。』

〔一〕拄：原作「柱」；本書偏旁「手」、「木」往往不分，逕予錄爲正字，不一一註出。

〔二〕周昭王在位時期約當公元前九八九—九七七年。我國自共和元年（前八四一）始有準確紀年，本書以下前此紀年和干支均爲憑空虛撰。此處引據唐彥悰唐護法沙門法琳别傳卷中。

我已得解脫，當復度衆生。』

說此偈已，感九龍吐水，沐浴太子。太子浴已，嘿然不語，還同世間嬰兒。」又案周異記云〔一〕：「昭王即位二十四年甲寅之歲四月八日，江河泉池忽然泛漲，宮殿人舍、山川大地咸悉震動，其光有五色，貫入大微，遍於四方〔二〕。昭王問大史蘇由曰〔三〕：『是何祥也？』蘇由奏曰：『有大聖人生於西方。』又問：『於天下如何？』由曰：『則時無他〔四〕，一千年外，聲教被於此土。』」即是佛初生西天竺國迦毗羅城淨飯王宮，瑞應此土。

5 案十二因緣經云：「太子年登十九，猒皇后宮。父王恐畏出家，遂勑簫韻娛樂太子。太子不樂，坐至三更，五百宮人悉皆得睡。淨居天子時在虛空中，說偈告於太子：

『世間不淨衆惑迷，無過婦人身體性。
世間衣服莊嚴故，愚癡是邊生貪欲。
是人能作如是觀，如夢如幻非真實。

〔一〕周異記：當作周書異記，爲南北朝時期出現的一部僞書，已佚；以下文字見唐護法沙門法琳別傳卷中、唐法琳對傳奕廢佛僧事、廣弘明集卷一一。

〔二〕四方：唐護法沙門法琳別傳卷中、唐法琳對傳奕廢佛僧事作「西方」。

〔三〕大、「太」通。

〔四〕「無」下原衍「也」字，據唐護法沙門法琳別傳卷中、法琳對傳奕廢佛僧事刪。

　　速捨無明勿放逸，心得解脫功德身。』

又天人於窗牖中叉手白太子言：『時可去矣。』太子聞此偈已，心生歡喜，潛命車匿鞁揵陟来，四神捧足，踰城西北而去。太子念言：夫出家者具大慈悲，不留馬跡，王必罪於門人。則於城西北角留一馬跡，令知騰空西北而去。」時當此土周昭王四十二年壬申之歲二月八日夜半也。

6 案律云：「太子去已，至摩竭陁國斑茶山中〔一〕，於其石上結跏趺坐，作是念言：以何物剃除鬢髮？纔起此念，淨居天子便即捧刀。太子自把，剃鬢髮已，淨居天子更捧縵僧伽梨衣。便脫舊日所著衣服，并脫頭冠，白馬等付与車匿將還王宮。并說偈言，辭父王曰：

　　『假使恩愛久共處〔二〕，時至命盡會別離。

　　見此無常須臾間，是故我今求解脫。』

尒時太子在於山中，勇猛精進，修無上道。又詣阿藍迦藍處三年，學不用處定，知非便捨。復至鬱頭藍弗處一年，學非想非非想定，知非亦捨。又至象頭山，同諸外道，日食麻麥，經于六年。苦行將滿，則於尼連河浴。苦行日久，就岸稍難，追成〔三〕，仙人挽低樹枝，接於太子。」又因果經云：「浴已：我若以

〔一〕茶：原作「荼」；四分律卷三一作「班茶山」，據改。

〔二〕假使：原作「假便」，據佛本行集經卷一八改。

〔三〕追：原字漫漶，據佛光山禪藏本校定；高麗大藏經補遺本校爲「追」。

羸劣之身而取道者，外道言自餓則是涅槃因〔一〕，故當受食。太子纔起此念時，有難陁、波羅奈姉妹二人捧上乳糜。太子又自念言：當将何器而為受食？纔起此念時，四天王各捧石鉢。其時菩薩為平等故，並惣受之；息貪欲故，按成一鉢，以受乳糜。喰充色力，欲詣正覺山。」准本行經云：「太子思念：當用何物而坐？應須淨草。纔起此念，路上遇刈草人，名曰吉安。太子語曰：『此草可能惠施小許〔二〕，不為愛惜？』吉安則授与。邐池而去，至正覺山。為太子德重故，其山震動。山神出現，語太子曰：『此非成道處。』太子問曰：『何方堪耶？』山神曰：『從此去摩竭提國南一十六里，有金剛座，賢劫千佛皆昇此座，成等正覺。宜當往彼。』尒時太子遂則下山，遇一盲龍。盲龍語太子曰：『菩薩欲求成道處也？』大子問：『汝何知我菩薩？』盲龍曰：『我昔於毗婆尸佛時，為惡性比丘，毀罵三寶，遂墮龍中，兼盲其目。過去三佛出世，我眼則開，滅後還閇。今見汝身，令我眼開，故知汝是菩薩。』則引太子詣金剛座。以草敷上，遂昇此座。太子發弘願言：我若不成無上菩提，誓不起于此座而成正覺，号之為佛。」故普曜經云：「菩薩於二月八日明星出時大悟。」便造偈曰：

「因星得悟，悟後非星。
不隨於物，不是無情。」

〔一〕「涅槃」下原缺「因」字，據過去現在因果經卷三校補。

〔二〕「小許」同「少許」。本書同樣用法另有四例，見卷四烏窠和尚章、藥山和尚章、卷五云巖和尚章、卷一五大梅和尚章。

時當此土周第六帝穆王三年癸未之歲二月八日成道，因此三十成道也。

7 尒時釋迦如来成道竟，示衆曰：「夫出家沙門者，断欲去愛，識自心源，達佛本理，悟無爲法；內無所得，外無所求，心不繫道，亦不業結〔一〕；無念無作，非修非證，不歷諸位而自崇敬，名之為道。」有一比丘問：「如何是清淨本性？」佛言：「畢竟淨故。」「如何是本性無知？」佛言：「諸法鈍故。」

8 外道問佛：「不問有言，不問無言。」佛乃良久。外道作礼讚曰：「善哉！善哉！世尊有如是大慈大悲，開我迷雲，令我得入。」外道去後，阿難問佛：「外道以何所證而言得入？」佛言：「如世間良馬，見鞭影而行。」

9 如是説法住世四十九年，後於拘尸那城熙連河側娑羅雙樹間入於涅槃，壽齡當七十九矣。時周穆王五十二年壬申之歲二月十五日，暴風忽起，飄損人舍，傷折樹木，山河大地悉皆震動，西方有白虹十二道，通過此土，連夜不滅。當此之時，則佛入涅槃之祥應。

10 又涅槃經云：「尒時世尊欲涅槃時，迦葉不在衆會。佛告諸大弟子：『迦葉来時，可令宣揚正法。』又云：『吾有清淨法眼、涅槃妙心、實相無相、微妙正法，付囑於汝，汝善護持。』并勑阿難嗣

〔一〕業結：或誤倒；宗鏡錄卷九四引四十二章經作「結業」。

二傳化〔一〕，無令断絶，而説偈曰：

『法本法無法，無法法亦法。

今付無法時，法法何曾法？』

尒時迦葉與五百弟子在耆闍崛山，身心寂然，入于三昧。於正受中倏然心驚，擧身戰慄〔二〕。從定中出，見諸山地皆大振動，則知如来已入涅槃。告諸弟子：『我佛大師入於涅槃，經于七日，已入棺中。苦哉！苦哉！應當疾往至如来所。恐已荼毗，不得見佛。』以敬佛故，不敢飛空往如来所，則將弟子尋路疾行，悲哀速往。正滿七日，至拘尸城荼毗所，問大衆言：『如何得開大聖金棺？』大衆荅曰：『佛入涅槃已經二七，恐有損壞，如何得開？』迦葉言：『如来之身金剛堅固，不可沮壞〔三〕，德香芬馥若栴檀山。』作是語已，涕淚交流，至佛棺所。尒時如来大悲平等，為迦葉故，棺自然開，皆則解散〔四〕，現出三十二相、八十種好、真金紫磨堅固之身。尒時迦葉復重悲哀，与諸弟子繞佛七匝，長跪合掌，説偈哀歎曰：

『苦哉苦哉大聖尊，我今荼毒苦切心，

〔一〕嗣：寶林傳卷一度衆付法章、景德傳燈錄等並作「副」。

〔二〕慄：原作「慓」，據大般涅槃經後分卷下校改。

〔三〕沮：原作「俎」，據大般涅槃經後分卷下校改。

〔四〕棺自然開，皆則解散：此處文意欠通；大般涅槃經後分卷下「開」字下有「白氎千張及兜羅錦」八字。

世尊滅度一何速，大悲不能留待我。
我於崛山禪定中，遍觀如来悉不見，
又觀見佛已涅槃，倏然心戰大振驚。
忽見暗雲遍世界，復覩山地大振動，
則知如来已涅槃，故我疾来已不見。
世尊大悲不普我，令我不見佛涅槃，
不蒙一言相教告，今我孤露何所依？
世尊我今大苦痛，情乱迷悶昏濁心，
我今為礼世尊頂，為復哀礼如來胷？
為復敬礼大聖手？　為復悲礼如來腰？
為復敬礼如來臍？　為復深心礼佛足？
何故不見佛涅槃〔二〕？　唯願示我敬礼處！
如来在世衆安樂，今入涅槃皆大苦，
哀哉哀哉深大苦，大悲示教所礼處。』

〔二〕　何故：大般涅槃經後分卷下作「何苦」。

尒時迦葉説是偈已，世尊大悲，則現二足千輻輪相，出於棺外，迴示迦葉。從千輻輪放千光明，遍照十方一切世界。尒時迦葉与諸弟子見佛足已，一時礼拜千輻輪相。大覺世尊金剛雙足還自入棺，封閇如故。尒時如来以大悲力，從心胷中火踊棺外，漸漸荼毗。經于七日，焚妙香薪，尒乃方盡。」佛力威神，内外白㲲而無損也。此有二表：外一重白㲲不損者，表俗諦存焉；内一重白㲲不損者，表真諦不壞也。

11　自如来入涅槃壬申之歲，至今唐保大十年壬子歲，得一千九百一十二年。教流漢土，迄今壬子歲，凡經八百八十六年矣。

傳記〔一〕

僧祐釋迦譜、僧旻、寶唱等經律異相卷四應始終佛部、道宣釋迦氏譜、法苑珠林卷八—一二千佛篇、寶林傳卷一、佛祖統紀卷一—四、歷代佛祖通載卷四、宗統編年卷一、二佛紀。

資料

1　宗鏡錄卷九七、聯燈會要卷一、禪門諸祖師偈頌卷上之上。

2　釋迦譜卷一釋迦始祖劫初剎利相承姓緣譜第一、道宣釋迦氏譜一序所依賢劫、二序氏族根源。

〔一〕　翻譯「三藏」中有關佛傳資料甚多，不具錄。

3 釋迦譜卷一釋迦賢劫初姓瞿曇緣譜第二、釋迦氏譜二序氏族根源。

4 釋迦譜卷一釋迦降生釋種成佛譜第四、釋迦氏譜四明法王下降、法苑珠林卷八、彥悰唐護法沙門法琳別傳卷中、寶林傳卷一、景德傳燈錄卷一、天聖廣燈錄卷一、傳法正宗記卷一、宗門統要卷一、聯燈會要卷一。

5 釋迦氏譜四明法王下降、寶林傳卷一、景德傳燈錄卷一、傳法正宗記卷一、五燈會元卷一。

6 釋迦氏譜四明法王下降、景德傳燈錄卷一、傳法正宗記卷一、五燈會元卷一。

8 景德傳燈錄卷二七、宗門統要卷一、碧巖錄第六五則、正法眼藏卷下、聯燈會要卷一、禪門拈頌集卷一、五燈會元卷一、無門關第三二則。

9 釋迦氏譜四明法王下降、寶林傳卷一、景德傳燈錄卷一、五燈會元卷一。

10 曇無蘭譯迦葉赴佛般涅槃經、付法藏因緣傳卷一、唐若那跋陀羅譯大般涅槃經後分卷下、寶林傳卷一、景德傳燈錄卷一、天聖廣燈錄卷一、傳法正宗記卷一、宗門統要卷一、建中靖國續燈錄卷一、聯燈會要卷一、大光明藏卷上、五燈會元卷一、禪門諸祖師偈頌卷上之上、歷代佛祖通載卷一、三。

11 寶林傳卷一、景德傳燈錄卷一、傳法正宗記卷一、五燈會元卷一。

八　大迦葉尊者

1 第一祖大迦葉尊者，摩竭國人也，姓婆羅門。父名飲澤，母字香志。与瓶沙王競富，唯讓一犂；共摩竭以爭饒，更逾千倍。積長者之貝玉，祈請樹神；獲貧女之金珠，莊嚴塔像。載誕金光之子，結成金色之妻。果合前緣，深扶宿願〔一〕，雖為貴偶，乃無欲情。欲求出家，澤、志聽許。便投世尊，發弘誓願，上法受戒，清貞守素，無愛無欲，常行頭陁。世尊在日，命坐付衣，常於衆中稱歎第一。

2　尒時大迦葉告諸比丘曰：「佛已荼毗，金剛舍利非我等事。何以故？自有國王、大臣、長者、居士求最勝福田者，自當供養。我等宜當結集法寶，無令断絶，為未来世作大照明，紹隆正法。」尒時迦葉作大神通，往須弥頂而説偈曰：

「如来諸弟子，且莫般涅槃，
若得神通者，當赴於結集。」

説是偈已，則擊撾銅。撾銅之中而傳此偈，聲遍三千大千世界〔二〕。得神通者，悉皆赴集。聖衆既繁，遂揀內閑三藏、外達五明〔三〕、足滿六通、智圓四辨者，其數四百九十有九，悉集王舍城耆闍崛山賔鉢羅窟，此云七葉巖。尒時阿難為漏未盡，當被跋闍比丘有他心智，則便觀察，知阿難兄有欲漏故，未及衆聖，不得入會。時阿難比丘當自念言：我事如来，亦無缺犯，為自有漏，不及衆數。思惟是事〔四〕，曉

〔一〕扶：疑爲「符」假借字；寶林傳卷一引摩訶大迦業尊容碑作「俯」。
〔二〕三：原字破損，缺下劃；寶林傳卷一、高麗大藏經補遺本作「三」。
〔三〕明：原作「朋」。
〔四〕事：寶林傳卷一作「已」。

夜經行，明相出時，身躰疲極，兼臥之次〔一〕，頭未至枕，得證果位。心生歡喜，則往賔鉢羅窟，擊其石門。尒時迦葉在於窟中，問：「是何人敲我此戶？」荅言：「是佛侍者比丘阿難〔二〕。」迦葉語曰：「汝漏未盡，不得入来。」阿難荅言：「我已證無漏。」迦葉報言：「汝既證無漏，可現神變，以遣衆疑。」尒時阿難則騁神通，從鑰孔入，得在衆會，添數五百。案育王經云：「迦葉告阿闍世王：『我今欲集如来三藏，願大王為我檀越。』王言：『願諸大聖集如来三藏，無有遺餘，不捨慈悲，受我供養。』」阿闍世王為結集主。時諸比丘則從座起，諮問長老大迦葉：「於三藏中先集何藏？」迦葉語云：「當集修多羅藏〔三〕。」迦葉白聖衆言：「此阿難比丘多聞捴持，有大智慧，常隨如来，梵行清淨，所聞佛法如水傳器，無有遺餘。佛所讚歎，聰慜第一。宜可請彼集修多羅藏。」大衆嘿然允之。迦葉告阿難曰：「汝於今者宜宣法寶。」阿難躬受敬諾，觀察聖心，而説偈曰：

「比丘諸眷屬，離佛不莊嚴，
猶如虚空中，衆星之無月。」

説是偈已，礼衆聖足，則昇法座。案七事記云：「尒時阿難當昇座已，尊諸相好〔四〕，現身如佛。衆見

〔一〕兼：寶林傳卷一作「亞」；亞，偃也。
〔二〕丘：原字破損，缺上部。
〔三〕當：原作「堂」；本書「當」、「堂」通用例已見上章。
〔四〕尊：圓測仁王經疏卷上引真諦撰七事記作「具」，又見良賁仁王經疏卷上一。

此瑞，則生三疑：一謂大師慈悲故，從涅槃起，為我等輩宣甚深法？二謂他方諸佛知我釋迦奄化故，而來此中，宣揚妙法？三謂阿難轉身成佛，爲衆說法耶？尒時阿難而説是言：「如是我聞，一時佛住某城某處，説某經教」，乃至「人、天等作礼奉行。」阿難則下法座，却復本身。諸菩薩等知是世尊加被，衆疑悉遣。時迦葉問諸比丘：「阿難所言不錯謬乎？」諸比丘皆云：「不異世尊所説。」於是迦葉請優波離集毗尼藏，次命迦旃延集阿毗曇藏。迦葉則入願智三昧〔二〕，觀所集法藏皆無欠少。因兹流布而不断絶。

3　阿闍世王懺悔經有三種阿難：一阿難陁，此云慶喜，持聲聞法藏，於上二乘隨力隨分；二阿難陁跋羅，此云慶喜賢，持中乘法藏，於上大乘隨力隨分，於下小乘容與兼持；三名阿難陁娑伽羅，此云慶喜海，持菩薩大乘法藏，於下二乘容与兼持。又台教中有四阿難。何等為四？一者慶喜阿難，結集藏教；二者賢阿難，結集通教；三者典藏阿難，結集別教；四者海阿難，結集圓教。論其本也，唯一金龍尊佛；語其迹也，分四阿難弟子。梵語「阿難」，此翻無染：阿者，無也；難者，染也。論此無染，亦分為二：一者斷除煩惱名為無染，二者出離修證名為無染。斷除煩惱無染，是名傳教阿難；出離修證無染，是名傳禪阿難矣。

〔二〕三：原字破損，缺一劃。

4 阿難問師：「傳佛金襴外，別傳个什麼？」師喚：「阿難！」阿難應喏〔一〕。師曰：「倒却門前刹竿著！」

5 阿闍世王請師説法，師受請昇座，良久，乃下。王問師：「何故不為弟子説？」師云：「大王位崇名重。」

6 迦葉尊者闡一乘而利物，弘二教以度人，實得他心，終無我想。説法住世四十五年，度無量衆。乃告阿難言：「如来正法眼付嘱於我。我今年邁，持佛僧伽梨衣，入鷄足山，待慈氏下生〔二〕。汝受佛嘱，弘揚正法，勿令斷絶。聽吾偈曰：

法法本來法，無法無非法。
何於一法中，有法有非法？」

尒時迦葉説是偈已，遂入王舍城，辞阿闍世王。王寢不遇，留言付於門者，令奏王知云：「吾當往鷄足山矣。」准西域記云：「此山三峯，如仰鷄足。」故因此立号也。迦葉尊者於此山中以草敷坐〔三〕，結跏而已，作是念言：今我此身著佛所与糞掃之衣，及持僧伽梨等，經于五十七倶胝六十百千歲〔四〕，慈

〔一〕喏：原作「若」，脱偏旁致誤。
〔二〕下：原作「一」，當爲破字；高麗大藏經補遺本作「下」。
〔三〕中：原字漫漶，據寶林傳卷一作「中」，高麗大藏經補遺本亦作「中」。
〔四〕胝：原作「低」，「倶胝」是梵文大數名，又譯為「倶致」、「拘致」等。寶林傳卷一作「胝」。

氏佛出世，不令其朽壞。作是念已，遂語山曰：「若阿闍世王与阿難来，山當為開，令其得入。若歸去後，復當還合。」言訖，便入滅盡定。應時大地六種震動。尒時阿闍世王於睡夢中見殿梁折，遂則驚覺。時執扃之使奏聞王知云：「大迦葉辞王往鷄足山，欲入涅槃，遇王殿寢，未敢奏聞。」王聞此語，遂生悲泣，云：「朕何薄祐！諸聖涅槃，不得覩見。」則詣竹園精舍，礼阿難足，借問迦葉所在。遂命阿難同往鷄足。王到山已，山自開闢，迦葉在中，全身不散。王乃勑諸力士積諸香薪，欲闍維之。阿難白大王曰：「摩訶迦葉以定持身，待於弥勒下生，捧付僧伽梨竟，方入涅槃。如今切不可焚也！」王聞是語，以種種供養，心生悲戀，然後礼辞定身。却命阿難入於王舍城。阿闍世王与阿難纔出此山，山合如故。

7 師入滅，時當此土周第八主孝王五年丙辰歲矣。

8 淨修禪師讚曰：

偉哉迦葉，密傳佛心，
身衣一納，口海千尋。
威儀庠序，化導幽深。
未逢慈氏，且定雞岑〔二〕。

〔二〕且定：敦煌遺書P.3913壇法儀則付法藏品引作「具定」。

碑誌　張文成摩訶大迦葉尊容碑(寶林傳卷一)。

考證　迦葉付法藏因緣傳作佛陀付法第一代; 天台宗始祖。有關事跡、傳說見竺法護譯大迦葉本經、安法欽譯阿育王傳卷四優波毱多因緣之餘、摩訶迦葉涅槃因緣、月婆首那譯大迦葉經、寶林傳卷一、佛祖統紀卷五、歷代佛祖通載卷四、宗統編年卷三等。

資料

1 付法藏因緣傳卷一、寶林傳卷一、敦煌遺書S.4478聖胄集、景德傳燈錄卷一、傳法正宗記卷二、佛祖統紀卷五、五燈會元卷一。

2 安世高譯迦葉結經、阿育王傳卷四、大智度論卷二、付法藏因緣傳卷一、卷二、寶林傳卷一、景德傳燈錄卷一、傳法正宗記卷二、建中靖國續燈錄卷一、祖庭事苑卷六、大光明藏卷上、五燈會元卷一。

3 李通玄新華嚴經論卷九。

4 祖源通録撮要卷一二祖阿難章、宗門統要卷一、聯燈會要卷一二祖阿難尊者、禪門拈頌集卷三、五燈會元卷一二祖阿難尊者。

5 增一阿含經卷四四、阿育王傳卷四、大智度論卷三、毗奈耶雜事卷四〇、大毗婆沙論卷一三五、付法藏因緣傳卷一、大唐西域記卷九、寶林傳卷一、敦煌遺書S.4478聖胄集、景德傳燈錄卷一、傳法正宗記卷二、建中靖國續燈錄卷一、祖庭事苑卷五雞足守衣條、聯燈會要卷一、大光明藏卷上、五燈會元卷一、禪門諸祖師偈頌卷上之上。

6 寶林傳卷一、敦煌遺書S.4478聖冑集、景德傳燈錄卷一、五燈會元卷一、敦煌遺書P.3913壇法儀則付法藏品（見日中良昭敦煌禪宗文獻の研究第一四一頁）。

7 敦煌遺書S.1635泉州千佛新著諸祖師頌、P.3913壇法遺則付法藏品。

九　阿難尊者

1 第二祖阿難尊者，王舍城人也，姓刹利帝〔一〕。白飯王子，是佛之當弟也〔二〕。本是金龍尊佛，今為如来所化。建立法幢，度六万衆；高懸佛日，大照迷徒。博達惣持，多聞第一。

2 師巡遊，往至一竹林之間，聞一比丘錯念佛偈曰：

「若人生百歲，不見水潦涸，
不如生一日，而得覩見之。」

阿難聞已，嗟歎曰：

「世間一凡有，不解諸佛意，
徒載四圍陁〔三〕，不如空身睡。」

〔一〕刹利帝：當作「刹帝利」，參閱本卷釋迦牟尼佛章第2節校記。
〔二〕當，「堂」通。
〔三〕載：寶林傳卷二作「戴」；戴，頂戴義。

阿難歎已，語比丘曰：「此非佛語。如今當聽我演佛偈。」曰：

「若人生百歲，不會諸佛機，
未若生一日，而得決了之。」具如寶林傳所說也。

3 尒時阿難告商那和修言：「如来正法眼付囑於我，我今付汝，當弘吾教，無令斷絶。」復謂末田底曰：「佛預記汝：吾滅度後，罽賔國中一百二十年有一比丘，名末田底，流布佛法。」

4 尒時商那和修与末田底同師阿難。末田底無弟子，商那和修有一弟子，名優婆毱多，西國羅漢宗首。

5 尒時阿難付法偈曰：

「本来付有法，付了言無法，
各各既自悟〔二〕，悟了無無法。」

師付法已，踊身虛空，作十八變，入風輪奮迅三昧，分身四分：一分奉叨利天，一分奉沙竭羅龍王，一分奉毗舍離王，一分奉阿闍世王，各起寶塔供養。

6 阿難入滅，時當此土周第十主厲王十二年癸巳歲矣。

7 淨修禪師讚曰：

〔二〕既自悟：寶林傳作「自須悟」，聖胄集作「須自悟」。

多聞慶喜，高建法幢，
傳佛金偈，継祖銀釭。
慈悲第一，智慧無雙。
飲光後囑〔二〕，月印秋江。

考證

慧遠廬山出修行方便禪經統序：「如來泥曰未久，阿難傳其共行弟子末田地，末田地傳舍那婆斯……」（出三藏記集卷九，第三四三頁，蘇晉仁等點校，中華書局，一九九五年）。付法藏因緣傳阿難作付法第二代；天台宗二祖。有關事跡、傳説見中阿含經卷八侍者經、大智度論卷三、大唐西域記卷七、義淨譯根本説一切有部毗奈耶雜事卷四〇、寶林傳卷二、佛祖統紀卷五、歷代佛祖通載卷四、宗統編年卷三等。

資料

1 付法藏因緣傳卷二、寶林傳卷二、敦煌遺書S.4478聖冑集、景德傳燈錄卷一、天聖廣燈錄卷一、傳法正宗記卷二、五燈會元卷一。

2 安法欽譯阿育王傳卷四、根本説一切有部毗奈耶雜事卷四〇、付法藏因緣傳卷二、寶林傳卷二、敦煌遺書S.4478聖冑集、傳法正宗記卷二、祖庭事苑卷六法眼。

〔二〕囑：原字漫漶，據文意校定；敦煌遺書S.1635泉州千佛新著諸祖師頌作「⿰⻊屬」，俗「躅」字。

3 寶林傳卷二、敦煌遺書S.4478聖胄集、景德傳燈錄卷一。

5 寶林傳卷二、敦煌遺書S.4478聖胄集、景德傳燈錄卷一、天聖廣燈錄卷二、傳法正宗記卷二、建中靖國續燈錄卷一、聯燈會要卷一、大光明藏卷上、五燈會元卷一、禪門諸祖師偈頌卷上之上。

6 寶林傳卷二、景德傳燈錄卷一、天聖廣燈錄卷二、五燈會元卷一。

7 敦煌遺書S.1635泉州千佛新著諸祖師頌。

一〇 商那和修尊者

1 第三祖商那和修尊者，亦名商諾迦，是西天自然九枝秀草名也，摩突羅國人也，姓毗舍多〔一〕。父名林勝，母字嬌奢耶。在母胎中六年始生。尋後出家，身衣自然化成九條。得慶喜之法，廣度羣生，大作明燈。

2 乃云：「佛記：吾滅度後二百年中，聖者继我。則入三昧，觀見吒利國中有長者子，名曰善意，而姓首陁，後生三子，少者出家，當續於我，大興吾教。吾當以小神通至於彼國。」不將徒衆而自往之。長者作礼問：「尊者遠至，有何所須〔二〕？」荅曰：「我無伴侶，孑然一身，欲命徒侶而歸佛道。」長者曰：「我樂世俗，不能出家。若復生子，當給於汝。」師云：「善哉！善哉！」言已，則歸本

〔一〕毗舍多：寶林傳卷二及聖胄集作「毗舍離」。

〔二〕須，「需」通。

座。時長者尋後果生三子。前二子不願出家。第三子名優婆毱多，年十七。尒時和修告父而曰：「佛記此子云：『吾滅度後二百年中，當第四師而度籌衆。』」父聞佛記，則奉尊者，任其出家。

3 師乃問毱多曰：「汝年幾歲耶？」子曰：「年十七歲也。」師曰：「汝十七歲，姓十七歲耶〔一〕？」子曰：「性非十七歲。」〔二〕子白師曰：「為心白耶？為頭白耶？」師曰：「此白是髮，非心、頭也。」子曰：「身自十七歲，非姓尒也。」在師左右三四年間，出家具戒，便證聖果。

4 尒時商郍和修告毱多言：「如来以大法眼付囑迦葉，如是展轉，乃至於我。我今付囑於汝，聽吾偈曰：

「非法亦非心，無心亦無法，
說是心法時，是法非心法。」具如寶林傳所說也。

5 自商郍和修滅度，時當姬周第十一主宣二十三年乙未歲矣〔三〕。

6 淨修禪師偈曰：

胎衣尊者，暗室明燈，

〔一〕姓：疑假借「性」字，下同。
〔二〕此句下原衍「子曰：姓非十七歲」句，據寶林傳刪。
〔三〕周宣王二十三年（前八〇五）丙申，非乙未。

人天耳目，佛法股肱。
非心非色，不減不增〔二〕，
良哉至聖〔三〕，覺海大鵬。

考證

商那和修又譯作舍那和修、商諾迦縛娑等。付法藏因緣傳作付法第三代；天台宗三祖。慧遠廬山出修行方便禪經統序、神會菩提達摩南宗定是非論作舍那婆斯；歷代法寶記、敦煌本壇經則以舍那婆修爲另一人，並配作二十四或二十五祖。有關事跡、傳説見義淨譯根本説一切有部毗奈耶雜事卷四〇、安法欽譯阿育王傳卷五商那和修因緣、大唐西域記卷一、寶林傳卷二、佛祖統紀卷五、歷代佛祖通載卷四、宗統編年卷三等。

資料

1 寶林傳卷二、敦煌遺書S.4478聖胄集、景德傳燈錄卷一、傳法正宗記卷二、五燈會元卷一。

2 寶林傳卷二、傳法正宗記卷二。

3 寶林傳卷二、敦煌遺書S.4478聖胄集、景德傳燈錄卷一、天聖廣燈錄卷二、傳法正宗記卷二、祖源通録撮要卷一、宗門統要卷一、建中靖國續燈錄卷一。聯燈會要卷一、大光明藏卷上、五燈會元卷一。

〔二〕不減不增：敦煌遺書S.1635泉州千佛新著諸祖師頌作「無減無增」。

〔三〕聖：敦煌遺書S.1635泉州千佛新著諸祖師頌作「理」。

4 寶林傳卷二、敦煌遺書S.4478聖胄集、景德傳燈録卷一、傳法正宗記卷二、建中靖國續燈録卷一、聯燈會要卷一、大光明藏卷上、五燈會元卷一、禪門諸祖師偈頌卷上之上。

5 寶林傳卷二、敦煌遺書S.4478聖胄集、景德傳燈録卷一、天聖廣燈録卷二、傳法正宗記卷二、五燈會元卷一。

6 敦煌遺書S.1635泉州千佛新著諸祖師頌。

一一 優婆毱多尊者公元前四世紀〔一〕

1 第四祖優婆毱多尊者，吒利國人，其姓首陁。佛記：「於禪祖中當其第四，化度群品，如我今日，賢劫之中當得成佛，名無相好如来。」十七出家，二十成道，隨方行化，至摩突羅國。大衆雲集，半月説法〔二〕，天花時降，地神踴現而聽法，故盡獲解脱〔三〕。具如寶林傳所説也。

2 尒時毱多尊者凡度一人，抛下一籌。籌長四寸，滿一石室。室高丈六，縱廣亦然。其後度者，名曰提多迦，志求出家。師問曰：「為心出家耶？為身出家耶？」子曰：「我来出家，非為身、心而求利益。」師云：「不為身、心，復誰出家？」子曰：「夫出家者，無我之故；無我之故，心不生滅；心不生滅，則是常故；既是常故，諸佛亦常。心無形相，其體亦尒。」師云：「汝當大悟，心自明朗，

〔一〕胡適禪學古史考（胡適文存三集）認爲「其年代當紀元前四世紀」，但是否實有其人，難以確定。
〔二〕半月説法：付法藏因緣傳卷三作「如半月坐而爲説法」；阿育王傳卷五同。
〔三〕此二句寶林傳作「每地神現，見聞獲益」。

依佛法中度恒沙衆。」尒時毱多尊者曰：「我今將此法眼付囑於汝。汝可流佈，無令斷絶。汝今當聽吾説偈曰：

心自本来心，本心非有法，
有法有本心，非心非本法。」

毱多尊者付囑法已，即入涅槃。尒時提多迦取石室籌，積之焚燒，拾取舍利，竪塔供養。

3 時當此土姬周第十三主平王三十一年庚子之歲矣〔一〕。

4 淨修禪師讚曰：

優波毱多，辯瀉懸河，
法山崢崪〔二〕，道樹婆娑。
籌盈石室，屍繫天魔，
性非十七，悟在刹那。

〔一〕周平王三十一年（前七四〇）辛丑，非庚子。
〔二〕崢：敦煌遺書S.1635泉州千佛新著諸祖師頌作「崷」。

考證

優婆鞠多又譯爲鄔波毱多、優波崛、漚波崛等，意譯爲近護、近密。據慧叡關中出禪經序：「……尋蒙抄撰衆家禪要，得此三卷……其中五門，是婆須蜜、僧伽羅叉、漚波崛、僧伽斯那、勒比丘、馬鳴、羅陀禪要之中，抄集之所出也。」（出三藏記集卷九，第三四二頁）又慧遠廬山出修行方便禪經統序：「如來泥曰未久，阿難傳其共行弟子末田地，末田地傳舍那婆斯……其後有優波崛，弱而超悟，智絶世表，才高應寡，觸理從簡。八萬法藏，所存唯要，五部之分，始自於此。」（同上，第三四三—三四四頁）按僧祐薩婆多部師資記目錄序及所錄長安城内齊公寺薩婆多部佛大跋陀羅師宗相承略傳，優波崛爲大迦葉下第五代（出三藏記集卷一二，第四六七、四七〇頁）。付法藏因緣傳作付法第四世；在天台宗、禪宗裏阿難嗣法弟子商那和修外有旁出末田地，優波毱多爲四祖。有關事跡、傳説見阿育王傳卷二—七、大唐西域記卷四、根本說一切有部毗奈耶雜事卷四〇、寶林傳卷二、祖源通録撮要卷一、佛祖統紀卷五、歷代佛祖通載卷四、宗統編年卷三等。

資料

1 阿育王傳卷五、付法藏因緣傳卷三、寶林傳卷二、敦煌遺書S.4478聖胄集、景德傳燈錄卷一、天聖廣燈錄卷二、傳法正宗記卷二、五燈會元卷一。

2 付法藏因緣傳卷四、寶林傳卷二、敦煌遺書S.4478聖胄集、景德傳燈錄卷一、天聖廣燈錄卷二、傳法正宗記卷二、祖源通録撮要卷一、宗門統要卷一、建中靖國續燈錄卷一、祖庭事苑卷五、祖源通録撮要卷一、聯燈會要卷一、大光明藏卷上、五燈會元卷一、禪門諸祖師偈頌卷上之上。

3 寶林傳卷二、敦煌遺書S.4478聖胄集、景德傳燈錄卷一、天聖廣燈錄卷二、傳法正宗記卷二、五燈會元卷一。

4 敦煌遺書S.1635泉州千佛新著諸祖師頌。

一二　提多迦尊者〔一〕

1　第五祖提多迦尊者，摩迦陁國人也〔二〕。在舍，父夢金日從屋而出，放大光明，照一寶山，山頂有泉。初名香衆，因父夢故，号提多迦，譯云通真量〔三〕。

2　毱多云：「如來記汝：吾滅度後一百年中，必有一子而證道果。」又為師解其父夢：「寶山者，吾身是也；出光明者，汝智慧也；從屋而出者，入道也；山頂泉者，無上法味也。」提多迦聞毱多解夢，心自忻慶，而說偈曰：

「巍巍七寶山，常出智慧泉，
迴為真法味，能度諸有緣。」

毱多尊者以偈荅曰：

「我法傳於汝，當現大智慧，
金日從屋出，照曜於天地。」

〔一〕摩訶止觀、佛祖統紀作「提迦多」。

〔二〕摩迦陁國：付法藏因緣傳卷五作「摩突羅國」。

〔三〕通真量：義楚釋氏六帖作「通真」。

尒時提多迦聞毱多偈已，合掌瞻顔。既得付法，遊歷諸土而度群品。俱如寶林傳所說也。

3　尒時弥遮迦八千仙中主，欲求出家。尒時提多伽告曰：「汝欲出家，各應自念，非假刀剃，隨所念故，鬢髮自淨；深敬佛故，衣生袈裟而變檀相〔一〕。」時諸仙人各自念佛，心生敬慕，鬢髮自淨，袈裟生體〔二〕，心不退轉，盡獲聖果。

4　尒時提多迦告弥遮迦曰：「如来以正法眼付囑迦葉，如是展轉，乃至於我。我今將此法眼付囑於汝，聽吾偈曰：

通達本法心，無法無非法，
悟了同未悟，無心得無法。」

5　師說偈已，化火三昧而爐其體。弟子弥遮迦收得舍利，斑荼山中起塔供養。時當此土姬周第十五主莊王七年己丑歲矣〔三〕。

6　淨修禪師讚曰：

多迦大師〔四〕，無我出家，

〔一〕變檀相：寶林傳作「檀相如畦」。
〔二〕生：原字破損，據高麗大藏經補遺本校定。
〔三〕周莊王七年（前六九〇）辛卯，非己丑。
〔四〕師：敦煌遺書S.1635泉州千佛新著諸祖師頌作「士」。

了根達境，免却空花〔二〕。
體非形相，理出齒牙，
隨方利物，豈有匏瓜！

考證

付法藏因緣傳作付法第五代；天台宗五祖。有關傳説見阿育王傳卷六、寶林傳卷二、祖源通録撮要卷一、佛祖統紀卷五、歷代佛祖通載卷四、宗統編年卷三等。

資料

1 寶林傳卷二、敦煌遺書S.4478聖胄集、景德傳燈錄卷一、天聖廣燈錄卷二、傳法正宗記卷二、五燈會元卷一。

2 寶林傳卷二、敦煌遺書S.4478聖胄集、景德傳燈錄卷一、天聖廣燈錄卷二、傳法正宗記卷二、祖源通録撮要卷一、五燈會元卷一。

3 寶林傳卷二、傳法正宗記卷二。

4 寶林傳卷二、景德傳燈錄卷一、天聖廣燈錄卷二、傳法正宗記卷二、建中靖國續燈錄卷一、聯燈會要卷一、大光明藏卷上、五燈會元卷一、禪門諸祖師偈頌卷上之上。

5 寶林傳卷二、景德傳燈錄卷一、傳法正宗記卷二、五燈會元卷一。

〔二〕 免却：敦煌遺書S.1635泉州千佛新著諸祖師頌作「兔月」。

6 敦煌遺書S.1635泉州千佛新著諸祖師頌。

一三　彌遮迦尊者

1 第六祖弥遮迦尊者，中印土人，得提多迦法。俱如傳中。

2 尒時弥遮迦得法已，遊歷行化。衆中有一人，名婆須密〔一〕，欲求出家。尒時提多迦尊者曰：「佛在世時至北天竺，而謂阿難曰：『此國土中，吾滅度後三百年末，有一聖者當出於世，姓波羅墮，名婆須密，於諸祖中當其第七。』佛之記汝，非我所知。汝可出家，捨除觸器，合證聖果。」時婆須密弃其酒器，合掌作礼，深自覺知：「我昔曾於無量劫中而施寶座於第七佛〔二〕，與我授記，於賢劫中當得作佛，於禪祖中當得第七。如尊所說〔三〕，深達昔緣，如寤所覩。尊者大慈，願接引我。」時弥遮迦則為出家，而受佛戒。所作已辦，深自知之，乃命付法，而說偈言：

「無心無可得，說得無名法〔四〕，

〔一〕婆：原作「波」。
〔二〕於第七佛：寶林傳作「曾施寶座，值於一佛」。
〔三〕如尊所說：寶林傳「尊」上有「世」字。
〔四〕無名法：寶林傳作「不得名」，聖冑集、景德傳燈錄作「不名法」。

若了心非心〔一〕，始解心心法。」

3 師入滅度，時當此土姬周第十八主襄王十七年丙申歲矣〔二〕。

4 淨修禪師讚曰：

弥遮迦祖，習五通仙，
遇師法正〔三〕，省我心偏。
悟如未悟〔四〕，玄之又玄，
神通示滅，八部潸然。

考證

付法藏因緣傳作付法第六代；天台宗六祖。有關傳説見寶林傳卷二、聖胄集卷二、佛祖統紀卷五、歷代佛祖通載卷四、宗統編年卷三。

〔一〕下「心」字原版破損，據高麗大藏經補遺本校定。「心非心」，寶林傳作「心非法」。

〔二〕丙申：寶林傳卷三、聖胄集、景德傳燈録卷一作「甲申」；甲申爲襄王十五年，丙申爲二十七年。

〔三〕法正：敦煌遺書S.1635泉州千佛新著諸祖師頌作「正法」。

〔四〕未：原作「来」，據敦煌遺書S.1635泉州千佛新著諸祖師頌校改。提多迦傳法偈有句曰：「悟了同未悟。」

資料

1 寶林傳卷二、敦煌遺書S.4478聖胄集、景德傳燈録卷一、天聖廣燈録卷二、傳法正宗記卷二、五燈會元卷一。

2 寶林傳卷二、敦煌遺書S.4478聖胄集、景德傳燈録卷一、天聖廣燈録卷二、傳法正宗記卷二、建中靖國續燈録卷一、聯燈會要卷一、大光明藏卷上、五燈會元卷一、禪門諸祖師偈頌卷上之上。

3 寶林傳卷二、敦煌遺書S.4478聖胄集、景德傳燈録卷一、天聖廣燈録卷二、傳法正宗記卷二、五燈會元卷一。

4 敦煌遺書S.1635泉州千佛新著諸祖師頌。

一四　婆須密尊者〔一〕公元前二—三世紀〔二〕

1 第七祖婆須密尊者，北天竺國人也。

2 得弥遮迦法已，而自行化，度諸有情。至迦摩羅國，大作佛事。於此座前有大智者，而稱佛陁難提，問師曰：「解論義不？」師曰：「論則不義，義則不論。若擬論義，終非論義。」佛陁難提聞師論義，心則敬伏，而求出家。師則納受，具戒證果，乃命付法，而説偈曰：

〔一〕婆須密：寶林傳、景德傳燈録等並作「婆須蜜」。

〔二〕據胡適禪學古史考，胡適文存三集。

「心同虛空界〔一〕，示等虛空法〔二〕，
證得虛空時，無是無非法。」具如本傳。

3 自婆須密入定〔三〕，時當此土姬周第二十一主定王十九年辛未歲矣〔四〕。

4 淨修禪師讚曰：

祖婆須密，入弥遮室，
迷悟本如，物我冥一。
手攜酒器〔五〕，頂擊佛日，
奚是奚非？誰得誰失？

考證

婆須蜜，或作和須蜜、筏蘇蜜呾羅等，意譯爲世友、天友。據佚名婆須蜜集序，爲佛陀弟子，佛涅槃後，撰集婆須

〔一〕同：原字破損，據高麗大藏經補遺本校定。
〔二〕等：寶林傳作「同」。
〔三〕寶林傳無「自」字。
〔四〕周定王十九年（前五八八）癸酉，非辛未。「主」原作「王」，爲壞字；依上文例作「主」；寶林傳作「主」。
〔五〕攜酒器：原版漫漶，據高麗大藏經補遺本校定。

密集，與阿毗曇並興外國（出三藏記集卷一〇，第三七五頁）。而據普光俱舍論記卷一：「至（佛滅）三百年初，筏蘇蜜多羅造品類足論六千頌（即是衆事分阿毗曇論也），又造界身足論……。」又古印度名世友者非一人，另有有部論師世友，以造異部宗輪論知名。據達摩多羅禪經卷上：「佛滅度後，尊者大迦葉、尊者阿難、尊者末田地、尊者舍那婆斯、尊者優波崛、尊者婆須蜜、尊者僧伽羅叉、尊者達摩多羅，乃至尊者不若蜜多羅，諸持法者以此慧燈次第傳授。」按僧祐薩婆多部師資記目錄序及所錄長安城內齊公寺薩婆多部佛大跋陀羅師宗相承略傳，婆須蜜爲大迦葉下第七代（出三藏記集卷一二，第四六七、四七〇頁）。而付法藏因緣傳則無婆須蜜名。有關事跡、傳説見大唐西域記卷二、寶林傳卷二、歷代佛祖通載卷四、宗統編年卷四等。

資料

1 寶林傳卷二、景德傳燈錄卷一、天聖廣燈錄卷二、傳法正宗記卷二、五燈會元卷一。

2 寶林傳卷二、景德傳燈錄卷一、天聖廣燈錄卷二、傳法正宗記卷二、祖源通録撮要卷一、建中靖國續燈錄卷一。宗門統要卷一、聯燈會要卷一、大光明藏卷上、五燈會元卷一、禪門諸祖師偈頌卷上之上。

3 寶林傳卷二、景德傳燈錄卷一、天聖廣燈録卷三、傳法正宗記卷二、五燈會元卷一。

4 敦煌遺書S.1635泉州千佛新著諸祖師頌。

一五　佛陀難提尊者

1 第八祖佛陁難提尊者，迦摩羅國人，姓瞿曇波。當生之時，頂上有珠，珠光照曜。年至四十，遇婆須密而得出家，便證聖果。

2 遊行化導，至提迦國，而有一人名伏馱密多〔一〕，而問師曰：

「父母非我親，誰為最親者？
諸佛非我道，誰為最道者？」

師曰：

「汝言与心親，父母非可比。
汝行与道合，諸佛心即是。
外求有相佛，與法不相似。
若識汝本心，非合亦非離。」

尒時伏馱密多得聞尊者説是妙法，則五體投地，深敬作礼。尒時尊者則与出家，而命賢聖，受具足戒。尒時佛陁難提告伏馱密多曰：「如来以大法眼付囑迦葉，如是展轉，吾當第八。汝受法寶，勿令斷絶，聽吾偈言：

虚空無内外，心法亦如是。
若了虚空故〔二〕，是達真如理。」具如本傳。

〔一〕密：寶林傳、景德傳燈錄等並作「蜜」，下同。
〔二〕故：天聖廣燈錄作「界」。

3 師入滅時當此土姬周第二十四主景王十二年丙寅歲矣〔二〕。

4 淨修禪師讚曰：

佛陁難提，大化群迷，
心無內外，法離高低〔三〕。
五天論將，三界雲梯，
卓然真氣，南北東西。

考證

付法藏因緣傳作付法第七代；天台宗七祖。有關傳說見寶林傳卷二、佛祖統紀卷五、歷代佛祖通載卷四、宗統編年卷四等。

資料

1 寶林傳卷二、景德傳燈錄卷一、天聖廣燈錄卷二、傳法正宗記卷二、五燈會元卷一。

2 寶林傳卷二、景德傳燈錄卷一、天聖廣燈錄卷二、傳法正宗記卷二、祖源通録撮要卷一、宗門統要卷一、建中靖國續燈錄卷一、聯燈會要卷一、大光明藏卷上、五燈會元卷一、禪門諸祖師偈頌卷上之上。

〔二〕周景王十二年（前五三三）戊辰，非丙寅。

〔三〕法離高低：敦煌遺書S.1635泉州千佛新著諸祖師頌作「法理高位」。

3 寶林傳卷二、景德傳燈錄卷一、天聖廣燈錄卷二、傳法正宗記卷二、五燈會元卷一。

4 敦煌遺書S.1635泉州千佛新著諸祖師頌。

一六　伏馱密多尊者〔一〕

1 第九祖伏馱密多尊者，提迦國人，姓毗舍羅。具如本傳。

2 得佛陁難提法已，至中印國，大作佛事，導化群品，百千人俱。有一長者，名曰香盖，家有一子，号難生，依師出家。尒時師既受已，懃苦修行，脇不至席，因兹立号，名脇尊者。尒時伏馱密多告比丘難生曰：「如来以大法眼付囑迦葉，展轉相傳，今至於我〔二〕。我將此法付囑於汝，汝善護持，無令斷絕。汝受吾教而聽偈曰：

眞理本無名，因名現真理〔三〕，
領得真實法〔四〕，非真亦非僞。」

〔一〕付法藏因緣傳、摩訶止觀、歷代法寶記、敦煌本壇經、佛祖統紀並作「佛陀蜜多」；敦煌遺書S.1635泉州千佛新著諸祖師頌作「伏陁蜜多」。

〔二〕今至：原作「至今」，誤倒，據寶林傳校改。

〔三〕現：寶林傳作「顯」。

〔四〕領：寶林傳作「受」。

3 師説偈已，嘿然入定，諸天散花而供養之。時脇尊者則以香薪用闍維之，收得舍利，建塔供養。時當此土姬周第二十六主敬王三十五年甲寅歲矣〔二〕。

4 淨修禪師讚曰：

伏馱密多，大器晚成，

五十不語，五十不行。

俄逢大士，倏契無生，

崖松有操，鷲鶚無程〔三〕。

考證

付法藏因緣傳作付法第八代（佛陀蜜多）；天台宗八祖。有關傳説見寶林傳卷三、佛祖統紀卷五、歷代佛祖通載卷四、宗統編年卷四等。

資料

1 景德傳燈錄卷一、天聖廣燈録卷三、傳法正宗記卷二、五燈會元卷一。

2 寶林傳卷三、景德傳燈錄卷一、天聖廣燈錄卷三、傳法正宗記卷二、建中靖國續燈錄卷一、聯燈會要卷一、大

〔二〕周敬王三十五年（前四八五）丙辰，非甲寅。

〔三〕鷲鶚：敦煌遺書S.1635泉州千佛新著諸祖師頌作「秋鶚」。

光明藏卷上、五燈會元卷一、禪門諸祖師偈頌卷上之上。

3 寶林傳卷三、景德傳燈錄卷一、天聖廣燈錄卷三、傳法正宗記卷二、五燈會元卷一。

4 敦煌遺書S.1635泉州千佛新著諸祖師頌。

一七　脇尊者〔一〕公元紀元前後〔二〕

1 第十祖脇尊者，中印國人也。得伏馱密多法，廣化群迷。

2 至花氏國，有一長者，名曰寶身，而有七子。第七子名富那耶奢，礼師白言：「我今欲出家，尊者當濟度。」尒時尊者則為出家，具戒證果，乃命付法，而說偈曰：

「眞體自然真，因眞說有理。
領得真真法，無行亦無止。」

3 師付法已，化火三昧而自焚身。耶奢尊者收拾舍利，竪塔供養。時當此土姬周第二十八主貞王二十二年癸亥歲矣〔三〕。

〔一〕亦稱「勒比丘」（長安城內齊公寺薩婆多部佛大跋陀羅師宗相承略傳）、「勒比丘」（大智度論卷九九）。

〔二〕據胡適禪學古史考，胡適文存三集。

〔三〕貞王：當指「貞定王」、「定王」；傳法正宗記作「正定王」。癸亥：寶林傳、景德傳燈錄等並作「己亥」。周貞定王姬介二十二年（前四四七）甲午，非癸亥、己亥。

4

淨修禪師讚曰：

脇大尊者，愛憎網擠〔一〕，
量等虛空，道唯蕭灑。
真體自然，因真舒寫〔二〕，
約世蒼茫，奔騰意馬。

考證

脇尊者梵名波栗濕縛、波奢，有部僧人，勸迦膩色迦王舉行第四次集結；僧祐薩婆多部師資記目録序記爲迦葉下第十代，婆須蜜再傳弟子；又據鳩摩羅什譯馬鳴菩薩傳，脇比丘爲馬鳴之師。按僧祐薩婆多部師資記目録序及所録長安城内齊公寺薩婆多部佛大跋陀羅師宗相承略傳，脇比丘（「長老脇羅漢」，「勒比丘羅漢」）爲大迦葉下第九代（出三藏記集卷一二，第四六七、四七一頁）。付法藏因緣傳作付法第九代；天台宗九祖。有關事跡、傳説見大唐西域記卷二、寶林傳卷三、祖源通録撮要卷一、佛祖統紀卷五、歷代佛祖通載卷四、宗統編年卷四等。

〔一〕網通「罔」，又通「亡」、「無」。

〔二〕寫、「瀉」古今字，敦煌遺書S.1635泉州千佛新著諸祖師頌作「瀉」。

資料

1 寶林傳卷三、景德傳燈錄卷三、天聖廣燈錄卷三、傳法正宗記卷二、五燈會元卷一。

2 寶林傳卷三、景德傳燈錄卷一、天聖廣燈錄卷三、傳法正宗記卷二、建中靖國續燈錄卷一、聯燈會要卷一、大光明藏卷上、五燈會元卷一、禪門諸祖師偈頌卷上之上。

3 寶林傳卷三、景德傳燈錄卷一、天聖廣燈錄卷三、傳法正宗記卷二、五燈會元卷一。

4 敦煌遺書S.1635泉州千佛新著諸祖師頌。

一八　富那耶奢尊者〔一〕

1 第十一祖富那耶奢尊者，花氏國人也，姓瞿曇。兄弟七人而處最幼，心明博達，無諸所求。得付法已，廣宣流布，次第遊化。

2 又至一城，名波羅奈。遇一長者名馬鳴，問師曰：「我欲識佛，何者即是？」師曰：「汝欲識佛，不識者是。」馬鳴曰：「佛既不識，爭知是乎？」師曰：「汝既不識，爭知不是？」馬鳴曰：「此是鋸義。」師曰：「彼是木義。」師却問：「鋸義者何？」馬鳴曰：「共師並出〔二〕。」馬鳴却問：「云何木義？」師曰：「汝被我解。」尒時馬鳴聞師勝義，心即歡喜，而求出家。俱如傳中。

〔一〕摩訶止觀、敦煌本壇經作「富那奢」，寶林傳、景德傳燈錄、佛祖統紀等並作「富那夜奢」。

〔二〕並：寶林傳作「平」。

3 尒時富那耶奢告馬鳴曰：「我今将此正法眼藏付囑於汝，汝可流布，勿令断絶。」而説偈曰：

「迷悟如隐顯，明暗不相離，
今付隐顯法，非一亦非二。」

時馬鳴聞師説偈，心大慶悦。

4 師付法已，則現神通，飛行自在，却至本座而入寂定。時當此土姬周第三十三主安王十四年戊戌歲矣〔一〕。

5 淨修禪師讚曰：

富那夜師〔二〕，智若須弥，
心捐去住，身外榮衰。
明暗隐顯，視聽希夷。
現前提取，更莫參差〔三〕。

〔一〕周安王十四年（前三八八）癸巳，非戊戌。
〔二〕師：敦煌遺書S.1635泉州千佛新著諸祖師頌作「奢」。
〔三〕莫：敦煌遺書S.1635泉州千佛新著諸祖師頌作「不」。

考證

付法藏因緣傳作富那奢，爲付法第十代； 天台宗十祖。有關傳説見寶林傳卷三、祖源通録撮要卷一、佛祖統紀卷五、歷代佛祖通載卷五、宗統編年卷四等。

資料

1 寶林傳卷三、景德傳燈錄卷一、天聖廣燈録卷三、傳法正宗記卷二、五燈會元卷一。
2 寶林傳卷三、景德傳燈錄卷一、天聖廣燈録卷三、傳法正宗記卷二、宗門統要卷一、建中靖國續燈錄卷一、聯燈會要卷二、大光明藏卷上、五燈會元卷一。
3 寶林傳卷三、景德傳燈錄卷一、天聖廣燈録卷三、傳法正宗記卷二、建中靖國續燈錄卷一、聯燈會要卷二、大光明藏卷上、五燈會元卷一、禪門諸祖師偈頌卷上之上。
4 寶林傳卷三、景德傳燈錄卷一、天聖廣燈錄卷三、傳法正宗記卷二、五燈會元卷一。
5 敦煌遺書S.1635泉州千佛新著諸祖師頌。

一九　馬鳴尊者（公元一—二世紀）

1 第十二祖馬鳴尊者，波羅奈國人。具如本傳。

2 尒時馬鳴告毗羅曰：「我今將此正法眼藏付囑於汝，汝可流布，無令斷絶，而聽偈曰：

隐顯即本法，明暗元無貳，
今付悟了法，非取亦非棄。」

3 師入大寂，時當此土姬周三十五帝顯王二十七年甲午歲矣〔二〕。

4 淨修禪師讚曰：

尊者馬鳴，化花氏城，
魔宮霧卷，釋苑風清。
我欲識佛，不識者明，
莫非玄解，動足塵生。

考證 馬鳴又譯作阿濕縛窶沙等。據僧祐薩婆多部師資記目錄序，馬鳴爲長老脇羅漢弟子；鳩摩羅什譯有馬鳴菩薩傳。按僧祐薩婆多部師資記目錄序馬鳴爲大迦葉下第十一代，又長安城内齊公寺薩婆多部佛大跋陀羅師宗相承略傳作第十代（出三藏記集卷一二，第四六七、四七一頁）。付法藏因緣傳作付法第十一代；天台宗十一祖。有關事跡、傳說見真諦譯婆藪盤豆法師傳、曇景譯摩訶摩耶經卷下、大唐西域記卷八、寶林傳卷三、佛祖統紀卷五、歷代佛祖通載卷五、宗統編年卷四等。

著作 佛所行讚、大乘莊嚴經論、金剛針論等。

〔二〕周顯王二十七年（前三四二）己卯，非甲午；寶林傳、景德傳燈錄作「三十七年」，己丑。

資料

1 寶林傳卷三、景德傳燈錄卷一、天聖廣燈録卷三、傳法正宗記卷三、五燈會元卷一。

2 寶林傳卷三、景德傳燈錄卷一、天聖廣燈録卷三、傳法正宗記卷三、建中靖國續燈錄卷一、聯燈會要卷二、大光明藏卷上、五燈會元卷一、禪門諸祖師偈頌卷上之上。

3 寶林傳卷三、景德傳燈錄卷一、天聖廣燈錄卷三、傳法正宗記卷三、五燈會元卷一。

4 敦煌遺書S.1635泉州千佛新著諸祖師頌。

二〇　毗羅尊者〔一〕

1 第十三祖毗羅尊者，花氏國人。俱如本傳。

2 尒時毗羅告龍樹曰：「我今将此正法眼藏用付於汝，汝當護持，勿令断絶，而聽偈言：

非隐非顯法，說是真實際，
悟此隐顯法，非愚亦非智。」

3 毗羅入滅，時當此土姬周三十七帝赧王四十一年壬辰歲〔二〕。

4 淨修禪師讃曰：

〔一〕寶林傳中爲魔王，號迦毗摩羅；敦煌遺書S.1635泉州千佛新著諸祖師頌作「迦毗羅」；景德傳燈錄等並作「迦毗摩羅」。
〔二〕周赧王四十一年（前二七四）丁亥，非壬辰；壬辰爲四十六年。

毗羅大聖，因地魔王，
憑師指教，豁證真常。
胡為愚智，詎是詎長〔一〕，
德馨蘭慧〔二〕，性淨冰霜。

考證

付法藏因緣傳作比羅，爲付法第十二代； 天台宗十二祖。按僧祐薩婆多部師資記目録序有毗樓尊者，爲迦葉下第四十代，而在長安城内齊公寺薩婆多部佛大跋陀羅師宗相承略傳爲阿難下第三十五代，或擬其人（出三藏記集卷一二，第四六九、四七二頁）。有關傳説見寶林傳卷三、祖源通録撮要卷一、佛祖統紀卷五、歷代佛祖通載卷五、宗統編年卷五等。

資料

1 寶林傳卷三、景德傳燈録卷一、天聖廣燈録卷三、傳法正宗記卷三、五燈會元卷一。

2 寶林傳卷三、景德傳燈録卷一、天聖廣燈録卷三、傳法正宗記卷三、建中靖國續燈録卷一、聯燈會要卷二、大光明藏卷上、五燈會元卷一、禪門諸祖師偈頌卷上之上。

〔一〕詎是詎長：敦煌遺書S.1635泉州千佛新著諸祖師頌作「誰是詎長」。下「詎」字疑為「短」字之訛。

〔二〕慧：疑應作「蕙」；敦煌遺書S.1635泉州千佛新著諸祖師頌此二句作「德馨性淨，蘭蕙冰霜」。

3 寶林傳卷三、景德傳燈錄卷一、天聖廣燈錄卷三、傳法正宗記卷三、五燈會元卷一。

4 敦煌遺書S.1635泉州千佛新著諸祖師頌。

二一　龍樹尊者公元二—三世紀

1 第十四祖龍樹尊者，西天竺人。具如傳中。

2 尒時龍樹告提婆曰：「我今將此正法眼藏用付於汝，汝當受教，聽吾偈曰：

為明隐顯法，方説解脱理。
於法心不證，無嗔亦無喜。」

3 龍樹尊者寂然入定，時當此土秦第四帝始皇三十五年己丑歲矣〔二〕。

4 淨修禪師讃曰：

菩薩龍樹，化龍是務，
心曉佛心，住而非住。
身顯圓月，法流膏雨，

〔二〕第四帝：原作「第二帝」，據史記秦本紀，秦昭襄王五十二年（前二五五）「周民東亡，其器九鼎入秦。周初亡」，以下孝文王，莊襄王，至秦始皇嬴政爲第四帝；寶林傳作「第四帝」，是。三十五年己丑：原作「三十丑年巳五」，據寶林傳、景德傳燈錄校定。秦始皇三十五年（前二一二）己丑。

提婆投機，孰諳旨趣〔二〕。

考證

龍樹又譯作那伽曷樹那等。付法藏因緣傳作付法第十三代；天台宗十三祖。按僧祐薩婆多部師資記目錄序爲大迦葉下第三十四世（出三藏記集卷一二，第四六九頁）。有關傳說見鳩摩羅什譯龍樹菩薩傳、付法藏因緣傳卷五、曇景譯摩訶摩耶經卷下、大唐西域記卷八、寶林傳卷三、祖源通録撮要卷一、祖庭事苑卷五、士衡敬天台九祖傳、佛祖統紀卷五、佛祖歷代通載卷五、宗統編年卷五等。

著作

中論頌、十二門論、大智度論、十住毗婆沙論、大乘二十頌論、菩提資糧論頌、龍樹菩薩勸誡王頌等。

資料

1 寶林傳卷三、景德傳燈錄卷一、天聖廣燈錄卷三、傳法正宗記卷三、五燈會元卷一。

2 寶林傳卷三、景德傳燈錄卷一、天聖廣燈錄卷三、傳法正宗記卷三、建中靖國續燈錄卷一、聯燈會要卷二、大光明藏卷上、五燈會元卷一、禪門諸祖師偈頌卷上之上。

3 寶林傳卷三、景德傳燈錄卷一、天聖廣燈錄卷三、傳法正宗記卷三、五燈會元卷一。

4 敦煌遺書S.1635泉州千佛新著諸祖師頌。

〔二〕　孰：　原作「就」，據敦煌遺書S.1635泉州千佛新著諸祖師頌校改。孰，「熟」本字。

二二　迦那提婆尊者 約三世紀

1 第十五祖迦那提婆尊者，南印土人〔一〕，姓毗舍羅。具如傳中。

2 尒時提婆尊者告羅睺羅多曰：「我今將此正法眼藏用付於汝，汝宜傳受，無令断絶，而聽偈言：

本對傳法人，為說解脱理，
於法實無證，無終復無始。」

3 此師滅度時當此土前漢第四主文帝十九年庚辰歲矣。

4 淨修禪師讚曰：

迦那提婆，德岸弥高，
迴旋香象，欠㰦金毛〔二〕。
機迅巖電，辯瀉秋濤，

〔一〕南印土：寶林傳作「南印度」。

〔二〕欠㰦：原作「吹㰦」，據敦煌遺書S.1635泉州千佛新著諸祖師頌校定。玄應一切經音義卷二引漢服虔通俗文：「張口運氣謂之欠㰦也。」

始終絶證，勿悞王刀。

考證

提婆又譯爲天、聖天。鳩摩羅什譯有提婆菩薩傳。付法藏因緣傳作付法第十四代；天台宗十四祖。按僧祐薩婆多部師資記目錄序爲大迦葉下第三十五世（出三藏記集卷一二，第四六九頁）。有關事跡、傳説見大唐西域記卷四、卷八、寶林傳卷三、祖源通録撮要卷一、祖庭事苑卷二、佛祖統紀卷五、歷代佛祖通載卷五、宗統編年卷五。

著作

百論、百字論、廣百論等。

資料

1 寶林傳卷三、景德傳燈錄卷一、天聖廣燈錄卷三、傳法正宗記卷三、五燈會元卷一。
2 寶林傳卷三、景德傳燈錄卷一、天聖廣燈錄卷三、傳法正宗記卷三、建中靖國續燈錄卷一、聯燈會要卷二、大光明藏卷上、五燈會元卷一、禪門諸祖師偈頌卷上之上。
3 寶林傳卷三、景德傳燈錄卷一、天聖廣燈錄卷三、傳法正宗記卷三、五燈會元卷一。
4 敦煌遺書S.1635泉州千佛新著諸祖師頌。

二三　羅睺羅尊者〔一〕

1 第十六祖羅睺羅尊者，迦毗羅國人〔二〕，姓梵摩。父名淨德。俱如傳中。

2 尒時僧伽難提而問師曰：「法有證不？有取捨不？有有無不？有内外不？願尊者慈造而為解説。」尒時羅睺羅多以偈荅曰：

「於法實無證，不取亦不離。
法非有無相，内外云何起？」

3 此師全身入定，時當此土前漢第六武帝十年戊辰歲矣〔三〕。

4 淨修禪師讚曰：

羅睺道德，在口寧論？
因師説耳，尋得入門。
高提日月，大照乾坤，

〔一〕寶林傳、景德傳燈錄、佛祖統紀等並作「羅睺羅多」。

〔二〕迦毗羅國：原作「毗羅國」，據寶林傳、景德傳燈錄等校改。

〔三〕寶林傳第六下有「主」字。漢武帝十年爲元光四年（前一三一）庚戌，非戊辰；景德傳燈錄作「二十八年」（元鼎四年，前一一三，戊辰）。

不取不捨，傳乎子孫。

考證

付法藏因緣傳作付法第十五代；天台宗十五祖。按僧祐薩婆多部師資記目錄序爲大迦葉下第二十二世，長安城内齊公寺薩婆多部佛大跋陀羅師宗相承略傳作阿難下第十八世（出三藏記集卷一二，第四六八、四七一頁）。有關傳説見寶林傳卷三、祖源通録撮要卷一、佛祖統紀卷五、歷代佛祖通載卷五、宗統編年卷五等。

資料

1 寶林傳卷三、景德傳燈錄卷一、天聖廣燈錄卷三、傳法正宗記卷三、五燈會元卷一。

2 寶林傳卷三、景德傳燈錄卷一、天聖廣燈錄卷三、傳法正宗記卷三、建中靖國續燈錄卷一、聯燈會要卷二、大光明藏卷上、五燈會元卷一、禪門諸祖師偈頌卷上之上。

3 寶林傳卷三、景德傳燈錄卷一、天聖廣燈錄卷三、傳法正宗記卷三、五燈會元卷一。

4 敦煌遺書S.1635泉州千佛新著諸祖師頌。

祖堂集卷第一

乙巳歲分司大藏都監彫造

祖堂集卷第二

於卷内西天并震旦一十七祖已畢

二四　僧伽難提尊者〔一〕

1　第十七祖僧伽難提尊者，羅伐城人也〔二〕，刹利姓。父名寶莊嚴，母名芬陁利。纔生解語，分明曉了，為母説法。

2　既得羅睺羅法，行化至摩竭國，見一童子，年當十二，手執銅鏡而来師所。師問曰：「子年幾耶？」子曰：「我當百歲。」師曰：「汝當無智。看汝幼少，荅曰『我年百歲』，非其理也。」子曰：「我不會理，正當百歲。」師曰：「子善機也。」子曰：「佛偈云：

若人生百歲，不會諸佛機，

未若生一日，而得决了之。」

〔一〕摩訶止觀、佛祖統紀作「僧佉難提」；歷代法寶記，敦煌本壇經作「僧迦那提」。

〔二〕羅伐城：景德傳燈録作「室羅閥城」，天聖廣燈録作「室羅筏城」，傳法正宗記作「室羅伐城」。

時尊者敬之，深知是聖，問曰：「汝執此鏡，其意云何？」子曰：

「諸佛大圓鏡，內外無瑕翳，
兩人同得見，心眼皆相似。」

其舍父母見子言異，則令出家。師為度脱，領詣古寺而為受戒，名曰伽耶舍多。於彼殿角，有一銅鈴，被風搖響。師曰：「彼風鳴耶？銅鈴鳴耶？」子曰：「我心鳴耳〔一〕，非風、銅鈴。」師曰：「非風、銅鈴，我心誰耶也〔二〕？」子曰：「倶寂静故，豈非三昧？」師曰：

「善哉真比丘！善會諸佛理，
善説真法要，善識諸佛義。」

乃命付法，以偈告曰：

「心地本無生，因種從緣起〔三〕，
緣種不相妨，花菓亦復然。」

伽耶舍多聞師説偈，及受法藏，心生敬重，頂戴受持。

〔一〕耳：原作「耶」，據景德傳燈錄校改；寶林傳作「也」。
〔二〕「也」字疑衍。
〔三〕因種：景德傳燈錄作「因地」。

3 師付法已，即離本座，至樹下立，而舉左手攀其樹枝，尋則滅度。焚其舍利，則在樹側，不可移動，則就本處竪塔供養。諸天散花而雨寶衣，用散塔處。時當此土前漢第七主昭帝十年辛酉歲矣〔一〕。

4 淨修禪師讚曰：

僧伽難提，莊嚴王子，
逾城九重，入山千里。
定喻井金〔二〕，義乖終始〔三〕，
理屈於師，忽窮自己。

考證

付法藏因緣傳作付法第十六代；天台宗十六祖。有關傳説見寶林傳卷三、祖源通録撮要卷一、佛祖統紀卷五、歷代佛祖通載卷五、宗統編年卷五。

〔一〕漢昭帝十年爲元鳳四年（前七七）甲辰，非辛酉。

〔二〕喻：原作「俞」，據敦煌遺書S.1635泉州千佛新著諸祖師頌校改。

〔三〕乖：原作「班」，據敦煌遺書S.1635泉州千佛新著諸祖師頌校改。

資料

1 寶林傳卷三、景德傳燈錄卷二、天聖廣燈錄卷四、傳法正宗記卷三、五燈會元卷一。

2 寶林傳卷三、景德傳燈錄卷二、天聖廣燈錄卷四、傳法正宗記卷三、祖源通録撮要卷一、宗門統要卷一、建中靖國續燈錄卷一、祖庭事苑卷七、聯燈會要卷二、大光明藏卷上、五燈會元卷一、禪門諸祖師偈頌卷上之上。

3 付法藏因緣傳卷六、寶林傳卷三、景德傳燈錄卷二、天聖廣燈錄卷四、傳法正宗記卷三、五燈會元卷一。

4 敦煌遺書S.1635泉州千佛新著諸祖師頌。

二五　伽耶舍多尊者〔一〕

1 第十八祖伽耶舍多尊者，摩竭國人〔二〕，姓欝頭藍。父名天盖，母名方聖。年至十二，得僧伽難提法。

2 行化至月氏國，大作佛事。有一婆羅門〔三〕，名曰鳩摩羅多，心信外道，不愛佛法。師至婆羅

〔一〕摩訶止觀、佛祖統紀作「僧佉耶舍」；景德傳燈錄作「伽邪舍多」；歷代法寶記、敦煌本壇經、四證佛法相承血脈譜、圓覺經大疏鈔作「僧迦耶舍」。

〔二〕摩竭國：寶林傳、景德傳燈録作「摩提國」。

〔三〕婆：原作「波」；本章下同。

門家，為說犬因緣〔一〕，又為說父病因緣。於時婆羅門聞師所說而生歡喜，欲求出家。師与出家，受具足戒，令證道果。乃命付法，而說偈曰：

「有種有心地，因緣能發萌，

於緣不相礙，當生生不生。」

時鳩摩羅多聞師說偈，心生歡喜，當自安樂。

3 師付法已，即從座起，踊身虛空，作十八變，化火三昧，自焚其身。衆拾舍利，起塔供養。時當此土前漢第十主成帝十四年戊申歲矣〔二〕。

4 淨修禪師讚曰：

伽耶舍多，幼會佛機，

手執寶鏡，面難提師。

內外絕翳，眉目無虧，

風飀鐸韻，非我是誰〔三〕？

〔一〕犬：原作「大」；「犬因緣」見寶林傳卷四第十八祖伽耶舍多章奢狗品，據改。

〔二〕第十主：原作「第十五主」；漢成帝爲西漢第十帝（包括漢高后吕稚）；寶林傳作「第十主」，據改；十四年爲鴻嘉二年（前一九）壬寅，非戊申。

〔三〕是：敦煌遺書S.1635泉州千佛新著諸祖師頌作「而」。

考證

付法藏因緣傳作僧伽耶舍，爲付法第十七代；天台宗十七祖。有關傳説見寶林傳卷四、佛祖統紀卷五、歷代佛祖通載卷五、宗統編年卷五。

資料

1 寶林傳卷四、景德傳燈錄卷二、天聖廣燈錄卷四、傳法正宗記卷三、聯燈會要卷二、五燈會元卷一。

2 寶林傳卷四、景德傳燈錄卷二、天聖廣燈錄卷四、傳法正宗記卷三、建中靖國續燈錄卷一、大光明藏卷上、五燈會元卷一、禪門諸祖師偈頌卷上之上。

3 寶林傳卷四、景德傳燈錄卷二、天聖廣燈錄卷四、傳法正宗記卷三、五燈會元卷一。

4 敦煌遺書S.1635泉州千佛新著諸祖師頌。

二六　鳩摩羅多尊者〔一〕公元三—四世紀〔二〕

1 第十九祖鳩摩羅多尊者，月氏國人也。

2 初遇伽耶舍多，得法行化，時至北天。有一大士名闍夜多，而用油塗足，巡遊諸國。遥見伽耶舍多，作礼問：「我家父母心常供養，亦求佛道，未省是何因緣，長縈疾苦？又觀鄰舍常行凶殺，不

〔一〕摩訶止觀、歷代法寶記、内證佛法相承血脈譜、圓覺經大疏鈔作「鳩摩羅馱」。

〔二〕據胡適禪學古史考，胡適文存三集。

樂修行，而無所患。此二事實未曉之，唯願慈悲，為我解說。」尊者云：「業通三世，如影隨形，積善餘慶，積惡餘殃。」聞說歡喜，志願出家，乞師納受。既攝受已，便獲道果。師乃命付法，而說偈曰：

「性上本無生，為對求人說，
於法既無得，何懷決不決？」

3 師付法已，於座上以爪剺面，各分兩向。當此處分〔一〕，有大光明照大衆已，寂然滅度。時當此土王莽則位十八年壬午歲矣〔二〕。

4 淨修禪師讚曰：

鳩摩羅多，犬常止簷〔三〕，
蒙師為訣〔四〕，委父無猒。
本非鍛鍊，肯藉鎚鉗，
一榻孤坐，人天礼瞻。

〔一〕當此處分：「處分」二字疑誤倒；寶林傳作「當此分處」。
〔二〕王莽新朝自始建國元年（九）至地皇四年（二三），僅十五年。
〔三〕犬：原作「大」；鳩摩羅多犬因緣詳寶林傳卷四第十八祖伽耶舍多章簷狗品。
〔四〕訣：敦煌遺書S.1635泉州千佛新著諸祖師頌作「決」。

考證

玄暢訶梨跋摩傳：「訶梨跋摩者，宋稱師子鎧，佛泥洹後九百年，出自中天竺，婆羅門子也……爲薩婆多部達摩沙門究摩羅陀弟子。」(出三藏記集卷一一，第四〇七頁)又僧叡成實論序：「成實論者，佛滅度後八百九十年，罽賓小乘學者之匠鳩摩羅陀上足弟子訶梨跋摩之所造也。」(見吉藏三論玄義，大正藏第四十五卷第三頁下)付法藏因緣傳作鳩摩羅馱，爲付法第十八代； 天台宗十八祖。 按僧祐薩婆多部師資記目錄序作大迦葉下第十二世，長安城内齊公寺薩婆多部佛大跋陀羅師宗相承略傳作阿難下第二十五世(出三藏記集卷一二，第四六七、四七二頁)。 有關事跡、傳説見吉藏三論玄義、寶林傳卷四、佛祖統紀卷五、祖源通録撮要卷一、歷代佛祖通載卷五、宗統編年卷五。

資料

1 寶林傳卷四、景德傳燈錄卷二、天聖廣燈錄卷四、傳法正宗記卷三、五燈會元卷一。

2 寶林傳卷四、景德傳燈錄卷二、天聖廣燈錄卷四、傳法正宗記卷三、祖源通録撮要卷一、建中靖國續燈錄卷一、聯燈會要卷二、大光明藏卷上、五燈會元卷一、禪門諸祖師偈頌卷上之上。

3 寶林傳卷四、景德傳燈錄卷二、天聖廣燈錄卷四、傳法正宗記卷三、五燈會元卷一。

4 敦煌遺書S.1635泉州千佛新著諸祖師頌。

二七　闍夜多尊者〔一〕

1 第二十祖闍夜多尊者，北天竺國人也。

2 得鳩摩羅多法已，行化至羅閲城。遇一頭陁，名婆修盤頭，六時礼佛，少欲知足，長坐不卧，一食而已。尒時尊者問大衆曰：「此頭陁者，汝見如何？」衆曰：「不可思議！常修梵行，長坐不卧，一食而已。」師曰：「此是道耶？」衆曰：「誠如尊説。」師曰：「今此頭陁不久當堕，與道懸遠。心有所求，不名為道。」衆曰：「師如何？」師曰：「我不求道，亦不顛倒；我不六礼，亦不輕慢；我不長坐，亦不懈怠；我不一食，亦不雜食；我不知足，亦不貪欲。」尒時頭陁聞師所説，心生歡喜，説偈讃曰：

「稽首三昧尊，不求於佛道，
不礼亦不慢，心不生顛倒。
不坐不懈怠，但食無所好，
雖慢而不遲，雖急而不躁〔二〕。

〔一〕敦煌本壇經作「闍耶多」。
〔二〕躁：原作「燥」，據寶林傳、天聖廣燈録、傳法正宗記校改。

我今遇寶尊，和南依師教。」

師見説偈已，師告曰：「如来以正法眼付囑迦葉，如是展轉，乃至於我。我今囑汝，汝善護持，勿令断絶，聽吾偈曰：

言下合無生，同於法界性，
若能如是解，通達事理竟。」

3 師入滅，時當此土後漢第二主明帝十六年甲申歲矣〔一〕。

4 淨修禪師讚曰：

闍夜多祖，格高皃古，
錫有六鐶，田無半畝。
言下不生，何處不普？
垂手入鄽，他方此土。

考證

付法藏因緣傳作付法第十九代；天台宗十九祖。有關傳説見雜寶藏經卷七羅漢祇夜多驅惡龍遠入海緣、寶

〔一〕漢明帝永平十六年（七三）癸酉，非甲申；寶林傳「甲申」作「申戌」；景德傳燈録作「十七年甲戌」。

資料

林傳卷四、祖源通録撮要卷一、佛祖統紀卷五、歷代佛祖通載卷五、宗統編年卷六。

1 寶林傳卷四、景德傳燈錄卷二、天聖廣燈錄卷四、傳法正宗記卷三、五燈會元卷一。

2 寶林傳卷四、景德傳燈錄卷二、天聖廣燈錄卷四、傳法正宗記卷三、建中靖國續燈錄卷一、聯燈會要卷二、大光明藏卷上、五燈會元卷一、禪門諸祖師偈頌卷上之上。

3 寶林傳卷四、景德傳燈錄卷二、天聖廣燈錄卷四、傳法正宗記卷三、五燈會元卷一。

4 敦煌遺書S.1635泉州千佛新著諸祖師頌。

二八　婆修盤頭尊者〔一〕

1 第二十一祖婆修盤頭尊者，羅閱城人，姓毗舍佉。父名光蓋，母名嚴一。

2 師得闍夜多法，行化至郁提國，而共常自在王言論次，有一使者乃奏王曰：「百万象兵至于南面。」王曰：「此事非少〔二〕，如何抵敵？」師曰：「大王莫愁，令第二太子摩拏羅輕喝一聲。」大王

〔一〕摩訶止觀作「盤馱」；歷代法寶記、內證佛法相承血脈譜、圓覺經大疏鈔作「婆修槃陀」；敦煌本壇經作「婆須盤多」；佛祖統紀作「婆修槃馱」。

〔二〕少、「小」通；本書下多同例，不煩備註。

則命大子喝〔一〕。太子奉王教詔，即至城南，便舉左手，拍其腹上而喝一聲。象兵倒地，不復更起。王見此事，深自歎訝，願師攝受，度脫出家，命聖受戒。尒時太子偈讚曰：

「為摧百万象，鼓腹作神通，
一切諸宮殿，無不震動者。
遇師方便力，而得度脫我，
稽首父母辞〔二〕，而出於愛火。」

3 尒時尊者則領太子遊行化導，建勝法幢，乃命付法，而說偈曰：

「泡幻同無礙，如何不了悟？
達法在其中，非今亦非古。」

4 師入定，時當此土後漢第五主殤帝九年丁巳歲矣〔三〕。

5 淨修禪師讚曰：

婆修盤頭，修行不臥，

〔一〕大，「太」通；本書下多同例，不煩備註。
〔二〕父母辞：寶林傳作「辭父母」。
〔三〕殤：原作「煬」；後漢第五帝殤帝劉隆，年號延平，僅一年（一〇六），干支丙午。

雖歷辛懃，翻成懶惰。
因指見月，逢歌拍和〔一〕，
泡幻無真，慮情無過〔二〕。

考證

付法藏因緣傳作婆修槃陀，爲付法第二十代；天台宗二十祖。按僧祐薩婆多部師資記目錄序作婆秀槃頭，爲大迦葉下第四十四世，長安城内齊公寺薩婆多部佛大跋陀羅師宗相承略傳作波秀槃頭，爲阿難下第三十九世（出三藏記集卷一二，第四六九、四七三頁）。有關傳説見寶林傳卷四、佛祖統紀卷五、歷代佛祖通載卷五、宗統編年卷六。

資料

1 寶林傳卷四、景德傳燈錄卷二、天聖廣燈錄卷四、傳法正宗記卷四、祖源通録撮要卷一、五燈會元卷一。
2 寶林傳卷四。
3 寶林傳卷四、景德傳燈錄卷二、天聖廣燈錄卷四、傳法正宗記卷四、聯燈會要卷二、大光明藏卷上、五燈會元卷一、禪門諸祖師偈頌卷上之上。

〔一〕拍：原作「指」。
〔二〕慮：敦煌遺書S.1635泉州千佛新著諸祖師頌作「攎」。

4 寶林傳卷四、景德傳燈錄卷二、天聖廣燈錄卷四、傳法正宗記卷四、五燈會元卷一。

5 敦煌遺書S.1635泉州千佛新著諸祖師頌。

二九　摩拏羅尊者〔一〕

1 第二十二祖摩拏羅尊者，郍提國人，姓刹利帝〔二〕，名大力尊。父名多滿，亦名常自在。具如寶林傳也。

2 尒時摩拏羅告鶴勒曰：「我今將此正法眼藏用付於汝，汝當守護，無令断絶。汝受吾教。」而說偈言：

「心随万境轉〔三〕，轉處實能幽。
随流認得性，無喜復無憂。」

3 此師入滅，時當此土後漢第九主桓帝十八年乙巳歲矣〔四〕。

〔一〕摩拏羅：付法藏因緣傳、摩訶止觀、內證佛法相承血脈譜、圓覺經大疏鈔並作「摩奴羅」。寶林傳卷四：「有云摩奴羅者，此非理也。」

〔二〕刹利帝：參閱本書卷一釋迦牟尼佛章第六頁註〔六〕。

〔三〕隨：寶林傳作「逐」。

〔四〕漢桓帝劉志爲後漢第十帝；十八年爲延熹七年（一六四）甲辰，非乙巳。景德傳燈錄作「十九年乙巳」。

4 淨修禪師讚曰：

辯塔降象，自在王子，

雷震蟄門，邪師失齒。

神運六通，道風千里，

聲色恒真，何須矃耳！

考證

付法藏因緣傳作摩奴羅，爲付法第二十一代；天台宗二十一祖。有關傳説見寶林傳卷四、卷五、祖源通録撮要卷一、佛祖統紀卷五、歷代佛祖通載卷五、宗統編年卷六。

資料

1 寶林傳卷五、景德傳燈錄卷二、天聖廣燈錄卷四、傳法正宗記卷四、五燈會元卷一。

2 寶林傳卷五，景德傳燈錄卷二、天聖廣燈錄卷四、傳法正宗記卷四、建中靖國續燈錄卷一、聯燈會要卷二、大光明藏卷上、五燈會元卷一、禪門諸祖師偈頌卷上之上。

3 寶林傳卷五、景德傳燈錄卷二、天聖廣燈錄卷四、傳法正宗記卷四、五燈會元卷一。

4 敦煌遺書S.1635泉州千佛新著諸祖師頌。

三〇　鶴勒尊者〔一〕

1 第二十三祖鶴勒尊者，月氏國人，姓婆羅門。父名千勝，母号金光。具如寶林傳也。

2 尒時鶴勒告師子曰：「我今將此正法眼藏用付於汝，汝善護持，外方行化。當國有難，刑在汝身〔二〕。汝受吾教而聽偈曰：

認得心性時，可說不思議，

了了無可得，得時不說知。」

3 此師滅度，時當後漢第十二主獻帝十九年己丑歲矣〔三〕。

4 淨修禪師讚曰：

尊者鶴勒，上德不德，

任性縱橫，發言奇特。

功高二儀，名喧萬國，

〔一〕鶴勒：付法藏因緣傳作「鶴勒那夜奢」；摩訶止觀作「鶴勒夜那」；歷代法寶記、敦煌本壇經、景德傳燈錄作「鶴勒那」。

〔二〕刑在汝身：寶林傳作「形在汝身」；景德傳燈錄作「嬰在汝身」。

〔三〕十二主：原作「十一主」，據寶林傳校改；漢獻帝劉協爲後漢十二帝，自永漢元年（一八九）算起十九年爲建安十二年（二〇七）丁亥。十九年：景德傳燈録作「二十年」。

稽首歸依，祖林薝蔔。

考證

付法藏因緣傳作鶴勒那夜奢，爲付法第二十二代； 天台宗二十二祖。有關傳説見寶林傳卷五、祖源通録撮要卷一、佛祖統紀卷五、佛祖歷代通載卷六、宗統編年卷六等。

資料

1 寶林傳卷五、景德傳燈錄卷二、天聖廣燈錄卷五、傳法正宗記卷四、五燈會元卷一。

2 寶林傳卷五、景德傳燈錄卷二、天聖廣燈錄卷五、傳法正宗記卷四、建中靖國續燈錄卷一、聯燈會要卷二、大光明藏卷上、五燈會元卷一、禪門諸祖師偈頌卷上之上。

3 寶林傳卷五、景德傳燈錄卷二、天聖廣燈錄卷五、傳法正宗記卷四、五燈會元卷一。

4 敦煌遺書S.1635泉州千佛新著諸祖師頌。

三二　師子尊者

1 第二十四祖師子尊者，中印土人，姓婆羅門。具如寶林傳也。

2 尒時師子告婆舍斯多曰：「如来以正法眼付囑迦葉，如是展轉，乃至於我。我持此法并僧伽梨衣付囑於汝。汝當護持，無令断絶〔二〕，而聽偈言：

　　正説知見時，知見俱是心，
　　當心即知見，知見即于今。」

3 此師還債，時當此土前魏第三主少帝己卯歲矣〔三〕。

4 淨修禪師讃曰：

　　師子尊者，人天仰譽，
　　雪裏松青，雲間鶴翥。
　　論鼓纔聲，法輪高馭，
　　挫拉邪徒，悟真來去。

考證

付法藏因緣傳作付法第二十三代（阿難旁出摩田提，或作末田地，付法者計二十四人），云：「相付法人於是便絶。」（付法藏因緣傳卷六，大正藏第五十卷第三二一頁下）；天台宗二十三祖。按僧祐薩婆多部師資記目

〔二〕令：原作「今」。

〔三〕己卯歲：當高貴鄉公甘露四年（二五九）。景德傳燈録作「魏齊王二十年己卯歲」；傳法正宗記卷上：「夫師子之死也，乃當前魏廢章齊王之世，以甲曆記之，當在丁卯，寶林傳誤云己卯。」

錄序作大迦葉下第二十五世，長安城内齊公寺薩婆多部佛大跋陀羅師宗相承略傳作阿難下第二十一世（出三藏記集卷一二，第四六八、四七一頁）。有關傳説見寶林傳卷五、祖源通録撮要卷一、佛祖統紀卷五、佛祖歷代通載卷六、宗統編年卷六。

資料

1 寶林傳卷五、景德傳燈錄卷二、天聖廣燈錄卷五、傳法正宗記卷四、五燈會元卷一。

2 寶林傳卷五、景德傳燈錄卷二、天聖廣燈錄卷五、傳法正宗記卷四、建中靖國續燈錄卷一、聯燈會要卷二、大光明藏卷上、五燈會元卷一、禪門諸祖師偈頌卷上之上。

3 寶林傳卷五、景德傳燈錄卷二、傳法正宗記卷四、五燈會元卷一。

4 敦煌遺書S.1635泉州千佛新著諸祖師頌。

三二　婆舍斯多尊者

1 第二十五祖婆舍斯多尊者，罽賓國人，姓婆羅門。父名寂行，母号常安樂。夜夢神人手執寶釼付常安樂，因此有孕，滿月産下。其子左手常拳〔一〕，似執物。從此出家，證果得法。

2 行化至中天竺國〔二〕，度化群迷。次第遊行，至南印土。有一國王，名曰得勝，常崇咒師，不信

〔一〕左：原字破損，寶林傳：「左手之中，拳似執物。」據以校定。

〔二〕行：原字破損，據高麗大藏經補遺本校定。

佛法。咒師奏王：「婆舍斯多不會佛法，請王試之。此人云聖，問其異事，若荅不得，則非師子繼承弟子。」大王有一大子，名不如密多，則向王曰：「今此尊者先王供養，有大威德，不用試之。」王切齒呵責〔一〕，則囚太子。王乃命師，師則赴命。王不令坐，當殿試語。問曰：「我國之中無諸邪法，師所學者，當是何宗？」師曰：「此國之內無諸邪法，我所學者，當是佛宗。」王曰：「佛滅度已千二百年，師今七十，當何得之？」師曰：「自釋迦傳教，歷于二十四人。我今所學，當繼師子尊者法。亦有信衣，名僧伽梨衣，現在囊中，取呈大王。」王雖見傳法袈裟，心不敬信，則命左右以火驗之。其火熾然，光明貫天，祥雲覆地，而雨四花，異香氣馥，火燼衣存。王覩斯瑞，方乃發心〔二〕，求哀懺悔。此衣在於王宮，起塔供養。時太子被囚深宮，並不得食，乃云：「我為法故，今此飢渴〔三〕，如何存濟？」其時天降白乳入口，味如甘露，食了輕建〔四〕，乃作是言：「我若出宮，則便出家。」王詔出宮，投師出家。師云：「汝欲出家，當為何事？」太子曰：「我所出家，不為其事。」師曰：「汝言不為，不為何事？」太子曰：「我所不為，不為俗事。」師云：「不為俗事，當為何事？」太子曰：「不為俗事，當為佛事。」師自念言：如来以大悲力，令此太子助作佛事。在師左右，出家具戒，便證道果。乃命付法，而說偈

〔一〕責：原作「嘖」，本書「嘖」作「責」凡十五見。
〔二〕心：寶林傳作「信」。
〔三〕今：原字破損，寶林傳作「今我飢渴」，據以校定。
〔四〕建，「健」通。

曰：

「聖人説知見，當境無非是，

我今悟真性，無道亦非理。」

3 此師入滅，時當此土東晉第一主元帝八年乙酉歲矣〔一〕。

4 淨修禪師讚曰：

婆舍斯多，久離攀緣，

未逢作者，終不開拳。

傳師衣鉢，度物橋舡，

當心妙見，豈假言宣。

考證

婆舍斯多係寶林傳創出。有關傳説見寶林傳卷五、卷六、歷代佛祖通載卷七、宗統編年卷七等。

資料

1 寶林傳卷六、景德傳燈錄卷二、天聖廣燈錄卷五、傳法正宗記卷四、五燈會元卷一。

〔一〕 晉元帝司馬睿，在位僅六年，亦無乙酉；景德傳燈錄作「東晉明帝太寧三年乙酉歲」。

2 寶林傳卷六、景德傳燈錄卷二、天聖廣燈錄卷五、傳法正宗記卷四、祖源通録撮要卷一、建中靖國續燈錄卷一、聯燈會要卷二、大光明藏卷上、五燈會元卷一、禪門諸祖師偈頌卷上之上。

3 寶林傳卷六、景德傳燈錄卷二、傳法正宗記卷四、五燈會元卷一。

4 敦煌遺書S.1635泉州千佛新著諸祖師頌。

三三　不如密多尊者

1 第二十六祖不如密多尊者，南印土國王太子，正名得勝〔一〕。具如寶林傳也。

2 尒時不如密多告般若多羅曰〔二〕：「我持此法用付於汝，汝善護持，勿令断絶，而聽吾偈言：

真性心地藏，無頭亦無尾，
應緣而化物，方便呼為智。」

3 此師入滅，時當此土東晉第九主孝武帝戊子歲矣。

4 淨修禪師讚曰：

不如密多，勝王誕慶，

〔一〕正：寶林傳作「王」。

〔二〕密：原作「蜜」；「密」、「蜜」混用。

高遠宮嬪，迥惇道行。
佛法棟梁，王臣瞻敬，
洞鑒媸姸，祖堂金鏡。

考證

不如密多係寶林傳創出，當據達摩多羅禪經卷上之不若蜜多羅或僧祐薩婆多部師資記目錄序大迦葉下第四十九代弗若蜜多造。有關傳說見寶林傳卷六、祖源通録撮要卷一、歷代佛祖通載卷八、宗統編年卷七等。

資料

1 寶林傳卷六、景德傳燈錄卷二、天聖廣燈錄卷五、傳法正宗記卷五、五燈會元卷一。

2 寶林傳卷六、景德傳燈錄卷二、天聖廣燈錄卷五、傳法正宗記卷五、建中靖國續燈錄卷一、祖庭事苑卷一、聯燈會要卷二、大光明藏卷上、五燈會元卷一、禪門諸祖師偈頌卷上之上。

3 景德傳燈錄卷二、天聖廣燈錄卷五、傳法正宗記卷五、五燈會元卷一。

4 敦煌遺書S.1635泉州千佛新著諸祖師頌。

三四　般若多羅尊者

1 第二十七祖般若多羅尊者，東印土人，姓婆羅門。父母俱喪，示化菩薩而作佛事。

2 得不如密多法，行化至南天竺國。國王刹帝利，名香至。師因赴王齋次，諸聖盡轉經，唯有師不轉經。大王問師：「為什摩不轉經？」師曰：「貧道出息不隨衆緣，入息不居藴界，常轉如是經百千万億卷，非但一卷。」尒時大王賜師一珠，光明耀然。具如寶林傳也。

3 是化〔一〕。般若多羅告達摩曰：「我今將此正法眼藏用付於汝，而聽吾偈曰：

心地生諸種，因事復因理，
果滿菩提圓，花開世界起。」

4 般若多羅化火焚身，時當此土宋第五主孝武帝孝建四年丁酉歲矣〔二〕。

5 淨修禪師讚曰：

般若多羅，幼名瓔珞，
父母淪亡，東西盤泊。
一曉龜毛，恒嗟水涸，
果滿菩提，道源遼廓。

〔一〕是化：此處文意不明，當有缺訛。

〔二〕第五主孝武帝：「主」原作「王」，據寶林傳佚文校改；又「武帝」前原脫「孝」字。宋第五帝爲宋孝武帝劉駿，孝建年號僅三年（四五四—四五六）；大明元年（四五七）丁酉正月朔改元；景德傳燈錄作「宋孝武帝大明元年丁酉歲」。

考證

般若多羅係寶林傳創出，當據僧祐薩婆多部師資記目錄序大迦葉下第五十一代不若多羅、長安城内齊公寺薩婆多部佛大跋陀羅師宗相承略傳阿難下第四十四代不若多羅造。有關傳說見寶林傳卷六第二十六祖不如密多章及佚文（松ケ岡文庫本景德傳燈録抄註卷二）、祖源通録撮要卷一、歷代佛祖通載卷九、宗統編年卷七等。

資料

1 景德傳燈録卷二、天聖廣燈録卷五、傳法正宗記卷五、五燈會元卷一。

2 宗門統要卷一、從容録第三則、禪門拈頌集卷三、五燈會元卷一、禪門類聚卷一。

3 景德傳燈録卷二、天聖廣燈録卷五、傳法正宗記卷五、建中靖國續燈録卷一、聯燈會要卷二、大光明藏卷上、五燈會元卷一、禪門諸祖師偈頌卷上之上。

4 景德傳燈録卷二、天聖廣燈録卷五、傳法正宗記卷五、五燈會元卷一。

5 敦煌遺書S.1635泉州千佛新著諸祖師頌。

三五　菩提達摩和尚 ?—五三六〔一〕

1 第二十八祖菩提達摩和尚者，南天竺國香至大王第三大子也〔二〕，得般若多羅法。

2 般若多羅乃告曰：「汝今得法，亦莫遠化，待吾滅後六十七年，當往震旦大施法藥。汝勿速去，當有難起，衰於日下。」達摩問曰：「我去彼國行化，有菩薩不？」師云：「彼國獲道者如稻麻竹葦，不可稱計。吾滅度後六十七年，各別著人，此國留難，水中文布自善降之。汝至彼國，南方勿住。彼國天人不見佛理，好作有緣而愛功德〔三〕。汝至彼國，則出不住。聽吾讖曰：

路行跨水復逢羊　路行者，来也；跨水者，過海也；復逢羊者，洛陽也。達摩大師從南天竺國過海而来〔四〕，初到廣

〔一〕此據唐陳寬再建圓覺大師塔銘（唐文拾遺卷三一）；陳垣釋氏疑年錄卷二：「按，達摩卒年，宋時有五說：一、景德錄云後魏孝明帝太和十九年丙辰，聯燈會要等因之。然太和是後魏孝文年號，非孝明年號，太和十九年是乙亥，非丙辰也。二、傳法正宗記考定爲魏永安元年戊申，即梁大通之二年也，通行本五燈會元本此。三、嘉泰錄作魏永安二年己酉，即梁中大通元年，釋氏通鑑等因之。四、佛祖統紀作西魏大統元年乙卯，即梁大同元年，佛祖通載因之。五、隆興通論作西魏大統二年丙辰，與景德錄丙辰之說合，即梁大同二年也，寶祐本五燈會元本此。陳寬誌云：『梁武帝銘大師碑，大師大同二年示終於洛州。』此傳說之較古者，姑從之。近年磁縣出土元和十二年李朝正重建梁武帝撰菩提達摩碑，疑即陳寬所本……」中華書局，一九六四年。

〔二〕第三大子：「大」（「太」）字疑衍；寶林傳、景德傳燈錄並無此字；楞迦師資記作「第三之子」。

〔三〕有緣：寶林傳佚文作「有為」；（松ケ岡文庫本景德傳燈錄抄註卷二）。

〔四〕来：原作「未」。

州，次普通八年丁未歲入梁國〔一〕，

獨自悽悽暗渡江獨自者，無伴侶也；　悽悽者，苦悽也；　暗渡江者，梁武帝不悟大理，變容不言，師知機不契，則潛過江，向北魏國也〔二〕，

日下可怜雙象馬日下者，京都也；　可怜者，好；　雙象馬者，志公、傅大士也，

兩株嫩桂久昌昌〔三〕兩株者，二木也，二木是林字也；　嫩桂者，少也，則是少林寺也；　久昌昌者，九年面壁而出，大行佛法也。」

達摩又問師：「此後更有難不？」師云：「吾滅度後一百五年而有小難〔四〕，聽吾讖曰：

心中雖吉外頭凶心中者，周字也；　外頭凶者，周王無道，滅佛法也，

川下僧房名不中川下僧房者，俗号僧房為邑，川下邑為邕字也；　後周武帝姓宇文，名泰邕〔五〕；　不中者，後周沙汰滅佛法，

為遇毒龍生武子毒龍者，武帝父王也；　生武子者，生武帝也，

〔一〕丁未：原作「丁来」；梁武帝普通八年（五二七）丁未。

〔二〕國：原作「圀」。

〔三〕嫩：原作「嬾」，據景德傳燈録等校改，下同。

〔四〕吾滅度後一百五年：天聖廣燈錄、五燈會元作「從此已去一百五十年」。

〔五〕此句原作「後周文帝姓宇文，名秦邕」；北周宇文泰於武成元年（五五九）被追尊爲太祖文皇帝，其第四子宇文邕爲周武帝，在位時曾滅佛。「文帝」爲「武帝」之譌；「泰」字衍。

忽逢小鼠寂無窮小鼠者，庚子也，周武帝庚子崩〔一〕；寂無窮者，盡滅無也。」

又問：「此後更有難不？」師云：「吾滅度後一百六年有小難〔二〕，父子相連，亦當不久，作一二三五歲。當此事過，以有人見其意，吾不能明，略与讖曰：

路上忽逢深處水路上者，李字也；深水者，淵字也，唐高祖神堯皇帝姓李名淵也，

等閑見虎又逢猪等閑見虎者，寅也，唐高祖戊寅年登位也；又逢猪者，亥也，高祖丁亥年崩，

小小牛兒雖有角小小牛兒者，高祖武德四年九月日，有前道士太史令傅奕〔三〕，先是黃巾，黨其所習，遂上表廢佛法事十有一條，大略而云：『釋經是損國破家，未聞益世，請胡佛邪教退還天竺，凡是沙門放歸桑梓，則國家昌泰，李、孔教行矣。』〔四〕高祖納奕奏書，乃下詔問諸沙門曰：『弃父母鬚髮，去君臣花服，利在何門〔五〕？益在何情？損益二宜，請動妙釋。』時有琳法師上表，得延五年。高祖崩，太宗登位，再興佛法矣，具如別傳；言半角者〔六〕，正當挃觸而無害即是，

〔一〕周武帝宇文邕死於宣政元年（五七八）戊戌。

〔二〕吾滅度後一百六年：天聖廣燈錄、傳法正宗記作「從此已去一百六十年末復有小難」。

〔三〕傅奕：原作「博弈」，本節下同。

〔四〕此據唐護法沙門法琳別傳，即下文別傳。按舊唐書卷七九傅奕傳，奕初次上書請除釋教在武德七年（六二四）。

〔五〕門：原作「間」；唐護法沙門法琳別傳卷上作「利在何門之中」，據以校定。

〔六〕半：或爲「牛」字之訛。

清溪龍出惣須輸〔一〕清溪者，山名也；龍者，琳法師護法之龍，能令傅奕等邪見之徒惣須伏也。」

又問師：「於此後有聖人出不？」師云：「林下見有一人，當得於道，亦契菩提。聽吾讖曰：

震旦雖闊無別路震旦者，唐國也；無別路者，唯有一心之法，讓大師化導如此也，

要假姪孫脚下行姪孫者，今時傳法弟子也，

金雞解銜一顆米金雞者，金州也，讓師是金州人也；一顆米者，意取道一，江西馬祖名道一，

供養十方羅漢僧〔二〕讓和尚付法与道一，故言供養；十方者，馬和尚是漢州十方縣羅漢寺出家也。」

3 達摩大師同學兄名佛大先，此佛大先是佛馱跋陁羅三藏之弟子。佛馱跋陁羅復有弟子名鄖連耶舍〔三〕，於南天大化，後来此土東魏高歡鄴都〔四〕，與五戒優婆塞万天懿譯出梵本尊勝經一部。万天懿問：「彼天有菩薩傳教不？」鄖連耶舍荅曰：「西天諸祖二十七師悉說此法，名般若多羅，亦有弟子，名菩提達摩，至此土。後魏第八帝諱詡大和十年至于洛陽少林寺化導〔五〕，至十九年示滅〔六〕，經

〔一〕清溪：唐護法沙門法琳別傳作「青溪」。

〔二〕十方：當作「什邡」；唐劍南道漢州有什邡縣（今四川什邡市）。

〔三〕陁：原作「多」。

〔四〕歡：原作「勸」；高歡（四九六—五四七），東魏大丞相，專朝政，北齊立國尊爲神武帝。

〔五〕此處紀年有誤：大（太）和非魏孝明帝元詡年號，乃第六帝孝文帝拓跋宏年號；十年爲公元四八六年。又達摩生卒年異說甚多，見前註。

〔六〕「九」上原脫「十」字；據本章及寶林傳，達摩太和十九年（四九五）示寂。

于一十五年矣。」又問：「此師後有人能継不？」三藏讖曰：

「尊勝今藏古尊勝者，妙智也；古者，可大師，本有妙高之性，性被煩惱覆之，未現了，故言藏也，

無肱亦有肱肱者，手也，可大師求法断臂也，

龍来方受寶龍来者，初祖西来也；方受寶者，二祖傳法，

捧物復嫌名捧者，惠也，本名神光，復遇達摩，嫌之改名，言為惠可。」

又問：「此後誰當継此耶？」三藏讖曰：

「初首不稱名後周第三主己卯之歲〔一〕，有一居士不説年歲，不稱姓名，故言不稱名，

風狂又有聲風狂者，三祖有風病；有聲者，遠近皆知有病，故言有聲也，

人来不喜見人来不喜見，患風之形狀，

白寶初平平白寶者，玉也；玉邊作粲，璨字也；三祖名璨大師。」

又問：「此師後更有人継不？」又讖曰：

「起自求無㝵有一沙弥年十四，名道信，来礼拜問：『唯願和尚教某甲解脱法門。』故言求無㝵，

師傳我沒繩師者，三祖也；我沒繩者，既無人縛汝，即是解脱，

〔一〕北周第三帝宇文邕自武成二年庚辰（五六〇）至宣政元年戊戌（五七八）在位，無己卯；己卯當第二帝明帝武成元年（五五九）；「己」原作「已」。

路上逢僧礼路上者，道也；　礼者，信也；　四祖大師名道信，

脚下六枝分脚下者，門下也，四祖下横出一宗；　六枝者，牛頭融禪師等六祖。」

又問：「此師後更有人継不？」三藏又識曰：

「三四全無我三四者，七也，五祖七歲遇道信大師；　無人我，出家也，

隔水受心燈隔水者，五祖於新州蘄水郡得傳四祖心印〔一〕，故言受心燈，

尊号過諸量過量者，弘字也，

逢嗔不起憎不起者，忍字也。」

又問：『此師後誰能継之？』三藏又識曰：

「捧物何曾捧〔二〕捧者，惠字，

言懃又不懃懃者，能也；　六祖名能，

唯書四句偈唯書四句偈者，神秀和尚呈四句偈，惠能和尚亦呈四句偈〔三〕，故言四句偈，

〔一〕唐新州屬嶺南道，今廣東新興縣；　蘄水爲縣名，屬淮南道蘄州（或稱蘄春郡），今湖北浠水縣，二者不相干。

〔二〕何曾捧：　天聖廣燈錄「捧」作「物」。

〔三〕惠：　原字破損，據禪文化研究所本校定。

将對瑞田人瑞田人者，神秀和尚，南陽嘉禾縣瑞田人〔一〕。

又問：「此師後明其法者能継之不？」三藏又讖曰：

「心裏能藏事能藏者懷，則懷讓也，
說向漢江濵說向者，說法也；漢江濵者，馬大師漢州人也；馬大師求佛心印，讓和尚說向道一也〔二〕，
湖波探水月湖波者，曹溪也；探水月者，得也；讓大師於六祖身邊得傳心印，
将照二三人二三者六，讓大師傳法弟子六人；言六人者，一道一得心，二智達得眼，三常浩得眉，四神照得鼻，五坦然得耳，六嚴峻得舌，是為六人也。」

三藏又讖曰：

「領得珎勤語領得者，馬大師於讓大師處領語也，
离鄉日日敷離鄉者，南方也；日日者，昌字也；敷者，演也；馬大師歸至洪州南昌寺敷演大教是也，
移梁来近路移梁者，梁都也；近路者，洪州觀察使姓路，遂請大師自虔州南康縣移入洪州開元寺〔三〕，故言来近路，

〔一〕鄧州開元元年改南陽郡，乾元元年復舊；唐時屬下無嘉禾縣，瑞田未詳。神秀爲陳留尉氏人，見張說荆州玉泉寺大通禪師碑銘。

〔二〕向：原字破損；據高麗大藏經補遺本校定。

〔三〕虔：原作「虎」，形近致譌；馬祖受懷讓心印，曾「至南康龔公山」（景德傳燈録卷六），南康屬江南道虔州。路嗣恭於大曆七—八年（七七二—七七三）爲洪州刺史、江西觀察使。

余筭脚天徒〔一〕余者，我字也；從馬大師二十年外，有契道者千万，遍行天下，故言脚天徒。」

三藏又識曰：

「艮地生玄旨艮地者〔二〕，東北也；神秀和尚從五祖下傳一枝法在北，自為立宗旨也，

通尊媚亦尊通尊者，謚号大通禪師也；媚者，秀也；亦尊者，三帝所尊敬，故亦尊也，

比肩三九族比肩者，同學也；三九族者，十二人也。秀大師同學十二人，

足下一有分從秀和尚足下各分宗旨，南北有異。」

三藏又識曰：

「靈集媿天恩靈者，神；集者，會也；媿者，荷也；天恩者，澤也；神會大師住洛京荷澤寺，

生互二六人生互者，師資也；二六者，會大師弟子十二人也，

法中無氣味法中者，佛法也，會大師傳佛知見甚深法也；無氣味者，緣北宗秀大師弟子普寂於京盛行，通其經教，當此之時，曹溪宗旨於彼未盛行，故言無氣味也，

石上有功勳石上者，秀大師弟子磨却南宗碑，神秀欲為六代，何其天之不從，乃得會大師再立實録，故有功勳。」

三藏又識曰：

〔一〕余筭脚天徒：天聖廣燈錄作「餘筭脚天徒」；祖庭事苑作「餘氣脚下途」。

〔二〕艮：原作「良」。

「本是大虫男印宗法師本是小乘，喻如大虫，不是師子，迴成師子談迴者，傳也，迴小作大；　印宗法師礼六祖，便悟上乘，是成師子吼，官家封馬嶺封者，印也；　馬嶺者，宗也；　印宗曾爲講經法師也，同詳三十三同詳者，同學也；　六祖弟子祥、岑等三十三人；　祥禪師住於峡山。」

三藏又讖曰：

「八女出人倫八女者，安字也；　出人倫者，為國師也，八箇絶婚姻八箇者，安字；　絶婚姻者，安徒難為紹継之，朽床添六脚朽床者，老字也；　六脚者，則天、中宗、騰騰、坦然、圓寂百五十五年住世，破竈墮和尚六住嵩山，是為六脚也，心祖衆中尊心祖者，姓也；　安和尚穎悟佛理，為國師，故衆中尊也。」

三藏又讖曰：

「走戊與朝隣走戊者，越字，忠國師是越州人也；　与朝隣者，為國師，鵝烏子出身鵝者〔一〕，鵝州也〔二〕，今越州是；　烏者，鳴鶴縣也，今諸曁縣是；　國師生此縣也，

〔一〕者：原作「暑」。

〔二〕鵝州史籍無考，下鳴鶴縣同。

二天雖有感二天者，肅宗、代宗二帝也； 有感者，帝礼為師也，

三化寂無塵三化寂無塵者，二帝与國師俱寂也。」

三藏又讖曰：

「說小何曾小〔一〕希字是也，

言流又不流遷字是也〔二〕，

草若除其首〔三〕石頭無草，

三四繼門修傳法弟子人數； 准其傳法人數，應云「十七繼門修」也。」

尒時郁連耶舍說此讖已，告万天懿云：「今此國吾滅後二百八十年中，有大國王善敬三寶，此前諸賢悉出于世，化導群品約有千百億，後所得法，只因一師，興大饒益，開甘露門，能為首者，當菩提達摩焉。」

4 尒時達摩和尚泛海東来，經于三載，梁普通八年丁未之歳九月二十一日至於廣州上船。刾史蕭昂出迎〔四〕，奏聞梁帝。十月一日而至上元。武帝親駕車輦，迎請大師，昇殿供養。是時志公和尚監

〔一〕 小、「少」通。

〔二〕 遷：原字漫漶，據高麗大藏經補遺本校定。

〔三〕 草若除其首：祖庭事苑作「山若除其草」。

〔四〕 蕭：原作「嘯」，據寶林傳校改。

修高座寺，彼謂寺主僧靈観曰：「汝名靈觀，實靈觀不？」靈觀曰：「唯願和尚指示。」志公曰：「從西天有大乘菩薩而入此國。汝若不信，聽吾讖曰：

仰觀兩扇仰觀者，霄也；兩扇者，梁也；蕭梁帝是，

低腰捻鉤低腰捻者〔一〕，十字也；鉤者，月字也；十月到也，

九烏射盡九烏者，日也；射盡者，二十九也，月盡，

唯有一頭一頭者，十月初一日；揔言初祖十月一日到也。

至則不久在梁國十九日便過江北，故言不久，

要假須刀斷仁義也，

逢龍不住初祖見武帝，故言逢龍；祖師所荅不稱帝意，便過江，故言不住，

過水則逃過江入魏。」

尒時靈觀則以紙筆録于記之〔二〕。

尒時武帝問：「如何是聖諦第一義？」師曰：「廓然無聖。」帝曰：「對朕者誰？」師曰：「不識。」又問：「朕自登九五已来，度人造寺，寫經造像，有何功德？」師曰：「無功德。」帝曰：

〔一〕此下讖文註釋漫患處較多，據高麗大藏經補遺本校改。

〔二〕于：疑當作「而」；天聖廣燈録作「默而誌之」。

「何以無功德？」師曰：「此是人天小果、有漏之因，如影隨形，雖有善因，非是實相。」武帝問：「如何是實功德？」師曰：「淨智妙圓，躰自空寂，如是功德，不以世求。」武帝不了達摩所言，變容不言。達摩其年十月十九日，自知機不契，則潛過江，北入于魏邦。

6　志公特至帝所，問曰：「我聞西天僧至，今在何所？」梁武帝曰：「昨日送過江向魏。」志公云：「陛下見之不見，逢之不逢。」梁武帝問曰：「此是何人？」志公對曰：「此是傳佛心印觀音大士。」武帝乃恨之，曰：「見之不見，逢之不逢。」即發中使趙光文往彼取之。志公云：「非但趙光文一人，闔國取亦不迴。」

7　大師自到東京，有一僧名神光，昔在洛中，久傳莊、老，年逾四十，得遇大師，礼事為師，從至小林寺〔一〕。每問於師，師並不言說。又自歎曰：「古人求法，敲骨取髓，刺血圖像，布髮掩泥，投崖飼虎。古尚如此，我何惜焉？」時大和十年十二月九日〔二〕，為求法故，立經于夜〔三〕，雪乃齊腰。天明，師見問曰：「汝在雪中立，有如何所求耶〔四〕？」神光悲啼，泣淚而言：「唯願和尚開甘露門，廣度群品。」師云：「諸佛無上菩提，遠劫修行。汝以小意而求大法，終不能得。」神光聞是語已，則取利刀，

〔一〕　小，「少」通。
〔二〕　大，「太」同。然歷朝紀年中大和、太和有別，北魏無大和，太和爲孝文帝元宏年號（四七七——四九九）。
〔三〕　于：原作「干」。
〔四〕　如何：「如」字疑衍。

自断左臂，置於師前。師語神光云：「諸佛、菩薩求法，不以身為身，不以命為命。汝雖断臂，求法亦可在。」遂改神光名為惠可。

8　又問：「請和尚安心。」師曰：「將心来，与汝安心。」進曰：「覓心了不可得。」師曰：「覓得豈是汝心？与汝安心竟！」達摩語惠可曰：「為汝安心竟，汝今見不？」惠可言下大悟。惠可白和尚：「今日乃知一切諸法本来空寂，今日乃知菩提不遠，是故菩薩不動念而至薩般若海〔一〕，不動念而登涅槃岸。」師云：「如是，如是。」惠可進曰：「和尚此法有文字記録不？」達摩曰：「我法以心傳心，不立文字。」

9　大師語諸人言：「有三人得我法：一人得我髓，一人得我骨，一人得我肉。得我髓者惠可，得我骨者道育，得我肉者尼揔持。我法至六代，陵遲傳法之人。」惠可進曰：「何故第六代陵遲傳法之人？」達摩云：「為邪法競興，亂於正法。我有一領袈裟，傳授与汝。」惠可白和尚曰：「法既以心傳心，復無文字，用此袈裟何為？」大師云：「内授法印，以契證心；外傳袈裟，以定宗旨。雖則袈裟不在法上，法亦不在袈裟，於中三世諸佛遞相授記。我今以袈裟亦表其信，令後代傳法者有稟承，學道者得知宗旨，断衆生疑故。」惠可便頂礼，親事九年，晝夜不離左右。達摩大師乃而告曰：「如来以淨法眼并袈裟付嘱大迦葉，如是展轉，乃至於我。我今付嘱汝，汝聽吾偈曰：

〔一〕薩般若：一般譯爲「薩波若」、「薩雲若」，「即般若波羅蜜之異名也」（慧琳一切經音義卷七）。

吾本来此土，傳教救迷情，
一花開五葉，結菓自然成。」

師付法已，又告惠可曰：「吾自到此土，六度被人下藥，我皆拈出。今此一度，更不拈出。吾已得人付法。」

10 尒時達摩領衆雲往禹門千聖寺，止得三日。時有期城大守楊衍問師曰〔二〕：「西國五天師承為祖，未曉此意，其義云何？」師曰：「明佛心宗，寸無差悞，行解相應，名之曰祖。」又問曰：「唯此一等，更有別耶？」師荅曰：「須明他心，知其古今，不猒有無，亦非取故〔三〕；不賢不愚，無迷無悟，若能是解，亦名為祖。」楊衍又問曰：「弟子久在惡業，不近知識，勤生恭敬，被小智慧而生纏縛，却成愚惑，不得悟道，而致於此。伏願師指示大道，通達佛心，修行用心，何名法祖？」師以偈荅曰：

「亦不覩惡而生嫌，
亦不觀善而勤措，
亦不捨愚而近賢，

〔二〕期城大守楊衍：據寶林傳、景德傳燈錄、天聖廣燈錄、傳法正宗記等均作「楊衒之」，即洛陽伽藍記作者；楊衒之爲期城郡太守又見歷代三寶記卷九、大唐内典錄卷四、法苑珠林卷一〇〇；期城郡北魏屬襄州。

〔三〕亦非取故：景德傳燈録、天聖廣燈録作「於法無取」。

亦不抛迷而就悟。
達大道兮過量，
通佛心兮出度，
不与凡聖同躔，
超然名之曰祖。」

楊衒作礼：「唯願和尚久住世間，化導群品。」師曰：「吾則去矣，不宜久停。人多致患，常疾於我。」

楊衒而問：「是何人也？願師指示，當為知之。」師曰：「吾寧往矣，終不明焉，恐損此人。汝若要委，聽吾讖曰：

江槎分玉浪江者，流也〔一〕；槎者，支也；玉浪者，三藏；揔言流支三藏也，
管炬開金鏁管炬者〔二〕，光也；開者，統也；金鏁者，毒藥，
五口相共行五口者，吾字也；相共行者，与吾爭行佛法，生嫉法心，
九十無彼我九十者，卆字也；無彼我者，無彼此之我也。」

楊衒而作礼曰：「且辞尊長，願善保慶！」

〔一〕此下讖文註釋漫漶處較多，據高麗大藏經補遺本校定。
〔二〕管：原作「菅」。

11 時後魏第八主孝明帝大和十九年入涅槃〔二〕，壽齡一百五十，葬在熊耳吳坂也。武帝勅昭明太子而述祭文。

12 滅度後三年，魏使時有宋雲，西嶺為使却廻，逢見達摩手攜隻履，語宋雲曰：「汝國天子已崩。」宋雲到魏，果王已崩，遂聞奏。後魏第九主孝莊帝乃開塔，唯見一隻履，却取歸少林寺供養。因武帝自製師碑文。代宗皇帝謚号圓覺大師，勅空觀之塔。自魏丙辰之歲遷化〔三〕，迄今壬子歲，得四百一十三年矣〔三〕。

3 淨修禪師讚曰：

菩提達摩，化道無為〔四〕，

九年少室，六葉宗師。

示滅熊耳，隻履西歸，

〔二〕第八主孝明帝：應爲「第六主孝文帝」之訛，考見前。

〔三〕丙辰爲梁大同二年（五三六）干支（寶林傳亦如此記載），此與前述達摩太和十九年卒顯然錯謬。

〔三〕壬子爲完成本書的南唐保大十年（九五二）干支，距梁大同二年丙辰四百一十六年，非四百一十三年。按本書記載計算，距達摩滅度後三年少林寺供養則四百一十三年。

〔四〕化道：敦煌遺書S.1635泉州千佛新著諸祖師頌作「道化」。

梁天不薦〔二〕，惠可傳衣。

碑誌

李朝正重建禪門第一祖菩提達摩大師碑陰文（全唐文卷九九八）、陳寬再建圓覺大師塔銘（唐文拾遺卷三七）。〔三〕

傳記

楊衒之洛陽伽藍記卷一城内永寧寺、曇林二入四行論序、續高僧傳卷一六、淨覺楞伽師資記、杜朏傳法寶紀、六代傳記（石井本神會語錄）、歷代法寶記、寶林傳卷八、達摩尊者行狀（佚，見日僧圓珍目錄禪門七祖行狀碑銘）、宗鏡錄卷九七、隆興編年通論卷七、釋門正統卷八、佛祖統紀卷二九、釋氏通鑑卷五、佛祖歷代通載卷一〇、六學僧傳卷三、宗統編年卷八、施奕等（乾隆）少林寺志高僧。

著作

二入四行論（續高僧傳卷一六、楞伽師資記、敦煌遺書北宿99號、S.1880、S.2715、S.3375、S.7159、P.3018、P.4634、P.4795、羽田亨西域出土文獻寫真、景德傳燈錄卷三；菩提達磨略辯大乘入道四行弟子曇琳序、少室六門第三門二種入、日本天理大學藏朝鮮天順本菩提達摩二入四行論菩提達摩四行論［朝鮮本禪門撮要］、藏譯

〔二〕薦：原作「廌」；本書「薦」凡八見，均作「廌」。

〔三〕寶林傳録梁武帝撰菩提達摩碑和昭明太子撰祭文，均爲後人僞撰。

二入四行論長卷子［沖本克己bSam yasの宗論（2），日本西藏學會會報第二二號，一九七六年］）。
柳田聖山校訂譯註達摩の語録［二入四行論］（禪の語録，筑摩書房，一九六九年；世界古典文學全集禪家語録Ⅰ，筑摩書房，一九七二年）。
柳田聖山譯註ダルマ（人類の知的遺産一六，講談社，一九八一年）。
John McRae: *The Northern School and the Formation of Early Ch'an Buddhism*, University of Hawaii Press, Honolulu, 1986, pp. 102—106.
Bernald Faure: *Le Traité de Bodhidharma*, Paris, Le mail, 1986.
Red Pine: *The Zen Teaching of Bodhidharma*, San Francisco, North Point Press, 1987, pp. 77—113.
Jorgrnsen, John: *The Earliest Text of Ch'an Buddhism*: The Long Srcoll, M.A. thesis, Australian National University in Canberra, 1979.

資料

1 寶林傳卷八、景德傳燈錄卷三、傳燈玉英集卷二、天聖廣燈錄卷六、傳法正宗記卷五、祖源通録撮要卷一、聯燈會要卷二、建中靖國續燈錄卷一、嘉泰普燈錄卷一、五燈會元卷一。
2 唐護法沙門法琳別傳卷上、景德傳燈錄卷三、傳燈玉英集卷二、天聖廣燈錄卷六、傳法正宗記卷五、祖源通録撮要卷一、祖庭事苑卷八、五燈會元卷一。
3 道宣大唐内典錄卷四、續高僧傳卷二耶舍傳、天聖廣燈錄卷六、傳法正宗記卷九那連耶舍、祖庭事苑卷八。
4 寶林傳卷八、景德傳燈錄卷三、天聖廣燈錄卷六、傳法正宗記卷五、祖源通録撮要卷一、祖庭事苑卷二、卷八、聯燈會要卷二、嘉泰普燈錄卷一、五燈會元卷一。

5 神會菩提達摩南宗定是非論、歷代法寶記、最澄內證佛法相承血脈譜引西國佛祖代代相承傳法記（傳教大師全集卷二）、寶林傳卷八、景德傳燈錄卷三、傳燈玉英集卷二、天聖廣燈錄卷六、傳法正宗記卷五、祖源通録撮要卷一、宗門統要卷一、建中靖國續燈錄卷二八、碧巖錄第一則、聯燈會要卷二、大光明藏卷上、禪門拈頌集卷三、五燈會元卷一、五家正宗贊卷一。

6 寶林傳卷八、建中靖國續燈錄卷二八、碧巖錄第一則、第六七則。

7 楞伽師資記慧可、傳法寶紀、神會菩提達摩南宗定是非論、六代傳記（石井本神會語錄）、寶林傳卷八、景德傳燈錄卷三、傳燈玉英集卷二、天聖廣燈錄卷六、傳法正宗記卷五、祖源通録撮要卷一、建中靖國續燈錄卷一、碧巖錄第九六則、嘉泰普燈錄卷一、大光明藏卷上、五燈會元卷一。

8 二入四行論長卷子、景德傳燈錄卷三、傳燈玉英集卷二、天聖廣燈錄卷六、傳法正宗記卷五、宗門統要卷一、祖源通録撮要卷一、建中靖國續燈錄卷一、卷二八、碧巖錄第九六則、第九九則、正法眼藏卷下、聯燈會要卷二、嘉泰普燈錄卷一、大光明藏卷上、禪門拈頌集卷二、無門關第四一則、五燈會元卷一。

9 三人得法：　歷代法寶記、寶林傳卷八第二十九祖可大師、最澄內證佛法相承血脈譜引付法簡子、宗密裴休拾遺問、景德傳燈錄卷三、四明尊者教行錄卷四、傳燈玉英集卷二、天聖廣燈錄卷六、傳法正宗記卷五、祖源通録撮要卷一、宗門統要卷一、建中靖國續燈錄卷一、聯燈會要卷二、大光明藏卷上、禪門拈頌集卷三、五燈會元卷一。

傳授袈裟：　神會菩提達摩南宗定是非論、六代傳記（石井本神會語錄）、歷代法寶記、寶林傳卷八、景德傳燈錄卷三、傳燈玉英集卷二、天聖廣燈錄卷六、傳法正宗記卷五、聯燈會要卷二、大光明藏卷上、五燈會元卷

一、五家正宗贊卷一。

傳法偈：敦煌本壇經、寶林傳卷八第二十九祖可大師、景德傳燈錄卷三、傳燈玉英集卷二、天聖廣燈錄卷六、傳法正宗記卷五、祖源通録撮要卷一、建中靖國續燈錄卷一、聯燈會要卷二、大光明藏卷上、禪門拈頌集卷三、五燈會元卷一、五家正宗贊卷一。

六度被藥：傳法寶紀、六代傳記（石井本神會語錄）、歷代法寶記、寶林傳卷八、景德傳燈錄卷三、天聖廣燈錄卷六、祖源通録撮要卷一、五燈會元卷一、五家正宗贊卷一。

10 寶林傳卷八、景德傳燈錄卷三、天聖廣燈錄卷六、傳法正宗記卷五、祖源通録撮要卷一、祖庭事苑卷八、五燈會元卷一、五家正宗贊卷一。

11 寶林傳卷八、景德傳燈錄卷三、天聖廣燈錄卷六、傳法正宗記卷五、祖源通録撮要卷一、五燈會元卷一。

12 寶林傳卷八、景德傳燈錄卷三、天聖廣燈錄卷六、傳法正宗記卷五、祖源通録撮要卷一、碧巖錄第一則、嘉泰普燈錄卷一、五燈會元卷一、五家正宗贊卷一。

13 敦煌遺書S.1635泉州千佛新著諸祖師頌。

三六　慧可禪師 四八七—五九三〔一〕

1 第二十九祖師慧可禪師者，是武牢人也，姬氏。父寂，初無其子，共室念言：「我今至善家

〔一〕據本章、寶林傳、景德傳燈錄、佛祖歷代通載等考定。

而無慧子，深自歎羨，何聖加衛？」時後魏第六主孝文帝永宜十五年正月一日〔一〕，夜現光明，遍于一宅，因兹有孕，産子，名曰光。光年十五，九經通誦； 至年三十，往龍門香山寺，事寶靜禪師，常修定慧。既出家已，至東京永和寺具戒〔二〕。年三十二，却步香山，侍省尊長。又經八載，忽於夜静見一神人而謂光曰：「當欲受果，何於此住，不南往乎而近於道？」本名曰光，光因見神現故，号為神光。至於第二夜，忽然頭痛如裂。其師欲与灸之〔三〕，空中有聲報云：「且莫，且莫！此是換骨，非常痛焉。」師即便止。遂説前事見神之由，以白寶靜。寶靜曰：「必是吉祥也。汝頂變矣，非昔首焉。五峯垂墜玉軵，其相異矣。」遂辞師南行，得遇達摩，豁悟上乘。

2　師乃云：「一真之法，盡可有矣，汝善守護，勿令断絶。汝傳信衣，各有所表。」慧可曰：「有何所表？」達摩曰：「内傳心印，以契證心； 外受袈裟，而定宗旨，不錯謬故。吾滅度後二百年中，此袈裟不傳。法周沙界，明道者多，行道者少； 説理者多，通理者少，於後得道還近千万。汝所行道，勿輕未學〔四〕： 此人迴志，便獲菩提； 初心菩薩，与佛功等。」尒時可大師得付法已，廣宣流布，度

〔一〕後魏孝文帝無永宜年號。寶林傳作「永興」，孝文帝亦無此年號。
〔二〕永和寺： 寶林傳、景德傳燈錄等並作「永穆寺」。
〔三〕灸： 原作「炙」，據傳法正宗記校改； 白維國亦校作「灸」（劉堅、蔣紹愚主編近代漢語語法資料彙編唐五代卷，第四五〇頁，商務印書館，一九九〇年）。
〔四〕未： 原作「末」； 據寶林傳校改。又維摩經香積佛品： 「如佛所言，勿輕未學。」

諸有情。

3　於天平年中，後周第二主孝閔己卯之歲〔二〕，有一居士，不説年幾，候有十四〔三〕，及至礼師，不稱姓名，云：「弟子身患風疾，請和尚為弟子懺悔。」師云：「汝将罪来，為汝懺悔。」居士曰：「覓罪不可見。」師云：「我今為汝懺悔竟。汝今宜依佛、法、僧寶。」居士問：「但見和尚，則知是僧。未審世間何者是佛？云何為法？」師云：「是心是佛，是心是法，法、佛無二，汝知之乎？」居士曰：「今日始知罪性不在內、外、中間，如其心然，法、佛無二也。」師知是法器，而与剃髮，云：「汝是僧寶，宜名僧璨。」亦受具戒。師告曰：「如来以大法眼付囑迦葉，如是展轉，乃至於我。我今将此法眼付囑於汝，并賜袈裟以為法信，汝聽吾偈曰：

本来緣有地，因地種花生，
本来無有種，花亦不能生。」

4　説此偈已，告璨曰：「吾往鄴都還債。」便去彼所，化導群生，得三十四年。或在城市，隨處任緣；或為人所使，事畢却還。彼所有智者，每勸之曰：「和尚是高人，莫与他所使。」師云：「我

〔二〕此處紀年混亂：天平爲東魏孝靜帝元善見年號，計四年（五三四—五三七）；北周第二主爲明帝宇文毓，己卯年爲武成元年（五五九）。

〔三〕候：原字漫漶，據高麗大藏經補遺本校定。十四：寶林傳、景德傳燈錄等並作「四十」。

自調心，非關他事。」

5　時有辯和法師，於鄴都管成安縣匡救寺講涅槃經〔一〕。是時大師至彼寺門説法，集衆頗多。法師講下人少。辯和恠於師，遂往縣令瞿仲侃説之〔二〕：「彼邪見道人打破講席。」瞿令不委事由，非理損害而終，葬在磁州滏陽東北七十餘里〔三〕，壽齡一百七歲。示于時滅〔四〕，當隋第一主文帝開皇十三年癸丑之歲。唐内供奉沙門法琳撰碑文。德宗皇帝謚号大弘禪師、大和之塔〔五〕。自隋癸丑歲遷化，迄今唐保大十年壬子歲，得三百五十九年矣。

6　淨修禪師讚曰：

二祖碩學，操爲堅確，
心貫三乘，頂奇五岳。
天上麒麟〔六〕，人間鸑鷟，

〔一〕成：原作「城」；據通典卷一七八州郡八，唐鄴郡即相州（治所今河南安陽市），下轄成安縣（今河北成安縣）。民國二十年成安縣志，匡救寺在縣城南二里，名匡教寺。
〔二〕瞿仲侃：石井本神會語錄所收六代傳記、寶林傳、景德傳燈錄等並作「翟仲侃」，歷代法寶記作「翟冲侃」。
〔三〕滏：原作「塗」，據寶林傳校改；滏陽屬河東道磁州（元和郡縣志卷一五）。
〔四〕示于時滅：寶林傳作「示於滅度」。
〔五〕弘：册府元龜卷五二、景德傳燈錄並作「祖」。
〔六〕天上：原字漫漶，據敦煌遺書S.1635泉州千佛新著諸祖師頌校定。

斷臂立雪，混而不濁〔二〕。

碑誌

法琳撰碑文（僞，見寶林傳卷八）。

傳記

續高僧傳卷一六、楞伽師資記、傳法寶記、六代傳記（石井本神會語錄）、歷代法寶記、寶林傳卷八、中岳少林寺釋惠可本狀（佚，見圓珍目錄禪宗七祖行狀碑銘）、隆興編年通論卷九、釋門正統卷八、佛祖統紀卷二九、釋氏通鑑卷五、六、歷代佛祖通載卷一一、六學僧傳卷三、宗統編年卷九、張楷等（康熙）安慶府志卷二一仙釋、拖奕等（乾隆）少林寺志高僧、蔣擢等（同治）磁州志卷一六仙釋、紹成等（光緒）安徽通志卷三四六仙釋。

資料

1 寶林傳卷八、景德傳燈錄卷三、傳燈玉英集卷二、天聖廣燈錄卷七、傳法正宗記卷六、祖源通録撮要卷一、五燈會元卷一。

2 寶林傳卷八。

3 寶林傳卷八、景德傳燈錄卷三、傳燈玉英集卷二、天聖廣燈錄卷七、傳法正宗記卷六、祖源通録撮要卷一、宗門統要卷一、建中靖國續燈錄卷一、聯燈會要卷二、嘉泰普燈錄卷一、大光明藏卷上、禪門拈頌集卷三、祖源

〔二〕濁：原作「獨」；據敦煌遺書S.1635泉州千佛新著諸祖師頌校改。

通録撮要卷一、五燈會元卷一、禪門諸祖師偈頌卷上之上。

4 六代傳記(石井本神會語錄)、寶林傳卷八、景德傳燈錄卷三、天聖廣燈錄卷七、傳法正宗記卷六、祖源通録撮要卷一、五燈會元卷一。

5 六代傳記(石井本神會語錄)、歷代法寶記、寶林傳卷八、景德傳燈錄卷三、天聖廣燈錄卷七、傳法正宗記卷六、祖源通録撮要卷一、祖庭事苑卷一雲門錄上、五燈會元卷一。

6 敦煌遺書S.1635泉州千佛新著諸祖師頌。

三七　僧璨？—六〇六

1 第三十祖僧璨者，即是大隋三祖。不知何許人，不得姓字。

2 遇可大師，得付心法，大集群品，普雨正法。會中有一沙弥，年始十四〔一〕，名道信，来礼師而問師曰：「如何是佛心？」師荅曰：「汝今是什摩心？」對曰：「我今無心。」師曰：「汝既無心，佛豈有心耶？」

3 又問：「唯願和尚教某甲解脫法門。」師云：「誰人縛汝？」對曰：「無人縛。」師云：「既無人縛汝，即是解脫，何須更求解脫？」道信言下大悟。

4 在師左右八九年間，後於吉州具戒，却歸省覲於師。師命付法而說偈曰：

〔一〕　十四：祖源通錄撮要卷一作「十二」。

「花種雖因地〔一〕，從地種花生，
若無人下種，花種盡無生。」

5 師自隋第二主煬帝大業二年丙寅歲遷化，迄今唐保大十年壬子歲，得三百四十六年矣〔二〕。大明孝皇帝謚号智鏡禪師、覺寂之塔矣〔三〕。

6 淨修禪師讚曰：

三祖大師，法王真子，
語出幽微，心無彼此。
或處山林，或居廓市〔四〕，
因地花生，栴檀旖旎。

〔一〕雖：敦煌本壇經、寶林傳、景德傳燈錄並作「非」。
〔二〕「十」下原脫「六」字；隋煬帝大業二年丙寅（六〇六）至南唐保大十年（九五二）得三百四十六年。
〔三〕智鏡：寶林傳作「鏡智」、景德傳燈錄作「鑑智」。
〔四〕廓：敦煌遺書S.1635號泉州千佛新著諸祖師頌作「鄽」。

碑誌〔一〕

薛道衡撰碑文（佚，見獨孤及碑銘、歷代法寶記）、房琯撰碑文（寶林傳卷八）、獨孤及舒州山谷寺覺寂塔隋故鏡智禪師碑銘（毗陵集卷九、唐文粹卷六三、文苑英華卷八六四、全唐文卷三九〇）、舒州山谷寺上方禪門第三祖璨大師塔銘、山谷寺覺寂塔禪門第三祖鏡智禪師塔碑陰文〔二〕、張彥遠三祖大師碑陰記（唐文粹卷六三、全唐文卷三九〇）。

傳記

楞伽師資記、傳法寶紀、六代傳記（石井本神會語録）、歷代法寶記、寶林傳卷八、舒州皖公山釋智璨事迹（佚，見日僧圓珍目錄禪門七祖行狀碑銘）、隆興編年通論卷一〇、一八、佛祖統紀卷二九、釋氏通鑑卷六、歷代佛祖通載卷一一、六學僧傳卷三、宗統編年卷九、張楷等（康熙）安慶府志卷二一仙釋、紹成等（光緒）安徽通志卷三四八仙釋。

著作

信心銘（景德傳燈錄卷三〇三祖璨大師信心銘、敦煌遺書S.4037、S.5692、P.2104、P.4638）。

〔一〕近年發現隋禪宗三祖僧璨塔銘磚（陳浩文，文物一九八五年第四期），云：「大隋開皇十二年七月，僧璨大士隱化於舒之皖公山岫，結塔供養，道信爲記。」所述年代齟齬不合，應出於後人僞託。

〔二〕關於上二文作者，清趙懷玉謂：「以上二篇皆非公（獨孤及）作，蓋就錄碑文牽連誤入者。」見四部叢刊影印有生齋校刊本毗陵集卷九目錄。

考證

關於僧璨其人及信心銘，自古以來多有疑問。宋契嵩傳法正宗記卷六僧璨尊者評語已對其「姓族鄉邑」不明「甚可疑也」進行辯解，洪覺範林間錄卷下也專門討論到這個問題。據續高僧傳卷二七法沖傳，可禪師後有粲禪師，又卷十一辯義傳提到僧璨禪師，但這位僧璨師承四祖道信事在早期史料裏並沒有明確記載；又信心銘包含有中、晚唐禪宗思想，且敦煌卷子所錄皆爲片斷，因此晚近學者多有認爲僧璨出於虛構傳法統續的捏合，而信心銘則爲後人僞託。詳胡適楞伽宗考（胡適文存第四集）、柳田聖山初期禪宗史書の研究（法藏館，一九六七年）。

資料

1 寶林傳卷八、景德傳燈錄卷三、傳燈玉英集卷二、天聖廣燈錄卷七、傳法正宗記卷六、祖源通録撮要卷一、五燈會元卷一。

2 宗門統要卷一四祖道信、聯燈會要卷二四祖道信、道元正法眼藏三百則卷中第四〇則、禪林類聚卷一〇心眼。

3 寶林傳卷八、景德傳燈錄卷三、傳燈玉英集卷二、天聖廣燈錄卷七、宗門統要卷一、祖源通録撮要卷一、建中靖國續燈錄卷一、嘉泰普燈錄卷一、大光明藏卷上、禪門拈頌集卷三、五燈會元卷一。

4 敦煌本壇經、寶林傳卷八、景德傳燈錄卷三、傳燈玉英集卷二、天聖廣燈錄卷七、傳法正宗記卷六、祖源通録撮要卷一、建中靖國續燈錄卷一、大光明藏卷上、五燈會元卷一、禪門諸祖師偈頌卷上之上。

5 寶林傳卷八、景德傳燈錄卷三、天聖廣燈錄卷七、傳法正宗記卷六、嘉泰普燈錄卷一、五燈會元卷一。

6 敦煌遺書S.1635泉州千佛新著諸祖師頌。

三八　道信和尚 五八〇—六五一

1 第三十一祖道信和尚者，即唐土四祖，姓司馬氏。本居河內〔一〕，邁止蘄州，廣濟之所育也。

2 得璨大師心印之後，忽於黃梅路上見一小兒，年七歲，所出言異。師乃問：「子何姓？」子荅曰：「姓非常姓。」師曰：「是何姓？」子荅：「是佛性。」師曰：「汝勿姓也。」子荅曰：「其姓空故。」師謂左右曰：「此子非凡，吾滅度二十年中，大作佛事。」

3 子問曰：「諸聖從何而證？」師云：「廓然，廓然！」子曰：「与摩則無聖去也。」師曰：「猶有這个紋綵在。」

4 師乃付法，偈曰：

「花種有生性，因地花性生，
大緣与性合，當生不生生。」〔二〕

5 師付法已，時當高宗永徽二年庚戌之歲閏九月四日〔三〕，掩然而滅，壽年七十二。葬後三年四

〔一〕河內：姚寬西溪叢語卷上引寶林傳佚文作「河南」。

〔二〕敦煌本壇經此偈作：「花種因生性，因地種花生。先緣不和合，一切盡無生。」

〔三〕唐高宗永徽元年（六五〇）庚戌，二年辛亥；景德傳燈錄作「辛亥」。

月八日〔一〕，塔門無故自開，容皃端然，無異常日〔二〕。自茲已後，門人更不敢閇〔三〕。至大歷年中，代宗諡号大醫禪師、慈雲之塔。中書令、太子賓客、襄陽公杜正倫撰碑文。

6 淨修禪師讚曰：

四祖十四，因師解脱，
處世道流〔四〕，興慈量闊。
永絶彫榮，逈袪始末，
菓少花多，忍傳衣鉢。

碑誌 杜正倫雙峯山信禪師碑文（佚，日僧圓珍目錄禪門七祖行狀碑銘）。

傳記 續高僧傳卷二六、楞伽師資記、傳法寶紀、六代傳記（石井本神會語録）、歷代法寶記、寶林傳佚文（姚寬西溪叢

〔一〕三：原字殘破作「二」，據高麗大藏經補遺本校定；傳法正宗記作「三」。
〔二〕無異：原字漫漶，據高麗大藏經補遺本校定。
〔三〕敢：原作「取」，據傳法寶紀、歷代法寶記、景德傳燈錄校改。
〔四〕流：敦煌遺書S.1635泉州千佛新著諸祖師頌作「孤」。

語卷上、駒澤大學本景德傳燈抄錄卷三)、唐蘄州雙峯山釋道信蹤由(佚,日僧圓珍目錄禪宗七祖行狀碑銘)、林間錄卷上、隆興編年通論卷一一、一三、佛祖統紀卷二九、釋氏通鑑卷六、七、八、佛祖歷代通載卷一四、六學僧傳卷四、盧希招等(弘治)黄州府志卷五仙釋、甘澤蘄州志卷七仙釋、薛綱等(明)湖廣圖經志書卷四黄州仙釋、宗統編年卷九、英啓等(光緒)黄州府志卷四〇上仙釋、張仲炘等湖北通志卷一六九仙釋、吴宗慈廬山志卷九歷代人物。

著作

入道安心要方便法門(見楞伽師資記)、菩薩戒法(佚,見楞伽師資記)。

資料

1 寶林傳佚文(姚寬西溪叢語卷上)、景德傳燈錄卷三、傳燈玉英集卷二、天聖廣燈錄卷七、傳法正宗記卷六、祖源通録撮要卷一、五燈會元卷一。

2 宋高僧傳卷八弘忍傳、景德傳燈錄卷三、傳燈玉英集卷二、天聖廣燈錄卷七、傳法正宗記卷六、祖源通録撮要卷一、宗門統要卷一、建中靖國續燈錄卷一、聯燈會要卷二、嘉泰普燈錄卷一、大光明藏卷上、禪門拈頌集卷三、五燈會元卷一。

4 敦煌本壇經、景德傳燈錄卷三、傳燈玉英集卷二、天聖廣燈錄卷七、傳法正宗記卷六、建中靖國續燈錄卷一、聯燈會要卷二、大光明藏卷上、五燈會元卷一、禪門諸祖師偈頌卷上之上。

5 續高僧傳卷二六、傳法寶紀、歷代法寶記、景德傳燈錄卷三、天聖廣燈錄卷七、傳法正宗記卷六、祖源通録撮要卷一、聯燈會要卷二、五燈會元卷一。

6 敦煌遺書S.1635泉州千佛新著諸祖師頌。

三九　弘忍和尚五九九—六七二〔一〕

1 第三十二祖弘忍和尚，即唐土五祖也，姓周氏。本居汝南〔二〕，遷止蘄州黄梅。誕生七歲出家，事信大師。幼而聰敏，事不再問。母懷之時，發光通宵，每聞異香，身體安泰，後乃生育。形皃端嚴，哲者觀之，云：「此子闕七種大人之相，不及佛也。」

2 時有盧行者，年三十二〔三〕，從嶺南来，礼覲大師。大師問：「汝從何方而来？有何所求？」行者對曰：「從新州来，来求作佛。」師云：「汝嶺南人，無佛性也。」行者云：「人則有南北，佛性無南北。」師云：「汝作何功德？」行者對云：「願竭力抱石舂米，供養師僧。」師便許之。於一日一夜舂得一十二石米，首末親事，經八箇餘月。

3 行者又問曰：「如何是大道之源？」師曰：「汝是俗人，問我此事作什摩？」對曰：「世諦即有僧俗，道豈𡬶人耶？」師曰：「汝若如此，莫從人覔。」進曰：「与摩即不從外得。」師曰：「内

〔一〕據本章。弘忍卒年異說甚多，有咸亨五年（即上元元年，六七四）說，見法如禪師行狀、楞伽師資記、六代傳記（石井本神會語錄）、舊唐書卷一九一等；上元二年（六七五）說，見傳法寶紀、歷代法寶記、宋高僧傳卷八、景德傳燈錄卷三等；咸亨三年說，見義楚六帖卷二引寶林傳佚文。

〔二〕本居汝南：楞伽師資記作「其先尋陽人」，宋高僧傳作「家寓淮之潯陽」。

〔三〕三十二：六代傳記（石井本神會語錄）、歷代法寶記慧能章、圓覺經大疏鈔卷三作「二十二」；曹溪大師傳作「三十有四」。

亦非。」

4 大師臨遷化時告衆云：「正法難聞，盛會希逢。是你諸人如許多時在我身邊，若有見處，各呈所見。莫記吾語，我与你證明。」時衆中有神秀，聞師頻訓告，遂揮毫於壁，書偈曰：

「身是菩提樹，心如明鏡臺，
時時懃拂拭，莫使有塵埃。」

師見此偈，乃告衆曰：「是你諸人若依此偈修行而得解脫。」衆僧惣念此偈。有一童子碓坊裏念此偈，行者曰：「念什摩？」童子曰：「行者未知，第一座造偈呈師。大師曰：『若依此偈修行而得解脫。』」行者曰：「某甲不識文字，請兄与吾念看，我聞願生佛會。」有一江州別駕張日用，為行者高聲誦偈。行者却請張日用：「与我書偈，某甲有一个拙見。」其張日用与他書偈曰：

「身非菩提樹，心鏡亦非臺，
本来無一物，何處有塵埃？〔二〕」

時大師復往觀之，揮却了，舉顔微笑，亦不讃賞，心自詮勝。師又去碓坊，便問行者：「不易，行者！米還熟也未？」對曰：「米熟久矣，只是未有人簸。」師云：「三更則至。」行者便唱喏。至三更，行者来大師處。大師与他改名，号為慧能。

〔二〕 此偈敦煌本壇經作：「菩提本無樹，明鏡亦無臺。佛性常清淨，何處有塵埃？」

5 當時便傳袈裟，以為法信，如釋迦牟尼授弥勒記矣。大師便偈曰：

「有情来下種，因地果還生，
無情既無種，無性亦無生〔一〕。」

行者聞偈歡喜，受教奉行。

6 師又告云：「吾三年方入滅度。汝且莫行化，當損於汝。」行者云：「當往何處而堪避難？」師云：「逢懷則止，遇會且蔵懷則州，四則縣〔二〕。」又問：「此衣傳不？」師云：「後代之人，得道者恒河沙。今此信衣，至汝則住。何以故？達摩大師付囑此衣，恐人不信而表聞。法豈在衣乎？若傳此衣，恐損於物。受此衣者，命若縣絲〔三〕。況達摩云：『一花開五葉，結菓自然成。』是印此土与汝五人。般若多羅云：『菓滿菩提圓，花開世界起。』此兩句亦印今時。法衣至汝，不合付与人。」

7 行者奉教，便辞大師。大師遂到江邊，昇小舡子。師自把櫓。行者曰：「厶甲把櫓。」師云：「你莫鬧！我若稱断，是你囑我；你若稱断，我則囑你。」過江了，向行者云：「你好去！」其行者辿邐取向南方矣。

〔一〕此偈敦煌本壇經作：「有情來下種，無情花即生。無情亦無種，心地亦無性。」
〔二〕四：疑當爲「會」字；曹溪大師傳：「便於廣州四會、懷集兩縣界避難。」
〔三〕縣、「懸」古今字。

8　師經於三日，都不説法。至第四日，衆人問曰：「師法嗣何人？」師云：「吾法已往嶺南。」神秀便問：「何人得之？」師云：「能者則得。」衆人良久思惟：不見行者數日，恐是将法去也。當時七百餘人，一齊趂盧行者。衆中有一僧，号為慧明，趂得大庾嶺上，見衣鉢，不見行者。其上座便近前〔一〕，以手提之，衣鉢不動。便委得自力薄，則入山覓行者。高處望見行者在石上坐。行者遙見明上座，便知来奪我衣鉢，則云：「和尚分付衣鉢，某甲苦辞不受。再三請傳持，不可不受。雖則将來，現在嶺頭。上座若要，便請将去。」明上座云：「不為衣鉢，特為佛法来。不知行者辞五祖時，有何密語密意，願為我説！」行者見上座心意苦切〔二〕，便向他説：「静思静慮，不思善，不思惡，正与摩思不生時，還我本来明上座面目来。」上座又問：「上来密語密意，只有這个，為當更有意旨？」行者云：「我今明明与汝説，則是不密。汝若自得自己面目，密却在汝。」上座問：「行者在黄梅和尚處意旨如何〔三〕？」行者曰：「和尚看我對秀上座偈，則知我入門意，則印惠能：『秀在門外，汝得入門，得坐被衣，向後自看。此衣鉢從上来分付，切須得人。我今分付汝，汝須努力将去。十有餘年勿弘吾教，當有難起。過此已後，善誘迷人。』又問：『當往何處而堪避難？』師云：『逢懷則止，遇會且藏。』」慧

〔一〕座：原作「坐」。

〔二〕苦：原字漫漶，本書卷一八仰山章有「行者見苦求」句，據以校定。

〔三〕如何：原字漫漶，據高麗大藏經補遺本校定。

明云：「某甲雖在黃梅剃髮，實不得宗乗面目。今蒙行者指授，也有入處，如人飲水，冷暖自知。從今向後，行者即是慧明師。今便改名，号為道明。」行者便云：「汝若如是，我亦如是，与汝同在黃梅不異，自當護持。」道明云：「行者好与，速向嶺南！在後大有僧来趁行者。」道明又問：「宜往何處？」行者云：「遇蒙則住，逢袁即止。」道明敬仰之心辞行者，便迴向北去。至于虔州，果然見五十餘僧来尋盧行者。道明向衆云：「大庾嶺頭懷化鎮五六日尋候，兼問諸門津，並向北尋覓行者，言不見此色。」諸人却迴。道明獨往盧山布水臺。經三年後，歸蒙山修行，凡徒弟盡教過嶺南六祖處。只今蒙山靈塔現在。

9 大師付法後，高宗在位二十四年壬申之歲二月十六日滅度，春秋七十四。代宗謚号大滿禪師、法雨之塔。自上元壬申歲遷化〔二〕，迄今唐保大十年壬子歲，得二百八十年矣。

10 淨修禪師讚曰：

五祖七歲，洞達言前，
石牛吐霧，木馬含煙。
身心恒寂，理事俱玄，
無情無種，千年万年。

〔二〕「上元」疑爲「咸亨」之訛；咸亨三年（六七二）壬申，爲唐高宗在位第二十四年，亦與下計算年代相合。

碑誌

閭丘均撰蘄州忍禪師碑文（佚，見六代傳記〔石井本神會語錄〕、歷代法寶記、日僧圓珍目錄禪門七祖行狀碑銘）。

傳記

諸本壇經、楞伽師資記、傳法寶記、六代傳記（石井本神會語錄）、寶林傳佚文（西溪叢語卷上、義楚六帖卷二）、宗密圓覺經大疏卷三之下、蘄州東山釋弘忍議行（佚，日僧圓珍目錄禪宗七祖行狀碑銘）、舊唐書卷一九一方伎、宋高僧傳卷八、林間錄卷上、隆興編年通論卷一四、佛祖統紀卷二九、釋氏通鑑卷七、八、佛祖歷代通載卷一五、六學僧傳卷四、盧希招等（弘治）黃州府志卷五仙釋、薛綱等（明）湖廣圖經志書卷四黃州仙釋、宗統編年卷一〇、英啓等（光緒）黃州府志卷四〇上仙釋、張仲炘等湖北通志卷一六九仙釋。

著作

蘄州忍和尚導凡趣聖悟解脫宗修心要論（敦煌卷子北宇04號 S.2669、S.3558、S.4064、S.6159、P.3434、P.3559、P.3777、M.1277、M.2642、日本龍谷大學藏西天竺國沙門菩提達摩禪師觀門法大乘法論、朝鮮安心寺一五七〇年刊最上乘論）。

田中良昭譯註修心要論，大乘佛典・中國日本篇一一敦煌Ⅱ，中央公論社，一九八九年。

W. Pachow, *A Buddhist Discourse on Meditation from Tun-Huang*, University of Ceylon Review 21,1,1963,pp.47—61.

John R. McRae, *The Morthern School nd the Formation of Early Ch'an Buddhism*, University of Hawaii Press, Honolulu, 1986, pp. 121—132.

資料

1 楞伽師資記、六代傳記（石井本神會語錄）、歷代法寶記、宋高僧傳卷八、景德傳燈錄卷三、傳燈玉英集卷二、天聖廣燈錄卷七、傳法正宗記卷六、祖源通録撮要卷一、五燈會元卷一。

2 六代傳記（石井本神會語錄）、歷代法寶記慧能章、曹溪大師傳、本書卷二慧能章、宋高僧傳卷八慧能章、諸本壇經、景德傳燈錄卷三、傳燈玉英集卷二、天聖廣燈錄卷七、傳法正宗記卷六、宗門統要卷一、建中靖國續燈錄卷一、聯燈會要卷二、嘉泰普燈錄卷一、大光明藏卷上、五燈會元卷一。

4 本書卷一八仰山章、諸本壇經、景德傳燈錄卷三、傳燈玉英集卷二、天聖廣燈錄卷七、傳法正宗記卷六、聯燈會要卷一、大光明藏卷上、五燈會元卷一。

5 諸本壇經、景德傳燈錄卷三、傳燈玉英集卷二、天聖廣燈錄卷七、傳法正宗記卷六、建中靖國續燈錄卷一、聯燈會要卷一、大光明藏卷上、五燈會元卷一、禪門諸祖師偈頌卷上之上。

6 本書卷一八仰山章、德異本、宗寶本壇經、宋高僧傳卷八慧能傳、景德傳燈錄卷三、天聖廣燈錄卷七、傳法正宗記卷六、嘉泰普燈錄卷一、五燈會元卷一。

7 六代傳記（石井本神會語錄）、歷代法寶記慧能章、曹溪大師傳、諸本壇經。

8 歷代法寶記慧能章、曹溪大師傳、諸本壇經、本書卷一八仰山章、宋高僧傳卷八蒙山道明傳、景德傳燈錄卷四蒙山道明章、傳燈玉英集卷二蒙山道明章、天聖廣燈錄卷七、傳法正宗記卷六慧能、宗門統要卷三蒙山道明、聯燈會要卷三蒙山道明、大光明藏卷上蒙山道明、禪門拈頌集卷四蒙山道明、無門關第二三則、五燈會元卷二蒙山道明。

9 法如禪師行狀碑、楞伽師資記、傳法寶紀、六代傳記（石井本神會語錄）、宋高僧傳卷八、景德傳燈錄卷三、天聖廣燈錄卷七、傳法正宗記卷六、祖源通録撮要卷一、聯燈會要卷一、嘉泰普燈錄卷一、五燈會元卷一。

10 敦煌遺書S.1635泉州千佛新著諸祖師頌。

四〇　惠能和尚　六三八—七一三

1 第三十三祖惠能和尚，即唐土六祖，俗姓盧，新州人也。父名行瑫，本貫范陽〔一〕，移居新州。父早亡，母親在孤〔二〕，艱辛貧乏，能市賣柴供給〔三〕。

2 偶一日，賣柴次，有客姓安名道誠，欲買能柴〔四〕，其價相當。送將至店，道誠与他柴價錢。惠能得錢，却出門前，忽聞道誠念金剛經。惠能亦聞〔五〕，心開便悟。惠能遂問：「郎官，此是何經。」道誠云：「此是金剛經。」惠能云：「從何而來讀此經典？」道誠云：「我於蘄州黃梅縣東馮母山礼拜第五祖弘忍大師〔六〕，今現在彼山說法，門人一千餘衆。我於此處聽受。大師勸道俗受持此經，即得見性，直了成佛。」惠能聞說，宿業有緣。其時道誠勸惠能往黃梅山礼拜五祖。惠能報云：「緣有老

〔一〕范：原作「氾」；唐河北道涿州轄范陽縣。
〔二〕在孤：「在」通「存」，「存孤」見禮記月令。
〔三〕賣：原作「買」，據諸本壇經校改。
〔四〕買：原作「賣」，據諸本壇經校改；下「賣柴次」之「賣」同。
〔五〕亦、「一」通。
〔六〕馮母山：敦煌本壇經作「馮墓山」，宋高僧傳作「馮茂山」，真福寺本壇經作「東馮母山」，大乘寺本壇經作「東憑茂山」。

母，家乏欠闕，如何抛母，無人供給。」其道誠遂与惠能銀一百兩，以充老母衣粮，便令惠能往去礼拜五祖大師。惠能領得其銀，分付安排老母訖，便辞母親。

3　不經一月餘日，則到黃梅縣東馮母山，礼拜五祖。五祖問：「汝從何方而來？有何所求？」惠能云：「從新州来，来求作佛。」師云：「汝嶺南人，無佛性也。」對云：「人即有南北，佛性即無南北。」師曰：「新州乃獵獠，寧有佛性耶？」對曰：「如来藏性遍於螻蟻，豈獨於獦獠而無哉？」師云：「汝既有佛性，何求我意旨？」深奇其言，不復更問。自此得之心印。既承衣法，遂辞慈容。後隱四會、懷集之間，首尾四年。

4　至儀鳳元年正月八日，南海縣制旨寺遇印宗。印宗出寺迎接，歸寺裏安下。印宗是講經論僧也。有一日正講經，風雨猛動，見其幡動，法師問衆：「風動也？幡動也？」一个云風動，一个云幡動，各自相爭，就講主證明。講主断不得，却請行者断。行者云：「不是風動，不是幡動。」講主云：「是什摩物動？」行者云：「仁者自心動。」從此印宗迴席座位。正月十五日剃頭，二月八日於法性寺請智光律師受戒〔二〕。戒壇是宋朝求那跋摩三藏之所置也，嘗云：「後有肉身菩薩於此受戒。」梁末有真諦三藏於壇邊種菩提樹，云：「一百二十年有肉身菩薩於此樹下說法。」師果然於此樹下演無上乘。

〔二〕　智：原字漫漶，據高麗大藏經補遺本校定。

5 至明年二月三日便辞，去曹溪寶林寺説法化道〔一〕，度無量衆。師以一味法雨普潤學徒，信衣不傳，心珠洞付，得道之者若恆河沙，遍滿諸方，落落星布。

6 時神龍元年正月十五日，則天、孝和皇帝詔大師云〔二〕：「朕虔誠慕道，渴仰禪門，詔諸山禪師集内道場，安、秀二德最為僧首。朕每諮求法，再三辞推云：『南方有能和尚，受忍大師記，傳達摩衣為信，頓悟上乘，明見佛性，今居韶州曹溪山，示悟衆生即心是佛。』朕聞如来以心之法付囑摩訶迦葉，如是相傳，至於達摩，教被東土，代代相承，至今不絶。師既禀受，并有信衣，可赴京師設化，緇俗歸依，天人瞻仰。故發遣中使薛簡迎師，願早降至。」大師表曰：「沙門惠能生自邊方，長而慕道。叨承忍大師付如来心印，傳西國衣鉢，受東山佛心〔三〕。伏奉天恩，發中使薛簡詔惠能入内。惠能久處山林，年邁風疾。陛下德包物外，道貫万邦，育養蒼生，仁慈黎庶，恩旨弥天，欽仰釋門。恕惠能居山養疾，修持道業，上荅皇恩及諸王太子〔四〕。謹奉表陳謝以聞。釋沙門惠能頓首頓首，謹言。」

7 時中使薛簡啓師云：「京城禪師大德教人，要假坐禪，然方得道。」師云：「由心悟道，豈在

〔一〕道：「導」通。

〔二〕則天、孝和皇帝：關於朝廷詔敕慧能入京，資料記載多有不同。此處則天、孝和二者連文，記述含混；唐中宗李顯謚號爲中宗孝和大聖皇帝。王維能禪師碑：「則天太后、孝和皇帝並敕書勸諭，徵赴京城。」

〔三〕受、山：曹溪大師傳、寶林傳佚文（駒澤大學本景德傳燈抄錄卷五。）作「授」、「土」。

〔四〕據曹溪大師傳、寶林傳佚文「及」上有「下」字。

坐也？故經云：『若有人言如来若来若去，若坐若卧，是人行邪道，不解我所説義。』如来者，無所從来，亦無所去，故名如来。諸法空故，即是如来。畢竟無得無證，豈況坐耶？」薛簡曰：「弟子至天庭，聖人必問，伏願和尚指受心要，傳奏聖人及京城學道者。譬如一燈照百千燈，冥者皆明，明明無盡。」師云：「道無明闇，明闇是代謝之義。明明無盡，亦是有盡，相待立名故。經云：『法無有比，無相待故。』」薛簡曰：「明譬智慧，闇喻煩惱。學道之人若不用智慧照生死煩惱，何得出離？」師云：「煩惱即是菩提，無二無別故。以智慧照煩惱者，是二乘人見解。有智之人終不如此。」薛簡曰：「何者是大乘人見解？」師云：「涅般經云：『明与無明，凡夫見二。智者了達其性無別，無別之性即是實性。』處凡不減，在聖不增；住煩惱而不乱，居禪定而不寂；不斷不常，不来不去，不在中間及其内外；不生不滅，性相常住，恒而不變，名之曰道。」簡曰：「師也説不生不滅，何異外道説不生不滅？」師云：「外道説不生不滅，將生止滅，滅猶不滅；我説不生不滅，本自無生，今亦無滅，所以不同外道。中使欲得心要，一切善惡都莫思量，自然得入，心躰湛然常寂，妙用恒沙。」時薛簡聞師所説，豁然便悟，礼師數拜，曰：「弟子今日始知佛性本自有之。昔日將謂太遠，今日始知至道不遙，行之即是；今日始知涅槃不遠，觸目菩提；今日始知佛性不念善惡，無思無慮，無造無作，無住無為；今日始知佛性常而不變易，不被諸境所遷。」中使礼辞大師，遂持表至京，時當神龍元年五月八日。

8 後至九月三日，迴詔曰：「師辞老病，為朕修道，國之福田。師若淨名託疾，金粟闡弘大教，傳諸佛心，談不二之法，杜口毗耶，聲聞被呵，菩薩辞退，師若如此。薛簡傳師指教，受如来知見：『一切善惡都莫思惟，自然得入，心躰湛然常寂，妙用恒沙。』朕積善餘慶，宿種福因，值師之出世，頓悟上乘佛心第一〔一〕。朕感荷師恩，頂戴修行，永永不朽。奉磨納袈裟一領、金鉢一口，供養大師。」其後勑下，賜寺額重興寺及新州古宅造國恩寺。

9　師每告諸善知識曰：「汝等諸人自心是佛，更莫狐疑〔二〕。外無一物而能建立，皆是本心生万種法。故經云：『心生即種種法生，心滅即種種法滅。』汝等須達一相三昧、一行三昧。一相三昧者，於一切處而不住相，於彼相中不生憎愛，不取不捨，不念利益，不念散壞，自然安樂，故因此名為一相三昧；一行三昧者，於一切處行住坐卧，皆一直心，即是道場，即是淨土，此之名為一行三昧。如地有種，能含藏故，心相三昧亦復如是〔三〕。我說法時，猶如普雨；汝有佛性，如地中種，若遇法雨，各得滋長。取吾語者，決證菩提；依吾行者，定證聖果。吾今不傳此衣者，以為衆信心不疑惑，普付心要，各隨所化。昔吾師有言，從吾後若受此衣，命如懸絲。吾以道化，不可損汝。汝受吾法，聽吾偈曰：

心地含諸種，普雨悉皆生，

〔一〕曹溪大師傳「頓悟」上有「蒙師惠」三字。
〔二〕狐：原作「孤」，據諸本壇經、景德傳燈録、宗鏡録等校改。
〔三〕心相三昧：景德傳燈録、傳法正宗記作「一相一行」。

頓悟花情已，菩提果自成。」

師說此偈已，乃告衆曰：「其性無二，其心亦然；其道清淨，亦無諸相。汝莫觀淨及空其心。此心本淨，亦無可取。汝各努力，隨緣好去！」

10 有人問曰：「黃梅意旨何人得？」師云：「會佛法者得。」僧曰：「和尚還得也無？」師云：「我不得。」僧曰：「和尚為什摩不得？」師云：「我不會佛法。」

雲大師拈問龍花：「佛法有何過，祖師不肯會？」花云：「向上人分上合作摩生？」進曰：「向上人事如何？」花云：「天反地覆。」龍花却問雲大師。大師云：「一翳不除，出身無路。」進曰：「除得一翳底人，還稱得向上人也無？」雲大師云：「横眠直卧有何妨〔二〕？」

11 六祖見僧，竪起拂子，云：「還見摩？」對云：「見。」祖師抛向背後，云：「見摩？」對云：「見。」師云：「身前見，身後見？」對云：「見時不說前後。」師云：「如是，如是！此是妙空三昧。」

有人拈問招慶：「曺溪竪起拂子，意旨如何？」慶云：「忽有人迴杓柄到，汝作摩生？」學人掩耳云：「和尚！」慶便打之。

12 尒時大師住世說法四十年。先天元年七月六日，忽然命弟子於新州故宅建塔一所。二年七

〔二〕横：原作「墴」。

月一日，別諸門人：「吾當進途歸新州矣。」大衆緇俗啼泣，留連大師。大師不納，曰：「諸佛出世，現般涅槃，尚不能違其宿命，況吾未能變易？分段之報，必然之至，當有所在耳。」門人問師：「師歸新州，早晚却迴？」師云：「葉落歸根，来時無口。」問：「其法付誰？」師云：「有道者得，無心者得。」又曰：「吾滅度後七十年末，有二菩薩從東而来，一在家菩薩同出興化，重修我伽藍，再建我宗旨〔一〕。」師言訖，便往新州國恩寺。飰食訖，敷坐被衣，俄然異香滿室，白虹属地，奄而遷化，八月三日矣。春秋七十六，當先天二年〔二〕。達摩大師傳袈裟一領，是七條屈眴布，青黑色，碧絹為裏，并鉢一口。中宗勑謚大鑑禪師，元和靈照之塔〔三〕。癸丑歲遷化，迄今唐保大十年壬子歲，得二百三十九年矣。

13

淨修禪師讚曰：

師造黃梅，得旨南来，
爰因幡義〔四〕，大震法雷。
道明遭遇，神秀遲廻，

〔一〕曹溪大師別傳「有東來」句下作「一在家菩薩修造寺舍，二在家菩薩重整我教門」。
〔二〕據義楚六帖卷二引寶林傳佚文：「惠能先天二年癸丑十一月十三日入滅，塔在番禺。」
〔三〕唐朝廷賜謚慧能師號、塔號爲憲宗元和年間事，見柳宗元曹溪第六祖賜謚大鑑禪師碑（柳河東集卷六）。
〔四〕爰：原作「奚」，據敦煌遺書S.1635泉州千佛新著諸祖師頌校改。

衣雖不付，天下花開。

碑誌

韋據碑文（佚文見寶林傳佚文，駒澤大學本景德傳燈抄錄卷五）、光孝寺瘞髮塔記（全唐文卷九一二）、宋鼎六祖能禪師碑（佚，見歷代法寶記、宋高僧傳、歐陽棐集古錄目、趙明誠金石錄〔一〕）、王維能禪師碑（王右丞集卷二五、唐文粹卷六三、全唐文卷三二七）、柳宗元曹溪第六祖賜謚大鑒禪師碑（柳河東集卷六、全唐文卷五八七）、劉禹錫曹溪第六祖大鑒禪師第二碑（劉賓客文集卷四、劉夢得文集卷三〇、唐文粹卷六三、文苑英華卷八六七、全唐文六一〇）。〔二〕

傳記

神會菩薩達摩南宗定是非論、六代傳記（石井本神會語録）、歷代法寶記、曹溪大師别傳、寶林傳佚文（義楚六帖卷二一、一八、一九、二二、北山錄卷六、祖庭事苑卷一、卷六、姚寬西溪叢語卷上、駒澤大學本景德傳燈抄錄卷五）、宗密圓覺經大疏鈔卷三之下、李舟能大師傳（佚文見西溪叢語卷上）、宗密禪門師資承襲圖、唐韶州曹溪釋慧能實錄（佚，見日僧圓珍目錄禪門七祖行狀碑銘）、舊唐書卷一九一方伎傳、宋高僧傳卷八、林間錄卷上、六祖大師緣起外紀、大藏一覽卷一〇、隆興編年通論卷一四、一五、釋門正統卷八、佛祖統紀卷二九、釋氏通鑑

〔一〕趙錄各本誤作「宋泉」。

〔二〕日本入唐求法僧圓珍目錄中禪門七祖行狀碑銘第十件題爲大唐韶州廣果寺悟佛知見故能禪師之碑文，不知是上列碑誌一種，抑或是已佚另一碑文。

卷七、八、佛祖歷代通載卷一五、一六、六學僧傳卷四、郎瑛七修類稿卷一三、宗統編年卷一〇、馬元等曹溪通志、顧光等光孝寺志卷六法系志、屠英等(道光)肇慶府志卷二〇人物、張奚京等(光緒)曲江縣志卷一六外教錄、英啓等(光緒)黃州府志卷四〇上仙釋。

著作

南宗頓教最上乘摩訶般若波羅蜜經六祖慧能大師於韶州大梵寺施法壇經一卷(敦煌遺書S.5475、敦博〇七七號、北岡字四八號、北有字七九號、旅順博物館本照片二葉、西夏語譯六祖壇經(國立北京圖書館刊第四卷第三期西夏文專號,一九三二年;又日本龍谷大學藏殘片)、柳田聖山編六祖壇經諸本集成(中文出版社,一九七六年)、周紹良編敦煌寫本壇經原本(文物出版社,一九九七年)〔二〕、金剛經解義一卷(駒澤大學禪宗史研究會編慧能研究,大修館書店,一九七八年)〔三〕、六祖解心經(佚,見郡齋讀書志卷一六)。

Rouselle: *Das Lebendes Patriarchen Hui Neng*, Sinica 5 (1930).

Wong , Mou – lam: *The Sutra of Wei – Lang* (*or Hui neng*). New ed. London 1957.

Houlné , Lucien: *Houeī - neng , sixié me patriarche du bouddhisme zen* ,discours et sermons d´apres le sû tra de l´estrade sur les pierres prérres précieuses de la loi fa-pao-tan-king ,Paris ,1936 .

Fung , Paul F. and George D. Fungs *The sutra of the sixth patriarch* (*hui neng*) *on the pristine orthodox dharma*. San

---

〔二〕六祖壇經流傳異本甚多,近代學界根據諸異本探討「原本」面貌並考證現存諸本形成情況,論著頗夥,不煩備録。

〔三〕新唐書卷五九藝文志三著録金剛般若經口訣正義一卷、日僧圓珍目錄能大師金剛經訣一卷、郡齋讀書志卷一六著録六祖解金剛經一卷,當爲同一書。

Francisco ,1964.

Yampolsky ,Phillip B: *The Pratform Sutra of the Sixth Patriarch* New york: Columbia University Press ,1967.

Price ,A.F. and Wong Mou－lam: *The Diamond Sutra and the of Hui Neng*. Berkeley ,Shambara ,1971.

資料

1 六代傳記（石井本神會語錄）、歷代法寶記、曹溪大師別傳、諸本壇經、宋高僧傳卷八、景德傳燈錄卷五、天聖廣燈錄卷七、傳法正宗記卷六、祖源通録撮要卷一、嘉泰普燈錄卷一、五燈會元卷一。

2 諸本壇經、宋高僧傳卷八、景德傳燈錄卷五、天聖廣燈錄卷七、傳法正宗記卷六、祖源通録撮要卷一、嘉泰普燈錄卷一、大光明藏卷上、五燈會元卷一。

3 諸本壇經、本書弘忍章資料4。

4 歷代法寶記、曹溪大師別傳、圓覺經大疏鈔卷三之下、宋高僧傳卷八、興聖寺本、德異本、宗寶本壇經、景德傳燈錄卷五、天聖廣燈錄卷七、傳法正宗記卷六、祖源通録撮要卷一、宗門統要卷一、建中靖國續燈錄卷一、祖庭事苑卷四、正法眼藏卷下、大藏一覽卷一〇、聯燈會要卷二、嘉泰普燈錄卷一、大光明藏卷上、無門關第二九則、禪門拈頌集卷四、五燈會元卷一。

5 王維能禪師碑、六代傳記（石井本神會語錄）、歷代法寶記、曹溪大師別傳、諸本壇經、柳宗元大鑑禪師碑、圓覺經大疏鈔卷三之下、宋高僧傳卷八、景德傳燈錄卷五、天聖廣燈錄卷七、傳法正宗記卷六、嘉泰普燈錄卷一、大光明藏卷上、五燈會元卷一。

6 王維能禪師碑、歷代法寶記、曹溪大師別傳、寶林傳佚文（駒澤大學本景德傳燈抄錄卷五）、柳宗元大鑑禪師

碑、劉禹錫大鑑禪師第二碑、圓覺經大疏鈔卷三之下、宋高僧傳卷八、景德傳燈錄卷五、天聖廣燈錄卷七、傳法正宗記卷六、大光明藏卷上、五燈會元卷一、德異本、宗寶本壇經。

7 曹溪大師別傳、景德傳燈錄卷五、天聖廣燈錄卷七、傳法正宗記卷六、祖庭事苑卷三、大藏一覽卷一〇、聯燈會要卷二、佛法大明錄卷四、五燈會元卷一、德異本、宗寶本壇經。

8 曹溪大師別傳、德異本、宗寶本壇經。

9 曹溪大師別傳、諸本壇經、寶林傳佚文（西溪叢語卷上、駒澤大學本景德傳燈抄錄卷五）、宋高僧傳卷八、景德傳燈錄卷五、天聖廣燈錄卷七、傳法正宗記卷六、五燈會元卷一、德異本、宗寶本壇經。

10 汾陽無德禪師語錄卷中頌古第六〇則、宗門統要卷一、建中靖國續燈錄卷二八、圜悟禪師語錄卷一八、大慧語錄卷四、聯燈會要卷二、禪門拈頌集卷二、德異本、宗寶本壇經。

11 德異本、宗寶本壇經。

12 曹溪大師別傳、景德傳燈錄卷五、天聖廣燈錄卷七、祖源通録撮要卷一、傳法正宗記卷六、五燈會元卷一、德異本、宗寶本壇經。

13 敦煌遺書S.1635泉州千佛新著諸祖師頌。

祖堂集卷第二

祖堂集卷第三

四一　牛頭和尚法融，五九四—六五七

1 牛頭和尚嗣四祖。師諱法融，潤州延陵人也，姓文〔一〕。

2 四祖在雙峯山。告衆曰：「吾未至此山時，於武德七年秋，於廬山頂上東北而望，見此蘄州雙峯山頂，上有紫雲如蓋，下有白氣，橫分六道〔二〕。」四祖問五祖曰：「汝識此瑞不？」五祖曰：「莫是師脚下橫出一枝佛法不？」四祖曰：「汝會我意，汝善住矣。吾過江東。」便去。

3 至牛頭山幽棲寺，見數百僧並無道氣，乃顧問僧曰：「寺中有多少住持？其中有道人不？」僧曰：「禪和大相輕！夫出家者，阿那个不是道人？」四祖曰：「何者是道人？」僧無對。乃云：「山上有嬾融，身著一布裘，見僧不解合掌，此是異人也。禪師自往看。」四祖乃往庵前，過来過

〔一〕劉禹錫新塔記、續高僧傳、弘贊法華傳、景德傳燈錄等均作「俗姓韋氏」。
〔二〕橫：原作「扌」旁；下同例不再注出。

去，謂曰：「善男子，莫入甚深三昧。」融乃開眼。四祖曰：「汝學為有求，為無求耶？」融曰：「我依法華經開示悟入，某甲為修道。」四祖曰：「開者開何人？悟者悟何物？」融無對。四祖曰：「西天二十八祖傳佛心印，達摩大師至此土，相承有四祖，汝還知不？」融瞥聞此語，乃曰：「融每常望雙峯山頂礼，恨未得親往面謁。」四祖曰：「欲識四祖，即吾身是。」融便起，接足礼曰：「師因何降此？」祖曰：「特来相訪〔二〕。」又曰：「別更有住處不？」融以手指於庵後曰：「更有庵在。」遂引四祖到庵所。師遂見虎狼遶庵，麞鹿縱横四畔。師乃兩手作怕勢云：「⿱入⿰虫見〔三〕。」融曰：「師猶有這个在。」師曰：「適来見什摩？」融於言下雖承玄旨，而無有對。

4　師於是為説法要曰：「夫百千妙門，同歸方寸；恒沙妙德，盡在心源。一切定門，一切慧門，悉自具足。神通妙用，並在汝心。煩惱業障，本来空寂，一切果報，本来自有。無三界可出，無菩提可求。人与非人，性相平等。大道虚曠，絶思絶慮。如是之法，汝今已得，更無闕少，與佛無殊。更無別法可得成佛。汝但任心自在，莫作觀行，亦莫停心，莫起貪、嗔、癡，莫懷愁慮，蕩蕩無㝵，任意縱横，不作諸善，不作諸惡，行住坐卧，觸目遇緣，惣是佛之妙用，快樂無憂，故名為佛。」融問：「心既具足，

〔二〕特：原字作「持」，形近致譌；據高麗大藏經補遺本校定。

〔三〕或謂此字爲「入山見虫」的合體。天聖廣燈錄卷五風穴延昭章：「問：『古人入山見大蟲，意旨如何？』師云：『木人嶺上高聲叫，石女谿邊側耳聽。』」

何者是心？何者是佛？」師曰：「非心不問心，問心非不心。」又問：「既不許觀行，於境起時如何對治？」師曰：「境緣無好醜，好醜起於心；心若不強名，妄情從何起？妄心既不起，真心任遍知。隨心自在，復無始終，則名常住法身，無有變易。吾從先師璨和尚處傳得頓悟法門，今付於汝。汝今諦受，以酬吾道，但住此山。從汝向後，更有五人相繼不絶也。善自保持，吾當去矣。」師於言下頓盪微瑕，永亡朕兆。自是靈恠鬼神，供須無地。以此詳鑒，足見如来密旨，豈修證以能齊；祖胤玄門，安寂靜之可趣！言亡理契，顧玄要以雲泥；靜慮還源，望禪樞而楚越矣。

5　問師：「夫言聖人者，當斷何法、當得何法而言聖人？」荅：「一法不斷，一法不得，此謂聖人。」進曰：「不斷不得，與凡夫有何異？」師曰：「有異。何以故？一切凡夫皆有所斷，妄計所得真心；聖人則本無所斷，亦無所得，故曰有異。」進曰：「云何凡夫有所得，聖人無所得？得與不得，復有何異？」師曰：「有異。何以故？凡夫有所得，則有虛妄；聖人無所得，則無虛妄。有虛妄者則有異，無虛妄者則無異〔二〕。」進曰：「若無異，聖人名因何立？」師曰：「凡之与聖二，俱是假名。假名之中無二，則無有異，如說龜毛、兔角也。」進曰：「聖人若同龜毛、兔角，則應是無，令人學何物？」師曰：「我說龜毛，不說無龜。汝何意作此難？」進曰：「龜喻何物？毛喻何物？」師曰：「龜喻於道，毛喻於我。故聖人無我而有道，凡夫無道而有我。執我者猶如龜毛、兔角也。」

〔二〕此二句絕觀論作「有虛妄者，即言同與不同；無虛妄者，即無異與不異」。

6　次乃法付智嚴已。自顯慶元年〔一〕，司空蕭無善請出建初寺〔二〕，師辭不免，乃謂衆曰：「從今一去，再不踐也。」既出山寺門，禽獸哀號，逾月不止。山間泉池激石涌砂〔三〕，一時填滿；房前大桐四株，五月繁茂，一朝凋盡。師至顯慶二年丁巳歲閏正月二十三日於建初寺終〔四〕，春秋六十四，僧夏四十一，至二十七日葬。塔在金陵後湖雞籠山〔五〕，即耆闍山也。

7　因此牛頭宗六枝：第一是融禪師，第二智巖，第三慧方，第四法持，第五智威，第六惠忠也。

碑誌

劉禹錫牛頭山第一祖融大師新塔記（劉賓客文集卷四、唐文粹卷六四、文苑英華卷八六二、全唐文卷六〇六）。

〔一〕顯慶：原作「現慶」，避唐中宗李顯諱；顯慶爲唐高宗年號（六五六—六六一）；續高僧傳、景德傳燈錄等作「顯慶」，下同。

〔二〕續高僧傳作「司功蕭元善」；景德傳燈録作「邑宰蕭元善」。蕭元善見北京圖書館藏中國歷代石刻拓本匯編唐代卷〇一六號蕭元善妻公孫氏墓誌，唐儀鳳四年四月十一日葬，河南洛陽出土。或即此人，「元」以與「無」俗寫「无」形近致譌。

〔三〕山間：續高僧傳作「山澗」。

〔四〕閏：原作「潤」；「閏」、「潤」通。

〔五〕雞籠山原作「溪籠山」，續高僧傳、景德傳燈錄等並作「雞籠山」，是；六朝事跡編類卷下雞籠山：「輿地志云：雞籠山在覆舟山之西二百餘步，其狀如雞籠，因以爲名。」又南齊書竟陵文宣王子良傳：「（蕭子良）永明五年（四八七）正位司徒，給班劍二十人，侍中如故，移居雞籠山邸……」即其地。

傳記

宗密中華傳心地禪門師資承襲圖、弘贊法華傳卷三、傳法正宗記卷九、林間錄卷下、隆興編年通論卷一一、佛祖歷代通載卷一二、張鉉（至大）金陵新志卷一三仙釋、脱因等（至順）鎮江志卷一九方外、續高僧傳卷二六、六學僧傳卷四、周詩等（萬曆）江寧縣志卷一〇人物、王浩等（正德）江寧府志卷一〇仙釋、陳沂獻花巖志、盛時泰牛首山志、趙宏恩等江南通志卷一七四方外、吕燕昭等（嘉慶）重刊江寧府志卷五一仙釋、李元才等玉泉志。

著作

牛頭山初祖法融禪師心銘（景德傳燈錄卷三〇）、融祖師文集三卷（佚，見宋高僧傳卷一〇佛窟遺則傳）、法華名相一卷、維摩經記二卷、維摩詰經要略一卷、華嚴經私記二卷、金剛般若經意一卷（以上並佚，見日本智證大師將來目錄）。

常盤義伸、柳田聖山校訂譯註絶觀論附圖版（禪文化研究所，一九七六年）。

柳田聖山譯註絶觀論（大乘佛典中國日本篇一一敦煌Ⅱ，中央公論社，一九八九年）。

Catherine Despeux ,*Extinction de la contemplqtion*（*kiue—kouan louen*）,Hermes n . s. No. 4 , 1985 ,pp. 136—155.

Ursela Jarand（tr. ）,Morinaga Sôkô（comm. ）,*Dealog über das Ausloschen der Anschauugn* , Frankfurt（Main）: R. G. Fischer ,1987 .

Ursela Jarand（tr. ）,Morinaga Sôkô（comm. ）,*An Early Zen Text from Tun—huang* ,London ,Zen Centre ,1988 .

Catherine Despeux ,*L' inscription sur l'esprit*（*Sin ming*）*in Tch'an Zen: Racines et floraisons*（Hermes: Recherches sur l'expérience spirituelle, Nouvelle série vol 4. Paris: Deux Oceans, 1985), pp. 156—164. (Complete translation, French).

Sorensen, Henrik Hjort, *The Hsin—ming Attributed to Niu-t'ou Fa-jung in: Journal of Chinese Philosophy* 1986 No. 13, pp. 101—120(Complete Translation, English).

Sheng—Yen, Master, *Song of Ming in The Poetry of Enlightenment. Poems by Ancient Ch'an Masters*, pp. 33—34, Elmhurst, NY: Dharma Drum Publications, 1987, (Complete translation, English)

考證

敦煌遺書絕觀論(日本石井積翠氏舊藏本、敦煌遺書P.2732、P.2074、P.2885、P.2045、北潤八四號及德國國家圖書館藏吐魯番出土漢文文書1433號),據考為牛頭法融作品,參見常盤義伸、柳田聖山絕觀論英文譯注、原文校定、日語譯,日本禪文化研究所,一九七三)。又宗鏡錄卷四、一五、二〇、二四、二五等存淨名私記佚文,該書當即智證目錄所著錄維摩經記。

資料

1 續高僧傳卷二六、景德傳燈錄卷四、傳燈玉英集卷二、祖源通錄撮要卷二、五燈會元卷二。

2 宋高僧傳卷八弘忍傳、景德傳燈錄卷三道信章、祖庭事苑卷三觀氣、五燈會元卷一道信章。

3 景德傳燈錄卷四、傳燈玉英集卷二、祖源通錄撮要卷二、宗門統要卷二、聯燈會要卷二、大夫明藏卷上、五燈會元卷二。

4 宗鏡錄卷九七、景德傳燈錄卷四、傳燈玉英集卷二、祖源通錄撮要卷二、聯燈會要卷二、大光明藏卷上、五燈會元卷二。

5 絕觀論。

6 續高僧傳卷二六、景德傳燈錄卷四、祖源通錄撮要卷二、五燈會元卷二。

7 宗密圓覺經大疏鈔卷三之下。

四二　鶴林和尚 玄素，六六八—七五二

1 鶴林和尚嗣牛頭威禪師。師諱馬素，未覩行狀，不決化緣始終。勅謚大律禪師、大和寶航之塔〔一〕。

2 問：「如何是西来意？」師曰：「會即不會，疑即不疑。」師却云：「不會不疑底，不疑不會底。」

3 有僧敲門。師問：「是什摩人？」對曰：「僧。」師曰：「非但僧，佛来亦不著。」進曰：「佛来為什摩不著？」師曰：「此間無公止泊處。」

〔一〕宋高僧傳作「大律禪師、大和大寶杭之塔」，景德傳燈錄作「大津禪師、大和寶航之塔」。范祥雍云：「依文意推之，杭與航通，『大津』與『大和』相應，似作津爲是。」（宋高僧傳范校本卷九，中華書局，一九八七年）

碑誌

李華潤州鶴林寺故徑山大師碑銘(唐文粹卷六四、文苑英華卷八六二、全唐文卷三二〇)。

傳記

清晝唐鶴林和尚法門義讚(全唐文卷九一七)、李德裕請宣賜鶴林寺僧謚號奏(李衛公會昌一品集補遺、全唐文卷七〇一)、宋高僧傳卷九、傳法正宗記卷九、隆興編年通論卷一六、嘉定鎮江志卷二〇、歷代佛祖通載卷一三、脱固等(至順)鎮江志卷一九方外、六學僧傳卷五、釋明賢鶴林寺志高僧、盛時泰牛首山志、宗統編年卷一一、呂燕昭等(嘉慶)重刊江寧府志卷五一仙釋、張吉安等餘杭縣志卷二九方外、何紹章等(光緒)丹徒府志卷四五方外。

資料

1 宋高僧傳卷九、景德傳燈錄卷四、傳燈玉英集卷二、五燈會元卷二。
2 景德傳燈錄卷四、傳燈玉英集卷二、五燈會元卷二。
3 景德傳燈錄卷四、傳燈玉英集卷二、宗門統要卷二、聯燈會要卷二、五燈會元卷二。

四三　先徑山和尚道欽，七一四—七九二〔一〕

1　先徑山和尚嗣鶴林。師諱道欽〔二〕。大歷年代宗請赴京師，号國一禪師〔三〕。

2　肅宗皇帝来礼師〔四〕。師見帝来，遂起立。帝曰：「大師見朕来，因何起？」師曰：「檀越，因什麼向四威儀中見貧道？」

3　問：「如何是祖師西来意？」師曰：「汝問不當。」曰：「如何得當？」師曰：「待我死，即向汝道。」

4　江西馬大師令西堂問師：「十二時中以何為境？」師曰：「待汝廻去，有信上大師。」西堂曰：「如今便廻去。」師曰：「傳語大師：却須問取曺溪始得。」

〔一〕陳垣釋氏疑年錄卷四：「唐貞元八年卒，年七十九（七一四—七九二）。釋氏通鑑作年九十二，佛祖綱目因之，今據宋僧傳九，及李吉甫撰碑……」

〔二〕李吉甫杭州徑山寺大覺禪師碑銘并序（以下簡稱碑銘）謂「大師諱法欽，俗姓朱氏，吳都崑山人也」。

〔三〕李吉甫碑銘謂「大曆初，代宗睿武皇帝高其名而徵之……尋求歸山，詔允其請，因賜策曰國一大師」。

〔四〕肅宗皇帝：景德傳燈錄、正法眼藏等作「代宗」。

碑誌

李吉甫杭州徑山寺大覺禪師碑銘（文苑英華卷八六五、全唐文卷五一二）、王顏唐徑山大覺禪師碑（佚，見宋高僧傳卷九、金石錄卷九、寶刻叢編卷一四）〔二〕、崔元翰、羊士諤正書唐徑山大覺禪師影堂記〔三〕（寶刻叢編卷一四）、崔玄亮撰碑、丘丹撰碑（並佚，見宋高僧傳卷九）。

傳記

本録（佚，見釋氏通鑑卷九）、李豫迎大覺禪師勅（全唐文卷四八）、李肇唐國史補卷上、段成式酉陽雜俎續集卷四、太平廣記卷九六、宋高僧傳卷九、傳法正宗記卷九、蘇軾東坡志林卷一一、徑山三祖實録（佚，見祖庭事苑卷七）、范成大吴郡志卷四二浮屠、龔明之中吴紀聞卷二、潛説友咸淳臨安志卷七〇人物、隆興編年通論卷一七、武林西湖高僧事略、釋氏通鑑卷九、佛祖歷代通載卷一三、釋氏稽古略卷二、六學僧傳卷五、楊譓崑山郡志卷五、王鏊等明姑蘇志卷五八、吴之鯨武林梵志卷六、一〇、林世遠等（正德）姑蘇志卷五八仙釋、聶心湯等（萬曆）錢塘縣志外紀紀釋、陳善等（萬曆）杭州府志卷九〇仙釋、釋宗淨徑山志卷中、李照徑山國一祖師行寔（釋宗淨徑山集卷中）、釋明賢鶴林寺志高僧、徐象梅兩浙名賢錄外錄卷四、周永年吴都法乘卷五襲燈篇、宗統編年卷一一、一二、張吉安等（乾隆）餘杭縣志卷二九方外、嵇曾筠等（雍正）浙江通志卷一九八仙釋、宋如林等（嘉慶）松江府志卷六三方外、龔嘉儁等（光緒）杭州府志卷一七一方外、何紹章等（光緒）丹徒縣志卷四五方外。

〔二〕寶刻叢編卷一四著錄「王穎撰，王偁正書」。

〔三〕寶刻叢編同卷另著錄二通：「歸登行書并篆額、胡季良八分書並篆額。」又卷一三嘉祥寺大覺禪師影堂記，崔元翰、羊士諤撰。

外、李銘皖等(光緒)蘇州府志卷一三四釋道、張大昌龍興寺志卷八僧伽列傳、湘山志卷二佛宗。

資料

1 宋高僧傳卷九、景德傳燈錄卷四、五燈會元卷二。

2 景德傳燈錄卷四、傳燈玉英集卷二、正法眼藏卷下、大光明藏卷上、聯燈會要卷二、五燈會元卷二。

3 4 景德傳燈錄卷四、聯燈會要卷二、大光明藏卷上、五燈會元卷二。

四四　鳥窠和尚〔一〕道林，七四一—八二四〔二〕

1 鳥窠和尚嗣徑山國一禪師，在杭州。未覩行録，不決化緣始終〔三〕。

2 因侍者辭，師問：「汝去何處？」對曰：「向諸方學佛法去。」師曰：「若是佛法，我這裏亦有小許〔四〕。」侍者便問：「如何是這裏佛法？」師抽一莖布毛示，侍者便悟。

〔一〕此鳥窠和尚名稱傳説異辭，或稱「鵲巢」、或謂謚「圓修禪師」等。

〔二〕此生卒年據景德傳燈錄。

〔三〕景德傳燈錄、五燈會元謂「本郡(杭州)富陽人也，姓潘氏，母朱氏」；聯燈會要作「福州福清翁氏子」。

〔四〕小，「少」通。

3 白舍人親受心戒，又時對坐〔一〕，並無言說。舍人第三弟見此，造詩曰〔二〕：

「白頭居士對禪師，正是楞嚴三昧時。
一物也無百味足，恒沙能有幾人知？」

4 白舍人問：「一日十二時中，如何修行便得与道相應？」師云：「諸惡莫作，諸善奉行。」舍人曰：「三歲孩兒也解道得。」師曰：「三歲孩兒也解道得，百歲老人略行不得。」舍人因此礼拜為師，讚曰〔三〕：

「形羸骨瘦久修行，一納麻衣稱道情〔四〕。
曾結草菴倚碧樹，天涯知有鳥窠名。」

5 師問白舍人：「汝是白家兒不？」舍人稱名「白家易〔五〕」。師曰：「汝婀爺姓什摩？」舍人無對。

〔一〕又、「有」通。本書用「又時」以下尚有二十五例，不一一註出。

〔二〕白居易第三弟行簡，官至主客郎中。陳尚君定下詩爲白行簡佚詩（全唐詩續拾卷二四，全唐詩補編中册第一〇一九頁，中華書局，一九九二年）。

〔三〕陳尚君定上詩爲白居易佚詩（全唐詩補編中册，第一〇八二頁）。

〔四〕納、「衲」通；本書「衲」多作「納」。

〔五〕或以爲「家」乃「居」字之訛；或以爲「家」下脫「居」字；或以爲「家」如字，是有意迴避真實姓名的用法，見松原朗等祖堂集鳥窠和尚章と白居易（東洋文化研究所紀要第百四十册，二〇〇〇年）。

6 舍人歸京，入寺遊戲，見僧念經，便問：「甲子多小？」對曰：「八十五。」進曰：「念經得幾年？」對曰：「六十年。」舍人云：「大奇！大奇！雖然如此，出家自有本分事，作麼生是和尚本分事？」僧無對。舍人因此詩曰〔一〕：

「空門有路不知處，頭白齒黄猶念經。
何年飲著聲聞酒，迄至如今醉未醒。」

已上空宗。

傳記

周密武林舊事卷五湖山勝概、祖庭事苑卷二、佛祖歷代通載卷一五、釋氏通鑑卷一〇、釋氏稽古略卷二、潛説友咸淳臨安志卷七〇人物、武林梵志卷一〇、武林西湖高僧事略、聶心湯等（萬曆）錢塘縣志外紀紀釋、張元忭（萬曆）雲門志略卷一仙釋、宗統編年卷一二、俞卿等紹興府志卷五六仙釋、嵇曾筠監修浙江通志卷一九八仙釋、如幻昭賢寺略記。

考證

宋高僧傳卷一一唐杭州秦望山圓脩傳謂：「姓潘氏，福州閩人也……見秦望山峻極之勢……遂棲止於松

〔一〕白氏長慶集卷三六戲禮經老僧：「香火一爐燈一盞，白頭夜禮佛名經。何年飲著聲聞酒，直到如今醉未醒。」與此詩「後二句同，前二句全異，未審爲一詩抑爲二詩」（陳尚君前引書，一〇八三頁）。

巔……號鳥窠禪師。」圓脩於嵩陽會善寺納戒，嗣百丈山海禪師，生卒年為公元七三五—八三三年，與本書及景德傳燈錄等有異。

著作　偈頌斷句一（見全唐詩卷八三一貫休送僧入石霜）。

資料　*1* 景德傳燈錄卷四、傳燈玉英集卷二、聯燈會要卷二、五燈會元卷二。*2* 景德傳燈錄卷四、傳燈玉英集卷二、宗門統要卷二、正法眼藏卷下、聯燈會要卷二、大光明藏卷上、五燈會元卷二。*4* 景德傳燈錄卷四、聯燈會要卷二、五燈會元卷二。

四五　懶瓚和尚〔一〕生卒年未詳

1 五祖忍大師下傍出一枝：神秀和尚、老安國師、道明和尚。神秀下普寂；普寂下懶瓚和尚，在南岳。

2 師有樂道歌曰：

「兀然無事無改換，無事何須論一段。

〔一〕此懶瓚和尚名稱傳說異辭，或作「明瓚」、「懶殘」等。

真心無散乱，他事不須断，
過去已過去，未来更莫筭。
兀然無事坐，何曾有人喚？
向外覓功夫，惣是癡頑漢。
糧不畜一粒，逢飰但知餮〔二〕。
世間多事人，相趁渾不及。
我不樂生天，亦不愛福田。
飢来即喫飰，睡来即卧瞑。
愚人笑我，智乃知賢。
不是癡鈍，本躰如然。
要去即去，要住即住。
身被一破納，脚著孃生袴。
多言復多語，由来反相悞。

〔二〕餮：景德傳燈録作「喁，陟立切」；式古堂書畫彙考所收黄涪翁書法語卷作「喫」。案廣韻緝韻有「縶」，集韻同韻有「鷙」、「贄」，並作「陟立切」，「餮」音當從「執」，與「粒」、「及」諧韻。

若欲度衆生，無過且自度。
莫謾求真佛，真佛不可見。
妙性及靈臺，何曾受勳練〔一〕？
心是無事心，面是孃生面。
劫石可移動，个中難改變。
無事本無事，何須讀文字？
削除人我本，冥合箇中意。
種種勞筋骨，不如林間睡兀兀。
舉頭見日高，乞飰從頭餧〔二〕。
将功用功，展轉冥朦，
取則不得，不取自通。
吾有一言，絶慮忘緣，

〔一〕勳練：宗鏡錄作「熏練」，景德傳燈錄作「薰鍊」，並爲一音之轉。
〔二〕餧：景德傳燈錄作「捸」，音釋作「力沒切」。案：餧通「⿰飠内」，見慧琳一切經音義卷二八引正法花經玄應音義。⿰飠内，玉篇：「奴盇切，食皃。」此段用韻「盇」、「沒」通押，或疑「⿰飠内」俗讀「内」；集韻沒韻有「訥」、「吶」，奴骨切。

巧說不得，只用心傳。
更有一語，無過直与，
細如毫末，大無方所〔二〕，
本自圓成，不勞機杼。
世事悠悠，不如山丘，
青松蔽日〔三〕，碧澗長流。
卧藤蘿下，塊石枕頭，
山雲當幕，夜月為鈎。
不朝天子，豈羨王侯？
生死無慮，更須何憂？
水月無形，我常只寧，
万法皆尒，本自無生。
兀然無事坐，春来草自青。」

〔二〕大：原作「本」，據宗鏡錄、景德傳燈錄改。
〔三〕蔽：原作「弊」，據景德傳燈錄改。

傳記　袁郊甘澤謠（太平廣記卷九六）、李繁鄴侯家傳（類說卷二）、鄴侯外傳（太平廣記卷三八）、高僧嬾殘傳（佚，見新唐書卷五九藝文志三）、宋高僧傳卷一九、林間錄卷下、祖庭事苑卷一、碧巖錄第三四則頌評唱、咸淳臨安志卷七〇人物、隆興編年通論卷一八、陳田夫南嶽總勝集卷下、釋氏通鑑卷九、佛祖歷代通載卷一四、六學僧傳卷二八、神僧傳卷一〇、楊珮等（嘉靖）衡州府志卷九仙釋、薛綱等（明）湖廣圖經志書卷一二衡州、邁柱等湖廣通志卷七四仙釋、李亨特等（乾隆）紹興府志卷六九仙釋。

著作　南嶽懶瓚和尚歌（即樂道歌，景德傳燈錄卷三〇，參小川隆等懶瓚和尚樂道歌攷，東洋文化研究所紀要一四一號，二〇〇一年）。

資料　*2* 宗鏡錄卷九八、景德傳燈錄卷三〇、林間錄卷下、圜悟佛果禪師語錄卷一八、南嶽總勝集卷中、下、禪門諸祖師偈頌卷下之上、禪門拈頌集卷三〇、南明泉和尚頌證道歌事實、黃庭堅書明瓚詩卷（畢沅經訓堂法書第四冊梵志詩拓本、高士奇江村銷夏錄卷二、卞永譽式古堂書畫彙考卷一一）。

四六　老安國師慧安，五八一——七〇八〔一〕

1 老安國師嗣五祖忍大師，在嵩山。

〔一〕此據宋儋碑；宋高僧傳、景德傳燈錄謂卒於景龍三年（七〇九）。

2 坦然禪師問：「如何是祖師西来意旨？」師曰：「何不問自家意旨？問他意旨作什摩？」進曰：「如何是坦然意旨？」師曰：「汝須密作用。」進曰：「如何是密作用？」師閅目，又開目。坦然禪師便悟。

碑誌

宋儋嵩山會善寺故大德道安禪師碑銘並序（金石萃編卷七七、全唐文卷三九六、唐文續拾卷三）。

傳記

宗密圓覺經大疏鈔卷三之下、慧雲嵩山故大德淨藏禪師身塔銘（唐文拾遺卷五〇）、宋高僧傳卷一八、傳法正宗記卷九、林間錄卷上、祖庭事苑卷七、隆興編年通論卷一四、釋氏通鑑卷八、佛祖歷代通載卷一二、六學僧傳卷四、宗統編年卷一〇。

資料

2 寶林傳懷讓章佚文（景德傳燈抄錄卷五）、宗鏡錄卷九七、景德傳燈錄卷四、傳燈玉英集卷二、祖源通録撮要卷二、宗門統要卷二、聯燈會要卷三、大光明藏卷上、五燈會元卷二。

四七　騰騰和尚仁儉，生卒年未詳

1 騰騰和尚嗣安國師。

2

師有樂道歌曰：

「問道道無可修〔一〕，問法法無可問。
迷人不了性空，智者本無違順。
八万四千法門，至理不離方寸。
不要廣學多聞，不在辯才聰儁。
識取自家城廓〔二〕，莫謾遊他州郡。
言語不離性空，和光不同塵坌。
煩惱卽是菩提，淨花生於泥糞。
若有人求問荅，誰能共他講論？
亦不知月之大小，亦不知歲之餘閏。
晨時以粥充飢，仲時更飡一頓。
今日任運騰騰，明日騰騰任運。
心中了了惣知，只沒佯癡縛鈍。」

〔一〕問道：宗鏡錄、景德傳燈錄並作「修道」。

〔二〕廓：景德傳燈録、傳燈玉英集作「郭」，「郭」、「廓」通。本書「城郭」凡三見，二作「城廓」，另則出卷一九香嚴和尚章。

傳記　景德傳燈錄卷四、傳燈玉英集卷二、五燈會元卷二。

著作　騰騰和尚了元歌（景德傳燈錄卷三〇，即本章樂道歌，但文字有異）。

資料　2 宗鏡錄卷九八、景德傳燈錄卷三〇、傳燈玉英集卷一五。

四八　破竈墮和尚（生卒年未詳）

1　破竈墮和尚嗣安國師。師在北地。

2　有一禪師唯善塞竈〔一〕，頻頻感得竈神現身。彼地敬重劇於佛像。是時和尚至彼，為竈神説法。竈神聞法，便獲生天，故現本身，礼辞和尚：「蒙師説法，重得生天，故来謝師，便還天府。」言猶未訖，瞥然不見。其竈瓦解，悉自落破。此師本不稱名，因此緣故破竈墮和尚也〔二〕。

已上北宗。

〔一〕塞，「賽」通。

〔二〕宋高僧傳作「由此全取他名，號破竈墮也」；此句「緣故」下疑脫「號」字。

傳記

宋高僧傳卷一九、林間錄卷下、祖庭事苑卷二、釋氏通鑑卷九、佛祖歷代通載卷一三、釋氏稽古略卷二、六學僧傳卷四。

資料

2 宋高僧傳卷一九、景德傳燈錄卷四、傳燈玉英集卷二、宗門統要卷二、碧巖錄第九七則頌評唱、正法眼藏卷中、聯燈會要卷三、禪門拈頌集卷五、大光明藏卷上、五燈會元卷二。

四九　靖居和尚行思，六七一—七三八〔一〕

1 靖居和尚嗣六祖，在吉州。師諱行思，俗姓劉，廬陵人也〔二〕。自傳曺溪密旨，便復廬陵，化度群生。

2 僧問：「如何是佛法大意？」師曰：「廬陵米作摩價？」

3 師問神會：「汝從何方而来？」對曰：「從曺溪来。」師曰：「将得何物来？」會遂震身而

〔一〕據青原山志略載蕭發生青原遺碑略記；陳垣釋氏疑年録卷四謂「開元二十八年（七四〇）卒。宋僧傳九、佛祖道影作開元十八年卒」。

〔二〕祖源通録撮要卷三作「安城劉氏」。

示。師曰：「猶持瓦礫在。」會曰：「和尚此間莫有真金与人不〔一〕？」師曰：「設使有，与汝向什摩處著？」

4 師以開元二十八年十二月十三日遷化〔二〕。勑謚弘濟大師、歸真之塔〔三〕。

5 淨修禪師讚曰：

曺溪門人〔四〕，出世盧陵，
唯提一脉，逈出三乘。
澤中孤燭，火裏片氷，
許君妙會，說底相應。

碑誌

段成式唐大中五年青原七祖塔碑銘（佚，見青原山志略卷四碑記）、蕭發生青原遺碑略記（青原山志略卷六）。

〔一〕真金：原誤倒，據景德傳燈錄等校改。

〔二〕蕭發生青原遺碑略記：「天寶六載碑略曰：七祖，漢長沙定王發後。得旨曹溪，遂住青原。開元二十六載化，壽六十八。時朝議郎江南西道採訪判官朱元、朝議郎盧陵縣令吴自勵、僧道莫、如晝等印山龕於絕頂。」

〔三〕宋高僧傳謂「敕謚大師號曰洪濟」。

〔四〕敦煌遺書S.1635泉州千佛新著諸祖師頌作「吉水真人」。

傳記

宗鏡錄卷九七、宋高僧傳卷九、傳法正宗記卷九、宗門統要卷七、林間錄卷上、下、隆興編年通論卷一六、釋氏通鑑卷九、佛祖歷代通載卷一三、釋氏稽古略卷二、六學僧傳卷五、馬元等曹谿通志卷二傳燈人物、釋笑峰等青原山志略卷二、宗統編年卷一〇、一一、謝旻等（雍正）江西通志卷一〇四仙釋、高自位等（乾隆）南嶽志卷四仙釋。

資料

1 宋高僧傳卷九、景德傳燈錄卷五、祖源通錄撮要卷二、聯燈會要卷一九、五燈會元卷五。

2 景德傳燈錄卷五、宗門摭英集卷上、祖源通錄撮要卷二、建中靖國續燈錄卷一、聯燈會要卷一九、禪門拈頌集卷五、五燈會元卷五。

3 景德傳燈錄卷五、傳燈玉英集卷二、宗門摭英集卷上、祖源通錄撮要卷二、聯燈會要卷三、禪門拈頌集卷五、五燈會元卷五。

4 宋高僧傳卷九、景德傳燈錄卷五、祖源通錄撮要卷二、五燈會元卷五、青原遺碑略記。

5 敦煌遺書S.1635泉州千佛新著諸祖師頌。

五〇　荷澤和尚神會，六八四—七五八

1 荷澤和尚嗣六祖，在西京荷澤寺〔一〕。師諱神會，姓高，襄陽人也。

2 師初到六祖處，六祖問：「是你遠来大艱辛，還将本来不？若有本，即合識主。是你試説看！」師對曰：「神會以無住為本，見即是主。」祖曰：「者沙弥爭取次語！」便以杖乱打。師杖下思惟：大善知識歷劫難逢，今既得遇，豈惜身命！六祖察其語深情至，故試之也。因此自傳心印，演化東都，定其宗旨。南能北秀，自神會現揚〔二〕，曹溪一枝始芳宇宙。

3 天寶中〔三〕，御史盧奕是北宗普寂門徒〔四〕，奏會聚徒洛陽。玄宗徵赴，駕幸昭應〔五〕，得對天顔。言理允符聖情，鄭重有司量移均州。至德二年，肅宗勑徙荊州，住開元寺。

〔一〕西京：圓覺經大疏鈔作「東京」；荷澤寺在唐東都洛陽。唐會要卷四八寺：「荷澤寺　宜人坊，太極元年二月十七日，睿宗在藩，爲武太后追福所立。」自五代後晉天福三年以洛陽爲西京，北宋因之。

〔二〕現揚：原作「現楊」；「顯」、「現」通，「揚」、「楊」俗寫不分。

〔三〕圓覺經大疏鈔、賈餗揚州華林寺大悲禪師碑銘並謂下列事件在天寶十二載。

〔四〕盧奕，原作「盧液」；圓覺經大疏鈔等作「盧奕」；舊唐書卷一八七下忠義傳下盧奕傳：「（天寶）十一載，爲御史中丞。」

〔五〕昭應，原作「詔應」，通典卷一七三州郡三京兆府昭應縣「有溫湯」，宋高僧傳作「昭應」，據改。

4 師鄉信到，報父母俱喪。師乃入僧堂，白槌曰〔一〕：「父母俱喪，請大衆念摩訶般若！」大衆纔坐，師曰：「勞煩大衆，珍重！」

5 師上元元年五月十三日終〔二〕。勅謚真宗大師、般若之塔〔三〕。

碑誌　慧空大唐東都荷澤寺殁故第七祖國師大德於龍門寶應寺龍崗腹建身塔銘並序（世界宗教研究一九八四年第二期、洛陽出土歷代墓誌輯繩）、韋皐神會禪師碑銘（佚，見寶刻叢編卷四）、全唐文卷九一六小傳。

傳記　歷代法寶記、曹溪大師別傳、諸本壇經、宗密中華傳心地禪門師資承襲圖（裴休拾遺問）、宗密圓覺經大疏鈔卷三之下、宗密禪源諸詮集都序、宋高僧傳卷八、傳法正宗記卷七、宗門統要卷二、正法眼藏卷上、釋氏通鑑卷九、釋氏稽古略卷二、六學僧傳卷四、宗統編年卷一一、李之才等玉泉志、張仲炘等湖北通志卷一六九仙釋。

著作　南陽和上頓教解脱禪門直了性壇語、獨孤沛記菩提達摩南宗定是非論、劉澄輯南陽和尚問答雜徵義、頓悟無生

〔一〕槌：原作「搥」。本書名詞「槌」凡九見，八作「搥」。

〔二〕慧空塔銘、圓覺經大疏鈔卒年並作「乾元元年五月十三日」。

〔三〕圓覺經大疏鈔謂「大曆五年，敕賜祖堂額號真宗般若傳法之堂；七年，敕賜塔額號般若大師之塔」。

般若頌(顯宗論)、荷澤寺和尚神會五更轉、南宗定邪正五更轉;

胡適校敦煌唐寫本神會和尚遺集(胡適紀念館,一九六八年)、鈴木貞太郎、公田連太郎編敦煌出土荷澤神會禪師語錄(鈴木大拙全集卷三,岩波書店,一九六八年)、楊曾文編校神會和尚禪話錄(中華書局,一九九六年)、鄧文寬榮新江敦煌本禪籍録校(江蘇古籍出版社,一九九八年)。

Gernet, Jacques: *Entretiens du Maître Dhyâna Chen-houei (Shen-hui) du Ho-tsö*, Hanoi, Publication de l'Ecole Français l'Extrêne Orient, 1949.

Liebenthal, W. *The Sermon of Shen-hui*, (Asia Major new series Ⅲ—2pp. 132—155) London 1952.

資料

1 宗密禪門師資承襲圖引祖師傳記、景德傳燈錄卷五、傳燈玉英集卷三、祖源通錄撮要卷二、聯燈會要卷三、五燈會元卷二。

3 宗密圓覺經大疏鈔卷三之下、圓覺經略疏鈔卷四、宋高僧傳卷八。

4 景德傳燈錄卷五、祖源通錄撮要卷二、聯燈會要卷三、禪門拈頌集卷五、五燈會元 卷二。

五一 慧忠國師 ?—七七五

1 慧忠國師嗣六祖,姓冉,越州諸暨縣人也。

2 其兒子在家時,並不曾語,又不曾過門前橋。直到十六,有一个禪師来,纔望見,走出過門前橋，迎接礼拜，通寒宣〔一〕。父、阿孃、眷属、遠近隣舍惣来驚訝，曰：「不可思議！這个兒子養来到十六，並不曾見他語話，又不曾見他過門前橋。今日纔見和尚，有如是次第，恐是此兒子異於常人也。」兒子便問禪師：「乞師慈悲攝受，度得一个衆生。某甲切要投禪出家〔二〕。」禪師曰：「是我宗門中銀輪王嫡子、金輪王孫子，方始得継續，不墜此門風。是你三家村裏男女、牛背上将養底兒子，作摩生投這个宗門？不是你分上事。」兒子曰：「啓禪師：『是法平等，無有高下。』郍得有這个言詞障於某甲善心？再乞禪師垂慈容納。」禪師見兒子有如是次第，便向兒子說：「你若如此，投某出家則不得。」子曰：「投什摩人出家？禪師与某甲指示宗師。」禪師曰：「汝還聞曺溪摩？」子曰：「不知曹溪〔三〕，是什摩州界？」禪師曰：「廣南曹溪山有一善知識，喚作六祖，廣六百衆〔四〕。你去郍裏出家。某甲未曾遊天台，你自但去。」其兒子便入草隐遁，廻避爺孃，便行。三日程二日行〔五〕，兩日程一日行。到曺溪，恰遇祖師正當說法時，便礼拜祖師。祖師問：「從什摩處来？」對曰：「只近。」祖曰：「生緣在阿郍裏？」子曰：「自得五陰後忘却也。」祖師招手云：「近前来！」子便近前。祖師

〔一〕　宣，「喧」通。
〔二〕　「禪」下疑脱「師」字。
〔三〕　曹溪：原作「漕溪」，下「漕溪山」同。
〔四〕　廣，「匡」通，匡合義；參見韋利（Arthur Waley）*A Sung Colloquial Story from the Tsu－tang chi*, Asia Major, 14—2, 1963。
〔五〕　程：原作「裎」，下同；形近致譌。

曰：「實説你是什摩處人。」子曰：「浙中人。」祖曰：「遠来到這裏，為什摩事？」子曰：「一則明師難遇，正法難聞，特来礼覲祖師；二則投師出家，乞師垂慈攝受。」祖曰：「我向你道，莫出家。」子曰：「因什摩有此言？」祖曰：「你是聖明不動干戈六十年天子，是你但造天子佛法為主。」子曰：「啓師：非但六十年，百年天子也不要。乞師慈悲，容許某甲出家。」師便摩頂授記，曰：「你若出家，天下獨立佛。」便攝受。

3 師曾在南陽白崖山修行四十餘年。上元二年正月十六日奉勅，肅宗皇帝徵詔赴上都千福寺西禪院安置，後歸光宅寺。肅宗、代宗前後兩朝並親受菩薩戒，礼号國師焉。

4 僧問：「如何是佛法大意？」師曰：「文殊堂裏一万菩薩。」僧曰：「學人不會。」師曰：「大悲千手千眼。」

5 師定坐次，肅宗問：「師得何法？」師曰：「陛下見空中一片雲不？」皇帝曰：「見。」師曰：「釘釘著？懸掛著〔二〕？」

6 帝又問：「如何是十身調御？」師乃起立云：「還會摩？」帝曰：「不會。」師曰：「与老僧過淨瓶水来。」

〔二〕掛：原作「木」旁。

7 躭源問：「師百年後，忽有人問極則事，如何向他道？」師曰：「幸自可怜生〔一〕，要須得个護身符子作什麼？」

8 肅宗因從侍肩舁師上殿，師乃仰面視曰：「還會麼？」帝曰：「不會。」師曰：「老僧今日困〔二〕。」帝問：「如何是無諍三昧？」師曰：「檀越踏毗盧頭上行。」帝曰：「如何是踏毗盧頭上行？」師曰：「莫認自己清淨法身。」

9 師於一日見躭源入法堂。師便垂一足〔三〕。躭源便出去，良久迴来。師曰：「適来意作麼生？」對曰：「向阿誰説即得？」師曰：「我問你。」對曰：「什麼處見某甲？」

10 肅宗帝問訊次，師不視帝。帝曰：「朕身一國天子，師何得殊無些子視朕？」師云：「皇帝見目前虚空摩？」帝曰：「見。」師曰：「還曾眨眼向陛下摩？」

11 魚軍容問：「師住白崖山時如何修行？」師喚家童子。童子来，師乃以手摩童子頭曰：「惺惺直言惺惺〔四〕，歷歷直言歷歷，以後莫受人謾。」

12 南陽張濆問：「某甲聞有无情説法，未諦其事，乞師指示。」師曰：「無情説法，汝若聞時方

〔一〕可，原作「㤥」，涉下增旁訛字。本書「可憐（可怜）」凡八見，六作「㤥怜」。
〔二〕困、「睏」通。
〔三〕垂：原作「乘」。聯燈會要作「垂下」，據改。
〔四〕直言：景德傳燈録作「直然」，下同。

聞。無情説法，緣他無情〔一〕，始得聞我説法。汝但問取無情説法去〔二〕。」張濆曰：「只如今約有情方便之中，如何是無情因緣？」師曰：「但如今於一切動用之中施爲。但凡聖兩流，都無小分起滅〔三〕，便是出識，不屬有情〔四〕。熾然見覺，只是無其繫執。所以『六根對色，分別非識』〔五〕。」

13 師在黨子谷時，麻谷來，遶師三帀，震錫一下。師曰：「既然任摩，何用更見貧道？」又震錫一下。師呵曰：「這野狐精〔六〕！」

長慶代曰：「大人是什摩心行？」又代曰：「若不与摩，爭識得和尚？」

14 師与紫璘法師共論義次，各登坐了。法師曰：「請師立義，某甲則破。」師曰：「豈有与摩事？」法師曰：「便請立義。」師曰：「立義了也。」法師曰：「立是什摩義？」師曰：「果然不見，非公境界。」

長慶代曰：「師義墮也。」

〔一〕緣：景德傳燈錄、五燈會元作「解」。

〔二〕問：景德傳燈錄、五燈會元作「聞」。

〔三〕「小分」同「少分」。本書同例尚見卷五道吾和尚章、三平和尚章、卷一四百丈和尚章（二例）、卷一六南泉和尚章。

〔四〕不屬有情：景德傳燈錄、五燈會元均作「不屬有無」。

〔五〕景德傳燈錄、五燈會元均作「所以六祖云：『六根對境，分別非識。』」所引二句出牛頭法融心銘，見景德傳燈錄卷三〇。

〔六〕精：原作「情」。景德傳燈錄等諸本皆作「精」。

15 有座主来參次，師問：「作什摩事業？」對〔一〕：「講金剛經業。」師曰：「最初兩字是什摩字？」對曰：「如是。」師曰：「是什摩？」

16 師問璘供奉：「佛是什摩義？」對曰：「佛是覺義。」師曰：「佛還曾迷也無？」對曰：「不曾迷。」師曰：「既不曾迷，用覺作什摩？」無對。

17 供奉又問：「如何是實相義？」師曰：「将虚底来。」對曰：「虚底不可得。」師曰：「虚底尚不可得，問實相作什摩？」

18 師又時見僧来，以手作圓相，圓相中書「日」字。僧無對。

19 有時王詠問：「如何得解脫？」師曰：「諸法不相到，當處得解脫。」詠曰：「若然者即是断，豈是解脫？」師便喝曰：「這漢！我向你道不相到，誰向汝道断？」王詠更無言。和尚亦識此人是三教供奉。

20 王詠門徒志心問：「如何得成佛去？」師曰：「佛与衆生，一時放却，當處解脫。」進曰：「如何得相應去？」師曰：「善惡都莫思量，自然得見佛性。」又問：「若為得證法身耶？」云：「超毗盧遮那境界。」進曰：「清淨法身如何超得？」師曰：「不著佛求。」又問：「阿那个是佛？」師曰：「即心即佛。」進曰：「心有煩惱，如何是佛？」師曰：「煩惱性自離。」進曰：「豈不断煩惱

〔一〕「對」下疑脫「曰」字。

耶？」師曰：「断煩惱是聲聞、緣覺；若見煩惱不生，名大涅槃。」

21 代宗又引一太白山人来見和尚〔一〕，曰：「此山人甚有見知。」師問：「解何藝業？」代宗曰：「識山，識地，識字，解筭。」和尚借問：「山人所住是雌山？是雄山？」山人久而不荅。又問：「識地不？」山人曰：「識。」師則指殿上地曰：「此是何地？」山人曰：「容弟子筭，方得乃知。」又問：「識字不？」對曰：「識。」師向地上劃作「一」字，問：「此是何字？」對曰：「此是『一』字。」師曰：「『土』上著『一』是『王』字，是什摩『一』字！」又問：「解筭不？」對曰：「解。」師曰：「三七是多小〔二〕？」對曰：「和尚弄弟子，三七二十一。」師曰：「却是山人弄貧道。三七是十，喚作二十一，豈非弄貧道？」又問：「山人更會何業？」山人曰：「更有，實不敢對。」師曰：「縱汝惣解，亦不足貴。」師却謂代宗曰：「問山不識山，問地不識地，問字不識字，問筭不解筭，何處引得這个朦漢来？」代宗向山人曰：「朕雖有國，位未為寳，和尚是真寳。」山人曰：「陛下真識寳人也。」

22 時十月中旬，有諸座主来礼拜和尚。師問：「城外草作何色？」對曰：「作黄色。」師遂喚少童子問：「城外草作何色？」對曰：「作黄色。」師曰：「座主解經解論，与此廝兒見解何殊？」座主却問和尚：「城外草作何色？」師曰：「見天上鳥不？」座主曰：「和尚轉更勿交涉也。願和

〔一〕太白：原作「大白」；大、「太」通。慎蒙名山記：「太白山在鳳翔府郿縣東南四十里。」

〔二〕少、「小」通；下節「少童子」「少」字同。

尚教某等作摩生即是。」師却喚座主：「向前来！」座主一時向前来。師見諸座主不會，遂笑曰：「諸座主且歸寺，別日却来。」諸大德嘿然而往。明日又来：「願和尚為某等説看。」師曰：「見即見。若不見，縱説得出，亦不得見。」諸供奉曰：「從上國師未有得似和尚如是機辯。」師曰：「他家即師國，貧道即國師？」諸供奉曰：「我等諸人謾作供奉，自道解經解論，據他禪宗都勿交渉。」

23 有南方禪客問：「如何是古佛心？」師曰：「牆壁瓦礫，無情之物，並是古佛心。」禪客曰：「與經太相違故。涅槃經曰：『離牆壁瓦礫無情之物，故名佛性。』今云一切無情皆是佛心，未審心與性為別不別？」師曰：「迷人即別，悟人即不別。」禪客曰：「又与經相違故。經曰：『善男子，心非佛性。佛性是常，心是無常。』今曰不別，未審此義如何？」師曰：「汝依語而不依義。譬如寒月結水爲冰，及至暖時，釋冰爲水〔一〕。衆生迷時，結性成心；衆生悟時，釋心成性。汝若定執無情無佛性者，經不應言『三界唯心，万法唯識』。故華嚴經曰：『三界所有法，一切唯心造。』今且問汝：無情之物，為在三界內？為在三界外？為復是心？為復不是心？若非心者，經不應言『三界唯心』；若是心者，不應言『無情無佛性』。汝自違經，吾不違也。」禪客曰：「無情既有心，還解説法也無？」師曰：「他熾然説，恒説常説，無有間歇。」禪客曰：「某甲為什摩不聞？」師曰：「汝自不聞，不可妨他有聞者。」進曰：「誰人得聞？」師曰：「諸聖得聞。」禪客曰：「与摩即衆生應無分也。」師

〔一〕 冰：原作「水」，據高麗大藏經補遺校改。

曰：「我為衆生説，不可為他諸聖説。」禪客曰：「某甲愚昧聾瞽，不聞無情説法。和尚是為人天師説般若波羅蜜多，得聞無情説法不？」師曰：「我亦不聞。」進曰：「和尚為什摩不聞？」師曰：「賴我不聞無情説法。我若聞無情説法，我則同於諸聖，汝若為得見我及聞我説法乎？」禪客曰：「一切衆生畢竟還得聞無情説法不？」師曰：「衆生若聞，卽非衆生。」禪客曰：「無情説法，還有典據也無？」師曰：「言不關典，非君子之所談。汝豈不見弥陁經云：『水鳥樹林皆是念佛、念法、念僧。』鳥是有情，水及樹豈是有情乎？又華嚴經云：『刹説衆生説，三世一切説。』衆生是有情，刹豈是有情乎？」客曰：「既是無情有佛性，未審有情又如何？」師曰：「無情尚尒，豈況有情乎？」禪客曰：「若有情、無情俱有佛性，殺有情而食噉其身，分即結於罪怨相報；損害無情，食噉五穀、采蔬、菓栗等物〔二〕，不聞有罪互相讎報也。」師曰：「有情是正報。從无始劫来，虛妄顛倒，計我、我所而懷結恨，即有怨報。無情是依報。無顛倒結恨心，所以不言有報。」客曰：「經教中但見有情授三菩提記，於未來世而得作佛，号曰某等；不見無情授菩提記作佛之處。只如賢劫千佛中，阿郍个是無情成佛，請為示之。」師曰：「我今問汝：譬如皇太子受王位時，為太子一身受於王位，為復國界一一受也？」對曰：「但令太子受得王位，國土一切自屬於王，寧當別受乎？」師曰：「今此亦尒。但令有情授記作佛之時，三千大千世界一切國土盡屬毗盧遮郍佛身，佛身之外郍得更有無情而得授記耶？」

〔二〕采：「菜」省旁俗字。

客曰：「一切大地既是佛身，一切衆生居佛身上，便利穢汙佛身，穿鑿踐踏佛身，豈無罪乎？」師曰：「一切衆生全是佛身，誰為罪乎？」客曰：「佛身無為，無所罣㝵。今以有為質㝵之物而作佛身，豈不乖於聖旨乎？」師曰：「汝今不見大品經曰：『不可離有為而說無為，又不可離無為而說有為。』汝信色是空不？」對曰：「佛之誠言，郍敢不信？」師曰：「色既是空，寧有罣㝵？」

24 又問：「衆生与佛既同者，只用一佛修行，一切衆生應一時解脫。今見不尒，同義何在？」師曰：「汝不見華嚴經中『六相』義？同中有異，異中有同；成中有壞，壞中有成；惣中有別，別中有惣。衆生与佛雖同一性，不妨各各自修自得。看他人食，終自不飽。」

25 又問：「古德曰：『青青翠竹，盡是眞如；欝欝黃花，無非般若。』有人不許，是邪說；亦有人信，言不可思議。不知若為？」師曰：「此盖是普賢、文殊大人之境界，非諸凡小而能信受，皆与大乘了義經意合故。華嚴經云：『佛身充滿於法界，普現一切群生前。隨緣赴感靡不周，而恒處此菩提座。』翠竹既不出於法界，豈非法身乎？又摩訶般若經曰：『色無邊故，般若無邊。』黃花既不越於色，豈非般若乎？此深遠之言，不省者難為措意〔二〕。」

〔二〕省：原字破損，據高麗大藏經補遺本校定。

26 又問：「有善知識言：學道人但識得本心了，無常来時，抛却臋陋子一邊著〔一〕，靈臺覺性迥然而去，名爲解脱，此復若為？」師曰：「此猶未離二乘、外道之量。二乘之人皆猒離有為生死，忻樂無餘涅槃。老子亦曰：『吾有大患，為吾有身。』〔二〕忻樂冥諦而為至道，乃趣冥諦。須陁洹人八万劫、斯陀含人六万劫、阿那含人四万劫、阿羅漢人二万劫、辟支佛十千劫，住於定中；外道亦八万大劫，住非想非非想天。二乘劫滿，猶廻心向大；外道劫滿，不免輪廻生死。」

27 又問：「一切人佛性為復一種？為復有別？」師曰：「不得一種。」進曰：「云何有別？」師曰：「有人佛性全不生滅，有人佛性半生滅半不生滅。」進曰：「誰人佛性全不生滅？誰人佛性半生滅半不生滅耶？」師曰：「我此間佛性全不生滅，彼南方佛性半生滅半不生滅。」進曰：「和尚佛性若為全不生滅？南方佛性若為半生滅半不生滅？」師曰：「我之佛性，身心一如，身外無餘，所以全不生滅；南方佛性，身是無常，心性是常，所以半生滅半不生滅也。」進曰：「和尚身是色身，豈得便同法身不生滅耶？」師曰：「汝今郍得入邪道乎？」禪客曰：「某甲早晚入於邪道也？」師曰：「金剛經曰：『若以色見我，以音聲求我，是人行邪道，不能見如来。』汝既作色見我，豈非入邪道乎？」於是禪客作禮而

〔一〕臋陋子：本書卷四藥山章作「骰漏子」。慧琳一切經音義卷二一：「觳，苦角反，經本有從殻、卵者，元不是字。」景德傳燈錄作「觳漏子」，聯燈會要作「殼漏子」，謂軀殼。

〔二〕今本老子第一三章：「吾所以有大患者，爲吾有身。」

嘆曰：「和尚此說，事無不盡，理無不周。某甲若不遇和尚，空過一生矣。」

28　肅宗皇帝問：「一切衆生，忙忙業性〔一〕，無本可據，日用而不知，此意如何？」師拈起金花疊子，向帝曰：「喚作什摩？」帝曰：「金花疊子。」師曰：「灼然是一切衆生日用而不知。」

29　伏牛和尚與馬大師送書到師處。師問：「馬師說何法示人？」對曰：「即心即佛。」師曰：「是什摩語話！」又問：「更有什摩言說？」對曰：「非心非佛。亦曰不是心，不是佛，不是物。」師笑曰：「猶較些子。」伏牛却問：「未審此間如何？」師曰：「三點如流水，曲似刈禾鐮。」

後有人舉似仰山〔二〕。仰山云：「水中半月現。」又曰：「三點長流水，身似魚龍衣。」

30　肅宗皇帝問：「一切衆生，忙忙業性，無本可據，日用而不知，無由得出離於三界。乞師方便，弟子与衆生離於生死。」師便索三个鈔羅盛水著，討蟻子便抛放水裏，蟻子在水中遶轉兩三帀，困了，浮在中心，死活不定。帝礼拜曰：「乞師慈悲。」師又索一草，抛放水裏，其蟻子驚訝，依草便上鈔羅外。皇帝豁然便悟。

31　代宗皇帝問〔三〕：「師百年後要个什摩？」師曰：「与老僧造个無縫塔。」帝乃踟跪曰：

〔一〕忙、「茫」通；祖庭事苑卷一：「當作茫茫，無窮也。」下同。

〔二〕擧：原作「罙」。龍龕手鑑之部：「罙，古文，音擧。」「罙」當是「擧」字草書楷化而來的俗字。

〔三〕代宗：宗門統要、聯燈會要作「肅宗」。

「請師塔樣。」師良久，帝罔措。師曰：「吾有付法弟子在耽源，却諳此事，問取他去。」國師順世後，帝乃詔耽源，擧此因緣，問：「此意如何？」耽源乃作偈曰：

「湘之南，潭之北，中有黃金充一國。
無影樹下合同舡，瑠璃殿上無知識。」

32 師大曆十年十二月九日終，代宗謚号大證禪師。

33 淨修禪師讚曰：

唐朝國師，大播洪猷。
曺溪探日，渭水乘舟。
二天請偈，四衆拋籌。
法才極贍，大耳慙著。〔二〕

碑誌

飛錫撰碑（佚，見宋高僧傳卷九、本書卷一〇安國和尚章、雲門廣録卷中、祖庭事苑卷一青蘿夤緣條引佚文）。

〔二〕此讚敦煌遺書S.1635泉州千佛新著諸祖師頌「日」作「月」，「偈」作「問」，「著」作「羞」，均是。

傳記

李亨迎慧忠法師詔（全唐文卷四三）、宋高僧傳卷九、傳法正宗記卷七、祖庭事苑卷五、七、正法眼藏卷上、中、范成大吳郡志卷九古跡、隆興編年通論卷一七、施宿等嘉泰會稽志卷一五人物、釋氏通鑑卷九、佛祖歷代通載卷一三、一四、釋氏稽古略卷二、六學僧傳卷五、蕭良幹等（萬曆）紹興府志卷四八仙釋、宗統編年卷一一、俞卿等（康熙）紹興府志卷五六仙釋、趙宏恩等（雍正）江南通志卷一七四仙釋、嵇曾筠等（雍正）浙江通志卷一九八仙釋、李亨特等（乾隆）紹興府志卷六九仙釋、沈椿齡等（乾隆）諸暨縣志卷三四仙釋、釋廣賓西天目祖山志尊宿、釋松華東天目昭明禪寺志卷四尊宿。

著作

南陽廣録（佚，見祖庭事苑卷六禮天王條）、南陽忠和尚言教（佚，見智證大師將來目錄）、南陽慧忠國師語（景德傳燈錄卷二八）、般若心經注（續藏經）〔一〕。

資料

1 宋高僧傳卷九、景德傳燈錄卷五、祖源通錄撮要卷二、祖庭事苑卷七、聯燈會要卷三、五燈會元卷二。
2 寶林傳慧忠章佚文（景德傳燈鈔錄卷五）、宋高僧傳卷九、景德傳燈錄卷五、五燈會元卷二。
4 景德傳燈錄卷五、禪門拈頌集卷四、五燈會元卷二。
5 景德傳燈錄卷五、傳燈玉英集卷三、宗門摭英集卷上、宗門統要卷二、大光明藏卷上、五燈會元卷二。

〔一〕郡齋讀書志卷一六著錄忠國師解心經一卷，當即此書。

6 景德傳燈錄卷五、傳燈玉英集卷三、宗門摭英集卷上、宗門統要卷二、五燈會元卷二。

7 景德傳燈錄卷五、一三耽源章、宗門統要卷二耽源章、聯燈會要卷三耽源章、禪門拈頌集卷四、五燈會元卷二耽源章。

8 景德傳燈錄卷五、禪門拈頌集卷四、五燈會元卷二。

9 景德傳燈錄卷一三耽源章、聯燈會要卷三耽源章、五燈會元卷二耽源章。

10 17 18 19 20 景德傳燈錄卷五、五燈會元卷二。

11 景德傳燈錄卷五、宗門統要卷二、聯燈會要卷三、禪門拈頌集卷四、五燈會元卷二。

12 景德傳燈錄卷五、大光明藏卷上、五燈會元卷二。

13 景德傳燈錄卷五、宗門摭英集卷上、宗門統要卷二、聯燈會要卷三、大光明藏卷上、五燈會元卷二。

14 15 16 景德傳燈錄卷五、正法眼藏卷上、聯燈會要卷三、五燈會元卷二。

22 宗門統要卷二、正法眼藏卷上、聯燈會要卷三、大慧語錄卷一五、禪門拈頌集卷四、虛堂和尚語錄卷五。

23 宗鏡錄卷一、景德傳燈錄卷二八、祖源通錄撮要卷二、正法眼藏卷中、聯燈會要卷三、卷二〇洞山章、五燈會元卷一三洞山章。

24 景德傳燈錄卷二八、正法眼藏卷中、聯燈會要卷三。

25 祖庭事苑卷五翠竹黃花條、大慧語錄卷一五。

26 景德傳燈錄卷二八、正法眼藏卷中、聯燈會要卷三。

27 景德傳燈錄卷二八、正法眼藏卷中、聯燈會要卷三、禪門拈頌集卷四。

29 景德傳燈錄卷七伏牛章、宗門統要卷三伏牛章、聯燈會要卷五伏牛章、五燈會元卷三伏牛章。

31 景德傳燈錄卷五、宗門統要卷二、聯燈會要卷三、五燈會元卷二。
32 祖庭事苑卷七忠國師條。
33 景德傳燈録卷五、祖庭事苑卷八釋名讖辨條、大光明藏卷上。
34 敦煌遺書S.1635泉州千佛新著諸祖師頌。

五二　崛多三藏 生卒年未詳

1　崛多三藏嗣六祖。師天竺人也。

2　行至太原定襄縣曆村〔一〕，見秀大師弟子結草為庵，獨坐觀心。師問：「作什摩？」對曰：「看靜。」師曰：「看者何人？靜者何物？」僧遂起礼拜，問：「此理如何？乞師指示。」師曰：「何不自看？何不自靜？」僧無對。師見根性遲廻，乃曰：「汝師是誰？」對曰：「秀和尚。」師曰：「汝師只教此法，為當別有意旨？」對曰：「只教某甲看靜。」師曰：「西天下劣外道所習之法，此土以為禪宗也。大誤人！」其僧問：「三藏師是誰？」師曰：「六祖。」又曰：「正法難聞，汝何不往彼中？」其僧聞師提訓，便去曺溪，礼見六祖，具陳上事。六祖曰：「誠如崛多所言。汝何不自

〔一〕太原：原作「大原」。唐太原府忻州下有定襄縣。宗鏡錄作「太原」。

看〔一〕？何不自靜？教誰靜汝？」其僧言下大悟也。

傳記 宋高僧傳卷一〇、六學僧傳卷五。

資料 1 宋高僧傳卷一〇、景德傳燈錄卷五、聯燈會要卷三、五燈會元卷二。

2 宗鏡錄卷九七、宋高僧傳卷一〇、景德傳燈錄卷五、聯燈會要卷三、五燈會元卷二、禪林類聚卷五禪定。

五三　智策和尚 生卒年未詳

1 智策和尚嗣六祖，在婺州〔二〕。師自契曺溪密旨，逍遥物外，不拘小節。未决化緣始終。

2 師遊北地，遇見五祖下智皇禪師〔三〕，二十年修定。師遂問：「在此間作什麼？」對曰：「入定。」師曰：「入定者，為有心入定耶？為無心入定耶？若有心入定者，即一切有情悉皆有心，

〔一〕自：原字破損作「白」，據宗鏡録等校定。

〔二〕婺州：原作「務州」，同音致譌。唐江南東道有婺州；景德傳燈錄謂「婺州金華人也」。

〔三〕智皇禪師：曹溪大師傳作「潭州瑝禪師」，宗鏡錄、景德傳燈錄等並作「智隍禪師」。下同。

亦合得定；若無心入者，一切無情亦合得定〔二〕。」智皇曰：「吾正入定之時，不見有無之心。」師曰：「若不見有無之心，即是常定，不應更有出入也。」智皇無對，却問：「汝師是誰？」師曰：「六祖。」「汝師以何法為禪定？」師曰：「妙湛圓寂，體用如如；五陰本空，六塵非有；不出不入，不定不亂。禪性無住，離住禪寂；禪性無生，離生禪相〔三〕。心如虛空，亦無虛空之量。」皇聞此說，未息疑情，遂震錫南行，直往曹溪礼見六祖。六祖乃亦如上說。智皇禪師言下大悟。龍神其夜報舊住庵處檀越曰：「智皇禪師今夜得道。」

傳記

劉鍾玉等（光緒）金華縣志卷一一人物。

考證

智策，宗鏡錄同；曹溪大師傳作「大策」；景德傳燈錄、傳燈玉英集等並作「玄策」；宋高僧傳卷八玄覺傳作「東陽策禪師」；又本卷一宿覺和尚章有「神策禪師」，當爲同一人。

資料

1 景德傳燈録卷五、傳燈玉英集卷三、聯燈會要卷三、五燈會元卷二。

〔二〕亦：原字破損，據高麗大藏經補遺本校定。

〔三〕相：宗鏡錄、景德傳燈錄、傳燈玉英集等作「想」。

2 曹溪大師別傳、宗鏡錄卷九七、景德傳燈錄卷五婺州玄策禪師章、河北智隍禪師章、傳燈玉英集卷三、宗門統要卷二、聯燈會要卷三、禪林類聚卷五禪定、大光明藏卷上、五燈會元卷二、婺州玄策禪師章、河北智隍禪師章。

五四　司空山本淨和尚 六六七—七六一

1 司空山本淨和尚嗣六祖。師姓張，絳州人也〔一〕。

2 僧問：「奇特事如何？」師曰：「無一念心喜。」僧曰：「豈得無喜耶？」師曰：「喜是阿誰分上事？」

3 天寶三年，勑令中使楊光庭往司空山採恒春䕨〔二〕。到於寺中，去禪師院語話次，問禪師曰：「弟子生死事大，一心慕道，願和尚慈悲救度！」師曰：「大夫自京城来，帝王之地，禪伯甚多，彼處問之。某甲老病，一無知解。」中使設礼再請。師曰：「為當求佛？為復問道？若求作佛，即心是佛；若欲問道，無心是道。」中使不會，再請説之。師又曰：「若欲求佛，卽心是佛，佛因心得。若悟無心，佛亦無佛。若欲會道，無心是道。」中使曰：「京城大德皆令布施、持戒、忍辱、苦行等求佛，今

〔一〕宋高僧傳作「東平人」。
〔二〕楊光庭：宋高僧傳作「楊庭光」。恒春䕨：䕨，「藤」俗字；景德傳燈録等作「常春藤」。

和尚曰『無漏智性，本自具足，本来清淨，不假修行』，故知前虛用功耳。」中使到京城，進恒春藤訖，遂口奏禪師，具陳上事。帝乃聞之，勑令中使却往傳詔取禪師。

4　天寶三年十二月十七日到京參訖〔一〕，帝勑於白蓮花亭子安置。正月十五日，勑令京城內大師、大德與禪師論道。禪師奏曰：「山僧久病，無暇談論，不假繁辭。以要言之，安問敢對〔二〕。」有泰平寺遠禪師問曰〔三〕：「對聖人不敢繁詞，何者爲道？」師曰：「道本無名，因心名道；心名若有，道不窮虛。然名心若無，道憑何有〔四〕？二俱虛妄，捴是假名。」問：「見有身心，是道已不？」師曰：「小僧身心本来是道。」問：「適來曰無心是道，今言身心本来是道，豈非相違？」師曰：「無心是道，心泯道無；心道一如，故曰無心是道。身心本来是道者，道亦本是身心；身心本既是空，道亦窮源不有。」遠公曰：「渺小山僧，還會道理！」師曰：「大德只見山僧相，不見無相。見相者，是大德所見，故云『凡所有相，皆是虛妄』，若見諸相非相，即悟其道；若以相為實者，窮劫不可得也。」問：「今見山僧相，不見山僧無相。請為於相中說無相理看。」師曰：「淨名曰：『四大無主，身亦無我。』今即無我，所見与道相應。大德，若以四大有主，主即是我；若有我見，恒沙劫中不可會得。」

〔一〕十七日：景德傳燈錄作「十三日」。

〔二〕佛光大藏經本、張華校本校作「安敢問對」。

〔三〕泰平寺：宋高僧傳作「太平寺」；「泰」、「太」通；戴孚廣異記：「（崔）明達幼於西京太平寺出家……」

〔四〕以上四句景德傳燈錄、聯燈會要等作「名心若有，道不虛然；窮心既無，道憑何立？」

是日聖人大悅，朝士忻然。師乃四大無主偈曰：

「四大無心復如水〔一〕，遇曲逢直無彼此。
淨穢兩處不生心，壅決何曾有二意？
境觸但似水無心〔二〕，在世縱橫有何事！」

5 又香山僧慧明問〔三〕：「無心是道，瓦礫無心，亦應是道？」又曰：「身心是道，四生六類皆有身心，悉是道不？若有見聞，請對聖說！」師曰：「大德若作見聞覺知之者，非是求道之人，與道殊不相應〔四〕。經曰：『無眼、耳、鼻、舌、身、意。』眼、耳尚無，見聞覺知憑何說有？窮本不有，何處存心？若會無心，不同草木。」惠明無對。師遂見聞覺知偈曰：

「見聞覺知無障㝵，聲、香、味、觸常三昧。
如鳥空中只沒飛，無取無捨無憎愛。
若會應處本無心，方得名為觀自在。」

6 又白馬寺惠真問：「禪師說無心是道？」師曰：「然。」問曰：「道既無心，佛有心耶？佛

〔一〕無心：景德傳燈錄等並作「無主」；偈名四大無主偈，當以「無主」爲是。

〔二〕境觸：景德傳燈錄等並作「觸境」，是。

〔三〕慧明：景德傳燈錄、傳燈玉英集等作「志明」。

〔四〕以上三句景德傳燈錄作：「若作見聞覺知之解，與道懸殊，即是求見聞覺知之者，非是求道之人。」

之與道，是一是二？」師曰：「不一不二〔二〕。」問：「佛度衆生，為有心故；道不度人，為無心故。一度一不度，是二是不二？」師曰：「此是大德妄生二見，山僧不然。何者？佛是虛名，道亦妄立，二俱不實，都是假名。一假之中立何二？」又問：「佛之與道，縱是假名，當立名時，是誰為立？若有立者，何得言無？」師曰：「佛之與道，因心而立，推窮心本，心亦是無。二俱虛妄，猶如花翳。即悟本空，強立佛道。」於是惠真讚曰：「事無不盡，理無不俻。此是頓見眞門，即心是佛，可與後世衆生軌則。」師無修偈曰：

「見道方修道，不見復何修？
道性如虛空，虛空何處修？
遍觀修道者，撥火覓浮漚，
但看弄傀儡，線斷一時休。」

7　法空禪師問曰：「佛之与道，盡是假名妄立，十二部經亦應不實。從前尊宿代代相承，皆言修道，捴是妄不？」師曰：「然。十二部教皆合於道，禪師錯會，背道逐教。道本無修，禪師強修；道本無作，禪師強作；道本無事，強生多事；道本無為，於中強為；道本無知，於中強知。如此見解，自是不會，須自思之。」師背道逐教偈曰：

〔二〕　二：原字破損，據高麗大藏經補遺本校定。

「道體本無修，不修自合道。
若起修道心，此人未會道。
弃却一真性，却入鬧浩浩。
忽逢修道人，第一莫向道。」

8 又福先寺安禪師問：「道是假名，佛亦妄立，十二部教接人方便，一切摠妄，以何為真？」師曰：「為有妄故，将真對妄，推窮妄性，本来空寂，真亦何曾更有實體？故知真妄惣是假名。」座下衆人悉皆頓悟。又問：「一切是妄，妄亦同真，真妄無殊，復是何物？」師曰：「若言何物，此亦是妄。道無相似，道無比竝，道無譬喻，道無對治。言道者以言詮理，得理忘言，知語性空，此人悟道。經曰：『言語道断，心行處滅。』」師真妄偈曰：

「窮真真無相，窮妄妄無形。
返觀推窮心，知心亦假名。
會道既如此，到頭也只寧。」

9 有昭成寺達性禪師讚嘆問〔二〕：「其理甚妙。真妄雙泯，佛道兩亡，修行性空，名相不實。如

〔二〕昭成寺：原作「照成寺」；據唐會要卷四八寺，東都「昭成寺　道光坊，本沙苑監之地，景龍元年韋庶人立爲安樂寺……爲昭成皇后追福，改爲昭成寺」。

是解時，不可断他衆生善惡二根，可是菩提耶？」師曰：「善惡二根，因心而有；窮心若有，根亦不無；推心既空，根因何立？經曰：『善不善從心化生。』善惡業緣，本無有實；雖則不實，不共心俱。」師善惡二根不實偈曰：

「善既從心生，惡豈離心有？
善惡是外緣，於心實不有。
捨惡送何處？取善令誰守？
傷嗟二見人，攀緣兩頭走。
忽悟無生本，始會從前咎。」

10 又士孫體虛問〔一〕：「此身從何而来？百年後復歸何處？」師曰：「如人睡時忽然作夢，夢從何来？睡覺之時，夢從何去？」進曰：「夢時不可言無，忽覺不可言有。雖有往来〔二〕，往来無所。」師曰：「貧道之身亦如其夢。」體虛頓悟此身實同於夢。師来往如夢偈曰：

「亦知如在夢〔三〕，睡裏實是鬧。

〔一〕士：前疑脫「道」字；景德傳燈錄等並作「近臣」而不記姓名。
〔二〕往来：景德傳燈錄等作「有無」。
〔三〕亦知：景德傳燈錄等作「視生」；民國八年常州天寧寺刻景德傳燈錄作「視身」。

忽覺万事休，還同睡時覺。
智者會悟夢，迷人信夢鬧。
會夢無兩般〔一〕，一悟無別悟。
富貴與貧賤，更亦無別道〔二〕。」

11 師上元三年五月五日遷化〔三〕，春秋九十五。勑謚大曉禪師。

傳記 宋高僧傳卷八、寶林傳佚文（日本駒澤大學藏寫本景德傳燈抄錄）、傳法正宗記卷七、隆興編年通論卷一六、釋氏通鑑卷九、六學僧傳卷四、宗統編年卷一一、張楷等（康熙）安慶府志卷二一仙釋。

資料 1 宋高僧傳卷八、景德傳燈錄卷五、傳燈玉英集卷三、祖源通錄撮要卷二、聯燈會要卷三、五燈會元卷二。
3 寶林傳佚文（日本駒澤大學藏寫本景德傳燈抄錄卷五）、景德傳燈錄卷五、傳燈玉英集卷三、大光明藏卷上、五燈會元卷二。

〔一〕無：景德傳燈錄等作「如」。
〔二〕道：景德傳燈錄等作「路」，與「悟」諧。
〔三〕上元三年：宋高僧傳、景德傳燈錄等並作「上元二年」。

4 5 景德傳燈錄卷五、傳燈玉英集卷三、祖源通錄撮要卷二、正法眼藏卷上、聯燈會要卷三、五燈會元卷二。

6 敦煌遺書S.4037、P.2104、P.2105（徐俊敦煌詩集殘卷輯考，中華書局，二〇〇〇年）、景德傳燈錄卷五、傳燈玉英集卷三、正法眼藏卷上、聯燈會要卷三、五燈會元卷二。

7 景德傳燈錄卷五、傳燈玉英集卷三、聯燈會要卷三、五燈會元卷二。

8 9 景德傳燈錄卷五、傳燈玉英集卷三、五燈會元卷二。

10 景德傳燈錄卷五、傳燈玉英集卷三、祖源通錄撮要卷二、五燈會元卷二。

11 宋高僧傳卷八、景德傳燈錄卷五、祖源通錄撮要卷二、五燈會元卷二。

五五　一宿覺和尚玄覺，六七五—七一三〔一〕

1 一宿覺和尚嗣六祖，在温州。師諱玄覺，字道明，俗姓戴氏，温州永嘉縣人也。内外博通，食不耕鋤，衣不蚕口，平生功業，非人所測。

2 曾在温州開元寺，孝順親母，兼有姊，侍奉二人。合寺合郭人謗其僧〔二〕。有一日，親母下世，著麻，未抛姊，又更被人謗，其僧不能覩得。有一日，廊下見一禪師，号曰神策，年近六十有餘，弟、姊兩

〔一〕陳垣釋氏疑年錄卷四：「唐先天二年十月卒，年四十九（六六五—七一三）。釋氏通鑑作先天元年卒，五燈全書作開元元年卒，隆興通論、佛祖通載作開元二年卒，今據宋僧傳八。」

〔二〕郭：原作「廓」，參見前騰騰和尚章註。

人隔簾見其老宿。姊却向弟曰：「屈老宿歸房裏喫茶，還得也無？」弟便出来，屈其老宿。老宿不欲得入，見其僧苦切，老宿許之。老宿去房裏，女出来相看，曰：「小弟容易，乞老宿莫恠。」便對老宿坐，又教弟坐。三人説話次，老宿見其僧氣色異於常人，又女人亦有丈夫之氣。老宿勸其僧曰：「孝順之事，自是一路；雖明佛理，未得師印。過去諸佛，聖聖相傳，佛佛印可，釋迦如来，燃燈授記。若不然者，即墮自然矣。南方有大聖，号曰慧能禪師，可往礼足為師。」僧對曰：「昨者母親下世，只有姊獨自，無人看侍，爭拋得？」姊却向弟説：「弟莫疑我。某甲獨自身取次寄住得，但自去。」弟僧從此裝裹，却去寺主處，具説前事。寺主曰：「師兄若這个善心，某甲身自不能去得，某相共造善因。師兄但去，莫愁其姊。某甲孝順，但喚来他房裏。」其僧一一依他寺主處分，喚姊去寺主房裏，安排了，便發去。

3　其弟僧年當三十一，迆邐往到始興縣曺溪山，恰遇大師上堂，持錫而上，遶禪牀三帀而立。六祖問：「夫沙門者，具三千威儀、八万細行，行行無虧，名曰沙門。大德從何方而来，生大我慢？」對曰：「生死事大，無常迅速。」六祖曰：「何不躰取無生，達本無速乎？」對曰：「躰本無生，達即無速。」祖曰：「子甚得無生之意。」對曰：「無生豈有意耶？」祖曰：「無意誰能分別？」對曰：「分別亦非意。」祖曰：「如是，如是。」于時大衆千有餘人，皆大愕然。師却去東廊下掛錫，具威儀，便上礼謝，默然擊目而出，便去僧堂參衆，却上来辭。祖曰：「大德從何方来？返太速乎？」對曰：「本自非動，豈有速也？」祖曰：「誰知非動？」對曰：「仁者自生分別。」祖師一跳下来，撫背曰：

「善哉！善哉！有手執干戈。小留一宿。」来朝辭祖師，禪師領衆送其僧。其僧行十步来，振錫三下曰：「自從一見曺溪後，了知生死不相干。」

4 其僧歸来，名号先播於衆人耳，直道不可思議人也。收過者無數，供養者不一。從此所有歌行、偈頌皆是其姉集也。師先天二年十月十七日遷化，春秋三十九〔二〕。勑謚無相大師、淨光之塔。

碑誌

李邕撰碑（佚，見宋高僧傳卷八）。

傳記

魏靜禪宗永嘉集序〔三〕、宋高僧傳卷八、林間後録永嘉和尚畫像讚並序、祖庭事苑卷五一宿祖關條、卷七證道歌條、隆興編年通論卷一五、釋門正統卷八、釋氏通鑑卷八、佛祖歷代通載卷一三、六學僧傳卷五、徐象梅兩浙名賢録外録卷四、宗統編年卷一〇、一一、齊召南等紹興府志卷二六仙釋、嵇曾筠等（雍正）浙江通志卷二〇一仙釋、全唐文卷九一三小傳、張寶琳等（光緒）永嘉縣志卷三六方外。

〔二〕宋高僧傳作「四十九」。

〔三〕新唐書卷五九藝文志三著録玄覺永嘉集，註謂「慶州刺史魏靖編次」。

著作

禪宗永嘉集一卷〔一〕、永嘉證道歌（景德傳燈錄卷三〇、敦煌遺書S.4037、P.2104、P.2105禪門秘要決，参見徐俊敦煌詩集殘卷輯考）、禪宗悟修圓旨十篇（佚，見景德傳燈錄卷五、大光明藏卷上、釋氏通鑑卷八）〔二〕。

Liebenthal, W. *Yung-chia's Song of Experiencing the Way*: Monumenta. Serica. 6 (1941).

資料

1 宋高僧傳卷八、景德傳燈錄卷五、祖庭事苑卷七、五燈會元卷二。

3 景德傳燈錄卷五、傳燈玉英集卷三、宗門摭英集卷上、祖源通錄撮要卷二、宗門統要卷二、祖庭事苑卷五、七、正法眼藏卷下、聯燈會要卷三、禪門拈頌集卷四、大光明藏卷上、五燈會元卷二。

4 宋高僧傳卷八、景德傳燈錄卷五、祖庭事苑卷七、聯燈會要卷三、五燈會元卷二。

五六　懷讓和尚 六七七—七四四

1 懷讓和尚嗣六祖，在南岳。姓杜氏，金州人也〔三〕。

〔一〕新唐書著錄玄覺永嘉集作十卷，今傳一卷本是否原編待考。

〔二〕大光明藏作禪宗悟修圓言。

〔三〕祖源通録撮要卷二作「京兆杜氏」。

2　初生之時，有六道白氣應于上像〔一〕。儀鳳二年四月八日生。感此瑞氣，刾史瞻見〔二〕，奏聞高宗。帝曰：「此氣何瑞？」太史曰：「國之法寶，非染俗貴，在于安康，金州分野。」時金州太守韓偕具錄奏上。帝曰：「僧瑞宜加善慶。」勑韓偕親往存䘏，厚賜安慰。是時杜氏名曰光奇〔三〕，家內有三子，於三子中其應瑞生者，年近五歲，炳然殊異，心懷恩讓，不与競〔四〕，父母号之名為讓。子至于十載，唯愛佛經。有三藏玄靜過舍說法，告光奇曰：「此子出家之後，當獲上乘，至幽至微，會于佛理。」垂拱四年，年始十五〔五〕，拜辭父母，往荊州玉泉寺，事弘景律師〔六〕。經于八年，便懷讓〔七〕。至通天元年四月十二日〔八〕，於當寺受戒。至久視元年七月十八日，自嘆曰：「我受戒今經五夏，廣學威儀而嚴有表，欲思真理而難契焉。」又曰：「夫出家者，為無為法，天上人間，無有勝者。」時有坦然禪師覩讓嗟嘆，乃命雲遊，博問先知。至嵩山安和尚處，坦然問西來意話。坦然便悟，事安和尚。師乃往曺溪而

〔一〕像，「象」通。寶林傳佚文作「上象」；天聖廣燈錄、五燈會元等作「玄象」。

〔二〕刾史瞻見：原「瞻」誤作「贍」。寶林傳作「太史瞻見」。

〔三〕杜：原作「社」，形近致譌。

〔四〕不與競：寶林傳佚文作「不與物競」。

〔五〕此處紀年有誤，儀鳳二年（六七七）距垂拱四年（六八八）僅十二年。宋高僧傳不記具體年歲，曰「弱冠」。

〔六〕弘景：宋高僧傳作「恆景」，張正甫撰碑作「智京」。

〔七〕此處疑有脫文。寶林傳佚文作「經於八載，名曰懷讓」。

〔八〕通天：武周年號為「萬歲通天」（六九六—六九七）。

依六祖。

3　六祖問：「子近離何方？」對曰：「離嵩山，特来礼拜和尚。」祖曰：「什摩物与摩来？」對曰〔一〕：「說似一物即不中。」在于左右一十二載〔二〕，至景雲二年，礼辞祖師。祖師曰：「說似一物即不中，還假修證不？」對曰：「修證即不無，不敢汙染。」祖曰：「即這个不汙染底是諸佛之所護念。汝亦如是，吾亦如是。西天二十七祖般若多羅記汝：佛法從汝邊去，向後馬駒踏殺天下人。汝勿速說此法，病在汝身也〔三〕。」

4　馬和尚在一處坐，讓和尚将塼去面前石上磨。馬師問：「作什摩？」師曰：「磨塼作鏡。」馬師曰：「磨塼豈得成鏡？」師曰：「磨塼尚不成鏡，坐禪豈得成佛也？」馬師曰：「如何即是？」師曰：「如人駕車，車若不行，打車即是？打牛即是？」師又曰：「汝為學坐禪？為學坐佛？若學坐禪，禪非坐卧；若學坐佛，佛非定相。於法無住，不可取捨，何為之乎？汝若坐佛，却是殺佛；若執坐相，非解脫理也。」馬師聞師所說，從座而起，礼拜問曰：「如何用心，即合禪定無相三昧？」師

〔一〕天聖廣燈錄作「師無語，經於八載，忽然有省，乃白祖云：『某甲有箇會處。』祖云：『作麽生？』師云……」

〔二〕在于左右一十二載：寶林傳佚文：「依近能大師凡經一十三載。至景雲二年辛亥之歲，拜辭大師，南游羅浮，並教化鍾銅。至三年二月十六日再覲大師，讓在師左右復經二載，能事畢矣。」

〔三〕此上二句景德傳燈錄、五燈會元作「並在汝心，不須速說」；傳法正宗記、聯燈會要作「病在汝心，不須速說」；古尊宿語錄作「應在汝心，不許速說」。

曰：「汝學心地法門，猶如下種；我説法要，譬彼天澤。汝緣合故，當見于道。」又問：「和尚見道，當見何道？道非色故，云何能觀？」師曰：「心地法眼能見于道，無相三昧亦復然乎！」馬師曰：「可有成壞不？」師曰：「若契於道，無始無終，不成不壞，不聚不散，不長不短，不靜不亂，不急不緩。若如是解，當名為道。汝受吾教，聽吾偈曰：

心地含諸種，遇澤悉皆萌。
三昧花無相，何壞復何成？」

5 有大德問：「如鏡鑄像，像成後，鏡明向什摩處去？」師曰：「如大德未出家時相狀，向什摩處去？」進曰：「成像後為什摩不鑒照？」師曰：「雖然不鑒照，謾他一點不得。」

6 師天寶三年八月十二日終〔二〕，勅謚大慧禪師、最勝輪之塔。〔三〕

碑誌

張正甫衡州般若寺觀音大師碑銘（唐文粹卷六二、全唐文卷六一九）、歸登撰碑（佚，見宋高僧撰卷九、林間錄卷上）。

〔二〕十二日：宋高僧傳作「十日」，景德傳燈錄、天聖廣燈錄等作「十一日」。

〔三〕按本書體例，下應錄淨修禪師讚；參見敦煌遺書S.1635泉州千佛新著諸祖師頌。

傳記

寶林傳佚文（日本駒澤大學藏寫本景德傳燈抄錄卷五）、宗密中華傳心地禪門師資承襲圖（裴休拾遺問）、宋高僧傳卷九、傳法正宗記卷六、釋惠洪題讓和尚傳（石門文字禪卷二五）、隆興編年通論卷一六、釋氏通鑑卷九、佛祖歷代通載卷一三、釋氏稽古略卷二、六學僧傳卷五、馬元等曹谿通志卷二傳燈人物、宗統編年卷一〇、一一、高自位（乾隆）南嶽志卷四仙釋、劉於義等（雍正）陝西通志卷六五仙釋、李翰章等（光緒）湖南通志卷二四一仙釋。

著作

南嶽懷讓大慧禪師語錄一卷（古尊宿語錄卷一）。

資料

1 寶林傳佚文（日本駒澤大學藏寫本景德傳燈抄錄卷五）、宋高僧傳卷九、景德傳燈錄卷五、天聖廣燈錄卷八、建中靖國續燈錄卷一、聯燈會要卷四、五燈會元卷三、古尊宿語錄卷一。

2 寶林傳佚文（日本駒澤大學藏寫本景德傳燈抄錄卷五）、宋高僧傳卷九、天聖廣燈錄卷八、祖源通録撮要卷二、五燈會元卷三、古尊宿語錄卷一。

3 寶林傳佚文（日本駒澤大學藏寫本景德傳燈抄錄卷五）、景德傳燈錄卷五、汾陽無德禪師語錄卷中、傳燈玉英集卷三、天聖廣燈錄卷八、傳法正宗記卷七、祖源通録撮要卷二、祖庭事苑卷三、宗門統要卷三、建中靖國續燈錄卷一、石門文字禪卷二五題讓和尚傳、正法眼藏卷中、聯燈會要卷四、禪門拈頌集卷四、五燈會元卷三、古尊宿語錄卷一。

4 寶林傳佚文（日本駒澤大學藏寫本景德傳燈抄錄卷五）、宗密圓覺經大疏鈔卷三之下、宗鏡錄卷九七、景德傳燈錄卷五、傳燈玉英集卷三、天聖廣燈錄卷八、建中靖國續燈錄卷一、正法眼藏卷下、南嶽總勝集卷中、聯燈會要卷四、禪門拈頌集卷四、五燈會元卷三、禪門諸祖師偈頌卷上之上、四家語錄卷一馬祖語錄、古尊宿語錄卷一。

5 景德傳燈錄卷五、天聖廣燈錄卷八、祖源通録撮要卷二、宗門統要卷三、正法眼藏卷上、聯燈會要卷四、五燈會元卷三、古尊宿語錄卷一、五家語錄法眼語錄。

6 張正甫撰碑文、宋高僧傳卷九、景德傳燈錄卷五、天聖廣燈錄卷八、祖源通録撮要卷二、五燈會元卷三。

祖堂集卷第三

祖堂集卷第四

五七　石頭和尚希遷，七〇一—七九一

1 石頭和尚嗣吉州思和尚，在南嶽。師諱希遷，姓陳，端州高要人也。

2 在孕之時，母絶羶穢。及誕之夕，滿室光明。父母恠異，詢乎巫祝。巫祝曰：「斯吉祥之徵也。」風骨端秀，方頤大耳，專靜不雜，異乎凡童。及年甫齠齔〔一〕，将詣佛寺，見尊像。母氏令礼。礼已曰：「斯佛也。」師礼訖，瞻望久之，曰：「此盖人也。形儀手足与人奚異？苟此是佛，余當作焉。」時道俗咸異斯言。親黨之内多尚淫祀，率皆宰犢以祈福祐。童子輒往林社，毁其祀具，奪牛而還，歲盈數十，悉巡之于寺〔二〕。自是親族益修淨業。

3 時六祖正揚真教。師世業隣接新州，遂往礼覲。六祖一見忻然，再三撫頂而謂之曰：「子

〔一〕甫：原作「哺」。
〔二〕巡：疑爲「逃」字之譌。

當紹吾真法矣！」与之置饌，勸令出家。於是落髮離俗。開元十六年具戒於羅浮山。略探律部，見得失紛然，乃曰：「自性清淨，謂之戒體。諸佛無作，何有生也？」自尒不拘小節，不尚文字。

4 因讀肇公涅槃無名論云：「覽万像以成己者〔一〕，其唯聖人乎？」乃歎曰：「聖人無己，靡所不己；法身無量，誰云自他？圓鏡虛鑒於其間，万像躰玄而自現。境智真一，孰為去来？至哉斯語也！」

5 尚於山舍假寐〔二〕，如夢見吾身与六祖同乘一龜，游泳深池之內。覺而詳曰：「龜是靈智也；池，性海也。吾與師同乘靈智，遊於性海久矣。」

6 六祖遷化時，師問：「百年後，某甲依什摩人？」六祖曰：「尋思去。」六祖遷化後，便去青原山靖居行思和尚處〔三〕，礼拜侍立。和尚便問：「從什摩處来？」對曰：「從曺溪来。」和尚拈起和痒子曰：「彼中還有這个也無？」對曰：「非但彼中，西天亦無。」和尚曰：「你應到西天也無？」對曰：「若到，即有也。」和尚曰：「未在，更道。」對曰：「和尚也須道取一半，為什摩獨考專甲？」和尚曰：「不辭向你道，恐已後無人承當。」和尚又問：「你到曺溪，得个什摩物来？」對曰：「未到

〔一〕覽万象以成己者：今本涅槃無名論作「會萬物以成己者」。
〔二〕「尚」、「嘗」通。
〔三〕青原山：原作「清涼山」，宋高僧傳同。據景德傳燈録等行思住吉州青原山靜居寺，據改。靖居：景德傳燈録等多作靜居。

亶溪亦不曾失。」師却問：「和尚在亶溪時，還識和尚不？」思曰：「你只今識吾不？」對曰：「識又爭能識得？」又問：「和尚自從嶺南出後，在此間多小時？」思曰：「我亦不知。汝早晚離亶溪？」對曰：「某甲不從亶溪来。」思曰：「我也知你来處。」對曰：「和尚幸是大人，莫造次！」思和尚見師異於常人，便安排於西夾〔一〕，日夕只在和尚身邊。

7　其師形皃端正，足人是非，直得到和尚耳裏。和尚得消息，向師曰：「汝正時是。」師便應喏。第二日，粥鼓鳴了，在西夾裏坐，伸手取粥。廚下僧見其鉢盂，尋来。元来其師取和尚粥。衆人知是其人安排。凡夫不識聖人，謗和尚，又毀師。闔院一齊上来，於和尚前收過。思和尚向師曰：「從今已後，第一不得行此事。你若行此事，是你正眼埋却也不難。」

8　師受戒後，思和尚問：「你已是受戒了也，還聽律也無？」對曰：「不用聽律。」思曰：「還念戒也無？」對曰：「亦不用念戒。」思曰：「你去讓和尚處達書，得否？」對曰：「得。」思曰：「速去速来。你若遲晚𡥅子，不見吾；你若不見吾，不得牀下大斧。」師便去到南嶽讓和尚處。書猶未達，先礼拜問：「不慕諸聖、不重己靈時如何〔二〕？」讓和尚曰：「子問太高生！向後人成闡提

〔一〕西夾：原作「西俠」，西夾室也，下同。尚書顧命：「西夾南嚮。」孔傳：「西廂夾室之前，此親屬私宴之坐。」宋東禪寺版景德傳燈錄卷二六雲居道齊禪師章：「師歸西挾告寂。」「西挾」即「西夾」。

〔二〕己：原作「巳」；本書「己」、「已」、「巳」多混用。

去。」師對曰：「寧可永劫沉淪，終不求諸聖出離。」師機既不投，書亦不達，便歸師處。思和尚問：「彼中有信不？」師對曰：「彼中無信。」思曰：「有迴報也無？」對曰：「信既不通，書亦不達。」師却問：「專甲去時，和尚有言教：速來牀下收取大斧。今已來也，便請大斧。」思和尚良久。師作礼而退。斯之要旨，豈劣器之能持？乃佛佛俓燭心燈，祖祖玄傳法印。大師既投針而久親於丈室，臨歧而迥承方外之機，則能事将脩，道可行矣。思和尚曰：「吾之法門，先聖展轉遞相囑授，莫令断絕。祖師預記於汝，汝當保持，善自好去！」非久之間，思和尚遷化。師著麻一切了，於天寶初方届衡嶽，遍探岑壑，遂頓息於南臺〔一〕。

9　寺東有石如臺，乃庵其上，時人号石頭和尚焉。此臺則梁海禪師得道之臺也〔二〕。師初至南臺，師僧去看，轉来向讓和尚說：「昨来到和尚處問佛法輕忽底後生，來東石頭上坐。」讓曰：「實也無？」對曰：「實也。」讓便喚侍者曰：「你去東邊，子細看石頭上坐底僧。若是昨来底後生，便喚他；若有應，你便道：『石上憉悙子，堪移此處裁〔三〕。』」侍者持此偈舉似師。師荅曰：「任你哭聲哀，終不過山来。」侍者却来，舉似讓和尚。和尚云：「這阿師！他後子孫噤却天下人口去。」又教侍

〔一〕頓：胡雙寶校謂：「『頓』疑應爲『歇』之同音假借。」（近代漢語語法資料彙編唐五代卷）是。

〔二〕梁海禪師：海嶽總勝集卷中：「梁天監中，高僧海印尊者喜其山秀地靈，結菴而居，號曰南臺。」

〔三〕裁：疑爲「栽」字之譌。

者問法。侍者去彼問：「如何是解脫？」師曰：「阿誰縛汝？」「如何是淨土？」師曰：「阿誰垢汝？」「如何是涅槃〔一〕？」師曰：「誰將生死與汝？」侍者却来，舉似和尚。和尚便合掌頂戴。此時有堅固禪師、蘭、讓三人為世宗匠〔二〕，僉曰：「彼石頭上有真師子吼。」師喚主事，具陳前事。主事曰：「乞師有事處分。」和尚領衆去東邊見石頭。石頭又強為不得，起來迎接。相看一切了，讓和尚与石頭起院成持也。

10 僧問：「如何是祖師西来意？」師曰：「問取露柱去！」僧曰：「不會。」師曰：「我更不會。」

11 大顛問：「古人道：『道有道無，二謗。』請師除。」師曰：「正無一物，除个什摩？」師索大顛曰：「併却咽喉脣吻，速道將来。」對曰：「無這个。」師曰：「若與摩，則你得入門也。」

12 僧問：「如何是本来事？」師曰：「汝因何從我覓？」進曰：「不從師覓，如何即得？」師曰：「何曾失却那？作摩？〔三〕」

13 藥山在一處坐。師問：「你在這裏作什摩？」對曰：「一物也不為。」師曰：「與摩則閑坐

〔一〕槃：原作「般」。
〔二〕宋高僧傳：「初，嶽中有固、瓚、讓三禪師，皆曹溪門下。」瓚即懶瓚，則「蘭」當作「懶」，同音致譌。
〔三〕此處斷句據曹廣順試説近代漢語中的「～那？作麽？」，語言學論叢第二十輯，一九九八年。本書以下多有此句式。

也。」對曰：「若閑坐，則為也。」師曰：「你道不為，不為个什摩？」對曰：「千聖亦不識。」師以偈讚曰：

「從来共住不知名，任運相將只摩行〔一〕。
自古上賢猶不識，造次常流豈可明？」

僧拈問漳南：「既是千聖，為什摩不識？」荅曰：「千聖是什摩埦鳴聲！」

14 師問僧：「從什摩處来？」對曰：「從江西来。」師曰：「江西還見馬祖不？」對曰：「見。」師乃指一柴橛曰〔二〕：「馬師何似這个？」僧無對。却廻，舉似師，請師為決。馬師曰：「汝見柴橛大小？」對曰：「勿量大。」馬師曰：「汝甚有壯大之力。」僧曰：「何故此説？」馬師曰：「汝從南岳負一柴橛来，豈不是有壯大之力？」

15 師述參同契曰：

「竺土大仙心，東西密相付，
人根有利鈍，道無南北祖。
靈源明皎潔，枝派暗流注，

〔一〕只摩：原作「作摩」；景德傳燈錄等並作「只麼」；此不當是問句，作「只摩」是。
〔二〕柴橛：景德傳燈錄等並作「橛柴」。

執事元是迷，契理亦非悟。
門門一切境，迴互不迴互，
迴而更相涉，不尒依位住。
色本殊質像，聲源異樂苦，
暗合上中言，明暗清濁句〔二〕。
四大性自復，如子得其母，
火熱風動搖，水濕地堅固。
眼色耳聲音，鼻香舌醎醋，
然於一一法，依根葉分布。
本末須歸宗，尊卑用其語，
當明中有暗，勿以明相遇。
當暗中有明，勿以暗相覩，
明暗各相對，譬如前後步。
万物自有功，當言用及處，

〔二〕明暗：景德傳燈錄、瀑泉集等並作「明明」。

事存函盖合，理應箭鋒拄〔一〕。
承言須會宗，勿自立規矩，
觸目不見道，運足焉知路。
進步非遠近，迷隔山河固〔二〕，
謹白參玄人，光陰勿虛度。」

16 師与鄧隱峯剗草次，見虵。師過鍬子与隱峯。隱峯接鍬子了，怕不敢下手。師却拈鍬子，截作兩段，謂隱峯曰：「生死尚未過得，學什摩佛法！」

17 師將鍬子剗草次，隱峯問：「只剗得這个，還剗得那个摩？」師便過鍬子与隱峯。隱峯接得鍬子，向師剗一下。師曰：「你只剗得這个。」

洞山代曰：「還有堆阜摩？」

18 師唐貞元六年庚午歲十二月六日終〔三〕，春秋九十一，僧夏六十三。僖宗皇帝謚号無際大師、

〔一〕拄：原作「住」，據景德傳燈錄、五燈會元等校改；「箭鋒拄」、「函盖合」爲對。

〔二〕固：原作「耳」，據景德傳燈錄、人天眼目等校改；「固」、「度」諧。

〔三〕寶林傳佚文云：「至貞元十年庚午之歲十二月二十六日滅度，春秋九十七矣。」案：貞元六年爲庚午年，作「十年」誤。又宋高僧傳作「十二月二十五日」。

見相之塔。〔一〕

碑誌

劉軻石頭希遷碑（佚，見貫休送新羅衲僧詩自注、宋高僧傳卷九、佚文見景德傳燈錄卷六馬祖道一章原注）。

傳記

寶林傳佚文（日本駒澤大學藏景德傳燈抄錄卷五）、宋高僧傳卷九、宗門摭英集卷上、林間錄卷上、隆興編年通論卷一九、釋氏通鑑卷九、佛祖歷代通載卷一四、釋氏稽古略卷二、六學僧傳卷五、宗統編年卷一〇、一一、一二、高自位南嶽志卷四仙釋、邁柱等（雍正）湖廣通志卷七四仙釋、屠英等（道光）肇慶府志卷二〇人物、夏修恕等（道光）高要縣志卷二一釋梵、李翰章等（光緒）湖南通志卷二一四仙釋。

鏡島元隆譯註參同契（世界古典文學全集禪家語錄Ⅱ，筑摩書房，一九七四年）。

Masunaga, Reihô, Sandô kai in: *The Sô tô Approach to Zen*, Tô kyô: Tô kyô Layman Buddhist Society (Zaike bukkyô kyô-kai), 1958 (Complete translation, English).

Blyth, R. H. *The Sandokai* in: *Zen and Zen Classics*, Vol Ⅱ: History of Zen, pp. 147—151, Tô kyô: Hokuseido Press 1960 (Complete translation, English).

〔一〕 按本書體例，下應錄淨修禪師讚，參見敦煌遺書S.1635泉州千佛新著諸祖師頌。

Cleary, Thomas, *Merging of Difference and Unity* in: *Tumeless Spring: A Soto Zen Anthology*, pp. 36—39. Tô kyô / New York: Waetherhill, 1979 (Complete translation, English).

Sheng－Yen, Master, *Inquiry into Matching Halves* in: *The Poetry of Enlightenment*. Poems by Ancient Ch'an Masters, pp. 67—70, Elmhurst, NY: Dharma Drum Publications, 1987, (Complete translation, English).

著作

南嶽石頭大師參同契（景德傳燈錄卷三〇）；石頭和尚草庵歌（同上）；石頭希遷禪師語要略解（日本須田道輝編）。

資料

1 寶林傳佚文、宋高僧傳卷九、祖源通錄撮要卷二、聯燈會要卷二、五燈會元卷五。
2 宋高僧傳卷九、景德傳燈錄卷一四、五燈會元卷五。
3 宋高僧傳卷九。
4 祖庭事苑卷六參同契條、五燈會元卷五。
5 宋高僧傳卷九、五燈會元卷五。
6 景德傳燈錄卷五青原行思章、祖源通錄撮要卷二、宗門統要卷七青原行思章、石頭希遷章、建中靖國續燈錄卷一、祖庭事苑卷七尋思條、正法眼藏卷下、聯燈會要卷一九青原行思章、石頭希遷章、禪門拈頌集卷五、五燈會元卷五青原行思章。

8 景德傳燈錄卷五青原行思章、傳燈玉英集卷三、宗門統要卷七青原行思章、祖庭事苑卷三石頭有言條、聯燈會要卷一九青原行思章、禪門拈頌集卷五清源行思章、五燈會元卷五青原行思章。

9 宋高僧傳卷九、景德傳燈錄卷一四、聯燈會要卷一九、五燈會元卷五。

10 景德傳燈錄卷一四石頭希遷章、興國振朗章、正法眼藏卷中、聯燈會要卷一九、禪門拈頌集卷五、五燈會元卷五石頭希遷章、興國振朗章。

11 本書卷五大顛和尚章、宗鏡錄卷九八、景德傳燈錄卷一四、宗門統要卷七、聯燈會要卷一九、五燈會元卷五。

12 景德傳燈錄卷一四京兆尸利章、五燈會元卷五京兆尸利章。

13 景德傳燈錄卷一四藥山惟儼章、祖源通錄撮要卷二藥山章、宗門統要卷七藥山章、聯燈會要卷一九藥山章、禪門拈頌集卷九藥山章、五燈會元卷五。

14 景德傳燈錄卷一四、宗門統要卷七、正法眼藏卷中、聯燈會要卷一九、大光明藏卷下、五燈會元卷五。

15 景德傳燈錄卷一四、瀑泉集、祖源通錄撮要卷二、林間錄卷上、祖庭事苑卷六參同契條、聯燈會要卷三〇、天人眼目卷五、五燈會元卷五、禪門諸祖師偈頌卷下之上。

17 景德傳燈錄卷八鄧隱峰章、聯燈會要卷五鄧隱峰章、五燈會元卷五鄧隱峰章。

18 寶林傳佚文、宋高僧傳卷九、景德傳燈錄卷一四、祖源通錄撮要卷二、五燈會元卷五。

五八　躭源和尚 生卒年未詳

1 躭源和尚嗣忠國師。先是馬大師門人也。

2 師入京，為國師侍者。後再見馬大師，於大師前旋行一匝，作圓相，然後於中心礼拜。大師曰：「你欲作佛也？」對曰：「某甲不解捏目。」大師曰：「吾不如汝。」

3 百丈在泐潭推車次〔二〕，師問：「車在這裏，牛在什摩處？」百丈以手斫額，師以手拭目。

傳記資料

碧巖錄第一八則本則評唱、佛祖歷代通載卷一四。

2 景德傳燈錄卷六馬祖章、宗門統要卷二、聯燈會要卷四馬祖章、五燈會元卷三馬祖章、四家語錄卷一馬祖語錄。

3 景德傳燈錄卷一三、宗門統要卷二、聯燈會要卷三、五燈會元卷二。

五九　天皇和尚 道悟，七四八—八〇七

1 天皇和尚嗣石頭，在荊南。師諱道悟。未覩行狀，不決終始之要。

2 師初問石頭：「離却智慧〔三〕，何法示人？」石頭曰：「老僧無奴婢，離什摩？」進曰：「如何得玄旨？」石頭曰：「你解撮風不？」師曰：「若与摩，則不從今日去也。」石頭曰：「未審汝早

〔二〕泐：原作「汸」。參見序第六頁註。

〔三〕智慧：景德傳燈錄、五燈會元等並作「定慧」。

晚從郍邊来？」師曰：「專甲不是郍邊人。」石頭曰：「我早个知汝来處。」師曰：「和尚亦不得贓賄於人。」石頭曰：「汝身現在。」師曰：「雖然如此，畢竟如何示於後人〔二〕？」石頭云：「你道阿誰是後人？」師礼謝，深領玄要。

3 問：「如何是玄妙之説〔三〕？」師云：「莫道我解佛法！」僧云：「争那學人疑滯何？」師曰：「何不問老僧？」僧曰：「問則問了也。」師曰：「去！不是你存泊處。」

4 師乃一日忽然喚典座。典座来，師示曰：「會摩？」曰：「不會。」師便把枕子當面抛之，乃告寂。

碑誌　符載荆州城東天皇寺道悟禪師碑（全唐文卷六九一）。

傳記　宋高僧傳卷一〇、林間錄卷上、釋氏通鑑卷九、佛祖歷代通載卷一五、釋氏稽古略卷二、六學僧傳卷六、聶心湯等（萬曆）錢塘縣志外紀紀釋、宗統編年卷一二、邁柱等（雍正）湖廣通志卷七四仙釋、龔嘉儁等（光緒）杭州府志卷一七一方外。

〔二〕竟：原作「竞」。

〔三〕原無「是」字，據景德傳燈錄補。

考證　又傳丘玄素天皇道悟禪師碑，見全唐文卷七一三，或據之以爲同一時期有兩道悟，並引起關於「五家」所出的紛爭。然「丘碑來歷不明」，所述出於僞造，參閱陳垣釋氏疑年錄卷五、宇井伯壽第二禪宗史研究（岩波書店，一九四一年）。

資料

2 景德傳燈錄卷一四、宗門統要卷七、建中靖國續燈錄卷一、正法眼藏卷下、聯燈會要卷一九、大光明藏卷下、禪門拈頌集卷九、五燈會元卷七。

3 景德傳燈錄卷一四、大光明藏卷下、五燈會元卷七。

4 符載碑、景德傳燈錄卷一四、宗門統要卷七、聯燈會要卷一九、五燈會元卷七。

六〇　尸梨和尚 生卒年未詳

1 尸梨和尚嗣石頭〔一〕。

2 順宗皇帝問師：「大地普衆生〔二〕，見性成佛道？」師曰：「佛性猶如水中月，可見不可取。」大義禪師曰：「佛性非見。必見水中月，何不攫取？」帝嘿然之。又問大義：「何者是佛性？」

〔一〕尸梨：景德傳燈錄等並作「尸利」。

〔二〕韋處厚碑此句前有「經言」二字。

大義云：「不離陛下所問。」皇帝嘿契玄關，一言遂合。

資料

1 景德傳燈錄卷一四、五燈會元卷五。

2 宗鏡錄卷一、景德傳燈錄卷七鵝湖大義章、聯燈會要卷五鵝湖大義章、大光明藏卷上鵝湖大義章、五燈會元卷三鵝湖大義章、佛祖統紀卷四一。

六一　丹霞和尚天然，七三九—八二四〔一〕

1 丹霞和尚嗣石頭。師諱天然。少親儒、墨，業洞九經。初，与龐居士同侶入京求選，因在漢南道寄宿次，忽夜夢白光滿室。有鑒者云：「此是解空之祥也。」又逢行脚僧，與喫茶次，僧云：「秀才去何處？」對曰：「求選官去。」僧云：「可惜許功夫！何不選佛去？」秀才曰：「佛當何處選？」其僧提起茶垸曰：「會摩？」秀才曰：「未測高旨。」僧曰：「若然者，江西馬祖今現住世說法，悟道者不可勝記，彼是真選佛之處。」二人宿根猛利，遂返秦遊而造大寂。礼拜已，馬大師曰：「這漢来作

〔一〕陳垣釋氏疑年録卷五：「唐長慶四年卒，年八十六（七三九——八二四）。釋氏通鑑作太和三年卒，年八十三；佛祖通載作太和三年卒，年八十六，今載宋僧傳十一。」

什摩？」秀才汰上幞頭〔一〕。馬祖便察機，笑而〔二〕曰：「汝師石頭摩？」秀才曰：「若与摩，則与某甲指示石頭。」馬祖曰：「從這裏去南嶽七百里，遷長老在石頭。你去那裏出家。」秀才當日便發去。到石頭，參和尚。和尚問：「從什摩處来？」對曰：「某處来。」石頭曰：「来作什摩？」秀才如前對。石頭便點頭曰：「著槽廠去。」乃執爨役。經一二載餘，石頭大師明晨欲与落髮，今夜童行參時，大師曰：「佛殿前一搭草，明晨粥後剗却。」來晨諸童行競持鍬钁〔三〕，唯有師獨持刀、水，於大師前跪拜揩洗。大師笑而剃髮。師有頂峯突然而起，大師按之曰：「天然矣。」落髮既畢，師礼謝度，兼謝名。大師曰：「吾賜汝何名？」師曰：「和尚豈不曰天然耶？」石頭甚奇之，乃為略説法要。師便掩耳云：「太多也！」和尚云：「汝試作用看！」師遂騎聖僧頭。大師云：「這阿師！他後打破泥龕塑像去。」師受戒已，而大寂耀摩尼於江西。師乃下嶽，再詣彼，礼謁大寂。大寂問：「從什摩處来？」對曰：「從石頭来。」大寂曰：「石頭路滑，還澾倒也無？」對曰：「若澾倒，即不来此也。」大寂甚奇之。

2　師放曠情懷，濤達順境，樂乎雲水，去住逍遙。至洛京，參忠國師。初見侍者，便問：「和尚

〔一〕汰上幞頭：景德傳燈錄作「以手托幞頭額」；五燈會元「托」作「拓」；聯燈會要作「以兩手托幞頭脚」。
〔二〕笑而：疑二字誤倒；或「笑」屬上。
〔三〕钁：原作「鑺」；本書「钁」字凡十一見，六例作「鑺」；五例作「钁」，其中四例「钁頭」連用。

還在也無？」對曰：「在。只是不看客。」師曰：「大深遠生！」侍者曰：「佛眼覰不見。」師曰：「龍生龍子，鳳生鳳子。」侍者舉似國師，國師便打侍者。

3 師尋上鄧州丹霞山，格調孤峻，少有攀者。爰有禪德遠來問津，山下遇見師，遂輒申問：「丹霞山在什麼處？」師指山曰：「青青黤黤底是。」禪德曰：「莫只這个便是不？」師曰：「真師子兒！一撥便轉。」

4 次於天台，居花頂峯三載，又礼國一禪師。以元和初上龍門香山，与伏牛禪師為莫逆侶。後於惠林寺遇天寒，焚木佛以禦次，主人或譏。師曰：「吾荼毗覓舍利。」主人曰：「木頭有何也？」師曰：「若然者，何責我乎？」主人亦向前，眉毛一時墮落。

有人問真覺大師：「丹霞燒木佛，上座有何過？」大師云：「上座只見佛。」進曰：「丹霞又如何？」大師云：「丹霞燒木頭。」

5 師有時到山院寄宿，見老宿共行者同床坐。師放下衣鉢，便問訊二人。二人都不顧視。直至来朝，遂見行者将一鐺飯向堂中心著，共老宿喫，又不喚師。師亦自向前共喫。行者見師向前，便顧視老宿云：「莫言侵早起。」師向老宿曰：「這个行者！何不教伊？大無礼生！」老宿云：「好个人家男女，有什摩罪過？點污他作什摩！」師云：「適来洎錯放過。」

6 師作孤寂吟曰：

「時人見余守孤寂，為言一生無所益，

余則閑吟孤寂章，始知光陰不虚擲。
不柰光陰須努力，此言雖説人不識，
識者同為一路行，豈可顛墜緣榛棘〔一〕。
榛棘茫茫何是邊，只為終朝盡衆喧，
衆喧不覺無涯際，哀哉真實不虚傳。
傳之響之只不聞，猶如燈燭合盂盆，
共知捻有光明在，看時未免暗昏昏。
昏昏不覺一生了，斯類塵沙比不少，
直似潭中吞鉤魚，何異空中遭羅鳥。
此患由来實是長，四維上下遠茫茫，
倏忽之間迷病死，塵勞難脱哭愴愴。
愴愴哀怨終無益，只為將身居痛室，
到此之時侮何及，雲泥未可訪孤寂。
孤寂宇宙窮為良，長吟高卧一閑堂，

〔一〕緣：原作「緑」，形近致譌。

不慮寒風吹落葉，豈愁桑草遍遭霜。
但看松竹歲寒心，四時不變流清音，
春夏暫為群木暎，秋冬方見鬱高林。
故知世相有剛柔，何必将心清濁流，
二時麄糖隨緣過，一身遮莫布毛裘。
隨風逐浪往東西，豈愁地迮与天低，
時人未解将為錯，余則了然自不迷。
不迷須有不迷心，看時淺淺用時深，
此个真珠若採得，豈同樵夫負黃金。
黃金烹練轉為真〔二〕，明珠含光未示人，
了即毛端滴巨海，始知大地一微塵。
塵滴存乎未免愆，莫棄這邊留那邊，
直似長空搜鳥跡，始得玄中又更玄。
舉一例諸足可知，何用諵諵說引詞，

〔二〕烹練：原作「亨練」，宗鏡錄卷二〇引作「烹鍊」。

只見餓夫来取飽，未聞漿逐渴人死〔一〕。
多人説道道不行，他家未悟詐頭明，
三寸利刀開曠路，万株榛棘擁身生。
塵滓茫茫都不知，空将辯口瀉玄微，
此物郍堪為大用，千生万刧作貧兒。
聊書孤寂事還深，鍾期能聽伯牙琴〔二〕，
道者知音指其掌，方貴名為孤寂吟。」

7

師又有翫珠吟〔三〕：
「識得衣中寶，無明醉自惺〔四〕，
百骸俱潰散，一物鎮長靈。
知境渾非體，尋珠不見形，
悟即三身佛，迷疑万卷經。

〔一〕死：宗鏡録卷三一作「飛」。
〔二〕伯牙：原作「白牙」；伯牙、鍾子期故事見吕氏春秋本味篇等典籍，本書「伯牙」作「白牙」又見卷九落浦和尚章。
〔三〕宗鏡錄卷三六、三九並題作般若吟。
〔四〕敦煌遺書P.3591、景德傳燈錄、傳燈玉英集並作「無明酒自醒」。

在心心豈測，居耳耳難聽，
象罔先天地〔一〕，渕玄出杳冥〔二〕。
本剛非鍛鍊，元淨莫澄停〔三〕，
盤泊逾朝日，玲瓏暎曉星〔四〕。
瑞光流不滅，真澄濁還清〔五〕，
鑒照崆峒寂，勞籠法界明〔六〕。
剉凡功不滅，超聖果非盈，
龍女心親獻，蛇王口自傾〔七〕。
護鵝人却活，黄雀義猶輕，
解語非關舌，能言不是聲。

〔一〕象罔：原作「冈像」；冈，「罔」俗寫。莊子天地篇有黄帝「遺其玄珠……象罔得之」故事，據改。本章下段同。

〔二〕景德傳燈録，禪門諸祖師偈頌等作「玄泉出杳冥」，「渕玄」疑爲誤倒，即「玄淵」。

〔三〕停：敦煌遺書P.3591作「亭」；景德傳燈録、傳燈玉英集並作「渟」。

〔四〕暎：原作「暵」。

〔五〕此句敦煌遺書P.3591作「真氣濁還清」；景德傳燈録、傳燈玉英集並作「真氣觸還生」。

〔六〕勞：景德傳燈録、傳燈玉英集並作「羅」。

〔七〕傾：景德傳燈録、傳燈玉英集並作「呈」。

絶邊弥瀚漫，三際等空平〔一〕，
演教非為教，聞名不認名。
二邊俱不立，中道不須行，
見月休看指，歸家罷問程〔二〕。
識心豈測佛〔三〕，何佛更堪成？」

8 又頌曰：

「丹霞有一寶，藏之歲月久，
從来人不識，余自獨防守。
山河無隔㝵，光明處處透，
體寂常湛然，瑩徹無塵垢。
世間採取人，顛狂逐路走，
余則為渠説，撫掌笑破口。

〔一〕三：景德傳燈録、傳燈玉英集並作「無」。
〔二〕程：原作「裎」；本書「程」凡十一見，僅卷一伏馱密多章用正字，另十例並作「裎」。
〔三〕此句敦煌遺書P 3591作「識心心即佛」；宗鏡録卷三六引作「即心心是佛」；景德傳燈録、傳燈玉英集並作「識心心則佛」。

忽遇解空人，放曠在林藪，
相逢不擎出，舉意便知有。」

9

師又有驪龍珠吟：

「驪龍珠，驪龍珠，光明燦爛与人殊，
十方世界無求處，縱然求得亦非珠。
珠本有，不昇沉，時人不識外追尋，
行盡天涯自疲極，不如躰取自家心。
莫求覓，損功夫，轉求轉覓轉元無，
恰如渴鹿趂陽燄，又似狂人在道途。
須自躰，了分明，了得不用更磨瑩，
深知不是人間得，非論六類及生靈。
虛用意，損精神，不如閑處絶纖塵，
停心息意珠常在，莫向途中別問人。
自迷失，珠元在，此个驪龍終不改，
雖然埋在五陰山，自是時人生懈怠。
不識珠，每抛擲，却向驪龍前作客，

不知身是主人公，棄却驪龍別處覓。
認取寶，自家珎，此珠元是本来人，
拈得翫弄無窮盡，始覺驪龍本不貧。
若能曉了驪珠後，只這驪珠在我身。」

師有弄珠吟〔一〕：

10

「般若神珠妙難測，法性海中親認得，
隱現時遊五蘊山〔二〕，内外光明大神力。
此珠無狀非大小，晝夜圓明悉能照，
用時無處復無蹤，行住相随常了了。
先聖相傳相指授，信此珠人世希有，
智者号明不離珠，迷人将珠不識走。
吾師權指喻摩尼〔三〕，採人無數入春池，

〔一〕景德傳燈錄、傳燈玉英集題作翫珠吟（其一）二八句。
〔二〕現、「顯」通；景德傳燈錄、傳燈玉英集並作「顯」。
〔三〕權：原作「擢」；下同。

爭拈瓦礫將為寶，智者安然而得之。
言下非近亦非遠，躰用如如轉無轉，
万機珠對寸心中〔一〕，一切時中巧方便。
皇帝曾遊於赤水〔二〕，視聽爭求都不遂，
象罔無心却得珠，能見能聞是虚偽。
非自心，非因緣，妙中之妙玄中玄，
森羅万像光中現〔三〕，尋之不見有根源。
燒六賊，爍四魔，能摧我山竭愛河，
龍女靈山親獻佛，貧兒衣裏枉蹉跎〔四〕。
亦非性，亦非心〔五〕，非性非心超古今，
躰絶名言名不得，權時題作弄珠吟。」

〔一〕珠對：景德傳燈錄、傳燈玉英集並作「消遣」。
〔二〕皇帝：景德傳燈錄、傳燈玉英集並作「黄帝」。
〔三〕羅：原作「蘿」；本章下同。景德傳燈録、傳燈玉英集等作「森羅」，據改。本書「森羅」凡十一見，皆作「森蘿」。
〔四〕枉：原作「狂」，據宗鏡録卷七校改；景德傳燈録、傳燈玉英集作「幾」。
〔五〕此句景德傳燈録、傳燈玉英集並作「亦名性，亦名心」。

11 師與麻浴遊山，到澗邊語話次。麻浴問：「如何是大涅槃？」師廻頭云：「急！」浴曰：「急个什摩？」師云：「澗水。」

12 師初開堂，時有人問：「作摩生語話，即得不墮門風？」師曰：「一任語話，即不堕門風。」僧云：「便請和尚語話。」師曰：「青山渌水不相似。」

13 師勘僧曰：「什摩處来？」對曰：「山下来。」師曰：「喫飰也未？」對曰：「喫飰了也。」師曰：「将飯与闍梨喫底人還有眼也無？」僧無對。

有人舉似溈山。溈山云：「有。」進曰：「眼在什摩處？」溈山曰：「眼在頂上。」

有人持此語舉似洞山。洞山云：「若不是溈山，争解与摩道？」僧便問：「作摩生是在頂上底眼？」洞山云：「不昧向上。」

招慶拈問保福：「将飯与人喫，感恩則有分，為什摩却成不具眼去？」保福云：「施者受者，二俱瞎漢。」慶云：「忽有人盡其機来，還成瞎漢不？」保福曰：「和尚還為人摩？」慶云：「教某甲共阿誰商量？」保福尋後曰：「道某甲瞎漢，得摩？」

14 師又有如意頌曰：

「真如如意寶，如意寶真如，
森羅及万像，一法更無餘。
海澄孤月照，天地洞然虚，

寂寂空形影，明明一道如。」

15 師以長慶三年癸卯歲六月二十三日告門人，令備湯，沐訖云：「吾將行矣。」乃戴笠子，策杖入履，垂一足，未至地而逝。春秋八十六。敕謚智通大師、妙覺之塔。劉軻撰碑文。

碑誌 劉軻撰碑（佚，見本章、宋高僧傳卷一一）。

傳記 宋高僧傳卷一一、祖庭事苑卷三、七、宗門統要卷七、釋氏通鑑卷一〇、佛祖歷代通載卷一四、釋氏稽古略卷二、六學僧傳卷六、陳宏緒江城名蹟卷三、徐象梅等兩浙名賢錄外錄卷四、楊應奎等（嘉靖）南陽府志卷一一僧道高流、宗統編年卷一三、葉舟等（康熙）南昌郡乘卷四一仙釋、陶成江西通志卷一〇三仙釋、王士俊等（雍正）河南通志卷七〇仙釋、田鏡元等（道光）河南通志卷七〇仙釋、曾國藩等（光緒）江西通志卷一七八仙釋。

著作 丹霞和尚翫珠吟二首（景德傳燈錄卷三〇，又敦煌遺書P.3591）。

資料 1 宋高僧傳卷一一、景德傳燈錄卷一四、祖源通錄撮要卷二、祖庭事苑卷三選佛、捹耳條、卷七丹霞條、碧巖錄第七六則本則評唱、聯燈會要卷一九、禪門拈頌集卷九、大光明藏卷下、五燈會元卷五、四家語錄卷一、馬祖語錄。

2 景德傳燈錄卷一四、祖源通錄撮要卷二、宗門統要卷二忠國師章、聯燈會要卷三忠國師章、禪門拈頌集卷九、五燈會元卷五。

3 景德傳燈錄卷一四、五燈會元卷五。

4 宋高僧傳卷一一丹霞天然傳、伏牛自在傳、景德傳燈錄卷一四、宗門統要卷七、祖庭事苑卷七丹霞條、聯燈會要卷一九、禪門拈頌集卷九、五燈會元卷五。

5 景德傳燈錄卷八古寺和尚章、宗門統要卷三古寺和尚章、聯燈會要卷一九、五燈會元卷三古寺和尚章。

6 宗鏡錄卷二〇、卷三一。

7 宗鏡錄卷三六、卷三九般若吟、敦煌遺書P.3591翫珠吟、景德傳燈錄卷三〇、傳燈玉英集卷一五、禪門諸祖師偈頌卷上之下。

10 宗鏡錄卷三七、卷七六、景德傳燈錄卷三〇、傳燈玉英集卷一五翫珠吟之一、禪門諸祖師偈頌卷上之下。

11 景德傳燈錄卷七麻谷章、五燈會元卷三麻谷章、四家語錄卷一馬祖語錄。

13 景德傳燈錄卷一四、雪竇頌古第八一則、宗門統要卷七、碧巖錄卷七六則、聯燈會要卷一九、禪門拈頌集卷九、五燈會元卷五。

15 宋高僧傳卷一一、景德傳燈錄卷一四、祖源通錄撮要卷二、祖庭事苑卷七丹霞條、五燈會元卷五。

六二　招提和尚 七三八—八二〇

1 招提和尚嗣石頭。師諱惠朗，姓歐陽，韶州曲江人也。年十三，於鄧林寺模禪師處出家。十七遊衡嶽，二十受戒，乃往虔州龔公山謁大寂。

2 大寂云：「你来何求？」對曰：「求佛知見。」大寂曰：「佛無知見，知見乃魔界耳。你從南岳來，似未見石頭曹溪心要耳。汝應却歸石頭。」師遂依言而返，造石頭，果應大寂之言，契緣悟達。不出招提三十餘年，因号招提朗矣。

3 至元和十五年庚子歲正月二十二日遷化，春秋八十三，僧夏六十四矣。

資料

1 景德傳燈録卷一四。

2 景德傳燈録卷一四、聯燈會要卷一九、五燈會元卷五、四家語録卷一馬祖語録。

六三　藥山和尚 惟儼，七五一—八三四

1 藥山和尚嗣石頭，在朗州。師諱惟儼〔一〕，姓韓，絳州人也，後徙南康。年十七，事潮州西山慧照禪師。大曆八年受戒於衡嶽寺希操律師〔二〕。師一朝言曰：「大丈夫當離法自浄，焉能屑屑事細行於布巾耶？」即謁石頭大師，密領玄旨。師於貞元初居澧陽芍藥山，因号藥山和尚焉。

〔一〕宋高僧傳作名唯儼，姓寒氏；祖源通録撮要作「南康韓氏」。

〔二〕操：原作「澡」，宋高僧傳同，唐伸撰碑作「琛」，景德傳燈録作「操」。柳宗元衡山中院大律師塔銘：「衡山中院大律師曰希操。」據以校定。

2 師初住時，就村公乞牛欄為僧堂。住未得多時，近有二十来人。忽然有一僧来請他為院主，漸漸近有四五十人。所在迮俠〔一〕，就後山上起小屋，請和尚去上頭安下。和尚上頭又轉轉師僧王〔二〕。其院主僧再三請和尚為人說法。和尚一二度不許，第三度方始得許。院主便歡喜，先報大衆。大衆喜不自勝，打鍾上来。僧衆纔集，和尚閑却門，便歸丈室。院主在外責曰：「和尚適来許某甲為人，如今因什摩却不為人，賺某甲？」師曰：「經師自有經師在，論師自有論師在，律師自有律師在。院主怪貧道什摩處？」從此後從容得數日。後昇座，便有人問：「未審和尚承嗣什摩人？」師曰：「古佛殿裏拾得一行字。」進曰：「一行字道什摩？」師曰：「渠不似我，我不似渠，所以肯這个字。」

3 李翺相公来見和尚〔三〕。和尚看經次，殊不采顧。相公不肯礼拜，乃發輕言：「見面不如千里聞名。」師召相公，相公應喏。師曰：「何得貴耳而賤目乎？」相公便礼拜，起来申問：「如何是

〔一〕俠，「狹」通。

〔二〕王：當爲「住」之訛。佛光大藏經禪藏本校作「住」。

〔三〕自此節至第八節「有人拈問漳南」一句原版破損嚴重，茲據禪文化研究所本、高麗大藏經補遺本校録，又利用宋高僧傳、景德傳燈録等相關資料判讀、擬補；漫漶不清、不可辨認文字置空圍（□），擬補字加括號。參閱衣川賢次祖堂集札記，日本禪文化研究所紀要第二十四號，一九九八年。

道？」師指天〔一〕，又指瓶曰〔二〕：「雲在青天水在瓶。」相公礼拜。後以偈讚曰〔三〕：

「練得身形似鶴形，千株松下兩函經〔四〕。

我問□□無餘□〔五〕，雲在青天水在瓶。」

4 師因一夜□月明〔六〕，上藥山頂，中夜而大笑一聲，澧陽東来去藥山九十□里，□□（澧陽）人其夜同聞笑聲，盡曰：「是東家聲。」來晨展轉尋問，□（迭）互東推，直至藥山。徒衆曰：「夜聞和尚山頂□□（笑聲）。」李相公讚曰：

「選得幽居愜野情，終年無送亦□□（無迎）。

有時直上孤峯頂，月下披雲笑一聲。」

5 相公別問：「如何是戒、定、慧？」師曰：「貧道這裏無這个閑家具。」

6 問：「己事未明，乞和尚指示。」師沉吟良久，曰：「吾今為汝道一句亦不難，只宜汝於言下

〔一〕天：原字漫漶，據宋高僧傳、景德傳燈錄等校定。
〔二〕瓶：原字漫漶，據高麗大藏經補遺本校定。
〔三〕讚曰：原字漫漶，據高麗大藏經補遺本校定。
〔四〕函：原字漫漶，據宋高僧傳、景德傳燈錄等校定。
〔五〕此句宋高僧傳作「我來相問無餘說」，景德傳燈錄等作「我來問道無餘說」；高麗大藏經補遺本作「我問師道無餘說」。
〔六〕以下漫漶尤甚，試據高麗大藏經補遺，宋高僧傳等校補。

便見去。」

7　師因喚沙弥。道吾曰：「用沙弥童行作什摩？」師曰：「為有這个。」吾曰：「何不弃却？」師曰：「有来多少時？」

8　師因石頭垂語曰：「言語動用亦勿交涉。」師曰：「無言語動用亦勿交涉。」石頭曰：「這裏針劄不入。」師曰：「這裏如石上栽花。」

有人拈問漳南：「古人石上栽花，意作摩生？」漳南曰：「伏汝大膽〔一〕。」却曰：「還會摩？」對曰：「不會。」云：「癩人喫猪肉。」

9　師問僧：「近離什摩處？」對曰：「近離百丈。」師曰：「海師兄一日十二時中為師僧説什摩法？」對曰：「或曰三句外省去，或曰六句外會取，或曰未得玄鑒者且依了義教，猶有相親分。」師曰：「三千里外且喜得勿交涉。」

10　師帶刀行次，道吾問：「背後底是什摩？」師拔刀便驀口斫。

11　師夜不點火。僧立次，師乃曰：「我有一句子，待特牛生兒，即為汝説。」僧曰：「特牛生兒了也〔二〕，只是和尚不説。」師便索火。火来，僧便抽身入衆。

〔一〕膽：原作「贍」，形近致譌。
〔二〕特：原作「持」。

後雲嵒舉似洞山。洞山曰：「此僧却見道理，只是不肯礼拜。」僧拈問長慶：「既是見，為什摩不肯礼拜？」慶曰：「只為無礼。」白蓮拈問僧：「既見道理，為什摩不肯礼？」無對。白蓮代曰：「更不欲得出頭。」

12 師又時喚沙弥。雲嵒曰：「喚他作什摩？」師曰：「我有折脚鐺子，要伊提上提下。」嵒曰：「若与摩，則某甲與和尚一人出一手。」

13 師又時問僧：「汝諸方行脚来，覓取難得底物来不？」僧對不中。師曰：「堪作什摩用？」師代曰：「不緣闤闍所滯，覓来久矣。」

14 師問雲嵒：「作什摩？」對曰：「擔水。」師曰：「郍个尼？」對曰：「在。」師曰：「你来去為阿誰？」對曰：「替渠東西。」師曰：「何不教伊並頭行？」對曰：「和尚莫謾他。」師曰：「不合與摩道。」師代曰：「還曾擔擔摩？」

15 師有時曰：「我有一句子，未曾向人說。」道吾曰：「相随来也。」

16 師問僧：「汝從什摩處来？」對曰：「南泉来。」師曰：「在彼中多少時？」對曰：「經冬過夏。」師曰：「与摩則作一頭水牯牛去也。」對曰：「雖在彼中，不曾上他食堂。」師曰：「不可只喫東西風也〔一〕。」對曰：「莫錯，和尚！自有人把匙筯在。」

〔一〕只：原字破損作「口」，據禪文化研究所本校記校定。

17 雲嵒問：「一句子如何言説？」師曰：「非言説。」道吾曰：「早説了也。」

18 雲嵒因乞百丈齋。師問：「陰界不喫，乞與阿誰？」對曰：「有一人要。」

19 因于頔相公問紫玉〔一〕：「佛法至理如何？」玉召相公名，相公應喏。玉曰：「更莫別求。」師聞舉曰：「搏殺這个漢〔二〕！」僧便問：「師如何？」師代曰：「是什摩？」

20 院主報和尚：「打鍾也，請和尚上堂。」師曰：「汝与我擎鉢盂来。」院主不會。雲嵒曰：「和尚無手脚来多少時？」師曰：「汝只是枉被袈裟〔三〕。」嵒曰：「某甲只与摩，和尚如何？」師曰：「我無這个眷屬。」

21 師問園頭：「作什摩来？」對曰：「栽菜來。」師曰：「栽則不障你，莫教根生。」園頭曰：「既不教根生，大衆喫个什摩？」師曰：「你還有口摩？」

22 師書一佛字，問道吾：「是什摩字？」吾曰：「是佛字。」師曰：「咄！這多口阿師。」千佛代，叉手退後立，又代藥山第二機曰：「錯！」

23 有僧在藥山三年，作飯頭。師問：「汝在此間多少時？」對曰：「三年。」師曰：「我捴不

〔一〕于頔：原作「于迪」。于頔舊唐書卷一五六、新唐書卷一七二有傳，于貞元十四年任襄州刺史充山南東道節度使。

〔二〕搏：本書卷一四紫玉和尚章作「縛」。

〔三〕枉：原作「狂」。本書「枉」三見（又見卷一四高城和尚章、卷一五歸宗和尚章）均作「狂」。

識汝。」其僧不會，恨而發去。

24 問：「學人有疑，請師決。」師曰：「且待上堂時来。」師晚際上堂曰：「今日有僧決疑，在什麼處？出来！」其僧纔出来，師便托出，却入房丈〔一〕。

25 師行次，雲嵒避邊側立，待師到云：「後底，後底。」師便驀口摑。

26 問：「如何得不被諸境惑？」師曰：「聽他，何㝵你？」僧曰：「學人不會，此意如何？」師曰：「何境惑你？」

27 問：「如何是道中指寳〔二〕？」師曰：「莫諂曲！」進曰：「不諂曲時如何？」師曰：「傾國不換。」

28 道吾和尚四十六方始出家，俗姓王，鍾陵建昌縣人也。雲嵒和尚是道吾親弟也。雲嵒先出家，在百丈造侍者。道吾在屋裹報探官〔三〕，一日行得五百里，恰到百丈莊頭討喫飯。當時侍者亦下莊頭。莊主喚侍者對客。侍者來，相看一切後，便問：「将軍是什麼處人？」曰：「鍾陵建昌人也。」「貴姓什摩？」對曰：「姓王。」侍者便認得家兄，便把手啼哭云：「孃在無？」對曰：「憶師兄哭太

〔一〕房丈：即「方丈」；房、「方」通。本書「房丈」、「方丈」凡各六見，下不一一出校。
〔二〕指寳：景德傳燈錄等作「至寳」。
〔三〕太田辰夫以爲「屋裹」下疑脫「造」字（中國歷代口語文，日本江南書院，一九五七年）。

煞，失却一隻眼，下世去。」侍者得消息，當日便上百丈。侍者領兄參和尚一切後，侍者便諮白和尚：「這个是某甲兄，欲投師出家，還得也無？」百丈曰：「投某出家則不得。」侍者曰：「作摩生即是？」百丈曰：「投師伯處出家。」侍者領去師伯處，具陳前事。師伯便許，兄便投出家。後侍者領師弟入京受戒了，却轉來，近百丈，兩人坐地歇息次，道吾起来礼拜曰：「某甲有一段事，欲問多時，未得其便。今日有幸啓問師兄，還得也無？」嵒曰：「有什摩事？」吾便問：「離却這个殼漏子後〔一〕，與師兄什摩處得相見？」嵒曰：「不生不滅處相見。」吾曰：「莫道草裏無人，自有鑒人。」嵒曰：「作摩？是你幞頭痕子尚猶在，有這個身心！」吾曰：「啓師兄，莫下這个言詞。佛法不在僧俗。」嵒便問：「与摩理長則就。師弟作摩生？」吾曰：「非不生不滅處亦不求相見。」雲嵒後曰：「灼然是你眼目得与摩細，若也到山中，遮相度脫。」便歸百丈。過得一年後，道吾辭百丈，便到藥山。藥山問：「一句子如何言說？」吾曰：「有一人惣不曾言說。」師曰：「大藏、小藏從何来？」吾曰：「傍出。」師甚奇之。因此學禪得滋味，後只覰望師兄来。有一日造書，書上說：「石頭是真金鋪，江西是雜貨鋪。師兄在彼中堕根作什摩？千万千万，速来速来！」雲嵒得這个信後，只管憂愁。有一日在和尚身邊侍立，直到三更。和尚曰：「且歇。」嵒不去。和尚曰：「你有什摩事？顔容瘦惡，恰似肚裏有事。有事但說！」雲嵒云：「無事。」和尚曰：「莫是得智闍梨信不？」嵒云：「不敢。」百

〔一〕殼漏子：原作「殼漏子」，參閱本書第三卷巽忠國師章（第一七一頁）。

丈索道吾信，嵒便取，呈似和尚。和尚見了云：「灼然是生我者父母，成我者朋友。你不用在我這裏，便速去！」嵒曰：「不敢去。」百丈曰：「我有書，兼有信物，欲得送藥山尊者，你持書速去！」雲嵒奉師處分，持書到藥山。道吾相接，引去和尚處。達書一切了後，藥山問：「海師兄尋常說什摩法？」對曰：「『三句外省去』，亦曰『六句外會取』。」師曰：「三千里外，且喜得勿交涉。」又問：「更有什摩言句？」對曰：「有時說法了，大衆下堂次，師召大衆，大衆迴首，師曰：『是什摩？』」藥山曰：「何不早道？海兄猶在，因汝識得百丈矣。」

29 師問雲嵒：「目前生死如何？」對曰：「目前無生死。」師曰：「二十年在百丈，俗氣也未除。」嵒却問：「某甲則如此，和尚如何？」師曰：「癰癰拳拳，羸羸垂垂，百醜千拙，且與摩過時。」從此共師弟遞相成持。

30 雲嵒後有一日辞藥山。藥山問：「去什摩處？」對曰：「欲去潙山師兄處。」師曰：「為什摩事？」對曰：「某甲與潙山在百丈時有一願。」師曰：「願道什摩？」對曰：「某等兩人曾在百丈時，潙山和尚造典座，某甲造侍者，不離左右，佐副和尚，在後違於本願。欲得說破這个事。」師便許。嵒便下山。道吾擔衣鉢送到橋亭後，却轉来，不審和尚。和尚云：「送師兄去来？」對曰：「送了也。」道吾却問：「師兄離師左右，還得也無？」師曰：「智闍梨何必有此問？多少年壓膝道伴，何事不造作？何事不商量？不用更問。」道吾云：「無。和尚一言堪為後来是標牓〔二〕，乞和尚一言。」師曰：「若也如此，我則与汝道：『眼則有也，只欠濤汰。』」道吾聞此語，當夜便發，明朝到山下村院，得見師兄，説藥山語了，相共轉来藥山，直到終不離左右。

真覺大師舉問玄晤大師：「眼門放光，照破山河，山河大地，不㝵眼光。此人過在什麼處，只欠濤汰？」玄晤大師曰：「除却兩人，降此已下，任你大悟去，也須濤汰。」進曰：「此是什麼人？」對曰：「西天是一人，唐土是一人。」進曰：「西天一人是什麼人？」對曰：「維摩居士。」「唐土是什麼人？」云：「雙林傅大士。」進曰：「此兩人被什麼時節因緣卽不濤汰？」對曰：「劄劄則過於老兄。」此是龍花舉也。若依祖堂舉者，雲嵓不安，時道吾問：「離却這個殼漏子，向什麼處再得相見？」嵓曰：「不生不滅處相見。」吾曰：「何不道非不生不滅處亦不求相見？」

31 師問雲嵓：「馬有角，你還見也無？」對曰：「有，要見作什麼？」師曰：「与摩則好馬也。」對曰：「若是好馬，則将出去。」

32 師有一日看經次，白顔問〔三〕：「和尚休得看經，不用攤人得也？」師卷却經，問白顔：「日

〔二〕是：太田辰夫以爲「是」當爲「底」字之譌（中國歷代口語文，日本江南書院，一九五七年）。
〔三〕白顔：景德傳燈錄作「栢巖」，五燈會元作「百巖」。

勢何似？」對曰：「正當午時。」師曰：「猶有紋綵在！」對曰：「無亦無。」師曰：「你大煞聰明。」却問師：「某甲如此，和尚如何？」師曰：「攣癵拳拳，羸羸垂垂，百醜千拙，且与摩過時。」

33 茗溪和尚對師說話，去後，師向雲嵒曰：「茗溪向上曾為節察来。」嵒却問：「和尚向上曾為什摩？」師曰：「攣癵拳拳，羸羸垂垂，百醜千拙，且與摩過時。」嵒礼拜出去，向道吾拈起因緣。吾曰：「好話，只欠一問。」嵒云：「作摩生問？」道吾曰：「何故如此？」嵒纔得个問頭，便去和尚處續前問：「何故如此？」師曰：「書卷不曾展。」

後有人舉似石霜。石霜曰：「不曾展他書卷。」

34 又時侍者請和尚喫藥食。師曰：「不喫。」進曰：「為什摩不喫？」師曰：「消他不得。」進曰：「什摩人消得？」師曰：「不犯優婆夷者。」進曰：「和尚為什摩消他不得？」師拈起綿卷子曰：「爭奈這个何？」

35 雲嵒請師浴。師曰：「我不浴。」進曰：「為什摩不浴？」師曰：「無垢。」進曰：「無垢却須浴。」師曰：「這蒼生！無垢浴什摩？」嵒曰：「爭那如許多孔竅何？」

36 師勘東國僧，問：「汝年多少？」對曰：「七十八。」師曰：「可年七十八摩？」對曰：「是也。」師便打之。

後有人拈問曺山：「作摩生祇對，免得藥山打之？」曺山曰：「正銜天子勑〔一〕，諸侯避路傍。」進曰：「只如上座過在什摩處，即被打之？」曹山曰：「前鏘托猶淺，後箭射人深。」

37 問：「學人擬欲歸鄉去時如何？」師曰：「有人遍身烘爛，卧荊棘之中，闍梨作摩生歸？」對曰：「与摩則某甲却不歸去也。」師曰：「無，却須歸鄉去。你若歸鄉去，我與你休糧方。」進曰：「請和尚休糧方。」師曰：「二時把鉢盂上堂，莫咬破一粒米。」曜日頌：

「遍身烘爛更何人，卧棘森森一智真，

為報你来須體妙，時中不擬宛然新。」

38 石室高沙弥往京城受戒，恰到朗州，經過次，近藥山下。路上忽見一个老人。沙弥問老人万福。老人曰：「法公万福。」沙弥問：「前程如何〔二〕？」老人曰：「法公何用忙？這裏有肉身菩薩出世，兼是羅漢僧造院主，何妨上山礼拜？」沙弥纔得个消息，便到藥山，換衣服，直上法堂，礼拜和尚。師曰：「從什摩處来？」對曰：「從南嶽来。」師曰：「什摩處去？」對曰：「江陵受戒去。」師曰：「受戒啚什摩？」對曰：「啚免生死。」大師曰：「有一人不受戒而遠生死，阿你還知也無？」

〔一〕正：疑爲「狗」字之譌，景德傳燈錄卷一六潙山章、五燈會元卷九靈祐章、仰山慧寂禪師語録等並作「狗銜赦書，諸侯避道」。

〔二〕程：原作「稈」。

對曰：「既若如此，佛在世制二百五十條戒又奚為？」師曰：「咄！這饒舌沙弥，猶掛著脣齒在。」師便教伊參衆去。其沙弥去庫頭，相看主事次。道吾来，不審和尚。和尚向道吾曰：「你見適来跛脚沙弥麼？」對曰：「見。」師曰：「此沙弥有妙子氣息。」吾曰：「村裏男女，有什麼氣息？未得草草，更須勘過始得。」師教侍者喚其沙弥，沙弥便上来。師曰：「聞説長安甚大閙，汝還知也無？」對曰：「不知。我國甚安清。」師曰：「汝從看經得？從人請益得？」對曰：「不從看經得，亦不從人請益得。」師曰：「大有人不看經，亦不從人請益，為什麼不得？」對曰：「不道他無，自是不肯承當。」師向道吾曰：「不信道老僧不虛發言。」便下床，撫背云：「真師子兒！」沙弥又辞。師問：「汝向什麼處去？」對曰：「住庵去。」師曰：「生死事大，汝何不受戒？」對曰：「彼此知是一般事，喚什麼作受戒？」師曰：「若与麼，在我身邊，時復要見。」因此在藥山，去半里地卓庵過一生，呼為石室高沙弥也。

39 僧問：「身命切急處如何？」師曰：「莫種雜糧。」進曰：「将何供養？」師曰：「無口者。」

40 師垂語曰：「是你諸人欲知保任，向高高山頂立，向深深海底行。此處行不異〔二〕，方有小許妙子相應之分。」

有人拈問順德：「古人有言：『向高高山頂立，向深深海底行。』如何是高高山頂立？」德

〔二〕異：景德傳燈錄等並作「易」。

云：「只處峭峭。」「如何是深深海底行？」德云：「深湛履踐。」

41 師看經次，僧問：「和尚尋常不許人看經〔二〕，為什摩却自看經？」師曰：「我要遮眼。」進曰：「學人學和尚看經，得不？」師曰：「汝若學我看經，牛皮也須穿過。」

長慶拈問僧：「古人遮眼，眼有何過？」對者非一，不稱師旨，自代曰：「一翳又作摩生？」

42 師大和八年甲寅歲十一月六日告衆曰：「法堂倒也！法堂倒也！」衆人不測，遂把物撑之。師拍手大笑曰：「汝不會我意。」師遂告寂。春秋八十四，僧夏六十五。勑謚弘道大師、化城之塔。

碑誌　唐伸澧州藥山故惟儼大師碑銘並序（唐文粹卷六二、全唐文卷五三六）。

傳記　宋高僧傳卷一七、祖庭事苑卷七、隆興編年通論卷二三、釋氏通鑑卷一〇、佛祖歷代通載卷一六、釋氏稽古略卷二、賢奕編卷三仙釋、六學僧傳卷六、薛綱等（明）湖廣圖經志書卷一八常德仙釋、宗統編年卷一一、一二、邁柱等（雍正）湖廣通志卷七四仙釋、郝玉麟等（雍正）廣東通志卷三二八、周碩勳等（乾隆）潮州府志卷三〇人物、李翰章等（光緒）湖南通志卷二四一仙釋。

〔二〕人：原字破損，據景德傳燈錄校定；宗鏡録作「學人」。

著作

澧州藥山惟儼和尚語(景德傳燈錄卷二八)。

資料

1 唐伸碑、宋高僧傳卷一七、景德傳燈錄卷一四、祖源通錄撮要卷二、祖庭事苑卷七藥山條、聯燈會要卷一九、五燈會元卷五。

2 景德傳燈錄卷一四、宗門統要卷七、正法眼藏卷下、聯燈會要卷一九、禪門拈頌集卷九、五燈會元卷五。

3 宋高僧傳卷一七、景德傳燈錄卷一四、宗門摭英集卷上、祖源通錄撮要卷二、宗門統要卷七李翺章、祖庭事苑卷三李相國條、正法眼藏卷中、陳善捫虱新話卷一一、聯燈會要卷一九李翺章、大光明藏卷下、禪門拈頌集卷九、五燈會元卷五李翺章。

4 宋高僧傳卷一七、景德傳燈錄卷一四、祖源通錄撮要卷二、大光明藏卷下、禪門拈頌集卷九、五燈會元卷五。

5 景德傳燈錄卷一四、聯燈會要卷一九李翺章、禪門拈頌集卷九、大光明藏卷下、五燈會元卷五李翺章。

6 景德傳燈錄卷一四、宗門統要卷七、聯燈會要卷一九、五燈會元卷五。

8 景德傳燈錄卷一四、宗門統要卷七石頭章、佛果圜悟語錄卷一九、聯燈會要卷一九石頭章、大光明藏卷下、禪門拈頌集卷五石頭章、五燈會元卷五。

9 正法眼藏卷中、聯燈會要卷一九雲巖曇晟章、五燈會元卷五雲巖曇晟章。

10 五燈會元卷五、五家語錄洞山語錄。

11 景德傳燈錄卷一四、宗門統要卷七、佛果圜悟語錄卷一六、大慧語錄卷一四、聯燈會要卷一九、禪門拈頌集卷九、五燈會元卷五、五家語錄洞山語錄。

12 宗門統要卷七、佛果圜悟語錄卷七、聯燈會要卷一九、五燈會元卷五。

14 景德傳燈錄卷一四、宗門統要卷七、禪門拈頌集卷九、五燈會元卷五。

15 景德傳燈錄卷一四道悟章、聯燈會要卷一九道悟章、五燈會元卷五道悟章。

16 宗門統要卷七、聯燈會要卷一九、五燈會元卷五。

17 景德傳燈錄卷一四道悟章、聯燈會要卷一九道悟章、五燈會元卷五道悟章。

19 本書卷一四紫玉和尚章、景德傳燈錄卷六紫玉章、宗門統要卷三紫玉章、正法眼藏卷上、聯燈會要卷五紫玉章、禪門拈頌集卷一四紫玉章、五燈會元卷三紫玉章。

20 景德傳燈錄卷一四、宗門統要卷七、聯燈會要卷一九、大光明藏卷下、五燈會元卷五。

21 景德傳燈錄卷一四、大光明藏卷下、禪門拈頌集卷九、五燈會元卷五。

22 景德傳燈錄卷一四、汾陽無德語錄卷中、宗門統要卷七、聯燈會要卷一九、五燈會元卷五。

23 景德傳燈錄卷一四、聯燈會要卷一九、五燈會元卷五。

24 景德傳燈錄卷一四、宗門統要卷七、聯燈會要卷一九、禪門拈頌集卷九、五燈會元卷五、古尊宿語錄卷二五、大愚語錄。

26 景德傳燈錄卷一四、五燈會元卷五。

27 景德傳燈錄卷一四、佛果圜悟語錄卷一七、聯燈會要卷一九、禪門拈頌集卷九、五燈會元卷五。

28 29 正法眼藏卷中、聯燈會要卷一九雲巖曇晟章、五燈會元卷五雲巖曇晟章。

30 景德傳燈錄卷一四道悟章、佛果圜悟語錄卷一七、聯燈會要卷一九道悟章。

32 景德傳燈錄卷一四、卷七栢巖章、宗門摭英集卷上、宗門統要卷七、聯燈會要卷五栢巖章、五燈會元卷五百巖章。

33 景德傳燈錄卷一四、大光明藏卷下、禪門拈頌集卷九、五燈會元卷五。

36 景德傳燈錄卷一七曹山章、宗門統要卷七、聯燈會要卷一九、禪門拈頌集卷九、五燈會元卷一三曹山章、五家語錄曹山語錄。

37 景德傳燈錄卷一四、聯燈會要卷一九、禪門拈頌集卷九、五燈會元卷五、古尊宿語錄卷二七佛眼語錄。

38 景德傳燈錄卷一四高沙彌章、宗門統要卷七高沙彌章、聯燈會要卷一九高沙彌章、禪門拈頌集卷九、卷一四高沙彌章、五燈會元卷五高沙彌章。

39 景德傳燈錄卷一四、五燈會元卷五。

40 景德傳燈錄卷一四、卷二八、卷一七雲居章、祖源通錄撮要卷二、聯燈會要卷一九、禪門拈頌集卷九。

41 宗鏡錄卷一、景德傳燈錄卷一四、汾陽無德語錄卷中、宗門統要卷七、聯燈會要卷一九、禪門拈頌集卷九、五燈會元卷五。

42 唐伸碑、宋高僧傳卷一七、景德傳燈錄卷一四、祖源通錄撮要卷二、聯燈會要卷一九、五燈會元卷五、佛祖統紀卷四二。

祖堂集卷第四

祖堂集卷第五

石頭下卷第二曹溪三、四、五代法孫

六四　大顛和尚寶通，七三二—八二四〔一〕

1 大顛和尚嗣石頭，在潮州。

2 元和十三年戊戌歲迎真身〔二〕，元和皇帝於安遠門躬自焚香，迎候頂礼。皇帝及百寮俱見五色光現，皆云是佛光，百寮拜賀聖感。唯有侍郎韓愈一人獨言不是佛光〔三〕，不肯拜賀聖德。帝問：「既不是佛光，當此何光？」侍郎當時失對，被貶潮州。侍郎便到潮州，問左右：「此間有何道德高行禪流？」左右對曰：「有大顛和尚。」侍郎令使往彼三請，皆不赴。後和尚方聞佛光，故乃自来。侍郎不許相見，令人問：「三請不赴，如今為什摩不屈自来？」師云：「三請不赴，不為侍郎；不屈自

〔一〕此生卒年據廣東通志。

〔二〕舊唐書卷一五憲宗紀下：「（元和）十四年春正月庚辰朔，……丁亥，……迎鳳翔法門寺佛骨至京師，留禁中三日，乃送詣寺，王公士庶奔走捨施如不及。刑部侍郎韓愈上疏極陳其弊。癸巳，貶愈爲潮州刺史。」

〔三〕韓愈：原作「韓庾」。

来，只為佛光。」侍郎聞已喜悦，則申前旨：「弟子其時云不是佛光，當道理不？」師荅曰：「然。」侍郎云：「既不是佛光，當時何光？」師曰：「當是天龍八部、釋梵助化之光。」侍郎云：「其時京城若有一人似於師者，弟子今日終不来此。」侍郎又問曰：「未審佛還有光也無？」師曰：「有。」進曰：「如何是佛光？」師喚云：「侍郎！」侍郎應喏。師曰：「看！還見摩？」侍郎曰：「弟子到這裏却不會。」師云：「這裏若會得，是真佛光。故佛道一道〔一〕，非青黄赤白色，透過須弥、盧圍〔二〕，遍照山河大地，非眼見，非耳聞，故五目不覩其容，二聽不聞其響。若識得這个佛光，一切聖凡、虚幻無能惑也。」師欲歸山，留一偈曰：

「辝君莫恠歸山早，為憶松蘿對月宫。
臺殿不将金鏁閇，来時自有白雲封。」

3 自後侍郎特到山復礼，乃問：「弟子軍州事多，佛法中省要處，乞師指示。」師良久。侍郎罔措。登時三平造侍者，在背後敲禪牀。師乃迴視云：「作摩？」對曰：「『先以定動〔三〕，然後智

〔一〕佛道一道：疑爲「佛光一道」之訛；梵網經卷下：「佛即口放無量光明……是故戒光從口出，有緣非無因故，光非青黄赤白黑……」

〔二〕盧：或疑爲「鐵」之譌，或疑「盧」下脱「鐵」字；佛教世界觀以爲圍繞此四大洲外八山鹹海有鐵圍山。

〔三〕先：原作「光」；「先以定動，後以智拔」，爲大般涅槃經卷三十一師子吼菩薩品句。

拔。』」侍郎向三平云：「和尚格調高峻，弟子罔措，今於侍者邊却有入處〔二〕。」礼謝三平，却歸州。

4 後一日，上山礼師。師睡次，見来不起，便問：「遊山来，為老僧礼拜来？」對曰：「礼拜和尚来。」師曰：「不礼更待何時？」侍郎便礼拜。後一日，又上山。師問：「遊山来，為老僧礼拜来？」侍郎曰：「遊山来。」師曰：「還将得遊山杖来不？」對曰：「不将得来。」師曰：「若不将来，空来何益？」

5 又一日，師曰：「老僧往年見石頭，石頭問：『阿那个是汝心？』對曰：『即祇對和尚言語者是。』石頭便喝之。經旬日，却問：『和尚前日豈不是〔三〕？除此之外，何者是心？』石頭云：『除却揚眉動目、一切之事外，直将心来。』對曰：『無心可将来。』石頭曰：『先来有心，何得言無心？有心无心，盡同謾我。』於此時言下大悟此境，却問：『既令某甲除却揚眉動目、一切之事外，和尚亦須除之。』石頭云：『我除竟。』對曰：『将示和尚了也。』石頭云：『汝既将示我心如何？』對曰：『不異和尚。』石頭曰：『不關汝事。』對曰：『本無物。』石頭曰：『汝亦無物。』對曰：『無物則真物。』石頭云：『真物不可得。汝心見量意旨如此也，須護持。』」

〔二〕今：原作「令」，形近致譌。

〔三〕豈：疑爲「既」字之譌；「不是」下疑脱「心」字。此句宗鏡録卷九八作「前日既不是心」，景德傳燈録卷一四作「前者既不是」。

6 僧問：「其中人相見時如何？」師曰：「早不其中。」進曰：「其中者如何？」師曰：「渠不作這个問。」

碑誌

唐大顛禪師壁記（陳思寶刻叢編卷一九）。

傳記

韓愈與孟尚書書（韓昌黎集卷一八）、韓愈與大顛師書（韓昌黎集外集卷一）、外傳（佚，見釋氏通鑑卷一〇）、祖庭事苑卷四、七、佛祖統紀卷四一、陳善捫蝨新話卷一一、隆興編年通論卷二三、釋氏通鑑卷一〇、佛祖歷代通載卷一五、林大春（隆慶）潮陽縣志卷一四流寓列傳、郝玉麟等編（雍正）廣東通志卷五六仙釋、周碩勳等（乾隆）潮州府志卷三〇人物。

資料

2 宗門統要卷七韓愈章、祖庭事苑卷四韓愈條、陳善捫蝨新話卷一一、聯燈會要卷二〇韓愈章、佛祖統紀卷四一韓愈條。

3 宗門統要卷七韓愈章、祖庭事苑卷四韓愈條、陳善捫蝨新話卷一一、聯燈會要、卷二〇韓愈章、禪門拈頌集卷九、五燈會元卷五、佛祖統紀卷四一韓愈條。

5 宗鏡錄卷九八、景德傳燈錄卷一四、祖源通錄撮要卷二、宗門統要卷七、正法眼藏卷中、聯燈會要卷一九、禪門拈頌集卷九、五燈會元卷五。

6 景德傳燈錄卷一四、五燈會元卷五。

六五　長髭和尚〔一〕生卒年不詳

1 長髭和尚嗣石頭，在潭州攸縣〔二〕。未覩行録，不決化緣終始。

2 師初礼石頭，密領玄旨。次往曹溪礼塔，却迴石頭。石頭問：「從何處来？」對曰：「從嶺南来。」石頭云：「大庾嶺頭一鋪功德，還成就也無？」對曰：「諸事已俻，只欠點眼在。」石頭曰：「莫要點眼不？」對曰：「便請點眼。」石頭蹻起脚示之。師便連礼十數拜不止。石頭云：「這漢！見什麼道理，但知礼拜？」師又不止。石頭進前把住云：「你見何道理，但知礼拜？」師曰：「如烘爐上一點雪〔三〕。」石頭云：「如是，如是。」

3 師得十歲兒子，養得八年。有一日，兒子啓和尚曰：「某甲欲得受戒去，還得也無？」師云：「受戒啚什麼？」兒子曰：「某甲祖公在南嶽，欲得去郝裏礼覲，只是未受戒，不敢去。」師曰：「受戒須是二十始得，且住。」師忽然覺察，喚來許伊受戒。小師明朝辞和尚。和尚云：「子歸來，須

〔一〕景德傳燈錄等稱「長髭曠」。
〔二〕大明一統志卷六三長沙府：「攸縣在府城南三百六十里，貞觀初州廢，以縣屬衡州，五代時梁屬潭州，漢屬衡州，宋復屬潭州。」
〔三〕烘爐：原作「炉爐」，據景德傳燈錄、禪門拈頌集校改。

到石頭處来。」小師應喏，便去南嶽般若寺受戒，後却去石頭參。石頭云：「從什麼處〔二〕？」對云：「從長髭来。」石頭曰：「今夜在此宿，還得麼？」對云：「一切取和尚處分。」小師第二日早朝来不審，師便領新戒入山。路邊有一个樹子，石頭云：「汝与我斫却，這个樹㝵我路。」對曰：「某甲不將刀子来。」石頭曰：「我這裏有刀子。」曰：「便請。」石頭便抽刀，把柄過与刀子。曰：「何不過郍頭来？」師曰：「用郍頭作什麼？」新戒便大悟。石頭教新戒歸受業處。新戒便辞石頭，却歸師處。師問：「教你到石頭，你還到也無？」對曰：「到則到，不通秏〔三〕。」師問曰：「依什麼人受戒？」對曰：「不依他。」師曰：「你在彼中即如此，我這裏作麼生？」對曰：「要且不違背。」師曰：「大与摩多知生！」對曰：「舌頭不曾染著在！」師便咄：「這多口新戒，出去！」此是石室和尚也。

資料

1 祖庭事苑卷七長髭條。
2 景德傳燈錄卷一四、宗門統要卷七、正法眼藏卷下、聯燈會要卷一九、禪門拈頌集卷九、五燈會元卷五。
3 景德傳燈錄卷一四石室善道章、宗門統要卷七僊天和尚章、聯燈會要卷一九石室善道章、五燈會元卷五石室善道章。

〔二〕「處」下疑脫「來」字。
〔三〕秏：「耗」俗寫，參見高麗大藏經異體字典，音信義。

六六　龍潭和尚 崇信，生卒年未詳

1 龍潭和尚嗣天皇，在澧朗州〔一〕。師諱崇信，未詳姓氏。在俗之時，世業作餅師，住在天皇巷陽。其天皇和尚住寺内，獨居小院，多閇禪房，靜坐而已。四海禪流無由湊泊。唯有餅師每至食時，躬持餬餅十枚〔二〕，以餉齋飡。如是不替數年。天皇每食已，常留一餅与之，云：「吾慧汝〔三〕，以蔭子孫。」日日如斯，以為常准。師因於一日忽自訝之，乃問：「此餅是某甲持来，何乃返惠某甲？」天皇云：「是你持来，復汝何咎？」師聞此語，似少驚覺，乃問曰：「弟子浮生擾擾，畢竟如何？」天皇云：「在家牢獄逼迮，出家逍遙寬廣。」師便投天皇出家。天皇云：「汝昔崇福善，今信吾語，宜名崇信。」受具戒已，執爨數年。忽於一日問天皇曰：「某甲身厠僧倫，已果宿志，未蒙和尚指示个心要。伏乞指示。」天皇曰：「你自到吾身邊来，未嘗不指汝心要。」師問：「何處是和尚指某甲心要處？」天皇曰：「汝擎茶，吾為汝喫；汝持食，吾為汝受；汝和南，吾為汝低首。何處不是示汝心要？」

〔一〕唐江南西道澧州治澧陽縣，爲龍潭所在，朗州爲另一州，「朗」字疑衍。景德傳燈録等並作澧州龍潭崇信禪師，宋高僧傳作澧州龍潭禪院釋崇信。

〔二〕枚：原作「牧」。

〔三〕慧、「惠」通。本書二字多混用。

師低頭沉吟頃刻〔一〕。天皇云：「見即直下便見，擬思則便差。」師聞已，頓悟指要，便問：「畢竟如何保任，則得始終無患？」皇曰：「任性逍遙，隨緣放曠，不要安禪習定，性本無拘，不要塞耳藏睛。靈光逈耀，如愚若訥，行不驚時，但盡凡心，別無聖解。汝能尒者，當何患乎？」師既領宗要，觸目朗然，猶如遠客還家，頓息他遊之意；亦如貧收寶藏，故無不足求。自荊渚至澧陽龍潭棲止，行不驚俗，世莫能疑。未嘗輒衒機鋒，玄流無由扣擊。所居蘭若臨小溪潭，時屬亢陽，郡民多於是處祈求雨澤，故号龍潭和尚焉。

2　有僧問：「髻中珠，誰人得？」師曰：「不賞翫者得。」僧曰：「安著何處？」師曰：「待有所在，即說似汝。」

3　尼僧問：「如何得為僧去？」師曰：「汝作尼來多小時？」尼曰：「還有為僧時也無？」師曰：「你即今是什麼？」尼曰：「現是女身，何得不識？」師曰：「誰識汝？」

傳記

宋高僧傳卷一〇、釋氏通鑑卷一〇、佛祖歷代通載卷一五、釋氏稽古略卷二、六學僧傳卷六、邁柱等（雍正）湖廣通志卷七四仙釋、張仲炘等湖北通志卷一六九仙釋。

〔一〕頃：原作「項」，形近致譌。

資料

1 宋高僧傳卷一〇、景德傳燈錄卷一四、宗門統要卷七、建中靖國續燈錄卷一、正法眼藏卷下、聯燈會要卷一九、大光明藏卷下、禪門拈頌集卷一四、五燈會元卷七。

2 3 景德傳燈錄卷一四、大光明藏卷下、五燈會元卷七。

六七　翠微和尚無學，生卒年未詳

1 翠微和尚嗣丹霞，在西京。師諱無學。僖宗皇帝詔入内，大敷玄教。帝情大悦，賜紫，法号廣照大師。自餘未覩行録，不决化緣終始。

2 師因供養羅漢次，僧問：「今日設羅漢，羅漢還来也無？」師云：「是你每日噇什摩？」

資料

2 景德傳燈錄卷一四、五燈會元卷五、卷一三雲居章。

六八　雲岩和尚曇晟，七八二—八四一

1　雲嵒和尚嗣藥山，在潭州醴陵縣〔一〕。師諱曇晟，姓王，鍾陵建昌縣人也。其生自然胎裳右祖，做若緇服。出家於石門。初參百丈，入室十數年間；次參藥山。藥山問：「汝師百丈於徒奚示？」師對曰：「師今示何物？」藥山云：「因汝識得百丈矣。」師稟承藥山，後止攸縣，大弘法化。

2　師有時謂衆曰：「有个人家兒子，問著無有道不得底。」洞山問：「他屋裏有多小典藉〔二〕？」師曰：「一字也無。」進曰：「爭得与摩多知生？」師曰：「日夜不曾睡。」洞山云：「問著則無有道不得底，問一段事，還道得不？」師曰：「道得却不道得！」

3　師問僧：「從什摩處來？」對曰：「石頭上語話來。」師曰：「石頭還點頭也無？」對曰：「師未問時却點頭。」

4　師因看經次，洞山云：「就師乞眼精。」師曰：「汝底与阿誰去也？」洞山云：「某甲無。」師曰：「有〔三〕，汝向什摩處着？」洞山無對。師曰：「乞眼精底是眼不？」洞山云：「非眼。」師

〔一〕醴陵：原作「澧陵」，下同；唐江南西道潭州有醴陵縣（今湖南醴陵縣）。
〔二〕藉，「籍」通。
〔三〕景德傳燈錄、五燈會元等「有」前有「設」字。

曰：「咄，出去！」

5 道吾問：「初祖未到此土時，還有祖師意不？」師曰：「有。」吾云：「既有，更用来作什摩？」師曰：「只為有，所以来。」

6 師因行粽子。洞山受了，又展手云：「更有一人在。」師云：「那个人還喫不？」洞山云：「行即喫。」

7 洞山辞時，師問：「何處去？」洞山云：「雖辞和尚，未卜所止。」師曰：「莫是湖南去不？」對曰：「無。」師曰：「莫是歸鄉去不？」對曰：「也無。」師舉高聲云：「早晚却来？」對曰：「待和尚有住處即来。」師曰：「自此一別後，應難得相見。」對曰：「難得不相見。」

8 洞山到溈山。溈山即大圓，當時郢匠，集徒千衆，振化三湘。乃見洞山来，顧而異焉。他日溈山密離宴室，獨步林泉。洞山乃疾追，躡跡其後，至於佛地之西、有作務之所。洞山遂進前礼拜而言曰：「某甲竊聞國師有無情説法之示，曾聞其語，常究其微，每欲勵心，願盡於此。」溈山忻然顧曰：「子於何獲此語耶？」洞山具述始終而舉。舉了，溈山乃曰：「此間亦有小許，但緣罕遇其人，非我所悋也。」洞山云：「便請。」溈山云：「父母緣生口，終不敢道。」洞山不礼拜，便問：「還有與師同時慕道者不？」溈山云：「此去醴陵縣側石室相隣有雲嵒道人，若能撥草瞻風，必為子之所重也。」洞山便問：「無情説法，什摩人得聞？」師曰：「無情説法，無情得聞。」進曰：「和尚還聞得不？」師云：「我若聞，汝則不得見我。」進曰：「与摩則某甲不得聞和尚説法去也。」師云：「吾説法尚自不聞，豈況於無情説法乎？」因此洞山息疑情，乃作偈曰：

「可笑奇，可笑奇，無情解説不思議，
若將耳聽聲不現，眼處聞聲方得知。」

9 師問尼衆曰：「汝婀爺還在也無？」對曰：「在。」師曰：「年多少？」對曰：「年八十。」師云：「有个爺年非八十，汝還知也無？」對曰：「莫是与摩来底是不？」師曰：「這个猶是兒子。」洞山云：「直饒不来，也是兒子。」

10 問：「一念瞥起，便落魔界時如何？」師曰：「汝因什摩從佛界来？」却云：「還會摩？」對曰：「不會。」師曰：「莫道不會。設使會得，也只是左之右之。」

11 師与道吾、舡子三人受山下人請齋。一人云：「齋去日晚。」一人云：「近那！動步便到。」師云：「有一人不動步便到，作摩生？」

尋後洞山聞擧云：「此語最著力，如人入鑊湯壚炭〔二〕，不被燒煑始得。這裏得，永劫不失；餘處得，暫時間。切囑：第一莫向舌頭上取辦。記他了事言語，有什摩用處？這个功課從無人邊得，不由聰明強記，莫向閑處置功。一步不迴，冥然累劫。所以雲嵒云：『向這个相兒中失却人身最苦，無苦於此苦』。」

〔二〕人：原作「入」。

12 師問僧：「何處去来？」對云：「添香去来。」師曰：「還見佛不？」對曰：「見。」師曰：「什摩處見？」對曰：「下界見。」師曰：「古佛，古佛！」

13 師煎茶次，道吾問：「作什摩？」師曰：「煎茶。」吾曰：「与阿誰喫？」師曰：「有一人要。」道吾云：「何不教伊自煎？」師云：「幸有專甲在。」

14 藥山問：「承汝解弄師子，弄得幾出？」師曰：「弄得六出。」藥山云：「我亦弄得。」師問：「和尚弄得幾出？」藥山云：「我弄得一出。」師曰：「一即六，六即一。」潙山問師：「承聞長老在藥山，解弄師子，是不？」師曰：「是也。」潙山云：「為復長弄，還有置時也無？」師曰：「要弄即弄，要置即置。」潙山曰：「置時師子在什摩處？」師云：「置也，置也！」

15 師窺一老宿房。老宿云：「只這个是，窺作什摩？」師云：「大有人不肯与摩道。」

16 師問道吾：「老兄家風作摩生？」吾曰：「教汝指點著，堪作什摩！」師云：「無這个来多少時？」吾云：「牙根猶帶生澀在。」

17 問：「如何是正修行路？」師云：「修是墻塹，不修是裏頭人。」

18 師問衆：「世間什摩物最苦？」云：「地獄是最苦。」師云：「地獄未是苦。今時作這个相皃中失却人身最苦，無苦過於此苦。」

19 師与洞山鋤薑次，師說先德事。洞山云：「這个人如今在什摩處？」師良久，云：「作摩？作摩？」洞山云：「太遲也。」

20 有僧出来，兩三則語舉似師，師復審之云〔一〕：「我適来只聞汝聲，不見汝身。出来，我要見汝！」其僧竪起五指。師云：「苦殺人！洎錯放過者个漢。」洞山問：「此僧竪起五指，意如何？」師曰：「現五分法身，如今在阿郍个分？」

21 師臨遷化時，洞山問：「和尚百年後，有人問還邈得師真也無，向他作摩生道？」師云：「但向他道：只這个漢是。」洞山吃沉底〔二〕。師云：「此一著子〔三〕，莽鹵呑不過，千生万劫休。闍梨瞥起，草深一丈，況乃有言！」師見洞山沉吟底，欲得説破衷情。洞山云：「啓師：不用説破。但不失人身，爲此事相著。」師遷化後，過太相齋〔四〕，共師伯欲往潙山。直到潭州，過大溪次，師伯先過。洞山離這岸、未到彼岸時，臨水覩影，大省前事，顔色變異，呵呵底笑。師伯問：「師弟有什摩事？」洞山曰：「啓師伯：得个先師從容之力。」師伯云：「若与摩，須得有語。」洞山便造偈曰：

「切忌隨他覓，迢迢与我踈，
我今獨自往，處處得逢渠。

〔一〕之云：原作「云之」，誤倒。
〔二〕吃沉：「吃」字疑爲「吟」之譌；「吟沉」爲「沉吟」誤倒，下文作「沉吟」。
〔三〕一著子：原作「著一子」，誤倒；常用禪語。本書卷一三招慶和尚章：「師云：更有一著子作摩生？」
〔四〕太相齋：疑爲「大祥齋」之訛，「太」、「大」通，「相」、「祥」音近；古人死後兩周年祭日爲「大祥」，魏晉以來簡化爲二十五日。

渠今正是我，我今不是渠，
應須与摩會，方得契如如。」

後有人問洞山：「雲嵒道『只這个漢是』，意旨如何？」洞山云：「某甲當初泊錯承當。」

報慈拈問：「累害在什摩處？」又續前問：「如今作摩生？」

又問洞山：「雲嵒道『只這个漢是』，還知有事也無？」洞山云：「先師若不知有，又争解与摩道？」良久，又曰：「若知有事，爭肯与摩道？」

保福拈問長慶：「既知有事，為什摩不肯与摩道？」慶曰：「此問甚當。」保福曰：「昔日雲嵒又奚為？」慶云：「養子方知父慈。」

22 師比色垸裏貯甘橘。洞山来不審，立地。師曰：「郍邊還有這个摩？」洞山曰：「有也過於這个，無用處。」師曰：「有也未曾与闍梨，説什摩有用無用！」洞山當時無對。隔三日道：「恐怕和尚与專甲。」師肯之。

23 師問黃蘗侍者：「汝和尚還説法不？」對曰：「也説。」師云：「汝還聽也無？」對曰：「也聽。」師云：「説時即聽，不説時還聽也無？」對曰：「聽。」師曰：「説時即從汝聽，不説時聽什摩？」對曰：「不可無這个人也。」師曰：「嘿底是？説底是？」對曰：「嘿底是。」師曰：「泊錯放過這个漢！」

24 師示衆云：「從門入者非寶。直饒説得石點頭，亦不干自己事。」又云：「擬心則差，況乃有言？恐有所示轉遠。」

25 僧問石頭：「如何是祖師意？」石頭曰：「老僧面前一踏草，三十年来不曾鋤。」有人舉似師。師云：「牛不喫欄邊草。」

26 南泉云：「智不到處，不得説著，説著則頭角生也。」有人舉問師：「古人与摩道，意作摩生？」師曰：「兄弟也莫説。説著這个事，損著説底人。」

有人舉問洞山：「雲嵒与摩道，作摩生？」洞山云：「在途也。」

有人舉問雲居：「洞山与摩道，意作摩生？」居云：「説似也。」

有人舉問踈山：「雲居与摩道，意作摩生？」踈山云：「一棒打殺龍蛇。」

27 師掃地次，叫寺主，問師：「何得自駈駈？」師曰：「有一人不駈駈。」寺主曰：「何處有第二月？」師竪起掃箒云：「這个是第幾月？」寺主無對。

玄沙代云：「此猶是第二月。」

28 洞山問：「無量刧来餘業未盡時如何？」師云：「汝只今還作不？」對曰：「更有勝妙亦不作。」師云：「汝還歡喜不？」對云：「歡喜即不敢，如糞掃堆上拾得一顆明珠。」

29 師問僧：「承汝解卜〔二〕，是不？」對曰：「是。」師云：「試卜老僧看。」無對。

〔二〕卜：原字破損，據高麗大藏經補遺本校定。

洞山代云：「請和尚生月〔一〕。」

30 師自會昌辛酉年忽示疾〔二〕，至十月二十七日遷化。勅謚無住大師、淨勝之塔〔三〕。

傳記

宋高僧傳卷一一、釋氏通鑑卷一一、佛祖歷代通載卷一六、釋氏稽古略卷二、六學僧傳卷六、宗統編年卷一二、一三、李翰章等（光緒）湖南通志卷二四一仙釋。

資料

1 宋高僧傳卷一一。

2 景德傳燈錄卷一四、宗門統要卷七、聯燈會要卷一九、五燈會元卷五、五家語錄洞山良价禪師語錄。

3 10 12 19 景德傳燈錄卷一四、五燈會元卷五。

4 景德傳燈錄卷一四、五燈會元卷五、五家語錄洞山良价禪師語錄。

5 景德傳燈錄卷一四藥山章、聯燈會要卷一九藥山章、五燈會元卷五藥山章。

7 景德傳燈錄卷一五洞山章、五燈會元卷一三洞山章、五家語錄洞山良价禪師語錄。

〔一〕月：疑爲「日」字之譌；景德傳燈錄卷一四藥山章作「日」。

〔二〕會昌辛酉年爲會昌元年（八四一）；宋高僧傳作「大和三年己酉（八二九）」。

〔三〕宋高僧傳作「敕謚大師號無相」。

8 景德傳燈錄卷一五洞山章、聯燈會要卷二〇洞山章、五燈會元卷一三洞山章、五家語錄洞山良价禪師語錄。

9 13 景德傳燈錄卷一四、宗門統要卷七、聯燈會要卷一九、五燈會元卷五。

14 景德傳燈錄卷一四、宗門統要卷七、聯燈會要卷一九、禪門拈頌集卷一三。

16 景德傳燈錄卷一四道吾章、宗門統要卷七道吾章、聯燈會要卷一九道吾章、五燈會元卷五道吾章。

21 景德傳燈錄卷一五洞山章、祖源通錄撮要卷四洞山章、宗門統要卷七洞山章、聯燈會要卷二〇洞山章、禪門拈頌集卷一七洞山章、五燈會元卷一三洞山章、五家語錄洞山良价禪師語錄。

27 本書卷一二荷玉和尚章、景德傳燈錄卷一四、宗門統要卷七、正法眼藏卷下、聯燈會要卷一九、從容錄第二一則、禪門拈頌集卷一三、五燈會元卷五、玄沙廣錄卷下。

28 聯燈會要卷二〇洞山章、五燈會元卷一三洞山章、五家語錄洞山良价禪師語錄。

29 景德傳燈錄卷一四、同藥山章、五燈會元卷五藥山章、五家語錄洞山良价禪師語錄。

30 宋高僧傳卷一一、景德傳燈錄卷一四、五燈會元卷五。

六九　華亭和尚 德誠、船子和尚，生卒年未詳

1 華亭和尚嗣藥山，在藕州。師諱德誠，未詳姓〔一〕，莫測始終。

2 師昔与雲嵒、道吾三人並契藥山祕旨。藥山去世後，三人同議，持少多種粮、家具，擬隱於澧

〔一〕「姓」下疑脫「氏」字。北磵集卷四西亭蘭若記作「蜀東武信人」；釋氏稽古略作「遂寧府人」。

源深邃絶人烟處，避世養道過生。三人議畢，即候晨去。三人之中花亭處長，道吾居末。至中夜，道吾具三衣，白二師兄曰：「向来所議，於我三人甚適本志，然莫埋沒石頭宗枝也無？」花亭曰：「因什摩得埋沒？」道吾云：「兩个師兄与某甲三人，隱於深邃絶人烟處，避世養道過生，豈不是埋沒？」師云：「師弟元来有這个身心。若然者，不用入山，各自分去。然雖如此，有事囑於師弟：專甲從分襟之後，去藴州花亭縣，討小舡子水面上遊戲，於中若有靈利者，教他来專甲處。」道吾云：「依師兄尊旨。」從此三人各自分去。

3　道吾出世數年，並不見靈利者。有一日，新到參，道吾問：「從什摩處来？」對曰：「天門山来。」吾云：「什摩人住持？」對曰：「某与摩和尚。」道吾云：「有什摩佛法因緣？」其僧舉兩三則因緣。道吾便歡喜，處分安排。夜間喚院主云：「某甲欲得去天門山，輒不得出這个消息。」當夜便發行，便到天門山。纔三門前，和尚望見道吾，便走下来，引接道吾上法堂。一切了後，便問：「和尚有什摩事到這裏？」道吾曰：「特爲長老来。見説来日開堂，還是摩？」對云：「開什摩堂？無与摩事。」道吾曰：「莫与摩道，不用待来日，今夜速開堂。」主人推不得，便昇座，破題兩三則言語。有人問：「如何是真佛？」師曰：「真佛無相。」問：「如何是法眼？」師曰：「法眼無瑕。」道吾聞此對荅掩耳。京口下堂，遂屈道吾。吾來房，京口問：「某甲對荅，過在什摩處，掩耳出去？」道吾曰：「觀師精彩，甚是其器，奈緣不遇其人。某甲師兄在藴州花亭縣，乘小舡子江裏遊戲，長老纔去郍裏，便有来由。這裏若有靈利者，領二人，著座主衣服去。」主人當夜便發，直到江邊立。師纔望見三个座主〔一〕，便問：「座主從鄉个寺裏住？」對曰：「寺即不住，住即不寺。」師云：「為什麼故不住？」對曰：「目前無寺。」師曰：「什摩處學得来？」對曰：「非耳目之所到。」師曰：「一句合頭意，万劫繫驢橛。」便打數下。師雖打他，見根性靈利，又云：「適来祇對底阿師莫怪，下船！」天門便下舡，便問：「每日直鈎釣魚，此意如何？」云：「垂絲千丈，意在深潭；浮定有無，離句三寸〔二〕。子何不問？」天門擬欲問：「諮和尚。」師以舡槁驀便撞。天門却出，云：「語帶玄而無路，舌頭談而不談。」師云：「每日直鈎釣魚，今日釣得一个。」師自有語云〔三〕：「竿頭絲線從君弄，不犯清波意自殊。」師問天門：「座主還去得也無？」對曰：「去。」師曰：「去即一任去，還見其事也無？」對曰：「見。」師曰：「作摩生見？」對曰：「見草。」師再囑曰：「子以後藏身處沒跡，沒跡處藏身，不住兩處，實是吾教。」

有人拈問花嚴：「如何是藏身處沒跡？」花嚴曰：「夾山親受花亭囑。」「如何是沒跡處藏身？」嚴云：「今朝忽覩个獃郎。」因此頌曰：

「藏身沒跡師親囑，沒跡藏身自可知。

〔一〕 三：原字破損，據高麗大藏經補遺本校定。

〔二〕 句、「勾」、「鉤」通。

〔三〕 自：原字漫漶，就海印寺藏版審定。

昔日時時逢釰客，今朝往往遇癡兒。」

4 擇禪師因道吾指夹山尋師頌曰：

「京口談玄已有名，吾山特地涉途程〔二〕，
雖云法眼無瑕翳，争奈其人掩耳聽。
參學須參眞正匠，合頭虚詐不勞聆，
此来更欲尋師去，决至應當暫改形。
道友當年深契會，老僧今日苦叮嚀，
特報水雲知識道，半秋孤月落花亭。」

5 又夾山頓遇以華亭頌曰：

「一泛輕舟數十年，隨風逐浪任因緣，
只道子期能允律〔三〕，誰知座主将參禪。
目前無寺成椿橛，句下相投事不然，
遙指碧潭垂釣叟，被師呵退頓忘筌。」

〔二〕程：原作「裎」。

〔三〕允：原字漫漶，據高麗大藏經補遺本校定，符合義。

傳記

華亭朱涇船子和尚機緣(元刻本船子和尚撥棹歌)、釋居簡西亭蘭若記(北磵集卷四)、楊潛(宋)雲間志卷中、徐碩至元嘉禾志卷一四仙梵、釋氏稽古略卷三、單慶等(元)嘉禾舊志卷一四、趙宏恩等(雍正)江南通志卷一七四方外、黄廷桂等(雍正)四川通志卷三八之三仙釋、宋如林等(嘉慶)松江府志卷六三方外、許瑤光等(光緒)嘉興府志卷六二方外。

考證

嘉慶刻本機緣集收船子和尚撥棹歌三十九首,謂據北宋大觀四年(公元一一一〇)風涇海會寺石刻轉録;又明楊慎藝林伐山卷一七録船子和尚四偈,其中三首與上撥棹歌重復。計四十首詩偈所出不明,真僞待考。參閲陳尚君全唐詩補編中册第一〇五七—一〇五八頁,中華書局,一九九二年。

資料

2 景德傳燈録卷一四、卷一五夾山章、宗門統要卷七、華亭朱涇船子和尚機緣、正法眼藏卷中、聯燈會要卷一九、五燈會元卷五。

3 景德傳燈録卷一四、卷一五夾山章、宗門統要卷七、林間録卷上、祖庭事苑卷五垂絲條、華亭朱涇船子和尚機緣、正法眼藏卷中、聯燈會要卷二一夾山章、大光明藏卷下、禪門拈頌集卷一三、五燈會元卷五。

七〇 椑樹和尚 慧省,生卒年未詳

1 椑樹和尚嗣藥山。未覩實録,不決化緣終始。

2 因道吾卧次，師問：「作什麼？」吾云：「盖覆。」師云：「卧底是？不卧底是？」吾云：「不在兩處。」師云：「爭郍盖覆何？」道吾乃拂袖而出。

福先拈問僧：「盖覆意作摩生？」僧無對。自代，良久。

3 師問道吾：「作什摩来？」吾曰：「親近来。」師曰：「你道親近来，更用動兩皮作什摩〔一〕？」吾云：「豈無借？」師曰：「不曾為人，借什摩？」

石霜云：「此是他人口。」

4 師掃地次，趙州問：「般若以何為躰？」師曰：「只与摩去〔二〕。」趙州第二日見師掃地，依前与摩問。師曰：「借這个問闍梨，還得也無？」趙州曰：「便請。」師便問。趙州拍掌而去。

考證

景德傳燈錄收錄兩椑樹：卷四藥山法嗣宣州椑樹慧省、卷八馬祖道一法嗣有江西椑樹，疑爲同一人；參閱宇井伯壽第三禪宗史研究第一六七頁（岩波書店，一九四三年）。

〔一〕「兩皮」中間疑脫「片」字。

〔二〕去：原字漫漶，據禪文化研究所本校定。

資料

2 景德傳燈錄卷八、卷一四道吾章、宗門統要卷七、五燈會元卷三。

3 景德傳燈錄卷八、卷一四、禪門拈頌集卷一四、五燈會元卷三、卷五。

4 景德傳燈錄卷九大慈章、五燈會元卷三大慈章、趙州錄卷下。

七一 道吾和尚圓智，七六九—八三五

1 道吾和尚嗣藥山，在瀏陽縣〔一〕。師諱圓智〔二〕，姓王〔三〕，鍾陵建昌人也。依涅槃和尚指示而參藥山。

2 藥山示衆云：「法身具四大，阿誰道得？若有人道得，与汝一腰裩。」師曰：「性地非風，風非性地，是名風大。地、水、火大，亦復如是。」藥山肯之，不違前言，贈一腰裩。

3 石霜問：「百年後忽有人問極則事，作摩生向他道？」師喚沙弥。沙弥應喏。師云：「添淨瓶水著。」師却問石霜：「適来問什摩？」石霜再舉。師便起去。

4 師下山到五峯。五峯問：「識彼中老宿不？」師云：「不識。」峯云：「何故不識？」師

〔一〕瀏陽：原作「劉陽」；唐江南西道潭州有瀏陽縣（今湖南瀏陽縣）。

〔二〕圓智：宗門統要、聯燈會要、五燈會元並作「宗智」。

〔三〕姓王：宋高僧傳、景德傳燈錄等作「姓張」。

曰：「不識，不識。」

5 僧問：「如何是和尚家風？」師便下禪床，作拜相云：「謝子遠来。」都無祇對。

6 問：「万里無雲猶是傍来日，如何是本来日？」師曰：「今日好曬麥〔二〕。」

7 因溈山問雲嵒：「菩提以何為座？」嵒曰：「無座為座。」雲嵒却問溈山。溈山云：「以諸法空為座。」溈山却問師。師曰：「坐也聽伊坐，卧也聽伊卧。有一人不坐不卧，速道将来！」

8 師将出笠子。雲嵒問：「用這个作什摩？」師云：「有用處。」嵒云：「黒風猛雨来時作摩生？」師云：「盖覆著。」嵒云：「他還受盖覆也無？」師云：「雖然如此，要且無漏。」

9 問：「如何是今時著力處？」師曰：「千人喚，不迴頭，方有小分相應。」僧云：「忽然火起時作摩生？」師曰：「能燒大地。」

10 因椑樹向火次，師問：「作什摩？」椑樹曰：「和合。」師曰：「与摩則當頭脫去也。」樹云：「隔闕来多少時也〔三〕？」師便拂袖而出。

11 師問雲嵒：「千手千眼如何？」嵒云：「如無燈夜把著枕子。」云：「汝還知不？」師云：「我會也，我會也。」嵒却問：「作摩生會？」師云：「通身是眼。」

〔二〕麥：原作「麦」，「麥」俗字，見羅振玉增訂碑別字。

〔三〕闕：景德傳燈錄作「闊」。

神山云：「渾身是眼。」

12 師有時示衆云：「出世不出世，盡是出世邊説。」僧曰：「有一人不肯。」師云：「直饒不肯〔一〕，亦是傍出。」

13 師辞溈山。溈山喚云：「智頭陁！」師云：「其中事作摩生？」溈山云：「智頭陁！智頭陁！」師云：「也大醜拙。」

14 師見新到參，便打鼓歸房丈。其僧又打鼓，歸僧堂。主事来和尚處，責云：「和尚打鼓本分，新到因什摩無端打鼓？」師曰：「如法批排茶飦，明日我与你勘。」到明日，批排茶飦屈喫次，師指教童子指僧。童子便来其僧身邊立，其僧便摩童子頭，云：「和尚喚。」師便歸丈室。主事又向和尚曰：「比来昨日無端打鼓，要伊勘責〔二〕，爲什摩却打他童子頭？」師曰：「我与你勘責了也。」

15 因高僧衝雨上堂〔三〕，藥山笑曰：「汝来也。」高僧曰：「屎裏。」藥山云：「可殺濕。」高僧云：「不打与摩鼓笛。」雲嵒云：「皮也無，打什摩鼓？」師云：「骨也無，打什摩皮？」藥山曰：「大好曲調。」

〔一〕直：原作「真」；景德傳燈録卷四法融章「直饒不來」、古尊宿語録卷九石門山慈照禪師鳳巖集「直饒不來不去」等，「直饒」乃禪籍常語。

〔二〕勘：原作「堪」；從上、下文校改。

〔三〕高僧：景德傳燈録等作「高沙彌」。

16 師大和九年乙亥之歲九月十一日〔一〕，有人問：「伏審和尚四躰違和，可殺瘖痛還減損也無？」師曰：「者与摩地不瘖痛作什摩？所以古人道：『願得今身償，不入惡道受。』」師又曰：「還知道不償不受者摩？」對曰：「与摩則波不離水、水不離波去也。」師便驀面唾。良久之間，問大衆：「如今是什摩時？」對云：「未時。」師曰：「与摩則打鍾。」打鍾三下，便告寂。春秋六十七。臨行時謂衆云：「吾雖西逝，理無東移。」後焚得靈骨一莭，特異清瑩，其色如金，其聲如銅。乃塔于石霜。勑謚修一大師、寶相之塔。

17 淨修禪師讚曰：

長沙道吾，多不聚徒，
出世不出，樹倒藤枯。
寒喦古檜，碧漢金烏，
垂機嶮峭，石霜是乎。

碑誌

南嶽玄泰著碑頌（佚，見宋高僧傳卷一一）。

〔一〕大和九年非乙亥，爲乙卯。

傳記

宋高僧傳卷一一、祖庭事苑卷七、釋氏通鑑卷一〇、佛祖歷代通載卷一六、釋氏稽古略卷三、六學僧傳卷六、宗統編年卷一三、李翰章等（光緒）湖南通志卷二四一仙釋。

資料

1宋高僧傳卷一一、景德傳燈錄卷一四、宗門統要卷七、祖庭事苑卷七道吾條、聯燈會要卷一九、五燈會元卷五。

2景德傳燈錄卷一四、宗門統要卷七、聯燈會要卷一九、五燈會元卷五。

3景德傳燈錄卷一四、宗門摭英集卷上、禪林僧寶傳卷五石霜章、聯燈會要卷一九。

4景德傳燈錄卷一四、禪門拈頌集卷一三、五燈會元卷五。

5景德傳燈錄卷一四。

6景德傳燈錄卷一四、聯燈會要卷一九、五燈會元卷五。

7 9景德傳燈錄卷一四、五燈會元卷五。

8景德傳燈錄卷一四、宗門統要卷七藥山章、聯燈會要卷一九、五燈會元卷五。

10景德傳燈錄卷一四、卷八江西椑樹章、五燈會元卷五江西椑樹章。

11景德傳燈錄卷一四雲巖章、雪竇頌古第九二則、宗門統要卷七雲巖章、碧巖錄第八九則本則、宏智頌古第五四則、聯燈會要卷一九、從容錄第五四則本則、禪門拈頌集卷一三、五燈會元卷五雲巖章。

15景德傳燈錄卷一四高沙彌章、宗門統要卷七高沙彌章、聯燈會要卷一九高沙彌章、五燈會元卷五高沙彌章。

16宋高僧傳卷一一、景德傳燈錄卷一四、祖庭事苑卷七道吾條、五燈會元卷五。

七二　三平和尚義忠，七八一—八七二〔一〕

1　三平和尚嗣大顛，在漳州。師諱義忠〔二〕，福州福唐縣人也，姓楊。自入大顛之室，而獲深契。值武宗澄汰，隱避三平山。後雖值宣宗再揚佛日，而彼海嶼，竟絶玄侶。後至西院大溈興世，衆中好事者十數人往彼請而方轉玄關。

2　因有一僧，時稱黄大口。師問曰：「久響大口，是公不？」對曰：「不敢。」師曰：「口大小？」曰：「通身是口。」師曰：「向什摩處屙？」當時失對。自是法道聲揚寰海，玄徒不避瘴癘之奔而遠湊〔三〕。

3　師示衆曰：「今時出来，盡學个馳求走作，将當自己眼目，有什摩相應時？阿你欲學，不要諸餘，各自有本分事在，何不躰取？作什摩心憒憒、口悱悱？有什摩利益？分明説：若要修行路及諸聖建立化門，自有大藏教在；若是宗門中事宜，你不得錯用心。」有人問：「還有學路也無？」師云：「有一路，滑如苔。」僧云：「還許人躡不？」師云：「不擬心，你自看。」

〔一〕唐文粹卷六四王諷碑作年九十一。
〔二〕義忠：碑銘、行錄俱作「義中」。
〔三〕癘：原作「⿸疒禹」，形近致譌；「之」字疑衍。

4 問：「三乘十二分教學人不疑，乞和尚直指西来意！」師云：「大德，龜毛拂子、兔角柱杖藏著何處？」僧對曰：「龜毛、兔角豈是有耶？」師云：「肉重千斤，智無銖兩。」

荷玉頌曰：

「龜毛拂，兔角杖，拈将来，隨處放。

古人事，言下當，非但有，無亦喪。」

5 王侍郎問：「黑豆未生芽時作麼生？」師云：「諸佛亦不知。」師頌曰：

「菩提慧日朝朝照，般若涼風夜夜吹。

此處不生聚雜樹，滿山明月是禪枝。」

6 師云：「諸人若未曾見知識則不可；若曾見作者来，便合躰取妙子意度，向幽嵒雅嶠，獨宿孤峯，木食草衣，任摩去，方有小分相應。若也馳求知解義句，則万里望鄉關〔一〕。珎重！」

7 師有偈三首：

「即此見聞非見聞，無餘聲色可呈君，

个中若了全無事，躰用無妨分不分。」

又曰：

〔一〕鄉：原作「嚮」。

「見聞覺知本非塵，識海波生自昧身。
狀似碧潭氷沫覆〔二〕，靈王翫作客中寶。」

又曰：

「見聞覺知本非因，當處虛玄絶妄真。
見性不生癡愛業，洞然明白自家珎。」

8 師咸通十三年壬辰歲十一月六日遷化，春秋九十二〔三〕。吏部侍郎王諷制塔銘矣。

碑誌 王諷漳州三平大師碑銘並序（唐文粹卷六四、全唐文卷七九一）。

傳記 王諷漳州三平山廣濟大師行錄（見嶺南學報三卷之二，一九三四年）、宗門統要卷七、聯燈會要卷二〇、祖庭事苑卷七、嵇曾筠等（雍正）浙江通志卷二〇一仙釋、周碩勳等（乾隆）潮州府志卷三〇人物、沈瑜慶等福建通志福建高僧傳卷一。

〔二〕氷沫：疑爲「水沫」之譌。

〔三〕行錄云「于甲子歲而生福唐」，甲子爲興元元年（七八四），據此則年八十九歲卒。

資料

1 8 王諷碑文、行錄。
3 4 5 6 景德傳燈錄卷一四、五燈會元卷五。
7 宗鏡錄卷九八、雲門廣錄卷中、禪林僧寶傳卷二雲門傳、正法眼藏卷中白雲端章、禪門拈頌集卷一四、五燈會元卷五。

七三 石室和尚 善道，生卒年未詳

1 石室和尚嗣長髭，在潭州攸縣。師諱善道〔一〕。因沙汰年中改形為行者。沙汰後，師僧聚集，更不造僧，每日踏碓供養師僧。木口和尚到〔二〕，見行者每日踏碓供養僧，問：「行者不易，甚難消。」師曰：「開心垸子裏盛将来，合盤裏合取，説什摩難消易消！」木口失對。

有僧舉似雲居。雲居云：「得底人改形換服〔三〕。」

2 又問曰：「行者還曾到五臺山也無？」師曰：「到。」木口曰：「還見文殊也無？」師曰：

〔一〕聯燈會要作「善導」。

〔二〕木口：景德傳燈錄、五燈會元等並作「杏山」。杏山見景德傳燈錄卷一五涿州杏山鑒洪禪師。

〔三〕服：原作「眼」，又見本書卷八雲居和尚章、龍牙和尚章。柳田聖山祖堂集索引、佛光大藏經禪藏並校作「眼」；高麗大藏經異體字典錄爲「眼」之異體。

「見。」進曰：「向行者道什摩？」師曰：「道闍梨父母在村草裏。」木口又失對。

長慶代云：「行者還出得摩？」

後曺山拈問強上座：「是賞是罰？」對曰：「是罰。」曺山曰：「罰他什摩處？」對曰：「罰他知有處。」曺山曰：「什摩處是他知有處？」對曰：「爲不知山中事，便認著文殊。」曺山曰：「作摩生是山中事？」對曰：「不認文殊。」曺山曰：「如是，如是。」

3 在後木口出世數年後遷化，主事差兩人往洞山達哀書。僧持書到洞山，達一切了，洞山問兩人：「和尚遷化後作摩生？」對曰：「茶毗。」洞山曰：「茶毗了作摩生？」對曰：「拾得二万八千粒舍利。一万粒則納官家，一万八千粒則三處起塔。」洞山曰：「還得希異也無？」對曰：「世間罕有。」洞山曰：「作摩生説罕有？」對云：「有眼不曾見，有耳不曾聞，豈不是罕有？」洞山曰：「任摩你和尚遍天下盡是舍利去，揔不如當時識取石室行者兩句語。」

4 潙山教仰山探石室。仰山去到石室，過一日後，便問：「如何是佛？」室拳手。「如何是道？」又展手。「畢竟阿郍个即是？」石室便擺手云：「勿任摩事。」仰山却歸，具陳前話。潙山便下牀，向石室合掌。

5 師与仰山同翫月次，仰山問：「這个月尖時，圓相在什摩處？」師曰：「尖時圓相隱，圓時尖相在。」

雲嵒云：「尖時圓相在，圓時尖相無。」道吾云：「尖時亦不尖，圓時亦不圓。」

6 自餘未覩實録焉。

資料

1 景德傳燈錄卷一四、宗門統要卷七、聯燈會要卷一九、五燈會元卷五。

2 景德傳燈錄卷一四、宗門統要卷七、聯燈會要卷一九、禪門拈頌集卷一四、五燈會元卷五。

3 景德傳燈錄卷一四、禪門拈頌集卷一四、五燈會元卷五。

5 景德傳燈錄卷一四、聯燈會要卷一九、禪門拈頌集卷一四、五燈會元卷五。

七四 德山和尚宣鑒，七八〇—八六五〔一〕

1 德山和尚嗣龍潭，在朗州。師諱宣鑒，姓周，釰南西川人也。生不熏食〔二〕，幼而敏焉。丱歲從師，依年受具。毗尼勝藏，靡不精研；解脫相宗，獨探其妙。每曰：「一毛呑巨海〔三〕，海性無虧；纖芥投針鋒，鋒利不動。然學与非學，唯我知焉。」

〔一〕陳垣定生卒年爲七八二—八六五，年八十四；釋氏疑年錄卷五：「景德錄十五作年八十六，祖庭事苑七作年六十八，又謂：『師生於貞元之末，大中佛法重興，師已六十七』云云，皆不相應。」第一五六頁。

〔二〕熏、「薰」古今字；又「薰」與「葷」音義並同。

〔三〕巨：原字缺損，據祖源通錄撮要校定。

2　遂雲遊海内，訪謁宗師，凡至擊揚，皆非郢哲。後聞龍潭則石頭之二葉，乃攝衣而往焉。初見而獨室小駐門徒，師乃看侍數日。因一夜參次，龍潭云：「何不歸去？」師對曰：「黑。」龍潭便點燭与師。師擬接，龍潭便息却。師便礼拜。潭云：「見什摩道理？」師云：「從今向去，終不疑天下老師舌頭。」師便問：「久嚮龍潭，及至到来，潭又不見、龍又不見時如何？」潭云：「子親到龍潭也。」師聞不糅之言，喜而歎曰：「窮諸玄辯，如一毫置之太虚；竭世樞機，似一滴投於巨壑。」遂乃攝金牙之勇敵，蔵敬德之雄征，繼立雪之玄徒，俟傳衣之秘旨，給侍瓶屨，日扣精微，更不他遊，盤泊澧源三十餘載乎〔一〕。澄汰後，咸通初年，武陵太守薛廷望迎請〔二〕，始居德山。自是四海玄徒冬夏常盈五百矣。

3　師有時謂衆曰：「汝等諸方，更誰敢銘邈？有摩？出来！吾要識汝。」聞此語者惕慄鉗結，無敢當對。

4　師又曰：「汝但無事於心，無心於事，乃虚而妙矣。若毫氂繫念，皆為自欺；瞥尒生情，万劫羇鏁去。」

5　師問曰：「維那，今日幾个新到？」對曰：「有八个。」師曰：「一時令来，生案過却。」

〔一〕「乎」前疑脱「泊」字，屬下。宋高僧傳：「泊大中還復法儀，咸通初，武陵太守薛延（廷）望堅請，始居德山。」

〔二〕薛廷望：原作「薩廷望」，「薩」爲「薛」俗字；新唐書卷七三下宰相世系表三下：「庭望字遂之，虢州刺史。」

僧問禾山：「『一時令来，生案過却』，此意如何？」禾山云：「纔出門便知委下客。」僧曰：「如何免得此過？」禾山曰：「万里无来却肯伊。」

6 欽山問：「天皇也与摩，未審德山作摩生道？」師曰：「試舉天皇、龍潭看。」欽山礼拜。師乃打之。

雲大師代曰：「与摩則自置，虛言已失。」

7 師又時云：「問則有過，不問則又乖。」僧便礼拜。師乃打之。僧云：「某甲始礼，為什摩却打？」師云：「待你開口〔二〕，堪作什摩？」

8 師見僧来，便閇却門。僧便敲門。師問：「阿誰？」僧云：「師子兒。」師便開門。其僧便礼拜。師騎却頭云：「者畜生！什摩處去来？」

9 師因病次，問：「和尚病，還有不病者無？」云：「有。」進曰：「如何是不病者？」師云：「阿耶！阿耶！」

10 龍牙問：「學人仗鏌鎁之釼擬取師頭時如何？」云：「你作摩生下手？」龍牙曰：「与摩則師頭落也。」師不荅。龍牙後到洞山，具陳上事。洞山云：「把將德山落底頭来！」龍牙無對。

〔二〕待：原作「侍」。

11 問：「如何是菩提？」師便咄云：「出去！莫向這裏屙〔一〕！」

12 嵒頭問：「凡聖相去多少？」師喝一聲。

13 因南泉第一座養猫兒，隣床損脚，因此相諍。有人報和尚。和尚便下来，拈起猫兒云：「有人道得摩？有人道得摩？若有人道得，救這个猫兒命。」無對。南泉便以刀斬作兩橛。雪峯問師：「古人斬猫兒，意作摩生？」師便趂打雪峯。雪峯便走。師却喚来云：「會摩？」對云：「不會。」師云：「我与摩老婆，你不會！」師問嵒頭：「還會摩？」對曰：「不會。」云：「成持取不會好。」進曰：「不會，成持个什摩？」師云：「你似橛鐵〔二〕。」

14 雪峯在德山時，上法堂，見和尚便轉。師曰：「此子難偕。」

長慶拈問：「什摩處是雪峯与德山相見處？」僧無對。慶代云：「還得當摩？」

15 更有樞要，俻陳廣誨。咸通六年乙酉歲十二月三日，忽告諸徒：「捫空追嚮〔三〕，勞你神耶？夢覺覺非，覺有何事？」言訖，宴坐安詳，奄然順化。春秋八十四，僧夏六十五。勑謚見性大師。沙門元會撰碑文。

〔一〕屙：原作「痾」。

〔二〕橛鐵：疑誤倒；景德傳燈錄、五燈會元並作「鐵橛」。

〔三〕嚮、「響」通。

16

淨修禪師讚曰：

德山朗州，刓骨無儔，
尚祛祖佛，豈立證修？
釋天杲日，苦海慈舟，
誰攀真躅？雪峯巖頭。

碑誌

元會唐朗州德山故先和尚塔銘（佚，見同德齋主人廣湖南考古略卷二六金石）。

傳記

宋高僧傳卷一二、釋惠洪潭州白鹿山靈應禪寺大佛殿記（石門文字禪卷二十一）、祖庭事苑卷五、七、隆興編年通論卷二七、釋氏通鑑卷一一、佛祖歷代通載卷一七、釋氏稽古略卷三、六學僧傳卷七、宗統編年卷一三、一五、嵇曾筠等（雍正）浙江通志卷二〇一仙釋、黄廷桂等（雍正）四川通志卷三八之三仙釋、李翰章等（光緒）湖南通志卷二四一仙釋。

著作

德山廣錄（佚，見祖庭事苑卷五窮諸玄辯條）、德山集一卷（佚，見崇文總目）。

西口芳男譯注德山の語録（禪文化研究所紀要一四，一九八七年）。

資料

1 宋高僧傳卷一二、景德傳燈錄卷一五、祖源通錄撮要卷三、祖庭事苑卷五、卷七、聯燈會要卷二〇、五燈會元卷七。

2 宋高僧傳卷一二、景德傳燈錄卷一五、卷一四龍潭章、祖源通錄撮要卷三、建中靖國續燈錄卷一、宗門統要卷七、卷四龍潭章、碧巖錄第四則本則評唱、正法眼藏卷下、聯燈會要卷二〇、禪門拈頌集卷一七、無門關第二八則、五燈會元卷七。

4 景德傳燈錄卷一五、祖源通錄撮要卷三、正法眼藏卷中、聯燈會要卷二〇、五燈會元卷七。

5 景德傳燈錄卷一五、雲門廣錄卷中、汾陽語錄卷中、正法眼藏卷上、、五燈會元卷七。

6 景德傳燈錄卷一七欽山章、汾陽語錄卷中、宗門摭英集卷上、大愚芝和尚語錄、雪竇明覺禪師語錄卷三、宗門統要卷八欽山章、聯燈會要卷二二欽山章、禪門拈頌集卷一七、五燈會元卷一三欽山章。

7 景德傳燈錄卷一五、宗門統要卷七、聯燈會要卷二〇、五燈會元卷七。

8 景德傳燈錄卷一五、宗門統要卷七、聯燈會要卷二〇、禪門拈頌集卷一七、五燈會元卷七。

9 景德傳燈錄卷一五、祖源通錄撮要卷三、聯燈會要卷二〇、禪門拈頌集卷一七、五燈會元卷七。

10 景德傳燈錄卷一五、宗門摭英集卷上、大愚芝和尚語錄、法華舉和尚語錄、宗門統要卷八龍牙章、碧巖錄第二〇則本則評唱、第六六則本則評唱、聯燈會要卷二二龍牙章、五燈會元卷七、五家語錄洞山良价禪師語錄。

11 12 景德傳燈錄卷一五、聯燈會要卷二〇、五燈會元卷七。

13 景德傳燈錄卷八南泉章、卷一五趙州錄卷上、汾陽語錄卷中、雪竇明覺禪師語錄卷一、聯燈會要卷四南泉章、卷二〇、禪門拈頌集卷七南泉章、無門關第一四則、五燈會元卷三南泉章、卷七。

15 宋高僧傳卷一二、景德傳燈錄卷一五、祖源通錄撮要卷三、祖庭事苑卷七、聯燈會要卷二〇、五燈會元卷七。

祖堂集卷第五

祖堂集卷第六〔一〕

石頭下卷第三曹溪五代法孫〔二〕

七五　投子和尚大同，八一九—九一四

1 投子和尚嗣翠微，在舒州桐城縣。師諱大同，舒州懷寧縣人也，姓劉。

2 受業於東都保唐滿禪師下。初習小乘定，知非而捨；次廣窮海藏〔三〕，博悟幽深，便造翠微而問師：「未審二祖初見達摩當何所得？」翠微答曰：「汝今見吾，復何所得？」師乃伏膺玄墀，息心他往。又因一日〔四〕，翠微在法堂行道次，師而近前接礼，問曰：「西来密旨，和尚如何指示於人？」翠微駐步須臾。師又進曰：「請和尚指示！」翠微答曰：「不可。事須要第二杓惡水漿潑作摩？」

〔一〕本章自開頭至第七節原版破損嚴重，據禪文化研究所本、高麗大藏經補遺本校録，又考察原版並利用宋高僧傳、景德傳燈錄等相關資料判讀，擬補。

〔二〕孫：原字缺損，據高麗大藏經補遺本校定。

〔三〕次：底本不清，據原版辨認校定。

〔四〕日：底本不清，據原版辨認校定。

師於言下承旨，礼謝而退。翠微云：「莫探却！」師曰：「時至根苗自生。」師又問：「曾聞丹霞燒木佛，和尚何以供養羅漢？」翠微云：「燒亦燒不著，供養亦一任供養。」師既承言領旨，任性逍遙，放曠人間，周遊勝槩。旋經故里，卜投子山，而有終焉之志，乃剏立菴茨，栖心遁迹〔一〕。

3 及乹符、中和之際，鼎沸鯨呑，荊、越、楚、吳，戈鋋競耀〔二〕，狂戎交扇，桀、蹠縱横〔三〕。豈唯隳殄國邦，抑亦摧殘佛寺。時有暴黨魁帥〔四〕，執刃庵前，厲聲曰：「和尚在此間作什摩？」師曰：「吾在此間傳心。」魁帥云：「傳个什摩心？」師曰：「佛心。」魁帥低首良久，解顏曰：「和尚家大不思議，非我輩之所畐。」則内釰於匣膜，各脫服玩，用施而去。自尒日有禪流相訪。

4 有人問曰：「凡聖相去幾何？」師下繩床立。

5 問：「一物不将来，為什摩却言放下著？」師云：「辛苦与摩來。」

6 問：「最親處，乞師一言。」師以杖敲之。僧曰：「為什摩不道？」師云：「汝爭得与摩不識好惡！」

〔一〕迹：底本不清，據原版辨認校定。
〔二〕戈鋋：底本不清，據原版辨認校定。
〔三〕桀：原作「搩」。
〔四〕魁帥：原作「魁師」，下同。

7 問：「古人道：『百年後山下作一頭水牯牛。』意作摩生？」師云：「為鞔常住〔二〕。」僧曰：「不鞔常住時作摩生？」師云：「又鞔俗人。」

8 問：「大庾嶺頭趁得及，為什摩提不起？」師提起納衣。僧云：「不問這个。」師云：「看你提不起。」

9 問：「佛佛授授〔三〕，祖祖相傳，未審傳个什摩。」師曰：「年老也，争受譫語？」

10 問：「併却咽喉脣吻，請師道！」師曰：「汝只要我道不得。」

11 問：「達摩未来時如何？」師曰：「遍天遍地。」僧曰：「来後如何？」師曰：「盖覆不得。」

12 問：「諸聖從何而證？」師曰：「有病不假服藥。」僧曰：「与摩則不假修證去也。」師曰：「不可長嗔長喜。」

13 問：「省要處還通信不？」師曰：「是你与摩問我。」僧曰：「如何識得？」師曰：「不可識。」僧曰：「畢竟作摩生？」師曰：「直是省要。」

14 問：「如何得不犯目前機？」師曰：「犯也。」僧曰：「什摩處是犯？」師曰：「適来道什

〔二〕為鞔常住：此四字原版不清，據上下文校定。
〔三〕下「授」字當作「受」；「受」、「授」通。景德傳燈錄作「手」。

摩？」

15 問：「古人道：『要急相應，唯言不二。』未審和尚作摩生？」師曰：「汝問我，我更道。」僧曰：「作摩生道？」師曰：「唯言不二。」

16 師有時云：「諸方一切句道盡一句。老僧則不然，一句道盡一切句。」僧進問：「如何是和尚一句道盡一切句底句？」師曰：「今日上堂喫麨子飯。」

17 問：「古人有言：『解語非關舌，能言不是聲。』如何是解語？」師曰：「一切惣道得。」「如何是非關舌？」師曰：「無耳聽音聲。」

18 問：「古人有言：『目前無法，意在目前。』作摩生是在目前意？」師曰：「不狂妄〔一〕。」僧曰：「作摩生？」師曰：「他不是目前法，非耳目之所到。」

19 趙州到投子，山下有鋪，向人問：「投子那裏？」俗人對曰：「問作什摩？」趙州云：「久嚮和尚，欲得礼謁。」俗曰：「近則近，不用上山。明日早朝来乞錢，待他相見。」趙州云：「若与摩，和尚来時，莫向他説納僧在裏。」俗人唱喏。師果然是下来乞錢。趙州便出来，把駐云：「久嚮投子，莫只這个便是也無？」師纔聞此語，便側身退。師又拈起笊籬云：「乞取鹽錢些子。」趙州走入裏頭。師便歸山。趙州落後到投子，便問：「死中得活時如何？」師云：「不許夜行，投明須到。」趙州便下

〔一〕 狂，「誑」通。

来，一直走。師教沙弥：「你去問他，我意作摩生。」沙弥便去喚趙州。趙州迴頭，沙弥便問：「和尚与摩道，意作摩生？」趙州云：「遇著个太伯。」沙弥歸，舉似，師便大笑。

有僧舉似雪峯，便問：「只如古人与摩道，意作摩生？」雪峯曰：「將為我胡伯，更有胡伯在。」

20 僧問黃龍：「古人道：『不許夜行，投明須到。』意作摩生？」黃龍曰：「嚼飰喽魯伯〔一〕。」又問：「未見四祖時如何〔二〕？」師曰：「在。」「見後如何？」師曰：「在。」

21 師問僧：「從什摩處来？」對曰：「雲居来。」師曰：「何似此間地？」僧無對。却歸，舉似雲居。雲居云：「南有雪峯，北有趙州。」

22 師又纔開門了，便東覰西覰。大衆一時走上，師便閞却門。有問石門〔三〕：「投子閞門〔四〕，意作摩生？」門云：「閞門尚不會〔五〕，不閞門你向什摩處會？」

〔一〕喽：佛光大藏經禪藏校記：「當作『餧』。」張華校作「喂」。
〔二〕見：底本缺損，據高麗大藏經補遺本校定。
〔三〕「有」下空缺一格，吳福祥、顧之川本補「僧」字。
〔四〕此下至「不依一法」原版大部漫漶，部分文字或據文意擬補，或考察原版、參照諸本寫定。
〔五〕會：據吳福祥、顧之川本校補。

23 師有時云：「你諸人□□閑處，脫不可得相應，亦無量劫來〔一〕，向一切處用心著急〔二〕，自己事却是閑事，所以難得相稱。莫因循〔三〕，各自辦事，莫待臨脫衣時方始慌忙不及也〔四〕。老僧此間無巧言□□□□人咬嚼。只是隨汝問處祇對。汝若不問，□□□向什摩處道則得？若更向汝道向上向下□□□事〔五〕，盡是走作，你無了時。你但莫逐名□□□□□走作，則了事邊亦收管你不著，却□□□□□及諸過患。雖然如此，包羅天地，含□□□□□□重〔六〕，不同於量万外各不差殊〔七〕，直□□□□□□□取□□□□□□示簡要□□□□□□□□□□□□□曰鋤地□□□□□

〔一〕亦：據禪文化研究所本校補；佛光大藏經禪藏本校爲「時」，屬上。

〔二〕用：據高麗大藏經補遺本校定。

〔三〕循：原作「修」。

〔四〕自「你諸人」至「慌忙不及也」一節，古尊宿語錄有「示衆」大意相似，可參閱，文云：「你與麽問了，也大好。莫閒處，脫不得相稱，無量劫來閒處著急，向自己處却閒，所以難得相稱。蓋緣日夕一切處路熟，恰到自己緊急處便懈怠去，便不欲得去，所以辛苦。過在阿誰？切莫因循，各自辦事。作麽生辦？向一切處辦。今後不得取次過日，莫待臨脫衣裳時忙不及也。」

〔五〕□□□事：疑爲「有事無事」；佛果圜悟語錄卷八：「這邊那邊，向上向下，有事無事，佛界魔界，一時坐斷。」

〔六〕重：據高麗大藏經補遺本校定。

〔七〕外各：據高麗大藏經補遺本校定。

□□□□□曰：「不依一法。」〔一〕

24 問：「便請和尚直指！」師：「嗄！」僧曰：「即這个，別更有也無？」師曰：「莫閑言語！」

25 師於甲戌歲四月六日跏趺端坐〔二〕，俄然順化。春秋九十六，僧夏七十六矣〔三〕。

傳記

宋高僧傳卷一三、祖庭事苑卷七投子條、釋氏通鑑卷一一、一二、釋氏稽古略卷三、六學僧傳卷六、張楷等（康熙）安慶府志卷二一仙釋、趙宏恩等（雍正）江南通志卷一七五方外、紹誠等（光緒）安徽通志卷三四八仙釋。

〔一〕參閱衣川賢次祖堂集札記，日本禪文化研究所紀要第二十四號，一九九八年。又自「老僧此間」以下至「不依一法」，古尊宿語錄有「示衆」大意相似，可參閱，文云：「爲你諸人問故，所以有言；你若不問，我向你道什麼即得？若有一法與你，老僧罪過。你若道無，你諸人又問我箇什麼？所以道，早不屬你巧言妙句。若與麼會去，即第一不得擔帶。你諸人幸是可憐生，擔帶負物作什麼？見即便見。你若不見，一切不得作巧言妙句問老僧。巧來妙去，即轉轉勿交涉，賺殺人。」又云：「問：『十二時中如何行履？』師云：『不從一法。』」

〔二〕宋高僧傳、景德傳燈錄卒年作「梁乾化四年甲戌（九一四）四月六日」，祖庭事苑作「唐昭宗乾寧四年（八九七）」，乾寧四年丁巳。

〔三〕宋高僧傳作「法臘四十六」。

著作

投子古錄（佚，見祖庭事苑卷四丫角女條）、投子和尚語錄（古尊宿語要卷一、古尊宿語錄卷三六）。

資料

2 宋高僧傳卷一三、景德傳燈錄卷一五、卷一四翠微章、祖庭事苑卷七、宗門統要卷七、聯燈會要卷二一、古尊宿語要、禪門拈頌集卷一八、五燈會元卷五投子章、翠微章、古尊宿語錄卷三六。

3 宋高僧傳卷一三、景德傳燈錄卷一五、五燈會元卷五。

4 景德傳燈錄卷一五、古尊宿語要、五燈會元卷五、空谷集第四九則、古尊宿語錄卷三六。

5 古尊宿語要、古尊宿語錄卷三六。

8 古尊宿語要、五燈會元卷五、古尊宿語錄卷三六。

9 景德傳燈錄卷一五、古尊宿語要、五燈會元卷五、古尊宿語錄卷三六。

10 景德傳燈錄卷一五、五燈會元卷五。

11 景德傳燈錄卷一五、傳燈玉英集卷八、聯燈會要卷二一、古尊宿語要、五燈會元卷五、古尊宿語錄卷三六。

14 15 23 古尊宿語要、古尊宿語錄卷三六。

19 景德傳燈錄卷一五、傳燈玉英集卷八、宗門摭英集卷上、宗門統要卷七、正法眼藏卷上、聯燈會要卷二一、祖庭事苑卷四、古尊宿語要、從容錄第六三則、禪門拈頌集卷一八、五燈會元卷五、古尊宿語錄卷三六。

20 景德傳燈錄卷一五、傳燈玉英集卷八、古尊宿語要、五燈會元卷五、古尊宿語錄卷三六。

25 宋高僧傳卷一三、景德傳燈錄卷一五、祖庭事苑卷七、五燈會元卷五。

七六　草堂和尚宗密，七八〇—八四一〔一〕

1 磁州如禪師嗣荷澤；益州惟忠和尚嗣磁州如；遂州圓禪師嗣惟忠；草堂和尚嗣圓禪師。師諱宗密，未覩行録，不叙終始。

2 師内外諺瞻〔二〕，朝野欽敬。制數本大乘經論疏鈔、禪詮百卷、礼懺等，見傳域内。臣相裴休深加礼重，為制碑文，詢奐射人〔三〕，頗彰時譽。勑謚定慧禪師、青蓮之塔。

3 有時史山人十問草堂和尚〔四〕。

第一問曰：「云何是道？何以修之？為復必須修成？為復不假功用？」禪師荅曰：「無礙是道，覺妄是修。道雖本圓，妄起為累；妄念都盡，即是修成。」

第二問曰：「道若因修而成，即是造作，便同世間法，虛偽不實，成而復壞，何名出世？」師荅

〔一〕陳垣釋氏疑年録卷五：「隆興通論、佛祖統紀作開成五年卒，佛祖通載作開成四年卒，稽古略作年六十三，今據宋僧傳六及裴休撰傳法碑。碑敍師生於建中元年，慧因寺志載此碑，删此語，而云師年六十五，今據拓本及金石萃編一一四。」

〔二〕諺瞻：疑爲「該瞻」，參見俗語言研究第三期詩論天地劉瑞明、段觀宋文（禪籍俗語言研究會，一九九六年）。

〔三〕詢奐：疑當作「絢煥」；慧苑一切經音義卷二一：「絢煥　絢，呼遍反，鄭注儀禮曰：『絢，謂文彩也。』何晏注論語曰：『煥，明也。』」

〔四〕有時：疑爲「時有」誤倒。

曰：「造作唯是結業，名虛偽世間；無作是修行，即真實出世。」

第三問曰：「其所修者為頓為漸？漸則忘前失後，何以集合而成？頓即万行多方，豈得一時圓滿？」師荅曰：「真理即悟而頓圓，妄情息之而漸盡。頓圓如初生孩子，一日而肢體已全；漸修如長養成人，多年而志氣方立。」

第四問曰：「凡修心地之法，為當悟心即了？為當別有行門？若別有行門，何名南宗頓旨？若悟即同諸佛，何不發神通光明？」師荅曰：「識氷池而全水〔二〕，藉陽氣而鎔融；悟凡夫而即真，資法力而修習。氷消則水流潤，方呈溉滌之功；妄盡即心靈通，始發通光之應。修心之外，無別行門。」

第五問曰：「若但修心而得佛者，何故諸經復說必須莊嚴佛土、教化衆生，方名成道？」師荅曰：「鏡明而影像千差，心淨而神通万應。影像類莊嚴佛國，神通即教化衆生；『莊嚴而即非莊嚴』，影像亦色而非色。」

第六問曰：「諸經皆說度脫衆生，且『衆生即非衆生』，何故更勞度脫？」師荅曰：「衆生若是實，度之即為勞。既自云『即非衆生』，何不例度而無度？」

第七問曰：「諸經說佛常住，或即說佛滅度。常即不滅，滅即非常，豈不相違？」師荅曰：

〔二〕 氷：原字破損作「水」；據高麗大藏經補遺本校定；下「氷消」同。

「『離一切相，即名諸佛。』何有出世、入滅之實乎？見出沒者在乎機緣。機緣應，即菩提樹下而出現；機緣盡，即娑羅林間而涅槃。其猶淨水無心，無像不現。像非我有，蓋外質之去來；相非佛身，豈如来之出沒？」

第八問曰：「云何『佛化所生，吾如彼生』？佛既無生，生是何義？若言心生法生，心滅法滅，何以得無生法忍耶？」師荅曰：「既云如化，化即是空；空即無生，何詰生義〔一〕？生滅滅已，寂滅為真。忍可此法無生，名曰無生法忍。」

第九問曰：「諸佛成道說法，只為度脫衆生。衆生既有六道，佛何但住在人中現化？又佛滅後付法於迦葉，以心傳心，乃至此方七祖，每代只傳一人。既云於一切衆生皆得一子之地〔二〕，何以傳授不普？」師荅：「日月麗天，六合俱照，而盲者不見，盆下不知。非日月不普，是障隔之咎也。度与不度，義類如斯，非局人天，揀於鬼畜。但人道能結集、傳授不絕，故只知佛現人中也。滅度後委付迦葉，展轉相承一人者，此亦蓋論當代為宗教主，如土無二王，非得度者唯尔數也。」

第十問曰：「和尚因何發心？慕何法而出家？今如何修行？得何法味？所行得至何處

〔一〕詰：原作「誥」；據裴休拾遺問、景德傳燈錄、五燈會元校改；裴休拾遺問又名中華傳心地禪門師資承襲圖，有日本真福寺藏本，石井修道有錄文，見日本花園大學禪學研究第六〇號，一九八一年。

〔二〕生：原版漫漶，據裴修拾遺問、景德傳燈錄等校定。

地位？今住心耶？修心耶？若住心，妨修心；若修心，即動念不安，云何名為學道？若安心一定，即何異定性之徒？伏願大德運大慈悲，如理如如，次第為說。長慶四年五月日，史制誡謹問。」師荅曰：「覺四大如坏幻，達六塵如空花，悟自心為佛心，見本性為法性，是發心也。知心無住，即是修行；無住而知，即為法味。住著於法，斯為動念。故如人入闇，即無所見。今無所住，不染不著，故如人有目，及日光明，見種種法，豈為定性之徒？既無所住著，何論處所階位？同年同月二日沙門宗密謹對。」史山人自後頻討論心地〔二〕，乃至出家為道。

碑誌

裴休唐故圭峰定慧禪師傳法碑並序（金石萃編卷一一四、全唐文卷七四三；原碑存西安草堂寺）。

傳記

白居易贈草堂宗密上人（白氏長慶集卷六四）、劉禹錫送宗密上人歸南山草堂寺因詣河南尹白侍郎（劉夢得文集卷七）、舊唐書卷一六九李訓傳、卷一七七裴休傳、宋高僧傳卷六、資治通鑑卷二四五文宗太和九年、傳法正宗記卷七、祖源通錄撮要卷三、林間錄卷上、晁公武郡齋讀書志卷一六、隆興編年通論卷二四、釋氏通鑑卷一一、佛祖歷代通載卷一六、六學僧傳卷七、釋氏稽古略卷三、宗統編年卷一三、續法法界宗五祖略記、舒其紳等

〔二〕　頻：原版漫漶，據裴休拾遺問校定。

（乾隆）西安府志卷三七仙釋、全唐文卷九二〇小傳。

著作

圓覺經大疏、圓覺經大疏鈔、圓覺經大疏科文（殘）、圓覺經略疏、圓覺經略疏鈔、圓覺經略疏科文、圓覺禮識文〔一〕、明坐禪修證儀式（佚）、圓覺庶禮文〔二〕、金剛經纂要疏（佚）、金剛經纂要疏鈔（佚）、金剛般若經疏論纂要附科文、唯識頌疏（佚）、唯識頌疏鈔（佚）、唯識頌疏科文（佚）、起信論疏（佚）、起信論疏鈔（佚）、起信論疏科文（佚）〔三〕、四分律藏疏（佚）、律鈔玄談及科文（佚）、華嚴經行願品疏科、華嚴經行願品疏鈔、花嚴經梵行願疏（佚）、鈔（佚）、科文（佚）、花嚴經綸貫（佚）、涅槃經綱要（佚）、注發菩提心戒（佚）〔四〕、注法界觀文、注辯宗論（佚）、禪源諸詮集都序、雜述瞻答法義集（佚）、道俗酬答文集（佚）、集禪源諸論開要（佚）、三教圖（佚）、圓覺了義經圖（佚）、起信圖（佚）、中華傳心地禪門師資承襲圖（累代祖師血脈圖）、金剛經十八注圖（佚）、原人論、盂蘭盆經疏、答真妄頌、圭峰定慧禪師遙稟清涼國師書、宗密裁書再拜〔五〕、禪藏（佚）、圓覺經道場修證儀、圓覺經道場六時禮（佚）、注華嚴心要法門。

鎌田茂雄譯註禪源諸詮集都序，中華傳心地禪門師資承襲圖（禪の語録九，筑摩書房，一九七九年）。

〔一〕據冉雲華考證，此書文字後録入圓覺經道場修證儀中，收入續藏經，見宗密，臺灣東大圖書公司，一九八八年。

〔二〕據冉雲華考證，此書即圓覺經道場修證儀。

〔三〕今存大乘起信論疏五卷附科文一卷，題「唐法藏述疏，宗密科會」，應與上述三書有關。

〔四〕據冉雲華考證，此書當即今存裴相發菩提心文。

〔五〕以上目録參見冉雲華書。

石井修道譯註裴休拾遺問（大乘佛典中國日本篇一二禪語録，中央公論社，一九九二年）。
宇井伯壽譯註禪源諸詮集都序附傳心地禪門師資承襲圖（岩波書店，一九九四年）。
石井修道、小川隆譯註禪源諸詮集都序の譯註研究（駒澤大學佛教學部研究紀要，一九九四年——一九九九年）。

Broughton, Jeffrey Lyle, *Preface to the Collected Writing on the Source of Chan*, in: *Kuei—feng Tsung—mi: The Convergence of Ch'an and the Teaching*. Dissertation, Columbia University, 1975(Complete translation English).

資料

1 裴休拾遺問、圓覺經略疏鈔卷四、裴休碑銘。

2 裴休碑銘、宋高僧傳卷六、景德傳燈錄卷一三、五燈會元卷二。

3 裴休拾遺問、景德傳燈錄卷一三、祖源通錄撮要卷三、五燈會元卷二。

七七　神山和尚僧密，生卒年未詳

1 神山和尚嗣雲嵒。師諱僧密。未覩行録，不决始終。

2 師与洞山鋤茶次，洞山抛却钁頭，云：「我今日困，一點氣力也無。」師曰：「若無氣力，争解与麼道得？」洞山云：「將謂有氣力底是。」

3 因裴大夫問僧：「下供養，佛還喫也無？」僧曰：「如大夫祭祀家先。」有人舉似雲嵒。雲嵓云：「這个人未出家在。」師進曰：「却請和尚道！」嵓曰：「汝幾般飰食，但一時下来。」嵓却問師：「他忽然下来時作摩生？」師曰：「却須合取鉢盂。」嵓深肯之。

4 有行者問：「生死事大，請師一言。」師曰：「行者何時曾死来？」行者云：「不會，請師說。」師云：「若与摩，須死一場去。」

5 師与洞山行脚時，到寺裏。洞山坐禪，師一向睡。洞山心悶喚師，師應喏。洞山云：「上座還會摩？」師曰：「不會。」洞山云：「既不會，作摩生睡？」師云：「會底人還睡也無？」洞山不語。師曰：「一條繩子自繫。」

6 師把針次，洞山問：「作什摩？」師曰：「把針。」洞山云：「作摩生把針？」師云：「个个与他相似。」洞山云：「若有，个个則不相似。」師却問洞山。洞山云：「大地一齊火發。」

曺山云：「為什摩寸絲不留？」曺山問僧：「作摩生是大地一齊火發？」對曰：「近不得。」曺云：「近不得是火也，与摩時還存得寸絲也無？」對曰：「若有寸絲，則不成大火。」

曺山不肯。邈上座云：「与摩時却存得寸絲。」曺山云：「邈闍梨是問生。」

7 師与洞山到村院，向火次，洞山問師：「水從何出？」師云：「無處来。」洞山云：「三十年同行，作任摩語話！」師云：「理長則就。老兄作摩生？」洞山云：「只見淈淈，不知從何出。」

2 景德傳燈錄卷一五、聯燈會要卷二〇、五燈會元卷五、洞山錄。
3 4 景德傳燈錄卷一五、五燈會元卷五。
6 宗門統要卷七、聯燈會要卷二〇、五燈會元卷五、洞山錄。

七八 洞山和尚良价，八〇七—八六九〔一〕

1 洞山和尚嗣雲嵒，在洪州高安縣。師諱良价，姓俞，越州諸暨縣人也。初投村院院主處出家，其院主不任持。師並無欺嫌之心。過得兩年，院主見他孝順，教伊念心經。未過得一兩日〔二〕，念得徹，和尚又教上別經。師啓師曰：「念底心經尚乃未會，不用上別經。」院主云：「適來可怜念得，因什摩道未會？」師曰：「經中有一句語不會。」院主云：「不會鄗裏？」師曰：「不會『無眼、耳、鼻、舌、身、意』，請和尚為某甲說。」院主杜口無言。從此法公不是尋常人也〔三〕。院主便領上五洩和尚處，具陳前事：「此法公不是某甲分上人，乞和尚攝收。」五洩容許。師蒙攝受，過得三年後，受戒一切了，諮白和尚：「啓師：某甲欲得行脚，乞和尚處分。」五洩云：「尋取排擇下，問取南泉去。」師

〔一〕此據宋高僧傳卷一二；祖庭事苑卷七作咸通中卒。
〔二〕日：原字漫漶，據高麗大藏經補遺本校定。
〔三〕「此」下張華本校補「知」字。

曰：「一去攀緣盡，孤鶴不来巢。」師便辞五洩，到南泉。

2　南泉因歸宗齋，垂語云：「今日為歸宗設齋，歸宗還来也無？」衆無對。師出来，礼拜云：「請師徵起。」南泉便問。師對曰：「待有伴則来。」南泉趒跳下来，撫背云：「雖是後生，敢有彫啄之分〔一〕。」師曰：「莫壓良為賤。」因此名播天下，呼為作家也。後參雲嵒，盡領玄旨。止大中末間〔二〕，住於新豊山，大弘禪要。

3　時有人問：「學人欲見和尚本来師時如何？」師曰：「年涯相似，則無阻㝵。」學人再舉所疑。師曰：「不躡前蹤，更請一問。」

雲居代云：「与摩則某甲不得見和尚本来師也。」

後教上座拈問長慶〔三〕：「如何是年涯相似？」長慶云：「古人与摩道，教闍梨来這裏覓什摩？」

4　問：「師見南泉，因什摩為雲嵒設齋？」師曰：「我不重他雲嵒道德，亦不為佛法，只重他不為我説破。」

〔一〕此句景德傳燈錄等並作「甚堪雕琢」。

〔二〕止：疑爲「至」字之譌。

〔三〕教上座：景德傳燈錄、洞山錄並作「皎上座」。

5 問：「如何是毗盧師、法身主？」師曰：「禾莖、粟柄。」

6 師到百顏。顏問：「近離什摩處？」師曰：「近離湖南。」顏云：「觀察使姓什摩〔一〕？」師曰：「不得他姓。」顏云：「名什摩？」師曰：「不得他名。」顏曰：「還曾出不？」師曰：「不曾出也。」顏曰：「合句當事不〔二〕？」師曰：「自有郎幕在。」顏曰：「雖不出，合處分事。」師乃拂袖而出。百顏經宿，自知不得，入堂問：「昨日二頭陁何在？」師曰：「某甲是。」顏曰：「昨夜雖對闍梨，一夜不安，将知佛法大難，大難！頭陁若在此間過夏，某甲則陪隨二頭陁，便請代語。」師代云：「也太尊貴。」

7 因雲喦問院主遊石室云：「汝去入石室裏許，莫只与摩便迴来？」院主無對。師云：「彼中已有人占了也。」喦云：「汝更去作什摩？」師云：「不可人情断絶去也。」

8 問：「如何是西来意？」師云：「太似駭雞犀〔三〕。」

9 有人問洞山：「『時時勤拂拭』，大殺好，因什摩不得衣鉢？」洞山荅曰：「直道『本来無一物』，也未得衣鉢在。」進曰：「什摩人合得衣鉢？」師曰：「不入門者得。」進曰：「此人還受也

〔一〕觀：原作「官」，同音致譌。

〔二〕句，「勾」通。

〔三〕駭：原作「解」；景德傳燈錄等並作「駭」；「駭雞犀」見後漢書西域傳大秦、抱朴子登陟等。

無？」師曰：「雖然不受，不得不与他。」

10 問：「虵呑蝦蟆，救則是？不救則是？」師云：「救則雙目不覩，不救則形影不彰。」

11 因雲嵒齋，有人問：「和尚於先師處得何指示？」師曰：「我雖在彼中，不蒙他指示。」僧曰：「既不蒙他指示，又用設齋作什摩？」師曰：「雖不蒙他指示，亦不敢辜負他。」又設齋次，問：「和尚設先師齋，還肯先師也無？」師曰：「半肯半不肯。」僧曰：「為什摩不全肯？」師曰：「若全肯，則辜負先師。」

僧拈問安國：「全肯為什摩却成辜負？」安國曰：「金屑雖貴。」白蓮云：「不可認兒作爺。」

有人拈問鳳池：「如何是半肯？」鳳池云：「從今日去向入，且留親見。」「如何是半不肯？」鳳池云：「還是汝肯底事摩？」僧曰：「全肯為什摩辜負先師？」鳳池云：「守著合頭，則出身無路。」

12 問：「三身中阿郍个身不墮衆數？」師曰：「吾常於此切。」

僧問曺山：「先師道『吾常於此切』，意作摩生？」曺山云：「要頭則斫将去。」問雪峯，雪峯以杖攔口摑云：「我亦曾到洞山来。」

13 因夜不點燈，有僧出来問話。師喚侍者點燈来。侍者點燈来，師曰：「適来問話上座出来，出来！」其僧便出。師曰：「將取三兩粉，与這个上座。」僧拂袖而出。後因此得入路，將衣鉢一時設齋。得三五年後，辝和尚。和尚云：「善為！善為！」雪峯在身邊侍立，問：「者个上座適来辝去，幾時再来？」師曰：「只知一去，不知再来。」此僧歸堂，衣鉢下坐而遷化〔一〕。雪峯見上座遷化，便報師。師曰：「雖然如此，猶教老僧三生在！」

又一家舉則別：因兩个僧造同行，一人不安〔二〕，在涅槃堂裏將息，一人看他。有一日，不安底上座喚同行云：「某甲欲得去，一時相共去。」對曰：「某甲未有病，作摩生相共去？」病僧云：「不得。比来同行去，也須同行去始得。」對曰：「好！与摩則某甲去辝和尚。」其僧到和尚處，具說前事。師云：「一切事在你。善為！善為！」其僧去涅槃堂裏，兩人對坐，說話一切後，當胷合掌，峭底便去〔三〕。雪峯在法席造飯頭，見其次第，便去和尚處說：「適来辝和尚僧去涅槃堂裏，兩人對坐遷化，極是異也。」師云：「此兩人只解与摩去，不解傳来〔四〕。若也与老僧隔三生在〔五〕。」

14 師有時示衆曰：「吾有閑名在世，誰能与吾除得？」有沙弥出来云：「請師法号。」師白槌

〔一〕坐：原作「座」。
〔二〕一：原爲空格，據高麗大藏經補遺本補。
〔三〕峭：疑當作「悄」。
〔四〕傳：疑爲「轉」字之訛。
〔五〕「也」下疑脱「与摩」二字。

曰〔一〕：「吾閑名已謝。」
石霜代云：「無人得他肯。」進曰：「争郍閑名在世何？」霜曰：「張三、李四他人事。」
雲居代云：「若有閑名，非吾先師。」
曺山代曰：「從古至今，無人弁得。」
踈山代云：「龍有出水之機，人無弁得之能。」

15 問：「如何是正問正荅？」師曰：「不從口裏道。」僧曰：「有如是人問，和尙還道不？」師曰：「汝問也未曾問。」

16 問：「如何是病？」師曰：「瞥起是病。」進曰：「如何是藥？」師曰：「不續是藥。」

17 洞山問僧曰：「什摩處来？」對曰：「三祖塔頭来。」師曰：「既從祖師處来，要見老僧作什摩？」對曰：「祖師則別，學人与和尙不別。」師云：「老僧欲見闍梨本来師，得不？」對曰：「亦須師自出頭来始得。」師云：「老僧適来暫時不在。」

18 問：「承教中有言：『誓度一切衆生，我則成佛。』此意如何？」師曰：「譬如十人同選，一人不及苐，九人惣不得；一人若及第，九人惣得。」僧曰：「和尙還及苐不？」師曰：「我不讀書。」

19 師問僧：「名什摩？」對曰：「專甲。」師曰：「阿郍个是闍梨主人公？」對曰：「現祇對

〔一〕 槌：原作「搥」。

和尚即是。」師曰：「苦哉！苦哉！今時學者例皆如此，只認得驢前馬後，將當自己眼目。佛法平沉，即此便是。客中主尚不弁得，作麼生弁得主中主？」僧問：「如何是主中主？」師曰：「闍梨自道取。」僧云：「某甲若道得，則是客中主。」師曰：「与摩道則易，相續則大難，大難！」

雲居代云：「某甲若道得，不是客中主。」

20 師問雪峯：「汝去何處？」對曰：「入嶺去。」師云：「汝從飛猿嶺過不？」對曰：「過。」師曰：「来時作麼生？」對曰：「亦彼處来。」師曰：「有一人不從飛猿嶺便到者裏，作麼生？」對曰：「此人無来去。」師曰：「汝還識此人不？」對曰：「不識。」師曰：「既不識，爭知無来去？」雪峯無對。師代云：「只為不識，所以無来去。」

21 師有時曰：「躰得佛向上事，方有些子語話分。」僧便問：「如何是語話分？」師曰：「語話時，闍梨不聞。」僧曰：「和尚還聞不？」師曰：「待我不語話時則聞。」

22 師有時云：「直須向万里無寸草處立。」有人舉似石霜。石霜云：「出門便是草。」師聞舉云：「大唐國内，能有幾人？」

23 師舉：「鹽官法會有一僧，知有佛法。身為知事，未得修行，大限將至，見鬼使来取僧。僧云：『某甲身為主事，未得修行，且乞七日，得不？』鬼使云：『待某甲去白王。王若許，得七日後方始来；若不許，須臾便到。』鬼使七日後方来，覓僧不得。」有人問：「他若来時，如何祇對他？」師曰：「被他覓得也。」

24 有僧從曺溪来。師問：「見説六祖在黄梅八个月踏碓，虚實？」對曰：「非但八箇月踏碓，黄梅亦不曾到。」師曰：「不到且從，從上如許多佛法，什摩處得来？」對曰：「和尚還曾佛法与人不？」師曰：「得則得，即是太抵突人。」師代曰：「什摩劫中曾失却来？」

中招慶代云：「和尚稟受什摩處？」

25 問：「如何是古人百荅而無一問？」師曰：「清天朗月。」「如何是今時百問而無一荅？」師云：「黑雲靉靆。」

26 問：「師見什摩道理，更住此山〔一〕？」師曰：「見兩个泥牛鬪入海，直至如今無消息。」

27 問：「『飯百千諸佛，不如飰一無修無證之者』，未審百千諸佛有何過？」師曰：「無過。只是功勳邊事。」僧曰：「非功勳者如何？」師曰：「不知有，保任即是。」

28 問：「承和尚有言，教人行鳥道。未審如何是鳥道？」師曰：「不逢一人。」僧曰：「如何是行？」師曰：「足下無絲去。」僧曰：「莫是本来人也無？」師曰：「闍梨因什摩顛倒？」僧云：「學人有何顛倒？」師曰：「若不顛倒，伱因什摩認奴作郎？」僧曰〔二〕：「如何是本来人？」師曰：「不行鳥道。」

〔一〕 更：景德傳燈錄、宗門統要等並作「便」。
〔二〕 僧：原字破損作「曾」，據高麗大藏經補遺本校改。

29 問：「六國不寧時如何？」師曰：「臣無功。」僧曰：「臣有功時如何？」師云：「國界安清。」僧曰：「安清後如何？」師曰：「君臣道合。」僧云：「臣傳身後如何〔一〕？」師曰：「不知有君。」

30 問：「知識出世，學人有依。遷化去後，如何得不被諸境惑？」師曰：「如空中輪。」僧曰：「争奈今時妄起何？」師曰：「正好燒却。」

31 問：「和尚出世，幾人肯重佛法？」師曰：「實無一人肯重。」僧曰：「為什麼不肯重？」師曰：「他各各氣宇如王相似。」

32 問雲居：「伱愛色不？」對曰：「不愛。」師曰：「你未在。好与！」雲居却問：「和尚還愛色不？」師曰：「愛。」居曰：「正与摩見色時作摩生？」師曰：「如似一團鐵。」

33 師問僧：「名什摩？」對曰：「請和尚安名。」師自稱：「良价。」僧無對。雲居代云：「与摩則學人無出頭處也。」又云：「与摩則惣被和尚占却也。」

〔一〕傳：當爲「轉」字之譌。轉身，景德傳燈録卷一六善會章：「如何是同安轉身處？」碧巖錄第三七則評唱：「若向無言處言得，行不得處行得，謂之轉身處。」

34　師問太長老〔一〕：「有一物，上拄天，下拄地，常在動用中，黑如柒〔二〕，過在什摩〔三〕？」對曰：「過在動用。」師便咄：「出去！」

石門代云：「覓不得。」有人進曰：「為什摩覓不得？」石門云：「黑如漆。」

35　因雪峯搬柴次〔四〕，師問：「重多少？」對曰：「盡大地人提不起。」師云：「争得到這裏？」雪峯無對。

雲居代云：「到這裏方知提不起。」

踈山代云：「只到這裏，豈是提得起摩？」

36　有一僧到叅。師見異，起来受礼了，問：「從何方而来？」對曰：「從西天来。」師曰：「什摩時離西天？」曰：「齋後離。」師曰：「太遲生！」對曰：「池邐遊山翫水来。」師曰：「即今作摩生？」其僧進前，叉手而立。師乃祇揖云：「喫茶去！」

37　師問僧：「什摩處来？」僧云：「遊山来。」師曰：「還到頂上不？」曰：「到。」師曰：

〔一〕太長老：宗門統要、正法眼藏等並作「泰首座」；「太」、「泰」通。

〔二〕柒、「漆」通。

〔三〕「什摩」下疑脱「處」字，景德傳燈録有「處」字。

〔四〕搬：原作「般」。

「頂上還有人不〔一〕？」對曰：「無人。」師曰：「与摩則闍梨不到頂上也。」對曰：「若不到，争知無人？」師曰：「闍梨何不且住？」對曰：「某甲不辝住，西天有人不肯。」

38 師問雲居：「什摩處去来？」對曰：「踏山去来。」師曰：「阿郝个山敢住〔二〕？」對曰：「阿郝个山不敢住。」師曰：「与摩則大唐國内山惣被闍梨占却了也。」對曰：「不然。」師曰：「与摩則子得入門也。」對曰：「無路。」師曰：「若無路，争得与老僧相見？」對曰：「若有路，則与和尚隔生。」師云：「此子已後千万人把不住。」

39 師到泐潭〔三〕，見政上座謂衆説話云〔四〕：「也太奇！也大奇！道界不可思議，佛界不可思議。」師便問：「道界、佛界則不問，且説道界、佛界是什摩人，只請一言。」上座良久無言。師催云：「何不急道！」上座云：「争則不得。」師云：「道也未曾道，説什摩争即不得！」上座無對。師曰：「佛之与道，只是名字。何不引教？」上座曰：「教道什摩？」師曰：「『得意忘言。』」上座云：「猶將教意向心頭作病在。」師曰：「説道界、佛界者病多少？」上座因茲而終。

40 師問雪峯：「什摩處去来？」對曰：「斫槽去来。」師曰：「幾斧得成？」對曰：「一斧便

〔一〕人：原字破損，據高麗大藏經補遺本校定。
〔二〕敢：景德傳燈録、聯燈會要等並作「堪」。
〔三〕泐：原作「氻」。
〔四〕政上座：景德傳燈録、宗門統要作「初上座」；聯燈會要、五燈會元、洞山録作「初首座」。

成。」師云：「郍邊事作摩生？」對曰：「無下手處。」師曰：「此猶是這邊事，郍邊事作摩生？」雪峯無對。

踈山代云：「不墮，無釿斧。」

41 問：「單刀直入、擬取師頭時如何？」師曰：「堂堂無邊表。」僧曰：「爭奈今時羸劣何？」師曰：「四隣五舍，誰人無之？暫寄侶店〔二〕，足什摩可恡？」

42 大師又勸學徒曰：

「天地之內，宇宙之間，中有一寳，祕在形山。
識物靈照，內外空然，寂寞難見，其位玄玄。
但向己求，莫從他借，借亦不得，捨亦不堪。
物是他心，不如自性，性如清淨，即是法身。
草木之生，見解如此。
住止必須擇伴，時時聞於未聞；遠行要假良朋，數數清於耳目。
故云：生我者父母，成我者朋友。
親於善者，如霧裏行，雖不濕衣，時時有潤。

〔二〕侶、「旅」通。

蓬生麻竹，不扶自直；　白砂在泥，与之俱黑。
一日為師，終世為天；　一日為主，終身為父。
玉不琢不成器，人不學不知道。」

43 師問病僧：「不易，闍梨？」對曰：「生死事大，和尚。」師曰：「何不向粟畬裏去？」病僧曰：「若与摩，則珎重！」峭然便去[一]。

44 問：「『一切皆放捨，猶若未生時』如何？」師曰：「有一人不知闍梨手空。」

45 師示衆云：「諸方有驚人之句，我這裏有刮骨之言。」時有人問：「承和尚有言：『諸方有驚人之句，我這裏有刮骨之言。』豈不是？」師曰：「是也。將来，与你刮。」僧曰：「四方八面請師刮。」師曰：「不刮。」僧曰：「幸是好手，為什摩不刮？」師曰：「汝不見道：世醫拱手。」

雲門到西峯，西峯問：「某甲只聞洞山刮骨之言，不得周旋，請上座与某舉看。」雲門具陳前話。西峯便合掌云：「得与摩周旋。」雲門拈問西峯：「洞山前語道：『將来，与你刮。』眞家第二機来，為什摩道不刮？」西峯沉吟，後云：「上座！」上座應喏。西峯曰：「堆阜也。」

46 師示衆曰：「展手而學，鳥道而學，玄路而學。」寳壽不肯，出法堂外，道：「這老和尚，有什

[一] 峭：疑當作「悄」。

麼事急？」雲居便去和尚處，問：「和尚与麼道，有一人不肯。」師曰：「為肯者說，不為不肯底。只如不肯底人，教伊出頭来，我要見。」居云：「無不肯底。」師曰：「闍梨適来道有一人不肯，因什麼道無不肯？更道！」居云：「出来則肯也。」師曰：「灼然！肯則不肯，出則不出。」

47 問：「古人有言：『青青翠竹，盡是真如；鬱鬱黃花，無非般若。』此意如何？」師曰：「不遍色。」僧曰：「為什麼不遍色？」師曰：「不是真如，亦無般若。」僧曰：「還彰也無？」師曰：「不露世。」僧曰：「為什麼不露世？」師曰：「非世。」僧曰：「非世者如何？」師曰：「某甲則与麼道，闍梨如何？」對曰：「不會。」「將會与闍梨。」僧曰：「和尚為什麼不与施設？」師曰：「看！看！不奈何。」僧曰：「為什麼承當不得？」師曰：「汝為什麼泥他有言？」僧曰：「与麼則無言。」師曰：「非無言。」僧曰：「無言為什麼却非？」師曰：「不是無言。」

48 問：「『相逢不擎出，舉意便知有。』此意如何？」師合掌頂戴。

報慈拈問僧：「只如洞山口裏与麼道，合掌頂戴，只与麼是合掌頂戴？」僧無對。自代曰：「一脉兩中。」

49 問：「清河彼岸，是什麼草？」師曰：「不萌之草。」僧曰：「渡河就者如何？」師曰：「一切都盡。」師又云：「不萌之草為什麼能藏香象？香象者，今時功成果；草者，本来不萌之草；藏者，本不認圓滿行相，故云藏。」

50 有一尼到僧堂前，云：「如許多衆僧，惣是我兒子也。」衆僧道不得。有人舉似師。師代云：「我因所生。」

51 有僧持鉢家常，俗人問：「上座要个什麼？」僧云：「揀什麼！」俗人將草滿鉢盂著，云：「上座若解道得，則供養；若道不得，則且去。」其僧無對。有人舉似師，師代云：「這个是揀底，不揀底把將来！」

52 師問僧：「『心法雙亡性則真』，是苐幾座？」對曰：「是第二座。」師曰：「為什麼不与他第一座？」僧曰：「非心非法。」師曰：「心法雙亡，是非心非法也。何更如是道？」師代曰：「非真，不得座。」

53 問：「如何是父少？」師云：「闍梨春秋多少？」「如何是子老？」師曰：「某甲尋常向人道玄去。」

54 問：「古人有言：『但以神會，不可以事求。』此意如何？」師曰：「從門入者非寶。」曰：「不從門入者如何？」師曰：「此中無人領覽。」

55 問：「心法滅時如何？」師曰：「口裏道得，有什麼利益？莫信口頭辦，直得与麼去始得。設使与麼去，也是佛邊事。」學進曰：「請師指示个佛向上人。」師曰：「非佛。」

56 問：「四大違和，還有不病者也無？」師曰：「有。」僧曰：「不病者還看和尚不？」師曰：「某甲看他則有分，他誰彩某甲〔二〕？」僧曰：「和尚病，爭看得他？」師曰：「某甲若看，則不見有病。」

57　問：「正与摩時如何？」師曰：「是闍梨窠窟。」僧曰：「不与摩時如何？」師曰：「不顧占。」僧云：「不顧占，莫是和尚重處不？」師曰：「不顧占，重什摩？」僧曰：「如何是和尚重處？」師曰：「不擎拳向闍梨。」僧曰：「如何是學人重處？」師曰：「莫合掌向某甲。」僧曰：「任摩則不相干也。」師曰：「誰共伱相識？」僧曰：「畢竟如何？」師曰：「誰肯作大？誰肯作小？」

58　問：「牛頭未見四祖時，百鳥銜花供養時如何？」師曰：「如珠在掌。」僧曰：「見後為什摩不銜花？」師云：「通身去也。」

59　問：「如何是無心意識底人？」師曰：「非無心意識人。」僧曰：「還參請得也無？」師曰：「不曾聞人傳語，不曾受人囑託。」僧曰：「還親近得也無？」師曰：「非但闍梨一人，老僧亦不得。」僧曰：「和尚為什摩不得？」師曰：「不是無心意識人。」

60　問：「蛤中有珠，蛤還知不？」師曰：「知則失。」僧曰：「如何則得？」師曰：「莫依前言。」

〔二〕　彩、「採」、「睬」通。

61 問：「古人有言：『以虛空之心合虛空之理〔一〕。』如何是虛空之理？」師曰：「蕩蕩無邊表。」「如何是虛空之心？」師曰：「不掛物。」「如何得合去？」師曰：「闍梨与摩道則不合也。」

62 問：「古人有言：『佛病最難治。』佛是病？佛有病？」師曰：「佛是病。」僧曰：「佛与什摩人為病？」師曰：「与渠為病。」僧曰：「佛還識渠也無？」師曰：「不識渠。」僧曰：「既不識渠，爭得与他為病？」師曰：「你還聞道，帶累他門風？」

63 問：「語中取的時如何？」師曰：「的中取什摩？」僧曰：「与摩則的中非。」師曰：「非中還有的也無？」

64 師問僧：「有一人在千万中，不向一人，不背一人，此喚作什摩人？」僧曰：「此人常在目前，不隨於境。」師曰：「闍梨此語是父邊道？子邊道？」對曰：「據某甲所見，向父邊道。」師不肯。師却問典座：「此是什摩人？」對曰：「此人無面背。」師不肯。又別對曰：「此人無面目。」師曰：「不向一人，不背一人，便是無面目。何必更与摩道？」師代曰：「絕氣息者。」

65 問：「一切處不乖時如何？」師曰：「此猶是功勳邊事。有無功之功，子何不問？」僧曰：「無功之功，莫是郍邊人也無？」師曰：「已後有眼人笑闍梨与摩道。」僧云：「与摩則調然

〔一〕 下「虛」字下原脫「空」字；此句見宋高僧傳卷九慧忠傳。

也〔一〕。」師曰：「調然非調然，非不調然。」僧曰：「如何是調然？」師曰：「喚作那邊人則不得。」僧曰：「如何是非調然？」師曰：「無弁處。」

66 師驀喚侍者，侍者来。師良久云：「傳語大衆：寒者向火，不寒者上堂来。」

67 師有時謂衆曰：「這裏直須句句不断始得，如似長安路上，諸道信耗不絶。若有一道不通，便是不奉於君，此人命如懸絲。直饒學得勝妙之事，亦是不奉於君。豈況自餘有什摩用處？莫為人間小小名利，失於大事。假使起模畫樣，覓得片衣口食〔二〕，惣須作奴婢償他定也。專甲敢保。先德云：『隨其諸類，各有分齊。』既得人身，的不皮衣土食？任運隨緣，莫生住著！專甲家風只如此也。肯与不肯，終不抑勒，闍梨一任東西。珎重！」

68 師自咸通十年己丑歲三月一日剃髮被衣，令擊鍾，儼然而往。大衆號慟。師復覺曰：「夫出家兒心不依物，是真修行，何有悲戀？」則呼主事僧，令辦愚癡齋。主者仰戀，漸辦齋筵，至七日俻，師亦少食。竟日，師云：「僧家何太麁率！臨行之際，喧慟如斯。」至八日，使開浴。浴訖，端坐長往。春秋六十二，僧夏四十一〔三〕。勑謚悟本禪師、慧覺之塔。勗勵偈頌等並通流於參徒，寶篋笥，此

〔一〕調然：五燈會元、洞山錄並作「迢然」；下同。
〔二〕畫：原作「盡」，形近致譌。
〔三〕宋高僧傳、景德傳燈錄並作「春秋六十三，法臘四十二」。

中不録矣。

69 淨修禪師讚曰：

師居洞山，聚五百衆，

眼處聞聲，境緣若夢。

磵畔貞筠，天邊瑞鳳，

不墮三身，吾於此痛。

碑誌

余靖筠州洞山普利禪院傳法記（武溪集卷九）。

傳記

宋高僧傳卷一二、祖庭事苑卷三、七、施宿會稽志卷一五人物、隆興編年通論卷二七、釋氏通鑑卷一一、佛祖歷代通載卷一七、釋氏稽古略卷三、蕭良幹等（萬曆）紹興府志卷四八仙釋、徐象梅兩浙名賢録外録卷四、六學僧傳卷七、宗統編年卷一三、一五、一六、俞卿等（康熙）紹興府志卷五六仙釋、嵇曾筠等（雍正）浙江通志卷二〇〇仙釋、謝旻等（雍正）江西通志卷一〇四仙釋、李亨特等（乾隆）紹興府志卷六九仙釋。

著作

大乘經要（佚，見新唐書藝文志）、激勵道俗偈頌（佚，見新唐書藝文志）、玄中銘（禪門諸祖師偈頌卷上之上）、規誡（緇門警訓卷二）、辭親書後書（禪門諸祖師偈頌卷下之下、敦煌遺書S.2165）、三種滲漏（禪林僧寶傳卷一曹山傳、五燈會元卷一三）、先洞山和尚偈一首（宗鏡錄卷六）、牧童頌一首（宗門摭英集卷上）、頌一首（景德傳燈錄卷二九、禪門拈頌集卷一七）、語風圓信、郭凝之編瑞州洞山良价禪師語錄（五家語錄，大正藏卷四七）、慧印校訂筠州洞山悟本禪師語錄（大正藏卷四七）。

柳田聖山日譯注洞山錄（世界の名著禪語錄，中央公論社，一九七四年）。

Powell, Willam P, *The Record of Tung-shan*, Honolulu, University of Hawaii Press, 1986 (Complete translation ; English).

資料

1 宋高僧傳卷一二、景德傳燈錄卷一五、洞山普利禪院傳法記、祖源通錄撮要卷四、祖庭事苑卷七、聯燈會要卷二〇、五燈會元卷一三、洞山錄。

2 景德傳燈錄卷一五、卷八南泉章、祖源通錄撮要卷四、聯燈會要卷四南泉章、禪門拈頌集卷一七、洞山錄。

3 10 15 17 21 景德傳燈錄卷一五、五燈會元卷一三、洞山錄。

4 景德傳燈錄卷一五、祖源通錄撮要卷四、禪門拈頌集卷一七、五燈會元卷一三、洞山錄。

5 景德傳燈錄卷一五、宗門摭英集卷上、五燈會元卷一三、洞山錄。

6 景德傳燈錄卷一四百顏章、宗門統要卷三栢顏章、圜悟語錄卷一七、宏智廣錄卷三、丹霞子淳語錄卷下。聯燈會要卷五栢嚴章、禪門拈頌集卷一七、五燈會元卷五百嚴章、洞山錄。

7 景德傳燈錄卷二七諸方代別語、禪門拈頌集卷一三雲嵒章、五燈會元卷五雲嵒章、洞山錄。

8 景德傳燈錄卷一五、禪門拈頌集卷一七、五燈會元卷一三、洞山錄。

9 宗門摭英集卷上、宗門統要卷七、聯燈會要卷二〇、禪門拈頌集卷一七、五燈會元卷一三、洞山錄。

11 景德傳燈錄卷一五、祖源通錄撮要卷四、禪門拈頌集卷一七、五燈會元卷一三、洞山錄。

12 景德傳燈錄卷一五、祖源通錄撮要卷四、宗門統要卷七、正法眼藏卷下、聯燈會要卷二〇、禪門拈頌集卷一七、五燈會元卷一三、洞山錄。

13 景德傳燈錄卷一五、宗門統要卷七、聯燈會要卷二〇、五燈會元卷一三、洞山錄。

14 景德傳燈錄卷一五、祖源通錄撮要卷四、聯燈會要卷二〇、禪門拈頌集卷一七、五燈會元卷一三、洞山錄。

19 景德傳燈錄卷一五、聯燈會要卷二〇、五燈會元卷一三。

20 宗門統要卷八雪峯章、聯燈會要卷二一雪峰章、五燈會元卷七雪峰章、洞山錄、雪峰錄卷下。

22 景德傳燈錄卷一五石霜章、禪林僧寶傳卷五石霜傳、宗門統要卷七、正法眼藏卷中、聯燈會要卷二〇、禪門拈頌集卷一七、五燈會元卷五石霜章、洞山錄、從容錄第六八、八九則。

23 景德傳燈錄卷二七諸方雜舉徵拈代別語。

26 景德傳燈錄卷八龍山章、宗門統要卷三龍山章、正法眼藏卷中龍山章、聯燈會要卷五龍山章、五燈會元卷三龍山章、洞山錄。

28 景德傳燈錄卷一五、禪門拈頌集卷一七、五燈會元卷一三、洞山錄。

34 景德傳燈錄卷一五、宗門統要卷七、圜悟語錄卷一七、正法眼藏卷下、聯燈會要卷二〇、禪門拈頌集卷一七、五燈會元卷一三、虛堂錄卷一、三、洞山錄。

35 五燈會元卷一三、洞山錄。

37 39 景德傳燈録卷一五、宗門統要卷七、聯燈會要卷二〇、五燈會元卷一三、洞山録。

38 景德傳燈録卷一七雲居章、聯燈會要卷二二雲居章、五燈會元卷一三雲居章。

40 宗門統要卷八雪峰章、聯燈會要卷二一雪峰章、五燈會元卷七雪峰章、洞山録、雪峰録卷上。

43 宗門統要卷七、聯燈會要卷二〇、五燈會元卷一三、洞山録。

45 洞山悟本禪師語録之餘。

48 景德傳燈録卷一五、五燈會元卷一三。

56 景德傳燈録卷一五、宏智廣録卷一、三、禪門拈頌集卷一七、五燈會元卷一三、洞山録。

64 宗門統要卷七、聯燈會要卷二〇。

65 五燈會元卷一三踈山章、洞山録。

68 宋高僧傳卷一二、景德傳燈録卷一五、洞山普利禪院傳法記、祖源通録撮要卷四、聯燈會要卷二〇、五燈會元卷一三、洞山録。

七九　漸源和尚仲興，生卒年未詳

1 漸源和尚嗣道吾。師諱仲興。未覩實録，不决終始。

2 師因隨道吾往檀越家相看，乃以手敲棺木，問：「生也？死也？」吾云：「生亦不道，死亦不道。」師云：「為什摩不道？」吾云：「不道，不道。」師不肯。去陽溪一宿次，半夜便惺悟，出聲啼哭歸寺。和尚便歡喜，自来迎接。

3 師到石霜，將鍬子向法堂前過来過去。霜云：「作什摩？」師云：「覓先師靈骨。」霜云：「洪水滔天，流浪去也。」師云：「与摩則正好著力。」霜云：「我這裏無劄針之地，你向什摩處著力？」

後太原孚上座代云：「先師靈骨猶在。」

傳記

宋高僧傳卷五。

資料

2 景德傳燈錄卷一五、雪竇頌古第五五則、祖庭事苑卷七漸源條、宗門統要卷七、碧巖錄第五五則、圜悟語錄卷一七、一八、正法眼藏卷中、聯燈會要卷二〇、禪門拈頌集卷一四、五燈會元卷五。

3 景德傳燈錄卷一五、雪竇頌古第五五則、祖庭事苑卷七漸源條、宗門統要卷七、碧巖錄第五五則、圜悟語錄卷一八、正法眼藏卷中、聯燈會要卷二〇、禪門拈頌集卷一四、五燈會元卷五。

八〇　石霜和尚 慶諸，八〇九—八八八〔一〕

1 石霜和尚嗣道吾。師諱慶諸，吉州新淦人也，俗姓陳。年十三於洪州西山出家；年二十於

〔一〕據宋高僧傳、景德傳燈錄，生卒年爲八〇七—八八八。

嵩山受戒〔二〕。

2　迴參道吾。道吾問：「有一人無出入息，速道將来！」師云：「不道。」云：「為什摩不道？」師云：「不將口来。」

3　師年三十五而止石霜，更不他遊。為洞上指唱，避不獲，乃旌法寺。四海玄徒奔湊，日夜圍遶〔三〕。師走避深山而不能免。衆復尋出圍拷。近半載間師無異説。然而無門可推，師不獲已。乃有僧將杖子上，其僧云：「奉師一條杖，其形有九曲。曲則為今時，上下長多少？」師云：「我道不出頭。」僧云：「為什摩不出頭？」師云：「汝道長多少？」大衆一時云：「得也，得也。」師云：「汝若与摩，我有一句子，盖却天下人舌頭。」僧拈問師：「如何是盖却天下人舌頭底句？」師云：「不可更教老僧荅一轉話。」

4　問：「真身還出世也無？」師云：「真身不出世。」僧曰：「争奈真身何？」師云：「琉璃瓶子口。」

5　問：「佛性如虚空時如何？」師曰：「卧時則有，坐時則無。」

6　師有時云：「我向前在一老宿處，有个師僧同過夏。夏滿，請益云：『乞和尚指示个正

〔二〕年二十：宋高僧傳、景德傳燈錄作「年二十三」。

〔三〕遶：原作「達」；據宋高僧傳校改。

因。』他老宿云：『你莫栖束〔一〕！正因中一字也無。』纔与摩道，便失聲，齩齒兩三下，悔与摩道。有一老宿隔窓聞，乃云：『好个一鑊羹！不淨物污著作什摩？』」

福先拈問僧：「如今須符他正因，不得污著，作摩生道？」僧無對。福先自代云：「汝向後不得恠著我。」進曰：「忽逢道伴，作摩生舉？」先云：「但問別人去。」

7 病僧問：「劫火洞然時如何？」師云：「来時不知有，去亦任從伊。」僧曰：「爭奈即今羸劣何？」師云：「須知有不病者。」僧云：「病与不病，相去幾何？」師云：「悟即無分寸，迷則隔山歧。」僧云：「前程事如何〔二〕？」云：「雖然黑似桼，成立在今時。」此僧峭然便去〔三〕。

8 師問張拙秀才：「汝名什摩？」對曰：「張拙。」師云：「世間文字有什摩限？名什摩拙？」對曰：「覓个巧處不可得。」師云：「也只是个拙張秀才！」有偈曰：

「光明寂照遍恒沙，凡聖含靈共一家。

一念不生全躰現，六情纔動被雲遮。

遣除煩惱重增病，趣向真如亦是邪。

〔一〕栖束：景德傳燈錄等並作「𧬊速」；祖庭事苑卷三𧬊速：「𧬊音西，聲振也。一曰呻歎，謂何呻歎之頻速也。」

〔二〕程：原作「裎」。

〔三〕峭：疑當作「悄」。

任逐境緣無罣㝵〔一〕，真如凡聖是空花。」

9 問：「道吾忌日，和尚何不設齋？」師云：「我因他得無三寸，所以不將這个供養。」有人問禾山：「古人云：『我因他得無三寸，所以不将這个供養。』未審將什摩供養？」禾山云：「將無三寸供養。」僧云：「古人為什摩道『不將這个供養』？」禾山云：「汝喚什摩作這个？」

10 圓茶頭問：「志圓為什摩勿奈何？」師云：「非但一个，闔國人亦勿奈何。」進曰：「和尚如何？」師云：「我亦勿奈何。」進曰：「師是人天師，為什摩勿奈何？」師云：「老僧不曾得他顏色，教我作摩生？」

11 師問座主：「教中道：『不可以智知，不可以識識。』此是什摩人次第？」對曰：「此是讚法身之言。」師云：「法身是讚，何必更讚乎？」座主無對。

12 問：「忽有人問：百年後什摩處去，作摩生向他道？」師云：「但向他道：二十年在世一千五百人。」又云：「會摩？」對曰：「不會。」師云：「且歸堂去！」

13 師問大光：「除却今時，還更有異時也無？」對云：「渠亦不道今日是。」師云：「我也擬道非今日。」

〔一〕㝵：原作「得」。

14 雪峯問少師：「什麽處歸？」對曰：「江西。」峯曰：「江西那裏？」對曰：「石霜。」雪峯舉：「石霜病重時，有新到二百来人，未參見和尚，惆悵出聲啼哭。石霜問監院：『是什麽人哭聲？』對云：『二百来个新到不得參見和尚，因此啼哭。』師云：『喚他来隔窓相看。』侍者便喚他新到一際上来〔一〕，隔窓礼拜，問：『咫尺之間，為什麽不覩尊顔？』師云：『徧界不曾藏。』」雪峯舉此話讃師後，問：「『徧界不曾藏』是什麽界？」對云：「是什麽？問和尚。」峯云：「問有横竪，是你因什麽与摩道？」「學人不會。」又問衷情，無可祇對。峯造一首偈曰：

「可怜徒懃子，時人笑你昏。
神清如鏡像，逈然與物分。」

15 師問僧：「從什麽處来？」對云：「雪峯来。」師云：「有什麽佛法因緣？你舉看。」其僧便舉和尚示衆云：「三世諸佛不能唱，十二分教載不起。三乘教外别傳，十方老僧口到這裏百雜碎。」師便失聲云：「堪作什麽？早被你驀頭拗却也〔二〕。」師又云：「雖然如此，我也不一向。」其僧便問：「雪峯意旨如何？」師云：「我道夢人思不近，你作摩生？」

16 問：「『十方同一會』，共譚何事？」師云：「在三寸上，何處有事在？」僧曰：「豈無撥端

〔一〕一際：高麗覺雲編拈頌説話卷十四引古祖堂作「一齊」。
〔二〕拗：原作「抝」，形近致譌。

者？」師云：「時人眼不齊。」

17 問：「如何是芥子納須弥？」師云：「雙雙聽你雙雙。」

18 問：「臣之有功，王賜何物？」師云：「不轉目。」

19 師自僖宗皇帝特降紫衣，堅退不受。光啓四年戊申歲二月十日遷化〔一〕，報齡八十〔二〕，僧夏五十九。平章事孫偓撰碑文〔三〕。敕謚普會大師、見相之塔〔四〕。

碑誌

孫偓撰碑（佚）。

傳記

宋高僧傳卷一二、禪林僧寶傳卷五、祖庭事苑卷七石霜條、釋氏通鑑卷一〇、釋氏稽古略卷三、六學僧傳卷七、宗統編年卷一六、謝旻等（雍正）廣西通志卷八七仙釋、李翰章等（光緒）湖南通志卷二四一仙釋。

〔一〕光啓四年：祖庭事苑作「光啓三年」。二月十日：宋高僧傳作「二月己亥」；景德傳燈錄、禪林僧寶傳作「二月二十日己亥」。光啓三年二月乙巳朔，無己亥；四年二月改元文德，二月己巳朔，亦無己亥。

〔二〕宋高僧傳作「享齡八十二」；景德傳燈錄作「壽八十有二」。

〔三〕孫偓：原作「孫握」。新唐書卷六三宰相表二「（乾寧）二年（八九五）……十月，京兆尹孫偓爲戶部侍郎同中書門下平章事判戶部。」

〔四〕見相：宋高僧傳作「法相」。

著作

頌洞山五位王子（五燈會元卷五〔二〕）、南嶽玄泰纂録言行（佚，見宋高僧傳）。

資料

2 宋高僧傳卷一二、景德傳燈録卷一五、傳燈玉英集卷八、祖庭事苑卷七、禪林僧寶傳卷五、聯燈會要卷二〇、五燈會元卷五。

3 宋高僧傳卷一二。

4 景德傳燈録卷一五、宗門摭英集卷上、禪門拈頌集卷一四、五燈會元卷五。

5 景德傳燈録卷一五、五燈會元卷五。

6 景德傳燈録卷二七諸方雜舉徵拈代別語、傳燈玉英集卷一四、宗門統要卷二亡名古宿、禪林類聚卷一四解結門。

7 洞山録、禪林類聚卷一三問疾門。

8 祖庭事苑卷一舉光明寂照條、正法眼藏卷下、聯燈會要卷二二張拙章、五燈會元卷六張拙章、禪林類聚卷一儒士門。

11 景德傳燈録卷一五洞山章、五燈會元卷一三洞山章。

13 景德傳燈録卷一六大光章、傳燈玉英集卷八大光章、聯燈會要卷二二大光章、五燈會元卷六大光章。

〔二〕禪門諸祖師偈頌卷上之下、慧印校訂筠州洞山悟本禪師語録誤作洞山頌。

14 景德傳燈錄卷一五、傳燈玉英集卷八、聯燈會要卷二〇、宗門統要卷七、禪林僧寶傳卷五、禪門拈頌集卷一四、五燈會元卷五。

19 景德傳燈錄卷一五、祖庭事苑卷七、禪林僧寶傳卷五、五燈會元卷五。

祖堂集卷第六

祖堂集卷第七

石頭下卷第四曹溪五、六代法孫

八一　夾山和尚善會，八〇六—八八一

1　夾山和尚嗣花亭，在澧州。師諱善會，姓廖氏，漢廣峴亭人也〔一〕。受業龍牙山，依年受戒於荊門。後通經論，時稱學海，聰辯天機。初曾京口已轉法輪，後因道吾指，參承花亭，密契玄關，便棲夾岫。

2　師有時曰：「夫有佛、有法、有祖已来，時人錯會，謂言佛邊、祖邊、法邊遞代相承，至于今日，須依佛、祖、法句意，与汝為師言方是。因此天下出無眼狂人，却成無智。不然，他只如無法本来是道〔二〕，無一法當情。没佛可成，没道可修，没法可捨。故目前無法〔三〕，意在目前。他不是目前法，非

〔一〕歷代佛祖通載卷一七作「廣州峴亭人也」；廣州轄下無峴亭，待考。

〔二〕如：疑爲「知」字之訛；景德傳燈錄、五燈會元作「他只指示汝，無法便是道」。

〔三〕目：原作「日」，係破字。

耳目之所到。三乘十二分教是老僧坐具；祖師玄旨是破草鞋，寧可赤脚，不著最好；目覩瞿曇猶如黄葉。汝若向佛邊舉法〔一〕，此人未有眼目在。何以故？此皆屬所依之法，不得自在。本只為生死忙忙〔二〕，法法依著識性，無有自在分。他千里求善知識，須有眼目，永脫虛謬之見，不墮幻惑之法方達。後人直須目前生死，定取一言来看，為復實有實無？若人定得，老僧許伊出頭。所以老僧道：垂絲千丈，意在深潭，語覆機而不顧，舌頭玄而不參〔三〕。」

3　有人問：「如何是道？」師曰：「大陽溢目，万里不掛片雲。」僧曰：「學人如何得會去？」師曰：「清潭之水，游魚自迷。」

4　有大德發心行脚〔四〕，到先白馬，乃問：「承教中有言『一塵含法界之無邊』時如何？」師荅曰：「如鳥二翼，如車二輪。」座主云：「將謂禪宗別有奇特之事，元来不出教乘。」便却歸本寺。後聞師出世，遣少師持前問問師。師云：「彫砂無鏤玉之談，結草乖道人之思。」少師却歸，舉似師。師遙礼夾山，讚曰：「將為禪宗与教不殊，天然有奇特之事。」

〔一〕舉：景德傳燈錄作「學」。

〔二〕忙忙：同「茫茫」。

〔三〕此二句本書卷一三報慈和尚章第二六節引「覆」作「附」；本書卷五華亭和尚章第三節引作「語帶玄而無路，舌頭談而不談」。

〔四〕有大德：宗門摭英集作「西川簡之上座」。

5　夾山不著後生。佛日到，維那不許參和尚。佛日云：「厶甲暫来礼見和尚，不宿。」維那白和尚云：「有个後生到来，暫礼拜和尚，不宿。」師乃許參見。佛日到法堂堦下，未上。師云：「三道寶堦，闍梨從何而上？」佛日云：「三道寶堦，曲為今時；向上一路，請師速道，速道！」便上堦，礼拜和尚了。師問：「從什摩處来？」對曰：「天台國清寺来。」師曰：「承聞天台有青青之水、緑緑之波。謝子遠来，子意如何？」對曰：「久居嵒谷，不掛森羅〔一〕。」師曰：「此猶是春意，秋意如何？」佛日無對。師曰：「看君只是撑舡漢，終歸不是弄潮人。」

福先代云：「涼風吹落葉，高佤任意遊。」

鳳池拈問僧：「作摩生祇對，免得撑舡漢？」對曰：「待和尚自出来即商量。」鳳池曰：「若出来時作摩生商量？」僧無對。自代：「不可預搔而待痒。」又代問：「若到，有什摩難道？」

6　師又問曰：「与什摩人為同行？」對曰：「木上座。」師曰：「在什摩處？」對曰：「在堂中。」師曰：「喚来。」佛日便歸堂，取柱杖抛下師前。師云：「莫從天台採得来不？」對曰：「非五岳之所生。」師曰：「莫從須弥頂上採得来不？」對曰：「月宮不曾逢。」師曰：「与摩則從人得也。」對曰：「自己尚怨家，從人得堪作什摩？」師曰：「冷灰裏豆子爆。」師喚維那：「安排向明燈

〔一〕森羅：原作「森蘿」；景德傳燈錄、聯燈會要等並作「松蘿」。

下著。」

7 又問：「你名什摩？」對曰：「佛日。」師曰：「日在什摩處？」對曰：「日在夾山頂上。」師曰：「与摩則超一句不得也。」

8 師令大衆钁地次，佛日傾茶与師。師伸手接茶次，佛日問：「釅茶三兩垸〔一〕，意在钁頭邊。速道，速道！」師云：「瓶有盂中意，藍中幾个盂〔二〕？」對曰：「瓶有傾茶意，藍中無一盂。」師曰：「手把夜明符，終不知天曉。」

9 羅秀才問：「請和尚破題。」師曰：「龍無龍軀，不得犯於本形。」秀才云：「龍無龍軀者何？」師云：「不得道著老僧。」秀才曰：「不得犯於本形者何？」師云：「不得道著境地。」又問：「如何是夾山境地？」師荅曰：「猿抱子歸青嶂後，鳥銜花落碧巖前。」

10 座主出來，便問：「洞明三教底人還通此理也無？」師云：「夜月明珠，不如天曉。」又問：「等、妙二覺底人還通此理也無？」師云：「金雞玉兔，不墮魚父之手〔三〕。」座主曰：「此意如何？」師云：「句中無法，意不度人。」座主曰：「步步踏蓮華，猶是今時昇降；螺髻向上事，乞師一言。」

〔一〕釅：原作「儼」。

〔二〕藍，「籃」通；下同。

〔三〕魚，「漁」古今字。聯燈會要卷二一夾山章示衆：「龍門躍鱗，不墮漁父之手。」

師云：「鐵牛無聲，不用聞之。」

11 師問雲盖：「近離什摩處？」對云：「近離朗州。」師曰：「此間無路，你爭得到這裏？」對云：「既無路，因什摩有人到這裏？」師許之。

12 師問法志：「近離什摩處？」對云：「近離朗州。」師曰：「作什摩来？」對云：「尋和尚跡。」師曰：「老僧不動步，你向什摩處尋？」對云：「咄！墮根漢！」師曰：「未屈闍梨在。」對曰：「不動步，豈是不屈？」師便失聲。

13 師問僧：「從什摩處来？」對云：「新豐来。」師曰：「彼中是什摩人道首？」對云：「上字是良，下字是价。」師云：「吾識竟。」又問：「有什摩佛法因緣，汝舉看。」其僧便舉云：「和尚示衆曰：『欲行鳥道，須得足下無絲；欲得玄學，展手而學。』」師低却頭。其僧便礼拜，問：「某甲初入藂林，不會洞山意旨如何。」師云：「貴持千里抄〔一〕，林下道人悲。」其僧礼拜退立。師云：「咄！者阿師，近前来！」僧便近前而立。師云：「厶甲初見先師，先師問厶甲：『阿那个寺裏住？』某甲對云：『寺則不住，住即不寺。』先師曰：『為什摩故如此？』某甲對曰：『目前無寺。』先師曰：『什摩處學得此語来？』某甲對云：『非耳目之所到。』先師云：『一句合頭意，万劫繫驢橛。』如今改為四句偈曰：

〔一〕宗門統要、聯燈會要、五燈會元、洞山錄等並作「軌持千里鈔」，下同。

目前無法，意在目前。

他不是目前法，非耳目之所到。」

「某甲無贈物与闍梨，這个是老僧見先師因緣〔二〕，囊中之寶，將去舉似諸方。若有人彈得破，莫来；若也無人彈得破，却還老僧。」其僧便辞，却歸洞山。洞山問：「阿那裏去来？」對云：「到夾山。」洞山曰：「有什摩佛法因緣，汝舉看。」對云：「彼中和尚問當頭因緣，某甲情切，舉似彼中和尚。」洞山曰：「舉什摩因緣？」僧曰：「某甲舉和尚示衆曰：『欲行鳥道，須得足下無絲；欲得玄學，展手而學。』」洞山便失聲，云：「夹山道什摩？」對云：「貴持千裏抄，林下道人悲。」洞山云：「灼然，夾山是作家！」

14 夾山小師當時在洞山。洞山教小師：「伱速去！是伱和尚在夾山，匡二百衆，有如是次第。」小師對云：「某甲和尚無佛法，兼不在夾山。」其僧向小師云：「舊時則合山，如今改為夾山也。」小師方始得信，便辞洞山，却歸本山。纔到門前，高聲哭入，向和尚說：「某甲是師初住山時，与和尚何事不造作？何事不經曆？有与摩奇特之事，當時因什摩不与某甲說？」和尚云：「當初時是伱濤米〔三〕，老僧燒火；是伱行飰，老僧展受，又怗我什摩處？」小師便悟，是韶山和尚也。

〔二〕个：原爲破字，據高麗大藏經補遺本校定。

〔三〕濤、「淘」通。

15 問：「迷子歸家時如何？」師云：「家破人亡，子歸何處？」僧云：「不欲得見舊時人如何？」師荅云：「庭前殘雪日輪消，室內遊塵教誰掃？」

16 問：「迅速不停時如何？」師云：「有眼不窺天子樂，目前弁取老僧歌。」

17 問：「南北則不問，和尚足下事如何？」師云：「彫砂無鏤玉之機，結草虧道人之目〔一〕。」

18 有一座主參師。師問：「久習何業？」對云：「法花經留心。」師曰：「法花經以何為極則？」對云：「露地白牛為極則。」師云：「愛著舍那之服、瓔珞之衣，駕以白牛，屆此道場，豈不是座主家風？」對云：「是。」師曰：「旁邊有个椛根迦葉，起来不肯。諸子幼稚，惟無所知。老僧者裏百草頭与一钁。座主，向上一路富貴處〔二〕，因何不問？」座主曰：「与摩則有第二月也〔三〕。」師云：「老僧要坐却日頭，天下黯黑忙然者匝地普天〔四〕。」座主問：「如何是向上一路富貴處？」師云：「滴雪峯外，白雲不掛。座主作摩生？」

19 師又云：「一句子十方共參，一句子天下人不那何〔五〕，一句子活却天下人，一句子死却天下

〔一〕目：原字破損，缺下一横；本章前第四節有句「彫砂無鏤玉之談，結草乖道人之思」。
〔二〕向上：原爲破字，據高麗大藏經補遺本校定。
〔三〕第：原作「弟」；「第」、「弟」古今字。
〔四〕忙、「茫」通。
〔五〕那：王引之經傳釋詞卷六：「那者，奈之轉也。」

人。巧拙臨時自看。所以道：貴持千里抄，林下道人悲。直得靈草不掛，猶非九五之位；明珠夜月，不是天曉。」

20 問：「如何是沙門行？」師云：「動則影現，覺則病生〔一〕。」

21 欽山教侍者問師：「學人擬欲斬身千斷，誰人下手？」師云：「道無横徑，立者皆危。」侍者又問：「當風颾殼時如何？」師云：「者裏無風，颾什摩？」侍者又問：「青山無霞，雲從何生？」師云：「駿馬不露峯骨，朗然清虚。」侍者云：「駿馬何在？」師曰：「蒲麻作針，劄布袋不入；白雲千丈之線〔二〕，寄在碧潭，浮定有無，離鈎三寸。子何不問？」侍者却歸，舉似欽山。欽山云：「夾山是作家。」

漳南舉此因緣。僧便問：「『道無横徑，立者皆危。』与摩道只是説道話道，未審如何是道？」漳南云：「大家惣覷汝。」

22 師教僧問石霜：「如何是一老一不老？」霜云：「白雲聽你白雲，青山聽你青山。」其僧却歸，舉似師。師云：「門前把弄，不如老僧；入理之譚，欠他三步〔三〕。」

〔一〕病生：聯燈會要作「氷生」；景德傳燈録卷八洪州水老和尚章亦作「氷生」。

〔二〕雲：原爲破字；高麗大藏經補遺本校作「雪」。

〔三〕欠：疑爲「交」字之譌；「交」、「較」通。五燈會元卷五：「門前施設，不如老僧；入理深談，猶較石霜百步。」

23 師自天門、夾山首末十二年〔一〕，通前凡三處轉法輪。至中和初年辛丑歲十一月七日，自燒却門屋，謂衆曰：「苦哉！苦哉！石頭一枝埋沒去也。」樂蒲出来云〔二〕：「聽也埋沒去〔三〕，自有青龍在。」師問：「青龍意旨如何？」對曰：「貴人不借衣。」師便救火，因此造偈曰：

「大江沉盡小江現，明月高峯法自流。

石牛水上臥，影落孤峯頭。

荒田聞我語，如同不繫舟。」

師便示化矣。春秋七十七，僧夏五十七。塔於夾山，謚號傳明大師、永濟之塔。韶州刺史金夔撰碑文。

碑誌

金夔撰碑文（佚）。

傳記

釋氏通鑑卷一一、佛祖歷代通載卷一七、（宋）夾山寺鍾款（陸增祥八瓊室金石補正卷一一〇）、祖庭事苑卷七夾山條、林間錄卷上、釋氏稽古略卷三、釋明賢鶴林寺志高僧、宗統編年卷一六、釋越伊京口夾山竹林寺志卷上

〔一〕 末：原作「未」；「夾」上疑脱「住」字。

〔二〕 樂蒲：即落浦；參閱本書序第五頁注〔一〕。

〔三〕 也：佛光大藏經禪藏本校作「他」。

僧系、李翰章等(光緒)湖南通志卷二四一仙釋、何紹章等(光緒)丹徒縣志卷四五方外。

著作

偈頌二首(景德傳燈錄卷一五)。

資料

1 本書卷六華亭章、景德傳燈錄卷一五、傳燈玉英集卷八、祖庭事苑卷七、聯燈會要卷二一、禪門拈頌集卷一八。

2 景德傳燈錄卷一五、傳燈玉英集卷八、五燈會元卷五。

3 景德傳燈錄卷一五、傳燈玉英集卷八、聯燈會要卷二一、禪門拈頌集卷一八、大光明藏卷下、五燈會元卷五。

4 景德傳燈錄卷一五、宗門摭英集卷上、宗門統要卷七、祖庭事苑卷五雕砂條、聯燈會要卷二一、大光明藏卷下、五燈會元卷五。

5 景德傳燈錄卷二〇佛日章、傳燈玉英集卷一〇佛日章、宗門統要卷九佛日章、聯燈會要卷二五佛日章、五燈會元卷一三佛日章。

6 景德傳燈錄卷二〇佛日章、傳燈玉英集卷一〇佛日章、宗門統要卷九佛日章、祖庭事苑卷九明窻下條、聯燈會要卷二五佛日章、五燈會元卷一三佛日章。

8 景德傳燈錄卷二〇佛日章、傳燈玉英集卷一〇佛日章、宗門統要卷九佛日章、祖庭事苑卷九钁頭邊條、聯燈會要卷二五佛日章、五燈會元卷一三佛日章。

9 景德傳燈錄卷一五、傳燈玉英集卷八、宗門統要卷七、禪門拈頌集卷一八、五燈會元卷五。

13 宗門統要卷七、聯燈會要卷二一、五燈會元卷五、洞山錄。

14 景德傳燈錄卷一五、傳燈玉英集卷八、宗門統要卷七、正法眼藏卷中、聯燈會要卷二一。
15 景德傳燈錄卷一六樂普章、聯燈會要卷二三洛浦章、五燈會元卷六洛浦章。
20 景德傳燈錄卷八洪州水老和尚章、聯燈會要卷二一、五燈會元卷一洪州水潦和尚章。
23 景德傳燈錄卷一五、五燈會元卷五、祖庭事苑卷七。

八二　巖頭和尚全奯〔一〕，八二六—八八五〔二〕

1　巖頭和尚嗣德山，在鄂州唐寧住〔三〕。師諱全奯，俗姓柯，泉州南安縣人也。受業靈泉寺義公下〔四〕。於長安西明寺具戒，成業講涅槃經。後參德山。初到參，始擬展坐具設礼。德山以杖挑之，遠擲堦下。師因便下堦收坐具，相看主事，參堂。德山諦視，久而自曰：「者阿師欲似一个行脚人〔五〕。」私記在懷。来晨，師上法堂參。德山問：「闍梨是昨晚新到，豈不是？」對云：「不敢。」德山云：

〔一〕一作「全豁」。
〔二〕據景德傳燈錄生卒年爲公元八二八—八八七年；隆興通論作年六十一。
〔三〕唐寧：據舊唐書地理志，鄂州有唐年縣，天寶二年置；「唐寧」疑爲「唐年」之訛。
〔四〕靈泉寺義公：宋高僧傳作「清源誼公」；景德傳燈錄作「清原誼公」；五燈會元作「青原誼公」；泉州清源縣有靈泉寺。
〔五〕欲：疑爲「卻」字之譌。

「什摩處學得虛頭来？」師云：「專甲終不自誑。」德山呵云：「他向後老漢頭上屙著〔二〕。」師礼而退藏密機。既盤泊數載，盡領玄旨。初住卧龍，後居嵒頭。

2 有人問：「去却僕從，直請卧龍相見。」師云：「眨上眉毛看。」

曜日頌：

「當機直下現前真，認語之徒未可親。
本色先陁如懺㦬，嵒頭梩檜鎮長新。」

3 時有三人同礼拜，未申問。師云：「三人俱錯！」三人默而無言。師便喝出。

東山代云：「只怕和尚無語。」

雲門代云：「和尚亦不得無過。」

4 問：「如何是毗盧師？」云〔三〕：「汝道什摩？」學人擬申問。師喝出，云：「鈍漢！」

5 問：「不歷古今事如何？」師云：「卓朔底。」又問：「歷古今事如何？」師云：「任爛底。」

6 問：「三界競起時如何？」師云：「坐却著。」僧曰：「未審師意如何？」師云：「移將盧

〔二〕屙：原作「痾」。
〔三〕「云」上疑脫「師」字。

山来，則向伱道。」

7 羅山問：「和尚豈不是三十年在洞山，又不肯洞山？」師云：「是也。」羅山云：「和尚豈不是法嗣德山，又不肯德山？」師云：「是也。」羅山云：「不肯德山則不問，只如洞山有何虧闕？」師良久，云：「洞山好个佛，只是無光奴〔一〕。」

8 雪峯問德山：「從上宗乘，和尚此間如何稟授与人？」德山云：「我宗無語句，實無一法与人。」師聞舉云：「德山老漢一條脊梁骨拗不折。雖然如此，於唱教中猶較些子。」保福拈問長慶：「嵒頭平生出世，有什摩言教過於德山，便道猶較些子？」長慶舉：「師示衆云：『若是得意底人，自解作活計，舉措悉皆索索底，時長恬恬底〔二〕，觸物則傳〔三〕，意在傳處。住則剗住，去則剗去。須於欲去不去、欲住不住處躰會。不執物，不據物，不同窒塞人，緊把著事不解傳得，恰似死人把玉擩玉相似。縱然傳得，直到驢年，有什摩用處？且愧伊向這裏湊泊〔四〕，不別運為。訝將去，鑽将去，研將去，直教透過，直教通徹。不見道：如人學射，久久方中』。有人問：『中時如何？』師云：『莫不識痛痒摩？』」保福云：「今

〔一〕景德傳燈錄、傳燈玉英集、五燈會元等並無「奴」字；本書卷九羅山和尚章作「只是無光彩」。
〔二〕長、「常」通。
〔三〕傳、「轉」通；下同。
〔四〕泊：原作「洎」。

日非唯舉話。」慶云：「是什摩心行？」

9 問：「如何是祖師西来意？」師云：「移取廬山来，向伱道。」

10 師云：「德山老漢只憑目前一个白棒，曰：『佛来也打，祖来也打。』雖然如此，交些子〔一〕。」

11 問：「如何是祖師西来意？」師云：「又与摩去也。」

12 問：「如何是咼中的的意？」師云：「道什摩？」「請和尚荅話。」師云：「謝闍梨指示。」

13 師共雪峯到山下鵝山院〔二〕，壓雪數日。師每日只管睡，雪峯只管坐禪。得七日後，雪峯便喚：「師兄，且起！」師云：「作摩？」峯云：「今生不著便，共文遂个漢行數處，被他帶累。今日共師兄到此，又只管打睡。」師便喝云：「伱也噇眠去摩！每日在長連床上，恰似漆村裏土地相似〔三〕。他時後日魔魅人家男女去在！」峯以手點胷云：「某甲這裏未穩在，不敢自謾。」師云：「我将謂汝他時後日向孤峯頂上盤結草庵，播揚大教，猶作這個語話！」峯云：「實未稳在。」師云：「汝若實如此，據汝見處道将来。」峯云：「某甲初到鹽官，因說觀色空義，得个入處；又因洞山曰：『切忌隨

〔一〕「交」、「較」古今字。

〔二〕鵝山院：宗門統要、五燈會元、雪峰錄等並作「澧州鼇山鎮」；聯燈會要、碧巖錄作「鼇山店」。

〔三〕漆村：聯燈會要、正法眼藏、五燈會元等並作「七村」；漆、「七」通。

他覔，迢迢与我踈。我今獨自往，處處得逢渠。渠今正是我，我今不是渠。應須与摩會，方得契如如。』」師便喝云：「若与摩，則自救也未徹在。」峯云：「他時後日作摩生？」師云：「他時後口若欲得播揚大教去，一一个个從自己胷襟間流将出来〔一〕，与他盖天盖地去摩！」峯於此言下大悟，便礼拜，起來連聲云：「便是鵝山成道也〔二〕！」

14　二人分襟後，師在鄂州遇沙汰，只在湖邊作渡舡人。湖兩邊各有一片板，忽有人過，打板一下。師便提起楫子，云：「是阿誰？」對云：「要過那邊去。」師便剗舡過〔三〕。雪峯往福州卓庵，過沙汰後，忽有兩个納僧来礼拜和尚。和尚纔見上来，以手托木庵門，放身出外，云：「是什摩？」其僧對云：「是什摩。」峯便低頭入庵裏。其僧三五日後便辞。峯云：「什摩處去？」對云：「湖南去。」峯云：「我有同行在彼，付汝信子，得摩？」僧云：「得。」雪峯遂作信。信云：「一自鵝山成道後，迄至于今。師兄一自鵝山成道後，迄至如今〔四〕。同參某信，付上師兄。」〔五〕其僧到巖頭。師

〔一〕襟：原作「縢」。
〔二〕鵝山：宗門統要、五燈會元等並作「鼇山」；下同。
〔三〕剗：佛光大藏經禪藏本、張華本校作「劃」。
〔四〕至如：原爲破字，據高麗大藏經補遺本校定。
〔五〕此信有衍誤，聯燈會要卷二一雪峰章作：「某信上師兄：一自鼇山成道後，迄至於今飽不休。同參某，信上師兄。」宗門統要、五燈會元等略同。

問：「什摩處来？」云：「南方来。」師云：「到雪峯摩？」對云：「到。来時有信上和尚。」便抽書過与師。師接得，便問：「他近日有什摩言教？」僧云：「某甲初到時有一則因緣。」具舉前話。師云：「他道什摩？」對云：「他無語，便佤頭入庵。」師便拍掌云：「噫！我當初悔不向伊道末後一句。我若向他道末後一句，天下人不奈何雪峯。」其僧到夏末，具陳前因緣，問師云：「師道『我悔不向伊道末後一句』，如何是末後一句？」師云：「汝何不早問？」僧云：「某甲不敢容易。」師云：「雖則德山同根生，不与雪峯同枝死。汝欲識末後一句，只這个便是。」

15 師沙汰時，著襴衫〔一〕，戴席帽，去師姑院裏。遇師姑喫飯次，便堂堂入廚下，便自討飣喫。小師来見，報師姑。師姑把拄杖来。纔跨門，師便以手拔席帽帶起。師姑云：「元来是嬴上座。」被師喝出去。

16 大彥上座初參見師。師在門前芸草次，彥上座戴笠子堂堂来，直到師面前，以手拍笠子，提起手云：「還相記在摩？」師拈得把草，攔面与一擲，云：「勿處！勿處！」他無語，便被師与三摑。後具威儀，始欲上法堂，師云：「已相見了，不要上来！」彥便轉。到来朝，喫粥了，又上。始跨方丈門，師便透下床，攔胷一擒，云：「速道！速道！」無對，被師推出。大彥嘆曰：「我將謂天下無人，元来有老大蟲在。」

〔一〕襴：原作「欄」。

17 踈山參見師。師纔見，却伍頭佯佯而睡。踈山近前立久，師並不管。踈山便以手拍禪床，引手一下。師迴頭云：「作什摩？」山云：「和尚且瞌睡。」師呵呵大笑云：「我三十年弄馬騎，今日被驢子撲。」

18 因潙山和尚於廊下泥壁次。李軍容具公裳，直来詣潙山訪道。到潙山背後，端笏而立。潙山迴首，便側泥盤作接泥勢，侍郎便轉笏作進泥勢。潙山當下抛泥盤，与侍郎把臂歸方丈。師後聞此，語云：「噫！佛法已後澹薄去也。多少天下，潙山泥壁也未了在〔二〕！」

19 夹山有僧到石霜。纔跨門，便問：「不審。」石霜云：「不必，闍梨！」僧云：「与摩則珎重！」其僧後到嵓頭，直上便云：「不審。」師云：「嘘！」僧云：「与摩則珎重！」始欲迴身，師云：「雖是後生，亦能管帶。」其僧却歸，舉似夾山。夾山上堂云：「前日到嵓頭、石霜底阿師出来，如法舉著！」其僧纔舉了，夹山云：「大衆，還會摩？」衆無對。夾山云：「若無人道，老僧不惜兩莖眉毛道去也。」却云：「石霜雖有殺人之刀，且無活人之劍〔三〕；巖頭亦有殺人之刀，亦有活人之劍。」

20 百丈垂語云：「与摩，不与摩。」有人舉似師。師云：「我不与摩道。」便云：「与摩与摩，

〔二〕此句宗門統要、聯燈會要等並作「大小潙山泥壁也未了」。
〔三〕之：原爲破字，據高麗大藏經補遺本校定。

不与摩不与摩。与摩會，千人万人之中，難得一个半个。」

長慶与羅山在臨水宅舉此因緣，便問羅山：「与摩、不与摩則不問。与摩与摩，不与摩不与摩，意作摩生？」羅山云：「雙明亦雙暗。」慶云：「作摩生是雙明亦雙暗？」羅山云：「同生不同死。」此後有人問長慶：「如何是同生不同死？」慶云：「彼此合取口。」其僧却舉似羅山。羅山便不肯。其僧便問：「如何是同生不同死？」羅山云：「如大蟲著角。」「如何是同生同死？」羅山云：「如牛無角。」

21 師辞德山。德山問：「什摩處去？」對云：「暫辞和尚。」德山云：「子後作摩生？」對云：「不忘。」德山云：「既然如此，因什摩不肯山僧？」師對云：「豈不聞道：智慧過師，方傳師教；智慧若与師齊，他後恐滅師德〔二〕。」德山云：「如是如是，應當善護持。」

22 問：「如何是切急處？」師云：「道什摩？」僧無對。師便有頌：

「適来和聲送，佤頭不會事，
欲知此中意，雲裏有光彩。」

23 問：「如何是佛法大意？」師云：「小魚呑大魚。」

24 自餘樞要，莫盡玄猷。師平生預有一言：「者老漢去時，大吼一聲了去。」以中和五年乙巳

〔二〕滅：原爲破字，據高麗大藏經補遺本校定。

歲〔一〕，天下罹乱，凶徒熾盛，師於四月四日儐僨而終。臨刃之時大叫一聲，四山迴避之人悉聞其聲。春秋六十，僧夏四十四〔二〕。東吴僧玄泰制銘云：

「善惡二境，逆順取捨。
二祖大師，師子尊者。」

勑謚清儼大師〔三〕、出塵之塔。

碑誌

南岳玄泰撰碑銘（佚）。

傳記

宋高僧傳卷二三、祖庭事苑卷七巖頭條、隆興編年通論卷二八、釋氏稽古略卷三、賢奕編卷三、六學僧傳卷七、閩書卷一三七、宗統編年卷一三、一五、一六、懷蔭布等（同治）泉州府志卷六五釋衲、沈瑜慶等福建通志福建高僧傳卷一。

〔一〕卒年宋高僧傳、景德傳燈録均作光啟三年（八八七）。

〔二〕十：原爲破字，據高麗大藏經補遺本校定。

〔三〕清儼：宋高僧傳、景德傳燈録均作「清嚴」。

著作

巖頭錄（佚，見聯燈會要卷二一卷末悟明附記）。

資料

1 景德傳燈錄卷一六、傳燈玉英集卷八、宗門統要卷八、聯燈會要卷二一、禪門拈頌集卷二〇、五燈會元卷七、祖庭事苑卷七。

5 景德傳燈錄卷一六、五燈會元卷七。

6 聯燈會要卷二一、禪門拈頌集卷二〇、五燈會元卷七。

7 本書卷九羅山和尚章、景德傳燈錄卷一六、傳燈玉英集卷八、宗門統要卷九羅山章、正法眼藏卷下、聯燈會要卷二三羅山章、禪門拈頌集卷二〇、五燈會元卷七。

8 本書卷一一保福和尚章、景德傳燈錄卷一五德山章、祖源通錄撮要卷四雪峰章、宗門統要卷八雪峰章、聯燈會要卷二一雪峰章、禪門拈頌集卷一九雪峰章、五燈會元卷七德山章。

9 12 景德傳燈錄卷一六。

10 五燈會元卷七德山章。

13 宗門統要卷八、正法眼藏卷中、聯燈會要卷二一雪峰章、禪門拈頌集卷一九雪峰章、五燈會元卷七雪峰章、雪峰語錄卷上、雪峰廣錄卷上。

14 宗門統要卷八、碧巖錄第五一則、正法眼藏卷下、聯燈會要卷二一、禪門拈頌集卷二〇、五燈會元卷七、雪峰語錄卷上、雪峰廣錄卷上、下。

15 祖庭事苑卷七。

17 聯燈會要卷二一、五燈會元卷一三疎山章。

18 宗門統要卷四溈山章、聯燈會要卷七溈山章、五燈會元卷九溈山章、溈山録（五家語録）。

19 景德傳燈録卷一六、聯燈會要卷二一夾山章、五燈會元卷七。

20 宗門統要卷九保福章、碧巖録第五一則頌評唱、聯燈會要卷二三羅山章。

21 景德傳燈録卷一六、正法眼藏卷中、聯燈會要卷二一、大光明藏卷下、五燈會元卷七。

23 聯燈會要卷二一。

24 宋高僧傳卷二三、景德傳燈録卷一六、祖庭事苑卷七、五燈會元卷七。

八三 雪峯和尚 義存，八二二—九〇八

1 雪峯和尚嗣德山，在福州。師諱義存，泉州南安縣人也，俗姓曾。師生隔葷食，戲不群遊，於識環之年居然異俗，及為童之歲辞親，於莆田縣玉澗寺依慶玄律師以受業焉〔一〕。值武宗澄汰，變服而造芙蓉山。有若冥契，蒙圓照大師詢而攝受〔二〕。至大中即位，佛宇重興，即四年庚午年，詣幽州寶刹寺具戒。自是不尋講律〔三〕，唯訪宗師，遍歷法筵。

〔一〕玉澗寺：十國春秋作「玉磵寺」。

〔二〕圓照大師：碑銘、雪峰語録廣録作「弘（全唐文收碑銘避清諱作「宏」。）照大師」；宋高僧傳作「恒照大師」，景德傳燈録等作「章照大師」。按：芙蓉靈訓謚「弘照大師」。

〔三〕律：疑爲「肆」字之譌。

2　方造武陵，纔見德山，如逢宿契。便問：「從上宗乘事，學人還有分也無？」德山起來打之，云：「道什摩？」師於言下頓承旨要，對云：「學人罪過。」德山云：「擔負己身，詢他輕重！」師礼謝而退。斯謂面臨秦鏡，目鑒親躬，無猜非己之疑，復何言而屬矣。既而摩尼現掌，罷探滄溟，身役心閑，盤泊數載。後返鍚甌閩，卜于雪峯，衆上一千餘人。師神情恒蕩而厲〔一〕，容止怡懌而威，行則遠近奔隨，坐則森然擁遶。

3　有時上堂云：「汝諸人来者裏覓什摩？莫要相鈍致摩！」便起去。

4　有時上堂，衆立久，師云：「便与摩承當，却最好省要，莫教更到這老師口裏来。三世諸佛不能唱，十二分教載不起。如今嚼涕唾漢爭得會？我尋常向師僧道：是什摩？便近前来覓苔話處。驢年識得摩？事不得已，向汝与摩道，已是平欺汝了也。向汝道：未牛跨步也，口化反〔二〕門以前，早共汝商量了。還會摩？亦是老婆心也。省力處不肯當荷，但知踏步向前覓言語。向汝道：盡乹坤是个解脫門，惣不肯入，但知在裏許乱走，逢著人便問：阿那个是我？還著摩〔三〕？只是自受屈。所以道：臨河渴水，死人無數；飰籮裏受餓人〔四〕，如恒河沙。莫将等閑！和尚子，若實未得悟入，

〔一〕恒蕩：佛光大藏經禪藏本校作「坦蕩」。

〔二〕牛：「干」訛字；正字通丨部：「牛，干字之譌，跨、踤，本作干，中直畫不上出。」

〔三〕著：疑爲「羞」字之譌；聯燈會要此句作「逢人便問佛問祖，還識羞麼？」雪峰語錄、雪峰廣錄並作「羞」。

〔四〕籮：原作「蘿」。

直須悟入始得，不虛度時光。莫只是傍家相徵，掠虛嫌說悟入〔一〕，且是阿誰分上事？亦須著精神好！菩提達摩来道：『我以心傳心，不立文字。』且作摩生是汝諸人心？不可只是乱統了便休去。自己事若不明，且從何處出得如許多妄想？向這裏見凡見聖，見有男女、僧俗、高低、勝劣，大地面上炒炒底鋪砂相似，未甞一念暫返神光，流浪生死，劫盡不息。慚愧！大須努力好！」

5 問：「寂然無依時如何？」師云：「猶是病。」進曰：「轉後如何？」師云：「舡子下揚州。」

6 僧問：「承古人有言。」師便倒卧，良久起来。師云：「問什摩？問什摩？」學人再申問。師云：「虛生浪死漢！」

7 問：「箭路投鋒時如何〔二〕？」師云：「好手不中的。」「盡眼勿標時如何〔三〕？」師曰：「不放隨分好手〔四〕。」

保福拈問長慶：「既盡眼勿標，為什摩不許全好手？」慶云：「還与摩也无？」福云：「好手者作摩生？」慶云：「不當即道。」保福云：「謝和尚領話。」自云：「礼拜著！」

〔一〕嫌：疑爲「賺」字之譌；雪峰語錄此上下三句作「莫祇傍家相邀，掠虛賺說悞人，是阿誰分上事？」

〔二〕路：疑當作「露」；五燈會元、雪峰語錄、雪峰廣錄此句作「箭頭露鋒時」。

〔三〕標：原作「摽」；五燈會元作「標的」。

〔四〕放、「妨」通；「不放」景德傳燈錄、五燈會元、雪峰語錄等並作「不妨」。

8 問：「古人道：『路逢達道人，莫将語默對〔一〕。』未審將什摩對？」師云：「喫茶去！」

9 師問僧：「此水牯牛年多少？」僧無對。師云：「七十七也。」僧曰：「和尚為什摩却作水牯牛？」師云：「有什摩罪過？」

10 問：「古人有言：『知有佛向上事，方有語話分。』如何是語話？」師把住云〔二〕：「道什摩？」僧無對，被師踏。

11 問：「學人道不得處，請師道。」師云：「我為法惜人。」

12 師舉：「古来老宿引俗官巡堂云：『這裏有二三百師僧，盡是學佛法僧。』官云：『古人道金屑雖貴，又作摩生？』無對。」師拈問鏡清，鏡清代云：「比來抛塼引玉。」

13 師問長慶：「古人道『前三三，後三三』，意作摩生？」慶便出去。鵝湖云：「喏。」

14 師舉拂子示僧。其僧便出去。長慶舉似泉州太傅〔三〕，却云：「此僧合喚轉，与一頓棒。」太傅云：「和尚是什摩心行？」慶云：「洎錯放過。」

〔一〕默：原作「墨」。本書卷一九香嚴和尚章作「路逢達道人，莫將語嘿對」。

〔二〕住：原作「柱」；景德傳燈錄、五燈會元並作「住」。

〔三〕泉州太傅：景德傳燈錄作泉州王延彬；五燈會元作「王延彬太傅」；據十國春秋，王延彬仕閩爲平盧節度使知泉州軍事，累官檢校太尉。

15 溈山問仰山：「過去諸聖什摩處去？」仰云：「或在天上，或在人間。」師舉問長慶：「仰山与摩道，意作摩生？」慶云：「若問諸聖出沒，与摩道即得〔一〕。」師云：「汝渾來不肯。或有人問，汝作摩生對？」云：「但向他道：錯！」師云：「老僧即錯，是你作摩生？」慶云：「何異於錯？」

16 師為書狀頭造偈：

「苦屈世間錯用心，佢頭曲躬尋文章。
妄情牽引何年了，辜負靈臺一點光。」

17 有俗士投師出家，師以偈住之〔二〕：

「万里無寸草，迴迴絶煙霞。
歷劫常如是，何煩更出家？」

18 師問僧：「什摩處来？」對云：「江西来。」師云：「這裏与江西相去多少？」對云：「不遙。」師拈起杖子云：「還隔這个摩？」對云：「不遙。」師肯之。又問僧〔三〕：「什摩處来？」對云：「江西来。」師云：「這裏与江西相去多少？」對云：「不遙。」師拈起柱杖云：「還隔這个摩？」對

〔一〕得：景德傳燈錄等並作「不可」。
〔二〕住：疑爲「止」字之譌。
〔三〕又：原爲破字。

云：「若隔這个則遙。」師便打之。其僧却歸，舉似雲居。雲居云：「世諦則得，佛法則無過。」其僧却歸雪峯，舉似前話。峯云：「者老漢！老僧臂長，則便打二十棒。雖然如此，老僧這裏留取十个。」

19 雙峯辞師時造偈与師：

「暫辞雪嶺伴雲行，谷口無閑路坦平。
禪師莫愁懷別恨，猶如秋月月常明。」

師和：

「非但抛僧去，雲嶺不相闗〔二〕，
虚空無隔㝵，放曠任縱横。
神光迥物外，豈非秋月明，
禪子出身處，雷罷不停聲。」

20 師云：「世界闊一丈，古鏡闊一丈；世界闊一尺，古鏡闊一尺。」學人指火爐問：「闊多少？」師云：「恰似古鏡闊。」

〔二〕雲嶺：疑爲「雪嶺」之譌。

天龍拈問〔一〕：「為復火爐置於古鏡与摩大？為復古鏡置於火爐与摩大？」慶代云：「与摩必弁人猶可在〔二〕。」

21 師共雙峯行脚，遊天台，過石橋。雙峯造偈：

「學道修行力未充，莫将此身嶮中行。

自從過得石橋後，即此浮生是再生。」

師和：

「學道修行力未充，須将此身嶮中行。

自從過得石橋後，即此浮生不再生。」

22 問：「學人乍入藂林，乞師指示。」師云：「寧自碎身如微塵，終不敢瞎却一个師僧。」

23 僧問：「四十九年後則不問，四十九年前事如何？」師以拂子驀口打。

24 師上堂，良久，便起来云：「為伱得徹困也。」孚上座云：「和尚敗闕也。」僧問清座主：「雪峯過在什摩處，招得孚上座不肯？」座主云：「若不与摩道，爭招得不

〔一〕天龍：指鏡清道怤；宗門統要、聯燈會要作「東使」（鏡清道怤）；禪門拈頌集作「東寺」，當爲「東使」之譌。

〔二〕必：原爲破字，據禪文化研究所本校定；佛光大藏經禪藏本校作「心」。此句宗門統要、禪門拈頌集錄西院思明云：「與摩問人也未可在。」

肯？」又擧似乎上座。上座云：「莫道是骨，皮也不識。」

25 問：「但有施爲，盡是傍通鬼眼。如何是正眼？」師良久。問：「古人有言：『我眼本正，因師故邪。』如何是我眼本正？」師云：「未逢達摩〔一〕。」僧云：「我眼何在？」師云：「不從師得。」

26 問：「古人據个什摩事，去却四十二本經論？」師云：「汝須礼拜始得。」

27 師示僧云：「是什摩？」對云：「不似一物。」師便打。

28 僧問蘒州西禪〔二〕：「三乘十二分教則不問，祖師西来的的意，只請一言。」西禪竪起拂子。其僧不肯。後到雪峯，師問：「什摩處来？」對云：「西禪来。」師云：「有什摩佛法因緣？」僧擧前話。師云：「你還肯也無？」對云：「作摩生肯？」師云：「作摩生說不肯底道理？」對云：「什摩生問〔三〕！師將境示人。」師云：「是你從西禪与摩来到這裏，過却多少林木，惣是境。你因什摩不不肯，只得不肯拂子？」僧無對。因此師云：「盡乹坤是一个眼，是你諸人向什摩處放不淨？」慶對云：「和尚何得重重相欺！」

〔一〕未：景德傳燈錄、雪峰禪師語録等並作「迷」。

〔二〕西禪：景德傳燈錄、傳燈玉英集、雪峰語錄及廣錄並作「西山」。

〔三〕什麽生：意同「甚生」。本書卷一〇玄沙和尚章第一四節：「什麽生桑梓之能！」，玄沙廣録上作「甚生桑梓之能！」

有人持此語舉似趙州。趙州云：「上座若入閩，寄上座一个鍬子去。」翠嵒持師語舉似踈山。踈山云：「雪峯打二十捧，推向屎坑裏著。」翠嵒云：「和尚与摩道，豈不是打他雪峯過？」踈山云：「是也。」嵒云：「眼又作摩生？」踈山云：「不見心經云『無眼、耳、鼻、舌、身、意』？」嵒不肯，云：「不是，和尚。」踈山無言。

29 師問僧：「什摩處人？」云：「磁州人。」師曰：「見説磁州出金，還是也無？」對曰：「不敢。」師曰：「還将得来也無？」對云：「将来。」師云：「若将来，則呈似老僧看。」僧展手。師唾之。又問別僧：「什摩處人？」對云：「磁州人。」師曰：「見説磁州出金，還是也無？」對曰：「不敢。」師展手云：「把将金来！」僧便唾之。師便摑三五下。師問僧：「名什摩？」「惠全。」師云：「汝得入處作摩生？」對曰：「共和尚商量了也。」師云：「什摩處是商量處？」對云：「什摩處去来？」師曰：「汝得入處，更作摩生？」僧無對，被棒。師舉似長慶。長慶云：「前頭兩則也有道理，後頭無主在。」

30 師問：「什摩處来？」對曰：「藍田来〔二〕。」師曰：「何不入草？」長慶聞舉云：「嶮！」

〔二〕田：原爲破字。

31　有僧辤，師問：「什麼處去？」僧曰：「浙中礼拜徑山去〔一〕。」「忽然徑山問汝，向他道什麼？」對云：「待問則道。」師打之。師問鏡清：「者個師僧過在什麼處？」清云：「徑山問得徹困也〔二〕。」師笑云：「徑山在浙中，因何問得徹困？」清云：「不見道『遠問近對』？」師頌曰：

「君覓路邊花表柱，天下忙忙惣一般。
琵琶拗捩隨手轉，廣陵妙曲无人彈。
若有人能解彈得，一彈彈盡天下曲。」

32　常敬長老初參時云：「休經罷論僧常敬等參。」師當時不造聲。明日早朝来不審。師云：「休經罷論僧常敬在麼？」敬便出来。師云：「老僧喚休經罷論僧常敬，關公什麼事！」敬云：「明君有詔，臣無不現。」師云：「適来詔不詔？」對云：「詔。」師便喝出。

33　師有頌曰：

「世中有一事，奉勸學者取，
雖無半錢活，流傳歷劫富〔三〕。

〔一〕浙：原作「淅」，形近致譌；本章下同。
〔二〕此句景德傳燈錄、雪峰語録、廣錄作「問徑山得徹困也」；宗門統要、聯燈會要、五燈會元作「問得徑山徹困也」。
〔三〕富：原爲破字。

登天不借梯，遍地無行路，
包盡乾坤處，禪子火急悟。
寅朝不肯起，貪座昏黃晡，
魚被網裹却，張破獦師肚〔二〕。」

34 朗上座問：「滿目是生死？」師云：「滿目是什摩？」上座便大悟。

35 常敬長老問：「元正一旦，万物唯新。未審真王還度春也無？」師云：「四相年老轉，真王不度春。」敬云：「十二時中将何侍奉？」師云：「觸食不受。」云：「忽然百味珎饌来時作摩生？」師云：「太与摩新鮮生！」

36 師入佛殿，見經案子，問玄沙〔三〕：「是什摩經？」對云：「花嚴經。」師云：「老僧在仰山時，仰山拈經中語問大衆：『刹說、衆生說，三世一切說』，為什摩人說？無人對。云：『養子代老。』借此問闍梨，闍梨作摩生道？」玄沙遲疑。師却云：「伱問我，我与伱道。」玄沙便問。師便向面摋身云：「摑！摑！」

報慈拈問卧龍：「話是仰山話，舉是雪峯舉。為什摩雪峯招摑？」龍云：「養子代老。」慈

〔二〕張：雪峰語錄作「脹」，廣錄作「漲」。獦：雪鋒語録作「獵」。
〔三〕沙：原作「砂」；下同。

云：「打草驚虵。」

37 師見僧云：「會摩？」對云：「不會。」師云：「老僧不出頭，為什摩不會？」

38 師問僧：「伱還有父母摩？」對云：「有。」師云：「吐却著！」別僧云：「無。」師云：「吐却著！」又別僧云：「和尚問作什摩？」師云：「吐却著！」

39 師示衆云：「明鏡相似，胡来胡現，漢来漢現。」有人舉似玄沙。玄沙云：「明鏡来時作摩生？」其僧却歸雪峯，舉似玄沙語。師云：「胡漢倶隐也。」其僧却歸玄沙，舉此語。玄沙云：「山中和尚脚根不踏實地〔一〕。」又時玄沙上雪峯，師收一脚，獨脚而行。沙問：「和尚作什摩？」師云：「脚根不踏實地婆！」

40 師示衆云：「我尋常道『鈍漢』，還有人會摩？若也有人會，出来呈似我，我与伱證明。」時有長生出来云：「覰面峻？臨機俊？」師云：「老子方親得山僧意。」順德云：「打水魚頭痛。」師云：「是也。」

41 師上堂云：「某甲共嵒頭、欽山行脚時，在店裏宿次，三人各自有願。嵒頭云：『某甲從此分襟之後，討得一个小舡子，共釣魚漢子一處座，過却一生。』欽山云：『某甲則不然。在大州内，節

〔一〕脚根：景德傳燈錄、五燈會元作「脚跟」；下同。

度使与某礼，為師處分，著錦襖子，坐金銀床，齋時金花楪子、銀花楪子，大盤裏如法排批喫飯〔一〕，過却一生也。』某云：『某甲十字路頭起院，如法供養師僧。若是師僧發去，老僧提鉢囊、把柱杖送他；他若行數步，某甲喚：『上座！』他若迴頭，某甲云：『途中善為！』」自後喦頭、欽山果然是不違於本願，只是老僧違於本志，住在這裏，造得地獄相滓。」

42 又云：「江西、湖南，東蜀、西蜀，惣在這裏。」當時無人出問。師教僧問。其僧出来礼拜，問：「未審這裏事如何？」師云：「入地獄去！」

有人拈問報慈：「先師与摩道，意作摩生？」慈云：「閻老断望。」

43 問：「古人有言：『欲得不招無間業，莫謗如来正法輪。』如何得不謗去？」師云：「入地獄去！」問：「如何是涅槃？」師云：「入地獄去！」

44 師示衆云：「譬如世間兩个君子，一个君子從南方来，一个君子從北方来，廣野之中相逢。南来君子問北来君子：『何姓？第幾？』北来君子便揖。南来君子云：『某甲行五常之礼，過在於何？』北来君子云：『某甲早是不著便。』諸和尚若領這个況喻，住山也得，住城隍也得。」

45 師遊西院了，歸山次，問泯典座：「三世諸佛在什摩處？」典座無對。又問藏主，藏主對

〔一〕 盤：原作「槃」。

云：「不離當處常堪然〔一〕。」師便唾之。師云：「你問我，我与你道。」藏主便問：「三世諸佛在什摩處？」師忽然見有个猪母子從山上走下來，恰到師面前。師便指云：「在猪母背上。」

46 師又時問：「僧堂中有一千餘人，爭委得他是龍是虵，又不通个消息？」長慶云：「有个沁水杖子。」師云：「汝道我這裏作摩生？」慶放身作倒勢。師云：「這个師僧！患風去也。」

47 潙山与仰山一夜語話次，潙山問仰山：「子一夜商量，成得什摩邊事？」仰山便一劃。潙山云：「若不是吾，洎被汝惑。」有人問長慶：「仰山一劃，意作摩生？」便竪起指。又問順德。順德又竪起指。其僧云：「佛法不可思議，千聖同轍。」其僧又舉似師。師云：「兩个惣錯會古人事。」其僧却問師。師云：「只是个橫事。」

48 師初出家時，儒假大德送三首詩：

「光陰輪謝又逢春，池柳亭梅幾度新。
汝別家鄉須努力，莫将辜負丈夫身。」

又云：

「鹿羣相受豈能成，鸞鳳終須万里征。
何況故園貧与賤，蘓秦花錦事分明。」

〔一〕堪然：疑爲「湛然」之訛。

又云：

「原憲守貧志不移〔二〕，顏回安命更誰知？

嘉禾未必春前熟，君子從来用有時。」

49 師問僧：「什摩處来？」對云：「不涉途中。」師云：「咄！這蝦蟆叫。」

50 又問僧：「什摩處来？」對云：「江西来。」師曰：「什摩處逢達摩？」對云：「非但達摩，更有亦不逢。」師云：「有達摩不逢？無達摩不逢？」對曰：「不逢，說什摩有無！」師云：「既不說有無〔三〕，你何道不逢？」僧無對。

51 師示衆曰：「南山有鼈鼻蛇，是你諸人好看取！」衆無對。

慶代云：「和尚与摩道，堂中多有人喪身失命。」

玄沙代云：「要那南山作什摩？」

暉和尚頌曰：

「雪峯養得一條蛇，寄著南山意若何？

不是尋常毒惡物，參玄須得會先陁。」

〔二〕原憲：原作「憲原」，誤倒。

〔三〕既：原爲破字。

報慈和：

「勸君嶮處好看蚫，衝著臨時爭奈何？

欲得安身免負物，向南看北正先陁。」

52 師指樹幢子問長慶：「古人道：『見色便見心，心外無餘。』你還見樹幢子不？」對云：「見什摩？」師云：「孤奴！」慶云：「不孤，和尚。」師云：「你道不孤，我道孤。」慶退三步而立。師云：「你問我，我与你道。」慶便問：「和尚見樹幢子不？」師云：「更見什摩？」」

53 問：「目擊相扣，不言教摝者如何〔一〕？」師云：「弥也要急相投〔二〕。」

54 又值盲人。師云：「我盲，我盲。」

55 師平生厚心接物，行坐垂機。自天祐丙寅之間〔三〕，衆上一千七百，閩王四事供須，不替終始。開平二年戊辰歲五月二日夜三更初遷化，春秋八十七，僧夏五十九，出世三十九年。勑謚真覺大師、難提之塔。

〔一〕教摝：或作「勃訴」、「悖素」；祖庭事苑卷六：「『悖素』亦方言，謂摸摝。」又見卷一六潙山和尚章。

〔二〕弥也：疑爲「弥陀」之訛。

〔三〕天祐：原作「天祜」；天祐爲唐哀帝李柷年號；丙寅當九〇六年。

碑誌

黄滔福州雪峰山故真覺大師碑銘(黄先生文集卷五、全唐文卷八二六)

傳記

雪峰真覺大師年譜(附雪峰語錄卷下、許懃雪峰寺志卷三)、雪峰真覺大師紀年錄(日本松ケ岡文庫藏)、宋高僧傳卷一二、錢易南部新書癸卷、祖庭事苑卷七、隆興編年通論卷二八、陳振孫直齋書錄解題卷一二、佛祖歷代通載卷一八、釋氏通鑑卷一一、一二、釋氏稽古略卷三、六學僧傳卷七、賢奕編卷三、宗統編年卷一三、一五、一六、十國春秋卷九九、廖必奇等(康熙)莆田縣志卷三二、郝玉麟等(雍正)福建通志卷六〇方外、嵇曾筠等(雍正)浙江通志卷一九八仙釋、徐景熹等(乾隆)福州府志卷七一釋老、懷蔭布等(同治)泉州府志卷六五釋衲、龔嘉儁等(光緒)杭州府志卷一七一方外、沈瑜慶等福建通志福建高僧傳卷一)。

著作

林弘衍編雪峰真覺禪師語錄三卷、雪峰真覺大師廣錄三卷(日本旭傳院岸澤文庫藏)。

資料

1 黄滔撰碑銘、宋高僧傳卷一二、景德傳燈錄卷一六、祖源通錄撮要卷四、祖庭事苑卷七雪峰條、五燈會元卷七、雪峰語錄卷上、雪峰廣錄卷上、十國春秋卷九九。

2 景德傳燈錄卷一五德山章、祖源通錄撮要卷四、宗門統要卷八、建中靖國續燈錄卷一、禪門拈頌集卷一九、五燈會元卷七德山章、雪峰語錄卷上、雪峰廣錄卷上。

4 聯燈會要卷二一、雪峰語錄卷上、雪峰廣錄卷上。

5 景德傳燈錄卷一六、宗門摭英集卷上、禪門拈頌集卷二〇、五燈會元卷七、雪峰語錄卷上、雪峰廣錄卷上。

6 景德傳燈錄卷一六、禪門拈頌集卷二〇、五燈會元卷七、雪峰語錄卷上、雪峰廣錄卷上。

7 景德傳燈錄卷一六、傳燈玉英集卷八、宗門摭英集卷上、五燈會元卷七、雪峰語錄卷上、雪峰廣錄卷上。

8 9 10 11 景德傳燈錄卷一六、五燈會元卷七、雪峰語錄卷上、雪峰廣錄卷上。

12 景德傳燈錄卷一六、傳燈玉英集卷八、五燈會元卷七、雪峰語錄卷上、雪峰廣錄卷上。

13 景德傳燈錄卷一六、大光明藏卷下、五燈會元卷七、雪峰語錄卷下。

14 景德傳燈錄卷一六、聯燈會要卷二六王延彬章、五燈會元卷七、雪峰語錄卷上、雪峰廣錄卷上。

15 景德傳燈錄卷一六、宗門統要卷九長慶章、五燈會元卷七、雪峰語錄卷上、雪峰廣錄卷上。

17 雪峰語錄卷下偈語、雪峰廣錄雪峰真覺大師偈頌。

18 景德傳燈錄卷一六、傳燈玉英集卷八、宗門摭英集卷上、宗門統要卷八、聯燈會要卷二、五燈會元卷七、雪峰語錄卷上、雪峰廣錄卷上。

20 景德傳燈錄卷一八玄沙章、宗門統要卷九玄沙章、聯燈會要卷二三玄沙章、禪門拈頌集卷一九、五燈會元卷七玄沙章、雪峰語錄卷上、雪峰廣錄卷上、玄沙廣錄卷下。

22 景德傳燈錄卷一六、傳燈玉英集卷八、五燈會元卷七、雪峰語錄卷上、雪峰廣錄卷上。

23 景德傳燈錄卷一六、雪峰語錄卷上、雪峰廣錄卷上。

25 景德傳燈錄卷一六、五燈會元卷七、雪峰語錄卷上、雪峰廣錄卷上。

26 33 35 雪峰語錄卷上、雪峰廣錄卷上。

28 景德傳燈錄卷一〇蘇州西禪章、傳燈玉英集卷五蘇州西禪章、五燈會元卷四蘇州西禪章、雪峰語錄卷上、雪峰廣錄卷上、趙州錄卷下。

29 30 景德傳燈錄卷一六、五燈會元卷七、雪峰語錄卷下、雪峰廣錄卷下。

31 景德傳燈錄卷一六、宗門統要卷八、聯燈會要卷二一、五燈會元卷七、雪峰語錄卷下、雪峰廣錄卷下、偈語、雪峰廣錄雪峰真覺大師偈頌。

39 景德傳燈錄卷一八玄沙章、宗門統要卷八、聯燈會要卷二一、禪門拈頌集卷二〇、大光明藏卷下、五燈會元卷七玄沙章、雪峰語錄卷下、雪峰廣錄卷下、玄沙廣録卷上。

51 景德傳燈錄卷一八長慶章、宗門統要卷八、聯燈會要卷二一、禪門拈頌集卷一九、大光明藏卷下、五燈會元卷七玄沙章、雪峰語錄卷下、雪峰廣錄卷下、玄沙廣錄卷上。

55 黃滔撰碑銘、宋高僧傳卷一二、景德傳燈錄卷一六、祖庭事苑卷七、雪峰語錄卷下、雪峰廣錄卷下、十國春秋卷九九。

祖堂集卷第七

祖堂集卷第八

石頭下卷第五曹溪第六代法孫

八四　雲居和尚道膺，?—九〇二

1　雲居和尚嗣洞山，在洪州。師諱道膺，姓王〔一〕，幽州薊門玉田人也。師居齠齔，岐嶷生知，匪狎竹馬之朋，卓有乘羊之譽。年二十五，於幽州延壽寺受戒。初習毗尼，喟然歎曰：「大丈夫兒焉局小道而晦大方！」遂納衣杖錫，俓訪翠微，一沐玄津，三移星律。因宴止石室，俄見二使頳素異裳，曰：「師其南訪，必遇奇人。」果有毳侶自洪湖而至，舉洞山大師當世宗匠。師乃攝衣而造洞山。洞山大師格高調古，言簡旨玄。師一至，畢其儀敬。

2　洞山問：「闍梨名什摩？」師稱名「專甲」。洞山云：「向上更道。」師云：「向上道則不名專甲。」洞山云：「如吾在雲喦時祇對無異。」遂則朝詢夕惕，勵志懷氷，効赤水以求珠，踵溫生之目擊。

〔一〕姓王：聯燈會要作「壬氏子」。

3 有因一日問洞山：「如何是祖師意？」洞山云：「闍梨他後住一方時，忽有人問，作麼生向他道？」師云：「專甲罪過。」

4 洞山又問師：「我聞思大和尚向倭國作王，虛實？」師云：「若是思大，佛亦不作，豈況國王乎？」洞山嘿然許之。自是密領玄旨，聞所未聞，更不他遊，學心併息。初住三峯，後住雲居。鍾陵大王仰德高重〔一〕，慇懃異常，為奏紫衣、師號。師再三堅止。由是法軒大敞〔二〕，玄教高敷〔三〕，十五餘年，春秋不減千有餘衆。

5 師每上堂云：「夫出家人，但據自己分上決擇，切不得分外。到者裏合作麼生行李？身上被什麼衣服？喫什麼飯食？合作什麼聲音？身被高上衣，須取高事〔四〕。道介千鄉万里行脚來，為個什麼事？更向這裏容易過，則知不得。莫為小小因緣妨於大事。大事未辦，日夜故合因修〔五〕，所以道：『如對尊嚴，長須得兢兢底。』決擇之次，如履輕冰；勤求至道，如救頭然。更有什麼餘暇？

〔一〕鍾陵大王：指鍾傳；鍾陵即洪州，新唐書鍾傳傳：「僖宗擢傳江西團練使，俄拜鎮南節度使，檢校太保，中書令，爵潁川郡王，又徙南平。」晏殊雲居山重修真如禪院碑記作「南平王鍾傳」。

〔二〕敞：原作「敝」；佛光大藏經禪藏本、吳福祥本均校作「敞」。

〔三〕玄：原版漫漶，據高麗大藏經補遺本校定。

〔四〕「高」下疑脱「上（尚）」字。

〔五〕修：疑爲「循」字之訛。

如火逼身，便須去離； 一切事来，惣須向這裏邏羅取。 頭頭上須及〔一〕，物物上須通。 若有毫髮事及不盡〔二〕，則被沉累〔三〕，豈況於多？ 道伱一步纔失，便須却迴一步。 若不迴，冥然累劫，便是隔生隔劫、千生万生。 事祇為一向。 若向這裏不得，万劫千生著鈍。」

6 問：「如何是曩劫事？」師云：「祇在如今。」僧曰：「如今作摩生？」師云：「不見有曩劫事。」

7 師上堂，只在繩床邊立，大衆亦在一畔立。 良久，便歸去。

8 俗士問僧：「某甲家中有一个鐺子，尋常煮飦，三人喫不足，千人食有餘。 上座作摩生？」僧無對。 師代云：「爭則不足，讓則有餘。」

9 有尚書問：「古人有言：『世尊有密語，迦葉不覆藏。』如何是世尊有密語？」師喚：「尚書！」尚書應喏。 師云：「還會摩？」尚書云：「不會。」師曰：「汝若不會，世尊有密語； 汝若會，迦葉不覆藏。」

10 師問僧：「伱名什摩？」對云：「行密。」師云：「是什摩行得与摩密？」僧無對。 師代

〔一〕 須及：禪林僧寶傳、聯燈會要、五燈會元並作「須了」。

〔二〕 及不盡：「及」原作「乃」；上疑脱「去」字。 禪林僧寶傳卷六：「若有一毫髮去及不盡，即被塵累。」「去及」連文，意爲去掉。

〔三〕 沉，「塵」通。

云：「雖則如此，有人未許專甲在。」

11 師示衆云：「如人將一百貫錢買得獵狗，只解尋得有蹤跡底。忽遇靈羊掛角，莫道蹤跡，氣也不識。」僧便問：「靈羊掛角時如何？」師云：「六六三十六。」又云：「會麼？」對云：「不會。」師云：「不見道『無蹤跡』？」

僧舉似趙州。趙州云：「雲居和尚猶在。」僧便問趙州：「靈羊掛角時如何？」州云：「六六三十六。」

12 問：「大肯底人与大捨底人是一是二？」師云：「是二。」僧曰：「阿那个是輕？阿那个重？」師云：「太肯是重，大捨是輕。」僧曰：「大肯底人為什麼却重？」師云：「此人見自己向上事似不淨物，所以不落功勳邊；大捨底人則不見有身，則是也，所以屬向去功勳邊事，豈不是輕？」

13 問曰：「達摩未来時在什麼處？」師荅曰：「只在這裏。」進曰：「為什麼不見？」師曰：「過西天去。」

14 問曰：「於耳不聞、於眼聞聲時如何？」師曰：「眼還聞也無？」對曰：「聞者不是眼。」師自代曰：「眼聞非眼。」

15 問：「被三衣即這邊人，那邊人事作麼生？」師云：「那邊人被什麼衣服？」學人不會。師云：「不闕。」學人云：「不闕底事作麼生？」師云：「生生不揀。」

16 有僧問：「愡無人時，和尚還說話也無？」師曰：「未曾停此時。」進曰：「什麼人得聞？」師曰：「不説者得聞。」進曰：「師還聞也無？」師云：「聞即不説。」

17 問：「遊子歸家時如何？」師云：「且喜得歸来。」進曰：「將何奉獻？」師云：「朝打三千，暮打八百。」

18 有人問：「如何是清淨茄藍〔一〕？」師曰：「合著什摩人？」僧無對。自代：「不是不著，渠不坐圓位。」

19 有人問：「大業底人，為什摩閻羅天子覓不得？」師云：「是伊解藏身。」進曰：「忽然投著時作摩生？」「喫拳，喫趯。」

20 師示衆云：「孤迥且巍巍。」僧云：「便請。」師云：「孤迥且巍巍〔二〕。」「學人不會。」師云：「是你面前安山〔三〕，豈不會？」

21 師問僧：「什摩處去来？」對曰：「山下去来。」師云：「草還青也無？」對曰：「青也。」師云：「牛還喫也無？」僧無對。自代云：「有餘，有餘。」躰云〔四〕：「不希望。」又云：「自足即是。」

〔一〕茄、「伽」通。
〔二〕且：原作「旦」；景德傳燈録作「峭」。
〔三〕安：原作「桉」。景德傳燈録作「面前桉小也不會」。
〔四〕躰：張華謂「疑爲體禪師，參本集卷一〇長慶章有體師叔。」體師叔指福州芙蓉山如體，見景德傳燈録卷一九。

22 有人問：「二祖截臂，當為何事？」師云：「不為少少苦。」進曰：「求還得也無？」師云：「此身當射。」

23 師臨順世時，師問侍者：「今日是幾？」侍者云：「三日。」師云：「三十年也只這个是。」

24 有人問：「不出戶者如何？」師云：「不著事。」進云：「為什摩不著事？」師云：「不出戶，不著事。」又云：「此是理用也。」

25 問：「不逢不遇時如何？」師云：「也大屈在。」僧云：「得遇得逢時如何？」師云：「也大屈在。」進曰：「既得遇得逢，為什摩却成屈？」師云：「千劫不過来。」僧曰：「与摩則不逢不遇即是也。」師云：「路上行人絶。」

保福拈問困山〔二〕：「古人道：『得逢得遇亦是屈，不逢不遇亦是屈。』不逢不遇時屈則且從，得逢得遇，為什摩却是屈？」困山云：「上座行脚底事作摩生？」保福不肯，自云：「從来合作摩生？」又代前云：「且行脚去。」

26 問：「文殊丈釼〔三〕，擬殺何人？」師云：「動者先死。」僧曰：「万里無寸草處作摩生？」

〔二〕困山：原作「困山」，下同。困山即福州安國院弘瑫，與保福從展同爲雪峰義存法嗣，並見景德傳燈錄卷一九。「困山」無考。本書四見「困山」，均作「困山」；另二例出卷一一保福和尚章。

〔三〕丈，「仗」通。

師云：「誰人受殺？」僧曰：「不弁生死底人作摩生？」師云：「不由人。」

27 問：「古人道：『佛不會道，我自修行。』如何是佛不會道？」師云：「佛与衆生惣不會。」進曰：「是什摩人會？」師云：「是闍梨會。」僧云：「和尚道闍梨是什摩人？」師云：「非佛不衆生者。」

28 問：「純石之山，草從何生？」師云：「不理則不乱。」僧云：「忽然片雲来時如何？」師云：「莫視。」僧云：「与摩則空然也。」師云：「何必！」

29 同安問：「重玄不到處如何？」師云：「向上事作摩生？」安云：「則非重玄。」師云：「不得。」同安不肯。在後收過，改前語云：「誰言到不到？」

30 撫州刺史便問圓長老：「只如國王、大臣未曾見有小福，未審曾供養什摩人来？」長老云：「曾供養佛。」刺史云：「有佛則供養，未有佛時供養什摩人？」長老無對。師代云：「賢者不隱。」

報慈代云：「未有佛時何不問吾〔一〕？」

31 問：「舉目便知意時如何？」師云：「什摩生事？」

32 問：「欲採寶珠時如何？」師云：「漂入羅刹鬼國。」僧曰：「大慳惜生！」師云：「自是伱無分。」

〔一〕吾：原作「五」，破損缺下半。

33　因兵馬入雲居山，衆僧捻走，唯有師端然不動。統軍使不礼拜而對坐，便問：「世界什麼時得安？」師云：「待將軍心足。」統軍便礼拜為師。

34　問：「松生三寸時如何？」師云：「不從他得。」僧云：「直拔雲霄時如何？」師云：「不是本来身。」進云：「還假四時也無？」師云：「不涉諸有。」

35　問：「不假言句，還達本源也无？」師云：「問取与摩人。」僧對云：「只今現問。」師云：「更討一問。」

36　有僧問：「三千里外久嚮雲居，三千里內事如何？」師云：「三千里內盡是真如。」進曰：「如何是真如？」師云：「三千，三千。」

37　問：「雪山六年苦行，當為何事？」師云：「自立其志，万法不依。」僧曰：「明星出時，當何所見？」師云：「都無所見。」僧曰：「作何功課則得外道歸心？」師云：「一切俱息。」進曰：「著弊垢衣，彼中消息如何？」師云：「轉高去也。」僧曰：「与摩則現化勸機也。」師云：「不将為有。」

38　問：「古人道：『我這裏有刮骨禪。』身也無，如何刮？」師云：「直須刮。」僧曰：「髓也無，如何刮？」師云：「始得刮。」僧曰：「刮後如何？」師云：「則非骨髓。」

39　佛日問：「二龍爭珠，誰是得者？」師云：「捨却業身來。」佛日云：「業身已捨。」雲居便云：「珠在什麼處？」佛日無對。佛日別時依前舉：「某甲比来問和尚：業身已捨，珠在什麼處？

与摩排批，和尚便奪，某甲道不得。忽有人問：『業身已捨，珠在什摩處？』和尚作摩生道？」師云：「轉頭則不得。」又云：「更有嗦路作摩生〔一〕？」佛日無對。師云：「誰求珠者？」

40 師示衆云：「十度擬發言，九度却休去。為什摩却如此？只恐你諸人無利益。」長慶聞舉，別云：「十度擬發言，十度却休去。莫道諸人無利益。」僧問長慶：「古人道：『十度擬發言，九度却休去。』古人為什摩却如此？」慶便摑之。

41 又云：「這个是布袋和尚真。」又云：「更有一路，汝自看。」

42 問：「牛頭未見四祖時如何？」師云：「在。」僧云：「見後如何？」師云：「忘却也。」

43 問：「『相逢欲相識，脉脉不能言』時如何〔二〕？」師云：「適來泊道得。」

44 自餘玄要，此不盡彰。天復元年辛酉歲秋，忽有微疾。至十二月上旬，累有教令。至二十八日夜，主事及三堂上座參省，師顧視云：「汝苐在此，粗知遠近；生死尋常，勿以憂慮；斬釘截鐵，莫違佛法；出生入死，莫負如来。事宜無多，人各了取。」至二年壬戌歲正月二日，問侍者：「今日是幾？」云：「新歲已二。」師曰：「吾出世来恰三十年，亦可行矣。」三日寅時終焉〔三〕。

〔一〕嗦：疑爲「索」字之譌，誤添「口」旁。

〔二〕此處用寒山詩，原句爲「相逢欲相喚，脈脈不能語」（項楚寒山詩注第三三八頁，中華書局，二〇〇〇年）。

〔三〕佛祖通載作天復元年卒。

碑誌 晏殊雲居山重修真如禪院碑記（雲居山志卷七）、張大猷雲居開山緣起記（同上）。

傳記 元偉雲居和尚示化實録（佚，見崇文總目）、宋高僧傳卷一二、惠洪題雲居弘覺禪師語錄（石門文字禪卷二五）、禪林僧寶傳卷六、祖庭事苑卷七雲居條、隆興編年通論卷二八、釋氏通鑑卷一一、佛祖歷代通載卷一七、釋氏稽古略卷三、六學僧傳卷七、宗統編年卷一五、一六、釋元鵬雲居山志卷三住寺、謝旻等江西通志卷一〇五仙釋、湖作柄道膺禪師傳（雲居聖水寺志卷四）、釋湛等雲居聖水寺志卷二祖師。

著作 偈一首（聯燈會要卷二二、五燈會元卷一三）、雲居弘覺禪師語錄（佚，見惠洪題雲居弘覺禪師語錄）

資料
1 宋高僧傳卷一二、景德傳燈錄卷一七、祖庭事苑卷七、禪林僧寶傳卷六、聯燈會要卷二二、五燈會元卷一三。
3 景德傳燈錄卷一七、聯燈會要卷二二、五燈會元卷一三，洞山錄。
4 宋高僧傳卷一二、景德傳燈錄卷一七、祖庭事苑卷七、聯燈會要卷二二、五燈會元卷一三、洞山錄。
9 景德傳燈錄卷一七、宗門統要卷八、聯燈會要卷二二、禪門拈頌集卷二一、五燈會元卷一三。
11 景德傳燈錄卷一七、宗門摭英集卷上、聯燈會要卷二二、五燈會元卷一三。
17 *20* 景德傳燈錄卷一七、五燈會元卷一三。
23 五燈會元卷一三。

40景德傳燈錄卷一七、聯燈會要卷二二、五燈會元卷一三。
44景德傳燈錄卷一七、祖庭事苑卷七、五燈會元卷一三。

八五　欽山和尚 文遂，生卒年未詳

1 欽山和尚嗣洞山。師諱文遂〔一〕。未覩行狀，莫窮姓族。武陵雷相公礼以接足，不替終始。

2 僧問：「如何是祖師西来意？」師曰：「梁公曲尺，志公剪刀。」

3 問：「『一切諸佛及諸法皆從此經出。』如何是此經？」師曰：「常轉。」僧問：「未審經中說什摩？」師曰：「有疑請問。」

4 師与卧龍、雪峯煎茶次，見明月徹坑水。師曰：「水清則月現。」卧龍曰：「無水清則月不現。」雪峯便放却坑水了，云：「水、月在什摩處？」

5 因將江寺僧乞錢。有人問：「乞錢作什摩？」云：「掘井錢。」「既是將江，掘井作什摩？」無對。師代云：「不飲衆流。」

6 師問道士：「為法来？為礼拜来？」對云：「為法来。」師云：「若為法来，不得坐。」道士問：「『龜言及細語，皆歸第一義。』如何是第一義？」師云：「汝是佛家奴，是不？」對云：「和

〔一〕遂：景德傳燈錄等並作「邃」。

尚太麁生！」師云：「第一義何在？」進云：「和尚莫通三教也無？」師云：「三教且致〔二〕，老君什摩時生？」對云：「混沌未分時生。」師曰：「混沌未分前事作摩生？」道士無對。師便打之。

傳記

祖庭事苑卷七欽山條、林間錄卷下、釋氏通鑑卷一二、徐象梅兩浙名賢錄外錄卷四、閩書卷一三六、宗統編年卷一七、沈瑜慶等福建通志 福建高僧傳卷一。

資料

1 景德傳燈錄卷一七、祖庭事苑卷七、五燈會元卷一三。

2 3 景德傳燈錄卷一七、大光明藏卷下、五燈會元卷一三。

4 景德傳燈錄卷一六巖頭章、宗門統要卷八巖頭章、聯燈會要卷二一巖頭章、五燈會元卷七巖頭章、雪峰語錄卷上、雪峰廣錄卷上。

6 五燈會元卷一三。

〔二〕 致，「置」通。

八六　中山和尚 道全？—八九四

1 中山和尚嗣洞山，在高安縣。師諱道全〔一〕。未覩行狀，不決終始。

2 師問洞山：「如何是出離之要？」洞山云：「闍梨足下煙生。」師便悟。後雲居進云：「与摩則不敢辜負和尚也。」大光進云：「与摩則不敢造次。」所以文寂讚第二和尚云〔二〕：「師聞擊耳之言，便息修證之路。」

3 問：「『清淨行者不入涅槃，破戒比丘不墮地獄〔三〕。』古人意旨如何？」師云：「度盡無遺影，還他越涅槃。」

4 問：「二龍爭珠，誰是得者？」師云：「衆類皆盡，但似目前。」僧曰：「与摩則二龍俱不得也。」師云：「非但二龍，千佛不得。」僧曰：「非佛還得也無？」師云：「得者不是明珠。」

〔一〕道全：禪門拈頌集作「道詮」。余靖筠州洞山普利禪院傳法記云：「中山全，姓宣氏，常州人。以其嘗居雋水之中山，故號中山和尚。」（武溪集卷九）

〔二〕寂：原作「家」，爲「寂」俗寫「家」之譌；高麗大藏經補遺本校作「衆」。

〔三〕破戒：文殊師利所説摩訶般若波羅蜜經卷上原句作「犯重」，引文上、下句倒置。

傳記　余靖筠州洞山普利禪院傳法記（武溪集卷九）。

傳記　宗統編年卷一六。

資料

1 景德傳燈錄卷一七、五燈會元卷一三、筠州洞山普利禪院傳法記。
2 景德傳燈錄卷一七、五燈會元卷一三、洞山錄。
3 景德傳燈錄卷一七、禪門拈頌集卷二二、五燈會元卷一三。

八七　曹山和尚本寂，八四〇—九〇一

1 曹山和尚嗣洞山，在撫州住〔一〕。師諱本寂，泉州莆田縣人也，俗姓黃〔二〕。少習九經，志求出家。年十九，父母方聽，受業於福唐縣靈石山〔三〕。年二十五，師方許受戒，而舉措威儀，皆如舊習，便雲遊方外。

〔一〕撫州：原作「杭州」；當爲「撫州」俗寫「抚州」之譌。
〔二〕聯燈會要作「張氏子」。
〔三〕宋高僧傳作「福州雲名山」。

2　初造洞山法筵，洞山問：「闍梨名什摩？」對曰：「專甲〔一〕。」洞山云：「向上更道。」師云：「不道。」洞山曰：「為什摩不道？」師云：「不名專甲。」洞山深器之。盤泊數年，密室承旨。

3　因一日辞去，洞山問：「什摩處去？」師曰：「不變異處去。」洞山曰：「不變異處豈有去也？」師云：「去亦不變異。」自尒之後，兀兀延時，依依放曠，非其道友，無得交言。穩不自由〔二〕；化緣將至，初住曺山，後居荷王〔三〕。

4　鐘陵大王嚮仰德高，再三降使迎請。師乃託疾而不從命。第三遣使去時，王曰：「此度若不得曺山大師来，更不要相見。」使奉旨到山，泣而告曰：「和尚大慈大悲，救度一切。和尚此度若也不赴王旨，弟子一門便見灰粉。」師云：「專使保無憂慮。去時貧道附一首古人偈上大王，必保無事。」偈曰：

「摧殘枯木倚青林，幾度逢春不變心。
樵客見之猶不顧，郢人那更苦追尋！〔四〕」

〔一〕祖源通録撮要作「耽章」，下同。

〔二〕穩：疑爲「隱」之譌。

〔三〕荷王：荷王觀，即荷玉寺；據五燈會元：「……尋值賊亂，乃之宜黃。有信士王若一，捨荷王觀請師住持，師更荷王爲荷玉。」又讀史方輿紀要卷一六：「曹山在宜黃縣北三十里，本名荷玉山。」

〔四〕此偈爲大梅法常和尚山居頌，見景德傳燈錄卷七大梅章、禪林僧寶傳、曹山錄等，文字略有不同。

使迴通偈，王遙望山頂礼曰：「弟子今生決定不得見曺山大師也。」如是二處法席咸二十年，參徒冬夏盈于二百三百。

5　師每上堂示誨云：「諸人莫恠曺山不説。諸方多有説成底禪師在，你諸人耳裏惣滿也。一切法不接不借，但与摩躰會，他家差別知解無奈闍梨何。天地洞然，一切事如麻如葦，如粉如葛，佛出世亦不奈何，祖出世亦不奈何。唯有躰盡，即無過患。你見他千經万論説成底事，不得自在，不超始終，盖為不明自己事。若明自己事，即轉他一切事為闍梨自己受用具。若不明自己事，乃至闍梨亦与他諸聖為緣，諸聖与闍梨為境。境、緣相涉，無有了時，如何得自由？若躰會不盡，則轉他一切事不去；若躰會得妙，則轉他一切事向背後為僮僕著。是故先師云：『躰在妙處。』莫將作等閑。到這裏不分貴賤，不別親踈，如大家人守錢奴相似。及至用時，是渠惣不得知東西。這裏便是不辯緇素〔一〕，不識清濁。若是下人出来著衣，更勝阿郎，奈何緣被人識得伊。專甲向諸人道：向去語則淨潔，事上語却不淨潔。且喚什摩作事上語？這裏没量大人弁不得。」

6　僧問：「學人自到和尚此間，覓个出身處不得。乞和尚指示个出身路。」師云：「闍梨曾行什摩路来？」云：「到這裏弁不得。」師云：「第一不得出身處。」

7　問：「古人道：『從苗弁地，從語識人。』只今語也，請師弁！」師云：「不弁！」僧曰：

〔一〕辯，「辨」通。

「為什摩不弁？」師云：「不見道：曹山好手！」

8 問：「魯祖面壁，用表何事？」師以手掩耳。

9 問：「無言如何現？」云：「莫向這裏現。」僧云：「向什摩處現？」師云：「昨夜三更失却三个錢〔一〕。」

10 問：「日未出時如何？」師云：「昔日曹山亦曾与摩来。」進云：「日出後如何？」師云：「猶欠曹山三月糧〔二〕。」

11 問：「古人面壁，當為何事？」師云：「『兩株嫩桂久昌昌〔三〕』。」

12 問：「承教中有言：『未出輪迴而弁圓覺，彼圓覺性則同輪迴。』如何是未出輪迴而弁圓覺？」師云：「如人在途説家事。」「如何是彼圓覺性則同輪迴？」師云：「宛然在途，不涉途程〔四〕。」「還有弁處也無？」師曰：「若有弁處則不圓。」「只如無弁處，還流轉也無？」師曰：「亦有流轉。」「如何流轉？」曰：「要且不團圞。」

〔一〕三个錢：景德傳燈錄等作「三文錢」。

〔二〕欠：疑爲「交」字之譌，假借「較」。此句景德傳燈錄作「猶較曹山半月糧」；聯燈會要、五燈會元等並作「猶較曹山三月糧」。

〔三〕久：原作「欠」；此句出般若多羅讖（見本書卷二第二十八祖菩提達摩和尚章）。

〔四〕程：原作「裎」。

13　問：「眉与目還相識也無？」師云：「不相識。」進云：「為什摩不相識？」師云：「為同在一處。」僧云：「与摩則不分也。」師云：「眉且不是目。」「如何是目？」師云：「端的去。」「如何是眉？」師云：「曹山却疑。」僧曰：「和尚為什摩却疑？」師云：「我若不疑，則端的去。」

14　問：「常在生死海中沉沒者是什摩人？」師云：「第二月。」僧曰：「還求出離也無？」師云：「也求出離，只是無路。」僧云：「出時什摩人接得伊？」師云：「擔鐵枷者。」

15　問：「朗月當空時如何？」師云：「猶是堦下漢。」僧曰：「請師接堦上。」師曰：「月落後相見。」

16　問：「罕如何假？」師云：「不希夷。」僧曰：「作何伱？」師曰：「不申哂。」僧曰：「与摩則零去也。」師云：「不申哂，零什摩？」

17　問：「一牛飲水、五馬不嘶時如何？」師云：「曹山孝滿。」

18　問：「於相何真？」師云：「即相即真。」僧曰：「當示何者？」師便提起坑子。

19　問：「國內按釼者誰？」師云：「曹山。」僧曰：「擬殺何人？」師曰：「但有一切惣殺。」云：「忽逢本生父母時作摩生？」師云：「揀什摩？」僧云：「爭奈自己何？」師云：「誰奈我何？」僧云：「為什摩不殺？」師云：「勿下手處。」

20 俗士問：「古人道『人人盡有』，弟子在塵濛，還有也無？」師過手来〔一〕，遂點頭指云〔二〕：「一二三四五，足。」

21 問：「古人有言：『未有一人倒地，不因地而起。』如何是地？」師云：「一尺二尺。」「如何是倒？」云：「肯即是。」「如何是起？」師云：「起也。」

22 問：「具何知解，善能對衆問難？」師云：「不呈言句。」僧曰：「既不呈言句，問難个什摩？」師云：「刀斧斫不入。」僧云：「解与摩問難，還更有不肯者也無？」師云：「有。」僧云：「是什摩人？」師云：「曺山。」

23 問：「幻本何真？」云：「幻本元真。」僧曰：「當幻何現？」師云：「即幻卽現。」僧曰：「与摩則始終不離幻也。」師云：「覓幻相不可得。」

24 僧問：「親近什摩道伴，即得常聞於未聞？」云：「共同一被盖。」僧云：「此猶是和尚得聞，如何是常聞於未聞？」師云：「不可同於木石。」僧曰：「何者在先？何者在後？」師云：「不見道：常聞於未聞？」

25 問：「古人道：『諸佛、諸祖不知有，狸奴、白牯却知有。』諸佛、諸祖為什摩不知有？」師

〔一〕「師」下疑脫「曰」字；景德傳燈錄作「師曰：『過手來。』乃點指」。
〔二〕「頭」字疑衍。

云：「佛為相似，祖為執印。」僧云：「狸奴、白牯知有个什摩？」師云：「知有狸奴、白牯。」云：「佛、祖為什摩相似、執印？」師云：「人無阻导，此中妙會。」

26 問：「教中有言：『殺一闡提，獲福無量。』如何是闡提？」師云：「起佛見、法見者。」云：「如何是殺？」云：「不起佛見、法見是殺。」師却問僧：「是明闡提？是暗闡提？」僧無對。師代云：「白裏肚，著皂襖。此意者起見是明，故云白；不起見者是暗，故云墨。」

27 師舉教中事問大衆：「『無問而自說，稱讚所行道。』作摩生是無問而自說？」云：「盡大地未有一人得聞。」師云：「雖然与摩，摘一个字，添一个字，佛法大行。」衆無對。師云：「盡大地未有一人不聞。」

28 師垂語云：「『此座高廣，吾不能昇。』未審喚作什摩座？」強上座對云：「喚作此座，早是觸污也。」師云：「還有昇得者也無？」對云：「有。」師云：「是什摩人？」對云：「不舉足者。」師曰：「昇得者莫便是座上人也無？」對云：「也是左右。」師云：「如何是座上人？」對云：「不昇此座。」師云：「既不昇，用座何為？」對云：「無則不得。」師云：「只如座，為當別有人？為復轉座為上身？」對云：「即轉座為上身。」師云：「如是，如是。」

29 師問僧：「從什摩處来？」對云：「從大光来。」師云：「来時光還現也無？」對云：「不現常現。」師云：「還照不？」對云：「不照。」師云：「大光何在？」僧無對。師云：「将謂是玉璽〔二〕，元来只是天南角。」師代云：「直得不照，始得大光。」

30 問：「古人道『得座被衣』，如何是得座？」師云：「不顧東西。」「如何是被衣？」師云：「去離不得。」僧曰：「是个什摩衣去離不得？」師云：「人人盡有底衣即是。」僧云：「既是人人盡有底，用被作什摩？」師云：「豈不見道：『起倒相隨，處處得活』？」僧云：「向後自看事如何？」師云：「不認被衣。」又云：「脱却衣来相見。」

31 問：「如何是『十年歸不得，忘却来時路』？」師云：「得樂忘憂。」僧云：「忘却什摩路？」師云：「十處即是。」僧曰：「還忘却本来路也無？」師云：「亦忘却。」僧云：「為什摩不言九年，要須十年？」師云：「若有一方不歸，我不現身。」

32 問：「教中有言：『童子捨全身，夜叉説半偈。』如何是童子捨全身？」師云：「失却端正。」「如何是夜叉説半偈？」「白雲縵荊棘。」「如何是失却端正？」師云：「只是失却少父便是。」

33 問：「玉殿苔生時如何？」答曰：「不居正位。」進曰：「八方来朝時如何？」云：「不受礼。」云：「与摩則何用来朝耶？」云：「違則斬。」曰：「違順是臣之分事。君意如何？」〔三〕云：

〔二〕玉：原作「王」；據高麗大藏經補遺本校定。
〔三〕此處原作「云違則暫違順是臣之分事云君意如何」，據宏智禪師廣錄、五燈會元、曹山錄等校改。

「樞密不得旨。」云：「与摩則治國之功全歸臣相去也。」云：「還知君性不？」對云：「外方不敢論。」

34 師問僧：「名什摩？」對云：「智輪。」師云：「智輪与法輪相去多少？」輪無對。邈公代云：「亦同亦不同。」紹公代云：「纖毫不隔。」強上座代云：「要近則近，要遠則遠。」師云：「作摩生是要近則近？」對云：「同轍載。」師云：「作摩生是要遠則遠？」云：「不同衆輻則是。」師云：「阿那个是先？」云：「不同衆輻者先。」師云：「如是，如是。」

35 問：「如何是法身主？」師良久。

36 問：「承先師有言：『學處不玄，流俗阿師。』如何是玄？」師云：「未問前。」僧云：「与摩莫便是玄也無？」師云：「玄則不是流俗阿師。」僧云：「如何是玄？」師云：「換口問来〔二〕。」

37 問：「三乘十二分教還有祖師意也無？」師曰：「有。」僧曰：「既有祖師意，又用西来作什摩？」師云：「只為三乘十二分教有祖師意，所以西来。」〔三〕

38 問：「如何是和尚家風？」師云：「問与摩醉漢作什摩？」又云：「不因闍梨問，曺山也不知。」

〔二〕口：原版漫漶，據禪文化研究所本校定。

〔三〕此則見景德傳燈錄卷一四藥山章，禪林僧寶傳、曹山錄示衆中均作藥山語。

39 問：「如何是異類？」師云：「異中不荅類。」又云：「我若向你道，驢年得異摩？」又云：「曺山只有一雙眉。」

40 問：「文殊為什摩仗釼於瞿曇？」師云：「為闍梨今時。」進曰：「如来為什摩却稱善害？」師云：「大悲覆護群生。」云：「未審殺盡後如何？」師云：「方識不死者。」僧云：「只如不死者為瞿曇是什摩眷屬？」師云：「与闍梨安名即得，只恐不成眷屬。」僧云：「時中如何給侍？」師云：「子當善害。」

41 問：「華嚴經云：『大海不宿死屍。』如何是大海？」云：「包含万有。」「如何是死屍？」師云：「絶氣者不著。」僧云：「既包含万有，絶氣者為什摩不著？」師云：「大海非其功，絶氣者有其德。」僧云：「未審大海還更有向上事也無？」師云：「道有道無即得，争奈龍王按釼何？」

42 師問僧：「手裏是什摩物？」對云：「佛頭上寶鏡。」師云：「既是佛頭上寶鏡，爭得到闍梨手裏？」僧無對。師代云：「諸佛却是厶甲兒孫。」

43 問：「古人道：『佛不會道，我自修行。』如何是佛不會道？」師云：「佛界裏無會。」石門云：「更會作什摩？」「如何是我自修行？」師云：「向上無事。」僧云：「只這个，別更有也無？」師云：「只這個，阿誰奈何？」

44 問：「大保任底人失一念如何〔一〕？」師云：「始得保任。」僧曰：「作大魔王時如何？」師云：「不見有佛。」云：「末後事如何？」師云：「佛亦不作。」

45 問：「作大利益底人還得相似不？」師云：「不得相似。」僧云：「為什摩不得相似？」師云：「不見道：作大利益？」僧云：「此人還知有尊貴也無？」師云：「不知有尊貴。」僧云：「為什摩不知有尊貴？」師云：「是伊未識曺山。」僧云：「如何是曺山？」師云：「不作大利益。」

46 問：「承甘泉有言：『牽耕人之牛，奪飢人之食。』如何是牽耕人之牛？」師云：「不与露地。」「如何是奪飢人之食？」師云：「去却醍醐。」

47 問：「承古人有言：『看時淺淺用時深。』淺則不問，如何是深？」師便叉手閇目。學人擬問，師云：「釼去遠兮，何必尅舟〔二〕？」

48 問：「如何是玄？」師云：「何不早問？」云：「如何是玄中又玄？」師云：「故有一人在。」

49 問：「承師舉新豐有言：『一色處有分不分之理。』如何是分？」師云：「不同於一色。」僧曰：「与摩則不從今日去也。」師曰：「是也。」「如何是不分？」師云：「無弁處。」僧曰：「只如

〔一〕失：原作「夫」，當爲破字。
〔二〕尅、「刻」通。

無弁處，這裏豈不是父子通為一身？」師云：「是。汝還會摩？」僧云：「正當一色時無向上。」師曰：「向上本来無一色。」云：「只如一色，還是宗門中意旨不？」師云：「不是。」僧云：「既不是，為什摩人說？」云：「我只爲宗門中無人承當，所以為這个人說。」僧云：「与摩則有頓有弱去也。」師云：「我若說頓說弱，則落那邊去也。」僧云：「宗門中事如何承當？」師云：「須是其中人。」「如何是其中人？」師云：「我自住此山来，未曾遇見其中人。」僧云：「今時無其中人，和尚遇古人時如何承當？」師云：「不展手。」僧云：「古人意旨如何？」師云：「闍梨但莫展手也。」僧云：「与摩時和尚還分付也無？」師云：「古人罵汝。」

50　問：「如何是無刃之劍？」師云：「非烹鍊之所成也〔一〕。」僧云：「用者如何？」師云：「来者皆盡。」僧云：「不来者如何？」師云：「亦須盡也。」僧云：「不来者爲什摩却須盡也？」師云：「不見道：能盡一切？」僧云：「盡後如何？」師云：「方知有此劍。」

51　僧問：「如何是沙門相？」云：「盡眼看不見。」「還被搭也無？」云：「若被搭，則不是沙門相。」「如何是沙門行李處？」云：「頭上戴角，身著毛衣。」「此人得什摩人力，則得如此？」云：「終日得他力，只是行不住。」「此人以何為貴？」云：「頭上不戴角，身上不被毛。」

52　師自天復元年辛酉歲夏中，忽有一言：「雲嵒師翁年六十二，洞山先師亦六十二，曺山今年

〔一〕烹：聯燈會要等均作「淬」。

亦是六十二也，好趂讀作一解子。」至閏六月十五日夜，問主事曰：「今日是何日月？」對云：「閏六月十五日。」師云：「曹山一生行脚，到處只管九十日為一夏。」至来日辰時，師當化矣〔二〕。春秋六十二，僧夏三十七。勑謚元證大師矣。

碑誌

南嶽玄泰撰碑銘（佚，見宋高僧傳卷一三）。

傳記

宋高僧傳卷一三、祖庭事苑卷七、禪林僧寶傳卷一、林間錄卷上、下、釋氏通鑑卷一一、釋氏稽古略卷三、六學僧傳卷八、閩書卷一三七、宗統編年卷一三、一五、一六、廖必奇等莆田縣志卷三二、謝旻等江西通志卷一〇四仙釋、釋曇現等靈石寺志卷三僧寶志、沈瑜慶等福建通志福建高僧傳卷一。

著作

曹山寂禪師語（續古尊宿語要卷二）、語風圓信、郭凝之編撫州曹山本寂禪師語錄（五家語錄）、玄契編撫州曹山本寂禪師語錄、慧印校撫州曹山元證禪師語錄、對寒山子詩注（佚，見宋高僧傳卷一三）、綱要偈三首（禪林僧寶傳卷一、林間錄卷上、續古尊宿語要卷二）、示學者頌二首之二（續古尊宿語要卷二）、偈一首（禪林僧寶傳卷一、五燈會元卷一三）、題廊壁（莆風清籟集卷四八）、寶鏡三昧歌、示紙衣道者頌、讀傳大士法身偈後作偈、

〔二〕佛祖統紀作天復三年卒。

僧舉香嚴語示頌（並見禪林僧寶傳卷一）、五位偈、四禁偈（並見五燈會元卷一三、人天眼目卷三）、頌一首（本書卷二〇隱山和尚章）。

鏡島元隆譯註曹山寶鏡三昧歌（世界古典文學全集禪家語録Ⅱ，筑摩書房，一九七四年）。

柳田聖山譯註禪林僧寶傳撫州曹山本寂禪師（禪の文化研究班研究報告）第一册，京都大學人文科學研究所，一九八八年。

Blyth, R. H, *The Hô kyô zammai* in: *Zen and Zen Classics*, Vol. Ⅱ: *History of Zen*, pp 152—158, Tô kyô, Hokuseido Press, 1958(Partial translation, English).

Masunaga, Reiho, *Hokyo zammai* in: *The Soto Approach to Zen*, Tokyo, Tokyo Layman Buddhist Society (Zaike bukkyo kyokai), 1958(Partial translation, English).

Cleary, Thomas, *Song of the Jewel Mirror Samadhi* in: *Timeless Spring: A Soto Zen Anthology*, pp 39—45 Tokyo/New York: Waetherhill, 1979(Partial translation, English).

Sheng—Yen, Master, *Song of the Jewel Mirror Samadhi* in: *The Poetry of Enlightenment* Poems by Ancient Ch′an Masters, pp 67—70, Elmhurst, NY: Dharma Drum Publications, 1989(Partial translation, English).

考證

禪林僧寶傳謂諱耽章；　慧洪石門文字禪卷二六題珣上人僧寶傳：「又游曹山，拜澄源塔，得斷碣曰：耽章，號本寂禪師。」

資料

1宋高僧傳卷一三、景德傳燈錄卷一七、祖庭事苑卷七、禪林僧寶傳卷一、聯燈會要卷二二、五燈會元卷一五、曹山錄。

2景德傳燈錄卷一七、祖源通錄撮要卷四、祖庭事苑卷七、五燈會元卷一三。

3景德傳燈錄卷一七、祖源通錄撮要卷四、禪門拈頌集卷二一、五燈會元卷一三、曹山錄。

4景德傳燈錄卷一七、禪林僧寶傳卷一、曹山錄。

8 9 13 14 20 21 22 24景德傳燈錄卷一七、五燈會元卷一三、曹山錄。

10 17景德傳燈錄卷一七、聯燈會要卷二二、五燈會元卷一三、曹山寂禪師語、曹山錄。

15五燈會元卷一三、曹山寂禪師語。

18景德傳燈錄卷一七、聯燈會要卷二二、五燈會元卷一三、曹山錄。

19景德傳燈錄卷一七、聯燈會要卷二二、人天寶鑑、五燈會元卷一三、曹山錄。

23景德傳燈錄卷一七、聯燈會要卷二二、五燈會元卷一三、曹山錄。

33宏智禪師廣錄卷四、禪門拈頌集卷一七南泉章、五燈會元卷一三、曹山錄。

37景德傳燈錄卷一四藥山章、禪林僧寶傳卷一、曹山錄。

41景德傳燈錄卷一七、宗門統要卷八、聯燈會要卷二二、五燈會元卷一三、曹山寂禪師語、曹山錄。

50聯燈會要卷二二、五燈會元卷一三、曹山錄。

52宋高僧傳卷一三、景德傳燈錄卷一七、祖源通錄撮要卷四、祖庭事苑卷七、禪林僧寶傳卷一、五燈會元卷一三、曹山錄。

八八　華嚴和尚 休靜，生卒年未詳

1 華嚴和尚嗣洞山，在洛京。師諱休靜。大化東都，禪林獨秀，住花嚴寺。

2 時有人問：「日未出時如何？」師云：「國乱思明主，道泰則尋常。」

3 師在京中赴內齋，他諸名公悉皆轉經，唯有師与弟子不轉經。帝問師：「師也且從不轉經，弟子為什摩不轉經？」師云：「道泰不傳天子令，時人盡唱泰平歌。」

4 問：「王子未登九五時如何？」師云：「貪遊六宅戲，不覺國內虧。」「王子正登九五時如何？」師云：「朱簾齊卷上〔二〕，四相整朝儀。」「登九五後如何？」云：「金箱排玉璽，御輦四方歸。」

5 問：「大悟底人為什摩却迷？」師云：「破鏡不重照，落花難上枝。」

6 問：「師幸是後生，為什摩却作善知識？」師云：「三歲宅家龍鳳子〔三〕，百年堦下老朝臣。」

7 問：「祖意与教意同別？」師云：「不入龍宮藏，衆義豈能詮？」

8 師初見洞山時問：「見則見，爭奈情識雲偽何？」洞山云：「汝還見也無？」對云：

〔二〕簾：原作「廉」。

〔三〕宅家：聯燈會要、五燈會元作「國家」。

「見。」洞山云：「既見，為什摩情識雲偽？」對云：「争奈情識雲偽何？」洞山云：「若与摩，則万里無寸草處立。」

9 溪林和尚把木釵云〔一〕：「魔来撓我！魔来撓我！」有人問：「和尚尋常為什摩却被魔撓？」云：「賊不打貧兒家。」有人舉似師。師云：「我不与摩道。」僧問：「和尚如何？」云：「無魔来撓我。」云：「和尚為什摩無魔来撓？」云：「賊不打貧兒家。」

禾山拈問僧：「作摩生道，通得兩个和尚意，亦須自作主？」無對。自代云：「不因有，亦非無。」

10 後遊河北，返錫平陽。遷化後，茶毗舍利〔二〕，四處起塔。勑謚寶智大師、無為之塔。

傳記　宋高僧傳卷一三、祖庭事苑卷七華嚴條、六學僧傳卷八、釋氏通鑑卷一二。

資料　1 宋高僧傳卷一三、祖庭事苑卷七。

〔一〕溪林：景德傳燈錄卷一〇湖南祇林章等作「祇林」。

〔二〕「舍利」前疑脱「獲」、「得」等字。

2 宋高僧傳卷一三、五燈會元卷一三。
4 聯燈會要卷二二。
5 景德傳燈錄卷一七、祖庭事苑卷七、聯燈會要卷二二、五燈會元卷一三。
6 聯燈會要卷二二、五燈會元卷一三。
7 五燈會元卷一三。
8 景德傳燈錄卷一七、宗門統要卷八、聯燈會要卷二二、五燈會元卷一三、洞山録。
9 景德傳燈錄卷一〇湖南祇林章、聯燈會要卷七湖南祇林章、五燈會元卷四湖南祇林章。
10 宋高僧傳卷一三、景德傳燈錄卷一七、祖庭事苑卷七、五燈會元卷一三。

八九　本仁和尚?——天復中卒〔一〕

1 本仁和尚嗣洞山，在高安縣。師初住浙西，已張法席；後避衆遊方，到處雖匿玄談，而參徒行住奔湊。天復之間，因住高安縣白水禪院。數年徒衆或至二百三百矣。

2 鏡清行脚時到，師問：「時寒，道者！」對曰：「不敢。」師云：「還有卧單盖得也無？」對云：「設有，亦無展底功夫。」師云：「直饒道者滴水滴凍，亦不干他事。」對曰：「滴水氷生，事不相

〔一〕此據宋高僧傳。

涉。」師云：「是。」云：「此人意作摩生？」云〔一〕：「此人不落意。」云：「不落意此人聻！」師云：「高山頂上，無可与道者啗啄。」

3 洪州西山諸行者来，問：「今日不為別事，乞師指示。」師曰：「汝諸人求指示耶？」對曰：「是也。」師云：「教我分付阿誰得？」

4 師臨遷化時，先遍處辞人，人皆泣戀，謂言他去。来晨令修齋，食畢聲鍾，集衆焚香，緇素擁繞，師跏趺坐。香煙盡，師端然遷化矣。

傳記

宋高僧傳卷一三、祖庭事苑卷七高安條、六學僧傳卷八、許止淨峨眉山志卷六歷代高僧。

資料

1 宋高僧傳卷一三、景德傳燈錄卷一七。

2 景德傳燈錄卷一七、宗門統要卷八、聯燈會要卷二二、五燈會元卷一三。

3 景德傳燈錄卷一七。

4 宋高僧傳卷一三、景德傳燈錄卷一七、祖庭事苑卷七、五燈會元卷一三。

〔一〕「云」前疑脫「師」字。

九〇　青林和尚師虔？—九〇四〔一〕

1　青林和尚嗣洞山，在江西。師諱師虔。初住青林，後住洞山。平生住持高莭，宇內聲揚。師在先師法席時，栽松樹後，造一首頌：

「短短一尺餘，纖纖覆緑草，
不知何世人，得見此松老。」

先師見此偈後云：「此人三十年後来住此山，香飯供養師僧。」果然是三十年後住洞山，每日細飣食供養師僧也。

2　問：「卷盡森羅不逢師時如何〔二〕？」師云：「孤峯獨秀。」僧云：「彼彼事如何？」師云：「兩人掴大溈。」

3　師舉：「先師上堂示衆云：『今時人不得相似，只為擬將心學。若欲得似他去，死人一息不来，阿那个人直似這個？』當時軌瑠上座出來問：『正當一色時，還有向上事也無？』先師云：

〔一〕此據余靖筠州洞山普利禪院傳法記（武溪集卷九）。
〔二〕羅：原作「蘿」。

『無。』其僧珎重，便歸僧堂，白槌云〔一〕：『五百来人在這裏，莫是不為向上事？當頭和尚道無〔二〕。不可成持，合殺處折合了休去。若是某甲，不得在這裏虛過一生。』因此大衆捻裝裹。主事向和尚説：『僧衆不肯和尚佛法，惣發去。』和尚云：『從伊。我事方得行。』先師教主事鏁却僧堂門。處分後，來燒茶閣裏，向某說：『這个一隊子去也，然轉来。』果然是轉，惣啼哭。先師不開僧堂門。大衆向主事說：『某等實是凡夫，謬會和尚意旨，錯不肯。一切在和尚。某等欲得就和尚面前收過。』主事便去房丈。和尚閇却門，面壁卧，不開房丈門。主事逼請，和尚方始得開門。主事具陳前事，和尚許入僧堂。後大衆一齊高聲啼哭上来，請師上堂。先師昇座。僧軓詧出来礼拜，起云：『乞和尚杖責。某甲等廣大劫来出佛身血，破和合僧，直至今日，謬會和尚尊旨。若不改這个身心，難得再復。於今日伏乞和尚慈悲！』先師又悲聲云：『自少来不曾把手指柱別人〔三〕，豈況造次杖責？夫一色有分不分之理，所以闍梨問某甲，正當一色時還有向上事也無？某甲道無，有什摩罪過？』」

4 問：「省語易會，乞師一言。」師云：「釋迦掩室，淨名杜口。」

5 師遷化時，遺囑焚而颺于風。師不許安立墳塔，端然化矣。

〔一〕槌：原作「搥」。

〔二〕當，「堂」通；堂頭和尚指洞山。

〔三〕指柱：疑爲「指注」之譌。

傳記　余靖筠州洞山普利禪院傳法記（武溪集卷九）、宗門摭英集卷上、宗門統要卷八、聯燈會要卷二二、禪門拈頌集卷二一、宗統編年卷一七。

著作　玄機示誨集（佚，見筠州洞山普利禪院傳法記）。

資料　1景德傳燈錄卷一七、余靖傳法記、五燈會元卷一三。
5余靖傳法記。

九一　踈山和尚〔一〕匡仁〔二〕，八四三—？〔三〕

1　踈山和尚嗣洞山，在撫州。師諱匡仁。未覩行録，不叙終始。

2　師行脚時，到大安和尚處，便問：「夫法身者，理絶玄微，不墮是非之境，此是法身極則。如何是法身向上事？」安云：「只這个是。」師云：「和尚与摩道，還出得法身也無？」安云：「不是，

〔一〕踈山：澄玉禪院記作「踈山」；景德傳燈錄作「疏山」。

〔二〕匡仁：宋高僧傳、景德傳燈錄、祖庭事苑等作「光仁」，聯燈會要作「羌仁」，並爲避宋諱。

〔三〕澄玉禪院記：「至天祐六年（九〇九），淮海統兵收復當郡……師其年七十有三，化緣將盛。」

也是。」

3　又到香嚴，問：「不從自己、不重他聖時如何？」荅：「万機休擺〔一〕，千聖不携。」師不肯，便下来吐出，云：「肚裏喫不淨潔物。」有人報和尚處。和尚便喚来，師便上来。香嚴云：「進問著！」師便問：「万機休擺則且置，千聖不携是何言？」香嚴云：「是也。你作摩生道？」師云：「肯重不得全。」香嚴云：「你不無道理也。雖然如此，向後若是住山，則無柴得燒；若是住江邊，則無水得喫。欲臨説法時，須得口裏吐出不淨。」後住踈山，如香嚴讖。

4　夹山到，問：「闔國不點〔二〕，請！」師不傍。夾山云：「不似之句，目前無法。」師云：「不似之句則且置，目前無法是何言？」夾山云：「更添三尺，天下人勿奈何。」師云：「只今還奈何也無？」

5　問：「如何是直指？」師曰：「珠中有水君不信，擬向天邊問大陽。」

6　師偈曰：

「我有一寶琴，寄在曠野中〔三〕，

〔一〕擺：景德傳燈錄等俱作「罷」；下同。

〔二〕點：疑當作「霑」，本書卷九雲蓋和尚章有云：「直得闔國不霑時如何？」

〔三〕五燈會元作「寄之在曠野」；「野」與下「者」諧韻。

不是不解彈，未有知音者。」

7 問：「和尚百年後，什摩人續紹和尚位？」云：「四脚指天，背底芒藜〔一〕。」有人問第三百丈：「作摩生是背底芒藜？」百丈云：「不續無貴位。」

8 鏡清到，師舉問：「肯重不得全話，道者作摩生會？」鏡清云：「全歸肯重。」師云：「不得全者作摩生？」清云：「个中無肯路。」師云：「始稱病僧意。」

9 鼓山到，便問：「久嚮踈山，元来是若子大。」師云：「肉重千斤，智無銖兩。」鼓山云：「与摩則學人不礼拜去也。」師云：「誰要你肉山倒地？」

10 因鼓山說著威音王佛次，師問鼓山：「作摩生是威音王佛師？」鼓山云：「莫無慚愧好！」師云：「是闍梨与摩道則得，若約病僧則不然。」鼓山問：「作摩生是威音王佛師？」師云：「不坐無貴位。」

11 問：「去時盡轉去，何用却来三？」師云：「大唐難有木，却来第三柱。」

12 問：「遠見則圓，近見則方，此喚作什摩字？」師云：「東海有鯨魚，斬頭亦断脚，背上抽一骨，便是這个字。」

13 問：「佛在世時度衆生，佛滅後什摩人度衆生？」踈山荅曰：「踈山。」僧進曰：「還有度

〔一〕芒：原作「茫」，下同。

不盡者也無？」師曰：「無有不盡度者。」

14 師因騎馬行次，措大問：「既是騎馬，為什麼不踏鐙？」師云：「比来騎馬歇足，踏鐙何異步行？」

15 師臨遷化時，偈曰：

「我路碧空外，白雲無處閑，
世有無根樹，黃葉送風還。」

碑誌

澄玉踈山白雲禪院記（全唐文卷九二〇）。

傳記

宋高僧傳卷一三、林間錄卷下、六學僧傳卷八、宗統編年卷一七、謝旻等江西通志卷一〇四仙釋。

著作

四大頌、略華嚴長者論（並佚，見宋高僧傳卷一三、景德傳燈錄卷一七、新唐書卷五九藝文志三）、偈二首（景德傳燈錄卷一七、五燈會元卷一三、祖庭事苑卷七）。

資料

1 踈山白雲禪院記、宋高僧傳卷一三、景德傳燈錄卷一七、祖庭事苑卷七踈山條、五燈會元卷一三。

2 聯燈會要卷二二、五燈會苑卷一三。

3 景德傳燈錄卷一一香嚴章、宗門統要卷五香嚴章、聯燈會要卷八香嚴章、禪門拈頌集卷二一、五燈會元卷一三。

4 6 五燈會元卷一三。

5 7 10 景德傳燈錄卷一七、五燈會元卷一三。

8 景德傳燈錄卷一一香嚴章、宗門統要卷五香嚴章、聯燈會要卷八香嚴章、禪門拈頌集卷二一、五燈會元卷一三。

15 景德傳燈錄卷一七、祖庭事苑卷七、五燈會元卷一三。

九二　龍牙和尚 居遁，八三五—九二三

1 龍牙和尚嗣洞山，在潭州妙濟〔一〕。師諱居遁〔二〕，俗姓郭，撫州南城人也。年十四，於吉州蒲田寺出家〔三〕，依年具戒於嵩岳。初參翠微、香嚴、德山、白馬，雖請益已勞，而機緣未契。後聞洞山言玄格外，語峻時機，遂乃筞筇而造其席。

〔一〕妙濟：禪林僧寶傳作「法濟」。

〔二〕遁：禪林僧寶傳作「遯」。

〔三〕蒲田寺：宋高僧傳、景德傳燈錄等並作「滿田寺」。

2 師問曰：「有人持鏌鎁之鋏擬取師頭時如何？」洞山云：「取即且從，闍梨且喚什麽作老僧頭？」師持此問，在處不契其機，忽聞洞上斯言，當時失對，遂有摳衣之意，不慕他遊。既罷禪征，寧有請益。

3 洞山問：「闍梨名什麽？」對云：「玄機。」「作麽生是玄底機？」又無對。洞山放三日。無對。師因此造偈：

「學道蒙師指却閑，無中有路隱人間。

時人盡講千經論，一句臨時下口難。」

洞山改末後語云：「一句教併下口難。」從此改名也。

4 師問洞山：「如何是祖師意？」洞山云：「待洞水逆流，則与汝説。」師於言下頓承玄旨，隱衆棲息，七八年間，日斫精妙。楚王殿下請赴妙濟禪林，玄徒五百餘人，爰奏章服，師號證空大師。

5 師示衆曰：「夫參學者，須透過祖、佛始得。所以新豐和尚道：『佛教、祖教如生怨家〔二〕，始有學分。』汝若透過祖、佛不得〔三〕，則被祖、佛謾。」有人問：「祖、佛還有謾人之心也無？」云：「汝道江湖還有礙人之心也無？」師又云：「江湖雖無㝵人之心，為時人透過不得，所以成㝵人去，不

〔二〕怨：疑爲「冤」字之訛。

〔三〕透：原作「秀」；據下文校改。

得道江湖不导人。祖、佛雖無謾人之心，為時人透過祖、佛不得，所以成謾人去，不得道祖、佛不謾人。若与摩透過得祖、佛，此人却躰得祖、佛意，方与向上人同；　如未透得，但學佛、祖，則万劫無有得期。」

6　問：「達摩未来時如何？」師荅曰：「可怜生！」進曰：「任摩去時如何？」師曰：「二祖得什摩？」

7　雲居問洞山：「如何是祖師意旨？」洞山荅曰：「忽有人問闍梨，闍梨作摩生道？」雲居曰：「某甲罪過。」有僧持此語問師：「洞山還道得也無？」師曰：「洞山未道，雲居也未得。」進曰：「既是未得，因什摩喚作雲居？」云：「躰得洞山意。」云：「洞山道什摩？」師云：「雲居聞底。」又師云：「此是肉身成佛語。」

8　問：「一心不生時如何？」師荅曰：「什摩時不生心？」進曰：「与摩時鳥道何分？」師云：「正伊摩時行鳥道。」曰：「如何弁？」師曰：「却須行鳥道。」

9　問：「如何是道中用？」師荅曰：「無心是道中用。」進曰：「無心還有用也無？」師云：「無心用即遍天下。」

10　師問德山：「遠聞德山一句佛法，及至到来，未曾見和尚説一句佛法。」德山云：「嫌什摩？」師不肯，當時便發去。後到洞山，只問前話。洞山云：「爭恠得專甲？」師當時便住。

11　問：「如何是祖師西来意？」師云：「待石烏龜解語，即向汝道。」僧曰：「石烏龜解語也。」師曰：「向道者道什麼？」

12 又頌：

「万般施設不如常，又不驚人又久長。
如常恰似秋風至，無意涼人人自涼。」

13 問：「師見古人，得个什麼？」師云：「如賊入空室。」

14 又頌曰：

「進道先須立自身，直交行處不生塵，
真僧不假俱嚴室〔一〕，到處無心卽在人。
參尋玄道莫因循〔二〕，學處須教皂白分，
千聖從来無異路，忘緣機智有多聞〔三〕。
未了之時親遍礼，不應端坐守清貧，
直似羅睺行密行，豈如迦葉不聞聞。

〔一〕俱、「居」通；禪門諸祖師偈頌作「居」。「嚴」、「巖」通。

〔二〕循：原作「修」，據禪門諸祖師偈頌校改。

〔三〕聞：禪門諸祖師偈頌作「門」。

人若無心稱道情，識得無明道已明，
人能弘道道能現，道在人中人自寧。」

師出世近四十年，凡歌行、偈頌並廣行於世，此不盡彰。至龍德三年癸未歲九月十三日歸寂矣〔二〕。

傳記　宋高僧傳卷一三、禪林僧寶傳卷九、林間錄卷上、釋氏通鑑卷一一、六學僧傳卷八、十國春秋卷七六、宗統編年卷一七、一八。

著作　別錄（佚，見宋高僧傳）、龍牙和尚偈頌九十五首（禪門諸祖師偈頌，景德傳燈録卷二十九録十八首、禪林僧寶傳卷九録一首、禪門拈頌集録二首、敦煌遺書S.2165、S.4037、P.2104、P.2105、北8380［結93號］共録六首）、偈二首（禪林僧寶傳録一首、敦煌遺書P.3360録一首）。

資料　*1 15* 宋高僧傳卷一三、景德傳燈錄卷一七、禪林僧寶傳卷九。

〔二〕景德傳燈錄云：「壽八十有九。」禪林僧寶傳云：「坐六十有九夏。」

2 宗門統要卷八、聯燈會要卷二二、洞山錄。

3 景德傳燈錄卷二九、禪門諸祖師偈頌卷上之上、敦煌遺書S.2165。

4 宋高僧傳卷一三、景德傳燈錄卷一七、禪林僧寶傳卷九、禪門拈頌集卷二一、五燈會元卷一三、洞山錄。

5 景德傳燈錄卷一七、聯燈會要卷二二、禪門拈頌集卷二一、五燈會元卷一三。

7 景德傳燈錄卷一七雲居章、聯燈會要卷二二雲居章、五燈會元卷一三雲居章、洞山錄。

10 景德傳燈錄卷一七、聯燈會要卷二二、五燈會元卷一三。

11 景德傳燈錄卷一七、禪林僧寶傳卷九、正法眼藏卷中、聯燈會要卷二二、禪門拈頌集卷二一、五燈會元卷一三。

12 禪門諸祖師偈頌卷上之上、敦煌遺書北8380（結93號）。

13 景德傳燈錄卷一七、正法眼藏卷中、聯燈會要卷二二、禪門拈頌集卷二一、五燈會元卷一三。

14 禪門諸祖師偈頌卷上之上。

九三　幽棲和尚生卒年未詳

1 幽棲和尚嗣洞山，在台州。未覩實録，不決化緣終始。

2 鏡清問師：「如何是少父？」師云：「無標的〔一〕。」進曰：「以何為少父？」云：「有什摩

〔一〕標：原作「摽」。

罪過？」進曰：「只如少父又作摩生？」云：「是什摩心行？道者。」

3 師臨順世時，有僧問：「師百年後向什摩處去？」師云：「調然，調然〔一〕！」

資料

2 景德傳燈錄卷一七、聯燈會要卷二三、五燈會元卷一三。

3 景德傳燈錄卷一七、五燈會元卷一三。

九四　上藍和尚令超？—八九〇

1 上藍和尚嗣夾山，在洪州。師諱令超。初住上藍山。鍾陵大王統覇豫章〔二〕，迎師出府，構護國院〔三〕，礼重為師。凡百億所須，始終不替，奏紫衣、師號妙覺大師。

2 問：「二龍争珠，誰是得者？」師云：「明珠不向彼中翫，龍与非龍争得珠？」

3 大順元年正月十五日，聲鍾集衆，遺誨訖，端然化矣。勑謚元真大師、本空之塔。

〔一〕調然：五燈會元作「迢然」。

〔二〕豫章：原作「預章」。

〔三〕構：原作「搆」。

傳記

太平廣記卷二二四僧處弘、傳法正宗記卷七、輿地紀勝卷二六、禪門拈頌集卷二二、釋氏通鑑卷一一、陳宏緒江城名蹟卷三、十國春秋九九上藍和尚傳、五代史補卷一四、葉舟等(康熙)南昌郡乘卷四一仙釋、謝旻等江西通志卷一〇三仙釋、徐景熹等(乾隆)福州府志卷七一釋老、曾國藩等(光緒)江西通志卷一七八仙釋、福建通志福建高僧傳卷一、江召棠南昌縣志卷四四人物。

著作

偈二首(十國春秋卷九九上藍和尚傳)

資料

*1*景德傳燈錄卷一六、五燈會元卷六、十國春秋卷九九。

2 *3*景德傳燈錄卷一六、五燈會元卷六。

祖堂集卷第八

祖堂集卷第九

石頭下卷第六曹溪六、七代法孫

九五　落浦和尚〔一〕元安，八三四—八九八

1 落浦和尚嗣夾山，在澧州。師諱元安，鳳翔麟遊人也〔二〕，姓淡〔三〕。自少岐陽懷恩寺從兄祐律師受業，至于論、經，無不該通。先礼翠微，次謁臨濟，各有所進。

2 後聞夾山，直造澧陽。纔展座具，時夾山問：「這裏無殘飯，不用展炊巾。」對曰：「非但無，有亦無者處〔四〕。」夾山曰：「只今覃？」對曰：「非今。」夾山云：「什摩處得這个来？」對曰：「無這个。」夾山云：「這个被老僧坐却底。」云：「學人亦不見有和尚。」夾山云：「与摩則室內無

〔一〕落浦：或作樂普、洛浦、落蒲、樂蒲等。祖庭事苑云：「本作樂普。」以住澧州樂普山得名。
〔二〕麟遊：原作「麟游」；唐西京岐州鳳翔府轄麟遊縣，見通典卷一七三州郡三。
〔三〕淡：祖庭事苑、聯燈會要並作「談」。
〔四〕者：當爲「著」字之譌。景德傳燈錄卷一二三聖章：「德山云：『莫展炊巾，遮裏無餿飯。』師曰：『縱有，也無著處。』」

老僧。」對曰：「畫影亦不得。」夾山讚曰：「道者知音指其掌，鍾期能聽伯牙琴〔一〕。」師問：「久嚮宗風，請師一言。」夾山云：「目前無法。」師云：「莫錯！」夾山云：「緩緩闍梨，山溪各異，任你截斷天下人舌頭〔二〕，争奈無舌人解語何？ 闍梨只知有殺人之刀，且無活人之劍。老僧這裏亦有殺人之刀，亦有活人之劍。」師進問：「如何是和尚活人之劍？」夾山曰：「青山不掛劍，掛劍勿人知。」師又問：「佛、魔不到處，猶未是學人本分事。如何是學人本分事？」夾山云：「燭明千里像，暗室老僧迷。」師又問：「朝陽已昇、夜月未現時如何？」夾山曰：「龍含海珠，遊魚不顧。」師聞此語，莫知所從，便止夾山，摳衣數載，不憚勞苦，日究精微。至夾山化緣畢，初開落浦，後住蘓溪矣。

3　師有時上堂云：「夫學道先須弁得自己宗旨，方可臨機免失。只如鋒鋩未兆已前，都無是个非个。瞥尒暫起見聞，便有張三、李四，胡来漢去，四姓雜居，各親其親，相參是非互起，致使玄關固閇，識鏁難開，疑網籠牢，智刀方剪。若不當揚曉示〔三〕，迷子何以知歸？ 欲得大用現前，但可頓亡諸見。見量若盡，昏霧不生。智照洞然，更無物与非物。今時學人觸目有滯，盖為依他數量作解，被他數量該括得定，分寸不能移易。所以見不逾色，聽不越聲，鼻香、舌味、身觸、意法亦然。假饒併當得門頭

〔一〕伯牙：原作「白牙」。此二句出丹霞孤寂吟，見本書卷四。
〔二〕下：原作「丁」，當爲破字，據高麗大藏經補遺本校定。
〔三〕揚、「陽」通；禪林僧寶傳作「陽」。本書卷一〇安國和尚章：「於時衆中召出一僧，當陽而立。」

淨潔，自己未得通明，還同不了。若也單明自己，未明目前，此人只具一隻眼，所以是非、忻猒貫係，不得脫折自由，謂之深可傷愍矣。」

4 問：「如何救離生死？」師云：「執水救延生〔一〕，不聞天樂妙。」

5 問：「四大從何而有？」師曰：「湛水無波，漚因風擊。」進曰：「漚則不問，如何是水？」師云：「不渾不澄，魚龍任躍。」

6 問：「如何是一藏收不得者？」云：「雨滋三草秀，片玉本来暉。」

7 問：「一毫呑盡巨海，於中更復何言？」云：「家有白澤之圖，必無如是妖恠〔二〕。」後保福云：「家無白澤之圖，亦無如是妖恠。」

8 問：「凝然時如何？」師曰：「時雷應時節，震岳驚蟄戶。」僧云：「千般運動，不異个凝然時如何？」師云：「靈鶴翥空外，鈍鳥不離巢。」云：「如何？」師曰：「白首拜少顏，舉世人難信。」

9 師有神釼歌：

〔一〕救：景德傳燈錄、五燈會元並作「苟」。

〔二〕澤：原作「擇」，本章下同；據景德傳燈錄等校改。駢雅卷七：「白澤，角端能言獸也。」六家詩名物疏天文歷數部有白澤圖；敦煌遺書中有白澤精怪圖彩繪並附說明。

異哉神劍實搮奇〔一〕，自古求人得者稀，
在匣謂言無照耀，用来方覺轉光輝。
破猶預，除狐疑，壯心膽兮定神姿，
六賊既因斯剪拂，八万塵勞盡乃揮。
斬邪徒，盪妖孽，生死榮枯齊了決，
三尺靈虵覆碧潭，一片晴光瑩寒月。
愚人忘釼尅舟求〔二〕，奔馳濁浪徒悠悠，
抛弃澄源逐渾派，豈知神釼不隨流。
他人勦兮帶血腥，我之釼兮含靈鳴〔三〕，
他人有釼傷物命，我之有釼救生靈〔四〕。
君子得時離彼此，小人得處自輕生，

〔一〕搮：「搮奇」不詞，疑當作「摽」；敦煌遺書P.3591洞山和尚神劍歌殘此字；陳祚龍新校重訂敦煌古鈔釋良价的詩歌與偈子校作「標」。

〔二〕忘：敦煌遺書S.3591作「望」。

〔三〕鳴：敦煌遺書P.3591作「明」。

〔四〕之：敦煌遺書P.3591作「家」。

他家不用我家釼，世上高低早晚平。
須知神釼功難紀〔一〕，懾魔威兮定生死，
未得之者易成難，得釼之人難却易。
展則周遍法界中，收乃還歸一塵裏，
若將此釼鎮乾坤，四塞終無陣雲起〔二〕。

福先拈問：「一語中須道得在匣出匣底劍，伱作摩生道？」僧無對。自代云：「且出匣，与老兄商量。還會摩？」

10 問：「諸聖与摩来，將何供養？」師云：「土宿雖持錫，不是婆羅門〔三〕。」

11 問：「西天一人傳一人，彼此不垂委曲，誰是知音者？」師曰：「野老門前不話朝堂之事。」進曰：「不話朝當之事〔四〕，合談何事？」師曰：「未逢別者〔五〕，終不開拳。」進曰：「有一人不從朝

〔一〕紀：敦煌遺書P.3591作「比」。

〔二〕敦煌遺書P.3591此歌後有一段文字：「『此劍還與人否？』和尚答曰：『吾有寶劍常時說，□是金銅（鋼）不是鐵，生了不許石上磨，復乃□□霜似雪。也不短，也不長，也能柔軟復能鋼，万兩黃金不賣与，一錢不取任君將。』」

〔三〕婆：原作「波」。

〔四〕當，「堂」通。

〔五〕別：疑爲「作」字之譌；此句本婆舍斯多出生故事，指師子尊者爲「作者」，詳寶林傳卷五。從容錄卷第九七則引作「別者」。

堂門下来，合談何事？」師曰：「量外之機，徒勞擊目。」

12 問：「如何是無慚無愧底人？」師曰：「不出家，不持戒。」進曰：「不出家、不持戒来多少時也？」師曰：「劈破虛空看弁取。」進曰：「即今如何？」師曰：「不向伱杜排行。」進曰：「与摩即該括不得也。」師曰：「未穡你与摩道在〔一〕。」

13 問：「如何是大人相？」師曰：「坐端十方不點頭〔二〕。」

14 問：「廓落世界，為什摩不弁目前法？」師曰：「曙色未分人思覺，及乎天曉不當明。」云：「還留及也無？」師曰：「莫言及不及，但与我道。」云：「辯師宗不得。」師曰：「不辯即親。」

15 問：「凡聖不到處即不問，不盡凡聖處如何？」師曰：「師子窟中無異獸，象王行處勿狐蹤。」

16 問：「瞥然便見時如何？」師曰：「曉星分曙色〔三〕，争似大陽輝？」

17 「如何是本來者？」〔四〕師云：「一粒在荒田，不耘苗自秀。」僧云：「若一向不耘，莫草埋却

〔一〕穡：太田辰夫唐宋俗字譜謂爲「藉」俗字。

〔二〕端：疑爲「斷」字之譌；碧巖錄卷三六評唱：「須是坐斷十方底人始得。」

〔三〕曙：原作「暑」。

〔四〕此句前疑脫「問」字。

去也無〔一〕？」師云：「肥骨異芻蕘〔二〕，稊稗終難暎。」

18 問：「如何是西来意？」師云：「颼颼當軒竹，經霜不自寒。」學人更擬申問。師云：「只聞風擊響，不知幾千竿。」

19 問：「行到不思議處時如何？」師云：「青山常運步，白月不移輪〔三〕。」

20 問：「大衆雲集，師意如何？」師云：「開拳明舊寶，握手謝今時。」

21 問：「如何是沙門行？」師云：「逢佛驀頭坐。」僧曰：「忽遇和尚時如何？」師曰：「闍梨来時，老僧不在。」

22 問：「日未出時如何？」師云：「直木無乱枝，靈羊難掛角。」

23 問：「如何是雲水意？」師云：「一輪孤月，万像齊耀。」僧曰：「移輪事如何？」師云：「潭中無影，戸外非珎。」

24 問：「祖意与教意還同别？」師云：「出群不戴角，三韻況難同。」進曰：「投機憑意句，焉得不同輪？」師云：「逈枝測海底，三湘深可酌。」

〔一〕景德傳燈錄「草」下有「裏」字。
〔二〕肥：景德傳燈錄、五燈會元並作「肌」。
〔三〕月：景德傳燈錄、五燈會元並作「日」。

25　問：「古人有言：『動是法王苗，寂是法王根。』苗則不問，如何是法王根？」師豎起拂子。僧曰：「此猶是苗，如何是法王根？」師曰：「龍不出洞，誰人奈何？」

26　問：「量郭無涯〔一〕，為什麼不容自己？」師云：「末後一句，始到牢關；鏁断要津，不通凡聖。任伱天下忻忻，老僧獨然不顧。」却云：「莊周、胡蝶，二俱是夢。汝道夢從何来？」

27　問：「孤燈不自照，室內事如何？」師云：「飛針走線時人會，兩邊透過却還希。」

28　問：「滿滿龍宮該不得，一塵塵外事如何？」師云：「三跳出籬籠，不如雲外者。」僧曰：「學人不重朝庭貴〔二〕，不可條然只摩休。」師云：「去！伱不會我語。」進曰：「三跳外事如何？」師云：「射虎不中，徒勞没羽。」

29　問：「万法歸一，一歸何所？」師云：「擊水動波瀾，其中難見影。」

30　問：「牛頭未見四祖，百鳥銜花供養。見後為什摩不来？」師云：「玄河泛起雪花浪〔三〕，無餤孤燈明暗宵。」

31　師有浮漚歌：

〔一〕　量郭：疑爲「寥廓」之譌。

〔二〕　庭，「廷」古今字。

〔三〕　玄，「懸」通。

秋天雨滴庭中水，水上漂漂見漚起，
前者已滅後者生，前後相續何窮已。
本因雨滴水成漚，還緣風激漚歸水，
不知漚水性無殊，隨他轉變將為異。
外明瑩，內含虛，內外朎朧若寶珠〔一〕，
正在澄波看似有，及乎動著又如無。
有無動靜事難明，無相之中有相形，
只知漚向水中出〔二〕，豈知水不從漚生〔三〕。
權将漚軀況余身，五蘊虛攢假立人〔四〕，
解達蘊空漚不實，方能明見本来真。

32 師臨遷化時云：「老僧有事問諸人：若道這个是，頭上更安頭；若道這个不是，斫頭更覓活。」第一座云：「青山不舉足，日下不挑燈。」師便喝出：「我這裏無人對。衆中還有新来達士，

〔一〕朎朧：景德傳燈錄、傳燈玉英集等並作「玲瓏」。
〔二〕只：原作「口」，當爲破字，缺損下邊。
〔三〕不：景德傳燈錄等並作「亦」。
〔四〕藴、「蘊」通。

出来与老僧掇送！」從上座對云：「於此二途，請師不問。」師云：「更道。」對云：「某甲道不盡。」師云：「我不管伱盡不盡，更道！」對云：「厶甲無侍者，不能祗對。」師便喝出：「諸阿師，且歸堂！」當日初夜後，師教侍者喚從上座。上座便上来侍立。師問從上座：「年多少？」對云：「二十八。」師云：「太嫩在〔一〕！甚須保持。生緣什摩處？」對云：「信州人。」師云：「今日事被闍梨道破，稱得老僧意。我這裏數年出世並無一个。今日闍梨掇送老僧。厶甲先師初見舡子時，舡子問先師祇對因緣，改爲頌曰：

目前無法，意在目前。

他不是目前法，非耳目之所到。

「只如四句中，阿那個是主句？」從上座遲擬〔二〕。師云：「速与！速与！下頭櫪子冷，不欲得辜負伱，莫形跡！」從上座云：「實不會。」師便槌胷哭：「蒼天！」從上座一走下，不去僧堂，直至如今更無消息。師前云：「磁舟不掉清波上〔三〕，鋏峽徒勞放木鵝。」

33 師光化二年戊午歲十二月二日遷化〔四〕。春秋六十五，僧夏四十六矣。

〔一〕嫩：原作「嬾」。

〔二〕擬：疑爲「疑」字之譌。

〔三〕磁、掉：景德傳燈錄等並作「慈」、「棹」。

〔四〕二年：宋高僧傳、景德傳燈錄等並作「元年」；光化元年（八九八）戊午。

傳記

宋高僧傳卷一二、宗門摭英集卷上、傳法正宗記卷七、禪林僧寶傳卷六、釋氏通鑑卷一一、釋氏稽古略卷二、宗統編年卷一七、劉於義等（雍正）陝西通志卷六五釋道、李翰章等（光緒）湖南通志卷二四一仙釋。

著作

神劍歌（敦煌遺書P.3591作洞山和尚、宗鏡錄卷一八）、浮漚歌（景德傳燈錄卷三〇、傳燈玉英集卷一五、禪門諸祖師偈頌卷上之上）、偈一首（五燈會元卷六）。

資料

1 宋高僧傳卷一三、景德傳燈錄卷一六、傳燈玉英集卷八、宗門統要卷八、祖庭事苑卷七洛浦條、禪林僧寶傳卷六、聯燈會要卷二三、正法眼藏卷上、五燈會元卷六。

2 景德傳燈錄卷一六、傳燈玉英集卷八、宗門統要卷八、禪林僧寶傳卷六、正法眼藏卷中、聯燈會要卷二三、大光明藏卷下、從容錄第三五則、禪門拈頌集卷二二、五燈會元卷六。

3 禪林僧寶傳卷六、聯燈會要卷二三。

4 10 17 19 25 景德傳燈錄卷一六、五燈會元卷六。

5 8 22 景德傳燈錄卷一六、傳燈玉英集卷八、五燈會元卷六。

6 景德傳燈錄卷一六、禪門拈頌集卷二二、五燈會元卷六。

7 18 景德傳燈錄卷一六、聯燈會要卷二三、五燈會元卷六。

9 宗鏡錄卷一八、敦煌遺書P.3591。

11 景德傳燈錄卷一六、聯燈會要卷二三、大光明藏卷下、五燈會元卷六。
15 16 景德傳燈錄卷一六、傳燈玉英集卷八、五燈會元卷六。
31 景德傳燈錄卷三〇、傳燈玉英集卷一五、禪門諸祖師偈頌卷下之上。
32 景德傳燈錄卷一六、宗門統要卷八、聯燈會要卷二三、禪林僧寶傳卷六、宏智廣錄卷二、從容錄第四一則、禪門拈頌集卷二二、五燈會元卷六。
33 宋高僧傳卷一二、景德傳燈錄卷一六、祖庭事苑卷七、禪林僧寶傳卷六、五燈會元卷六。

九六　盤龍和尚可文，生卒年未詳

1 盤龍和尚嗣夾山〔一〕，在洪州。師諱可文。初住盤龍山，後居上藍。

2 有僧問落浦〔二〕：「一漚未發已前，如何弁其水霢〔三〕？」浦云：「移舟諳水勢，舉棹別波瀾〔四〕。」因此問師：「一漚未發已前，如何弁其水霢？」師云：「移舟不弁水，舉棹則迷源。」

〔一〕盤：聯燈會要卷二五木平善道章、五燈會元卷六作「蟠」。
〔二〕浦：原作「蒲」。
〔三〕霢：原作「霂」，本章下同。
〔四〕棹：原作「掉」，本章下同。

資料

1 景德傳燈錄卷一六、傳燈玉英集卷八、聯燈會要卷二三、禪門拈頌集卷二二、五燈會元卷六。

2 景德傳燈錄卷二〇木平章、傳燈玉英集卷一〇木平章、宗門統要卷九木平章、祖庭事苑卷六一漚條、正法眼藏卷下、古尊宿語要雪峯語録、聯燈會要卷二五木平章、禪門拈頌集卷二六木平章、五燈會元卷八木平章、枯崖漫錄卷下、虛堂集卷八五則。

九七　逍遙和尚懷忠，生卒年未詳

1 逍遥嗣夾山〔一〕，在高安。未覩行録〔二〕，不決始終。

2 問：「烘爐猛燄，烹鍛何物？」師曰：「烹佛烹祖。」云：「佛、祖作摩生烹？」師曰：「業在其中。」進曰：「喚作什摩業？」師曰：「佛力不如。」

3 問：「一切衆生皆有佛性，為什摩有佛有衆生？」師曰：「肯即同衆異，不肯即異衆同。」

4 問：「古人有言：『知有底人直須不知有』，不知有底人如何？」師曰：「識性共同，俱無兼戴。」進曰：「不知有底人如何得知有？」師曰：「語取乃不人〔三〕。」

〔一〕依例「遙」下當脱「和尚」二字。

〔二〕覩行錄：此三字原破損，據高麗大藏經補遺本校定。

〔三〕此句疑有脱譌。

5 問：「如何是祖中祖？」師曰：「息不肯破，為有明人决。」

6 師垂語曰：「大家去那裏向火？」又云：「火即從伱向，不得燒著身。」對曰：「法身具四大，誰是向火者？」更垂語曰：「古時傳祖法，如今不傳祖法。」

傳記

宗門摭英集卷上。

資料

2 景德傳燈録卷一六、五燈會元卷六。

九八　先同安和尚〔二〕生卒年未詳

1 先同安和尚嗣夾山。未覩行録，不决化緣終始。

2 有僧問：「如何是和尚家風？」師云：「金鷄抱子皈霄漢，玉兎懷胎入紫微。」僧曰：「忽遇客来時將何袛對？」師云：「金菓早朝猿摘去，玉花晚後鳳銜来。」

〔二〕 同：原作「洞」，本章下同；據景德傳燈錄、傳燈玉英集校改。同安院在洪州建昌鳳棲山。

資料

1 景德傳燈錄卷一六、傳燈玉英集卷八。

2 景德傳燈錄卷一六、卷二〇同安丕章、傳燈玉英集卷八、卷一〇同安丕章、宗門摭英集卷上、聯燈會要卷二五同安丕章、禪門拈頌集卷二六同安丕章、五燈會元卷一三同安丕章。

九九　黄山和尚月輪，八五四—九二五〔一〕

1　黄山和尚嗣夾山，在撫州。師諱月輪，閩中人也。

2　師初參夾山，夾山而問：「汝是什摩處人？」對曰：「閩中人。」夾山云：「還識老僧不？」對曰：「還識學人不？」夾山云：「不然。子且還老僧草鞋價，然後老僧還子江陵米價。」師云：「与摩則却不識和尚，未委江陵米作摩價？」夾山讚曰：「子善能哮吼。」

3　師初開堂，示衆曰：「祖師西来，特唱此事。自是諸人不薦〔二〕，向外馳求。投赤水以尋珠，就荊山而覓玉。所以道：從門入者非寶。認影為頭，豈非大錯？」問：「如何是祖師西来意？」師云：「梁殿不施功，魏邦沒心跡。」

〔一〕此據景德傳燈錄。

〔二〕薦：原作「廌」。

4 問：「如何得見本来面目？」師云：「不勞懸古鏡，天曉鷄自鳴。」

5 問：「宗乘一句，請師商量。」師云：「黄峯獨脱物外秀，年来月往冷秋秋〔一〕。」

6 問：「如何是納衣下事？」師云：「石牛水上卧，東西得自由。」

傳記

宗門摭英集卷上、釋隱元等黄檗山志卷三僧、福建通志福建高僧傳卷一。

資料

1 景德傳燈録卷一六、五燈會元卷六。

2 景德傳燈録卷一六、傳燈玉英集卷八、宗門統要卷八、聯燈會要卷二三、禪門拈頌集卷二二、五燈會元卷六。

3 景德傳燈録卷一六、聯燈會要卷二三、五燈會元卷六。

4 景德傳燈録卷一六、傳燈玉英集卷八、聯燈會要卷二二、五燈會元卷六。

5 6 景德傳燈録卷一六、五燈會元卷六。

一〇〇 韶山和尚 寰普，生卒年未詳

1 韶山和尚嗣夾山，在北地。師諱寰普，未覩實録，不决始終。

〔一〕 秋秋：景德傳燈録、五燈會元作「颼颼」。

2 有一僧礼拜，起来立地。師云：「大才藏拙戶。」其僧又向一邊立。云：「喪却棟梁哉〔一〕！」

3 問：「實際理地，如何運步？」師曰：「幽谷白雲藏白雀，擬心栖處隔山迷。」

4 問：「祖意与教意如何？」師曰：「日曉昏韶山，不借其中事。」進曰：「師還借也無？」師曰：「燈後口無舌。」進曰：「与摩即句後不傳也。」師曰：「影隔貸明月，不掛指南蹤。」

5 充天布納到韶山〔二〕。韶山勘曰：「聞你有充天之氣，是不是？」對曰：「不敢。」師曰：「汝有充天之氣，我這裏有啄地之錐〔三〕。汝若把旗上来，我則釘泂相對；汝若橫吞巨海〔四〕，我則背挾須弥。向上一路，速道！速道！」如是三度嗽後云：「明鏡當臺，請師一照。」師便喝云：「死水無魚，徒勞下鉤。」

傳記

宋高僧傳卷一二、宗門摭英集卷上、祖庭事苑卷七韶山條、六學僧傳卷七、閩書卷一三六。

〔一〕哉：景德傳燈錄等並作「材」。

〔二〕充天布納：景德傳燈錄、宗門統要、五燈會元等並作「遵布衲」。

〔三〕啄、「卓」通。

〔四〕汝：原作「女」，當爲破字；據高麗大藏經補遺本校定。

著作

心珠歌（景德傳等錄卷三〇、傳燈玉英集卷一五）。

資料

2 景德傳燈錄卷一六、禪門拈頌集卷二二、五燈會元卷六。

5 景德傳燈錄卷一六、宗門統要卷八、正法眼藏卷中、聯燈會要卷二三、五燈會元卷六。

一〇一 棲賢和尚 懷祐，生卒年未詳〔一〕

1 栖賢和尚嗣石霜。師諱懷祐，仙遊人。受業於九座山。依年具戒，便歷遐方，而造普會之門，密契投針之旨。

2 問：「如何是五老峯前句？」云：「万古千秋。」進曰：「与摩莫成嗣絶也無？」師云：「躊躇欲与誰？」

〔一〕廬山記卷二敍南山篇：「景福（八九二—八九三）中僧懷祐復興焉，號棲賢報國禪院……乾寧四年（八九七）十一月賜懷祐塔名傳法之塔，仍號玄悟大師。」

傳記

盧山記卷二敘南山篇。

資料

1 景德傳燈錄卷一六、五燈會元卷六。

2 景德傳燈錄卷一六、傳燈玉英集卷八、五燈會元卷六。

一〇二　大光和尚居讓，八三七—九〇三

1 大光和尚嗣石霜。師諱居讓〔二〕，俗姓王，長安人也。自攝衣訪道，南来而造石霜普會門下。二十年間，乃私於北塔栽植菓木，麻衣草履，灰心塵面，志存於道。因一日，普會垂問以徵淺深云：「國家每年放五百人及第，朝堂門下還得好也無？」師對云：「有一人不求進。」會云：「憑何？」師云：「且不為名。」普會又因疾垂語云：「除却今日，別更有時也無？」師對云：「渠亦不道今日是。」霜云：「我也擬道非今日。」普會然之〔三〕。如此往復凡數則，函盖無異，盤泊二十餘載。時有檀越胡公，盡室歸依，請住大光山。

〔二〕讓：景德傳燈錄等並作「誨」。

〔三〕此四字疑衍。

2 有學人問：「混沌未分時如何？」師云：「特教阿誰叙〔一〕？」

3 問：「古人有言：『不出門而知天下事。』如何是不出門而知天下事？」師云：「猶是第二家主。」「如何是天下事？」師云：「清。」「如何是向上事？」師云：「不出戶。」「如何是不出戶？」師云：「別。」「為什摩却別？」師云：「不齊衆〔二〕。」

4 又每示徒云：「一代時教，只是收拾一代時人。直饒剝得徹底，也只是成得个了〔三〕。你不可便將當納衣下事。所以向你道：四十九年明不盡，四十九年標不起。」

5 僧問：「只如達摩是祖師不？」師云：「不是祖。」僧曰：「既不是祖，又来東土作什摩？」師云：「為汝不薦祖〔四〕。」僧曰：「薦後如何？」師云：「方知不是祖。」

6 問：「保任底人失一念時如何？」師云：「始得常在。」僧曰：「作大魔王時如何？」師云：「暫時間。」僧曰：「末後事如何？」師云：「不在者裏。」

7 問：「絶跡玄去時如何？」師云：「鳥道不曾聞。」

8 問：「如何是沙門行？」師云：「過海不打舡。」

〔一〕特教：四部叢刊本景德傳燈錄、五燈會元并作「時教」；東禪寺本景德傳燈錄作「一代時教」。

〔二〕齊，「濟」通。

〔三〕了：四部叢刊本景德傳燈錄同；東禪寺本景德傳燈錄作「邊事」；聯燈會要、五燈會元作「了事人」。

〔四〕薦：原誤作「廌」；下同。

9 座主問徑山：「万法歸一、一亦不存時如何？」徑山云：「一亦不留。」座主不肯，便去江西問雲居。居云：「則非万法。」亦不肯，便去大光問。師云：「除不盡。」座主肯之。

10 問：「啐啄同時則不問，卵子裏鷄鳴時如何？」師云：「還得音信不？」

11 問：「如何是密室？」師云：「四不覩。」「如何是密室中人？」師云：「遠無路。」自是玄言聞於遐迩。

12 師天復三年癸亥歲九月三日怡然告寂。年齡六十七，僧夏三十六矣。

資料

1 景德傳燈錄卷一六、傳燈玉英集卷八、聯燈會要卷二二、五燈會元卷六。

2 景德傳燈錄卷一六、五燈會元卷六。

4 景德傳燈錄卷一六、聯燈會要卷二二、五燈會元卷六。

5 景德傳燈錄卷一六、傳燈玉英集卷八、聯燈會要卷二二、禪門拈頌集卷二二、五燈會元卷六。

12 景德傳燈錄卷一六。

一〇三　肥田伏禪師 慧光，生卒年未詳

1 肥田伏禪師嗣石霜。師諱慧光，未覩行録，不決終始。

2

師有頌：

「修多妙用勿功夫，返本還源是大愚。
古佛不從修證得，直饒玄妙也崎嶇。」

有人拈問長慶：「如何是『修多妙用勿功夫』？」慶云：「用与摩作什摩？」「如何是『返本還源是大愚』？」慶云：「何必？」「如何是『古佛不從修證得』？」慶云：「從来是伱，更修作什摩？」「如何是『直饒玄妙也崎嶇』？」慶云：「只為伱妄外〔二〕。」

3

師又頌曰：

「心靜愁難入，無憂禍不侵。
道高龍虎伏，德重鬼神欽。」

著作

偈一首（五燈會元卷六）。

資料

1 景德傳燈錄卷一六、五燈會元卷六。

〔二〕 妄、「望」通。

2 五燈會元卷六。

一〇四　涌泉和尚 景忻，生卒年未詳

1 涌泉和尚嗣石霜，在台州。師諱景忻〔一〕，仙遊縣人也，受業於白雲山。纔具尸羅，便尋祖道而參見石霜，便問：「學人初入藂林，乞師指示个入路。」霜云：「我道三隻筯子抛不落。」師便契玄關，更無他往。

2 有康、德二僧来到院〔二〕，在路上遇師看牛次，其僧不識，云：「蹄角甚分明，争奈騎牛者不識何！」其僧進前，煎茶次，師下牛背，近前不審。与二上座一處坐，喫茶次，便問：「今日離什摩處？」僧云：「離那邊。」師曰：「那邊事作摩生？」僧提起茶盞子。師云：「此猶是蹄角甚分明。那邊事作摩生？」其僧無對。師云：「莫道不識。」便去。

福先代云：「若不与摩，爭識得道者？」又代云：「且座喫茶〔三〕。」

3 招慶問：「從上宗乘中事，和尚此間如何言論？」師云：「不唱目前。」進曰：「不唱目前則且置，宗乘中事如何言論？」師云：「待虛空落地，則向道者道。」招慶不肯。進曰：「和尚如

〔一〕忻：景德傳燈録等作「欣」。
〔二〕康、德二僧：景德傳燈録、傳燈玉英集、聯燈會要、五燈會元均作「彊、德二禪客」，禪門拈頌集作「強、德二上座」。
〔三〕座、「坐」通。

何？」慶曰〔二〕：「專甲則不當，請兄弟檢點！」

報慈代曰：「寒天雪滿堦。」

4 問：「如何是氷中水？」師云：「凌霜結不成。」「如何是水中氷？」師云：「六月不曾融。」僧曰：「与摩則千日銷不得也。」師云：「二鼠往来不関他。」

資料

1 景德傳燈錄卷一六、五燈會元卷六。

2 景德傳燈錄卷一六、傳燈玉英集卷八、宗門統要卷八、聯燈會要卷二二、禪門拈頌集卷二二、五燈會元卷六。

一〇五 南際和尚 僧一，生卒年未詳

1 南際和尚嗣石霜，在江西。師諱僧一。初住南際山；次鍾陵大王請居末山；後閩王請住西院，奏紫衣，謚號本淨大師、無塵之塔。

2 處世時，僧問：「千聖位中還有不陪位者也無？」師云：「有。」進曰：「如何是不陪位者？」師云：「明明是龍不帶鱗，明明是牛不戴角。還會摩？」對云：「不會。」師云：「步行入水

〔二〕慶曰：疑當作「師曰」。

不知深，海底龍宮空摸搽。」

3　問：「學人幸獲侍覲，乞師指示〔二〕。」師云：「我若指示〔二〕，則厄屈著俢。」僧曰：「教學人作摩生則是？」師云：「切忌是非。」

4　問：「如何是納僧氣息？」師云：「還曾勳著俢也無〔三〕？」

5　問：「如何是法身主？」師云：「不過来。」「如何是毗盧師？」云：「不超越。」

傳記　宗門統要卷八、釋法緯西禪長慶寺志卷二禪宗志、釋證亮西禪小記卷三宗傳。

資料
1 4　景德傳燈錄卷一六、五燈會元卷六。
3 5　景德傳燈錄卷一六、傳燈玉英集卷八、五燈會元卷六。

〔二〕示：原作「旨」，與「ホ」（「示」俗寫）形近而譌，據景德傳燈録校改。
〔三〕勳、「薰」通。

一〇六　雲蓋和尚源禪，生卒年未詳

1 雲盖和尚嗣石霜，在潭州。師諱源禪〔一〕。未覩實録，不決化緣終始。

2 師在石霜時，因一日作礼而問："万户俱開則不問，万户俱閇時如何〔二〕？"霜云："當中事作摩生〔三〕？"師曰："無位。"霜曰："憑何？"師當時無對。直得半年，方始云："無人接得渠。"霜云："道也大殺道，只得八九成。"師却請和尚代語。霜云："無人識得渠。"

資料

1 景德傳燈録卷一六、傳燈玉英集卷八、宗門統要卷八、聯燈會要卷二二、五燈會元卷六。

2 景德傳燈録卷一五石霜章、宗門統要卷八、正法眼藏卷中、聯燈會要卷二二、禪門拈頌集卷一四石霜章、五燈會元卷六。

〔一〕源禪：景德傳燈録、聯燈會要作"雲蓋山志元禪師"；宗門統要作"雲蓋志安禪師"，並云："一本作志元，非。"

〔二〕景德傳燈録、正法眼藏、五燈會元此二句並作："萬戶俱閉則不問，萬戶俱開時如何？"

〔三〕當，"堂"通；據景德傳燈録等並作"堂"。

一〇七　九峯和尚 道虔，?—九二一

1 九峯和尚嗣石霜，在江西。師諱道虔，俗姓劉，福州侯官縣人也〔一〕。自契石霜密旨，便住九峯。後化緣泐潭寶峯禪院矣〔二〕。

2 僧問：「無間中人行什摩行？」師云：「畜生行。」僧曰：「畜生復行什摩行？」師云：「無間行。」僧曰：「此猶是長生路上人。」師云：「伱須知有不共命者。」僧云：「不共什摩命？」師云：「長生氣不恒。」師云：「諸兄弟，還識得命摩？欲知命，流泉是命，湛寂是身，千波競湧是文殊境界，一亘晴空是普賢床榻。其次，借一句子是指月，於中事是話月。從上宗門中事，如節度使信旗，且如諸方及先德未建立如許多名目，指陳已前，諸兄弟約什摩躰格商量？到這裏不假三寸，試話會看；不假耳根，試聽聲看；不假眼根，試弁白看。所以道：聲前拋不出，句後不藏形。盡乾坤都来是你當人个躰，向什摩處安眼、耳、鼻、舌？莫但向意根下啚度，作想作解，盡未来際亦未有休歇分。所以古人道：『擬將心意學玄宗，狀似西行却向東。』論劫違背，兄弟！」

3 問：「九重无信，恩赦何来？」師云：「流光雖遍，閫內不周。」「流光与閫內相去多少？」

〔一〕侯：原作「候」；通典卷一八二洲郡十二，福州治下有侯官縣。

〔二〕泐：原作「汸」。

師云：「淥水騰波，青山秀色。」

4　問：「人人盡言請益，未審師将何拯濟？」師云：「汝道巨岳還曾乏寸土也無？」僧云：「与摩則四海參尋，當爲何事？」師云：「演若迷頭心自狂。」僧云：「還有不狂者也無？」師曰：「有。」進曰：「如何是不狂者？」師云：「突曉途中眼不開。」

5　問：「如何是學人自己？」師云：「更是阿誰？」僧曰：「便与摩承當時如何？」師云：「須弥還更戴須弥也無？」

6　問：「祖祖相傳，復傳何法？」師云：「釋迦慳，迦葉富。」僧曰：「畢竟傳持事如何？」師云：「同歲老人分夜燈〔一〕。」

7　問：「古人有言：『諸佛非我道。』如何是我道？」師云：「我道非諸佛。」僧云：「既非諸佛，為什摩却立我道？」師云：「適来暫喚来，如今却遣出。」僧云：「為什摩却遣出？」師云：「若不遣出，眼裏塵生。」

8　問：「一切處覓不得，豈不是聖？」師云：「是聖也。」「牛頭未見四祖，豈不是聖？」師云：「是也，聖境未亡。」僧曰：「二聖相去多少〔二〕？」師云：「塵中雖有隱形術，爭似全身入帝

〔一〕同：禪門拈頌集、五燈會元作「百」。

〔二〕二：原作「一」，當爲破字，據高麗大藏經補遺本校定。

鄉。」

9　問：「承古人有言：『盡乾坤都来是个眼』，如何是乾坤眼？」師云：「乾坤在裏許。」僧曰：「乾坤眼何在？」師云：「正是乾坤眼。」僧曰：「還照燭也無？」師云：「不借三光勢。」進曰：「既不借三光勢，憑何喚作乾坤眼？」師云：「若不如是，髑髏前見鬼人無數。」

10　問：「一筆丹青，為什摩邈志公真不得？」師云：「僧繇却許志公〔一〕。」僧曰：「未審志公還肯僧繇也無？」師云：「志公若肯，僧繇不許。」僧曰：「僧繇得什摩人證旨，却許志公？」師云：「烏龜稽首須弥柱。」

11　問：「古人有言『真心妄心』，此意如何？」師云：「是立真顯妄。」「如何是真心？」師云：「不雜食。」「如何是妄心？」師云：「攀緣起倒是。」僧曰：「離此二途，如何是學人本躰？」師云：「本躰不離。」僧曰：「為什摩不離？」師云：「不敬功德天，誰嫌黑暗女？」

12　問：「對境不動時如何？」師云：「不是大力人。」進曰：「如何是大力人？」師云：「對境不動。」僧曰：「前来為什摩道不是大力人？」師云：「在舍只言為客易，臨筌方覺取魚難〔二〕。」

13　問：「古人道『道超名外』，只如名外之道，誰當建立？」師云：「假名唱道，道不自名。」僧

〔一〕繇：原作「瑤」，本章下同。祖庭事苑卷六：「僧瑤，瑤當作繇，音遙。張僧繇，吳人也。」

〔二〕筌：聯燈會要、禪林類聚並作「淵」；宗門摭英集、五燈會元作「川」。

曰：「既不自名，盧行者為什摩却會？」師云：「會處不是盧家境界。」「如何是盧家境界？」師云：「明星背後倒騎牛。」

14 問：「弥勒元是釋迦師。釋迦有何據驗，即玄超九劫？」師云：「寶所无遠近，遲速有殊倫。」僧曰：「遲速外還分也無？」師云：「作摩不分？」僧曰：「如何分？」師云：「釋迦先不達，弥勒後不至。」僧曰：「任摩則鷄足持衣，更待何人？」師云：「遠信只合通補處。」僧曰：「通後如何？」師云：「龍華會上無慈氏。」僧曰：「補處又是何人？」師云：「却問取慈氏看。」

15 師上堂，衆集，師云：「空中有一人説法，聲振梵天，諸人還聞摩？若也不聞，諦聽，諦聽！久立，珎重！」衆纔下，師召大衆。衆僧乃迴顧。師云：「莫錯舉！」

16 問：「日輪正當午時如何？」云：「似半夜。」僧曰：「与摩時日輪何在？」師云：「正當午。」僧曰：「既當午，為什摩却似半夜？」師云：「半夜亦當午。」僧對曰：「還照燭也無？」師云：「白雲散光彩，輪中影不舒。」師乃再頌曰：

「當午日輪圓不照，却指三更暫示人。
莫将明暗消前事，不是燈邊具足身。」

17 問：「聖迷与凡迷如何弁？」師云：「聖迷黑似柒〔一〕，凡迷明如日。」僧云：「聖迷為什摩

〔一〕 柒、「漆」同。

黑似柒？」師云：「不見道『亡僧面前』？」僧曰：「凡迷為什摩明如日？」云：「為你結識處多。」僧云：「不落凡聖如何弁？」師云。「千眼不到。」

18 問：「古人有言：『卅智、佛智，名同躰別。』未審卅智与佛智相去多少？」師云：「你道螢光与日光又作摩生？」僧云：「与摩則勝劣有殊去也。」師云：「為你奴郎，所以有殊。」僧云：「既有殊，古人因什摩道『身心一如，身外無餘』？」師云：「事既若全，有何同異？」

19 法照和尚問：「承師有言：『文殊是用。』」師云：「是。」「又承和尚有言：『文殊是方頭。』」師云：「去是從今日去，不是方頭是什摩？」進曰：「未審方頭還迴也無？」師云：「十人家活，九人作鬧，一人不知。」進曰：「既不知，和尚為什摩道文殊是方頭？」師云：「千江分月彩，何曾下碧天？」進曰：「与摩時文殊在什摩處？」師云：「含中失却舊時名。」問：「九人与摩来，有何音信？」師云：「九人不得意。」曰：「既不得意，又何傳語？」師云：「正是傳語。」「未審傳什摩人語？」師云：「寧當截舌，不犯國諱。」

20 問：「法雨普潤，枯木為什摩無花？」師云：「不見道『高原陸地』？」曰：「畢竟還有生花時也無？」師云：「若生花，則不名枯木。」曰：「古人為什摩道『枯木上生一朶花』？」師云：「你道一人不言一人啞〔一〕，阿那个無舌？」

〔一〕啞：原作「噁」。

21 問：「被毛戴角底人居何位次？」師云：「白銀為地，黃金為墻。」云：「未審此人還有師也無？」師云：「有。」「如何是此人師？」云：「不被毛，不戴角。」云：「古人因什摩道『直得不被毛、不戴角，又勿交涉』？」師云：「古人為明異中異，所以重洗面。」

22 問：「中下者即假断送？」師云：「是落在曲勸。」僧云：「只如上上者，還假断送也無？」師云：「家夫不喫嚼飯。」僧曰：「古人為什摩道『直得上上者，亦須擊發』？」云：「灼然撩著便去，誰有伱刀刀〔二〕？」僧云：「与摩即刀刀猶須断送也。」師云：「是也。」僧曰：「只如上上者如何擊發？」師云：「鷄子過時，有人不驚。」

23 問：「大闡提人作何行李？」師云：「露刀擎釵。」僧曰：「擬殺何人？」師云：「凡聖祖佛，惣須盡却。」僧曰：「盡後此人向什摩處合殺？」師云：「合槃裏合殺〔三〕。」僧云：「合殺後如何？」師云：「鷺鷥不入雪林中。」問：「朝生之子，還具年涯也無？」師云：「鳳騰霄漢，青雲不知。」僧云：「入門後事如何？」師云：「門裏忘却白頭兒。」僧曰：「与摩則不知有少年父。」師云：「鷺鷥已在雪林中。」進曰：「与摩時還有弁處也無？」師云：「不無鷺鷥。」

24 問：「古人道：『向山下檀越家作一頭水牯牛』，与狸奴、白牯還分也無？」師云：「作摩

〔二〕刀刀：張華校作「叨叨」。
〔三〕槃，「盤」通。

不分？」僧曰：「如何分？」師云：「狸奴、白牯頭無角，山下牯牛再生角。」僧曰：「与摩則古人作一頭水牯牛去也。」師云：「若作一頭水牯牛，則屈著古人也。」僧曰：「和尚前来為什摩道再生角？」師云：「再生角則悲不斷，頭無角則不入流。」

25　問：「從上宗乘，請益即是？不請益即是？」師云：「三年大旱，東海不知。」僧曰：「与摩則不從外得。」師云：「內亦不可得。」僧曰：「不內不外時如何？」師云：「不是具足，不是欠少。」僧曰：「畢竟如何？」師云：「窮不盡。」

26　問：「佛、法兩字如似怨家時如何〔二〕？」師云：「兔角從汝打，還我兔子来。」僧曰：「兔子豈是有角也？」師云：「佛、法兩字從何而立？」「不立者如何？」云：「不可無兔子。」

傳記　貫休離亂後寄九峰和尚二首（禪月集卷一〇、全唐詩卷八三〇）、禪林僧寶傳卷五、祖庭事苑卷七九峰條、釋氏通鑑卷一一、一二、釋氏稽古略卷二、閩書卷一三七、宗統編年卷一七、謝旻等（雍正）江西通志卷一〇三仙釋。

著作　因事頌一首（祖庭事苑卷三因事條）。

〔二〕　怨、「冤」通。

資料

1 景德傳燈錄卷一六、祖庭事苑卷七、禪林僧寶傳卷五、聯燈會要卷二二、五燈會元卷六。

2 景德傳燈錄卷一六、傳燈玉英集卷八、禪林僧寶傳卷五、聯燈會要卷二二、五燈會元卷六。

3 8 景德傳燈錄卷一六、五燈會元卷六。

4 景德傳燈錄卷一六、傳燈玉英集卷八、拈八方珠玉集卷中、聯燈會要卷二三九峯普滿章、五燈會元卷六、卷一三九峯普滿章。

5 景德傳燈錄卷一六、傳燈玉英集卷八、聯燈會要卷二二、卷二三九峯普滿章、五燈會元卷六、卷一三九峯普滿章。

6 景德傳燈錄卷一六、宗門摭英集卷上、禪門拈頌集卷二二、五燈會元卷六。

7 景德傳燈錄卷一六、傳燈玉英集卷八、五燈會元卷六。

9 景德傳燈錄卷一六、拈八方珠玉集卷中、五燈會元卷六。

10 景德傳燈錄卷一六、宗門摭英集卷上、聯燈會要卷二二、五燈會元卷六。

11 景德傳燈錄卷一六、拈八方珠玉集卷中、聯燈會要卷二三九峯普滿章、五燈會元卷六、卷一三九峯普滿章。

12 宗門摭英集卷上、拈八方珠玉集卷中、聯燈會要卷二三九峯普滿章、五燈會元卷一三九峯普滿章、禪林類聚卷一〇人境門九峯滿禪師。

一〇八　南嶽玄泰和尚生卒年未詳〔一〕

1 南嶽玄泰和尚嗣石霜。師所居蘭若在山之東，号七寶臺〔二〕。平生高潔，手下不立門徒。其遊礼僧或聚或散，故無常准。

2 師来晨遷化，今日並無僧到。自出山口，喚得一人，令倫香薪於山所訖，被衣而坐，乃書二偈曰：

「今年六十五，四大将離主。
其道自玄玄，个中無佛祖。」

又曰：

「不用剃頭，不用澡浴。
一堆猛火，千足万足。」

偈畢，垂一足而逝。茶毗收靈骨，墳於堅固大師塔之左〔三〕。平生所有歌行、偈頌遍于寰海道流耳目，此不盡彰耳。

〔一〕宋高僧傳謂終年六十五。

〔二〕七寶臺：五燈會元作「金剛臺」。

〔三〕五燈會元作「建塔於迎雲亭側」。

傳記 棲蟾贈南岳玄泰布衲（全唐詩卷八四八）、北夢瑣言卷一二、宋高僧傳卷一七、六學僧傳卷七。

著作 畬山謠（南嶽總勝集卷中七寶寺、五燈會元卷六）、象骨偈（佚，見宋高僧傳卷一七）、巖頭銘（佚文見本書卷七巖頭章）、祭石頭明上座文（佚，林間錄卷下）、五讚十頌（佚，見敦煌遺書S.1635慧觀泉州千佛新著諸祖師頌序）。

資料 *1 2* 宋高僧傳卷一七、景德傳燈錄卷一六、傳燈玉英集卷八、五燈會元卷六。

一〇九 寶蓋和尚 生卒年未詳

1 寶盖和尚嗣石霜。未覩行録，不决化緣終始。

2 僧問：「罷卷停書時如何？」師云：「書卷不曾展。」僧曰：「再舉者如何？」師云：「舉人不得意，汝早落第二。」進曰：「不赴朝庭者如何？」師云：「還及苐摩？」僧云：「爭奈金牓名字何？」師云：「世号不曾通。」僧曰：「与摩則金箱玉印無分付處〔一〕。」師云：「銜号不曾彰。」僧

〔一〕箱：原字漫漶，據高麗大藏經補遺本校定。

云：「直得闔闔不露時如何？〔二〕」師云：「龍床不曾卧，九五不曾登。」

資料

1 景德傳燈錄卷一六、傳燈玉英集卷八、五燈會元卷六。

一一〇　玄泉彦和尚生卒年未詳

1 玄泉彦和尚嗣嵒頭。

2 問：「如何是聲前一句？」師：「吽，吽！」進曰：「轉後如何？」師曰：「什摩是太不塞道？」

3 問：「青山不露頂時如何？」師曰：「玉兔不知春，不是無分曉。」進曰：「直得与摩時如何？」師曰：「姮仙生月宫，不處仙家調。」

資料

1 景德傳燈錄卷一七、宗門摭英集卷上、聯燈會要卷二三、五燈會元卷七。

〔二〕闔：原字漫漶，據高麗大藏經補遺本校定。

2景德傳燈錄卷一七、五燈會元卷七。

一一一　烏巖和尚〔一〕師彥，生卒年未詳

1 烏巖和尚嗣巖頭。師諱師彥，未覩行録，莫窮始終。

2 問：「頭上寶盖現、足下有雲生時如何？」師云：「披枷帶鏁漢〔二〕。」「頭上寶盖不現、足下無雲生時如何〔三〕？」「猶有杻在。」「畢竟事如何？」師云：「齋後困。」

3 問：「天不覆、地不載，豈不是？」師云：「若是，則被覆載。」學人云：「若不是，烏嵒洎遭。」師稱名：「師彥。」

4 問：「如何是諸佛出身處？」師云：

「蘆花沉海底，刲石過陽春，
火焰長流水，佛從此出身。」

5 師垂問：「盡十方世界唯屬一人，或有急疾事，如何相告報？」廣利和尚對云：「任汝世界

〔一〕宋高僧傳、景德傳燈錄等並作「瑞巖」。
〔二〕披：原字漫漶，據景德傳燈錄等校定。
〔三〕何：原字漫漶，據景德傳燈錄等校定。

爛壞，那人亦不彩汝〔二〕。」報恩對曰：「若道和尚是龍頭虵尾，也只是个瞎漢。」

傳記 宋高僧傳卷一三、宗門統要卷九、無門關第一二則、閩書卷一三六。

著作 別錄（佚，見宋高僧傳卷一三、景德傳燈錄卷一七）。

資料 1 景德傳燈錄卷一七、正法眼藏卷下、聯燈會要卷二三、從容錄第七五則、五燈會元卷六。
2 3 景德傳燈錄卷一七、五燈會元卷七。

一一二 靈巖和尚 慧宗，生卒年未詳

1 靈巖和尚嗣巖頭，在吉州。師諱慧宗，姓陳，福州長溪縣人也。受業於龜山，依年具戒，便慕宗師，一見巖頭，密傳旨要矣。

2 僧問：「如何是學人自己本分事？」師云：「抛却真金，拾得瓦礫作什摩？」

〔二〕 彩，「睬」通。

1 2 景德傳燈錄卷一七、五燈會元卷七。

一一三　羅山和尚道閑，生卒年未詳

1 羅山和尚嗣巖頭，在福州。師諱道閑，姓陳，長溪人也。出家於龜山，纔具尸羅，便尋祖道，契巖頭之密旨。

2 初開堂時，纔攬衣昇座，乃云：「珎重！」時有學者出来，擬申問。師便喝出云：「什摩處去来？」

3 有僧與疎山和尚造延壽塔畢，来白和尚〔一〕。和尚便問：「汝将多少錢与匠人？」僧云：「一切在和尚。」疎山云：「汝為復将三錢与匠人？為復将兩錢与匠人？爲復将一錢与匠人？若道得，与吾親造塔。」僧無對。師在大嶺住庵時，其僧到。師問：「什摩處来？」對云：「疎山来。」師云：「疎山和尚近日有什摩言句？」其僧具陳前事。師云：「還有人道得摩？」對云：「未有人道得。」師云：「汝却迴疎山道：『大嶺和尚聞舉有語：若将三錢与匠人，和尚此生決定不得塔；若将兩錢与匠人，和尚与匠人同出一手造塔；若将一錢与匠人，帶累匠人眉鬚一時墮落。』」其僧便迴，

〔一〕来：原作「手」；據宗門統要、正法眼藏、禪門拈頌集校改。

舉似踈山。踈山便具威儀，望大嶺嘆曰：「将謂無人。大嶺有古佛，光明射到此間。」却云：「汝去向大嶺道：猶如十二月蓮花開也。」其僧却迴，舉似師。師云：「早已龜毛長數丈也。」

4　師又時上堂云：「宗門深奥，合作摩生話會？真心難定，實理何詮？祖代褒揚，曲垂知見。俊士顯于大事，次第施行。為破佛魔，撤歸深際，靈光密布，撤教現前。舉意明宗，光流大海；闡禪与道，削跡呑聲。佛与祖師，明明古路。摩騰、竺法，黄葉何殊？大藏教文，圖書不得。若論宗乘一路，海口難宣。何不見釋迦掩室，淨名杜口？暫息波瀾，接物應機，須通俊士。應時如風，應機如電。一點不来，猶同死漢；當鋒一箭，誰肯承當？不是俊流，徒勞措口。上古流今，無過奇特。若也未逢匠伯，低首側聆，意下尋思，卒摩搔不著。記舉古話，繫惑盲侶，送向空劫，未免輪迴。将抵敵作家，驢年終無是處。珎重！」

5　因鄭十三娘年十二，隨一師姑參見西院大溈和尚。纔礼拜起，大溈問：「這个師姑什摩處住？」對云：「南臺江邊。」溈山便喝出。又問：「背後老婆子什摩處住？」十三娘放身進前三步，叉手而立。溈山再問：「這老婆子什摩處住？」十三娘云：「早个對和尚了也。」溈山云：「去！去！」纔下到法堂外，師姑問十三娘：「尋常道我會禪，口如鈴相似，今日為什摩大師問著惣無語？」十三娘云：「苦哉！苦哉！具這个眼目，也道我行脚！脫取納衣来与十三娘著不得！」十三娘後舉似師，便問：「只如十三娘參見大溈，与摩秖對，還得平穏也無？」師云：「不得無過。」娘云：「過在什摩處？」師乃叱之。娘云：「今日便是錦上更添花。」

6　又時上堂云：「理上通明，与佛齊肩；　事上通明，咸同諸聖。　事理俱通，喚作什摩？　天下横行，羅籠自在。　須是与摩漢，臨機隱現搓捺〔一〕，臨時自由。　不是你呢呢惹惹底便解會得。　若實未會，卒不可奈何三句至於四句，羅籠交通。　若不會向上事，什摩處得？　不見道『上士不領閑』，會摩？　若是超倫作者，瞥然便休。　如今且有与摩漢摩？　出來！　試弄一轉看，作摩生精彩？　若也不解縱奪，且須自識取曠劫已来不可思議底，常教現露自由自在。　若論師子據地，且作摩生道千般設用，未脫野干鳴？　透古透今，聲前看取。　無事，珎重！」

7　軫上座問：「只如啚頭和尚道：『洞山好个佛，只是無光彩。』未審洞山有何虧闕，便道無光彩？」師喚：「無軫！」無軫應諾。　師云：「酌然好个佛〔二〕，只是無光彩。」軫云：「大師因什摩撥無軫話？」師云：「什摩處是陳老師撥汝話？　快道！　快道！」無軫説不得。　師便打之。

8　問：「如何是宗門中流布？」師乃展手。

9　問：「急急来投，請師一接。」師云：「會摩？」對云：「不會。」師云：「箭過也！」

10　又大德參師。　師問：「大德号个什摩？」對云：「明教。」師云：「還會教也無？」對云：

〔一〕捺：佛光大藏經本校作「摻」；柳田聖山祖堂集索引、吳福祥校作「搽」；禪文化研究所祖堂集索引校作「擸」；疑當爲「搽」，音荼，通借爲「挪」，「搓挪」同義連文。

〔二〕酌、「灼」通。

「隨分。」師竪起拳云：「靈山會上，与摩喚作什摩教？」對云：「喚作拳教。」師笑云：「与摩是拳教。」師却展足云：「与摩時喚作什摩？」大德無對。師却云：「莫是脚教摩？」

11 師臨遷化時，上堂昇座，良久，展開左手。主事云：「東面黑，師僧退後。」師又良久，展開右手。主事又云：「西面黑，師僧退後。」師却云：「欲報師恩，無過守志；欲報王恩，無過流通大教。歸去也！歸去也！呵呵，珎重！」

傳記

宗門摭英集卷上、續補高僧傳卷六、閩書卷一三七、十國春秋卷九九、徐京熹等（乾隆）福州府志卷七一釋老、福建通志福建高僧傳卷一。

資料

1 景德傳燈錄卷一七、宗門統要卷九、正法眼藏卷下、聯燈會要卷二三、五燈會元卷七。
2 景德傳燈錄卷一七、正法眼藏卷上、聯燈會要卷二三、五燈會元卷七。
3 宗門統要卷八踈山章、正法眼藏卷中踈山章、聯燈會要卷二二踈山章、宗門拈頌集卷二一踈山章、五燈會元卷一三踈山章。
5 宗門統要卷六鄭十三娘章、聯燈會要卷一〇鄭十三娘章。
7 宗門統要卷九、聯燈會要卷二三、五燈會元卷七。
8 景德傳燈錄卷一七。

9 景德傳燈錄卷一七、五燈會元卷七。

10 五燈會元卷七。

11 景德傳燈錄卷一七、聯燈會要卷二三、五燈會元卷七。

祖堂集卷第九

祖堂集卷第十

石頭下卷第七曹溪第七代法孫

一一四　玄沙和尚師備，八三五—九〇八〔一〕

1　玄沙和尚嗣雪峯，在福州。師諱師備，俗姓謝，福州閩縣人也。咸通初，上芙蓉山出家，於鍾陵開元寺道玄律師受戒，却歸山門。凡所施為，必先於人。不憚風霜，豈倦寒暑？衣唯布納，道在精專。語嘿有規，不參時倫。雪峯見師器質粹容，亦多相接，乃稱師為備頭陁。如斯數載，陪仰親依。

2　有一日普請畬田，雪峯見一條虵，以杖撩起，召衆云：「看！看！」以刀芟為兩段。師便以杖挑抛背後，更不顧視。衆僧愕然。雪峯云：「俊哉！」

3　雪峯一日謔曰：「備頭陁未曾經歷諸方，何妨看一轉乎？」如是得四度。師見和尚切，依和尚處分，裝裹一切了，恰去到嶺上，踢著石頭，忽然大悟。後失聲云：「達摩不過來，二祖不傳持。」又

〔一〕據陳垣釋氏疑年錄卷五：「福州玄沙院宗一師備　閩謝氏。　梁開平二年卒，年七十四（八三五—九〇八）。佛祖道影作年七十，隆興通論、釋氏通鑑作年七十五，今據宋僧傳十三及語錄附林澂撰碑文。」

上大樹，望見江西了，云：「奈是許伱婆！」便歸雪峯。雪峯見他来，問師：「教你去江西，那得与摩迴速乎？」師對云：「到了也。」峯曰：「到那裏？」師具陳前事。雪峯深異其器，重垂入室之談。師即盡領玄機，如瓶瀉水。初住普應，次卜玄沙。後閩王迎居安國寺，礼重為師，奏錫紫衣、師号宗一大師〔二〕。三處住持三十来年，匡八百衆矣。

4 問：「如何是學人自己事？」師云：「用自己作什摩？」

5 問：「從上宗門中事，此間如何言論〔三〕？」師云：「少人聽。」

6 師云：「佛言：『吾有正法眼，付囑摩訶迦葉。』我道猶如話月。曹溪竪起拂子，是指月。」

7 問：「古人瞬視接人，師如何接人？」師云：「我不瞬視接人。」進曰：「師如何接人？」師視之。

8 問：「古人拈槌竪拂，還當宗乘中事也無？」師云：「不當。」進曰：「古人意作摩生？」師竪起拂子。進曰：「宗門中事作摩生？」師云：「待伱自悟始得。」

9 師問長生：「維摩觀佛，前際不来，後際不去，今則無住。長老作摩生覾？」對云：「放某甲過，有个商量。」師曰：「放長老過，作摩生？」長老良久。師云：「教阿誰委？」對云：「徒勞側

〔二〕 錫，「賜」通。

〔三〕 問：原作「問」。

耳。」師云：「正知你鬼趣裏作活計。」

10 師聞魚鼓聲，乃云：「打我也！」

11 師遊南州時，与王太傅一房坐。時有一沙弥揭簾欲入，見師与太傅，便放簾抽身退步。師云：「者沙弥，好喫二十棒！」太傅云：「与摩則延彬罪過〔一〕。」師云：「無。佛法不是這个道理，也須子細好。」

僧問中塔：「沙弥過在於何，打二十棒？」塔云：「更添三十棒，沙弥又無過。」又問興化，興化云：「若會二公坐處，此棒不從外来。」又問順德：「玄沙与摩道，意作摩生？」順德云：「不為水而打水。」僧曰：「与摩則太尉亦合先陁去也〔二〕。」德云：「又成求他不肯。」進曰：「只如不為水而打水，意作摩生？」德云：「青山碾為塵，敢保無閑人。」

12 天請問經曰：「『云何利刀劍？云何磣毒藥？云何熾盛火？云何極重暗？』尒時佛告彼天曰：『麁言利刀劍，貪欲磣毒藥，瞋恚熾盛火〔三〕，無明極重暗』。」有人舉問雪峯：「如来只說利刀

〔一〕延彬：原作「延玭」；自景福二年（八九三）王潮爲福建觀察使，王氏據閩凡五十三年，無名延玭者。十國春秋王延彬本傳：「天祐初，太尉承制加平盧節度，權知泉州諸軍事，二年實授。」王延彬崇佛，曾供養長慶慧稜，見景德傳燈錄卷十八。「延玭」當以音近而譌。

〔二〕尉：原作「慰」。

〔三〕瞋：原作「𢡟」，「慎」異體字，此據經文校改。

劒，未曾當劒。請師當劒！」峯云：「咄！不識好惡漢！」有人持此語舉似師，師云：「似則似，是則不是。」僧便問：「請和尚當劒！」師云：「咄！不識好惡漢！」

有人舉似中塔。中塔云：「不可思議！古人与麼見知。雖然如此，欠進一問。」僧便問：「請和尚道！」塔云：「尊宿分上還有這个也無？」

13 志超上座為衆乞茶去時問師：「伏乞和尚提撕！」師云：「只是你！不可更教我提撕。」進曰：「乞師直指，志超不是愚癡人。」師云：「是你是愚癡人，作麼生會？」進曰：「時不待人，乞師指示！」師云：「我這裏有三棒，打你愚癡，會麼？」「志超不會。」

中塔云：「自愚癡。」

地藏云：「和尚愚癡，教什摩人打？」遂偈曰：

「三棒愚癡不思議，浩浩溶溶自打之。
行来目前明明道，七顛八倒是汝機。」

14 師問靈雲：「那裏何似這裏？」雲云：「也只是桑梓，別無他故。」師曰：「何不道？也要知。」雲曰：「有什摩難道？」師云：「若實，便請道！」靈雲偈曰：

「三十来年尋劒客，葉落幾迴再抽枝。
自從一見桃花後，直至如今更不疑。」

師云：「靈雲也什摩生桑梓之能！」雲曰：「向道故非外物。」師云〔一〕：「不敢，不敢。」又云：「靈雲諦當甚諦當，敢報未徹在〔二〕。」雲曰：「正是和尚還徹也無？」師云：「若与摩即得。」雲曰：「亘古亘今。」師云：「甚好！」雲曰：「喏！喏！」師作一頌送靈雲曰：

「三十来年只如常，葉落幾迴放毫光〔三〕。
自此一去雲霄外，圓音體性應法王〔四〕。」

15 師問招慶：「汝作摩生説驢使、馬使〔五〕？」慶云：「某甲姓孫〔六〕。」師云：「是即是，且作摩生是驢馬？」慶云：「也只是桑梓。」師云：「知得也未？」慶云：「要且不是和尚。」師問：「作摩説大意？」慶云：「得与摩顛倒。」師云：「正是我顛倒。」慶云。「某甲也顛倒。」師云：「知得。」便有偈曰〔七〕：

「用處妙理不換機，問来荅得不思議。」

〔一〕此處疑有脱文；玄沙廣錄作：「師云：『如是如是。』雲云：『不敢不敢。』」
〔二〕報：本書卷一九靈雲和尚章、景德傳燈錄、玄沙廣錄等並作「保」。
〔三〕葉：原版漫漶，據玄沙廣錄校定。
〔四〕應：原版漫漶，據高麗大藏經補遺本校定。
〔五〕驢使、馬使：玄沙廣録、宗門摭英集並作「驢事、馬事」。
〔六〕某：原版漫漶，據高麗大藏經補遺本校定。
〔七〕曰：原版漫漶，據禪文化研究所本校定。

應現常開明知友〔二〕，人人自在得功希。」

又偈曰：

「再覩道友話清源，人人問道無不全。

法法恒然皆如是，四生九類體中圓。」

16 問：「如何是正妙心？」荅：「盡十方世界都来是个真實之體。」

17 師開平二年戊辰歲十一月二十七日身體極熱〔三〕，曰：「我是大悟底人，盡大地一時火發，是你小小之輩走却不難。」休長老便問：「和尙尋常罵十方，因什摩到与摩地？」師云：「達底人尙自如此，豈況是你諸人！」便順化。春秋七十四，僧夏四十四。閩王崇塔矣。長興元年庚寅歲，将仕郎林澄製碑文〔三〕。

18 淨修禪師讚曰：

玄沙道孤，禪門楷模，

言一半偈，四海五湖。

〔一〕 開：原版漫漶，據玄沙廣錄校定。

〔二〕 十一月：禪林僧寶傳作「十二月」。

〔三〕 仕：原版誤爲「十一」；林澄，碑本作「林澂」。碑文題名爲「將仕郎試秘書生校書郎林澂」。

巨鼇海面，金翅雲衢，
嵒崖嶮峻，佛法有無。

碑誌

林澂唐福州安國禪院先開山宗一大師碑文並序（玄沙廣錄）。

傳記

宋高僧傳卷一三、祖源通錄撮要卷四、祖庭事苑卷三、禪林僧寶傳卷四、隆興編年通論卷二八、釋氏通鑑卷一一、一二、釋氏稽古略卷二、歷代佛祖通載卷一七、六學僧傳卷八、宗統編年卷一六、一七、十國春秋卷九九、徐景熹等（乾隆）福州府志卷七一釋老、許勲雪峰山志卷四紀法脈、沈瑜慶福建通志福建高僧傳卷一。

著作

智嚴集玄沙師備禪師廣錄三卷（續藏經；日本點校、譯注本玄沙廣錄上、中、下，入矢義高監修，禪文化研究所刊行）、林弘衍編次玄沙師備禪師語錄三卷（續藏經）。

資料

1 林澂碑文、宋高僧傳卷一三、景德傳燈錄卷一八、祖庭事苑卷七、禪林僧寶傳卷四、聯燈會要卷二三、五燈會元卷七、玄沙語錄卷上。

2 林澂碑文、宋高僧傳卷一三、景德傳燈錄卷一八、五燈會元卷七、雪峯語錄卷上、玄沙語錄卷中。

3 景德傳燈錄卷一八、正法眼藏卷中、聯燈會要卷二三、禪門拈頌集卷二三、五燈會元卷七、雪峯語錄卷上、玄沙語錄卷上。

4 5 7 景德傳燈錄卷一八、五燈會元卷七、玄沙廣錄卷上、玄沙語錄卷中。

6 景德傳燈錄卷一八、宗門統要卷九、禪林僧寶傳卷四、聯燈會要卷二三、禪門拈頌集卷二三、五燈會元卷七、玄沙語錄卷上、中。

8 景德傳燈錄卷一八、禪門拈頌集卷二三、五燈會元卷七。

9 景德傳燈錄卷一八、五燈會元卷七、玄沙廣錄卷下。

11 景德傳燈錄卷一八、聯燈會要卷二三、五燈會元卷七、玄沙語錄卷中。

13 玄沙廣錄卷中。

14 本書卷一九靈雲章、景德傳燈錄卷一一靈雲章、宗門統要卷五靈雲章、正法眼藏卷上靈雲章、聯燈會要卷一〇靈雲章、禪門拈頌集卷一五靈雲章、五燈會元卷四靈雲章、玄沙廣錄卷上、玄沙語錄卷中。

15 宗門摭英集卷中、玄沙廣錄卷上。

17 林澂碑文、景德傳燈錄卷一八、禪林僧寶傳卷四、五燈會元卷七、玄沙廣錄卷下。

一一五　長生和尚（皎然，生卒年未詳）

1 長生和尚嗣雪峯，在福州。師諱皎然，福州人也。自造雪峯之門，密契傳心之旨。

2　於一日，雪峯因讀古人語，到「光境俱亡，復是何……」〔一〕便問師：「這裏合著什摩字？」師對云：「放某甲過，有个道處。」峯云：「放你過，作摩生道？」對云：「某甲亦放和尚過。」

3　又因玄沙云：「一切森羅鏡中像〔二〕。」便提起杖，問師：「這个是像，阿那个是鏡〔三〕？」師對云：「若不如是，争獲圓通？」

4　師在雪峯時，為後生造偈曰：

「素面相呈猶不識，更添脂粉競鬪看。
這裏若論玄与實，与吾如隔万重山。」

5　問：「從上宗乘，如何言論？」師云：「不可為闍梨荒却長生路也。」

6　問：「古人道：『無明即佛性，煩惱不須除。』如何是無明即佛性？」師作嗔勢，竪起拳，喝云：「今日打這个師僧。」「如何是煩惱不須除？」師以手拏頭曰：「今日打這个師僧，得任摩發人業！」

7　師巡堂後，到廚下。雪峯曰：「我尋常向師僧曰：『是什摩？』未有人對。阿伱作摩生？」師對曰：「放厶甲過，亦有商量。」峯云：「放伱過，作摩商量？」對曰：「某甲亦放和尚過。」雪峯

〔一〕此爲盤山和尚語（見本書卷一五盤山和尚章），下有「物」字。
〔二〕羅：原作「蘿」。
〔三〕下「个」字原作「人」，當爲破字。

曰：「相識滿天下，知心能幾人？」

8 師到鵝湖，當門安下，忽然見燈頭來挑燈，便造偈曰：

「一靈孤燈當門懸，擬欲挑來歷劫昏。

山聲朴直人難見，此中會得處處全。」

9 內侍問：「古人有言：『一切衆生日用而不知』，作摩生是衆生日用而不知？」師乃指揖內侍曰〔二〕：「喫橄欖子。」內侍又問：「作摩生是衆生日用而不知？」師云：「內侍適來豈不是喫橄欖子？」對云：「是也。」師云：「古來衆生日用而不知，如今內侍亦日用而不知。」

10 問：「如何是主中主〔三〕？」云：「昨日送一个去，今日迎一个来。」

傳記 閩書卷一三六、許懃雪峰山志卷四紀法脈、沈瑜慶等福建通志福建高僧傳卷一。

資料 16景德傳燈錄卷一八、五燈會元卷七。

〔二〕 指、「祇」通。

〔三〕 主中主：上「主」字作「王」，當爲破字；語出洞山，本書卷六洞山和尚章：「客中主尚不弁得，作摩生弁得主中主？」

2 景德傳燈錄卷一八、宗門摭英集卷中、聯燈會要卷二四、五燈會元卷七、雪峰廣錄卷下、雪峰語錄卷下。
3 玄沙廣錄卷中。
5 景德傳燈錄卷一八、卷一七白水本仁章、聯燈會要卷二四、五燈會元卷一三白水本仁章。
9 景德傳燈錄卷一八玄沙章、宗門摭英集卷中玄沙章、玄沙廣錄卷下、玄沙語錄卷中。

一一六　鵝湖和尚 智孚，生卒年未詳

1 鵝湖和尚嗣雪峯，在信州。師諱智孚，福州人也。未覩實録，不訣化緣始終。

2 僧問：「五逆之子還受父約也无〔一〕？」云：「雖有自裁，未免傷己。」

3 問：「國無定乱之劒，為什摩四海晏清？」云：「君王無道。」「君臣道合事如何〔二〕？」云：「不令亦不行。」

4 問：「如何是佛向上人？」云：「正知闍梨勿奈何。」進曰：「為什摩勿奈何？」云：「未必小兒得見君王。」

〔一〕約：原作「的」，據景德傳燈錄等校改。
〔二〕君臣：原作「君王」，當涉上而誤；語出洞山，本書卷六洞山和尚章：「問：『六國不寧時如何？』師曰：『臣無功。』僧曰：『臣有功時如何？』師云：『國界安清。』僧曰：『安清後如何？』師曰：『君臣道合。』」

5 問：「離婁相擊〔二〕，不側耳者如何？」云：「哲。」

6 問：「虛空講經，以何為宗？」云：「闍梨不是聽衆，去！」

傳記

傳法正宗記卷八、禪門拈頌集卷二六、宗統編年卷一二、許豸雪峰山志卷四紀法脈、王昌祚鵝湖峰頂志卷二僧紀、沈瑜慶福建通志福建高僧傳卷一。

資料

1 2 4 6 景德傳燈錄卷一八、五燈會元卷七。

一一七 大普和尚 玄通，生卒年未詳

1 大普和尚嗣雪峯。師諱玄通，福州福唐縣人也。出家於兜率山，依年具戒，便慕參遊。見雪峯，數年盤泊，更不他往，承言領旨，而居大普矣。

2 有僧問：「巨海驪珠，如何取得？」師乃撫掌瞬視。

〔二〕離婁：原作「利婁」；孟子離婁上：「離婁之明，公輸子之巧，不以規矩不能成方圓。」趙岐注：「離婁者，古之明目者。」

3 問：「撥塵見佛時如何？」師曰：「脫却枷来商量。」

傳記

宗門統要卷九、許懃雪峰山志卷四紀法脈。

資料

1 2 3 景德傳燈錄卷一八、五燈會元卷七。

一一八　鏡清和尚 道怤，八六八—九三七〔一〕

1 鏡清和尚嗣雪峯，在越州。師諱道怤，温州人也。

2 師初入閩，參見靈雲，便問：「行脚大事，如何指南？」雲云：「浙中米作摩價？」師曰：「洎作米價會。」

3 却續到象骨。象骨問：「汝是什摩處人？」對云：「終不道温州生長。」峯云：「与摩則一宿覺是汝鄉人也。」云：「只如一宿覺是什摩處人？」峯云：「者个子！好喫一頓棒，且放過。」

〔一〕據陳垣釋氏疑年錄卷五：「杭州龍冊寺道怤　永嘉陳氏。晉天福二年丁酉卒，年七十（八六八—九三七）。六學僧傳八作天福元年丁酉卒，景德錄十八作年七十四，今據宋僧傳十三。」

4 師又問：「從上祖德例說入路，還是也無？」峯云：「是。」「學人初心後學，乞師指示个入路。」峯云：「但從者裏入。」師云：「學人朦昧，再乞指示。」峯云：「我今日不多安。」放身便倒。

5 又問：「只如從上祖德豈不是以心傳心？」峯云：「是，兼不立文字語句。」師曰：「只如不立文字語句，師如何傳？」峯良久。遂礼謝起。峯云：「更問我一轉〔一〕，可不好？」對云：「就和尚請一轉問頭。」峯云：「只与摩，別更有商量也無？」對云：「在和尚与摩道則得。」峯云：「於汝作摩生？」對云：「辜負殺人。」峯曰：「不辜負底事作摩生？」師便珎重。

6 又一日，雪峯告衆云：「當當密密底〔二〕。」師便出。對云：「什摩當當密密底？」雪峯從卧床騰身起云：「道什摩？」師便抽身退立。

7 又一日普請，雪峯舉潙山語〔三〕：「『見色便見心』，還有過也無？」師對云：「古人為什摩事？」峯云：「雖然如此，我要共汝商量。」對云：「与摩商量，不如某甲钁地〔四〕。」

8 又一日行次，雪峯便問：「盡乾坤事不出一刹那，只如不出一刹那底事，今時向什摩處弁明

〔一〕轉：原作「傳」；景德傳燈錄、正法眼藏等並作「轉」，「一轉」即「一轉語」，如碧巖錄第九十一則：「請禪客各下一轉語。」下「一轉問頭」同。

〔二〕當當：景德傳燈錄、五燈會元作「堂堂」；下同。「當」、「堂」通。

〔三〕原脫「舉」字，據景德傳燈錄校補：「雪峯舉潙山『見色便見心』語，問師：『還有過也無？』」

〔四〕钁：原作「鑺」。

則得？」師對云：「更共什摩人商量去？」雪峯云：「我亦有對，汝但問我！」師便問：「今時向什摩處弁明則得？」峯乃展手云：「但向這裏弁明。」師對云：「此是和尚為物情切。」峯便笑。

9 峯又時云：「争得与摩尊貴〔一〕！得与摩綿密〔二〕！」師對云：「厶甲自到山門，今經數夏，可聞和尚与摩示徒〔三〕？」峯云：「我向前雖無，如今已有，莫所妨摩〔四〕？」對云：「不敢。此是和尚不已而已。」峯云：「置我如此。」又云：「量才處職。」於是承言領旨，遍歷諸方，凡對機緣，悉皆冥契。旋迴東越，初住鏡清，後居天龍、龍冊，錢王欽仰德高，賜紫衣、法號順德大師。

10 見新到參次，拈起拂子。對云：「久嚮鏡清，到来猶有紋綵在〔五〕。」師云：「今日遇人，却不遇人。」後有人進問：「『今日遇人，却不遇人』，意作摩生？」師云：「一盤御飯，反為庶食。」

11 問：「無源不住、有路不歸時如何？」師云：「這个師僧得座便坐。」

12 問：「如何是心？」師云：「是則第二頭。」云：「不是如何？」師云：「又成不是

〔一〕争：景德傳燈錄等並作「此事」。
〔二〕「得」上疑脱「争」字。
〔三〕可：景德傳燈錄等作「不」。
〔四〕「莫」下景德傳燈錄等有「有」字。
〔五〕在：原作「仕」，當爲破字。

頭〔二〕。」僧曰：「是不是惣不与摩時作摩生？」師云：「更多饒過。」

13 問：「如何是玄中玄？」師云：「不是是什摩？」僧曰：「還得當也無？」師云：「木頭也解語。」因此頌曰：

「一向隨他走，又成我不是。
設尒不与摩，傷著他牽匱〔三〕。
欲得省要會，二途俱莫綴。」

14 問：「古人有言：『人無心合道。』如何是人無心合道？」師云：「何不問道無心合人？」「如何是道無心合人？」師云：「白雲乍可来青嶂，明月那堪下碧天！」

15 新到參次，師問：「闍梨從什摩處来？」對云：「佛國来。」師云：「只如佛以何為國？」對云：「清淨莊嚴為國。」師云：「國以何為佛？」對云：「以妙靜真常為佛。」師云：「闍梨從妙靜来？從莊嚴来？」僧無不對荅。師云：「噓！噓！到別處有人問汝，不可作這个語話。」

16 師有時上堂，衆集，良久云：「来朝更獻楚王看。珎重！」問：「明能相見，其理如何？」師云：「可惜与汝道却。」僧曰：「只如可惜道却，意旨如何？」師云：「慳珎不免施。」「如何是慳

〔二〕又成不是頭：景德傳燈錄作「有不成是頭」。
〔三〕牽匱：通「圈繢」。

祢？」師云：「可惜道。」僧曰：「不免施又如何？」師云：「對汝道却。」

17　問：「寶在衣中，為什摩伶俜辛苦？」師云：「過在阿誰？」僧曰：「只如認得，又作摩生？」師云：「更是伶俜。」僧曰：「認得為什摩却伶俜？」師云：「不媿己有。」

18　問：「如何是皮？」師云：「分明个底。」「如何是骨？」師云：「綿密个。」「如何是髓？」師云：「更密於密。」

19　問：「如何是糞掃一納衣？」師云：「迦葉被来久。」進曰：「納衣下事如何？」師云：「親付阿難傳〔一〕。」

20　問：「如何是天龍一句？」師云：「伏汝大膽。」進曰：「与摩則學人退一步。」師云：「覆水難收。」

21　問：「如何是文殊釼？」師便作斫勢。「只如一釼下得，活底人又作摩生？」師云：「出身路險。」「与摩則大可畏。」師云：「不足驚怛。」

22　師問僧：「外邊是什摩聲？」學人云：「雨滴聲。」師云：「衆生迷己逐物。」學人云：「和尚如何？」師云：「洎不迷己。」後有人問：「和尚与摩道，意作摩生？」師云：「出身猶可易，脫躰道還難。」

〔一〕付：原版漫漶，據禪文化研究所本校定。

23 師又問僧：「離什處？」學云：「離應天。」師云：「還見鰻鱺不？」學人云：「不見。」師云：「闍梨不見鰻鱺？鰻鱺不見闍梨？」云：「惣有与摩〔一〕。」云：「闍梨只解慎初，不解護末。」

24 師示衆云：「好晴好雨。」又云：「不為好晴道好晴，不為好雨道好雨。若隨語會，迷却神機。」僧問：「未審師尊意如何？」頌曰：

「好晴好雨竒行持，若隨語會落今時。
談玄只要塵中妙，得妙還同不惜伊。」

25 問：「經首第一喚作何字？」師曰：「穿耳胡僧笑點頭。」

26 問：「西来密旨，如何通信？」師云：「出一人口，入千人耳。」「如何是出一人口？」師云：「釋迦不説説。」「如何是入千人耳？」師云：「迦葉不聞聞。」

27 問：「學人擬被納，師意如何？」師云：「一任高飛。」僧曰：「爭奈毛羽未備何？」師云：「唯宜佢弄。」僧曰：「如何是佢弄？」師云：「逢緣不作，對境無心。」僧曰：「如何是高飛？」師云：「目覩優曇，猶如黄葉。」「如何是優曇？」師云：「一劫一現。」「如何是黄葉？」師云：「此末為真。」僧曰：「与摩則更有向上事在。」師云：「灼然。」「如何是向上事？」師云：「待伱一口吸盡鏡湖水，我則向伱道。」

〔一〕惣有与摩：景德傳燈録作「揔不恁麼」。

28 問：「惺惺為什摩却被熱惱？」師云：「為不是那邊人。」僧曰：「如何是那邊人？」師云：「過這邊来。」僧云：「未審這邊如何過？」師云：「惺惺不惺惺。」僧曰：「惺惺不惺惺時如何？」師曰：「魯班失却手。」

29 問：「如何是聲色中面目？」師云：「現人不見。」僧云：「太綿密生。」師云：「躰自如此。」僧云：「學人如何趣向？」師云：「活人投機。」

30 問：「聞處為什摩只聞不見？見處為什摩只見不聞？」師云：「各各自緣不緣他。」

31 師題象骨山頌曰：

「密密誰知要，明明許也無。
森羅含本性〔一〕，山岳盡如如。」

32 問：「十二時中如何行李？」師云：「一步不得移。」僧曰：「學人不會，乞師指示个入路〔二〕！」師云：「不過於此。」師乃頌云：

「當此支荷得，勝於歷劫功〔三〕，

〔一〕羅：原作「蘿」。
〔二〕乞：原版缺損，據禪文化研究所本校定。
〔三〕劫：原作「却」。

多途終不到，一路妙圓通。」

33 師問僧：「伱名什摩？」對云：「省超。」師便作偈曰：

「省超之時不守住，更須騰身俊前機。

太虚不㝵金烏運，霄漢寧妨玉兔飛。」

34 師因在帳裏坐，僧問：「乍入藂林，乞師指示个徑直之路。」云：「子既如此，吾豈悋之？近前来！」學人遂近前。師以手撥開帳，云：「嗄！」學人礼拜，起云：「某甲得个入處。」師遂審之，渾将意解。師乃頌曰：

「我適抑不已，汝領不當急。

機竪尚虧投，影没大難及。」

35 因舉長慶上堂：「衆僧立久，有僧出来云：『与摩則大衆歸堂去也。』長慶便打。」後有僧舉似中招慶，招慶云：「僧道什摩？」對云：「僧無語。」招慶云：「這个師僧為衆竭力，禍出私門。」尋後有僧舉似化度，化度却問其僧：「只如長慶行這个杖，還公當也無？」對云：「公當。」化度云：「或有人道不公當，又作摩生？」對云：「若是与摩人，放他出頭始得。」化度云：「在秦則護秦。」化度却舉似師，云：「只如長慶有与摩次第，不合行這個柱杖。」師云：「大師代長慶作摩生折合？」化度云：「但起来東行西行。」師云：「与摩則木杓落這个師僧手裏去也。」時有人拈問師：「只如長慶行這個柱杖，意作摩生？」師云：「宗師老攔〔二〕，兼自出身〔三〕。」

36 師又時上堂云：「盡十方世界都来是金剛不壞之躰，唯怕牯羊角。」時有人問：「如何是金剛不壞之躰？」師云：「世界壞時作摩壞？」「為什摩唯怕牯羊角？」師云：「要汝盡却。」「如何是牯羊角？」師云：「洎道驚殺汝。」僧曰：「躰壞時，角還存也無？」師云：「不是過夏物。」僧曰：「只如牯羊角盡時，還得相應也無？」師云：「不同汝歸意。」僧曰：「不同歸意者如何？」師云：「千金不改耕。」僧曰：「只如牯羊角，明得什摩邊事？」師云：「上士聊聞便了却，中下意思莫能知。」有人拈問資福：「作摩生是金剛不壞之躰？」資福以手點胷。「作摩生是牯羊角？」資福以兩手頭上作羊角勢。有人舉似師，師因此示衆云：「角鋒不密，太露太現。金剛不壞躰，唯怕牯羊角。提其角，只要出其躰。躰、角俱備，諸人作摩生會？」

37 又談躰頌云：

「躰含衆像像分明，離躰含形形轉精。
清明妙淨誰能弁？釋迦掩室竭羅城。」

38 又因歎景禪吟：

〔二〕 攔，「懶」通。
〔三〕 兼：疑爲「無」字之譌。

「歎汝景禪去何速，雖不同道當眼目，个今永劫不曾虧〔一〕，地水火風還故國。好也好，也大奇，忙忙宇宙幾人知〔二〕，瑩淨寧閑追路絶，青山淥嶂白雲馳。歌好歌，笑好笑，誰肯便作此中調？難提既与君湊機，其旨無不諧其要。格志異〔三〕，氣骨高，森羅咸會一靈毫，雖然示作皆同電，出岫藏峯徒思勞。希奇地，釼吹毛，脱罩騰籠任性遊，此界他界如水月，幾般應跡妙逍遥。」

39

又悟玄頌曰：

「有路省人心，學玄者好尋。

〔一〕个：疑爲「尒」字之譌。

〔二〕忙忙：「茫茫」通。

〔三〕格：原作「挌」。

旋機現躰骨，何用更沉吟？
莫嫌淺不食，猶勝意思深。
魚若有龍骨，大小盡堪任。」

40 問：「古人有言：『切忌隨他覓，迢迢与我踈。』如何是『切忌隨他覓』？」師云：「犯令也。」「如何是『迢迢与我踈』？」師云：「不啻十万八千里。」「如何是『我今獨自往』？」師云：「單馬罄騎。」「如何是『處處得逢渠』？」師云：「遍身是眼。」「如何是『渠今正是我』？」師云：「可殺端的。」「如何是『我今不是渠』？」師云：「識弁奴郎始得。」

傳記　宋高僧傳卷一三、宗門摭英集卷中、祖庭事苑卷三偃溪條、卷七鏡清條、釋氏通鑑卷一二、徐象梅兩浙名賢錄外錄卷五、六學僧傳卷八、聶心湯等（萬曆）錢塘縣志外紀紀釋、宗統編年卷一七、一八、十國春秋卷八九、嵇曾筠等（雍正）浙江通志卷二〇一仙釋、許愬雪峰山志卷四紀法脈、張寶琳等（光緒）永嘉縣志卷三六方外。

著作　三處開法語要（佚，見景德傳燈錄卷一八）。

資料　1 宋高僧傳卷一三、景德傳燈錄卷一八、祖庭事苑卷七、五燈會元卷七。

2 宗門統要卷九、聯燈會要卷二四、禪門拈頌集卷二五、五燈會元卷七。

3 景德傳燈錄卷一八、祖庭事苑卷七、五燈會元卷七、雪峯語錄卷下。

5 景德傳燈錄卷一八、宗門統要卷八雪峰章、正法眼藏卷下、聯燈會要卷二四、五燈會元卷七。

6 9 景德傳燈錄卷一八、五燈會元卷七、雪峯語錄卷下。

7 景德傳燈錄卷一八、宗門統要卷九、聯燈會要卷二四、五燈會元卷七。

10 14 景德傳燈錄卷一八、五燈會元卷七。

11 12 13 15 景德傳燈錄卷一八。

22 景德傳燈錄卷一八、雪竇頌古第四六則、宗門摭英集卷中、宗門統要卷九、碧巖錄第六四則、聯燈會要卷二四、禪門拈頌集卷二五、五燈會元卷七。

23 景德傳燈錄卷一八、禪門拈頌集卷二五。

一一九　翠巖和尚令參，生卒年未詳

1 翠巖和尚嗣雪峯，在明州。師諱令參，湖州人也。未覩行録。錢王欽仰，賜紫、永明大師〔一〕。

2 問：「不借三寸，請師道！」師云：「茶堂裏貶剝去！」

〔一〕疑「永明大師」上或下疑脫「號」字。

3 問：「諸餘即不敢問〔二〕。」師良久。進曰：「如何舉似於人？」師云：「侍者，點燈来！」

4 師有時上堂曰：「三十年来，無有一日不共兄弟持論語話，看我眉毛還在摩？」衆無對。

有人舉似長慶。長慶代云：「生也！」

5 師示後學偈曰：

「入門須有語，不語病栖蘆。
應須滿口道，莫教帶有無。」

明照和尚和：

「入門通俊士，正眼密呈珠。
當機如電拂，方免病栖蘆。」

師再和：

「入門如電拂，俊士合知無？
迴頭却問我，終是病栖蘆。」

6 師又勸學偈：

「苦哉甚苦哉，波裏覓乾灰，

〔二〕 敢：原作「散」。

勸君收取手，正与摩時倈。」

傳記

傳法正宗記卷八、徐象梅兩浙名賢志外錄卷五、許勲雪峰山志卷四紀法脈、何紹章等丹徒縣志卷四五方外、釋超備翠山寺志卷三。

資料

1 景德傳燈錄卷一八、五燈會元卷七。

2 景德傳燈錄卷一八、宗門摭英集卷中、五燈會元卷七。

3 景德傳燈錄卷一八。

4 景德傳燈錄卷一八、雲門廣錄卷中、雪竇頌古第八則、宗門統要卷九、碧巖錄第八則、聯燈會要卷二四、禪門拈頌集卷二五、五燈會元卷七。

一二〇 報恩和尚 懷岳，生卒年未詳

1 報恩和尚嗣雪峯。師諱懷岳，泉州仙遊人也。出家於莆田聖壽院，依年具戒，志慕祖莚，而參見雪峯，密契玄關，化于漳浦。

2 問：「宗乘不却，如何舉唱？」云：「山不自稱，水無間斷。」

3 師臨遷化時，上堂云：「十二年來舉揚宗教，諸人恠我什摩處？若要聽三經五論，開元咫尺〔一〕。」便告寂。

傳記 傳法正宗記卷八、許懃雪峰山志卷四紀法脈。

資料 1 2 3 景德傳燈錄卷一八、五燈會元卷七。

一二一 化度和尚 師郁，生卒年未詳

1 化度和尚嗣雪峯，在西興。師韓師郁，泉州莆田縣人也。師號悟真大師。

2 僧問：「如何是隨色摩尼珠？」師云：「青黃赤白。」「如何是不隨色摩尼？」師云：「非青黃赤白〔二〕。」

3 問：「如何是一塵？」師云：「九世刹那分。」「如何含法界？」師云：「法界在什摩處？」

〔一〕景德傳燈錄「開元」上有「此去」二字。

〔二〕景德傳燈錄、五燈會元無「非」字。

4 問：「六國未寧時如何？」師云：「是汝。」「寧後如何？」師云：「是汝。」

5 問：「只如維摩，登時或有人問，和尚如何祇遣？」師云：「唯有門前鏡湖水，清風不改舊時波。」

傳記　閩書卷一三七、徐象梅兩浙名賢錄外錄卷五、許豸雪峰山志卷四紀法脈。

資料　2 3 景德傳燈錄卷一八、五燈會元卷七。

5 景德傳燈錄卷一八、宗門摭英集卷中、五燈會元卷七。

一二二一　鼓山和尚神晏，？—天福〔九三六—九四四〕中〔一〕

1 鼓山和尚嗣雪峯，在福州。師諱神晏，示生梁國，世姓李氏，則皇唐諸王之裔也。幼避葷膻，樂聞鍾梵。年始十二，俗舍青灰之壁，忽顯白氣數道。父曰：「此子必出家。」至年十五，偶因抱疾，

〔一〕陳垣釋氏疑年錄卷五：「甌閩鼓山國師神晏　大梁李氏。　晉天福中卒，年七十七。釋氏通鑑作開運二年卒，年七十三，今據古尊宿語錄小傳。」

夢神人与藥，睡覺頓愈。年十七，夢一胡僧告云：「出家時至。」後累辤親愛，方果其願，遂依衛州白鹿山卯齋禪院道規禪師剃落。至中和二年，於嵩山瑠璃壇受戒。因一日謂同學云：「古德云：『纔自四羯磨後〔一〕，全躰戒定慧。』何必拘戀準繩，猶同桎梏？」自此不窮律肆，擁毳遍參。先見白馬、超州〔二〕，次歷徑山、荷玉，雖諧請問，未契機緣。

2　後遇雪峯，雪峯攔胷把駐云：「是什摩？」師乃豁然而已，尋便舉手搖拽。峯云：「又作道理，作什摩〔三〕？」師云：「作何道理？」峯乃呵曰：「大有人未到此境界，切須保任護持！」

3　尋以雪峯順寂，閩王於城左二十里開鼓山，請師為衆。師云：「經有經師，論有論師，律有律師。有函有号，有部有帙，各有人傳持。若是佛之与法，是建立化儀；禪之与道，是止啼之說。他諸聖興来，蓋為人心不等，巧開方便，遂展多門；為病不同，處方固異。在有破有，居空叱空，二患既除，中道須遣〔四〕。鼓山所以道：句不當機，言非展事，承言者喪〔五〕，滯句則迷，不唱言前，寧談句後？直至釋迦掩室，淨名杜口，大士梁時，童子當日，一問、二問、三問盡有人了也。諸仁者，作摩

〔一〕自：景德傳燈錄、五燈會元作「白」。
〔二〕超州：疑爲「趙州」之譌。
〔三〕什：原版破損，存左邊，據高麗大藏經補遺本校定。
〔四〕須：原版漫漶，據高麗大藏經補遺本校定。
〔五〕喪：原版漫漶，據法堂玄要廣集、景德傳燈錄校定。

生？」時有人礼拜。師云：「高聲問！」學云：「諮和尚。」師便喝出。

4 師頌曰：

「直下猶難會，尋言轉更賒。

擬論佛与祖，特地隔天涯。」

傳記

傳法正宗記卷八、宗統編年卷一七、補續高僧傳卷六、郝玉麟等（雍正）福建通志卷六〇仙釋、十國春秋卷九九、徐景熹等（乾隆）福州府志卷七一釋老、許懋雪峰山志卷四紀法脈、黄任鼓山志卷四沙門、陳祚康續修鼓山志卷九僧傳、沈瑜慶福建通志福建高僧傳卷一。

著作

鼓山先興聖國師和尚法堂玄要廣集一卷（古尊宿語要卷四、古尊宿語録卷三七）、偈頌九首（法堂玄要廣集）。

資料

1 景德傳燈録卷一八、祖庭事苑卷六鼓山條、五燈會元卷七、十國春秋卷九九。

2 景德傳燈録卷一八、宗門統要卷九、正法眼藏卷上、聯燈會要卷二四、五燈會元卷七、雪峯語録卷下。

3 法堂玄要廣集、景德傳燈録卷一八、五燈會元卷七。

4 法堂玄要廣集、景德傳燈録卷一八、宗門統要卷九、聯燈會要卷二四、五燈會元卷七。

一一三　隆壽和尚（紹卿，生卒年未詳）

1 隆壽和尚嗣雪峯，在漳州。師諱紹卿，姓鄭〔一〕，泉州莆田縣人也。師號興法大師。

2 有人問：「古人道：『摩尼寶殿有四角〔二〕，一角常露，三角亦然。』如何是常露底角？」師便竪起拂子。

3 問：「良禾不立米〔三〕，如何濟得万人飢？」云：「俠客面前如奪釼，看君不是點兒郎〔四〕。」

傳記　許懃雪峯山志卷四紀法脈。

資料　1 2 3 景德傳燈錄卷一八、五燈會元卷七。

〔一〕景德傳燈錄作「姓陳氏」。

〔二〕尼：原版漫漶，據高麗大藏經補遺本校定。

〔三〕此句當有脫訛；景德傳燈錄作「齋粮不畜粒」，五燈會元作「糧不畜一粒」。

〔四〕點：疑爲「點」字之訛。

一二四　安國和尚弘韜，生卒年未詳

1　安國和尚嗣雪峯，在福州。師諱弘韜〔一〕，姓陳，泉州仙遊縣人也。初誕之時，胎衣紫色，朝感胡僧而來訪之。志求出家，遂於龍華寺東禪依師染剃。依年具戒，便詣雪峯，密契玄關。尋離甌越，遍歷楚、吳，後再入雪峯。雪峯纔見，便問：「什摩處来？」師云：「江西来。」峯云：「什摩處逢見達摩？」師云：「分明向和尚道。」峯云：「道什摩？」師云：「什摩處去来。」

2　又因一日峯見師，便攔胷把云：「盡乹坤是个解脱門，把手拽教伊入，争奈不肯入！」師云：「和尚恠某甲不得。」峯云：「雖然如此，争奈背後如許多師僧何！」自後閩王欽敬，請住安國闡揚宗教矣。

3　問：「如何是西来意？」師云：「如何是不西来意？」又云：「是即是，莫錯會！」

4　問：「學人上来，未盡其機，請師盡其機。」師良久。學人礼拜。師云：「忽到別處，有人問汝，作摩生舉？」學云：「終不敢錯舉。」師云：「未出門便見笑具。」

5　問：「如何是達摩傳底心？」師云：「素非後胤。」

6　衆參，師云：「若有白納衣，一時染却。」於時衆中召出一僧，當陽而立。師指云：「這个便

〔一〕景德傳燈錄、五燈會元作「弘瑫」。

是樣子也。還有人得相似摩？」衆皆無對。別時僧侍立，師云：「伱當此時作摩生？」僧云：「某甲向前僧邊立云：『還得相似摩？』」師云：「伱不相似。」學人云：「為什摩不相似？」師云：「伱帶黑有〔一〕。」

7　因長慶在招慶時，法堂東角立次，云：「者裏好置一个問。」時有人便問：「和尚為什摩不居正位？」慶云：「為伱与摩来。」僧云：「只今作摩生？」慶云：「用伱眼作什摩？」師因舉著云：「他个則与摩，別是个道理。只今作摩生道則得？」後安國云：「与摩則大衆一時礼拜去也。」師亦代云：「与摩則大衆一時散去得也。」

8　師在衆時，舉國師碑文云：「得之於心，伊蘭作栴檀之樹；失之於旨，甘露乃蒺蔾之園。」師拈問僧：「一語之中須具得失兩意，作摩生道？」僧提起拳頭云：「不可喚作拳頭。」師不肯，自拈起拳頭云：「只為喚作拳頭。」

9　問：「如何是活人之劔？」師曰：「不敢瞎却汝。」「如何是殺人之刀〔二〕？」師云：「只這个是。」

10　因舉西域記云：「西天有賊，盗佛額珠，欲取其珠，佛額漸高，取不得。遂責云：『佛因中

〔一〕此句「有」字或屬下段；有、「又」通。
〔二〕人之：原誤倒爲「之人」。

有願：我成佛果菩提，願濟一切貧乏衆生。如今何得違於本願，不与我珠？』佛遂低頭与珠。」〔一〕師拈問衆：「向這裏須得作主，又不違於本願，合有濟人，作麼生道？」衆無對。師代云：「有願不違。」

長慶云：「適来豈是違於因中所願麼？」

11 師上堂云：「達摩道：『吾本来此土，傳教救迷情。』諸人且道是什麼教？莫是貝多之教麼？若是貝多之教，自是摩騰、竺法蘭二三藏，漢明帝永平年中已來了也。既不是此教，且是什麼教？還有人擇得麼？若有人擇得，便出来看；若無人擇，我与伱擇。這个便是納僧諳會處，得麼？只如達摩与摩道，遇著本色行脚人，還得了麼？汝道達摩愆疣在什麼處，便不了去？我如今不識好惡，顛倒与汝諸和尚插偈、歌詠、告報，尚不能察得；儻若依於正令，汝向什麼處會去？何不抖擻眉毛、著妙子精彩耶？盡乹坤界是伱諸人家風，諸人一時躲取。還有人躲得麼？若無人躲得，莫只与摩醉慢慢底，有什麼成辦時？大須努力！」時有人問：「承師有言：『盡乹坤界是伱諸人家風。』學人到這裏為什麼却不見？」師云：「是伱到什麼處却不見？」學云：「請師指示！」師云：「洎放過。」又問：「承師有言：『若依於正令，汝向什麼處會〔二〕。』如何是正令？」師良久。學人罔措。師

〔一〕此處略引大唐西域記卷一一，參見季羨林等大唐西域記校注第八八二頁，中華書局，一九八五年。
〔二〕什：原作「付」。

云：「不信道：向什麼處會？」

12 因舉六祖為行者時，到劉志畧家，夜聽尼轉涅槃經。尼便問行者：「還讀得涅槃經不？」行者云：「文字則不解讀，只解説義。」尼便將所疑文字問之。行者云：「不識。」尼乃輕言呵云：「文字尚不識，何解説義？」行者云：「豈不聞道『諸佛理論，不干文字』？」因舉次，師云：「由欠一問〔二〕。」便問：「如何是不干文字理論底事？」師云：「什麼處去来？」

13 師与長慶從江外再入嶺，在路歇次，因舉：「太子初下生時，目視四方，各行七步，一手指天，一手指地云：『天上天下，唯我獨尊。』」慶却云：「不委太子登時實有此語，為復是結集家語？直饒登時不与摩道，便是目視四方，猶較夠子。」師問：「什麼處伱？」慶云：「深領闍梨此一問。」師云：「領問則領問，太麁生！」慶拈得柱杖，行三兩步，迴頭云：「不妨是麁夠子。」師云：「不錯，嫌麁。」

傳記

傳法正宗記卷八、閩書卷一三七、許慹雪峰山志卷四紀法脈、沈瑜慶福建通志福建高僧傳卷一。

〔二〕 由，「猶」通。

1 3 4 5 7 9 景德傳燈錄卷一九、五燈會元卷七。
2 景德傳燈錄卷一九、聯燈會要卷二四、五燈會元卷七、雪峯語錄卷下。
8 景德傳燈錄卷一九、宗門統要卷九、聯燈會要卷二四、禪門拈頌集卷二六、五燈會元卷七。

一二五　長慶和尚 慧稜，八五四—九三二

1 長慶和尚嗣雪峯，在福州。師諱慧稜，杭州海鹽縣人〔二〕，姓孫。年十三出家，初參見雪峯，學業辛苦，不多得靈利。雪峯見如是次第，断他云：「我与你死馬醫法，你還甘也無？」師對云：「依師處分。」峯云：「不用一日三度五度上来，但知山裏燎火底樹橦子相似〔三〕，息却身心，遠則十年，中則七年，近則三年，必有来由。」師依雪峯處分，過得兩年半。有一日，心造坐不得，却院外遶茶園三匝了，樹下坐，忽底睡著。覺了，却歸院，從東廊下上。纔入僧堂，見燈籠火，便有来由，便去和尚處。和尚未起，却退步，依法堂柱立，不覺失聲。大師聽聞，問：「是什摩人？」師自稱名。大師云：「你又三更半夜来者裏作什摩？」對云：「某甲別有見處。」大師自起来開門，執手問衷情。師說衷情偈

〔二〕景德傳燈錄謂爲鹽官人。
〔三〕知：疑爲「如」字之譌。

曰：

「也大差，也大差，卷上簾来滿天下。
有人問我會何宗，拈起拂子驀口打。」

大師便安排了，處分侍者，教伊煑粥。喫粥後，教侍者看堂裏第二粥未行報。侍者去看，来報和尚。和尚令師来堂裏，打槌云〔一〕：「老漢在這裏住，聚得千七百人，今日之下只得半个聖人。」明朝索上堂昇座，便喚師。師便出来。和尚云：「昨夜事，大衆却疑伱，道兩個老漢預造鬪合禪。伱既有見處，大衆前道得一句語。」師便有偈曰：

「万像之中獨露身，唯人自肯乃能親。
昔日謬向途中學，今日看来火裏氷。」

2 師問：「從上諸聖，傳授一路，請垂指示。」師荅〔二〕，良久，設礼而退。雪峯寛尒大笑〔三〕。因此便住招慶也。

3 師問大溈山久住詵上座：「還曾到雪峯山摩？」對云：「不曾到。」師云：「為什摩不曾

〔一〕槌：原作「搥」。
〔二〕荅：疑爲衍字；景德傳燈録作「雪峰默然」。
〔三〕雪峰下原有「云」字，又「笑」原作「哉」，據景德傳燈錄「雪峯莞尒而笑」校改。

到？」對云：「厶甲自有本分事在。」師云：「作麼生是上座本分事？」上座拈起納衣角。師云：「只這个，為當別更有？」對云：「和尚適来見什麼？」師云：「龍頭蚰尾。」師代云：「果然不見。」

4 師与保福遊山次，保福問：「古人道妙峯頂，莫只這个便是不？」師云：「是即是，可惜許。」

有僧舉似鼓山。鼓山云：「若不然者，髑髏遍野，白骨連山。」

5 因舉體師叔古曲偈曰：

「古曲發声雄，今古唱還同。
若論第一拍，祖、佛盡迷蹤。」

師拈問：「只如祖、佛盡迷蹤，成得个什摩邊事？」僧曰：「成得个佛未出世時事，黑豆未生萌時事。」云〔一〕：「某甲到這裏去不得〔二〕，未審師如何？」師代云：「成得个絶痕縫邊事」。

6 僧問中塔〔三〕：「如何是諸佛師？」荅曰：「一切人識不得。」有人舉似師。師云：「是即是，只欠礼三拜。」

〔一〕「云」疑上有脱文，本書卷一一惟勁和尚章：「慶云：『只如佛未出世時事，黑豆未生芽時事，成得个什摩邊事？』」

〔二〕去不得：本書卷一一惟勁和尚章作「舉不得」。

〔三〕中塔：原作「忠塔」；中塔即慧球，參見景德傳燈錄卷二一安國慧球章、本書卷一二中塔和尚章。

7　因僧舉：「雲嵒補草鞋次，藥山問：『作什摩？』嵒對云：『將敗壞，補敗壞。』藥山不肯，云：『即敗壞，非敗壞。』」〔一〕師云：「藥山与摩道，猶教一節在〔二〕。」僧問：「和尚如何？」師云：「汝猶教一節在。」僧云：「學人則与摩教和尚一節在，未審作摩生則得盡於師機？」師云：「汝須親自道始得。」時有學人問：「如何是敗壞底？」師提起杖。「如何是非敗壞底？」師亦舉起杖。

8　問：「古人道：『真金賣不受，賣受金不真。』既賣受，為什摩金不真？」師云：「只為被謾。」

9　師有時云：「与摩舉揚，背地看来却成返仄。」僧便問：「當衆舉揚，為什摩却成返仄？」師云：「只為容易。」僧云：「不容易作摩生道？」師云：「當不當。」

10　問：「如何是万法之源？」師云：「未用恠我，只這个是。」僧便礼拜。師却云：「忽有人不肯与摩道，你還肯也無？你若肯，過在什摩處？你若不肯，道理在什摩處？你若擇得，許你有這个眼；你若擇不出，敢保你未具眼在。」

11　問：「靈山會上百万衆，唯有迦葉親聞。如何是迦葉親聞底事？」師良久。僧云：「若不問和尚，洎空過一生也。」師乃將杖打之。

〔一〕此段中「藥山」景德傳燈錄卷一四道吾章、聯燈會要卷一九道吾章均作「道吾」。

〔二〕教、「較」通；下同。

12 問：「師子捉象亦全其力，捉兔亦全其力。既是全力，為什麼救善星不得？」云：「汝道救不得，如今在什麼處？」

13 師患耳重。王太傅有書来問疾，兼有偈上師：

「卋人悟道非從耳，耳患雖加道亦分。
靈鷲一機迦葉會，吾師傳得豈閑聞？」

師迴問云：「不及奉和，輒置問詞。太傅若也不悋，則顯截流之作也：

蒙示非從耳，云得豈閑聞〔一〕？
不從聞得者，請露後来珎。」

太傅荅：「好晴好雨，宜花宜麦。得不得，請大師親批。」師云：「与摩則大衆有望，北院何憂？雖然如此，猶慮恐人笑在。」

14 又因舉仰山与岑大虫話，師云：「前頭彼此作家，後頭却不作家。某甲於中下一句語云：邪法難扶。汝道向什摩人分上下語？」

15 問：「如何得不疑不惑去？」師便展手向兩邊，却令學人：「再問，我更与汝道。」學人再問。師乃露膊而坐。學人礼拜，師云：「汝且作摩生會？」對云：「今日東風起。」師云：「汝与摩

〔一〕此句承前「吾師傳得豈閑聞」，「云」字疑爲「傳（俗體「伝」）」字之譌。

道，未定人見解。汝於古聖已来，有什摩言教時節齊得長慶？你若舉得，許你有這个話主。」

16 問：「於一不諦，還解置得無過底事也無？」師云：「汝既問我，我亦問汝。」「与摩則不敢道。和尚問某甲。」師云：「我也委汝来處，你亦不得錯認定半星〔二〕。」師代前，但言：「珎重！」

17 孔子問諸弟子：「汝諸人以何為道？」一人云：「無心為道。」一人云：「觸目為道。」有一人兩手撫膝，雀躍而行。孔子判云：「無心為道是向去道，觸目為道是明道，雀躍而行是現道。」師聞此語，拈問衆：「孔子与摩判断，還稱得三人意也無？」無人對。自云：「兩个則得，一个則不得。」

18 師迴清源，太傅問：「山中和尚近日有何言教？」師云：「山中和尚近日老婆心，教人向未開口已前會取。」太傅云：「与摩道，還得當也無？」師云：「當不當則且置，太傅作摩生會得？」太傅云：「專甲亦有商量處。」大師云：「太傅作摩生商量？」太傅乃收足坐。師云：「教什摩人委？」太傅云：「大師不委。」師云：「上来何在？」太傅云：「有什摩罪過？」師云：「亦須自檢責好。」

19 師与王大王說今古成人立德底事。師向大王云：「世俗中亦有志人底苗稼，佛法中亦有志人底苗稼。」大王就師問：「作摩生是世俗中志人底苗稼？」師舉云：「青雲有路應須到，金牓無名

〔二〕半：疑爲「盤」字之譌，景德傳燈錄卷二四福州東禪玄亮禪師章有「汝莫錯認定盤星」之語。

誓不歸〔二〕。」大王云：「作摩生是佛法中志人底苗稼？」師舉云：「努力此生須了却，莫交累劫受諸殃。」又云：「不得無生終不止，取徹為期。」大王礼拜云：「若不遇和尚，豈知与摩次第！」

20 問僧：「不傷本柄，你作摩生道？」對云：「某甲有口，只解喫菜。」師云：「擗脊棒汝，還甘也無？」云：「争得不甘？」師云：「你過在什摩處，招得這个棒？」對云：「若不打專甲，何處有長慶？」師云：「是也。長慶意作摩生？」其僧珎重。

21 有時云：「我若放你過，縱汝百般東道西道，口似懸河則得；我若不放你過，汝擬道个什摩？」對云：「乞和尚放某甲過，亦有道處。」師云：「我放你過，作摩生道？」對云：「来日供養主設齋。」師云：「我若放你過，汝与摩道；我若不放你過，汝与摩道，過在什摩處？」無對。別人對云：「若不与摩道，争識得和尚？」師便訝之。又問別僧：「放你過，作摩生道？」對云：「只這个。」

22 僧到參次，師便把住云：「莫屈著兄弟摩？」對云：「不屈。」師推出僧云：「如許多時，虛踏破草鞋作什摩？」又一日，僧參，師攔胷把住云：「莫成相觸忤摩？」僧無對。師便托出。有僧舉似安國，安國云：「招慶今日有殺人之刀，亦有活人之劍。」僧舉似保福，福云：「招慶殺活俱備。」中招慶云：「与摩則首者無過。」演侍者云：「賴得和尚与摩道。」師進云：「是也。不与摩道時作摩

〔二〕 牓：原作「⿰阝旁」。

生？」侍者無對。師代云：「和尚若不与摩道，百雜碎！」

23　問：「學人近入藂林，乞師舉唱宗乘。」師云：「是舉揚？是不舉揚？」學人礼拜。師云：「會摩？」學云：「不會。」師云：「賴汝不會。汝若會，何處更有招慶？」

24　問：「塞鴈銜蘆為質，祖代憑何為信？」師云：「莫箚⿰金到〔二〕！」「与摩則金口絶談揚去也。」師云：「還得此消息摩？」學曰：「師還説也無？」師云：「且要問汝。」僧云：「与摩則不敢誑妄和尚去也。」師云：「還得不誑妄摩？」僧曰：「和尚諸即得。」師云：「識弁相訪好。」

25　問：「古人道：『目擊道存，不在言説。』和尚此間還著這个人不？」師云：「是我這裏別有來由。」僧曰：「和尚如何？」師与一摑，云：「過与一脚，不解拈出。」

26　問：「知古知今，時人共委。如何是招慶截流之作？」師云：「酬你所問？不酬你所問？」僧云：「深委和尚道處。」師云：「是你委得，招慶落在什摩處？」僧云：「躰悉則不可。」師云：「躰悉作摩生？」學人礼拜：「雖有都頭，且無副將。」

27　師有時云：「靈利參學底人更不到這裏来。」僧問：「既不到這裏来，和尚争得委他靈

〔二〕箚⿰金到：原作「劄劉」，破體；敦煌本字寶碎金入聲：「人箚⿰金到，知角反，知訖反。」或作「箚窒」。敦煌遺書P.3155雜抄：「世上略有十種箚窒之事……。」祖庭事苑卷七「箚窒」條：「當作『謫譡』，言無倫脊也；或作『傛㕷』，牴牾也，一曰不循理。上竹狹切，下知栗切。」

利？」師云：「只見他不到這裏来，委他靈利。」僧云：「向什摩處支荷〔二〕？」師云：「看汝不是這个脚手。」

28 問：「承和尚有言：『一等是學，直交見處坐却天下人舌頭。』如何是坐却天下人舌頭底見？」師云：「多少年在此住持，未曾不領个須索。」僧云：「不假三寸，還許學人通信也無？」師云：「許。汝作摩生通信？」僧云：「今日東風起。」師云：「涅槃堂裏漢！」

29 師出世二十八年，衆上一千五百人〔三〕。以長興三年壬辰歲五月十七日遷化。春秋七十九，僧夏六十。師號超覺大師。

30 淨修禪師讚：

緇黃深鄭重，格峻實難當。

盡機相見處，立下鬧僧堂。

碑誌

林文盛撰碑（佚，見宋高僧傳卷一三）、招慶禪院長老僧慧稜碑（佚，見福建金石志卷五）。

〔二〕支：原字漫漶，據高麗大藏經補遺本校定。

〔三〕上：原版漫漶，據高麗大藏經補遺本校定。

傳記

宋高僧傳卷一三、宗門摭英集卷中、傳法正宗記卷八、釋氏通鑑卷一一、一二、佛祖歷代通載卷一七、徐象梅兩浙名賢錄外錄卷五、樊維城等（天啓）海鹽縣圖經卷一四仙釋、六學僧傳卷八、周永年吳都法乘卷五襲燈篇、宗統編年卷一七、十國春秋卷九九、許慤雪峰山志卷四紀法脈、釋法緯西禪長慶寺志卷二禪宗志、釋證亮西禪小記卷三宗傳、沈瑜慶福建通志福建高僧傳卷一。

資料

1 宋高僧傳卷一三、景德傳燈錄卷一八、祖庭事苑卷七解何宗條、正法眼藏卷中、聯燈會要卷二四、淳熙三山志卷三四、五燈會元卷七、玄沙廣錄卷下。

2 *3* *15* 景德傳燈錄卷一八、五燈會元卷七。

4 景德傳燈錄卷一八、雪竇頌古第二三則、宗門統要卷九、碧巖錄第二三則、聯燈會要卷二四、禪門拈頌集卷二五、五燈會元卷七。

5 本書卷一一惟勁和尚章。

14 景德傳燈錄卷一〇長沙章、宗門統要卷四長沙章、五燈會元卷四長沙章。

29 宋高僧傳卷一三、景德傳燈錄卷一八、五燈會元卷七、十國春秋卷九九。

祖堂集卷第十

中國佛教典籍選刊

祖堂集

下

〔南唐〕静　筠二禪師　編撰
孫昌武〔日〕衣川賢次〔日〕西口芳男　點校

中華書局

祖堂集卷第十一

石頭下卷第七曹溪第七代法孫

一二六　保福和尚從展，？—九二八

1　保福和尚嗣雪峯，在漳州。師諱從展，姓陳，福州福唐縣人也。年十五便投雪峯出家，十八於本州大中寺受戒。既師子之乳育，乃檀樹之抽芽。片月新生，孤雲出岫。海鵬成羽，望霄漢以騰身；善友臨溟，探摩尼而近掌。暫遊吴楚，尋復巾瓶。弟子之礼纔施，接示之言便至。雪峯云：「還會摩？」師欲擬近前，雪峯以杖拄之。師頓契玄要，更無遊心，凡有機緣，悉皆冥契。後以漳州王太傅仰師道德，請轉法輪，師出世一十二年矣。

2　師上堂云：「有人問話，高聲問！」時有人出来問：「學人高聲問，請和尚高聲荅。」師云：「道什摩？」學人再申前問。師云：「我不是患聾。」

3　有人問：「摩騰入漢，一藏分明；達摩西来，將何指示？」師云：「上座行脚底事作摩生？」僧云：「不會。」師云：「會取好，莫傍家取人處分。」

4　有人問：「纔施三寸，盡涉糅胡；如何示徒，免負於前機？」師云：「收捨看〔一〕。」學云：「大衆咸委。」師云：「汝也是天津橋上皺眉僧。」

5　問：「祖祖相傳，有何言屬〔二〕？」師云：「汝從什摩人邊傳得来〔三〕？」進曰：「与摩則學人退一步。」師云：「伱無端進前退後作什摩？」

6　有時上堂云：「夜来還有悟底摩？乞个消息。不悟底摩？乞个消息。悟底是？不悟底是？若便悟去，亦不分外；若便不悟去，亦不分外。莫見与摩道，便道非悟非不悟。莫錯好。者風漢与摩道，莫屈著人摩？」問：「承師有言：『若便悟去，亦不分外；若便不悟去，亦不分外。』未審如何是不悟底事？」云：「教我向阿誰道？」師云：「如何是悟底事？」師云：「悟人即委。」

7　有人問：「學人欲見和尚本来事時如何？」師云：「退後。」進曰：「与摩則非次也。」師曰：「汝亦知而故犯。」

8　有人問：「不弁諸塵，如何端的？」師云：「虧汝問即道。」進曰：「与摩即學人有賴去也。」師云：「山鬼屈汝自作得〔四〕。」

〔一〕捨：疑爲「拾」字之譌。
〔二〕屬（屬）、「矚」古今字。
〔三〕汝：原字漫漶，據高麗大藏經補遺本校定。
〔四〕屈：疑爲「窟」字之譌。

9　僧問：「不將一物来時如何？」師云：「莫向這裏污人田地。」云：「如何免得？」師云：「如何即不免？」

10　有僧問：「十二時中如何據驗〔二〕？」師云：「恰好據驗。」云：「學人為什麼不見？」師云：「不可更捏目也。」

11　僧問：「至理幽微，如何得到？」師云：「別更夢見作什麼？」進曰：「幽微之説，猶是夢言。以何所示，即得出於夢言？」師云：「還解恠笑得摩？」

12　僧問：「十二分教是背後讚言，請師當讚便讚。」師云：「當不當？」云：「還得全也無？」師云：「莫寱語好。」

13　師昔在江外時，欲先歸雪峯，遂問招慶云：「某甲先歸山，山中和尚忽問上座有什摩信，作摩生祇對？」招慶云：「不避腥膻，亦有少許。」師云：「有信道什摩？」招慶云：「教某甲分付与阿誰？」師云：「雖有此語，未必有与摩事。」慶云：「若与摩，則前呈全在闍梨〔三〕。」招慶云：「闍梨先歸山，山中或有異聞底事，乞个消息。」師云：「設使有，上座還肯摩？」招慶云：「是什摩心行，推人向泥裏著？」

〔二〕　時中：原作「中時」，據景德傳燈録、五燈會元校改。
〔三〕　呈、「程」通。

14 招慶臨赴清源請時，遂命安國与師同遊。山行次，招慶云：「某甲来去山門，已經二十八年。此迴住，心中也足。」師問：「於二十八年中，山中和尚有什摩樞要處？請和尚不費家才，舉一兩則。」云：「有一則，某甲收為方便。」師云：「什摩處？」招慶舉首顧視。師云：「這个則收為方便，只如宗脉中事作摩生？」良久，師云：「教什摩人委？」招慶云：「闍梨又与摩泥猪疥狗作什摩！」

15 招慶因舉：「僧問石霜：『如何是一句？』云：『非句、無句、不是句。』」師拈問：「古人与摩道，意作摩生？」荅曰：「實即實。」師云：「還得實也無？」荅曰：「委曲話似人即得。」師云：「非句、無句、不是句，委曲話似人即得，據本分作摩生？」師曰〔二〕：「大衆惣委兄弟有此問。」師云：「謝和尚領話。」

16 招慶因舉：「僧問德山：『從上宗乘，和尚此間如何禀受与人？』德山云：『我宗無語句，實無一法与人。』邕頭云：『實即實，於唱教中猶交夘子〔三〕。』」師拈問招慶：「邕頭平生有什摩言教過於德山？」招慶舉：「邕頭云：『如人學射，久久方中。』時有人問：『中時如何？』云：『莫不識痛痒。』」師云：「今日非唯舉話。」招慶云：「是什摩心行？」

〔二〕此處「師曰」爲招慶答話，疑當作「答曰」。
〔三〕交，「較」通。

17　招慶因舉：「佛陁婆梨尊者從西天来，礼拜文殊，逢文殊化人，問：『還將得尊勝經来否？』云：『不將来。』文殊曰：『既不將来，空来何益！縱見文殊，亦何必識之？』」。拈問招慶：「將得經来，文殊在什摩處？」慶荅云：「恰是。」慶卻問師：「將得經来，文殊在什摩處？」師云：「互換之機且從，只今作摩生？」

18　招慶因舉：「古人道：『金屑、銀屑雖貴，肉眼裏著不得，豈況法眼乎！』」招慶拈問師〔二〕：「只如著不得，還著得摩？」師對云：「未在，更道。」招慶遂喝。師却喝。招慶却問：「闍梨作摩生道？」師云：「某甲齋後未喫茶。」

19　師舉：「教中云：『寧說河不入海，不說如来有二種語；寧說羅漢有三毒，不說如来有二種語。不道如来無語，只道如来無二種語。』」師拈問招慶：「作摩生是如来語？」招慶云：「聾人争得聞？」師云：「和尚向第二頭道則得。」招慶問：「闍梨作摩生道？」師云：「喫茶去！」

20　招慶舉：「南泉翫月次，時有僧問：『何時得似這个月？』泉云：『王老僧二十年前亦曾与摩来。』」招慶續起問：「如今作摩生？」師代云：「近日老邁，且与摩過時〔三〕。」招慶云：「不因

〔二〕問師：原二字誤倒爲「師問」。
〔三〕「且」後原脱「与」字。参本書卷四藥山章：「孿孿拳拳，羸羸垂垂，百醜千拙，且与摩過時。」

闍梨舉，洎成亡記〔一〕。」師云：「宿習難忘。」

囷山云〔二〕：「今日可殺寒。」

21 因舉：「東寺問：『近離什摩處？』云：『近離江西。』東寺云：『還將得馬師真來不？』對云：『只這个是。』云：『背後底〔三〕？』」師代云：「洎不到此間。」招慶云：「大似不知。」

22 因舉：「長慶云：『我有一个問，啞卻天下人口。』又云：『汝且作摩生問？』」師代云：「謝和尚重重相為。」

23 因舉：「無著和尚到五臺山，見文殊化寺，共喫茶次，文殊提起茶埦子云：『南方還有這个不？』無著云：『無。』文殊云：『尋常將什摩喫茶？』無著無對。」師代云：「幾不与摩道。」又代云：「久嚮金毛，今日親見。」

招慶代云：「若与摩，則癡客勸主人，請盡茶。」

24 因舉：「先洞山辭興平，興平問：『什摩處去？』洞山云：『沿流無所止。』興平云：『法身沿流？報身沿流？』洞山云：『惣不作如是見解。』」師代云：「覓得幾个〔四〕。」

〔一〕亡記：亡、「無」同。顧之川校記云：「『亡』疑應爲『忘』。」

〔二〕囷山：原誤作「困山」；囷山卽安國弘瑫，爲雪峰法嗣。

〔三〕「底」下景德傳燈録卷七東寺章有「你」字。

〔四〕覓得幾个：本書卷一〇興平和尚章作「覓不得幾个」。

25 因舉：「耆婆向弟子云：『汝於山中覓不中為藥草歸来。』弟子歸来云：『並無有不中為藥底草。』」師遂提起問：「這个還中為藥摩？」對云：「有什摩病，敢出頭！」師不肯，自代云：「有什摩不水消〔二〕？」

26 因舉：「塩官問座主：『花嚴經有幾種法界？』對云：『四種法界。』提起拂子：『這个向阿那个法界中收？』無對。」師代云：「若只礼謝，則著和尚棒。」

27 因舉：「南泉云：『文殊、普賢昨夜三更各打与二十捧，一時趂出院。』趙州云：『和尚棒教什摩人喫？』」。師代云：「不得不道。」

28 因舉：「先洞山問雪峯：『入門須得語，不得道早个入門了也。』雪峯云：『某甲無口。』」師曰：「無口則且從，還我眼来。」無對。師代云：「若問眼，和尚謹隨狀退。」

29 因舉：「僧問先洞山：『從上幾人得入此門？』洞山云：『實無一人得入此門。』進曰：『与摩道，莫屈人也無？』洞山云：『若實如此，亦不屈著人。』」時有學人問：「古人還扶入門？不扶入門？」保福云：「行脚得什摩人力？」

30 僧舉：「盤山云：『光境俱亡，復是何物？』洞山云：『光境未亡〔三〕，復是何物？』據二彼

〔二〕 水：疑爲「冰」字之譌。
〔三〕 亡：原作「云」。

商量，盡未得勦絶。」師拈問其僧：「作麼生道得勦絶？」僧云：「還解恠笑得摩？」師云：「非常恠笑得。」學人却問：「和尚如何道得勦絶去？」師云：「兩手扶犁水過膝。」

自後舉似招慶：「保福道『非常恠笑』，意作摩生？」招慶云：「盡法無民。」

31 因舉：「曺山三種闡提云：『殺盡一切，名曰闡提；殺一闡提，得福無量。』」僧問：「只如一闡提，作摩生殺？」師云：「不殺。」進云：「為什摩不殺？」師云：「若殺，則同於闡提。」

32 因舉：「雲居示徒云：『舉得一百个話，不如揀得一个話；揀得一百个話，不如道取一个話，道得一百个話，不如行取一个話。』」時有僧問：「只如一个，作摩生行？」師云：「不行。」進云：「為什摩不行？」師云：「汝須礼拜。」

33 因舉：「曺山云：『佛既說一言五百害心生，如何是此言？』」師云：「冷侵侵地。」進曰：「既有此言，為什摩却返怨？」師云：「汝喚什麽作返怨？」對云：「唯不喜見父面。」時有學人問：「父有什摩過？」師云：「父無過。」云：「既無過，為什摩不喜見？」師云：「只為無過，所以不喜見。」

34 因舉：「南泉問座主：『講什摩經？』座主云：『講上生經。』南泉云：『弥勒在什摩處？』對云：『在兜率陁天。』南泉叱云：『天上無弥勒！』後僧舉似洞山，洞山叱：『地下無弥勒。』」有人問師：「弥勒在什摩處？」師乃叱之。

35 因舉：「教中有言：『應真菩薩内外俱作黃金色。』」時有人問：「直得与摩時，是什摩人分上事？」師云：「不是兄分上事。」云：「与摩則有强有弱去也。」師云：「前話已墮。」

36　師因舉：「初祖於少林寺裏面壁打坐九年〔一〕，寺裏三千个聽徒口似懸河，只云：『此是西天小乘壁觀婆羅門，有什摩靈處〔二〕？直是有理，無靈處。』」時有人問：「既有理，為什摩無靈處？」師云：「只為如此，所以如此；若不如此，焉知如此？」僧云：「不如此事作摩生？」師云：「莫放我打睡〔三〕。」

37　師有時云：「不座諸法還得無過摩〔四〕？」

38　有時云：「欲得見諸聖，亦從此門入；不欲得見諸聖，亦從此門入。」師却問僧：「作摩生是汝入門底事？」僧云：「當不當？」師云：「是凡是聖？」對曰：「未問已前，却疑和尚。」師叱之。

39　問：「古人有言：『欲達無生路，應須識本源。』如何是本源？」師良久，却問侍者：「適来僧問什摩？」其僧再舉。師便喝出，云：「我不是患聾！」

〔一〕打坐：原誤倒爲「坐打」。

〔二〕靈：原作「雪」，與「靈」俗寫（霊）形近而譌；本節下同。

〔三〕放，「妨」通；同例亦見本書雪峯和尚章。

〔四〕座，「坐」通，因也。

40 師患漏次，僧問：「善知識諸漏已盡，為什摩患漏？」師云：「若是善知識，一物亦不違〔一〕。」僧云：「争奈苦楚何？」師云：「若見衆生苦，則同受苦者。」

41 因小師行脚歸，師問：「汝乱走，還變也未？」對云：「不是神，不是鬼，變什摩？」師云：「又乱走作什摩？」對云：「也要和尚監。」師云：「放汝二十棒。」師代云：「和尚見走，到什摩處？」

42 師問僧：「我尋常道：莫道道不得，設而道得十成，猶是患瞽。既道得十成，為什摩却成患瞽？」僧云：「從来豈是道得底事那，作摩？」師抗聲云：「脱却来！」其僧別云：「頭上不可更安頭。」師云：「停囚長智。」

43 僧辞，師問：「什摩處去？」對云：「什摩處不是某甲去處？」師云：「忽然山河大地〔二〕，又作摩生？」對云：「喚什摩作山河大地？」師云：「汝話墮也。」

44 問：「不問不荅時如何？」師云：「不道。」進曰：「為什摩不道？」師云：「伱也虚有這个問。」

45 師上堂，云：「此事似个什摩？閃電相似，石火相似，火焰相似，霹靂相似。是伱諸人著

〔一〕違：原作「逺」；龍龕手鏡卷四：「『逺』，音違；『逺』乃『遠』之省劃。」
〔二〕「忽然」下疑脱「生」字；首楞嚴經卷四富樓那白佛：「云何忽生山河大地諸有爲相，次第遷流，終而復始？」

力，須得趂著始得； 若不趂著，喪身失命。」有人便問： 「承師有言： 是你諸人著力，須得趂著始得； 若不趂者，喪身失命。 直得趂著，還不喪身失命也無？」師云： 「失不失即且置，是你還趂著也無？」對曰： 「若道趂不著〔二〕，招人恠笑。」師曰： 「是你趂著底事作摩生？」對曰： 「和尚還解恠笑得摩？」師曰： 「汝是惡人。」僧曰： 「何必！」師便打出去。

46 師舉： 「曺山代無著曰： 『久承大師按釼，何得處在一塵？』」僧便問： 「作摩是文殊釼？」對曰： 「不道。」「為什摩不道？」曰： 「道則在一塵。」

47 鼓山問靜道者： 「古人道： 『這裏則易，那裏則難。』這裏則且從，那裏事作摩生？」道者曰： 「還有這裏、那裏摩？」鼓山打之。 師云： 「打有道理？ 打無道理？」學人云： 「於靜道者分上商量則得。」師云： 「古人意作摩生？」學云： 「不可道某甲辜負古人。」師云： 「不辜負古人事作摩生？」對云： 「和尚慣得此便。」師云： 「你也是慣得此便。」

48 因舉： 「彦上座問九峯和尚： 『又須道取栢樹子，不得觸著，和尚如何道？』和尚無對。 彦上座舉似長慶。 長慶却問上座： 『當此問，上座代和尚作摩生道？』上座對云： 『不逐四時彫〔三〕。』長慶舉似保福。 保福拈問長慶： 『只如上座道「不逐四時彫」，与摩道，還得勦絕？ 為當不得勦

〔二〕 著： 原作「者」，據上下文改。

〔三〕 彫、「凋」通； 「不逐四時凋」出善慧大士語録卷三。

「不是絶？』慶云：『争得勦絶？』」師云：「大衆分明記取，向後舉似作家第一機對。」囷山云〔二〕：「不是桄榔樹。」師云：「桄榔樹不是。」

49　師上堂，因示徒云：「過去如許多諸聖，乃至今時老宿，出頭来，盡道我願度一切衆生成道成果，与我無異。灼然吾徒等輩，為不承他先聖方便，今日向什摩處填溝塞壑？然雖如此，於中還有一人具眼也無？」師代云：「汝問天下人：㑃笑得摩？」

50　因舉：「古人道：『諸方只有殺人之刀，且無活人之劍。』」時有學人問：「如何是活人之劍？」師荅曰：「我老大漢，不能礼拜汝。」

51　師問僧：「我都置一問，汝作摩生？」對曰：「与摩即退一步。」師云：「非時作摩生？」云：「和尚因什摩龍頭蚫尾？」師云：「汝是作家。」對曰：「未在，更道！」師云：「我不辞向汝道，恐汝會去。」

52　問：「教中有言：『師子捉象，亦全其力。』未審全个什摩力？」師荅曰：「若問全力，我怕。」進云：「和尚為什摩却怕學人？」師云：「為汝有全力。」

53　問：「承古人有言：『智不到處，切忌道著。道著則頭角生。』和尚如何？」師荅曰：「收。」進曰：「若向無頭角處收，即招大衆㑃笑。」師云：「失錢遭罪。」

〔二〕囷山：原誤作「困山」，辨見前。

54 因擧：「金剛經云：『一切諸法，皆是如義。』」師却問僧：「作摩生是如義？」對云：「和尚問阿誰？」師云：「忽遇道伴相借問，作摩生向伊道？」對云：「和尚是什摩心行？」師不肯，代云：「何處有与摩道伴？」

傳記

傳法正宗記卷八、釋氏通鑑卷一二、補續高僧傳卷六、閩書卷一三六、宗統編年卷一七、徐𤊹雪峰山志卷四、十國春秋卷九九、沈瑜慶（民國）福建通志福建高僧傳卷一。

資料

1
3
10 景德傳燈録卷一九、五燈會元卷七。
13 景德傳燈録卷一長慶章、五燈會元卷七長慶章。
16 本書卷七嵒頭和尚章、景德傳燈録卷一五德山章、五燈會元卷七德山章。
19 景德傳燈録卷一九、雪竇頌古第九五則、碧巖録第九五則、五燈會元卷七。
21 本書卷一五東寺和尚章、景德傳燈録卷七東寺章。
24 本書卷二〇興平和尚章、景德傳燈録卷八興平章、宗門統要卷七洞山章、聯燈會要卷五興平章、卷二〇洞山章、五燈會元卷三興平章、洞山録。
26 景德傳燈録卷七鹽官章、禪門拈頌集卷六鹽官章、五燈會元卷三鹽官章。
27 本書卷一六南泉章、景德傳燈録卷八南泉章、雲門廣録卷中、宗門統要卷三南泉章。

28 景德傳燈録卷一五洞山章、宗門統要卷八雪峯章、洞山録、雪峯語録卷上。
29 景德傳燈録卷七雲居章、五燈會元卷一一雲居章、洞山録。
30 景德傳燈録卷一九、傳燈玉英集卷一〇、宗門摭英集卷中、宗門統要卷九、聯燈會要卷二四、五燈會元卷七。
39 景德傳燈録卷一九、傳燈玉英集卷一〇、五燈會元卷七。

一二七　雲門和尚 文偃，八六四—九四九〔一〕

1 雲門和尚嗣雪峯，在韶州。師諱偃禪〔二〕，穌州中吴府嘉興人也〔三〕，姓張。年十七，依空王寺澄律禪師下受業〔四〕。年登癸卯〔五〕，得具尸羅，習四分於南山，聽三車於中道。辝入閩嶺，纔登象骨，直奮鵬程。三礼欲施，雪峯便云：「何得到与摩？」師不移絲髮，重印全機，雖等截流，還同戴角。每於參請，闇契知見。後出甌閩，止于韶州靈樹知聖大師，密懷通鑒，益固留連。去世後，付嘱住持。南

〔一〕陳垣釋氏疑年録卷五：「禪宗五派宗師，宋僧傳獨無雲門偃傳，景德録亦無卒年，禪燈世譜作漢隱帝元年卒，今據古尊宿語録附雷岳撰行録。年歲則據陳守中撰碑銘，碑見南漢金石志。志又有雷嶽撰塔銘，作『法齡七紀二，僧臘六旬六』云。」

〔二〕偃禪：行録、碑銘、燈録等皆作「文偃」。

〔三〕穌州中吴府嘉興：唐江南道蘇州轄嘉興縣，吴越錢鏐攻拔其地，改稱中吴府，開府嘉興（鄭若曾江南經略卷四上松江府總論）。

〔四〕澄律禪師：「禪」字疑衍；行録、碑銘均作「志澄律師」。

〔五〕癸卯：原譌爲「己卯」；據雷岳實性碑「法齡七紀二，僧臘六旬六」，文偃受戒當在中和三年癸卯（八八三），己卯爲大中十三年（八五九）或梁末帝貞明五年（九一九），与文偃行年不符。

朝欽崇玄化，賜紫，號匡真大師。

2 問：「如何是透法身之句？」師云：「看山。」

3 師上堂云：「汝若不會，三十年後莫道不見老漢。」

4 師有十二時偈：

「半夜子〔一〕，命似懸絲猶未許。

因緣契會刹那間，了了分明一無氣。

鷄鳴丑，一歲孫兒大哮吼。

實相圓明不思議，三世法身藏北斗。

平旦寅，三昧圓光證法身。

大千世界掌中收，色秀髑髏誰得親？

日出卯，嘿説心傳道實教。

心心相印息無心，玄妙之中無拙巧。

食時辰，恒沙世界眼中人。

万法皆從一法生，一法靈光誰是隣？

〔一〕 半夜子：依下文句式疑當作「夜半子」；「夜半子」爲十二時套曲套語。

禺中巳，分明歷歷不相似。

靈源獨曜少人逢，達者方知無所慮。

日中午〔一〕，一部笙歌誰解儛？

逍遥頓入達無生，晝夜法螺擊法鼓。

日昳未，灌頂醍醐最上味。

一切諸佛及菩提〔二〕，唯佛知之貴中貴。

晡時申，三壇等施互爲賓〔三〕。

無漏果圓一念修，六度同歸浄土因。

日入酉，玄人莫向途中走。

黄葉浮漚賺殺人，命盡慞惶是了手。

黄昏戌，把火尋牛是底物。

素躰相呈却道非，奴郎不弁誰受屈？

〔一〕日中午：疑當作「日南午」；「日南午」爲十二時套曲套語。
〔二〕菩提：疑當作「菩薩」。
〔三〕壇，「檀」通，檀那也。

人定亥，莫把三乘相疋配。
要知此意現真宗，密密心心超三昧。」
又宗脉頌曰：
「如来一大事，出現於世間，
五千方便教，流傳幾百年。
四十九年說，未曾忤出言，
如来滅度後，付囑迦葉邊。
西天二十八，祖、佛印相傳，
達摩觀東土，五葉氣相連。
九年来面壁，唯有喫茶言，
二祖為上首，達摩迴西天。
六祖曹溪住，衣鉢後不傳，
派分三五六，各各達真源。
七八心忙乱，空花墜目前，
苦哉明眼士，認得止啼錢。
外道多毀謗，弟子得生天，

昔在靈山上，今日獲安然。
六門俱休歇，無心處處閑，
如有玄中客，但除人我山。
一味醍醐藥，万病悉皆安，
因緣契會者，無心便安禪。」

6 師因把杖打柱問：「什摩處来？」對云：「西天来。」師云：「作什摩来？」對云：「教化唐土衆生来。」師云：「欺我唐土衆生。」却問：「大衆，還會摩？」對云：「不會。」師打柱云：「打伱个兩重敗闕！」師良久。僧問：「何異釋迦當時？」師云：「大衆立久，快礼三拜。」

7 問：「如何是超佛越祖之談？」師云：「蒲州麻黄，益州苻子〔一〕。」

8 問：「一口呑盡時如何？」師云：「老僧在你肚裏。」僧曰：「和尚為什摩在學人肚裏？」

9 問：「如何是禪？」師云：「露柱呑蝦蟆。」

10 僧云：「如何舉唱，則不負於来機？」師云：「道什摩？」僧云：「還可来意也無？」師云：「還我話頭来。」

〔一〕苻子：疑作「附子」；本草綱目卷一七草之六毒草類：「初種爲烏頭，象烏之頭也；附烏頭而生者爲附子，如子附母也。」

云：「且款款問。」

11 師問僧：「諸方行来道我知有，且与我拈三千大千世界〔二〕，向眼睫上著。」學人應喏。師云：「錢唐去國為什麼三千里？」

12 師問僧：「一切聲是佛聲，一切色是佛色。拈却了与你道〔三〕。」對云：「拈却了也。」師云：「与摩，驢年去！」

碑誌

雷岳雲門山光泰禪院故匡真大師實性碑並序（南漢金石志卷一、唐文拾遺卷四八）、陳守中大漢韶州雲門山大覺禪寺大慈雲匡聖宏明大師碑銘並序（南漢金石志卷二、全唐文卷八九二）。

傳記

雷岳雲門山光泰禪院匡真大師行録（雲門匡真禪師廣録卷下）、傳法正宗記卷一七、祖源通録撮要卷四、宗門統要卷九、建中靖國續燈録卷一、禪林僧寶傳卷二、林間録卷上、下、祖庭事苑卷一、聯燈會要卷二四、禪門拈頌集卷二三、二四、釋氏通鑑卷一二、隆興編年通論卷二八、徐碩至元嘉禾志卷一四仙梵、釋氏稽古略卷二、歷代佛祖通載卷一七、劉元卿賢奕編卷三、徐象梅兩浙名賢録外録卷四、裘乘彷（康熙）浮源縣志卷一〇仙釋、沈翼

〔二〕三：原作「二」，爲破字。

〔三〕你：雲門廣録作「我」。

機浙江通志卷一九九仙釋、徐𤊹雪峰山志卷四、十國春秋卷六六、徐瑶光(光緒)嘉興府志卷六二方外。

著作

守堅集雲門匡真禪師廣録三卷(古尊宿語録)、雲門匡真禪師語(續開古尊宿語録地集)、韶州雲門匡真文偃禪師一卷(五家語録卷三)、御選慈雲匡真弘明雲門文偃禪師語録一卷(御選語録卷六)。

App. Urs, *Facets of Life and Teaching of Chan Master Yunmen Wenyan* (864—949). Dissertation, Temple University, 1989(Partial Translation; English)。

App. Urs, *Master Yunmen*, New York, Tokyo, London: Kodansha International, 1994(Partial Translation; English).

App. Urs, *Meister Yunmen: Zen – Worte von Wolkentor – Berg* Bern, München, Wien: Otto Wilhelm Barth Verlag 1994 (Partial translation; German)。

資料

1 雷岳行録、實性碑、景德傳燈録卷一九、祖庭事苑卷一、禪林僧寶傳卷二、五燈會元卷一九。

3 雷岳實性碑、雲門廣録卷中。

6 雲門廣録卷中。

7 *10* 雲門廣録卷下。

8 景德傳燈録卷一九、傳燈玉英集卷一〇、宗門摭英集卷中、五燈會元卷一五、雲門廣録卷上。

11 *12* 雲門廣録卷下。

一二八　齊雲和尚靈照，八七〇—九四七〔一〕

1　齊雲和尚嗣雪峯。師諱靈照，東國人也。自傳雪峯密旨，便住浙江。錢王欽重，敬賜紫衣，號真覺大師。初居齊雲，後住鏡清、報慈、龍花。四海玄徒，長臻法席矣。

2　師有時上堂云：「盡令去也，如存若亡；私曲將来，礙著老學。与摩相告報，還解笑得我摩？」時有人問：「請師盡令。」師云：「吽！吽！」

3　問：「如何是諸佛出身處？」師喚少兒名：「法歸！亦慶幸。」僧云：「与摩則只今諱什摩？」師云：「到京不知有京風。」

4　問：「此个門風，如何继紹？」師云：「昔年漢主，今日吾君。」

5　師住報慈時，開堂日云：「帝子王孫及四衆雲集，金枝玉葉未離王宮，及諸高班君子等猶在貴居，乃至諸寺大師大德只在本寺，正當与摩時，微僧早与相著了也〔二〕，於中還有省察者摩？諸仁者纔擬跨門，万里望鄉闕〔三〕，豈況到報慈，何處更有也？与摩語話，莫輕觸上人摩？放過則万事絶

〔一〕此據景德傳燈録；咸淳臨安志卷七〇謂天福二年（九三七）卒。
〔二〕相著：疑爲「相看」之譌；本節下同。
〔三〕闕：原作「開」，形近而譌。

言，若不放過，一場禍事。雖然如此，不可断絶。今時於中還有懷疑者摩？快出来！」時有人出来問：「承師有言：未離本處，早与相著了也。未審未離本處，什摩處是師与衆人相著處？」師云：「阿你若不得我力，争解形得此問？」

6 問：「寸絲不露時如何？」師云：「隱密。」僧云：「与摩則無面可露也。」師云：「林下月彩足人撮。」

7 問：「諸聖會中，還有不排位者也無？」師云：「諸聖會中則且置，喚什摩作不排位？」僧云：「与摩則出身無路也。」師云：「玉不處雪，那辯堅貞〔一〕？」

8 因説百丈打侍者因緣。有人拈問：「百丈打侍者，為上座打？為侍者打？」師云：「理正不了〔二〕，累及家丁。」

9 師問招慶：「事須有与摩道，不被人檢點。初機後學，又須得力〔三〕。自古先德苗稼，是什摩次第附得？某甲此問，請和尚擇。」招慶擇云：「放曠長如癡兀人，他家自有通人愛。」

10 問：「未納問前，請師指示。」師云：「成什摩道理？」僧云：「已領師意。」師云：「獻璧

〔一〕辯，「辨」通。
〔二〕理正：太田辰夫祖堂集口語語彙索引校作「里正」。
〔三〕又：原爲破字，據高麗大藏經補遺本校定。

加刑。」

11 因措多入古寺問僧〔二〕：「此寺名什摩？」其僧不知名額。措多遂作一首詩曰：

「此寺何年造？問僧僧不知。
繫馬枯松下，拂塵讀古碑。」

有人拈問師：「碑文道什摩？」師云：「三藏入室。」

12 師問招慶：「作摩生是投機如未肯？」招慶曰：「遇茶即喫。」師曰：「適来立久脚瘇痛。」招慶却問：「什摩處是成塵處？請兄擇。」師云：「即此猛提取。」招慶肯之。

13 師有時上堂，驀地起来，伸手云：「乞取些子〔三〕，乞取妙子。」又云：「一人傳虛，万人傳實。」

14 問：「古人有言：『無言無説，直入不二法門。』文殊与摩道，還稱得長老意無？」師云：「比擬理國，却令家破。」

15 問：「靈山會上法法相傳，未審齊雲將何付囑於人？」云：「不可為汝一个荒却齊雲山。」僧云：「莫便是親付囑也無？」師云：「莫令大衆笑。」

〔二〕措多：疑同「措大」。

〔三〕乞：原字漫漶，據下句校定。

16 師一日見僧上来立次，竪起物問：「你道這个与那个別不別？」僧無對。師代云：「別則眼見山，不別則山見眼。」

17 問：「『向上一路，千聖不傳。』未審是什摩人則能傳得？」師云：「千聖也疑我。」僧云：「莫便是傳底人無〔一〕？」師云：「晉帝斬嵇康。」

18 師上堂，偏立告云：「莫不要昇此座摩？」雲禪大師云：「人義道中〔二〕。」自代云：「大衆還躰悉摩？」

19 師初入龍華，上堂云：「宗門妙理，別時一論。若也大道玄綱〔三〕，包三界為一門，盡十方為正眼。世尊靈山説法之後，付囑摩訶迦葉，祖祖相継，法法相傳。自從南天竺國王太子捨榮出家，呼為達摩大師，傳佛心印，特置十万八千里〔四〕，過来告曰：『吾本来此土，傳教救迷情。』以經得二千来年，真風不替。我吴越國大祖、世皇崇敬佛法〔五〕，當今殿下敬重三寶，興闡大乘，皆是靈山受佛付囑

〔一〕「人」下疑脱「也」字。
〔二〕人、「仁」通。
〔三〕綱：原作「網」，形近致譌；景德傳燈録卷八南泉章：「大振玄綱。」
〔四〕置、「致」通。
〔五〕大祖：即太祖，武肅王錢鏐。

來。大師令公迎請大士歸朝〔一〕，入內道場供養，兼宣下造寺功德，以當寺便是弥勒之內菀〔二〕，寶塔安大士真身，又是令公興建，地久天長，古今罕有，播在於四海八方知聞。昨者伏蒙聖恩，宣賜當寺住持，許聚玄徒，敢不率以焚修，勵一心而報荅聖躬！ 許賜從容，有事近前！」時有學人問：「只如龍花之會，何異於靈山？」師云：「化城教一級。」僧云：「与摩則彼彼不相羨也。」師云：「前言終不虛施。」僧云：「未審當初靈山合談何法？」師云：「不見道『世尊不說說，迦葉不聞聞』？」僧云：「与摩則『不覩王居殿，焉知天子尊？』」師云：「酌然〔三〕，瞻敬則有分。」

20 師問僧：「作什摩云『掃佛身上塵』？」云：「既是佛，為什麼却有塵？」僧無對。自代云：「不見道『金屑雖貴』？」

21 問：「古人有言：『佛有正法眼付囑摩訶迦葉。』如何是正法眼？」師云：「金屑雖貴。」僧云：「正法眼又作摩生？」師云：「也須知有龍花惜人。」

22 有人問：「某甲下山去，忽有人問龍花有什摩消息，向他作摩生道？」師云：「但向他道：『馬鳴、龍樹白槌下〔四〕。』」

〔一〕大師：太師；天福八年錢弘佐任檢校太師、中書令（十國春秋卷八〇）。
〔二〕菀、「苑」通。
〔三〕酌、「灼」通。
〔四〕槌：原作「搥」。

23 問：「不二之言，請師道。」師云：「不遵摩竭令，誰談毗耶理？」

24 麗天和尚頌無著對文殊話，頌曰：

「清涼感現聖伽藍，親對文殊接話談。

言下不通好消息，迴頭只見翠山嵓。」

師和頌曰：

「遍周沙界聖伽藍，觸處文殊共話談。

若有門上覓消息，誰能敢道翠山嵓？」

25 問：「古人有言：『庵中之細，細中之庵。』如何是庵中之細？」師曰：「佛病最難治。」進曰：「師還治也無？」師云：「作摩不得？」僧曰：「如何治得？」師曰：「喫茶喫飯。」

傳記

宋高僧傳卷一三、宗門摭英集卷中、聯燈會要卷二四、咸淳臨安志卷七〇、徐燉雪峰山志卷四、十國春秋卷八九。

資料

1 宋高僧傳卷一三、景德傳燈録卷一八、五燈會元卷七、咸淳臨安志卷七〇、十國春秋卷八九。

2 13 17 景德傳燈録卷一八、五燈會元卷七。

15 景德傳燈録卷一八。

一二九　永福和尚從弇，生卒年未詳

1 永福和尚嗣雪峯，在福州。師諱從弇，福州閩縣人也，姓陳。於雪峯山出家，依年具戒，密契玄關，遍遊吳楚，却復甌閩。初住漳南報恩，後居永福。閩王欽敬，賜紫，號超證大師。

2 師有時上堂，向繩床一邊立，云：「二尊不竝化。」便歸方丈。

3 問：「教中有言：『十方佛土中，唯有一乘法，無二亦無三。』如何是一乘法？」師云：「汝道我在這裏為个什摩？」僧云：「与摩則不知古人去也。」師云：「雖然如此，却不辜負汝。」

4 問：「諸餘則不敢問，省要處乞師垂慈。」師云：「不快礼拜，更待何時？」

5 因舉：「長慶上堂云：『盡法則無民。』永福則不然。若不盡法，争得有民？」

6 有人問趙州：「古人道：『至道無難，唯嫌揀擇〔一〕。』如何是不擇揀底法？」趙州云：「天上天下，唯我獨尊。」僧云：「此猶是揀擇底法。」州云：「田舍奴！天上天下，唯我獨尊，什摩處是揀擇？」有人舉問長慶：「如何是不揀擇底法？」慶云：「還我有異底法来。」師聞舉云：「此兩人惣在揀擇中收。」僧便問：「如何是不揀擇底法？」師云：「今日是幾？」

〔一〕揀：原作「楝」；此句出信心銘，據改，下同。

後長慶聞舉云："須道超證有親疎，不無他与摩道。"

傳記

閩書卷一三七、徐𤈦雪峰山志卷四。

資料

1 景德傳燈録卷一八。

2 3 4 5 景德傳燈録卷一八、五燈會元卷七。

6 宗門統要卷四趙州章、聯燈會要卷六趙州章、五燈會元卷四趙州章、碧巖録第五七則、趙州録卷中。

一三〇 福清和尚 玄訥，生卒年未詳

1 福清和尚嗣雪峯，在泉州。師諱玄訥，東國人也。泉州王太尉仰師道德，請轉法輪，敬奏紫衣。

2 問："如何是人王？"師云："一手指天，一手指地。""如何是法王？"師云："無手指天，無手指地。"學曰："人王与法王相去幾何？"師云："汝自断看。"進云："學人断不得，却請

和尚断。」師云：「来年更有新條在，惱乱春光卒未休。」〔一〕

3 問：「如何是菩提？」師云：「闍梨失却半年粮。」學云：「為什摩失却半年粮？」師云：「只為啚他一斗米。」

4 問：「圓伊三點人皆信，靈秀家風事若何？」師云：「靈秀家風也且從，是汝家風作摩生？」學云：「争奈學人未現何？」師云：「阿誰教伱不會？」

傳記

十國春秋卷九九。

資料

1 3 景德傳燈録卷一九、五燈會元卷七。

一三二　潮山和尚 延宗，生卒年未詳

1 潮山和尚嗣雪峯，在吉州。師諱延宗，泉州莆田縣人也。

2 僧問：「和尚是咸通前住？咸通後住？」師云：「嗄！」學人再申問，師乃云：「病鳥栖

〔一〕所引爲羅隱柳詩，原作「明年更有新條在，繞亂春風卒未休」（雍文華校輯羅隱集第一四五頁，中華書局，一九八三年）。

蘆，困魚止泊。」〔一〕

3 問：「師久修何業而隱此山？」師云：「什摩處得這个消息？」學人應喏，師叱之。

4 問：「如何是學人自己？」師云：「爭受人謾？」

資料

2 景德傳燈録卷一九、五燈會元卷七。

一三二　惟勁禪師 生卒年未詳

1 惟勁禪師嗣雪峯，在南嶽般舟道場，生緣福州永泰縣人也〔二〕。自參見雪峯，便契玄旨。經遊五頂南北藂林，遍探宗師，推為匠伯，後棲南嶽。平生苦節，寰海播名，編續寶林、鏡燈、漩澓、防邪論，并插釋賛，廣流於世。楚王欽仰，迎請出嶽，留駐府廷，為教綱之紀綱〔三〕，作祖天之日月。住持報慈、東藏，奏賜紫衣，號寶文大師矣〔四〕。

〔一〕語出寶藏論廣照空有品，「止泊」作「止瀝」。
〔二〕宋高僧傳、景德傳燈録作「長溪人」。
〔三〕下「綱」字：原作「網」。
〔四〕寶文：宋高僧傳、景德傳燈録皆作「寶聞」。

2 師因讚鏡、燈，頌曰：

「偉哉真智士，能開方便津，
一燈明一躰，十鏡現十身。
身身相暎涉，燈燈作互因，
層層身土廣，重重理事渕。
儼覩微塵佛，等逢毗目仙，
海印從茲顯，帝網義由詮。
一塵說法界，一切塵亦然，
五蘊十八界，寂用躰俱全。
圓光含鏡像，一異不可宣，
達斯無㝵境，遮那法報圓〔一〕。」

3 又述象骨偈曰：

「象骨雄雄舉世尊，統盡乾坤是一門。
詞鋒未接承當好，莫待言教句裏傳。

〔一〕遮：原爲破字。據原版確認；高麗大藏經補遺本校作「鹿」。

擬議終成山海隔，擗面渾機直下全。
更欲會他泥牛吼，審細須聽木馬嘶。」

4 如躰禪師雄頌曰：

「古曲發聲雄，今古唱還同。
若論第一拍，祖、佛盡迷蹤。」

長慶拈問僧：「只如『祖佛盡迷蹤』，成得个什摩邊事？」對云：「成得个佛未出世時事，黑豆未生芽時事。」慶云：「只如佛未出世時事，黑豆未生芽時事，成得个什摩邊事？」對云：「某甲到這裏舉不得。未審和尚如何？」慶云：「成得个絶痕縫邊事〔二〕。」

5 師又頌曰：

「學道如鑽火〔三〕，逢煙且莫休。
直得金星現，歸家始到頭。」

有人舉問中招慶：「古人有言：『直得金星現，歸家始到頭。』如何是金星現？」慶云：

〔二〕原脱「絶」字，據本書卷一〇長慶和尚章校補。

〔三〕鑽：原作「攢」；此頌古尊宿語録卷二四神鼎洪諲禪師語録作金峰頌，圜悟録卷九、五燈會元卷一二翠巖可真章、禪門諸祖師偈頌卷上之上龍牙和尚偈頌並作龍牙頌，大慧語録卷二二示快然居士法語作古德一偈。首句均爲「學道如鑽火」，據改。

「我道直得金星現，也未是到頭在。」僧云：「作麼生？」慶云：「遇茶喫茶，遇飯喫飯。」

傳記 宋高僧傳卷一七、六學僧傳卷八、徐𤊹雪峰山志卷四、李翰章（光緒）湖南通志卷二四一仙釋、沈瑜慶（民國）福建通志福建高僧傳卷一。

著作 續寶林傳四卷（佚，見宋高僧傳卷一七、景德傳燈録卷一九）、南嶽高僧傳（佚，見宋高僧傳卷一七、景德傳燈録卷一九）、惟勁禪師贊頌一卷（佚，見崇文總目）、覺地頌（景德傳燈録卷二九、禪門諸祖師偈頌卷下之上）、釋花嚴漩澓偈（房山石經遼金元單經刻經宗鏡録卷四、卷三八引林順作漩洑頌）。

資料

1 宋高僧傳卷一七、景德傳燈録卷一九、五燈會元卷七。

4 本書卷一〇長慶章、景德傳燈録卷一九芙蓉山如體章、五燈會元卷七芙蓉山如體章。

一三三三 越山鑒真 師肅，生卒年未詳

1 越山鑒真大師嗣雪峯。錢王欽敬，賜紫。

2 師因覩寫真，有偈曰：

「真之本源，頂足方圓，

弥淪不壞，實相無邊。
恒沙劫數，古今現前，
漚起漚滅，空手空拳。
此之相皃，三界亦然。」

3

師頌三種病人曰：
「盲聾喑啞格調高，是何境界自擔荷？
昔日曾嚮玄沙道，笑殺張三、李四歌。」

傳記 正法眼藏卷下、聯燈會要卷二四、禪門拈頌集卷二二、徐𤇆雪峰山志卷四、沈瑜慶（民國）福建通志福建高僧傳卷一。

著作 偈二首（景德傳燈録卷一九、正法眼藏卷下、聯燈會要卷二四、禪門拈頌集卷二二、五燈會元卷七）。

資料 1 景德傳燈録卷一九、五燈會元卷七。

一三四　睡龍和尚 道溥，生卒年未詳

1　睡龍和尚嗣雪峯〔一〕，在泉州。師号道溥，姓鄭，福唐縣人也。出家於寶林院，依年具戒，便參見雪峯，密契玄関，更無他往。後清源王大尉欽仰德高，請住五峯。旋奏紫衣，錫號弘教大師矣。

2　有時僧參次，于時云：「莫道空山無可祇對。」便起，歸丈室。

3　有俗官問黄蘗供養主：「黄蘗和尚驢馬相似，上座作供養主，作什摩？」僧無對。却歸，舉似黄蘗。黄蘗云：「道溥人微，甚是難消。」有人舉似南泉。南泉云：「池州麻黄，蜀地當歸。」有人舉似師。師云：「泉州葛布好造汗衫。」

4　問：「古人有言：『含珠不吐，誰知有寶。』含珠則不問，便請吐。」師云：「看者甚多，弁者甚少。」

5　問：「如何是學人自己事？」師云：「不是你自己，是什摩？」

6　問：「太尉相公送繩床，和尚將何報荅？」師云：「天津橋上無異路，報荅之心性不殊。」僧云：「与摩則相公慇懃，師之不謬。」師云：「我道毗盧不點頭，你作摩生？」僧云：「學人到這裏，直得無言可進。」師云：「饒你与摩，亦与老師較一堵地。」

〔一〕睡龍：聯燈會要作「卧龍」。

7 問：「學人乍入藂林，乞和尚指示个入路。」師良久。學人礼拜。師云：「汝礼拜阿誰？」學云：「礼拜和尚。」師云：「汝若會，即是汝礼拜汝；　汝若不會，即是礼拜老僧。」

8 問：「如何是古佛心？」師云：「我委你不問古佛心。」

9 問：「如何是佛？」師云：「覿面相呈由不識〔一〕，問佛之人焉能委？」

10 師頌三種病人曰：

「奇哉大師啞盲聾〔二〕，善能方便唱真宗。

為報知音須帶會，莫将意句競来通。」

11 問：「教中有言：『羅睺羅密行。』如何是密行？」師云：「汝是奄人，争得委？」學云：「和尚還委得也無？」師云：「不委。」學云：「和尚為什摩不委？」師云：「若委，則不密去。」

12 問：「教中有言：『開方便門，現真實相。』如何是方便門？」師竪起拳。「如何是現真實相？」師良久。學云：「若不置問，焉委得和尚慈悲？」師曰〔三〕：「也須進步。」

13 太尉問：「如何是摩尼珠？」師云：「明日更獻北禪看。」太尉云：「非北禪，還有鑒者也

〔一〕由，「猶」通。

〔二〕盲：原爲破字，據高麗大藏經補遺本校定。

〔三〕曰：原爲破字似「口」。

無？」師云：「臣僧有幸，得遇明君。」

14 又述示學偈曰：

「瞎眼善解通，聾耳却獲功，
一躰歸無性，六處本来同。
我今齊舉唱，方便示汝儂〔一〕，
相傳佛、祖印，繼續老胡宗。」

15 因雪峯問玄沙：「汝還識國師無縫塔也無？」玄沙却問：「無縫塔闊多少？高多少？」雪峯顧示。玄沙云：「和尚何得自犯？」僧問師：「玄沙豈不是不諾雪峯？」師云：「是也。」僧云：「既然如此，請師代雪峯對玄沙。」師云：「向後不用修造。」

傳記

閩書卷一三六、徐𤊹雪峰山志卷四。

資料

1 景德傳燈録卷一九、五燈會元卷七。

〔一〕儂：原作「濃」，據太田辰夫祖堂集口語語彙索引校改。

2景德傳燈録卷一九、聯燈會要卷二四泉州卧龍道溥章、五燈會元卷七。

一三五　佛日和尚 生卒年未詳

1 佛日和尚嗣雲居，在越州。

2 師到徑山〔一〕。徑山問：「伏承長老獨處一方，何得再遊峯頂？」師云：「朗月當空掛，冰霜不自寒。」徑山云：「莫是長老家風也無？」師云：「峭峙万重山，此中含寶月。」徑山曰：「此猶是文言。長老家風作摩生？」師云：「今日賴遇佛日。」師別申一問：「隱密全生時〔二〕，人知有道得〔三〕；大省無辜時，人知有道不得〔四〕。於此二途，猶是時人昇降處。未審長老親道自道，云何道？」徑山云：「我家道處無可道。」師云：「如来路上無私曲，更請玄音和一場。」徑山云：「任你二輪更互照，碧霄雲外不相干〔五〕。」師云：「為報白頭無限衆，此中年少莫歸鄉。」徑山云：「老少同輪無向背，我家玄路莫參差。」師云：「一言已定天下，四句為誰留？」徑山云：「汝道有三四，我道其中一

〔一〕徑、「徑」同。

〔二〕生：景德傳燈録作「真」，拈八方珠玉集作「該」。

〔三〕道得：景德傳燈録等並作「道不得」。

〔四〕道不得：景德傳燈録等並作「道得」。

〔五〕霄：景德傳燈録等並作「潭」。

亦無。」徑山因此偈曰：

「東西不相顧，南北与誰留？
汝則言三四，我道其中一也無。」

3 師頌曰：

「遍學窮劫抱死屍〔一〕，出身不得病難治。
任汝入海常獻寶，不如自治釵輪飛。」

傳記 宗門統要卷九、聯燈會要卷二五。

資料 1 景德傳燈録卷二〇、五燈會元卷一三。

2 景德傳燈録卷一一徑山洪諲章、宗門統要卷五徑山章、拈八方珠玉集卷下、聯燈會要卷八徑山章、五燈會元卷九徑山章。

〔一〕劫：原爲破字似「切」。

一三六　水西南臺和尚生卒年未詳

1 水西南臺和尚嗣雲居，在潭州。

2 問：「祖祖相傳，未審傳个什摩？」師云：「不因闍梨舉，老僧亦不知。」

資料

1
2 景德傳燈録卷二〇、五燈會元卷一三。

一三七　中曹山和尚慧遐〔一〕，生卒年未詳

1 中曺山和尚嗣曺山，在撫州。師号慧遐，姓黄，泉州莆田縣人也。自造曹源法席〔二〕，密契玄道，更無他往，而居荷玉矣〔三〕。

2 僧問：「抱璞投師時如何？」師云：「不是自家珎。」僧曰：「如何是自家珎？」師云：

〔一〕慧遐：景德傳燈録等並作「慧霞」。
〔二〕曹源：原作漕源，即曹溪；下金峯和尚章同。
〔三〕荷玉：原作「荷王」；參見前卷八曹山和尚章（第三七八頁註〔三〕）。

「不啄不成器〔一〕。」

3 問：「佛未出世時如何？」師云：「曺山不如。」曰：「佛出世後如何？」師云：「不如曺山。」

4 問：「四山相逼時如何？」師云：「曺山在裏許。」僧曰：「還求出離也無？」師云：「若在裏許，則求出離。」

資料

1 景德傳燈録卷二〇。

2 景德傳燈録卷二〇荷玉章、五燈會元卷一三曹山羌慧智炬章。

3 景德傳燈録卷二〇、聯燈會要卷二五、禪門拈頌集卷二六、五燈會元卷一三。

4 景德傳燈録卷二〇、聯燈會要卷二五、五燈會元卷一三。

〔一〕 啄，「琢」通。

一三八　金峯和尚從志、圓廣禪師，生卒年未詳

1　金峯和尚嗣曹山，在撫州〔一〕。師諱從志，福州古田縣人也。自離閩越，便造曹源，頓契玄猷，更不他往。初住金峯山，後住報恩寺。師號玄明禪師矣。

2　問：「四海晏清時如何？」師云：「猶是堦下漢。」僧曰：「王還知也無？」師云：「王不少神。」

3　問：「如何是禪？」師云：「不動轉。」「如何是道？」師云：「不同万物。」進曰：「禪与道相去近遠？」師云：「近則近，遠則遠。」「如何是近則近？」師云：「對面弁不得。」「如何是遠則遠？」師云：「過於兜率。」

4　問：「古人則調絃以弁為希，只如熊耳与曹溪，以何為驗？」師云：「無紋綵。」進曰：「既然如此，六葉從何来？」師云：「豈是有紋綵那？作麼？」僧云：「古人還傳也無？」師云：「若不傳，爭得到今日？」僧曰：「既無紋綵，作麼生傳？」師云：「傳是無紋綵。」僧曰：「和尚還傳也無？」師云：「作麼不傳？」僧云：「古人意如何？」師云：「曹溪門前力掌，直至如今不忘。」僧曰：「向後事如何？」師云：「千囑万囑。」

〔一〕撫：原作「杬」，俗寫「抚」之譌字。

傳記　宗門統要卷九、祖庭事苑卷六、正法眼藏卷中、拈八方珠玉集卷下、聯燈會要卷二五。

資料　1 景德傳燈録卷二〇。
2 禪門拈頌集卷二六、五燈會元卷一三。

一三九　鹿門和尚 處真，生卒年未詳

1 鹿門和尚嗣曹山，在襄州。師諱真禪〔一〕。

2 問：「如何是得道底人？」師云：「有口似鼻孔。」僧曰：「忽有客来，將何祇對？」師云：「柴户草門〔二〕，謝伱經過。」

傳記　宗門摭英集卷中、宗門統要卷九。

〔一〕真禪：疑爲「處真」之譌；景德傳燈録等均作「處真禪師」。
〔二〕户：原爲破字，景德傳燈録作「柴門草户」，據以校定。

著作

偈一首（景德傳燈録卷二〇、禪門拈頌集卷二六、五燈會元卷一三）。

資料

1 景德傳燈録卷二〇。

2 景德傳燈録卷二〇、正法眼藏卷中、聯燈會要卷二五、五燈會元卷一三。

祖堂集卷第十一

祖堂集卷第十二

石頭下卷第九曺溪弟七代法孫

一四〇　荷玉和尚匡慧〔一〕，生卒年未詳

1　荷玉和尚嗣曹山，在撫州。師諱匡慧，俗姓高，福州福唐縣人也。出家於羅漢院，具戒造曺源。因一日參次，曺山乃問師：「大人還在也無？」對云：「在。」曺山云：「略要相見，還得摩？」對云：「請和尚進。」曺山乃倒臥。師便邇重而出。于時却来，曺山云：「曺山適來問，闍梨与摩祇對曹山，是什摩時節？但觸道，觸道〔二〕！」師云：「却是相見時節。」曺山深器之。自尒任性逍遙，化緣將至，初住龍泉，後居荷玉，於辛亥歲勑詔，再三辝免，賜號玄悟禪師矣。

2　師有時上堂云：「諸兄弟，莫只是走上為言為句，漭漭蕩蕩地，大難得相應。如今欲得省心力摩？不如直下休歇去，剝却從前如許多不淨心垢、附託依解，迴頭看汝自家本分事，合作摩生著

〔一〕景德傳燈錄等宋代禪籍避太祖諱作「光慧」。
〔二〕觸：疑音近假借爲「速」。

力。」

3　師有時上堂，良久，云：「須道我好心。」學人便問：「如何是和尚好心？」師云：「好心無好報。」

4　師見禾山来僧，拈起拂子，云：「禾山還説得這个也無？」對云：「非但這个。」師云：「辜負禾山作什摩？」

5　問：「如何是密傳底心？」師良久。僧云：「若与摩，則徒勞側耳也。」

6　師喚侍者。侍者来。師云：「燒火！」

7　問：「古人道：『若記著一句，論劫作野狐精。』未審古人意如何？」師云：「龍泉僧堂未曾鏁。」僧曰：「和尚如何？」師云：「風吹耳埵〔一〕。」

8　師又時舉起杖云：「從上来皆留此一路，方便接人。」僧云：「和尚猶是從頭起也。」師云：「更謝相悉。」

9　問：「古人道：『釋迦掩室於摩竭，淨名杜口於毗耶。』時人皆云不昧於真宗，未審古人意如何？」師云：「惜取眉毛好。」

〔一〕　埵，「朵」通。

10 師有時示衆云：「若向這裏通得，未是自己眼目。」又云：「古人恐與虵畫足〔二〕，眼中生翳，復若為？」

11 問：「如何指示，則得不昧於時中？」師云：「不可雪上更加霜。」僧曰：「与摩則全因和尚去也。」師云：「因什摩？」

12 雲嵒掃地次，叫寺主〔三〕，問：「何得自駈駈？」嵒云：「有人不駈駈。」寺主云：「何處有第二月？」嵒提起箒云：「這个是苐幾月？」玄沙代云：「此由是第二月。」報慈拈問師：「忽然放下掃箒時，作摩生道？」師云：「大家喫茶去！」

13 師有頌曰：

「好心相待人少悉，開門来去何了期。
不如達取同風事，我自修行我自知。」

14 問：「如何是客中主？」師云：「識取好。」「如何是主中主？」師良久。僧曰：「客中主与主中主相去多少？」師云：「作摩？」

15 問：「古人道：『山下檀越家作一頭水牯牛去。』未審此理如何？」師云：「闍梨何不被毛載

〔二〕古：原爲破字似「占」。
〔三〕叫：原作「叶」，當爲破字；本書卷五雲嵒和尚章作「叫」。

角去〔一〕？」僧云：「直得与摩，還得相應也無？」師云：「『吾早曾經多刼修，不是等閑相狂惑。』〔二〕」

16　問：「作个什摩業，稱得南泉路？」師云：「作水牯牛去。」僧云：「為什摩如此？」師云：「為輓常住。」

17　問：「有問有荅則不當宗風，只如宗門中事如何？」師良久。僧云：「若不如是，争知如此？」師云：「也是半路人。」

18　問：「六門未息，如何知有？」師云：「六門是什摩？」

19　問：「十二時中，如何与道相應？」師云：「莫造作。」僧曰：「争奈時中何？」師云：「時中是什摩？」

20　問：「大藏教中還有宗門中事也無？」師云：「是什摩？」進云：「如何是宗門中事？」師云：「雷聲甚大，雨點全無。」

傳記

祖庭事苑卷六、禪門拈頌集卷二六。

〔一〕　載，「戴」通。

〔二〕　此二句出永嘉證道歌，景德傳燈錄卷三〇錄證道歌「狂惑」作「誑惑」。

資料

1 景德傳燈錄卷二〇、傳燈玉英集卷一〇、宗門摭英集卷中、禪門拈頌集卷二六、五燈會元卷一三。

5 景德傳燈錄卷二〇、五燈會元卷一三。

7 景德傳燈錄卷二〇、傳燈玉英集卷一〇、宗門摭英集卷中、五燈會元卷一三曹山羗慧章。

8 11 景德傳燈錄卷二〇、傳燈玉英集卷一〇、五燈會元卷一三。

12 本書卷五雲嵒和尚章、景德傳燈録卷一四雲巖章、從容録第二一則、玄沙廣録卷下。

一四一　育王和尚 弘通，生卒年未詳

1 育王和尚嗣曺山，在衡州。師号弘通，洪州高安縣人也。出家青林寺，依年具戒。

2 參見曺山。曺山問：「近離什摩處？」師云：「近離明水。」曺山云：「作摩生得到這裏？」師云：「遇明則行，遇暗則止。」曺山肯之。自尒逍遙雲水，後棲衡嶽育王匡化。楚王欽仰，三降使人迎請。師誓不從，願處林巒，寄安光景矣。

3 師有時上堂云：「釋迦如來在靈山會上，四十九年說不到底句，今夜某甲不避羞恥，与諸尊者共談。」師傾間云〔一〕：「莫錯道著〔二〕，珎重！」

〔一〕傾，「頃」通；景德傳燈錄等作「良久」。

〔二〕「著」原作「者」，據禪文化研究所本校改；景德傳燈錄、傳燈玉英集、五燈會元等無「者」字。

資料

1 景德傳燈錄卷二〇、傳燈玉英集卷一〇、聯燈會要卷二五、禪門拈頌集卷二六、五燈會元卷一三。

3 景德傳燈錄卷二〇、傳燈玉英集卷一〇、聯燈會要卷二五、五燈會元卷一三。

一四二　紫陵和尚匡一〔一〕，生卒年未詳

1 紫陵和尚嗣花嚴，在襄州。

2 問：「如何是毗盧師？」師云：「木馬呼吸和難同，被毛戴角終難契。」

3 問：「如何識得自己佛？」師云：「一葉明時消不盡，松風韻節怨無人。」〔二〕

4 問：「如何是王子捨王宮出家出世事？」師云：「珠輪曠劫實難窮，毛頭滴血終難契。」

5 師上堂云：「古琴普視目前音，誰人和得無絲曲？」學人對云：「千機千湊空王曲〔三〕，無絲古格妙難窮。」

〔一〕景德傳燈錄等作「鳳翔府紫陵匡一定覺大師」。

〔二〕此二句據景德傳燈錄卷一〇爲黄州齊安語，「節」作「罷」。

〔三〕湊，「奏」通。

傳記

傳法正宗記卷八。

著作

紫稜語一卷（佚，見崇文總目）。

資料

1 景德傳燈錄卷二〇、傳燈玉英集卷一〇、五燈會元卷一三。

3 景德傳燈錄卷一〇黄州齊安章、宗門摭英集卷上黄州齊安章、五燈會元卷四黄州齊安章。

一四三　長興和尚生卒年未詳

1 長興和尚嗣花嚴，在鳳翔府〔一〕。

2 周太傅問：「未審大師年多少？」師云：「五六四三不得類，豈同一二實難窮。」

考證

此長興和尚嗣華嚴休静，爲石頭下六世，録話一則。考該話又見景德傳燈録卷一〇黄州齊安章，言齊安後居鳳

〔一〕鳳翔：原誤作「鳳朔」。

翔。齊安嗣華嚴智藏，馬祖下第三世。又有鳳翔長興和尚，嗣風穴延沼，馬祖下第八世，見景德傳燈録卷一三標目，該人即天聖廣燈録卷一六、宗門摭英集卷七所録鳳翔府長興禪院滿禪師。此長興或與後者混淆，待考。

資料

2 景德傳燈錄卷一〇黃州齊安章、五燈會元卷四黃州齊安章。

一四四　報慈和尚 藏嶼，生卒年未詳

1 報慈和尚嗣龍牙，在潭州。師号藏嶼〔一〕，鎮州人也。初參趙州，次礼龍牙，密湊玄關，便駐湘江，更無他往。楚王欽敬，請住報慈敷揚妙旨，賜紫，號匡化大師矣。

2 僧問：「心、眼相見時如何？」師云：「心向汝道什摩？」

3 問：「如何是實見處？」師云：「絲毫不隔。」僧曰：「与摩則見也。」師云：「南泉甚好處去〔二〕。」

4 問：「如何是學人自己？」師云：「耳裏風雷，眼中星月。」僧云：「學人會也。」師云：「汝道釋迦老子眉毛長多少？」

〔一〕「嶼」下原衍「嶼」字。

〔二〕甚好處去：景德傳燈錄等作「甚好去處」。

傳記　傳法正宗記卷八、林間錄卷上。

著作　真贊一首（景德傳燈錄卷二〇、林間錄卷上）〔一〕。

資料　1 景德傳燈錄卷二〇、傳燈玉英集卷一〇、宗門摭英集卷中、宗門統要卷九、聯燈會要卷二五、禪門拈頌集卷二六、五燈會元卷一三。

2 景德傳燈錄卷二〇、聯燈會要卷二五、五燈會元卷一三。

3 景德傳燈錄卷二〇、傳燈玉英集卷一〇、宗門摭英集卷中、聯燈會要卷二五、五燈會元卷一三。

一四五　後踈山和尚證禪師〔二〕，生卒年未詳

1 後踈山和尚嗣先踈山，在撫州〔三〕。

2 撫州李太傅請師疏：「伏以法眼髻珠，微妙乃明於佛日；心燈祖印，傳来別在於人間。得

〔一〕宗門統要卷九作龍牙真贊；雲門廣録卷中作報慈讚龍牙偈。

〔二〕據景德傳燈錄作「踈山證禪師第二世」。

〔三〕撫州：原作「杬州」；「杬」爲俗字「抚」之訛。本書卷八踈山和尚章：「踈山白雲禪院在撫州。」

之者瓦礫成金，悟之者醍醐灌頂。一乘良玉，叮嚀来自於雙林；六祖傳衣，血脉廣流於百代。只將煩惱，便證菩提；詎可智知，良難擬議。先踈山大師以水中之月，物外談四十餘年。百千徒衆，日東者滄溟浩渺〔一〕，岱北者巘崿齊攀。四遠參尋，一言道斷。今則光流異地，月照別天。故踈嶺之簫條〔二〕，望連雲之霞盖。長老和尚玄珠自曉，慧釼方新，能令滋想之源，便證真如之地。願將法雨，普潤人天。冀憑最勝之緣，上薦皇王之福〔三〕。幸徒衆請〔四〕，勿阻人心。謹疏。」因此住踈山也。

3　師行脚時到投子。投子問：「近離什摩處？」對云：「近離延平。」投子云：「還將得釼来不？」對云：「將得来。」投子曰：「呈似老僧看。」師乃指面前地上。投子便休去。三日後問侍者：「這个師僧在摩？」侍者云：「去也。」投子云：「三十年學騎馬，昨日被驢撲。」

4　問：「如何是就事學？」師云：「著衣掃地。」「如何是就理學？」師云：「騎牛去穢。」「向上事如何？」云：「溥際不收〔五〕。」

5　問：「如何是聲色中混融一句？」師云：「不弁消不及。」「如何是聲色外別行一句？」

〔一〕日東：祖庭事苑卷六：「日東，日本國也。」
〔二〕簫，「蕭」通。
〔三〕薦：原誤作「廌」。
〔四〕徒：疑爲「從」字之譌。
〔五〕際，「濟」通；宗門摭英集、五燈會元作「濟」。

云：「難逢不可得〔二〕。」

資料

1 景德傳燈錄卷二〇、傳燈玉英集卷一〇、宗門摭英集卷中、五燈會元卷一三。
3 景德傳燈錄卷二〇、傳燈玉英集卷一〇、五燈會元卷一三。
4 景德傳燈錄卷二〇、宗門摭英集卷中、五燈會元卷一三。
5 景德傳燈錄卷二〇、五燈會元卷一三。

一四六　禾山和尚無殷、法性禪師，八八四—九六〇〔三〕

1 禾山和尚嗣九峯，在洪州。師号无殷，福州連江縣人也，姓吳。於雪峯山出家，纔具尸羅，便尋祖道，出離閩越，遍歷宗筵，而造九峯。一言頓契於心源，万水無疑於別月。因編十一位，集數百言。求者填門，師多祕要。師於一日辞往他遊，九峯乃与偈送曰：

「將寳類寳意不殊，琉璃線貫瑠璃珠。
内外雙通無異逕，欝我家園桂一株。」

〔二〕難：疑爲「雖」字之訛。
〔三〕陳垣釋氏疑年錄卷五：「景德錄十七無年歲，禪林僧寳傳五作年七十，今據徐鉉撰碑銘，騎省集二七。」

師初住禾山，次居祥光、翠巖。於辛亥歲勑賜洪州護國住持，號澄源禪師矣。

2　師有時良久云：「自作自受。」

3　或時見僧入門来，云：「患顛那？作摩？」僧便問：「未審過在什摩處？」師云：「不是蕭翼〔一〕，爭取蘭亭？」

4　師云：「諸兄弟，且莫二言三語，且待禾山与汝證明。諸人會摩？大難。如今第一不及，第二不到。須有言語指歸話出，諸人便有領覽。且莫恠葛藤東説西説。可不聞釋迦在座上良久，衆竚指歸，其時鶖子出来，乃白槌云〔二〕：『大衆當觀法王法。』又云：『法王法如是。』佛當時便下坐去。諸人道：置此一言，合校多少〔三〕？亦如闍王請迦葉説法，乃受請登坐，良久乃下。王乃問：『師以何不為弟子説？』迦葉云：『位崇名重。』當時亦有紜紜者，如今盡會了也。伱道古人意作摩生？八十老翁出場屋，還知摩？」時有人問：「迦葉當時意作摩生？」師云：「不覺時遷變，蕭然洞底風。」

5　又時見僧云：「還知禾山惡發摩？」僧便問：「和尚無端惡發作什摩？」師云：「嗔拳不打笑面。」乃笑云：「大不容易。諸和尚不見他古老接示，一開一合便悟？此是有情中方便。更有

〔一〕蕭翼，原作蕭逸；唐監察御史蕭翼受太宗之託謀取蘭亭真蹟於辯才，見法書要録卷一；隋唐嘉話卷下作「蕭翊」。
〔二〕槌：原作「搥」。
〔三〕校：原作「挍」。

靈雲見桃花，仰山見天雲，此是無情之物，應什摩便解令人得入？莫成思想底事摩？莫嫌古德夙根懸鐸相似，觸著則應，是与摩根器始得！更有歸宗敲鼎、竪拳、拈布毛、拋拂子，當用無用，如啐啄之機，是他上上之流始得。」問：「只如因物便得入意如何？」師云：「魚透假一擊，龍無變彩身。」

6 又時把住僧云：「去則住，住則死。快道！快道！是汝還具眼摩？如今一等是乱說。可不聞六祖問讓大師從嵩山来不汚之語，与神會和尚本源佛性之理？古德配云〔二〕：『一人會祖師意，一人會大教意。』諸人道，是誰如此解會？須是鵝王之作始得。汝見華林被溈山問：『專甲喚作這个銅瓶，師叔喚作什摩？』華林云〔三〕：『我終不敢喚作木楥。』溈山乃云：『与摩則專甲溈山主也。』且受用具誰不有？因什摩如此？又如雲嵒問道吾：『專甲喚作這个草鞋，師兄喚作什摩？』吾云：『你若喚作草鞋，則鞭胷打脊。』嵒云：『未審師兄喚作什摩？』吾云：『不可喚作木楥也。』且道此處還分也無？太不易辨白，須是龍精鐵眼始得。」問：「未審此二人同別？」師云：「門外不見主，入室始知音。諸和尚不是天生自然，吾非聖人，經事多知矣。此个門中，也須精確親近高格者，不可断言語。若是聲聞之輩，則有取捨之理。若是全收，一法不取，一法不捨。媿無偏見，皆取来往之次，方知有無。若也不通，如何弁識？一者須自己分明廣大，二者時中行位相資，三者博附道友。若

〔二〕配：疑爲「記」字之譌。
〔三〕華：原作「畫」，據上文校改。

無道友，向去如何成立？豈不見石霜和尚到雲嵒，雲嵒問：『從什摩處来？』對云：『潙山来。』嵒云：『伱在潙山多少時？』對云：『五六夏。』嵒云：『与摩則是山長。』對云：『某甲雖在彼中，却不知。』嵒云：『他家也非知非識。』石霜後到道吾，乃舉前緣。道吾乃抗聲而言：『争得与摩無佛法身心？』且看古人什摩處是無佛法身心處？好手亦不奈何。恰似藂林兄弟，學處不通，只執一問一荅，往来言語。殊不知亦有時中問荅，分為三般：一者現對緣處機縱奪，亦得名為問荅；二者亦有擬心是問，不續是荅，是藥病之語；三者亦有無問之問，無説之説。這个宗門正問正荅之路，又不可類同，事須甄別。若論提撥，即是單行；若道收人，須承路布〔一〕。」乃有僧問：「未審此三般分不分？」師云：「為物明緇素，誰知涉路迷？」

師云：「莫取次好。禪師難作，須是其人。若不直下當荷得，也須三十二十年藂林淹浸氣拍漢始得。縱不大用現前，亦是坯璞。豈同八月冬苽，銷什摩霜雪？一種葛藤，將去且聽，亦清人耳目。東引西證，忽因古德光賢〔二〕，便有見處。豈不是足上不足，比下有餘？若撥無因果，便同謗於般若，出佛身血一般。此謗亦須區分：第一，現今不信自己即佛，何處生滅壞爛之身得成佛道，如此之輩，亦同出佛身血，喚作破和合僧；第二，曠大劫来無明相隨，習業顛倒，便須今日息念歸真，壞除生死，

〔一〕路，「露」同。
〔二〕光：疑爲「先」字之譌。

六根銷落，亦得為今時謗。謗是毀之異名也，始得無問〔一〕；豈不見古德云『無問而自說』？」乃問云：「有問還說也無？」師曰：「有問則不說。」「只如不問，還說也無？」師云：「若不問時則一切說。所以先德云：『古人百說而無一問，今時百問而無一說。』蓋以明知力未充。又有僧問古老：『如何是百問而無一說？』荅云：『黑雲靉靆。』『如何是百說而無一問？』荅云：『青天朗月。』」師云：「可不聞僧問洞山：『有問則有荅，不問不荅時如何？』洞山荅云：『持齋喫肉羹。』曺山云：『喫酒喫肉。』只如曺山亦置此問於石霜，石霜乃對云：『不折尺。』」師云：「大難會。舉者多，弁者少。」第三，知有自己本生父母，為有知解，却須鞔過，亦喚作大謗。不見當時亦有人問南山：「謗般若底人還有過也無？」荅云：「作麼無？」師云：「不見道：『殺父害母，出佛身血，破和合僧。』不是過是什麼？」僧問：「古人云：『如人不喫飦。』未審此理如何？」師云：「不見道『累劫受飢寒』？」僧云：「只如古人云『不喫飯』，豈不是不知有謗？」師云：「無。非論不知有謗，直得是知有，不肯亦是謗。」乃問僧：「汝還會不知有謗麼？豈不見古人見座主，乃喚座主云：『是汝身中有佛，你還識不？』座主對云：『何處得与麼屙屎放尿佛？』這个是不知有謗。大凡出言吐氣，不可和泥合水去也。夫与人為師匠，豈是草草之流？且說一種本自真如，非同堦降，不假修證，何藉劬勞？

〔一〕「始得無問……弁者少」共一百八十字與上下文意不銜接，原刻有誤，疑此節當置於前「須承路布」之下。

衆聖興不加，千人退時難滅〔一〕。既導其事，須賴其人。若不通明，焉知如理？然則二者既達，表裏未亡，滯有法之所牽，遭無為之所束，則須泯其能所，妄慮俱銷，如豁虛空，悠然無寄，始得功成德立，位稱本情。果既將成，大事圓辦，始得記位兜率，獨尊超乎群品。亦如樹菓一般，方為稱斷。守此為解，煖瘵將淩，脱病不粘，謂言無辯。一色之義已立，雙分之理須知。所以劉陽云〔二〕：『一色後如何？』荅云：『有人長歡喜，有人嗔迫迫地。』亦如泐潭云〔三〕：『猫兒口裏雀兒飛。』須此一格始得，餘則不可論也。」

7　因舉：「南泉云：『祖、佛不知有，狸奴、白牯却知有。』諸人盡知，諸方道出，語句皆行，且如今禾山問諸人，作麼生是狸奴、白牯？」時有僧出来對云：「飢則喫草，渴則飲水。」師云：「道則亦不教多，但却兩字則可行矣。豈不聞古人整理洞山礼興平？興平云：『莫礼老朽。』洞山云：『礼非老朽。』興平云：『他不受礼。』洞山云：『亦不要止。』此一句錯。古人云當時洞山對云：『亦不曾止。』看謂一般古人拈起，便有緇素。莫只与摩籠罩著，争得？所以微細中更須子細始得。夫教道太不容易，个个須解主宰始得見。向前老宿示徒云：『夫沙門者，十二時中一時不得失，一時

〔一〕此二句爲對句，上句疑脱一字，下句「滅」字當作「減」；「難減」對「不加」。
〔二〕劉陽：當作「瀏陽」，指道吾。下句景德傳燈録十二等作臨濟義玄法嗣灌谿志閑語。
〔三〕泐：原作「汸」。

不得背。』上上者一撥便去，中下者落在功勳。直須日夜勤苦，乾却心識，教無線道。直得似他，猶是借句。」僧乃問：「如何是借句？」師云：「金牌上無名，直須向佛未出世時躰會取。」

8 僧問：「出世不出時如何？」師云：「与摩来皆不到。」僧曰：「未審還出世不？」師云：「諸聖更有事在。」僧曰：「只如佛出世為什摩人？」師云：「為未薦者[一]。」僧曰：「未審佛向什摩處出世？」師云：「進身人難得，猛利人難得。」進曰：「如何是進身事？」師云：「事事惣須打過。」進曰：「事事惣須打過時如何？」師云：「他解傳語。」進曰：「未審傳什摩人語？」師云：「受他囑，不得他聞。」僧曰：「和尚教學人承當，又如何承當？」師云：「直須似目前。」僧曰：「承當後如何？」師云：「不知有今日。」

9 問：「如何是古佛心？」師云：「世界崩陷。」僧曰：「世界為什摩崩陷？」師云：「寧無我身？」

10 問：「仰山揷鍬，意作摩生？」師云：「汝問我。」「玄沙蹋倒鍬，意作摩生？」師云：「我問汝。」

11 問：「咫尺之間，為什摩不覩師顏？」師云：「且与闍梨通一半[二]。」僧曰：「為什摩不全

[一] 薦：原誤作「廌」。

[二] 闍梨：原二字誤倒；「通」，景德傳燈錄等並作「道」，下同。

通？」師云：「盡法則無民。」僧曰：「不怕無民，請師盡法。」師云：「次到禾山〔一〕。」

12 問：「如何是佛法大意？」師云：「為知己者喪身。」僧曰：「為什摩却喪身？」師云：「好心無好報。」

13 問：「尊者撥眉擊目示育王時如何〔二〕？」師云：「即今也与摩。」僧云：「學人如何領會？」師云：「莫非摩利支山？」

14 問：「學人時中息盡境緣，未審當歸何處？」師云：「落葉旋於地，却至始知休。」僧曰：「只如旋地知休，復何話論？」師云：「有截舌之刀，無活人之釼。」

15 問：「見而不見，聞而不聞時如何？」師云：「既曉國師，須明洞山。」

16 問：「雪仲久思〔三〕，為什摩相見無辞？」師云：「道且憑目擊，知音復是誰？」僧曰：「鍾期有韻時又作摩生？」師云：「只愛佰牙琴，不續文侯志。」〔四〕

17 問：「儒以洗耳為良，釋以何為極則？」云：「不猒榮枯事，瓢提欲為誰？」僧曰：「争奈避世何？」師云：「不別巢父意，由忻許氏能。」

〔一〕次到：五燈會元、高麗大藏經本景德傳燈録作「推倒」。

〔二〕示、「視」古今字；景德傳燈録、五燈會元並作「視」。

〔三〕仲、「中」通。

〔四〕本書用呂氏春秋本味篇鍾子期與伯牙典，「鍾子期」省作「鍾期」或作「子期」，「伯牙」作「佰牙」、「百牙」或「白牙」。

18 問：「居士不二之門，如何理論則息於後學之疑？」師云：「乾時須好去，莫待雨霖頭。」僧曰：「學人寧待雨霖頭，未審師意如何？」師云：「青山憑秀色，水碧假波瀾。」

19 問：「無影之言，如何話論？」師云：「滿口吐盡，已具知聞。」

20 問：「不惜身命底人當求何事？」師云：「捨命將無命，無希有所希。」云：「既捨命，為什摩却無命？」師云：「絶息無来往，寧知道已行？」

21 問：「大人相逢則道个醜陋，未審和尚相逢，道个什摩？」師云：「未有藏深拙，言話又何妨？」僧曰：「不妨之事，乞師方便。」師云：「不觸當今諱，無因断截舌。」

22 問：「初登雪嶺，正覺道成，為什摩霜林方傳玉葉〔一〕？」師云：「示有明星現，枝條異翠今。」僧曰：「与摩則枝枝不絶去也。」師云：「尋苗縱有路，終非解到根。」

23 問：「乘羊漸次，駕牛理窮，顧視四衢，此人還紹得家業也無？」師云：「三車出火宅，露地不當頭。」僧曰：「既不當頭，誰當露地？」師云：「未有跨日程，終須帶影跡。」

24 問：「護明降跡，唯我獨尊，明星現時，又言成道。未審此理如何？」師云：「為物權興世，争知涉位馳？」僧曰：「涉位興世，猶是今時方便，未審還有不降跡者也無？」師云：「不向兜率居，雙林難變彩。」

〔一〕霜林：疑爲「雙林」之譌；下同。

25 問：「古人有言：『擬心則差，況復有言？』只如不擬又復無言時如何？」師云：「芭蕉重剝後，那知自不疑？」僧曰：「如何免招此過？」師云：「日從東嶺上，月向西嶂沉。」

26 問：「古人云：『盲聾喑噁，此人須救。若不救，佛法無靈驗。』未審此人如何救？」師云：「雖有奇特意，還須反自招。」「學人則甘招，未審和尚又如何？」師云：「登山知水脉，入室坐溫床。」

27 問：「古人有言：『相逢欲相喚，脉脉不能語〔一〕。』未審還相喚也無？」師云：「似却古人機，還同舌頭偁。」僧曰：「与則學人無端去也〔二〕。」師曰：「但莫踏泥，何煩洗脚？」

碑誌　徐鉉洪州西山翠巖廣化院故澄源禪師碑銘（徐文公集卷二七）。

傳記　傳法正宗記卷八、宗門摭英集卷上、惠洪吉州禾山寺記（石門文字禪卷二二）、宗門統要卷九、碧巖録第四四則、禪門拈頌集卷二六、陳宏緒江城名蹟卷三、釋氏通鑑卷一二、宗統編年卷一八、閩書卷一三六、葉舟（康熙）南昌郡乘卷四一仙釋、陶成江西通志卷一〇四仙釋、雪峰山志卷四、十國春秋卷三三、沈瑜慶福建通志福建高僧傳卷二。

〔一〕脉脉：原作「咏咏」，據寒山詩校改；二句又見本書卷八雲居和尚章作「脉脉不能言」。

〔二〕「与」下疑脱「摩」字。

著作 十一位（佚，見本章）、垂誡十篇（佚，見景德傳燈録卷一七、新唐書藝文志、通志略藝文略並作十卷）。

資料 *1* 徐鉉碑銘、景德傳燈錄卷一七、禪林僧寶傳卷五、五燈會元卷六。

9 聯燈會要卷二五、五燈會元卷六。

10 11 13 景德傳燈錄卷一七、五燈會元卷六。

12 景德傳燈録卷一七。

一四七 寶峯和尚延茂，生卒年未詳

1 寶峯和尚嗣九峯，在洪州。師号延茂，泉州仙遊縣人，姓郭。出家於三會寺。依年具戒，更不尋經討論，便慕祖門而參見九峯。後因一日非時問：「覲囑將来，全無所有時如何？」九峯云：「来，欲知此事如風。」師乃頓息疑情，更無他遊，於壬辰歲住于寶峯矣。

2 師纔昇堂，衆集，于時有僧問：「大衆雲集，未審師有何賞賚？」師云：「不嫌麁弱。」僧曰：「便請。」師云：「什摩處去来？」

3 問：「如何是古佛心？」師云：「終不道土木瓦礫是。」

4 問：「大衆雲集，從上宗乘，請師舉唱。」師云：「不舉唱。」僧云：「為什摩不舉唱？」師

云：「為國惜賢。」

5 問：「如何是佛？」師云：「頭戴中霄月，足步一蓮花。看他圓成處，不如自歸家。」

資料

3 景德傳燈錄卷一七、五燈會元卷六。

一四八　光睦和尚 慧觀，行修，南源行修〔二〕，生卒年未詳

1 光睦和尚嗣九峯，在都闕。師号行修，福州福唐縣人也，姓林。瑞巖山出家，依年具戒，便離閩越而造九峯。峯纔見師，便問：「近離什摩處？」對云：「亦未到和尚此間。」峯云：「若是諸方，則有二十杖。」師云：「謝和尚放過。」峯叱之云：「參衆去！」師云：「喏。」從此契會，廓浄心源，遍歷殊方，任緣泉石。

〔二〕景德傳燈錄卷一七謂「吉州南源山行修號慧觀禪師，亦云光睦和尚」，五燈會元卷六作「袁州南源行修慧觀禪師」。

2 初，請住南源。時有人問：「如何是和尚末上一句字〔一〕？」師云：「如今覓什麼？」進曰：「与摩則學人脚短去也。」師云：「猶成亞次問。」

3 師一棲南源，已逾二紀。於辛亥歲〔二〕，皇帝遐飛紫詔，徵赴京都，賜慧觀禪師〔三〕。

傳記 景德傳燈錄卷一七、五燈會元卷六、聶心湯（萬曆）錢塘縣志外紀紀釋、宗統編年卷一七、沈翼機浙江通志卷一九八仙釋、沈慶瑜福建通志福建高僧傳卷一。

一四九　同安和尚常察，生卒年未詳

1 同安和尚嗣九峯，在洪州建昌〔四〕。師号常察，福州長溪縣人也，姓彭。依年具戒，便離閩越而參見九峯，密契玄關而棲鳳嶺。

2 僧問：「如何是鳳嶺境地？」師云：「闍梨則今在什麼處？」

〔一〕字：當爲「子」字之譌。

〔二〕辛亥：原誤作「辛求」。南唐辛亥歲（保大九年，九五一）敕詔見本卷荷玉、禾山、泐潭、龍光諸章。

〔三〕疑「慧觀禪師」上或下脱「號」字。

〔四〕景德傳燈錄卷一七作「洪州鳳棲山同安院常察禪師」，祖庭事苑卷六同安條謂「居九江鳳棲之同安院」。

3 問：「如何是從上来事？」師云：「從上提不起。」僧曰：「今日方便又如何？」師云：「万人吐不出。」

傳記　景德傳燈錄卷一七、傳法正宗記卷八、宗門摭英集卷九、祖庭事苑卷六、拈八方珠玉集卷中、聯燈會要卷二五、禪門拈頌集卷二六、五燈會元卷六。

著作　十玄談（景德傳燈錄卷二九、聯燈會要卷三〇、禪門諸祖師偈頌卷上之上）〔二〕、搜玄吟（禪門諸祖師偈頌卷上之上）、坐禪銘（禪門諸祖師偈頌卷上之上）。

一五〇　泐潭和尚 匡悟，生卒年未詳

1 泐潭和尚嗣九峯〔三〕，在洪州建昌。師号匡悟，泉州仙遊縣人也。於保福院出家，依年受戒。自契九峯密旨，任性逍遥。於辛亥歲請住泐潭矣。

2 問：「香煙帀地，大展法筵，從上宗乘，如何舉唱？」師云：「莫錯舉似人。」僧曰：「与摩

〔二〕參見林間錄卷下、祖庭事苑卷八。

〔三〕泐：原作「氻」。

則一應如是去也。」師云：「還是勿交涉。」

3 問：「六葉芬芳，師傳何葉〔一〕？」師云：「六葉不相續，花開菓不成。」僧曰：「豈無今日事？」師云：「若是今日則有。」僧曰：「今日事如何？」師云：「葉葉連枝秀，花開處處榮。」

資料

2 3 景德傳燈録卷一七、五燈會元卷六。

一五一　後雲蓋和尚 景禪，證覺；　生卒年未詳

1 後雲蓋和尚嗣先雲蓋，在潭州。師号景禪，泉州仙遊縣人也，姓田。於祥雲山出家。依年具戒，便離閩越而湊蕭湘〔二〕。契雲蓋之真機，楚王之欽敬〔三〕，賜紫，號超法大師矣。

2 僧問：「如何是和尚家風？」師云：「四海不曾通。」

3 問：「古人有言：『一塵含法界。』如何是一塵含法界？」師云：「通身躰不圓。」「如何是九世刹那分？」師云：「繁興不布彩。」

〔一〕「何」下原空一格。

〔二〕蕭、「瀟」通。

〔三〕此爲對句。「之」字或疑衍，或「楚王」上有「得」、「受」等字。

4 問：「如何是宗門的的意？」師云：「万里胡僧，不入波瀾。」

傳記 景德傳燈録卷一七、傳法正宗記卷八、五燈會元卷六潭州雲蓋山證覺景禪師章。

考證 本章三則語録並見景德傳燈録卷二三潭州雲蓋山證覺禪師章，二者應為同一人，證覺為謚號。

資料 2 3 4 景德傳燈録卷二三潭州雲蓋山證覺禪師章、五燈會元卷六潭州雲蓋山證覺禪師章。

一五二　黃龍和尚 誨機〔一〕，生卒年未詳

1 黃龍和尚嗣玄泉，在鄂州〔二〕。師諱誨機，姓張，清河人也。師便棲江夏匡徒，吴朝欽敬，賜超慧大師矣。

2 師有時謂衆云：「有一句子如山如岳，有一句子如透網魚，有一句子如百川水。為當是一

〔一〕宗門統要作「晦機」，聯燈會要作「誨璣」。

〔二〕鄂州：原作「號州」；景德傳燈録、五燈會元均作「鄂州」，據改。

句？為當是三句？」

有人拈問福先：「古人有言：『有一句如山如岳〔二〕，有一句子如透網魚，有一句子如百川水。』如何是如山如岳底句？」福先云：「凡聖近不得。」「如何是透網魚底句？」先云：「汝不肯，又争得？」「如何是如百川水底句？」先云：「互用千差。」「如何是和尚一句？」先云：「莫錯舉似。」

3 師問香嚴：「如何是無表戒？」嚴云：「待闍梨還俗，則為汝説。」

4 師又時云：「諸和尚子，君王之釼，烈士之刀。若是君王之釼，不傷万類；烈士之刀，斬釘截鐵。用則不無，不得佩著。為什摩故？忠言不避截舌，利刀則血濺梵天。久立，珎重！」時有人問：「如何是君王釼？」師云：「不傷万類。」學云：「佩者如何？」師云：「血濺梵天。」學云：「大好不傷万類。」師打二十棒。

5 問：「明鏡當臺，還鑒物也無？」師云：「不鑒物。」僧云：「忽然胡漢来時作摩生？」師云：「胡漢俱現。」「大好不鑒物！」師便打之。

6 問：「如何是寶鉼？」師云：「無一物。」「如何是鉼中寶？」師云：「寫不出〔三〕。」學云：

〔二〕「句」下疑脱「子」字。

〔三〕寫、「瀉」古今字。

「大好無一物。」師便打之。

7 問：「如何是大疑底人？」師云：「對一坐盤中弓落盞〔二〕。」「如何是大不疑底人？」師云：「再坐盤中弓落盞。」

8 問：「如何是西来意？」師曰：「波斯人失手巾。」

傳記

宗門摭英集卷中、傳法正宗記卷八、宗門統要卷一〇。

資料

1 景德傳燈錄卷二三、傳燈玉英集卷一二、聯燈會要卷二五、五燈會元卷八。

3 本書卷一九香嚴和尚章、景德傳燈錄卷一一香嚴章、五燈會元卷九香嚴章。

4 7 景德傳燈錄卷二三、傳燈玉英集卷一二、正法眼藏卷中、聯燈會要卷二五、五燈會元卷八。

一五三　龍光和尚 隱微，八八六—九六一

1 龍光和尚嗣羅山，在金陵。師号隱微，吉州新淦縣人也，姓楊。年八歲於石頭院出家，十六於

〔二〕「對」字疑衍。

洪州大安寺具戒〔二〕，十七便慕祖筵入閩。初參見羅山。羅山纔見師器異，乃問：「汝是什麼處人？」對云：「江外人。」羅山云：「争得到這裏？」師云：「咄咄！」羅山叱之。師便掛瓶囊，盤泊數載。後因一日辞次，羅山於師身上脱下納衣，披向繩牀坐，云：「若要去，取得納衣，放汝去。」師從東邊而向堂中礼三拜，從西邊進前云：「就和尚請納衣。」羅山忻然而脱還師。師接得，礼謝而出。羅山遂把駐於師云：「却来一轉。」師云：「不遠辞違和尚則来。」從此契會，豁尒無疑。次第離閩，遍歷諸方。初住龍泉，於辛亥歲，勑旨徵詔赴京，賜龍光演法，仍錫覺寂禪師矣〔三〕。

2　大師上堂云：「曠劫来事，只在如今。如今事作摩生？試通个消息看。有什摩来由？有摩？有摩？諸和尚子，這个事古今排不到，老胡吐不出，祖師道什摩？還有人与祖師作得主摩？」時有人纔礼拜，師便云：「珎重！」

3　問：「如何是黄梅一句？」師云：「則今作摩生？」「如何通信？」師云：「九江路絶。」

4　僧問：「國界安寧，為什摩明珠不現。」師云：「落在什摩處？」

5　問：「如何是龍泉鈫？」師云：「不出匣。」進曰：「便請。」師云：「辰星失度。」

〔二〕吉安府志載塔銘作「七歲詣本邑石頭院道堅禪師爲弟子，二十依洪州龍光寺智稱律師受具戒」，景德傳燈錄作「年七歲依本邑石頭院道堅禪師出家，二十於開元寺智偁律師受具」。

〔三〕八瓊室金石補正載塔碑作「覺寤禪師」。

碑誌　韓熙載上清右街龍光禪寺故元寂禪師塔碑並序（全唐文卷八七七、八瓊室金石補正卷八一、吉安府志卷九）。

著作　偈一首（景德傳燈錄卷二三、五燈會元卷八）。

資料　*1* 韓熙載塔碑、景德傳燈錄卷二三、五燈會元卷八。

3 5 景德傳燈錄卷二三、五燈會元卷八。

4 景德傳燈錄卷二三、傳燈玉英集卷一二、五燈會元卷八。

一五四　龍迴和尚從盛，生卒年未詳

1 龍迴和尚嗣羅山，在高安。師号從盛，福州閩縣人也。於長生山出家，纔具尸羅，便尋祖道，參見羅山，頓契玄機，出閩而住龍迴。

2 僧問：「梵王請佛度盡一切衆生。尚書今日殷懃接足，請師舉唱。」師云：「處處大陽輝。」學云：「与摩則全因今日。」師云：「不礼更待何時？」

3 師到招慶，度上座問：「羅山尋常道：『諸方盡是喫麨飦，唯有羅山是一味白飦。』兄從羅山来。」却展手云：「白飦請妙子。」師擡起手，打兩摑。度上座云：「將謂是白飦，元来也只是麨

飯。」師云〔二〕：「癡人棒打不死。」度上座夜間舉似諸禪客次，師近前来云：「不審。」度上座云：「今日便是這个上座下掴。」瑫上座云：「不用下掴，但就裏許下取一轉語。」師云：「就裏許也道。」度上座無對。師云：「是汝諸人一時縛作一束，倒竪不淨處。来晨相見。珎重！」

4 師因天台山遊時，初到紫凝，衆僧一時出接，師以兩手握杖子云：「國師本位在什摩處？」僧對云：「上面庵處便是。」師云：「与摩語話，虛喫却紫凝飦。」

5 問：「古人道：『前三三，後三三。』意作摩生？」師云：「西山日出，東山月沒。」

6 問：「古人因星得悟，意作摩生？」師以手撥開眉。

7 問：「丹霞燒木佛，意作摩生？」師向火。「翠微迎羅漢，意作摩生？」師散花。

8 師問羅山少師：「先師有聲前一句，汝還解舉得全也無？」僧拈起納衣角。師云：「汝也未夢見礼真在。」

9 師臨遷化時，上堂，良久云：「是什摩時也？諸上座，一百年中只看今日。今日事作摩生？吾四十年来獨鎮此山，常持一釼活人天。」師却拈起手巾云：「如今更有純陁供，提向他方任展看。」便擲却。有僧問：「師百年後向什摩處去？」師提起一足云：「足下看。」師問侍者：「昔日

〔二〕「師」下原衍「師」字，據宗門統要卷一〇明招德謙章删。

靈山會上〔一〕，釋迦牟尼佛展開雙足，放百寶光。」師却展足云：「吾今放多少？」對云：「昔日靈山，今日和尚。」師以手拔眉云〔二〕：「莫不辜負麼〔三〕？」

資料

1 景德傳燈錄卷二三、五燈會元卷八。
3 宗門統要卷一〇明招德謙章、禪林類聚卷一八齋粥類明招德謙禪師條。
7 本書卷一三山谷和尚章、景德傳燈錄卷二二報恩行崇章、五燈會元卷八報恩行崇章。
9 景德傳燈錄卷二三明招德謙章、五燈會元卷八明招德謙章。

一五五　清平和尚 惟曠、真寂禪師，生卒年未詳

1 清平和尚嗣羅山，在吉州。師諱惟曠，福州閩清縣人也，姓黃。於禪林院出家，依年具戒，而便參見羅山，密契玄關，更無他往。尋離閩嶺而住清平。於庚戌歲徵詔赴京，賜龍光住止，賜號寂照禪師矣。

〔一〕靈山會上：「靈山」二字當誤，靈山非釋迦入滅之地；景德傳燈錄無此四字，下「昔日靈山」作「昔日鶴林」。
〔二〕拔：疑譌；景德傳燈錄作「拂」，五燈會元作「撥」。
〔三〕景德傳燈錄、五燈會元並無「不」字。

2 問：「如何是第一句？」師云：「要頭則斫將去！」

3 問：「不歷古今事如何？」師云：「落在什麼處？」「古今事如何？」師云：「莫乱道。」

資料

2 景德傳燈錄卷二三、聯燈會要卷二五、五燈會元卷八。

一五六 中塔和尚 慧救〔一〕、寂照禪師？—九一三

1 中塔和尚嗣玄沙，在福州。師諱慧救，泉州莆田縣人也。出家於龜洋山，依年具戒，便遇玄沙，密契心源，更無他往。後以閩王欽敬，請轉法輪，奏賜紫衣矣。

2 師有時上堂云：「古今坦然，法尒如是。与摩道，還有過也無？」

有人持此語舉似長慶〔二〕。長慶云：「還得無過摩？」

3 問：「如何是大庾嶺頭事？」師云：「料汝承當不得。」學云：「重多少？」師云：「這般底，論劫不奈何。」

〔一〕景德傳燈錄作「福州臥龍山安國院慧球寂照禪師，第二世住，亦曰中塔」。

〔二〕似：原作「以」。

4　師問了院主：「只如先師道：『盡十方世界真實人躰。』〔一〕伱還見這个僧堂不？」對云：「和尚莫眼花。」師云：「与摩則斫額望先師，未夢見在。」

5　師上堂云：「我此間粥飰因緣，縱然為兄弟舉唱宗乘，終是不恒。如今欲得委省要，却是山河大地，与汝諸人舉明〔二〕。其事却常〔三〕，亦能究竟。」又云：「若從文殊門入者，則一切有為〔四〕，土木瓦礫，悉皆助汝發機；若從觀音門入者，則一切善惡音聲，乃至蝦蟆蛐蟮，助汝發明；若從普賢門入者，則不動步則到。我以此三處示汝方便，如持一隻筯攪大海水，令彼魚龍知水命〔五〕。還會摩？若無智眼而審諦之，任汝百般巧妙，不為究竟。」問：「佛法大意，從何方便門得入？」師云：「入是方便。」

6　問僧：「汝豈不是展兄少師？」對云：「不敢。」「汝和尚教伊行脚。」〔六〕師便失聲云：「汝和尚是什摩心行？」

〔一〕「世界」下疑脱「是」字；景德傳燈録等並作「只如先師道：『盡十方世界是真實人體。』」

〔二〕舉明：景德傳燈録作「發明」。

〔三〕其事却常：景德傳燈録、五燈會元並作「其道既常」。

〔四〕有為：景德傳燈録等並作「無爲」。

〔五〕「水」下疑脱「爲」字；景德傳燈録等並作「知水爲命」。

〔六〕此處似有脱訛。

7 師有時云：「滿眼覷不見，眼根昧；滿耳聽不聞，耳根背。二途不曉，只是瞌睡漢。」曜日頌：

「見物明明絶見塵，聞聲浩浩亦非因。
宗師直示無聞見，未曉徒勞見月新。」

8 因玄沙封白紙送雪峯，雪峯見云：「君子千里同風。」其僧却來，舉似玄沙。玄沙云：「与摩則何異於猛春猶寒〔二〕。」有人舉似長慶，長慶云：「送書底人還識好惡麼？」有人舉似師，師云：「送書呈書了，退身。」

傳記　宗統編年卷一七、十國春秋卷九九、閩書卷一三七、沈慶瑜福建通志福建高僧傳卷一。

著作　頌一首（本書卷一九靈雲和尚章）。

資料　1 景德傳燈錄卷二一、聯燈會要卷二六、祖庭事苑卷七臥龍條、五燈會元卷八。

〔二〕 猛，「孟」通。

3 景德傳燈錄卷二一、聯燈會要卷二六、五燈會元卷八。
4 景德傳燈錄卷二一、宗門摭英集卷中、宗門統要卷一〇、聯燈會要卷二六、五燈會元卷八。
5 景德傳燈錄卷二一、宗門統要卷一〇、聯燈會要卷二六、禪門拈頌集卷二六、五燈會元卷八。
8 景德傳燈錄卷一八玄沙章、宗門統要卷九玄沙章、聯燈會要卷二三玄沙章、禪門拈頌集卷二三玄沙章、五燈會元卷七玄沙章、玄沙廣錄卷下、玄沙語錄卷中、雪峰語錄卷下、雪峰廣錄卷上。

一五七　仙宗和尚〔一〕守玭，生卒年未詳

1 仙宗和尚嗣長慶，在福州住。師諱玭禪。

2 師因見羅漢次，問：「古人有言：『寧作心師，不師於心。』如何是師？」師以手指之。

3 問：「學人常在昏沉，請師驚覺。」師以杖打之，云：「若識痛痒，則古佛齊肩。」

4 師因見溪水云：「此水得与摩流急。」僧云：「喏。」師云：「還有脚手也無？」僧云：「有。」師云：「阿那个是？」僧以手指之。師云：「用不應時。」僧却問師。師以水噴之。

5 師問僧：「離什摩處？」對云：「離浙中〔二〕。」師云：「来此間幾年？」對云：「和尚試道看。」師云：「汝豈不是今夏在鼓山？」對云：「是冬？是夏？」師別云：「謾村僧則得。」

〔一〕仙宗：景德傳燈錄、五燈會元並作「僊宗院守玭禪師」，聯燈會要卷二六作「僊天」。
〔二〕浙：原作「淅」。

6　師問僧：「汝平生成得什摩業次？」對云：「已前在衆，東舉西舉。如今無業可成，惣無般次。」師云：「如今活業作摩生？」僧對，不中。師代云：「有粥無飰，有鹽無醋[一]。」

7　問：「古人有言：『言語道断，心行處滅。』請師道。」師云：「阿弥陁佛！」僧云：「為什摩却如此？」師云：「汝子細檢點。」

8　問：「古人有言：『夜夜抱佛眠，朝朝相共起。』如何是佛？」師云：「汝還信古人摩？」「學人終不敢違背。」師云：「汝若信古人，叉手申問，非佛而誰？」

9　問：「久處沉淪，請師拯濟。」師云：「伱在沉淪幾時？」「与摩則不假沉淪去也。」師云：「又与摩去也。」

10　問：「非言所及，非解所到。什摩人能到？」師云：「阿誰教伱擔枷帶索？」僧云：「今日得遇明師批判。」師云：「我則与摩批判。伱到什摩處？」對云：「熱則靈原取源[二]，寒則燒火圍爐。」

11　問：「盡十方世界是解脫門，更有疑者，如何得入？」師云：「我不似汝巧惡。」僧云：「和尚也是慣得此便。」師云：「先撩者賤。」

[一]　鹽：原作「監」。

[二]　源：疑爲「涼」字之譌，景德傳燈錄卷一〇長沙景岑章有云：「熱即取涼，寒即向火。」

傳記

傳法正宗記卷八、聯燈會要卷二六。

資料

1 景德傳燈錄卷二一、五燈會元卷八。

祖堂集卷第十二

祖堂集卷第十三

石頭下卷第十曹溪第八代法孫

一五八　招慶和尚道匡，生卒年未詳

1　招慶和尚嗣長慶，在泉州。師諱道匡，漢國潮州人也〔二〕，姓李。入閩，參見怡山，密契心源。後以泉州王太尉請轉法輪，閩王賜紫，號法因大師矣。

2　師上堂，良久，云：「大衆諦聽，与伱真正舉揚，還委落處摩？若委落處，出来，大家證明；若無，一時謾糊去也。」時有人問：「大衆雲集，請師真正舉揚。」師良久，云：「未委誰是聞者？」云：「聞者聞，如何是聞者？」師云：「雀逐鳳飛。」

3　問：「靈山一會，迦葉親聞，未審招慶筵中誰當視聽？」師云：「汝還聞摩？」僧云：「与摩則迦葉側耳，虛得其名。」師云：「更有一著子作摩生？」學人擬進問，師便喝出。

4　又時上堂云：「古人道：『開門待知識，知識不相過。』招慶今日不惜身命，出門相訪，還有

〔二〕潮：原爲破字似「朝」，據高麗大藏經補遺本校定；五代南漢國領潮州。

知音者也無？」

5　問：「如何是招慶提宗之句？」云：「不得昧著招慶。」學人礼拜起。師又云：「不得昧著招慶是囑汝。什摩處是招慶提宗處？」

6　問：「凡有言句，盡屬不了義。如何是了義？」師云：「若向闍梨道，還是不了義。」進曰：「為什摩如此？」師云：「闍梨適来問什摩？」

7　問：「師子未吼已前，為什摩衆類同居？」師云：「不驚。」進曰：「只如吼後，爲什摩毛羽脱落？」師云：「是闍梨分上事。」進曰：「除非師子，請和尚道一句。」師云：「向与摩時置一問来。」

8　問：「諸佛出世，普潤含生。未審招慶出世如何？」師云：「我不敢瞎却汝底。」

9　問：「無居止處，還許學人立身也無？」師云：「於上不足，疋下有餘。」學云：「与摩則學人進一步也。」師云：「汝也莫口解脱。」

10　問：「如何是問？」師云：「不与摩来。」問：「如何是荅？」師云：「向伱道什摩？」進曰：「不問不荅時如何？」師云：「伱亦須別頭好。」

11　問：「古佛道場，如何得到？」師云：「更擬什摩處去？」學云：「与摩則學人退一步。」師云：「又是乱走作摩？」

12　問：「如何是學人本来心？」師云：「即今是什摩心？」學云：「争奈學人不識何？」師

云：「不識，識取好。」

13 問：「此是和尚肉身，如何是和尚法身？」師以手搭胷。進曰：「与摩則分付去也。」師云：「是法身？是肉身？」

14 問：「環丹一顆〔二〕，點鐵成金；妙理一言，點凡成聖。請師點。」師云：「不點。」學云：「為什摩不點？」師云：「不欲得抑良為賤。」進曰：「与摩則不欺於學人去也。」師云：「莫閑言語。」

15 問：「四方歸崇，憑何道理消得人天應供？」師云：「若有一物所憑，一滴水也難消。」進曰：「直得一物不留，還消得也無？」師云：「於上不足，疋下有餘。」進曰：「雖然如此，有賞有罸。」師云：「亦要汝委。」

16 問：「三界忙忙〔三〕，如何得出？」師云：「不捨一法。」學云：「争奈忙忙何？」師云：「當直除断不肯。」

17 問：「如何是与摩去底人？」師云：「還与摩問人摩？」又云：「不迴頭。」問：「如何是与摩来底人？」師云：「還會摩？」又云：「滿面忻歡。」問：「如何是不来不去底人？」師云：

〔二〕環，「還」通；宗密圓覺經略疏卷上之一：「還丹一粒，點鐵成金；真理一言，點凡成聖。」又參見抱朴子金丹。

〔三〕忙忙：通「茫茫」，下同。

「向与摩時問將来。」又云：「還与摩問人摩？」

18　問：「菩薩如恒沙，為什摩不能知佛智？」師云：「不見道『唯佛与佛，乃能知之』？」又云：「汝還當得摩？」學云：「争奈不能惻得何〔一〕？」師云：「如許多時，什摩處去来？」

19　問：「如何是沙門行李處？」師云：「莫教自委。」進曰：「還行李也無？」師云：「莫略虚〔二〕。」

20　問：「如何是沙門行？」師云：「非行不行。」學云：「如何保任？」師云：「汝適来問什摩？」

21　問：「請師不却来情。」師云：「雖然如此，更待什摩時？」進曰：「擊電之機，難為措意。」師云：「何假煩詞？」

22　問：「目瞪口呿底人来，師如何擊發？」師云：「何處有与摩人？」學人云：「如今則無，忽有如何？」師云：「待有則得。」進曰：「終不道和尚不為人。」師云：「莫垸鳴聲。」

23　問：「如何是無句中有句？」師云：「不道亦不道。」學人云：「請師舉揚。」師云：「什摩處去来？」

〔一〕惻：疑當作「測」。
〔二〕略虚：同「掠虚」。

24 問：「古佛之機已有人置了也，未審師意如何？」師云：「古佛之機已有人置了也。」進曰：「与摩則造次非宜。」師乃休去。

25 問：「渾崙提唱，學人根思遲迴。曲運慈悲，開一線道。」云：「這个是老婆心。」「与摩則悲花剖折〔一〕，已領尊慈，未審從上宗乘如何舉唱？」「与摩須索伱親問始得。」

26 問：「疑則途中作，不疑則坐家兒。離此二途，乞師方便。」師云：「未曾将曲與汝，離什摩？」進曰：「与摩則氷消瓦解。」師云：「動亦伱置，靜亦伱置。」

27 問：「如何是眼處聞聲〔二〕？」師彈指。云〔三〕：「若待荅話，則落耳根去也。」云：「我道汝領處錯。」

28 問：「佛魔不到處，未是學人自己。如何是學人自己？」師云：「我道，伱還信摩？」學人云：「便請師道〔四〕。」師云：「伱話墮也。」

29 問：「瞥起便息，此人於宗乘中如何？」師云：「困魚止泊，病鳥棲蘆。宗乘中不可作与摩語話。」學云：「如何是宗乘中事？」師云：「招慶道什摩？」

〔一〕折：景德傳燈錄等並作「拆」，當從。

〔二〕聞：原字漫漶，本書卷五雲嵒和尚章、卷七洞山和尚章並有「眼處聞聲」，據以校定。高麗大藏經補遺本作「聞」。

〔三〕「云」上疑脫「僧」字。

〔四〕自本節「便請師道」至下頁三十六節「如何是」原版一頁破損嚴重，參照禪文化研究所本判讀校定。

30 問：「如何履踐則得不負當人？」師云：「若求履踐，則負當人。」進曰：「与摩則任性隨流去也。」師云：「還向你与摩道摩？」

31 問：「文殊釰下不承當時如何？」師云：「未是好人〔一〕。」學人云：「如何是好人？」師云：「是汝話墮也。」

32 問：「諸緣則不問，如何是和尚家風？」師云：「寧可清貧長樂，不作濁富多憂。」

33 問：「如何是南泉一線道？」師云：「不辞向汝道，恐較中又有較。」

34 問：「如何是佛法大意？」師云：「七顛八倒。」

35 師有時云：「言前薦得〔二〕，辜負平生；句後投機，殊乖道躰。」僧便問：「為什摩却如此？」師云：「汝且道從来事合作摩生？」

36 問：「古人有言：『般若無知，遇緣而照。』如何是遇緣而照？」師乃提起手。

37 問：「古人相見，目擊道存。今時如何相見？」師云：「如今不可更道目擊道存。」學云：「与摩則適来已是非次去也。」師云：「知過必改。」

38 問：「古人有言：『皮膚脱落盡，唯有真實在。』皮膚則不問，如何是真實？」師云：「莫是

〔一〕好人：景德傳燈錄等並作「好手人」，下同。

〔二〕薦：原作「廌」。

将皮膚過与汝摩？」

39 問：「承教中有言：『正直捨方便。』方便則不問，如何是正直？」師云：「方便裏收得摩？」

40 問：「常居大海，為什摩口裏煙生？」師云：「非但大海，醍醐亦須吐却。」僧云：「与摩則學人不与摩去。」師云：「若不与摩去，阿誰罪過？」僧謝師荅話。師云：「更不与你嘖狀。」

41 問：「不假提綱，還有提處也無？」師云：「試舉与摩時看。」僧進曰：「不可道無提處。」師云：「伱作摩生？」學人礼拜。師云：「蝦跳不出斗。」

42 問：「教中有言：『欲行大道，莫視小徑。』未委如何是大道？」師云：「行得摩？」僧云：「學人未會，乞師進向。」師云：「我若与汝進向，蹉却汝大道。」

43 問：「古人有言：『閻浮有大寶，少見得人希。』如何是大寶？」師云：「見摩？」僧謝師垂慈。師云：「大小？」

44 問：「古人有言：『未有絶塵之行，徒為男子之身。』如何是絶塵之行？」師云：「我若將一法如微塵許与汝受持，則不得絶。」僧云：「便与摩去，還得也無？」師云：「汝也莫貪頭。」

45 問：「古人有言：『一句了然超百億。』如何是超百億底句？」師云：「不荅汝這个話。」僧云：「爲什摩不荅？」師云：「適来問什摩？」

46 問：「古人有言：『不可以智知，不可以識識。』此是今時昇降處。未審向上一路，和尚如何示及於學人？」師云：「不可道智知、識識得。」僧云：「与摩則終不錯舉似於人。」師云：「伱作摩生舉？」學人云：「當不當？」師云：「此是荅話，伱作摩生舉？」僧云：「和尚与摩道則得。」師云：「伱作摩生合殺？」

47　師問僧：「伱名什摩？」對云：「慧炬。」師便提起杖云：「還照得這个也無？」對云：「有物則照。」師云：「還見這个摩？」對云：「適来向和尚道什摩？」師云：「争奈這个何？」對云：「和尚是什摩心行？」

48　因古時有一尊者在山中住，自看牛次，忽遇賊斫頭〔一〕，其尊者把頭覓牛次，見人問：「只如無頭人還得活也無？」對云：「無頭人争得活？」其尊者當時抛頭便死。師遂拈問僧：「尊者無頭，什摩人覓牛？」對云：「那个人。」師云：「只如那个人還覓牛也無？」僧無對。師代云：「不可同於死人。」

傳記

宗門統要卷一〇、禪門拈頌集卷二七。

〔一〕忽：原誤作「怱」。

資料

1 20 34 35 景德傳燈錄卷二一、聯燈會要卷二六、五燈會元卷八。

5 25 31 32 33 景德傳燈錄卷二一、五燈會元卷八。

一五九　報慈和尚光雲，生卒年未詳

1　報慈和尚嗣長慶，福州住。師諱光雲，泉州莆田縣人也，於玄沙出家。纔具尸羅，便參祖道，而造怡山，頓曉真心。後閩主請住報慈，賜紫，號慧覺大師矣。

2　師昇座，謂衆云：「某甲道薄人微，叨奉皇恩，請命傳持從上祖宗，貴得相承，不令断絕。今日衆中還有堪任繼踵底人麼？出來！若是利根底相投，不煩瞬視。何況更待歷涉脣鋒，方為知有？与摩道，也未免招他諸方明眼人不肯。」

3　問：「師承超覺鏁口之訣，如何示人？」師云：「賴我柱杖不在〔一〕。」學云：「与摩則深領尊慈。」師云：「待我肯汝則得。」

4　問：「玄沙寶印，和尚親傳。未審今日一會，付囑何人？」師云：「且就是伱，還解承置得摩？」

〔一〕景德傳燈錄、五燈會元「在」下有「手」字。

5 問：「不歷諸位，如何与道相應？」師良久。學人罔措。師云：「雖有此問，何異於無問？」

6 僧問：「和尚適来拈掇，猶是第二機。如何是第一機？」師良久。學人罔措。師遂云：「合消得汝三拜。」學云：「与摩則非但學人，大衆有賴。」師云：「亦須諱却。」

7 師入朝，皇帝問：「報慈与聖泉相去近遠〔一〕？」對云：「若説近遠，不如親到。」師却問皇帝：「陛下日應万機，是什摩心？」皇帝云：「什摩處得心来？」師云：「豈有無心者？」帝云：「那邊事作摩生？」師云：「請向那邊問。」帝云：「道。」師云：「皇帝要謾衆人，則不可。」〔二〕

8 問：「大衆臻湊，請師舉揚。」師云：「更有幾人未聞？」學云：「与摩則不假上来。」師云：「不假上来也且從，汝向什摩處會？」僧云：「若有所在，則辜負和尚。」師云：「只恐不弁精麁。」

9 師問僧：「『纔有是非，紛然失心。』祖師与摩道，還有過也無？」對云：「不可道無。」師云：「過在於何？」對云：「合与摩道不？」師云：「你只是擔枷判事。」師代云：「只為自犯嚴條。」僧進云：「如何道得，免得此過？」師云：「雨順風調，極有所濟。」

〔一〕聖泉：景德傳燈録等並作「神泉」；三山志卷三三有福州東山聖泉院。

〔二〕「帝云」「師云」二句景德傳燈録作「王曰：『道師謾別人即得。』」宗門統要等並作「王曰：『大師謾別人即得。』」

10 師問僧：「靈利參學与道伴交肩過，便得一生不喜見。為復賓不喜見主？為復主不喜見賓？」對云：「主不喜見賓。」師喝之。明朝却来，云：「賓不喜見主。」師又喝。師代云：「不弁投機，則向賓主分上行。」僧進云：「只如不喜見底人，合到什摩田地？」師云：「藥山道底，只是拙鈍。」

11 師問僧曰：「近離什摩處？」對云：「近離蓮花。」師云：「古人道：『不見一相出蓮花。』汝既離蓮花，何煩更到這裏？」對云：「參礼和尚。」師云：「汝是奴緣未盡，見婢殷懃。」師代云：「遊山翫水来。」

12 問：「諸餘則不問，請師盡其機。」師云：「不消汝三拜，對衆道却。」僧云：「与摩則深領尊慈。」師云：「若是別處，則柱杖到来。」學云：「和尚寧不与摩？」師云：「又是不識痛痒。」

13 問：「名言妙義，教有所詮。不涉三科，請師指示。」師云：「消汝三拜。」

14 問：「得旨不存時如何？」師云：「若教更進一步，也是無端。」僧云：「与摩則粥飰隨時去也。」師云：「或有人借問汝，汝且作摩生向他道？」僧云：「今日多好雨。」師云：「合喫棒？不合喫棒？」學人礼拜。

15 問：「機緣不到處，由是成瑕翳。未委和尚如何？」師云：「若問我，我則粥飯僧。」學云：「忽遇人問，作摩生向伊道？」師云：「遇寒則説寒，遇熱則説熱。」

16 又時上堂云：「四方来者從頭勘過，勿去處底竹片痛決。直是道得十成，亦須痛決過。」學人便問：「既是道得十成，和尚為什麼亦擗脊打他？」師云：「不見道『一句合頭語，万劫繫驢橛』？」進云：「与摩則學人更進一步。」師云：「若更進一步，亦是乱走人。」學云：「在和尚与摩道則得。」師云：「若如是，竹片猶是到来。」

17 又時上堂云：「古人教向未啓口已前會取。今日報慈同於古人？為復不同於古人？有明眼漢，出来断看。還有人断□得摩？若断不得公當，任你便解放光〔一〕，亦無用處。雖然如此，我亦未免少分腥羶在〔二〕。」學人便問：「不責上来，宗風如何舉？」師良久。僧云：「久處沉痾〔三〕，全因王鐠。」師云：「待我肯則得。」

18 問：「如何是和尚廣化？」師云：「非但一人，更有来者，我亦向他道〔四〕。」學云：「忽有大闡提人来，又作摩生？」師云〔五〕：「□个還問人摩〔六〕？」僧云：「故問，又作摩生？」師云：「但

〔一〕任：原字漫漶，柳田索引、禪文化研究所校記均校作「任」，高麗大藏經補遺本、佛光大藏經本作「作」。光：原字漫漶，據高麗大藏經補遺本校定。

〔二〕「少」字原缺；本書卷一一保福章、景德傳燈録卷一八有「不避腥羶，亦有少許」句，據補。

〔三〕久：原字漫漶，柳田索引、禪文化研究所校記作「久」；高麗大藏經補遺本、佛光大藏經本作「反」。自本節「久處沉痾」至第十九節「師□」原版破損嚴重，參照禪文化研究所本及諸燈録判讀校定。

〔四〕「向」字原缺損。

〔五〕「云」字原缺損。

〔六〕此句缺字疑爲「他」。

□□来〔一〕。」僧云：「則今現来。」師便喝出。

19 師問僧：「盡□□□不塞人口〔二〕，作摩生道則塞却人口？」對云：「□□□好喧〔三〕。」師云：「扶提不扶提？」對云：「未却扶提。」師□〔三〕：「□語不付前言〔四〕。」師代云：「和尚喫茶也未？」

20 有僧辞，師問：「脚根未跨門限，四目相覷，一生更休去。更招人檢點？爲復不招人檢點？汝若道得，我則提囊煎茶送汝。」無對。師以杖趁出法堂，云：「這虚生浪死漢！」別僧代云：「亦招人檢點。」師云：「過在什摩處？」對云：「一翳又作摩生？」師肯之。

21 師又問僧：「見處出一切人見，還有過也無？」對云：「官不容針。」師云：「不放過，過在什摩處？」對云：「還与摩也無？」師云：「汝与摩道，還解齊得見處出一切人見也未？」無對。師云：「大凡行脚人，到處且子細好。」以杖趁出法堂。

〔一〕此句缺字疑爲「將他」。
〔二〕此句缺字疑爲「令提綱」；古尊宿語録卷一八首山念和尚語録：「問：『盡令提綱，爲什麼不塞時人口？』（鏡）清云：『自還得？』」
〔三〕此句缺字疑爲「今日大」。
〔三〕此句缺字疑爲「云」。
〔四〕此句缺字疑爲「後」；龐居士語録：「前言不付後語。」

別僧代第二機云：「猶是今時置得。」

22 師上堂，衆已集，云：「靈藥不假多。」僧便出来：「唹唹！」師云：「我則肯你，別有人不肯。」僧云：「只如不肯底人，活業在什摩處？」師云：「喫茶喫飰。」僧云：「只如与摩人，還檢點人也無？」師云：「若是与摩人，始解見你病痛。」其僧不肯。師云：「汝雖然如此，我道理在。」

23 師舉佛日見夾山因緣云：「古人道：『自己尚似怨家，豈況從人得？』与摩判断，堪与人為眼？為復不堪与人為眼？」對云：「雖然如此，猶較些子。」師云：「自己尚似怨家，為什摩道較些子？」對云：「唯有這个見解。」師云：「只如撿點底人眼作摩生？」對云：「遇茶則喫茶。」師云：「此人還撿點人也無？」對云：「傳来則不可。」師云：「未傳時作摩生？」無對。師代云：「喫茶喫飯。」

24 問：「教中有言：『文殊讚維摩。』維摩還得究竟也無？」師云：「未也，猶是教盡處。」僧云：「究竟作摩生？」師云：「喫茶喫飰。」僧云：「文殊与維摩還得究竟也無？」師云：「自少出家，粗識好惡。」

25 師問僧：「喫飰也未？」對云：「喫飯了也。」師云：「賔主二家，阿那个眼目最長？」對云：「請師鑒。」師云：「方木逗於圓孔。」師又問別僧：「這个祇對作摩生？」對云：「這个不合与摩祇對。」師云：「闍梨作摩生？」對云：「據某甲所見，兩个惣是瞎漢。」師云：「只如判断底人，還有眼也無？」對云：「若無眼，争解与摩判断？」師云：「作摩生是此人眼？」對云：「還恠得某甲麼？」師不肯。師代云：「適来与麼判断，還成瞎漢，得麼？」

26 因僧辞次，師問僧：「伱到浙中，浙中道伴借問：『語附機而不顧，舌頭玄而不參，且作麼生与報慈知音？』是汝若為對他？」對云：「終不敢辜負和尚。」師云：「看汝平生未脫籠在。」師代云：「和尚上堂則隨和尚上堂。」僧云：「還有知音分也無？」師云：「平生被人請益，口似榼檐。」

27 師問僧：「離什麼處？」對云：「離蓮花。」「在蓮花多少時？」對云：「半月来日。」師云：「古人道：『靈利參學与道伴交肩過，便得不喜見。』汝既在蓮花半月来日，親得見處作麼生？」對云：「專甲雖在彼中，只是喫粥喫飰。」師云：「好五六百人聚頭喫粥喫飯，為復見處一般？見處別？」對云：「大家擔柴則擔柴，大家擣米則擣米。」師云：「既然如此，何用行脚？」對云：「天長地闊〔一〕，有什麼障㝵？」師云：「不道伱無道理，也須純熟始得。」

28 同文節道場三更時，僧俗俱集於應聖殿前。皇帝問師：「作麼生是納僧本分事？」對云：「若問本分事，終不別道。」皇帝又問：「還見不？」師云：「是甚麼？」帝再問：「還見不？」對云：「不可更見。」皇帝別問：「如何是一切衆生本来心？」師云：「不離當位。」帝云：「其中事如何？」對云：「即心是佛。」皇帝便礼拜。皇帝又別問：「作麼生是諸大師道不得底事？」對云：「臣到這裏，緘口則有分。」

〔一〕闊：原爲破字似「門」；據高麗大藏經補遺本校正。

29 別日又於大安殿上集百寮昇殿，及兩街僧録、名公大師。皇帝問：「諸佛還有師也無？」對云：「佛佛相傳，作麼無師？」皇帝云：「如何是諸佛師？」云：「不過於此。」皇帝云：「大師佛法亦無窮無盡。」對云：「湛湛亡言，法海之波瀾浩瀚，有何窮盡？」皇帝遂礼拜。皇帝又問：「佛何不現？」對云：「佛身充滿於法界，普現一切群生前，未嘗不現。」時有兩街首座對御問師：「本自圓成，凝然湛寂，和尚對聖人説个甚摩事？」師云：「汝更聽看。」首座云：「那邊事作摩生？」師云：「向那邊来商量。」

30 因師説文殊院是報慈主山，僧拈問：「和尚尋常道：『祖佛向這裏出頭不得。』為什摩却以文殊為主？」師云：「為他善能按劔，且留与後来。」僧云：「未委按釖時還存也無？」師云：「拽出著！」

31 問：「古人道：『因師故邪。』為什摩宗承達摩？」師云：「若見達摩師，向什摩處出頭？」

32 因舉花嚴經：「普眼菩薩入三千三昧門，覓普賢菩薩不見。」僧便問：「既是定觀，為什摩不見？」師云：「只為妄想追求，未曉全真。」僧云：「只如退一步，還得見也無？」師云：「若於進前退後，則對面千里。」僧云：「既然如此，為甚摩舉一念想得見普賢？」師云：「不聞道：『繁興大用，舉必全真〔二〕』？」

33 因師看經次，僧便問：「主人道：『佛教祖教，如似怨家。』和尚為什麼却看經？」師云：「見若不見，觸事何妨？」「与摩則超毗盧去也。」師云：「亦是傍助插觜。」僧云：「何妨之義，憑何致得？」師云：「為伱与摩。」

34 因僧辞，師問：「六根無用底人，還有行持佛法也無？」對云：「有。」師云：「既是六根無用，於佛法中作摩生行持？」其僧叉手，進前退後。師便喝出，云：「將為是作家。若与摩見知，更須行脚遇人去好。」別僧代，良久，師肯之。

傳記

禪門拈頌集卷二七、何喬遠閩書卷一三七。

資料

3 8 景德傳燈錄卷二一、五燈會元卷八。

7 景德傳燈錄卷二一、宗門統要卷一〇、聯燈會要卷二六、五燈會元卷八、禪林類聚卷一。

〔二〕 此二句華嚴經金師子章作「繁興大用，起必全真」；本卷山谷和尚章、卷二〇五冠山瑞雲寺和尚章同。

一六〇　龍潭和尚如新，八九四—九三四

1 龍潭和尚嗣保福，在舒州。師号如新，福州福唐縣人也，姓林。依靈握院出家。纔具尸羅，志慕祖筵，而登保福之門，密契傳心之旨。

2 數年盤泊，後因一日辞保福出閩。保福云：「汝出嶺去，幾時却来？」師云：「待世界平寧，則歸省覲。」福云：「与摩則与汝个護身符子。」師云：「雖然如此，慮恐有人不肯。」保福深器之。自尒遍遊淮海，檀信傾瞻，俯徇人天，匡於禪刹矣。

3 師有時上堂，良久，乃云：「禮煩則乱。」

4 問：「如何是迦葉親聞底事？」師云：「汝若領得，我則不恡。」學云：「与摩則不煩於師去也。」師云：「又須著棒，争得不煩？」

5 問：「省要處乞師指示。」師云：「不得説，也聽他。」

6 問：「古人道：『横説竪説，猶未知有向上一關捩子。』如何是向上一關捩子？」師云：「頼遇孃生臂短。」

7 僧問：「如何是祖師意？」師云：「要道有何難？」僧云：「便請師道。」師云：「將謂靈利，又却不先陁。」

8 師問僧：「古人借君臣父子，汝還信也無？」對云：「今日勞倦，勿心情。」師云：「待明朝

還祇對也無？」對云：「入藂林久矣。」

9 師癸巳之冬、甲午之春、丁卯之月二十一日示誨遺誡諸徒，則以子時便當順寂。住世四十一年，為僧二十五夏。

資料

1 6 景德傳燈錄卷二二、嘉泰普燈錄卷二四、五燈會元卷八。

3 4 5 7 景德傳燈錄卷二二、五燈會元卷八。

一六一　福先招慶和尚 省僜，？—九七二〔一〕

1 福先招慶和尚嗣保福，在泉州。師諱省僜〔二〕，泉州仙遊縣人也，俗姓阮氏。於彼龍花寺菩提院出家，依年具戒。先窮律部，精講上生。酬因雖超於淨方，達理寧固於廣岸。因而謂云：「我聞禪宗最上，何必扃然而失大理？」遂乃擁毳參尋。初見鼓山、長慶、安國，未湊機緣；以登保福之門，頓息他遊之路。後因一日，保福忽然入殿，見佛乃舉手。師便問：「佛舉手意作麼生？」保福舉手而

〔一〕紫雲開士傳：「開寶五年化壽八十一，臘六十一。」

〔二〕省僜：原作省澄；景德傳燈錄等並作「省僜」。

便摑。保福却問師：「汝道我意作摩生？」師云：「和尚也是横身。」保福云：「這一橛我自插取。」于時而云：「和尚非唯是横身。」福深奇之。尋遊吳楚，遍歷水雲，却旋招慶之筵，堅祕龍溪之旨。後以郡使欽仰，請轉法輪，敬奏紫衣，師號淨修禪師矣。

2　師初開堂日，昇座，頃間云：「大衆向後到別處遇道伴，作摩生舉似他？若有舉得，試對衆舉看。若舉得，免辜負上祖，亦免埋没後来。古人道：『通心君子，文外相見。』還有這个摩〔一〕？況是曹溪門下子孫，合作摩生理論？合作摩生提唱？若欲問，向宗乘中置問来。」時有人始云：「諮和尚。」師云：「白雲千里万里。」學云：「承和尚有言：向宗乘中置問来。請和尚答。」師云：「与摩也可在。」

3　問：「昔日覺城東際，象王迴旋；今日閩嶺南方〔二〕，如何提接？」師云：「會摩？」僧云：「与摩則一機啓處，四句難追。未委從上宗乘成得什摩邊事？」師云：「退後礼拜，隨衆上下！」

4　問：「昔日靈山會，匿王請佛；今日招慶，太尉迎師。人天交接於坐隅，至埋願垂於開演。」師云：「莫屈著者問摩？」僧云：「与摩則慈舟已駕，苦海何憂？」師云：「不敢。」

〔一〕這个：景德傳燈錄等並作「這箇人」。
〔二〕今：原作「令」，下同。閩嶺：原作「閩領」。

5　問：「昔日梵王請佛，盖為奉法之心；　今日太尉臨筵，如何拯濟？」師云：「不是不拯濟，還肯也無？」學云：「既然如此，今日一會，當為何人？」師云：「不為老兄。」僧云：「為什摩人？」師云：「却為老兄。」

6　問：「九年少室，五葉花開；　十載白蓮，今日如何垂示？」師云：「遇人作摩生舉？」僧云：「与摩則法雨霶霈，群生有頼去也。」師云：「別時与摩道則得。」

7　師上堂云：「某甲東道西道也得，只是於人無利益。只如達摩大師，梁普通八年到此土来，向少林寺裏冷坐地，時人喚作壁觀婆羅門，直得九年，方始得一人継續。只如他是觀音聖人，豈無智辯？可不解説法摩？只如當時分付二祖，是个甚摩意旨？二祖於達摩邊，承領得个什摩事？還有人舉得摩？若有人舉得，出来舉看；若無人舉得，大衆側聆，待厶甲為衆舉當時事。」于時衆立顒然。師云：「久立，珎重！」

8　問：「名言妙句，盡是教中之言；真實諦源，請師指示。」師云：「喫茶去！」僧云：「与摩則慧日乹坤朗，有味悉皆明。」師云：「向後也須更遇作家。」

9　問：「承和尚舉古云：『師坐真金地〔二〕，常説真實義，迴光而照我，令入三摩地。』如何是

〔二〕此處引富那夜奢説偈，出寶林傳卷三第十脇尊者章，「真金地」作「金色地」；宗鏡錄卷九七、景德傳燈錄卷一並作「金色地」。

真實義？」師云：「覽老兄此一問。」云：「与摩則不異於當時也。」師云：「説同説異，天与地猶是相近。」

10 師上堂，臨下堂時云：「有人問話者，出来！」其時無人問。良久之間，師云：「霜重方知松栢操，事難始見丈夫心。珎重！」

11 師上堂云：「真實離言説，文字別時行〔一〕。諸上座在教不在教？」

12 又上堂云：「『本自圓成，不勞機杼。』〔二〕。諸上座出手不出手？」

13 又上堂云：「古人道：『擬心則差。』招慶道：『擬心為什摩却成差？』」時有人出來，叉手而立。師肯之。

14 又上堂，示衆了，餉時却言：「諸上座，看後莫看前。珎重！」

15 問：「南泉道：『三世諸佛不知有，狸奴白牯却知有。』只如三世諸佛為什摩不知有？」師云：「只為慈悲利物。」僧云：「狸奴白牯為什摩却知有？」師云：「唯思水草，別也無求。」僧云：「未審南泉還知有也無？」師云：「知幻則離。」

16 問：「纔施三寸，盡落途中。不落途中，請師指示。」師云：「適来豈不是擣米歸？」「与摩

〔一〕楞伽經卷一有偈曰：「言説別施行，真實離名字。」（大正藏第十六卷第四八四頁下）。

〔二〕杼：原作「抒」；據卷三懶瓚樂道歌校改。

則不虛申此問也。」師云：「今日是真正。」

17　問：「不責非次，如何是和尚家風？」師云：「一瓶兼一鉢，到處是生涯。」僧云：「与摩則後學之流皆承覆廕〔一〕。」師云：「隨衆上下。」

18　又上堂，于時云：「大家識取混崙，莫識取劈破。『竺土大仙心，東西密相付』是混崙？是劈破？」時有人便問：「承師有言：『大家識取混崙，莫識取劈破。』問如何是混崙〔二〕？」師良久。問：「如何是劈破底？」師云：「只這个是。」

19　僧問：「古人道：『服像雖殊，妙機不二。』〔三〕如何是不二底妙機？」師云：「你試分看。」僧云：「已蒙師指，如何保任？」師云：「適来作摩生會？」僧云：「是什摩？」師云：「若与摩，則著衣喫飯。」

20　問：「盡令提綱，未免受人檢點。到別處有人相借訪，如何知音？」師云：「茶飯延時。」僧云：「与摩則拈掇無功去也。」師云：「府庭過歲，春間却来。」

21　問：「如何是佛法大意？」師云：「擾擾忩忩，晨鷄暮鍾。」

〔一〕　廕：原作「蔭」。
〔二〕　「問」字疑衍。
〔三〕　此句出僧肇答劉遺民書，「妙機」作「妙期」。

22 問：「從上宗承，如何舉唱？」師云：「無。老兄掃地又争得？」

23 問：「全身振視〔一〕，為什摩道猶執瓦礫？」師云：「伱還有眼不？」僧云：「若不与摩問，争委得當時事？」師云：「汝道思和尚見知作摩生？」僧進前叉手。師云：「莫辜負思和尚。」僧云：「思和尚寧不与摩？」師云：「衆眼難謾。」

24 問：「温伯、夫子相見則且置〔二〕，和尚作摩生相見？」師云：「嗄！」僧云：「若不是學人，招得和尚恠笑。」師云：「汝適来問什摩？」學人礼拜。師云：「蝦跳不出斗，是汝不會。」師有頌曰：

「佛日冲天閑霧開，覺城東際象王迴。
善財五衆承當得，鶖子雖逢似不来。」

25 問：「巧妙之説，又涉三寸；不責上来，若為指示？」師云：「我不責，伱上来。」僧云：「深領尊慈，師意如何？」師云：「我則且置，汝適来作摩生〔三〕？」學人礼拜。師云：「我適来龍頭蛇尾，是汝不知。」師有頌曰：

〔一〕視、「示」通。本書卷三靖居和尚章：「(神)會遂震身而示。師曰：『猶持瓦礫在。』」
〔二〕伯：原作「白」；温伯與孔子相見典出莊子田子方篇。
〔三〕「適」下原空一格。

「大士梁天請講開，始登蓮座躡梯迴。皇情未曉志公説，大士金剛已講来。」

26 問：「普賢心洞曉，何不獲圓通？」師云：「因地修心聞力大，初心争可得圓通？」僧云：「与摩則格高難湊泊，門普易相應。」

27 師有時頌曰：

「吴坂當年塔未開，宋雲葱嶺見師迴。
手携只履分明个，後代如何密薦来〔一〕？」

28 問：「未審和尚法嗣何人？」師云：「漳水深沉，寧窮浪底？」云：「与摩則龍溪一派，晉水分流。」師云：「甘言道薄，何置飾詞？」

29 問：「如何是古佛？」師云：「無金色。」僧又問：「如何是今佛？」師云：「帶笑容。」僧云：「未審古佛与今佛還分也無？」師云：「向汝道：無金色，帶笑容。」僧云：「説古説今，因學人置得。和尚如何？」師云：「陽和布令，万物唯新。」

30 府主太尉問：「僧衆已蒙師指示。弟子進步，乞和尚垂慈悲。」師云：「太尉既進步，招慶不可不祇接。」「弟子常籠日久，軍府事多不會，乞師方便。」師云：「太尉適来道進步，招慶道不可不

〔一〕 薦：原作「廌」。

祇接。太尉還會摩？」太尉設礼而退。

31 問：「如何是般若？」師云：「是什摩？」僧云：「与摩則因師委得去也。」師云：「委得底事作摩生？」學云：「遇茶喫茶。」師云：「太深也。」

傳記

傳法正宗記卷八、元釋大圭紫雲開士傳卷二、閩書卷一三七、泉州開元寺志開士志。

著作

敦煌遺書S.1635泉州千佛新著諸祖師頌、祖堂集序、示執坐禪者頌（景德傳燈錄卷二九、五燈會元卷八）、示坐禪方便頌（景德傳燈錄卷二九、五燈會元卷八）。

資料

1 景德傳燈錄卷二二、宗門統要卷一〇、聯燈會要卷二六、五燈會元卷八、紫雲開士傳卷二、泉州開元寺志。

2 景德傳燈錄卷二二、五燈會元卷八、紫雲開士傳卷二。

3 景德傳燈錄卷二二、紫雲開士傳卷二。

17 景德傳燈錄卷二二後招慶章、五燈會元卷八後招慶章。

21 景德傳燈錄卷二二後招慶章、宗門摭英集卷中後招慶章、五燈會元卷八後招慶章。

一六二　山谷和尚 行崇，生卒年未詳

1 山谷和尚嗣保福〔一〕，在舒州三祖塔住。師諱行崇，福州長溪縣人也，俗姓鄭氏。於彼慈雲出家具戒。至於經論，無不博通，律部精嚴，長講百法。久在浙江，後聞保福匡徒化盛，乃擁毳摳衣，密傳心印。漳州太尉欽仰道風，請匡禪苑，敬奏紫衣，敷揚佛事。尋離漳浦，遠届皇都，疊捧天恩〔二〕，賜於山谷矣。

2 師初開堂時，僧問：「不責非次，乞師全示。」云：「若教全示，更是阿誰？」

3 又時上堂云：「雖不在，未常不為諸兄弟。若委報恩常為人處，許汝出意想知解五陰身田；若不委得，猶待報恩開者兩片皮，方是為人，保汝未解出得意想知解。所以古人喚作鬼家之活計，蝦蟆衣下客。汝欲得速疾相應，只如今立地便驗取識取〔三〕，有什摩罪過？不然，根思遲迴，且須以日及夜，究竟将去。忽然一日覷見，更莫以少為足，更解研窮究竟，乃至屠坊酒肆，若觸若淨〔四〕，若好若惡，以汝所見事覷，盡教是此境界，入如入律。若更見一法如絲髮許，不是此个事，我說為無明翳

〔一〕山谷：禪林僧寶傳、石門文字禪並作「谷山」。
〔二〕捧，「奉」通。
〔三〕今：原作「令」。
〔四〕觸，「濁」通。

障。直須不見有一法是別底法，方得圓備。到這裏，更能飜擲自由，開合不成痕縫，如水入水，如火入火，如風入風，如空入空。若能如是，直下提一口劍，刺断天下人疑網，一如不作相似。所以古人道：『繁興大用，起必全真。』若有一个漢到与摩境界，誰敢向汝面前説是説非？何以故？此人是个漢，超諸限量，透出因果，一切處管束此人不得〔一〕。兄弟，若能如是則可〔二〕。未得如此，直須好与，莫取次發言吐氣，沉墜却汝無量劫。莫到与摩時，便道報恩不道。珎重！」

4 問：「不涉公私，如何言論？」云：「喫茶去！」

5 問：「丹霞燒木佛，意作摩生？」云：「時寒燒向火。」「翠微迎羅漢，意作摩生〔三〕？」云：「別是一家春。」

6 問：「如何是佛法大意？」云：「碓搗磨磨。」

7 問：「曹溪一路，請師舉揚。」云：「莫屈著曹溪摩。」「与摩則群生有賴？」云：「汝也是老鼠喫塩。」

〔一〕束：原爲破字。據高麗大藏經補遺本校定。
〔二〕此句「則」下衍「不」字；據禪林僧寶傳刪。
〔三〕原脫「摩」字，據景德傳燈録等校補；本書卷一二龍迴和尚章亦作「作摩生」。

傳記

傳法正宗記卷八、石門文字禪卷二五題谷山崇禪師語。

資料

3 禪林僧寶傳卷一四。

4 5 6 7 景德傳燈錄卷二二、五燈會元卷八。

祖堂集卷第十三

祖堂集卷第十四

江西下卷第一曹溪第一代法孫

一六三　江西馬祖道一，七〇九—七八八

1　江西馬祖嗣讓禪師，在江西。師諱道一，漢州什邡縣人也〔一〕，姓馬。於羅漢寺出家。自讓開心眼，来化南昌。

2　每謂衆曰：「汝今各信自心是佛，此心即是佛心。是故達摩大師從南天竺國来，傳上乘一心之法，令汝開悟。又數引楞伽經文以印衆生心地。恐汝顛倒不自信此一心之法，各各有之，故楞伽經云〔二〕：『佛語心為宗，無門為法門。』」

〔一〕什邡：原作「十方」；唐劍南道漢州有什邡縣（今四川什邡縣）。權德輿塔銘謂「代居德陽」；德陽（今四川德陽縣）爲漢州治所。

〔二〕云：景德傳燈録、宗鏡録作「云」；四家語録馬祖道一禪師語録、正法眼藏、聯燈會要等作「以」，聯下讀，楞伽經無「佛語心爲宗」等二句。

3 又云：「『夫求法者〔一〕，應無所求。』心外無別佛，佛外無別心。不取善，不捨惡，淨穢兩邊俱不依怙。達罪性空，念念不可得，無自性故。三界唯心，森羅万像〔二〕，一法之所印。凡所見色，皆是見心。心不自心，因色故有心。汝可隨時言説，即事即理，都無所㝵。菩提道果，亦復如是。於心所生，即名為色。知色空故，生即不生。若躰此意，但可隨時著衣喫飰，長養聖胎，任運過時，更有何事？汝受吾教，聽吾偈曰：

心地隨時説，菩提亦只寧，
事理俱無㝵，當生則不生。」

4 有洪州城大安寺主、講經講論座主只觀誹謗馬祖〔三〕。有一日夜三更時，鬼使来搥門。寺主云：「是什摩人？」對云：「鬼使来取寺主。」寺主云：「啓鬼使：某甲今年得六十七歲，四十年講經講論，為衆成持，只觀貪諍論，未得修行。且乞一日一夜，還得也無？」鬼使云：「四十年来貪講經論，不得修行，如今更修行作什摩？臨渴掘井，有什摩交涉〔四〕？寺主適来道『只觀貪講經論，為衆成持』，無有是處。何以故？教有明文：『自得度令他得度，自解脱令他解脱，自調伏令他調伏，自寂

〔一〕宗鏡錄「夫」上有「經云」；此下二句出什譯維摩經不思議品。
〔二〕羅：原作「蘿」。宗鏡錄「森」上有「經云」，所引文出僞法句經，「森蘿」作「參羅」。
〔三〕只觀：當爲「只管」之訛，下同。
〔四〕交：原字漫漶不清，就原版辨認校定。

靜令他寂靜，自安隱令他安隱，自離垢令他離垢，自清淨令他清淨，自涅槃令他涅槃，自快樂令他快樂。』是汝自身尚乃未得恬靜，何能令他道業成持？汝不見金剛藏菩薩告解脱月菩薩言：『我當自修正行，亦勸於他令修正行。何以故？若自不能修行正行，令他修者，無有是處。』汝将生死不淨之心，口頭取辦，錯傳佛教，誑謼凡情。因此彼王嗔汝，教我取去彼中，便入刀樹地獄，断汝舌根，終不得免。汝不見佛語：『言詞所説法，小智妄分別，是故生障㝵，不了於自心。不能了自心，云何知正道？彼由顛倒慧，增長一切惡。』汝四十年来作口業，不入地獄作什摩？古教自有明文：『言語説諸法，不能現實相。』汝將妄心，以口乱説，所以必受罪報。但責自嫌，莫怨別人。如今速行，若也遲晚，彼王嗔吾。」其第二鬼使云：「彼王早知如是次第，何妨与他修行？」其第一鬼使云：「若与摩，則放一日修行。某等去彼中諮白彼王。王若許，明日便來；王若不許，一餉時來。」其鬼使去後，寺主商量這个事：鬼使則許了也，某甲一日作摩生修行？無可計，不待天明，便去開元寺搥門。門士云：「是什摩人？」對云：「太安寺主来起居大師。」門士便開門。寺主便去和尚處，具陳前事後，五躰投地礼拜，起云：「生死到来，作摩生即是？乞和尚慈悲，救某甲殘命。」師教他身邊立地。天明了，其鬼使来太安寺裏討主不見，又来開元寺，覓不得，轉去也。師与寺主即見鬼使，鬼使即不見師与寺主也。

僧拈問龍華：「只如寺主當時向什摩處去，鬼使覓不得？」花云：「牛頭和尚。」僧云：「與摩則國師當時也太奇。」龍花曰：「南泉和尚。」

5 有一日齋後，忽然有一个僧来，具威儀，便上法堂參師。師問：「昨夜在什摩處？」對曰：「在山下。」師曰：「喫飰也未？」對曰：「未喫飯。」師曰：「去庫頭，覓喫飯。」其僧應喏，便去庫頭。當時百丈造典座，却自个分飰与他供養。其僧喫飯了，便去。百丈上法堂，師問：「適来有一个僧未得喫飯，汝供養得摩？」對曰：「供養了。」師曰：「汝向後無量大福德人。」對曰：「和尚作摩生与摩說？」師曰：「此是辟支弗僧〔一〕，所以与摩說。」進問：「和尚是凡人，作摩生受他辟支弗礼？」師云：「神通變化則得，若是說一句佛法，他不如老僧。」

6 師有一日上禪床，纔与摩坐，便洟唾。侍者便問：「和尚適来因什摩洟唾？」師云：「老僧在這裏坐，山河大地，森羅万像，惣在這裏，所以嫌他，与摩唾。」侍者云：「此是好事，和尚為什摩却嫌？」師云：「於汝則好，於我則嫌。」侍者云：「此是什摩人境界？」師云：「此是菩薩人境界。」

後鼓山舉此因緣云：「古人則与摩。是你諸人，菩薩境界尚未得，又故則嫌他。菩薩雖則是嫌，但以先證得菩薩之位，後嫌也嫌。老僧未解得菩薩之位，作摩生嫌他這个事？」

7 有西川黃三郎，教兩个兒子投馬祖出家。有一年却歸屋裏。大人纔見兩僧生佛一般，礼拜云：「古人道：『生我者父母，成我者朋友。』是你兩个僧便是某甲朋友，成持老人。」曰：「大人雖則年老，若有此心，有什摩難？」大人歡喜，從此便居士相，共男僧便到馬祖處。其僧具陳來旨，大師

〔一〕辟支弗：即「辟支佛」；下同。

便上法堂。黃三郎到法堂前，師曰：「咄！西川黃三郎豈不是？」對曰：「不敢。」師曰：「從西川到這裏，黃三郎如今在西川？在洪州？」云：「家無二主，國無二王。」師曰：「年幾？」云：「八十五。」「雖則与摩，筭什摩年歲？」云：「若不遇和尚，虛過一生；見師後，如刀劃空。」師曰：「若實如此，隨處任真。」

8　黃三郎有一日到大安寺廊下，便啼哭。亮座主問：「有什摩事啼哭？」三郎曰：「啼哭座主。」座主云：「哭某等作摩？」三郎曰：「還聞道黃三郎投馬祖出家，纔蒙指示便契合，汝等座主說葛藤作什摩？」座主從此發心，便到開元寺。門士報大師曰：「大安寺亮座主來，欲得參大師，兼問佛法。」大師便昇座。座主來參大師，大師問：「見說座主講得六十本經論，是不？」對云：「不敢。」師云：「作摩生講？」對云：「以心講。」師云：「未解講得經論在。」座主云：「作摩生？」云：「『心如工技兒，意如和技者。』爭解講得經論在？」座主云：「心既講不得，将虛空還講得摩？」師云：「虛空却講得。」座主不在意，便出。纔下堦，大悟，迴來礼謝。師云：「鈍根阿師！礼拜作什摩！」亮座主起來，霡霂汗流，晝夜六日在大師身邊侍立〔一〕。後諮白云：「某甲離和尚左右，自看省路修行，唯願和尚久住世間，廣度群生。伏惟珎重！」座主歸寺告衆云：「某甲一生功夫，将謂無人過得，今日之下被馬大師呵責，直得情盡。」便散却學徒，一入西山，更無消息。座主偈曰：

〔一〕　六日：疑爲「六時」之譌。

「三十年来作餓鬼，如今始得復人身，
青山自有孤雲伴，童子從他事別人。」

漳南拈問僧：「虛空講經，什麼人為聽衆？」對云：「適来暫随喜去来。」漳南云：「是什麼義？」云：「若是別人，便教收取。」漳南曰：「汝也是把火之意。」

9 師上堂，良久。百丈收却面前席。師便下堂。

10 問：「如何是佛法旨趣？」師云：「正是你放身命處。」

11 問：「請和尚離四句，絶百非，直指西来意，不煩多說。」師云：「我今日無心情，不能為汝說。汝去西堂，問取智藏。」其僧去西堂，具陳前問。西堂云：「汝何不問和尚？」僧云：「和尚教某甲来問上座。」西堂便以手點頭云：「我今日可殺頭痛，不能為汝說。汝去問取海師兄。」其僧又去百丈，乃陳前問。百丈云：「某甲到這裏却不會。」其僧却舉似師，師云：「藏頭白，海頭黑。」

12 師遣人送書到先徑山欽和尚處，書中只畫圓相。徑山纔見，以筆於圓相中与一劃。有人舉似忠國師。忠國師云：「欽師又被馬師惑。」

13 有人於師前作四劃，上一劃長，下三劃短，云：「不得道一長，不得道三短〔二〕，離此四句外，請師荅某甲。」師乃作一劃，云：「不得道長，不得道短，荅汝了也。」忠國師聞舉，別荅云：「何不問

〔二〕 三：原作「二」，據高麗大藏經補遺本校定。

某甲？」

14 有座主問師：「禪宗傳持何法？」師却問：「座主傳持何法？」對曰：「講得四十本經論。」師云：「莫是師子兒不？」座主云：「不敢。」師作噓噓聲。座主云：「此亦是法。」師云：「是什摩法？」對云：「師子出窟法。」師乃嘿然。座主云：「此亦是法。」師云：「是什摩法？」對云：「師子在窟法。」師云：「不出不入，是什摩法？」座主無對。遂辞出門。師召云：「座主！」座主應喏。師云：「是什摩？」座主無對。師呵云：「這鈍根阿師！」

後百丈代云：「見摩？」

15 師問僧：「從什摩處来？」對云：「從淮南来〔一〕。」師云：「東湖水滿也未〔二〕？」對云：「未。」師云：「如許多時雨水，尚未滿！」〔三〕

道吾云：「滿也。」

雲嵒云：「湛湛底。」

洞山云：「什摩劫中曾欠小来？」

〔一〕淮南：「淮」原作「准」；天聖廣燈錄、宗門統要、聯燈會要、雲門廣錄、大光明藏等並作「湖南」。

〔二〕東湖：宗門統要、聯燈會要、五燈會元、雲門廣錄等並作「洞庭湖」。

〔三〕本節宗門統要卷七藥山章、聯燈會要卷一九藥山章、雲門廣録卷中、五燈會元卷五藥山章、洞山録並作藥山話頭。

16 師明晨遷化，今日晚際院主問：「和尚四躰違和，近日如何？」師曰：「日面佛，月面佛。」

17 汾州和尚為座主時，講四十二本經論，来問師：「三乘十二分教某甲粗知，未審宗門中意旨如何？」師乃顧示云：「左右人多，且去！」汾州出門，脚纔跨門閫，師召：「座主！」汾州迴頭應喏。師云：「是什摩？」汾州當時便省，遂礼拜，起來云：「某甲講四十二本經論〔一〕，将謂無人過得。今日若不遇和尚，洎合空過一生。」

18 師問百丈：「汝以何法示人？」百丈竪起拂子對〔二〕。師云：「只這个？為當別更有？」百丈抛下拂子。

僧拈問石門：「一語之中便占馬大師兩意，請和尚道。」石門拈起拂子，云：「尋常抑不得已。」

19 大師下親承弟子惣八十八人出現于世，及隱遁者莫知其數。大師志性慈愍〔三〕，容相瓌奇，足下二輪，頸有三約，説法住世四十餘年，玄徒千有餘衆。師貞元四年戊辰歲二月一日遷化。塔在泐潭

〔一〕二：原作「一」，當爲破字。
〔二〕子：原作「了」，當爲破字。
〔三〕愍、「慜」同。

寶峯山〔二〕。勑謚大寂禪師、大莊嚴之塔。裴相書額，左承相權德輿撰碑文〔三〕。

20 淨修禪師頌曰：

馬師道一，行全金石，
悟本超然，尋枝勞役。
久定身心，一時拋擲，
大化南昌，寒松千尺。

碑誌

權德輿洪州開元寺石門道一禪師塔銘並序（權載之文集卷二八，唐文粹卷六四、全唐文卷五〇一）、唐貞元七年馬祖禪師舍利石函題記（陳柏泉馬祖禪師石函題記與張宗演天師壙記，文史第十四輯，中華書局，一九八二年）。

傳記

宗密中華傳心地禪門師資承襲圖、宗密圓覺經大疏鈔卷三之下、李商隱唐梓州慧義精舍南禪院四證堂碑銘並序

〔二〕渤：原作「汸」。

〔三〕承，「丞」通；權德輿：原作「護得興」。據唐六典，左丞相原爲相職，時改稱僕射；權德輿元和五年（公元八一〇）拜禮部尚書、同平章事，爲相職。

（樊南文集補編卷一〇、全唐文卷七八〇）、錢易南部新書己卷、宋高僧傳卷一〇、傳法正宗記卷七、祖源通錄撮要卷二、釋慧洪林閒錄卷上、祖庭事苑卷七、隆興編年通論卷一九、佛祖歷代通載卷一四、釋氏稽古略卷二、六學僧傳卷五、陶宗儀南村輟耕錄卷一九、馮繼科等（嘉靖）建陽縣志卷一六方伎、余文龍等（明）贛州府志卷一七仙釋、陳宏緒江城名蹟卷三、宗統編年卷一一、葉舟等（康熙）南昌郡乘卷四一仙釋、謝旻等（雍正）江西通志卷一〇三仙釋、高自位南嶽志卷四仙釋、魏瀛等（同治）贛州府志卷六〇仙釋、曾國藩等（光緒）江西通志卷一七八仙釋、李翰章等（光緒）湖南通志卷二四一仙釋、沈瑜慶福建通志福建高僧傳卷一、江紹棠等南昌縣志卷四四人物。

著作

江西大寂道一禪師語（景德傳燈錄卷二八）、江西馬祖道一禪師語錄（四家語錄卷一）、馬祖大寂禪師（古尊宿語錄卷一）

馬祖の語錄（入矢義高編注譯，日本禪文化研究所，一九八四年）。

Despeux, Catherine: *Les entretiens de Mazu Maître Chan du VIIIe siècle*, Paris, 1980

資料

1 景德傳燈錄卷六、天聖廣燈錄卷八、五燈會元卷三。

2 3 宗鏡錄卷一、景德傳燈錄卷六、天聖廣燈錄卷八、正法眼藏卷上、聯燈會要卷四、大光明藏卷上、五燈會元卷三。

8 宗鏡錄卷九二、景德傳燈錄卷八亮座主章、宗門統要卷三亮座主章、正法眼藏卷中、聯燈會要卷五亮座主章、禪門拈頌集卷八亮座主章、南泉語要。

9 景德傳燈錄卷六馬祖章、百丈章、傳燈玉英集卷三、天聖廣燈錄卷八百丈章、宗門統要卷三百丈章、聯燈會要

卷四百丈章、五燈會元卷三百丈章。

10 景德傳燈錄卷六、傳燈玉英集卷三、天聖廣燈錄卷八、五燈會元卷三。

11 景德傳燈錄卷七西堂章、天聖廣燈錄卷八、宗門摭英集卷上、宗門統要卷三、聯燈會要卷四西堂章、禪門拈頌集卷五、五燈會元卷三西堂章、雪竇頌古第七五則、碧巖録第七三則。

12 景德傳燈錄卷四徑山章、天聖廣燈錄卷八、宗門統要卷二徑山章、聯燈會要卷二徑山章、五燈會元卷二徑山章、高麗本宗門圓相集。

13 景德傳燈錄卷六、傳燈玉英集卷三、天聖廣燈錄卷八、宗門統要卷三、聯燈會要卷四、大光明藏卷上、五燈會元卷三。

14 18 景德傳燈錄卷六、傳燈玉英集卷三、五燈會元卷三。

15 天聖廣燈錄卷八、大光明藏卷上。

16 天聖廣燈錄卷八、雪竇頌古第三則、碧巖録第三則、禪門拈頌集卷五、五燈會元卷三。

17 宗鏡錄卷九八、景德傳燈錄卷八汾州無業章、宗門統要卷三汾州無業章、聯燈會要卷五汾陽無業章、五燈會元卷三汾州無業章。

19 馬祖禪師舍利石函題記、寶林傳卷一〇佚文（椎名宏雄寶林傳逸文の研究）、宋高僧傳卷一〇、景德傳燈錄卷六、五燈會元卷三。

20 敦煌遺書S.1635泉州千佛新著諸祖師頌。

一六四　大珠和尚 慧海，生卒年未詳

1 大珠和尚嗣馬大師，在越州。師諱慧海，建州人也。

2　師謂衆曰：「汝心是佛，不用將佛求佛；汝心是法，不用將法求法。佛、法和合為僧躰，喚作一躰三寶。經云：『心、佛及衆生，是三無差別。』身、口、意業清淨，名為佛出世；三業不淨，名為佛滅度。喻如嗔時無喜，喜時無嗔，唯是一心，用無二躰〔一〕。本智法尒，無漏現前。如蛇化為龍，不改其鱗；衆生廻心作佛，不改其面。性本清淨，不待修成；有證有求，即同增上慢。真空無滯，應用無時；無始無終，利根先悟。用無等等，即是阿耨菩提；性無形相，即是微妙色身〔二〕。無相即是實相。性躰本空，則是無邊法身；万行莊嚴具，即是功德法身，即是万化之本。隨處立名，智用無盡，即是無盡藏；能生万法，是大法藏；具一切智，是智慧藏；万法同如，是如来藏。經云：『如来者，則諸法如義。』一切世間生滅法，無有一法不歸如。」

3　有王長史問：「法師、律師、禪師，阿郍个最勝？」師云：「法師者，踞師子座，瀉縣河之辯〔三〕，對稠人匡衆〔四〕，啓鑿玄關，開般若之妙門，等三輪之空際〔五〕。若非龍象蹴踏，安敢當人？律師者，啓毗尼之法藏，名利雙行，持犯開遮，威儀作則，疊三翻之羯摩，作四果之初因，若非宿德白眉，安敢

〔一〕用：景德傳燈錄等並作「實」。
〔二〕色身：宗鏡錄作「法身」。
〔三〕縣，「懸」古今字。
〔四〕匡：景德傳燈錄等並作「廣」。
〔五〕空際：景德傳燈錄等並作「空施」。

造次？禪師者，攝其樞要，直了心源，出沒卷舒，縱橫應物，咸均事理，頓見如来，拔生死之深根，得現前之三昧，若不安禪靜慮，到者裏揔須忙然。」

4　有座主問：「某甲擬問禪師義，得不？」師曰：「清潭月影，任意撮摩。」問：「如何是佛？」師曰：「清潭對面，非佛而誰？」座主忙然，却問：「禪師說何法度人？」師云：「未曾有法。」座主云：「禪師渾如此。」師却問：「法師說何法？」對云：「講金剛經二十餘座。」師曰：「金剛經是誰說？」對云：「禪師豈不知是佛說？」師云：「『若言如来有所說法，則為謗佛，是人不能解我所說義』；若言經不是佛說，即為謗經。離此之外，為老僧說。」法師無對。師曰：「其義且置。經云：『若以三十二相觀如来者〔一〕，轉輪聖王即是如来。』又云『若以色見我』乃至『不能見如来』。經且置，待小時。徵大德：且道郍个是如来？」對云：「到這裏却迷去。」師呵云：「講經二十餘座，渾不識如来？」師云：「『如来者，則諸法如義。』大德郍得不知？」法師云：「若如是，則一切皆如。」師云：「未是，未是。」法師云：「經作此說，郍得不是？」師云：「法師如不？」對云：「如。」師云：「木石如不？」對曰：「如。」師又云：「汝、木石如不？」對曰：「無二，如。」師云：「与摩則大德共草木何別？」法師無對，乃嘆曰：「此上人極難酬對。」

5　時有俗官問：「法師何故不信禪法？」師云：「名相易解，至理難見。」

〔一〕三十二相：原作「二十二相」，據高麗大藏經補遺本校改。

6 有行者問：「『即心即佛』，那个是佛？」師云：「汝疑那个不是，指出看！」行者無對。師云：「達則遍境是，不悟則永乖踈。」

7 華嚴座主數人問：「禪師何不許『青青翠竹是法身，鬱鬱黃花是般若』？」師曰：「法身無像，對翠竹以成形；般若無知，對黃花而現相。非彼黃花、翠竹，而有般若、法身乎〔二〕？經云：『佛真法身，猶若虛空，應物現形，如水中月。』黃花若是般若，般若則同無情；翠竹若是法身，翠竹還同應物不？」大德數人杜口無言。

傳記

祖源通錄撮要卷二、祖庭事苑卷七、隆興編年通論卷一九、施宿嘉泰會稽志卷一五人物、佛祖歷代通載卷一四、閩書卷一三七、蕭良幹等（萬曆）紹興府志卷四八仙釋、徐象梅兩浙名賢錄外錄卷四、俞卿等（康熙）紹興府志卷五六仙釋、李亨特等（乾隆）紹興府志卷六九仙釋、謝旻等（雍正）江西通志卷一〇三仙釋、嵇曾筠等（雍正）浙江通志卷二〇〇仙釋、沈瑜慶福建通志福建高僧傳卷一。

著作

頓悟入道要門論一卷、諸方門人參問語錄一卷、越州大珠慧海和尚語（景德傳燈録卷二八）。

頓悟要門（宇井伯壽校注並日譯，岩波文庫，一九三八年）。

〔二〕乎：景德傳燈錄無此字；諸方門人參問語錄作「也」。

頓悟要門（平野宗淨校注並日譯，筑摩書房，一九七〇年）。

Blofeld, John, *The Zen Teaching of Instantaneous Awakening*, Leicester: Sidgwick & Jackson for the Buddhist Soceity, 1987(Complete translation; English).

Peterman, Scott Dennes: *The Legent of Huihai*, Unpublished Ph. D. dissertation, Stanford University, 1986.

資料

1 景德傳燈錄卷六、五燈會元卷三。

2 宗鏡錄卷九八、景德傳燈錄卷二八、傳燈玉英集卷一四、聯燈會要卷五、諸方門人參問語錄第一一則。

3 景德傳燈錄卷二八、傳燈玉英集卷一四、諸方門人參問語錄第一二則。

4 景德傳燈錄卷六、傳燈玉英集卷三、聯燈會要卷五、五燈會元卷三、諸方門人參問語錄第三則、大光明藏卷上。

5 景德傳燈錄卷二八、諸方門人參問語錄第二八則。

6 景德傳燈錄卷六、傳燈玉英集卷三、五燈會元卷三、諸方門人參問語錄第四則。

7 景德傳燈錄卷二八、諸方門人參問語錄第一四則。

一六五　百丈政和尚生卒年未詳

1 百丈政和尚嗣馬大師，在江西。未覩行録，不决化緣始終。

2 師向僧道：「汝與我開田了，為汝説大義。」僧云：「開田了，請師説大義。」師乃展開兩手。

3 有老宿見日影透過窗，問：「為復窗就日，為復日就窗？」師云：「長老房内有客，且歸去好。」

碑銘

武翊黄撰、柳公權正書唐涅槃和尚碑（殘，見金石録卷九；即柳公權百丈山法正禪師碑銘，全唐文卷七一三）。

著作

政百丈録（佚，見祖庭事苑卷二）、頌一首（宗鏡録卷九八）。

考證

林間録卷下：「百丈山第二代法正禪師，大智之高弟。其先嘗誦涅槃經，不言姓名，時呼爲涅槃和尚。住成法席，師功最多。使衆開田方説大義者，乃師也。黄蘗、古靈諸大士皆推尊之。唐文人武翊黄撰其碑甚詳，柳公權書妙絶古今。而傳燈所載百丈惟政禪師，又係於馬祖法嗣之列，誤矣。及觀正宗記，則有惟政、法正，然百丈第代可數，明教但皆見其名，不能辨而俱存也。今當以柳碑爲正。」元延祐本景德傳燈録沿襲林間録關於惟政、法正、涅槃和尚爲一人並爲百丈二世之説，把原卷六列在馬祖下的惟政章移録到卷九百丈之下爲百丈涅槃和尚章並詳加註釋。進而鈴木哲雄在其唐五代の禪宗——湖南江西篇（大東出版社，一九八四年）裏考證法正禪師碑與唐涅槃和尚碑名異實同，惟政、法正、涅槃和尚爲同一人即百丈二世。但如根據祖堂集，被稱爲第二百丈的涅槃和尚與嗣馬祖的百丈政和尚並非同一人。因而涅槃和尚（法正）與百丈政是否同一人仍存疑問。

資料

2 景德傳燈錄卷六、宗門統要卷三、聯燈會要卷五、禪門拈頌集卷八、大光明藏卷上、五燈會元卷四百丈涅槃章。

3 景德傳燈錄卷六、宗門摭英集卷上百丈懷海章、大光明藏卷上、五燈會元卷三。

一六六 杉山和尚 智堅，生卒年未詳

1 杉山和尚嗣馬大師，在池州。師諱智堅，未覩實録，不決化緣始終。

2 雲嵒見月，問師：「太好月。」師云：「還照也無？」雲嵒佉却頭。

3 師在南泉，造第一座。南泉收生次〔一〕，云：「生〔二〕。」師云：「無生。」泉云：「無生猶是末。」南泉行五六步。師召云：「長老！」南泉廻頭云：「作摩？」師云：「莫道是末。」

後有人拈問順德：「南泉道『生』，意作摩生？」順德云：「急水行舟。」「杉山道『無生』，意作摩生？」德云：「風若不来，樹亦不動。」「『無生猶是末』，意作摩生？」德云：「磨鋒捺刃，汝且作摩生廻避？」「喚南泉，意作摩生？」德云：「要舉勝令，別旋行持〔三〕。」「南泉廻

〔一〕生：景德傳燈錄等並作「生飯」。
〔二〕生：宗門統要作「生呢」；聯燈會要、五燈會元作「生聻」。
〔三〕旋：原作「旋」，「旋」俗字；疑爲「施」字之訛。

頭，意作摩生？」德云：「象王廻旋，師子嚬呻。」「『莫道是末』，意作摩生？」德云：「妙个出身，古今罕有。」

安國拈問明上座：「古人當無生？不當無生？」對曰：「不當無生。」安國云：「杉山意作摩生？」明上座無對。明真大師代云：「汝試舉看！」

4 師與南泉向火次，南泉問師〔一〕：「不用指東指西，本分事直下道将来。」師便把火筯放下。南泉云：「饒你与摩，猶較王老師一綫道。」南泉又問趙州。趙州以手作圓相，中心一點。泉云：「饒你与摩，猶教王老師一線道。」

雲門聞舉云：「南泉只是步步登高，不解空裏放下。」

5 問：「如何是本来身？」師云：「舉世不相似。」

6 師提起蕨菜，問南泉：「這个太好供養？」南泉云：「非但這个，百味珎羞他亦不顧〔二〕。」師云：「雖然如此，个个惣須償他始得〔三〕。」

〔一〕問：原作「間」。

〔二〕羞、「饈」古今字。

〔三〕償他：景德傳燈錄、傳燈玉英集作「嘗他」，宗門統要、聯燈會要等作「嘗過」。

傳記

李思恭等(萬曆)池州府志卷七通考、劉權之等(乾隆)池州府志卷五八方外、釋德清等盧山歸宗寺志卷二雜志機緣考。

著作

政百文録(佚,見祖庭事苑卷二)。

資料

1 祖庭事苑卷七。
3 景德傳燈録卷六、宗門統要卷三、聯燈會要卷五、大光明藏卷上、五燈會元卷三。
4 景德傳燈録卷八南泉章、宗門統要卷三南泉章、聯燈會要卷四南泉章、五燈會元卷三南泉章、雲門廣錄卷中、宗門圓相集。
5 景德傳燈錄卷六、傳燈玉英集卷三、聯燈會要卷五、五燈會元卷三。
6 景德傳燈錄卷六、傳燈玉英集卷三、宗門統要卷三、聯燈會要卷五、禪門拈頌集卷七、大光明藏卷上、五燈會元卷三。

一六七　茗溪和尚 道行,七五二—八二〇

1 茗溪和尚嗣馬大師。未覩行録,不决化緣始終。

2 問：「如何是修行路？」師云：「好个阿師，莫作客〔二〕！」僧云：「畢竟如何？」師云：「安置則不敢〔三〕。」

3 師有時云：「吾有大病，非世所醫。」

有人問先曺山：「古人有言：『吾有大病，非世所醫。』未審喚作什摩病？」曺山云：「攢簇不得底病。」僧云：「一切衆生還有此病也無？」曺山云：「人人盡有。」僧云：「一切衆生為什摩不病？」山云：「衆生若病，則非衆生。」僧云：「和尚還有此病也無？」山云：「正覓起處不可得。」僧云：「未審諸佛還有此病也無？」山云：「有。」進曰：「既有，為什摩不病？」山云：「為伊惺惺。」

4 問：「如何是正修行路？」師云：「涅槃後有。」僧云：「如何是涅槃後有？」師云：「無洗面。」僧云：「學人不會。」師云：「無面可洗。」

傳記

宋高僧傳卷二〇。

〔二〕莫作客：景德傳燈錄等並作「莫客作」。

〔三〕不敢：景德傳燈錄等並作「不堪」。

考證

宋高僧傳卷二〇有唐澧州開元寺道行傳，景德傳燈錄、五燈會元並作「澧州茗溪道行禪師」，可定二者爲同一人。

資料

2 景德傳燈錄卷六、五燈會元卷三。

3 景德傳燈錄卷六、宗門統要卷三、聯燈會要卷五、大光明藏卷上、五燈會元卷三。

4 景德傳燈錄卷六、大光明藏卷上、五燈會元卷三。

一六八　石鞏和尚 慧藏，生卒年未詳

1 石鞏和尚嗣馬大師，在撫州。師諱慧藏。

2 未出家時，趁鹿從馬大師庵前過，問：「和尚還見我鹿過摩？」馬大師云：「汝是什摩人？」對云：「我是獵人。」馬師云：「汝解射不？」對云：「解射。」馬師云：「一箭射幾个？」對曰：「一箭射一个。」馬師云：「汝渾不解射。」進曰：「和尚莫是解射不？」馬師云：「我解射。」進曰：「一箭射幾个？」師云〔一〕：「一箭射一群。」師云：「彼此生命，何得射他？」師云：「汝既

〔一〕「師」前疑脫「馬」字。下每隔句「師云」同。

知如此，何不自射？」師曰：「若教某甲自射，無下手處。」師云：「者漢無明煩惱一時頓消。」師當時拗折弓箭，將刀截髮，投師出家。

3 師後因一日在廚作務次，馬師問：「作什摩？」對云：「牧牛。」馬師曰：「作摩生牧？」對曰：「一迴入草去，便把鼻孔拽來。」馬師云：「子真牧牛！」

4 師問西堂：「你還解捉得虛空摩？」西堂云：「捉得。」師云：「作摩生捉？」西堂以手撮虛空勢。師云：「与摩作摩生捉得虛空？」西堂却問師：「作摩生捉？」師便把西堂鼻孔拽著。西堂作忍痛聲，云：「太殺拽人鼻孔，直得脫去！」師曰：「直須与摩捉他虛空始得。」

5 有時僧參次，師云：「適来什摩處去来？」對云：「在。」師曰：「在什摩處？」僧彈指而對。

6 有僧礼拜師，師云：「從什摩處来？」對曰：「某處来。」師云：「還将得郍个来摩？」對云：「將得来。」師云：「在什摩處？」僧彈指兩三下。

7 三平和尚參師。師架起弓箭，叫云：「看箭！」三平擗開胷受。師便拋下弓箭，云：「三十年在者裏，今日射得半个聖人。」三平住持後云：「登時将謂得便宜，如今看却輸便宜。」

石門拈問明真：「作摩生道，即得免被喚作半个聖人？」明真便喝云：「這野狐情〔二〕！」石門云：「委得，也莫弄好手。」

〔二〕 情，「精」通。

8

師有弄珠吟曰：

「落落明珠耀百千，森羅万像鏡中懸〔二〕，
光透三千越大千，四生六類一靈源。
凡聖聞珠誰不羨，瞥起心求渾不見，
對面看珠不識珠，尋珠逐物當時變。
千般万般況珠喻，珠離百非超四句，
只這珠生是不生，非為無生珠始住。
如意珠，大圓鏡，亦有人中喚作性，
分身百億我珠分，無始本淨如今淨。
日用真珠是佛陁，何勞逐物浪波波，
隱現則今無二相，對面看珠識得摩？」

傳記

謝旻等（雍正）江西通志卷一〇四仙釋。

〔二〕羅：原作「蘿」。

2 景德傳燈錄卷六、傳燈玉英集卷三、祖源通錄撮要卷二、宗門統要卷三、正法眼藏卷下、聯燈會要卷五、禪門拈頌集卷八、大光明藏卷上、五燈會元卷三、馬祖語録。

3 景德傳燈錄卷六、傳燈玉英集卷三、祖源通錄撮要卷二、聯燈會要卷五、禪門拈頌集卷八、大光明藏卷上、五燈會元卷三。

4 景德傳燈錄卷六、傳燈玉英集卷三、聯燈會要卷五、大光明藏卷上、五燈會元卷三。

5 景德傳燈錄卷六、大光明藏卷上、五燈會元卷三。

6 景德傳燈錄卷六、大光明藏卷上。

7 景德傳燈錄卷一四三平章、宗門統要卷三、碧巖錄第八一則本則評唱、聯燈會要卷五、禪門拈頌集卷八、大光明藏卷上、五燈會元卷五三平章。

8 宗鏡錄卷一一。

一六九　紫玉和尚道通，七三一—八一三

1 紫玉和尚嗣馬大師，在襄陽。師諱道通，未覩實録，不決生緣。

2 襄陽廉帥于頔相公處分界内〔二〕，凡有行脚僧捉送，無有一僧得命便殺，如是得無數。師聞此

〔二〕于頔：原作「于迪」，本章下同。于頔貞元十四年任襄州刺史充山南東道節度使。已見前卷四藥山和尚章。

消息，欲得去相公處。衆中覓人随師，近有十来人。師領十人，恰到界首，十人怕，不敢進。師猶自入界內。軍人見師来，便捉，著枷送上。師著枷到門外，著納衣，便上廳。相公按釼大坐，便云：「咄！這阿師，還知道襄陽莭度使斬斫自由摩〔一〕？」師云：「還知道法王不懼生死摩？」相公云：「和尚頭邊還有耳摩？」師云：「眉目無障㝵。貧道与相公相見，有何障㝵？」相公便抛却釼，著公衣服，便礼拜，問：「承教中有言：『黑風吹其舡舫，漂墮羅刹鬼國。』此意如何？」師便喚：「于頔！」相公顏色變異。師曰：「羅刹鬼國不遠在。」

3　又問：「如何是佛？」師喚：「于頔！」相公應喏。師云：「更莫別求。」相公言下大悟，便礼為師。

有人舉似藥山，藥山云：「縛殺者个漢〔二〕！」僧便問：「和尚如何？」藥山云：「是什摩？」

4　僧問：「如何出三界？」師云：「你在裏許多少時？」僧云：「如何得出離去？」師云：「青山不㝵白雲飛。」

〔一〕唐無襄陽節度使，參見前注。「自由」，原爲破字，據高麗大藏經補遺本校定。
〔二〕縛：本書卷第四藥山和尚章作「搏」。

碑誌

李渤紫玉山禪師碑（佚，見金石錄卷九）。

傳記

宋高僧傳卷一〇、傳法正宗記卷七、六學僧傳卷六。

資料

2 圜悟語錄卷一三、景德傳燈錄卷六、傳燈玉英集卷三、宗門摭英集卷上、宗門統要卷三、聯燈會要卷五、五燈會元卷三。

3 本書卷第四藥山和尚章、景德傳燈錄卷六、傳燈玉英集卷三、宗門統要卷三、正法眼藏卷上、聯燈會要卷五、五燈會元卷三。

4 景德傳燈錄卷六、傳燈玉英集卷三、宗門摭英集卷上、祖源通錄撮要卷二、五燈會元卷三。

一七〇 南源和尚 道明，生卒年未詳

1 南源和尚嗣馬大師，在袁州。師諱道明。

2 洞山初到南源，便上法堂次。師纔望見洞山，便云：「已相見了也，不用更上来。」洞山便歸堂。又去和尚處，便問：「適来道『已相見了也』，什摩處是与某甲相見處？」師云：「心心不間断，流入於性海。」洞山云：「洎錯放過！」洞山五日後辞師。師云：「有事囑闍梨，得摩？」洞山便礼拜，云：「有什摩事？」師云：「多學佛法，廣作利益。」洞山問：「多學佛法即不問，如何是廣作利

益？」師云：「一物也不為即是。」洞山便住兩年矣。

資料

2 景德傳燈錄卷六、傳燈玉英集卷三、宗門摭英集卷上、宗門統要卷三、聯燈會要卷五、五燈會元卷三、洞山録。

一七一　百丈和尚懷海，七四九—八一四〔一〕

1 百丈和尚嗣馬大師，在江西。師諱懷海，福州長樂縣人也，姓黃〔二〕。

2 童年之時，随母親入寺礼佛，指尊像問母：「此是何物？」母云：「此是佛。」子云：「形容似人，不異於我。後亦當作焉。」自後為僧，志慕上乘，直造大寂法會。大寂一見，延之入室。師密契玄関，更無他往。

3 師平生苦節高行，難以喻言。凡日給執勞，必先於衆。主事不忍，密收作具而請息焉。師云：「吾無德，争合勞於人？」師遍求作具，既不獲，而亦忘喰。故有「一日不作，一日不食」之言流播寰宇矣。

〔一〕陳垣釋氏疑年錄卷四：「唐元和九年卒，年九十五（七二〇—八一四）。佛祖通載作元和七年卒，全唐文載陳詡撰塔銘，作年六十六，今據宋僧傳十、景德錄六。」

〔二〕塔銘作「太原王氏」；四家語錄、五燈會元亦作「姓王」。

4 有僧哭入法堂。師云：「作麼？作麼？」僧對曰：「父母俱喪，請師擇日。」師云：「且去，明日来，一時埋却。」

5 師謂衆曰：「我要一人傳語西堂，阿誰去得？」五峯對云：「某甲去。」師云：「作麼生傳語？」對云：「待見西堂即道。」師云：「道什麼？」對云：「却来説似和尚。」

6 師見潙山，因夜深来參次。師云：「你与我撥開火。」潙山云：「無火。」師云：「我適来見有。」自起来撥開，見一星火，夹起來云：「這个不是火，是什麼？」潙山便悟。

7 師與潙山作務次，師問：「有火也無？」對云：「有。」師云：「在什麼處？」潙山把一枝木，吹兩三下，過与師。師云：「如虫喰木。」

8 問：「如何是佛？」師云：「汝是阿誰？」對云：「某甲。」師云：「汝識某甲不？」對云：「分明个。」師竪起拂子，云：「汝見拂子不？」對曰：「見。」師便不語。

9 有一日普請次，有一僧忽聞鼓聲〔一〕，失聲大笑，便歸寺。師曰：「俊哉！俊哉！此是觀音入理之門。」師問其僧：「適来見什麼道理，即便大笑？」僧對曰：「某甲適来聞鼓聲動，得歸喫飯，所以大笑。」師便休。

〔一〕 忽：原作「怱」。

長慶代曰：「也是因齊慶讚〔一〕。」

10 問：「『依經解義，三世佛怨〔二〕；離經一字，即同魔説』如何？」師云：「固守動用，三世佛怨；此外别求，即同魔作〔三〕。」

11 僧問西堂：「有問有荅則不問，不問不荅時如何？」荅曰：「怕爛却那？作摩？」師聞舉云：「從来疑這個老漢。」僧云：「請師道。」師云：「一合相不可得。」

12 師教僧：「去章敬和尚處，見他上堂説法次，礼拜起来，收他一隻履，以袖拂上塵，倒頭覆下。」其僧去到，一一依前師指。章敬云：「老僧罪過。」

13 師行脚時到善勸寺〔四〕，欲得看經。寺主不許，云：「禪僧衣服不得淨潔，恐怕汚却經典。」師求看經志切，寺主便許。師看經了，便去大雄山出世。出世後，供養主僧到善勸寺，相看寺主。寺主問：「離什摩處？」對曰：「離大雄山。」寺主問：「什摩人住？」對曰：「恰似和尚行脚時在當寺看經。」寺主曰：「莫是海上座摩？」對曰：「是也。」寺主便合掌：「某甲實是凡夫，當時不識他人天善知識。」又問：「来這裏為个什摩事？」對曰：「著疏。」寺主自行疏，教化一切了，供養主相共上

〔一〕齊、「齋」通。

〔二〕怨、「寃」通。天聖廣燈録等作「寃」。祖庭事苑卷二：「祖佛怨：怨當作寃，於袁切，屈也。怨，於願切，恚也，非義。」

〔三〕作：景德傳燈録等並作「説」。

〔四〕脚：原作「却」；本章下同。

百丈。師委得這个消息，便下山来迎接歸山。一切了後，請寺主上禪牀〔一〕：「某甲有一段事，要問寺主。」寺主推不得，便昇座。師問寺主：「正講時作摩生？」主云：「如金盤上弄珠。」師云：「拈却金盤時，珠在什摩處？」寺主無對。又問：「教中道：『了了見佛性，猶如文殊等。』既是了了見佛性，合等於佛，為什摩却等文殊？」又無對。因此便被納學禪，号為涅槃和尚，便是第二百丈也。

14 師有一日夜深睡次，忽然便覺，欲得喫湯。然侍者亦是睡，喚不得。非久之間，有人敲門喚侍者，云：「和尚要喫湯。」侍者便起煎湯，来和尚處。和尚便驚問：「阿誰教你与摩煎湯来？」侍者具陳前事。師便彈指云：「老僧終不解修行。若是解修行人，人不覺，鬼不知。今日之下，被土地覷見我心識，造与摩次第。」

15 師見雲嵒，便提起五指云：「何个而也〔二〕？」雲嵒云：「非也。」師云：「豈然乎？」

16 師有一日法堂裏坐，直到四更。當時侍者便是雲嵒和尚也，三度来和尚身邊侍立。第三度来，和尚驀底失聲便唾。侍者便問：「和尚適来有什摩事唾？」師云：「不是你境界。」侍者云：「啓師：某甲是和尚侍者，若不与某甲說〔三〕，為什摩人說？」師云：「不用問。不是你問底事，兼不

〔一〕上：原作「一」，當是破字，據高麗大藏經補遺本校定。
〔二〕而：疑通「尔」字。
〔三〕与：原爲破字，據高麗大藏經補遺本校定。

是老僧説底事。」侍者云：「啓師：百年後要知，乞和尚慈悲。」師云：「苦殺人！老漢未造人在。適来忽然憶著菩提、涅槃，所以与摩唾。」侍者云：「啓師：若也如此，如許多時，因什摩説菩提、涅槃、了義、不了義？」師云：「分付不著人，所以向你道：不是你問底事，兼不是你境界。」

17 師垂語云：「併却咽喉脣吻，速道將来！」有人云：「學人道不得，却請師道。」師曰：「我不辝向你道，已後欺我兒孫〔二〕。」雲嵒對曰：「師今有也。」師便失聲云：「喪我兒孫！」

18 師垂語云：「見河能漂香象。」僧便問：「師見不？」師云：「見。」僧云：「見後如何？」師云：「見見無二〔三〕。」僧云：「既言見見無二，不以見見於見。若見更見，為前見？為後見？」師云：「『見見之時，見非是見；見猶離見，見不能及』。」

19 師垂語云：「古人擧一手，竪一指：『是禪？是道？』此語繫縛人，無有住時。假饒不説，亦有口過。」

怤上座拈問翠嵒：「既不説，為什摩却有口過？」翠嵒云：「只為不説。」怤上座便撤。隔兩日，翠嵒却問怤上座：「前日与摩祇對，不稱上座意旨，便請上座不捨慈悲，曲垂方便：既不

〔二〕已：原爲破字，據原版辨認寫定。

〔三〕見見無二：宗鏡錄、天聖廣燈錄作「見無二」；下同。

說，為什麼却有口過〔一〕？」上座舉起手。翠嵓五躰投地礼拜，出聲啼哭。

20 師教侍者問第一座：「實際理地不受一塵，佛事門中不捨一法，是了義教裏收？是不了義教裏收？」第一座云：「是了義教裏收。」侍者却来舉似和尚。和尚便打侍者，趂出院。

21 問：「如何是大乘入道頓悟法？」師荅曰：「汝先歇諸縁，休息万事，善与不善、世間一切諸法並皆放却〔二〕，莫記憶，莫緣念，放捨身心，令其自在。心如木石，口無所辯，心無所行。心地若空，慧日自現，猶如雲開日出相似。俱歇一切攀緣〔三〕，貪、嗔、愛、取，垢淨情盡，對五欲八風〔四〕，不被見聞覺知所縛，不被諸境惑，自然具足，神通妙用，是解脫人。對一切境，心無靜乱，不攝不散，透一切聲色，無有滯㝵〔五〕，名為道人。但不被一切善惡、垢淨、有為世間福智拘繫，即名為佛慧。是非、好醜、是理非理，諸知見惣盡，不被繫縛，處處自在，名為初發心菩薩，便登佛地。一切諸法〔六〕，本不自言空，不自言色，亦不言是非、垢淨，亦無心繫縛人。但人自虛妄計著，作若干種解，起若干種知見。若垢淨心盡，

〔一〕口：原空缺，據高麗大藏經補遺本校補。
〔二〕世間：景德傳燈錄等並作「世出世間」。
〔三〕俱：四家語錄、五燈會元作「但」。
〔四〕四家語錄、五燈會元「風」下有「不動」二字。
〔五〕㝵：原爲破字，據高麗大藏經補遺本校定。
〔六〕「一切諸法」至「如門開合相似」一百十五字四家語錄別作一則。

不住繫縛，不住解脱，無一切有為、無為解，平等心量〔一〕，處於生死，其心自在。畢竟不與虛幻塵勞、蘊界、生死諸入和合，迥然無寄，一切不拘，去留無㝵，往来生死，如門開合相似。若遇種種苦樂〔二〕、不稱意事，心無退屈，不念名聞、衣食，不貪一切功德利益，不与世法之所滯〔三〕。心雖親愛苦樂〔四〕，不干於懷，麁食接命，補衣寒暑，兀兀如愚如聾相似，稍有相親分。於生死中廣學知解，求福求智，於理無益，却被知解境風漂却，歸生死海裏。佛是無求人，求之則乖；理是無求理，求之則失。若取於無求，復同於有求。此法無實亦無虛。若能一生心如木石相似，不為陰界、五欲、八風之所漂溺，則生死因断，去住自由，不為一切有為因果所縛，他時還与無縛身同利物，以無縛心應一切，以無縛慧解一切縛，亦能應病与藥。」

22 問：「如今受戒，身口清淨，已具諸善，得解脱不？」師荅曰：「小分解脱，未得心解脱，未得一切解脱。」問：「如何是心解脱？」師荅曰：「不求佛，不求知解，垢淨情盡，亦不守此無求為是。亦不住盡處，亦不畏地獄縛，不愛天堂樂，一切法不拘，始名為解脱無㝵。即身心及一切皆名解脱。汝莫言有小分戒善，将為便了。有恒沙無漏戒、定、慧門，都未涉一毫在。努力猛作，早与！莫待耳聾眼

〔一〕「無一切」二句：宗鏡録作「無一切有爲、無爲、縛脱等心量」。
〔二〕「若遇種種苦樂」至「應病與藥」二百二字四家語録別作一則。
〔三〕与：景德傳燈録等並作「爲」；「滯」作「滯礙」。
〔四〕愛：景德傳燈録、傳燈玉英集、聯燈會要等並作「受」。

暗，頭白面皮皺，老苦及身，眼中流淚，心中憧惶，未有去處。到与摩時，整理脚手不得，縱有福智多聞，都不相救。為心眼未開，唯緣念諸境，不知返照，復不見道，一生所有惡業悉現於前，或忻或怖，六道、五蘊現前盡見。嚴好舍宅、舟舡、車轝，光明現赫〔一〕，為縱自心貪愛，所見悉變為好境，隨所見重處受生，都無自由分。龍畜良賤，亦捻未定。」

23 問：「如何得自由？」師荅曰：「如今對五欲、八風，情無取捨，垢淨俱亡。如日月在空，不緣而照，心如木石；亦如香象截流而過，更無疑滯。此人天堂、地獄不能攝也。」

24 又云：「讀經看教，語言皆須宛轉歸就自己。但是一切言教，只明如今鑒覺性〔二〕。自己但不被一切有無諸境轉，是故道師〔三〕；能照破一切有無境法，是金剛印〔四〕，有自由獨立分。若不能任摩得，縱令誦得十二圍陁經，只成增上慢，却是謗佛，不是修行。讀經看教，若准世間是好善事〔五〕；若向理明人邊數〔六〕，此是壅塞人。十地之人不脫去〔七〕，流入生死河。但不用求覓知解語義句。知解

〔一〕現，「顯」通。景德傳燈錄等並作「顯」。

〔二〕鑒覺性：景德傳燈錄、聯燈會要作「覺性」；百丈廣錄、五燈會元作「鑒覺自性」。

〔三〕故：百丈廣錄、五燈會元作「汝」；道，「導」通。

〔四〕印：景德傳燈錄、聯燈會要等作「即」；百丈廣錄、五燈會元作「慧即」。

〔五〕准：原字左旁殘，據景德傳燈錄等校定；高麗大藏經補遺本作「唯」。

〔六〕理明人：景德傳燈錄等作「明理人」。

〔七〕不脫去：景德傳燈錄等作「脫不去」。

屬貪，貪變成病。只如今俱離一切有無諸法〔一〕，透過三句外，自然与佛無差。既自是佛，何慮佛不解語？只恐不是佛，被有無諸法轉〔二〕，不得自由。是以理未立，先有福智載去，如賤使貴。不如於理先立，後有福智，臨時作得，捉土為金，變海水為穌酪，破須弥山為微塵，於一義作無量義，於無量義作一義。」

25 自餘化緣終始，備陳實録。勑謚大智禪師、大寶勝之塔〔三〕。

碑銘　陳詡唐洪州百丈山故懷海禪師塔銘並序（敕修百丈清規卷六、全唐文卷四四六）。

傳記　宋高僧傳卷一〇、傳法正宗記卷七、釋慧洪潭州白鹿山靈應禪寺大佛殿記（石門文字禪卷二一）、林間錄卷上、下、林間後録百丈大智禪師真贊并序、祖庭事苑卷二、七、隆興編年通論卷二一、釋門正統卷八、釋氏通鑑卷一〇、佛祖歷代通載卷一五、六學僧傳卷六、郎瑛七修類稿卷三四、閩書卷一三六、宗統編年卷一一、一二、葉舟等（康熙）南昌郡乘卷四一仙釋、釋行海金山志略卷一祖堂法系、徐景熹等（乾隆）福州府志卷七一釋老、曾國藩

〔一〕俱：景德傳燈録等作「但」。
〔二〕轉：百丈廣錄、五燈會元作「縛」。
〔三〕景德傳燈錄、五燈會元作「塔曰大寶聖輪」，天聖廣燈錄、四家語錄作「塔曰大聖寶輪」。

等(光緒)江西通志卷一七八仙釋、林墨翰沙京龍泉寺志存今第四、沈瑜慶福建通志福建高僧傳卷一、吳振藩金峨寺志卷四。

著作

百丈廣錄(天聖廣燈錄卷九、四家語錄卷三、永樂大典卷一一九〇四)、洪州百丈山大智禪師語錄(四家語錄卷二)、百丈懷海語錄(古尊宿語錄卷一、二)、禪門規式一卷(佚,景德傳燈錄卷六、新唐書卷五九藝文志三)。無著道忠撰敕修百丈清規左觿二十卷(禪學叢書八,中文出版社,1977)。

Yi ,T'ao —t'ien, *Records of the Life of C'han Master Pai—Chang Huai—hai* in: *Eastern Buddhist* ,1975 May, vol. Ⅷ, No. 1, pp. 42—73 (Partial translation, English)

Cleray, Thomas, *Saying and Doings of Pai—chang, Ch'an Master of Great Wishdom*, Los Angers, Center Publication, 1979 (Partial translation, English).

Wang, L, *L'illumination subite* in: *Tch'an Zen*: *Racines et floraisons* (Hermès: Recherches sur l'expérience spirituelle, Nouvelle série vol. Ⅳ). Paris: Deux Océans, 1985, pp. 210—217(Partial translation, English).

Foulk, Theodore Griffith, *Translation of the Ch' an—men kuei—shih* in: *The "Ch'an School" and its place in the Buddhist Monastic Tradition*, Unpublished dissertation, University of Michigan 1978(Partial Translation, English).

資料

2 天聖廣燈錄卷八、四家語錄卷二、五燈會元卷三。

3 天聖廣燈録卷八、林間録卷上、四家語録卷二、五燈會元卷三。

4 景德傳燈錄卷六、汾陽語錄卷中頌古第三八則、天聖廣燈錄卷八、宗門摭英集卷上、四家語錄卷二、拈八方珠玉集卷中、聯燈會要卷四、五燈會元卷三、大光明藏卷上。

5 10 景德傳燈錄卷六、天聖廣燈錄卷八、四家語錄卷二、聯燈會要卷四、五燈會元卷三。

6 宗鏡錄卷九八、景德傳燈錄卷九潙山章、傳燈玉英集卷五潙山章、天聖廣燈錄卷八、祖源通錄撮要卷二潙山章、宗門統要卷四潙山章、正法眼藏卷中、聯燈會要卷七潙山章、禪門拈頌集卷九潙山章、五燈會元卷九潙山章。

7 景德傳燈錄卷六、天聖廣燈錄卷八、祖源通錄撮要卷二、四家語錄卷二、宗門統要卷四潙山章、正法眼藏卷中、聯燈會要卷七潙山章、五燈會元卷九潙山章。

8 景德傳燈錄卷六、天聖廣燈錄卷八、四家語錄卷二、五燈會元卷三。

9 景德傳燈錄卷六、天聖廣燈錄卷八、四家語錄卷二、宗門統要卷三、聯燈會要卷四、五燈會元卷三。

11 景德傳燈錄卷六、宗門摭英集卷上、四家語錄卷二、宗門統要卷三西堂章、聯燈會要卷五西堂章、五燈會元卷三。

12 景德傳燈錄卷七章敬章、天聖廣燈錄卷八、四家語錄卷二、聯燈會要卷四章敬章、禪門拈頌集卷八章敬章、五燈會元卷三章敬章。

17 景德傳燈錄卷六、傳燈玉英集卷三、天聖廣燈錄卷八、雪竇頌古第七二、七三、七四則、四家語錄卷二、宗門統要卷三、聯燈會要卷三、禪門拈頌集卷六、五燈會元卷三。

18 宗鏡錄卷九八、百丈廣錄。

19 百丈廣錄。

21 宗鏡錄卷七八、景德傳燈錄卷六、傳燈玉英集卷三、祖源通錄撮要卷二、四家語錄卷三、聯燈會要卷四、五燈會元卷三。

22 23 景德傳燈錄卷六、傳燈玉英集卷三、四家語錄卷三、聯燈會要卷四、五燈會元卷三。

24 景德傳燈錄卷六、傳燈玉英集卷三、百丈廣錄、聯燈會要卷四、五燈會元卷三。

25 陳詡塔銘、宋高僧傳卷一〇、景德傳燈錄卷六、天聖廣燈錄卷八、四家語錄卷三、五燈會元卷三。

一七二　魯祖和尚寶雲，生卒年未詳

1 魯祖和尚嗣馬大師，在池州。師諱寶雲。機格玄峻，學徒来參，面壁而坐。

2 問：「如何是言不言〔一〕？」師云：「汝口在什麼處？」對云：「某甲無口。」師云：「將何喫茶飯？」

自後洞山代云：「他不飢，喫什麼？」

3 問：「如何是諸佛師？」師云：「頭上寶蓋生者不是？」僧云：「如何則是？」師云：「頭上無寶蓋。」

4 南泉和尚到，師便面壁而坐。南泉以手拍師背。師云：「你是阿誰？」泉云：「普願。」師

〔一〕言不言：宗門統要、聯燈會要等作「不言言」。

云：「如何？」泉云：「也尋常。」師云：「汝何多事！」

5 南泉有一日看菜園。南泉把石打園頭。僧迴頭看是師。其僧具威儀礼拜，便問：「和尚適来豈不是驚覺學人？」南泉便蹺足云：「驚覺則且置，任摩時作摩生？」其僧無對。

6 南泉教僧：「你去魯祖處。到彼中便有来由。」其僧辞南泉，便去魯祖處。師纔見僧来，便面壁坐。其僧不在意，却歸南泉。南泉問：「到魯祖處摩？」對曰：「到。」泉曰：「迴太速乎？」對曰：「魯祖和尚纔見某甲，便面壁坐，所以轉来。」南泉便云：「王老僧初出世時，向你諸人道：『向佛未出世時躰會。』尚自不得一个半个。是伊与摩驢年得一個半个摩？」

安國和尚拈問雲居：「魯祖過在什摩處，被南泉呵責？」雲居便呵。安國出聲啼哭。雲居云：「却成讚嘆。」安國從此止哭。

保福拈問長慶：「魯祖有什摩切峻處，招得南泉此語？」長慶云：「退己進於人，万中無一個。」長慶舉此因緣云：「他家面壁坐，有个摸索處。忽然堂堂底坐，你向什摩處摸索？」

僧問龍泉：「只如怡山与摩道，意作摩生？」泉云：「持聾得噁。」

傳記

傳法正宗記卷七、李思恭等（萬曆）池州府志卷七通考、劉權之等（乾隆）池州府志卷五八方外。

資料

2 景德傳燈錄卷七、宗門統要卷三、聯燈會要卷五、禪門拈頌集卷六、五燈會元卷三。

3 景德傳燈錄卷七、五燈會元卷三。

4 景德傳燈錄卷七溈潭常興章、正法眼藏卷中、大慧語錄卷三、聯燈會要卷五溈潭常興章、五燈會元卷三溈潭常興章。

5 景德傳燈錄卷八南泉章、宗門統要卷三、聯燈會要卷三南泉章、禪門拈頌集卷七南泉章、五燈會元卷三南泉章。

6 景德傳燈錄卷七、宗門統要卷三、正法眼藏卷中、聯燈會要卷五、禪門拈頌集卷六、五燈會元卷三。

一七三 高城和尚 法藏，生卒年未詳

1 高城和尚嗣馬大師。師諱法藏。未覩行録，不決化緣終始。

2 師有歌行一首：

「古人重義不重金，曲高和寡勿知音，
今時志士還如此，語默動用跡難尋。
所嗟世上歧路者，終日崎嶇狂用心〔一〕，

〔一〕狂：疑爲「枉」字之譌。

平坦栴檀不肯取，要須登嶮訪椿林。
窮子捨父遠逃逝，却於本舍絶知音，
貧女宅中無價寶，却将秤賣他人金。
心無相，用還深，無常境界不能侵，
運用能随高与下，靈光且不是浮沉。
無相無心能運曜〔一〕，應聲應色随方照，
雖在方而不在方，任運高低惣能妙。
亦無頭，復無尾，靈光運運從何起，
只今起者便是心，心用明時更何尒〔二〕。
不居方，無處覓，運用無蹤復無跡，
識取如今明覓人〔三〕，終朝莫慢別求的。
懃心學，近藂林，莫將病眼認花針，

〔一〕宗鏡錄、禪門諸祖師偈頌此句作「無相心，能運耀」。
〔二〕尒：原作「你」，代詞，此句宗鏡錄作「心用明心心復爾」，禪門諸祖師偈頌作「心用明心復何爾」，據改。
〔三〕明覓人：禪門諸祖師偈頌作「明密人」。

説教本窮無相理，廣讀元来不識心。
了取心，識取境〔二〕，了心識境禪河靜，
但能了境便識心，万法都如闥婆影。
勸且學，莫為師，不用登高向下窺，
平源不用金剛鑽，劒刃之中錯下錐。
向前来，莫人我，山僧有曲無人和，
了空無相即法師，不用綾羅将作幡。
可中了，大希奇，大人幽邃不思議，
自家壞却真寶藏，終日從人乞布衣。
取境界，妄情生，只如水面一波成，
但能當境無情計，還同水面本来平。
應大軀，應小軀，運用只隨如意珠，
被毛戴角形雖異，能應之心躰不殊。
應眼時，若千日，万像不能逃影質，

〔二〕此二句宗鏡錄、禪門諸祖師偈頌作「識取心，了取境」，下「了心識境」作「識心了境」。

凡夫只是未曾覩，郁得自輕而退屈？
應耳時，若幽谷，大小音聲無不足，
什方鍾鼓一時鳴，靈光運運常相續。
應意時，絶分別，照燭森羅長不歇〔二〕，
透過山河石壁間，要且照時常寂滅。
境自虚，不須畏，終朝照燭無形對，
設使任持浮幻身，運用都無舌身意。」
師又集大乘經音義，流通海藏矣。

3

考證

據景德傳燈錄，馬祖道一弟子中名法藏者有三人，處州法藏見卷六標目，河中府法藏見卷七標目，廬山法藏見卷八標目，後者傳見宋高僧傳卷二〇，未知此高城法藏孰是。

著作

大乘經音義（佚，見本章）。

〔二〕羅：原作「蘿」。

2 宗鏡錄卷九、一八、四四、九八、心賦注卷四、禪門諸祖師偈頌卷上之下。

一七四　章敬和尚懷暉，七五六—八一五

1 章敬和尚嗣馬祖，在長安。師諱懷暉〔二〕，姓謝，泉州同安縣人也。

2 有僧持錫到〔三〕，繞師三匝，振錫而立。師云：「是，是。」其僧無對。長慶代云：「和尚佛法心何在？」此僧又到南泉，繞師三匝，振錫而立。南泉云：「不是，不是。風力所轉，終歸敗壞。」僧云：「章敬和尚向某甲道是，和尚因什麼道不是？」南泉云：「章敬則是，汝則不是。」長慶代云：「和尚是什麼心行？」

3 問：「心法滅時如何？」師云：「郢人無汚，徒勞運斤。」有人舉似洞山。洞山云：「雖然如此，須親近作家始得。」僧云：「此意如何？」洞山云：「須運斤始得。」僧云：「向什麼處運斤？」洞山云：「不到處。」

4 師到興善大徹禪師處。禪師問：「從什麼處来？」師云：「從天台来。」禪師云：「天台高

〔二〕暉：景德傳燈錄、宗門統要、聯燈會要等並作「惲」。

〔三〕有僧：汾陽語錄、宗門統要、聯燈會要等並作「麻谷」。

多少？」師云：「自看取。」

雲居進云：「盡眼看不見時又作麼生？」自代云：「異於世間。」

5 師契大寂宗教，緇儒奔趍法會，自以道響天庭，聞于鳳闕。元和初，奉徵詔對，位排僧録首座已下。聖上顧問，僧首對云：「僧依夏臈。」師當時六十夏，勑奉遷為座首，對聖上言論禪門法教，聖顔大悅，慇敬殊常，恩澤面臨，宣住章敬寺，大化京都，高懸佛日。都城名公、義學競集，擊難者如雲。師乃大震雷音，群英首伏，投針契意者得意忘言。

6 元和十三年戊戌歲十二月二十一日遷化〔二〕。勑謚大覺禪師、大寶光之塔〔三〕。長沙賈島碑銘曰：「實姓謝，稱釋子，名懷暉，未詳字。家泉州，安集里，無官品，有佛位。始丙申，終乙未。」

碑銘

權德輿故章敬寺百巖大師碑銘（權載之文集卷一八、文苑英華卷八六六、唐文粹卷六四、全唐文卷五〇一）、令

〔二〕此處卒年與下錄賈島銘不合；賈謂始丙申（至德元年，公元七五六），終乙未（元和十年，公元八一五），與權德輿碑、宋高僧傳相合，爲陳垣釋氏疑年錄所取。關於懷暉卒年諸書不同記載，詳陳書。

〔三〕據宋高僧傳「敕謚宣教禪師」；又集古錄跋尾卷九章敬寺百巖大師靈塔碑：「汴州刺史、宣武節度副大使令狐楚撰，吏部尚書鄭絪書。大師以元和中詔至京師章敬寺；長慶初，令狐楚請賜謚及塔名曰宣教，碑以太和三年立。」又據唐枝龔公山西堂敕謚大覺禪師重建大寶光塔碑銘，「大覺禪師」和「大寶光之塔」爲西堂智藏的謚號、塔名；本書和景德傳燈錄均記載西堂「敕謚宣教禪師、元和正真之塔」。本書記載二人謚號、塔名有所混淆。

狐楚章敬寺百巖大師靈塔碑（佚，見歐陽修集古錄跋尾卷九、寶刻叢編卷八）、賈島撰碑銘（佚，見本章）、智本百巖寺奉勑再修重建法堂記（唐文續拾卷八）。

傳記

賈島哭栢巖和尚（長江集卷三）、宋高僧傳卷一〇、傳法正宗記卷七、隆興編年通論卷二一、釋氏通鑑卷九、釋氏稽古略卷二、六學僧傳卷六、宗統編年卷一二、劉於義等（雍正）陝西通志卷六五仙釋、舒其紳等（乾隆）西安府志卷三七方外、懷蔭布等（同治）泉州府志卷六五釋衲、沈瑜慶福建通志福建高僧傳卷一。

著作

法師資傳（佚，見權德輿碑銘）。

資料

2 景德傳燈錄卷七、汾陽語錄卷中頌古第八則、宗門統要卷三麻谷章、聯燈會要卷四、禪門拈頌集卷六麻谷章、大光明藏卷上、五燈會元卷三。

3 參見景德傳燈錄卷七、聯燈會要卷四、大光明藏卷上、五燈會元卷三。

5 宋高僧傳卷一〇。

祖堂集卷第十四

祖堂集卷第十五

江西下卷第二曹溪第三代法孫

一七五　西堂和尚智藏，七三八—八一七〔一〕

1 西堂和尚嗣馬祖，在虔州〔二〕。師諱智藏。

2 有一秀才問曰：「有天堂、地獄不？」師云：「有。」又問曰：「有佛、法、僧寶不？」師云：「有。」秀才云：「但問處盡言有，和尚与摩道，莫是錯不？」師云：「秀才曾見什摩老宿？」秀才云：「曾見徑山和尚。」師云：「徑山向秀才作摩生説？」云：「説一切捴無。」師云：「秀才唯獨一身，還別有眷嘱不〔三〕？」對曰：「某甲有山妻，兼有兩顆血嘱。」師云：「徑山和尚還有妻不？」對曰：「他徑山和尚真素道人，純一無雜。」師呵云：「徑山和尚內外嚴護，理行相稱，道一切悉無即

〔一〕此據唐枝碑銘，宋高僧傳記載卒於元和九年（八一四）。
〔二〕虔：原作「虎」。
〔三〕嘱、「屬」通；下同。

得；公具足三界凡夫，抱妻養兒，何種不作，是地獄柤滓，因什摩道一切悉無？若似徑山，聽公道無。」秀才礼而懺謝焉。

3 馬祖遣師送書到國師處，在路逢見天使。天使遂留齋次，因驢啼，天使喚：「頭陁！」師乃舉頭。天使便指驢示師。師却指天使。天使無對。

4 又到國師處。國師問：「汝師說什摩法？」師從東邊過西邊立。國師云：「只者个，為當別更有不？」師又過東邊立。國師云：「這个是馬師底，仁者作摩生？」師云：「早个呈似和尚了也。」

5 師曾燒一僧，有一日現身覓命。師云：「汝還死也無？」對云：「死也。」師云：「汝既死，覓命者誰？」其僧遂不見。

6 自外未覩行録，不知終始。勑謚宣教禪師、元和正真之塔〔一〕。

碑誌

李渤唐大覺禪師塔銘（佚，見金石録卷九）、唐枝龔公山敕謚大覺禪師重建大寶光塔碑銘（歐陽輔集古求真續

〔一〕唐枝碑銘作「穆宗皇帝詔謚師曰大覺，塔曰大寶光」；宋高僧傳作「至長慶元年，謚大覺禪師云」。參閱卷一四章敬和尚章校記。

編卷五、贛州府志卷一六)。

傳記

李商隱唐梓州慧義精舍南禪院四證堂碑銘並序(樊南文集外編卷一〇、全唐文卷七八〇)、宋高僧傳卷一〇馬祖道一傳附傳、宗門摭英集卷上、傳法正宗記卷七、祖庭事苑卷七、釋氏通鑑卷九、六學僧傳卷六、董天錫等(嘉靖)贛州府志卷一二仙釋、徐象梅兩浙名賢錄外錄卷四、余文龍等(明)贛州府志卷一七仙釋、宗統編年卷一二、謝旻等(雍正)江西通志卷一〇五仙釋、魏瀛等(同治)贛州府志卷六〇仙釋。

資料

2 景德傳燈錄卷七、聯燈會要卷五、禪門拈頌集卷八、五燈會元卷三。
3 景德傳燈錄卷六百丈惟政章、宗門統要卷三、聯燈會要卷五、五燈會元卷三百丈惟政章。
4 景德傳燈錄卷七、聯燈會要卷三慧忠章、大光明藏卷上、五燈會元卷三。
5 宗門統要卷三。
6 唐枝碑銘、景德傳燈錄卷七、五燈會元卷三。

一七六　鵝湖和尚大義，七四六—八一八

1 鵝湖和尚嗣馬大師，在信州。師諱大義，衢州須江縣人也，姓徐。依年具戒，禪、律俱通。礼大寂於江西，一扣秘賾，廓然玄悟，契心于洪州。應緣次上都，孝文皇帝詔入內，諮請問道。

2 德宗朝麟德殿，大筵論義〔一〕。有人問：「心有也，曠劫而滯凡夫；心無也，刹那而登妙覺〔二〕。」師荅曰：「此乃梁武帝言。然心有者，是滯有；有既有矣，安可解脱？心無也，何人而登妙覺？」師以群英十号〔三〕，等有為〔四〕，已迷者終不復悟；等無為〔五〕，已悟者終不却迷。於是群英執伏，僉曰：「玄無以比。」

3 師問諸碩德曰：「行止偃息，畢竟以何為道？」有人云：「知者是道。」師云：「『不可以識識，不可以智知。』安得知者是道乎？」有人云：「無分別是道。」師云：「『善能分別諸法相，於第一義而不動。』安得無分別是道乎？」有人云：「四禪、八定是道。」師云：「『佛身無為，不墮衆數。』安得四禪、八定是道耶？」大師之旨，一切法是，一切法非，於無性無像而有得有喪，豈可以一方定趣決為道耶？所以不定之辯，遣不定之執，趣無方之道矣〔六〕。

4 師頌曰：

〔一〕筵：韋處厚碑銘作「延」。
〔二〕「妙覺」下韋處厚碑銘有「何也」二字。
〔三〕韋處厚碑銘作「大師之旨，蓋以爲群生十號……」。
〔四〕等有為：韋處厚碑銘作「等爲有」。
〔五〕等無為：韋處厚碑銘作「等爲無」。
〔六〕韋處厚碑銘作「以不定之辨，遣必定之執，祛一定之説，趣無方之道」。

「直下識玄旨，羅紋結角是，
不識玄旨人，徒勞逐所示。
鵲鵲鳥，守空池，
魚從脚下過，鵲鵲揔不知。」

5 有經論供奉大德對順宗皇帝前問〔一〕：「如何是四諦？」師指聖人云：「當今是一諦，三諦何在〔二〕？」大德無對。

6 供奉又問：「欲界無禪，禪居色界。此土憑何立禪？」師荅曰：「法師只知有欲界無禪，不知有禪界無欲。」供奉云：「禪界無欲，如何是禪？」師以手空中點一下。供奉無對。皇帝云：「只這一點，法師尚勿奈何。」

7 師元和十三年戊戌歲正月二日遷化，報齡七十四〔三〕。勑謚慧覺大師、見性之塔。國相韋處厚制碑文〔四〕。

〔一〕順宗：大光明藏作「憲宗」。
〔二〕二「諦」字，景德傳燈録並作「帝」。
〔三〕韋處厚碑銘作「報齡七十有三」。
〔四〕韋處厚：原作「韋厚」。舊唐書文宗紀上：韋處厚寶曆二年十二月「爲中書侍郎、同中書門下平章事」。

碑誌　韋處厚興福寺内道場供奉大德大義禪師碑銘（全唐文卷七一五）。

傳記　錢易仁壽禪院碑（鵝湖峰頂志卷四）、隆興編年通論卷二〇、釋氏通鑑卷一〇、佛祖歷代通載卷一、釋氏稽古略卷三、宗統編年卷一二、謝旻等（雍正）江西通志卷一〇四仙釋、王昌祚鵝湖峰頂志卷二僧紀。

著作　坐禪銘（緇門警訓卷二）、頌一首（禪林類聚卷一、釋氏資鑑卷七）。

資料　2韋處厚碑銘。
3韋處厚碑銘、宗鏡錄卷一、景德傳燈錄卷七、宗門統要卷三、聯燈會要卷五、大光明藏卷上、五燈會元卷三。
4禪林類聚卷一、釋氏資鑑卷七。
5景德傳燈錄卷七、大光明藏卷上、五燈會元卷三、禪林類聚卷一、釋氏資鑑卷七。
6景德傳燈錄卷七、宗門統要卷三、聯燈會要卷五、大光明藏卷上、五燈會元卷三、禪林類聚卷一、釋氏資鑑卷七。
7韋處厚碑銘、景德傳燈錄卷七、五燈會元卷三。

一七七　伏牛和尚自在，七四一—八二一

1 伏牛和尚嗣馬大師，在北京。師諱自在。未覩實録，莫究化緣終始。

2 師放少師行脚時頌曰：

「放汝南行入大津，碧潭深處養金鱗。
等閑莫与凡魚伴，直透龍門便出身。」

小師荅曰：

「魚龍未變志常存，變了還教海氣渾。
兩眼不曾窺小水，一心專擬透龍門。
千迴下網終難繫，万度垂鈎誓不吞〔一〕。
待我一朝鱗甲備，解將雲雨灑乾坤。」

小師便是第二伏牛也。

3 師有三个不歸頌曰：

「割愛辝親異俗迷，如雲似鶴更高飛，
五湖四海隨緣去，到處為家一不歸。
苦節勞形守法威，幸逢知識決玄微，
慧燈初照昏衢朗，唯報自親二不歸。

〔一〕吞：原爲破字，據高麗大藏經補遺本校定。

峭壁幽嵒往復希，片雲孤月每相依，
經行宴坐閑無事，樂道逍遥三不歸。」

傳記 宋高僧傳卷一一、何光遠鑑誡錄、陳宏緒江城名蹟卷三、六學僧傳卷六、宗源翰等（同治）湖州府志卷九一方外。

著作 三傷頌（鑒誡錄卷一〇高僧喻條，敦煌遺書S.5558〔一〕）。

一七八　盤山和尚 寶積，生卒年未詳

1 盤山和尚嗣馬大師，在北京。師諱寶積，未詳姓氏。

2 師有時示衆云：「心若無事，万法不生；境絶玄機〔二〕，纖塵何立？道本無躰，因道而得名〔三〕；道本無名，因名而得号。若言即心卽佛，今時未入玄微；若言非心非佛，猶是指蹤之極則。

〔一〕此卷題名爲香嚴和上嗟世三傷吟，録二首。
〔二〕境：景德傳燈錄、祖庭事苑引古録、聯燈會要、五燈會元作「意」。
〔三〕道：祖庭事苑引古録、五燈會元作「體」。

向上一路，千聖不傳；學者勞形，如猿捉影。大道無中〔一〕，復誰前後？長空絕際，何用量之！空既如斯，道豈言哉！心月孤圓〔二〕，光呑万像。光非照境，境亦非存；光、境俱亡，復是何物？禪德，譬如擲釼揮空，莫論及之不及，斯乃空輪無跡，釰刃非虧。若能如是，心心無知，全心即佛，全佛即人，人、佛無異，始為道矣。禪德〔三〕，可學中道〔四〕。似地擎山，不知山之高峻；如石含玉，不知玉之無瑕。若能如是，是名出家。故導師云：『法本無相㝵，三際亦復然。無為無事人，猶是金鏁難。』所以古人道：『靈源獨耀，道本無生；大智非明，真空絕跡。真如、凡聖，皆是夢言；佛及涅槃，並為增語。』禪德，切須自看，無人替代。三界無法〔五〕，何處求心？四大本空，佛依何住？旋機不動〔六〕，寂尒無根；覿面相呈，更無餘事。珍重！」

强大師拈問福先：

「向上一路古人宗，學者徒勞捉影功。

〔一〕「大道無中」至「道豈言哉」二十四字，聯燈會要、五燈會元作另段上堂語。

〔二〕「心月孤圓」至「始為道矣」七十二字，聯燈會要、五燈會元作另段上堂語。

〔三〕「禪德」至「無人替代」一百零五字，聯燈會要、五燈會元作另段上堂語。

〔四〕可學中道：景德傳燈錄等並作「可中學道」。

〔五〕「三界無法」至「更無餘事」三十二字，聯燈會要、五燈會元作另段上堂語。

〔六〕旋機：疑爲「旋璣」之譌；史記天官書五索隱引春秋運斗樞：「斗，第一天樞，第二旋，第三璣……。」景德傳燈錄作「璿璣」。

若道不傳早傳了，不傳之路請師通。」

福先荅曰：

「盤屾高提向上宗，興来諸聖舌無功。

吾師旣問不傳事，問當何愁不為通？」

3 問：「牛頭未見四祖時如何？」師云：「有量之事，龍鬼可尋。」進曰：「見四祖後如何？」師云：「脫量之機，龍鬼難尋。」進曰：「見後為什麼百鳥不来？」師荅曰：「絲在能歌舞，線断一時休。」

4 師臨遷化時，謂衆云：「還有人邈得吾真麼？若有人邈得吾真，呈似老僧看！」衆皆將寫真呈似和尚。師盡打。時有一少師普化，出来云：「某甲邈得師真。」師云：「呈似老僧看！」普化倒行而出。師云：「我不可著汝這般底，向後去別處打風顛去也。」

5 師平生住持軌範，嚴整異常，海内聞名。勑謚凝寂大師、真際之塔。

傳記

傳法正宗記卷七、祖庭事苑卷一、六、佛祖歷代通載卷一四、智樸（康熙）盤山志卷二高僧、蔣溥盤山志卷八方外。

著作

古錄（佚文，見祖庭事苑卷一）。

資料

2 宗鏡錄卷四一、九八、景德傳燈錄卷七、祖源通錄撮要卷二、宗門統要卷三、祖庭事苑卷一、碧巖錄第三七則、聯燈會要卷四、禪門拈頌集卷七、大光明藏卷上、五燈會元卷三。

4 景德傳燈錄卷七、祖源通錄撮要卷二、宗門統要卷三、聯燈會要卷四、禪門拈頌集卷七、大光明藏卷上、五燈會元卷三。

一七九　麻谷和尚 寶徹，生卒年未詳

1 麻谷和尚嗣馬大師，在蒲州〔一〕。師諱寶徹，未詳姓氏。

2 師與丹霞遊山，見水中魚。師以手指丹霞。丹霞云：「天然。」師至明日却問：「昨日意作摩生？」丹霞便作臥勢。師曰：「蒼天！蒼天！」

3 師行脚時到三角。三角和尚上堂云：「此事眨上眉毛，早已差過也〔二〕。」師便問：「承和尚有言：『此事眨上眉毛，早已差過。』如何是此事？」三角云：「差過也。」師便擔倒繩床〔三〕。三角和尚便打之。

〔一〕蒲州：原作「莆州」；唐河東道轄下有蒲州。
〔二〕差：原版漫漶，據禪文化研究所本校定，下同。
〔三〕擔：景德傳燈錄等並作「掀」。

4 問：「十二分教某甲不疑。」師便起去。

5 問：「如何是佛法大意？」師良久。

其僧却舉似石霜：「此意如何？」石霜云：「主人慇懃，滯累闍梨，拖泥涉水。」〔二〕

傳記

傳法正宗記卷七、祖庭事苑卷七。

資料

2 景德傳燈錄卷七、宗門統要卷三、祖源通錄撮要卷二三角總印章、聯燈會要卷四、大光明藏卷中、禪門拈頌集卷六。

3 景德傳燈錄卷七三角章、宗門統要卷三三角章、祖源通録撮要卷二三角總印章、聯燈會要卷五三角章、禪門拈頌集卷六三角章、五燈會元卷三三角章。

4 景德傳燈錄卷七、宗門摭英集卷上、大光明藏卷中、禪門拈頌集卷六。

5 景德傳燈錄卷七、大光明藏卷中、五燈會元卷三。

〔二〕 上二句景德傳燈録、五燈會元並作「主人勤拳，帶累闍梨」；下句「泥」字原版漫漶，據高麗大藏經補遺本校定。

一八〇　鹽官和尚齊安，？—八四二〔一〕

1 塩官和尚嗣馬大師，在蘓州。師諱齊安，未詳姓氏〔二〕。

2 有法空禪師到，問師經中諸義，師荅了。師云：「禪師到来，貧道惣未得作主人。」禪師云：「請和尚作主人。」師云：「日已將晚，且歸本位安置。明日却来。」師明朝令沙弥屈法空禪師。禪師應時来。師呵沙弥云：「這沙弥，不了事！教屈法空禪師来，何故屈得守堂人来？」

3 僧參師。師云：「汝是阿誰？」對曰：「法昕〔三〕。」師云：「我不識汝。」

4 問：「如何是本身盧舍那佛？」師云：「与我將取那个銅瓶来。」僧取瓶来。師云：「却送本處安置。」僧便送本處已，再来問：「如何是本身盧舍那佛？」師云：「古佛也，過去久矣。」

5 大中皇帝潛龍之日，曾礼為師，甚有對荅言論，具彰別録。勑謚悟空禪師、棲真之塔。真塔浩瀚非常，北有汾州、南有塩官矣。

〔一〕此據盧簡求碑銘；祖庭事苑作大中年卒。

〔二〕盧簡求碑銘：「帝系之英，高門之出，先人因難播越，故師生於海汀郡焉。」宋高僧傳、景德傳燈錄等略同，「海汀」作「海門」，是。

〔三〕法昕：原作「法忻」；據景德傳燈録校改；碑銘、碑陰記、宋高僧傳並言院主法昕事。

碑誌

盧簡求杭州鹽官縣海昌院禪門大師塔碑（文苑英華卷八六八、淳祐臨安志輯逸卷四、全唐文卷七三三）、盧簡求禪門大師碑陰記（淳祐臨安志輯逸卷四、全唐文卷七三三）。

傳記

宋高僧傳卷一一、傳法正宗記卷七、祖庭事苑卷七、咸淳臨安志卷七〇人物、林間錄卷上、下、大慧武庫、六學僧傳卷七、禪門拈頌集卷六、日人虎關師錬元亨釋書卷六釋義空傳、宗統編年卷一三、嵇曾筠等（雍正）浙江通志卷一九八仙釋。

著作

別錄（佚，見本章、宋高僧傳卷一一）。

資料

2 3 景德傳燈錄卷七、大光明藏卷中、五燈會元卷三。

4 景德傳燈錄卷七、宗門摭英集卷上、宗門統要卷三、大光明藏卷中、五燈會元卷三。

5 宋高僧傳卷一一。

一八一　五洩和尚靈默，七四七—八一八

1 五洩和尚嗣馬祖，在越州。師諱靈嘿，姓宣，常州人也。

2 師未出家時，入京選官去，到洪州開元寺礼拜大師。大師問：「秀才什摩處去？」云：「入

京選官去。」大師云：「秀才太遠在！」對云：「和尚此間還有選場也無？」大師云：「目前嫌什摩？」秀才云：「還許選官也無？」大師云：「非但秀才，佛亦不著。」因此欲得投大師出家。大師云：「与你剃頭即得。若是大事因緣即不得。」從此攝受，後具戒。

3 有一日，大師領大衆出西墻下遊行次，忽然野鴨子飛過去。大師問：「身邊什摩物？」政上座云：「野鴨子。」大師云：「什摩處去？」對云：「飛過去。」大師把政上座耳拽，上座作忍痛聲。大師云：「猶在這裏，何曾飛過？」政上座豁然大悟。因此師無好氣，便向大師說：「某甲拋却這个業次，投大師出家，今日並無个動情。適来政上座有如是次第，乞大師慈悲指示。」大師云：「若是出家，師則老僧；若是發明，師則別人。是你[illegible]在我這裏也不得。」師云：「若与摩，則乞和尚指示个宗師。」大師云：「此去七百里有一禪師，呼為南岳石頭，汝若到彼中，必有来由。」師便辞，到石頭，云：「若一言相契則住，若不相契則發去。」著鞋履，執座具，上法堂，礼拜一切了，侍立。石頭云：「什摩處来？」師不在意，對云：「江西来。」石頭云：「受業在什摩處？」師不祇對，便拂袖而出。纔過門時，石頭便咄。師一脚在外，一脚在內，轉頭看。石頭便側掌云：「從生至死，只這个漢，更轉頭腦作什摩〔二〕？」師豁然大悟。在和尚面前給侍數載，呼為五洩和尚也。

後有人舉似洞山。洞山云：「登時若不是五洩，大難得承當。雖然如此，猶涉途在。」

〔二〕腦：原作「惱」，據景德傳燈錄校定。

自後長慶云：「嶮。」

淨修禪師拈問僧：「只如長慶与摩道〔一〕，意作摩生？」僧無對。自代云：「恐他認處錯。」

有人拈問漳南：「古人道：『從生至死，只這个漢是。』和尚如何？」漳南云：「地獄相滓，只有人作了也。」僧云：「深領和尚尊旨。古人因什摩与摩道？」漳南云：「只為這般漢。」僧云：「与摩則忘前失後去〔二〕。」漳南云：「頭上不禿，肚裹無毒。」僧云：「貪看天上月，忘却室中燈。」漳南便失聲。

4 僧問：「何物大於天地？」師云：「無人識得伊。」僧云：「還可彫啄也無〔三〕？」師云：「你試下手看！」

5 越州觀察使差人問師：「依禪住持？依律住持？」師以偈荅曰：

「寂寂不持律，滔滔不坐禪。
儼茶三兩垸〔四〕，意在鑁頭邊。」

觀察使差人送百柄鑁頭。師纔見送来，把棒趍出，却云：「我有一柄鑁頭，平生用不盡，誰要你送

〔一〕只：原爲破字，據高麗大藏經補遺本校定。
〔二〕失：原爲破字，據高麗大藏經補遺本校定。
〔三〕啄，「琢」通。
〔四〕儼，「釅」通。

来！」專使却来，具説前事。觀察使遙申礼拜。

6　問：「此个門中始終事如何？」師云：「你道目前成来多少時〔一〕？」僧云：「不會。」師云：「我此間無你適来問底。」僧云：「豈無和尚接人處？」師云：「待你求則接。」僧云：「請和尚接。」師云：「你欠少什摩？」

7　師元和十三年化緣周畢，澡浴焚香，端坐繩床，大集僧衆，慇懃叮囑。囑累開喻門徒云〔二〕：「妙色真常，本无生滅；法身圓寂，寧有去来？千聖同源，万靈一轍。吾今示滅，不假興哀；無強勞形，須存正念。儻遵此命，真報我恩；若固違言，非吾弟子。」有人問：「什摩處去？」師云：「無處去。」僧云：「某甲何以不見？」師云：「非眼所覩。」洞山聞舉云：「作家！」師正坐，疊掌收光，一剎郍間便歸圓寂。亨齡七十二〔三〕，僧臘三十一〔四〕。沙門志閑撰碑文矣〔五〕。

〔一〕多少：原爲破字，據高麗大藏經補遺本校定。
〔二〕累：原爲破字；宋高僧傳云「囑累時衆」，據以校定。
〔三〕亨，「享」通。
〔四〕三十一：宋高僧傳、景德傳燈錄並作「四十一」。
〔五〕閑：原爲破字；又宋高僧傳有云：「高僧志閑，道行峭拔，文辭婉麗，亦江左之英達，爲默行錄焉。」則志閑另撰行錄。

碑誌

志閑撰碑文（佚）。

傳記

志閑行錄（佚，見宋高僧傳卷一〇）、宋高僧傳卷一〇、傳法正宗記卷七、釋氏通鑑卷九、六學僧傳卷六、徐象梅兩浙名賢錄外錄卷四、宗統編年卷一二。

資料

2 宋高僧傳卷一〇、景德傳燈錄卷七、五燈會元卷三。

3 景德傳燈錄卷七、祖源通録撮要卷二、宗門統要卷三、聯燈會要卷四、禪門拈頌集卷八、五燈會元卷三。

4 6 景德傳燈錄卷七、五燈會元卷三。

5 五燈會元卷九仰山章。

7 宗鏡錄卷八三、宋高僧傳卷一〇、景德傳燈錄卷七、祖源通錄撮要卷二、五燈會元卷三。

一八二 大梅和尚 法常，七五二—八三九〔一〕

1 大梅和尚嗣馬大師，在明州。師諱法常，襄陽人也。荊州玉泉寺受業。纔具尸羅，學通衆典，講大、小本經論。多聞雖益，辯注虛張，覺爽情神，遊方訪道。聞江西馬大師誨學，師乃直造法筵。

〔一〕據宋高僧傳、佛祖綱目作會昌元年（八四一）卒。

2　因一日問：「如何是佛？」馬師云：「卽汝心是。」師進云：「如何保任？」師云〔一〕：「汝善護持。」又問：「如何是法？」師云：「亦汝心是。」又問：「如何是祖意？」馬師云：「即汝心是。」師進云：「祖無意耶？」馬師云：「汝但識取汝心，無法不備。」師於言下頓領玄旨，遂杖錫而望雲山，因至大梅山下，便有棲心之意。乃求小許種粮，一入深幽，更不再出。後因塩官和尚出世，有僧尋，柱杖迷山，見其一人草衣結髮，居小皮舍，見僧先言：「不審。」而言語謇澁。僧窮其由，師云：「見馬大師。」僧問：「居此多少年也？」師云：「亦不知多少年。只見四山青了又黃，青了又黃，如是可計三十餘度。」僧問師：「於馬祖處得何意旨？」師云：「即心是佛。」其僧問出山路，師指隨流而去。其僧歸到塩官處，具陳上事。塩官云：「吾憶在江西時，曾見一僧，問馬大師佛法祖意，馬大師皆言『即汝心是』。自三十餘年，更不知其僧所在，莫是此人不？」遂令數人教依舊路，斫山尋覓，如見云：「馬師近日道『非心非佛』。」其數人依塩官教問。師云：「任你非心非佛，我只管即心卽佛。」塩官聞而嘆曰：「西山梅子熟也。汝曹可往彼，隨意採摘去。」如是不足二三年間，衆上數百。凡應機接物，對荅如流。

3　因夹山与定山去大梅山，路上行次，定山云：「生死中無佛，則非生死。」夹山不肯，自云：「生死中有佛，則不迷生死。」二人相不肯。去到大梅山，夹山自問：「此二人道，阿郍个最親？」師

〔一〕「師」上疑脫「馬」字，下同。

云：「一親一踈。」夾山云：「阿那个是親？」師見苦問，乃云：「且去，明日来。」夾山明日来，問：「昨日未蒙和尚垂慈，未審阿那个是親？」師云：「問者不親，親者不問。」

4　有人問塩官：「如何是西来意？」官云：「西来無意。」僧舉似師。師云：「不可一个棺裏著兩个死屍〔一〕。」〔二〕

5　師臨順世時，鼯鼠叫。師告衆曰：「即此物，非他物。汝等諸人善護持，吾今逝矣。」師言已掩室，来辰化矣〔三〕。括州刺史江勣撰碑文〔四〕。

碑誌

江積大梅山常禪師還源碑（佚，見陳思寶刻叢編卷一三、佚名寶刻類編卷五、宋高僧傳卷一一）。

傳記

宋高僧傳卷一一、宗門摭英集卷四、傳法正宗記卷七、林間錄卷下、釋氏通鑑卷九、徐象梅兩浙名賢錄外錄卷

〔一〕一个：「一」字原版漫漶，據高麗大藏經補遺本校定；景德傳燈錄此句作「一箇棺材，兩箇死屍」。

〔二〕此條景德傳燈録等所記鹽官、大梅互易。

〔三〕辰，「晨」通；大梅山常禪師語錄、景德傳燈錄云：「言訖示滅，壽八十八，臘六十有九。」宋高僧傳記載卒時爲「九月十九日」，年壽、戒臘相同。

〔四〕括州刺史江勣：宋高僧傳作「進士江積」；新唐書卷五九藝文志三著錄「江積八仙傳一卷　大中後事」，年代正合；寶刻類編卷五著録大梅山常禪師還源碑作江積撰。

四、六學僧傳卷六、陳宏緒江城名蹟卷三、宗統編年卷一三、李元才等玉泉志、釋聞性保慶寺志卷三、張仲炘等湖廣通志卷一六九仙釋。

著作

山居頌（本書卷八曹山和尚章、景德傳燈錄卷七、禪林僧寶傳卷一曹山章、五燈會元卷三）、遷居頌（五燈會元卷三、語錄）、明州大梅山常禪師語錄（慧寶編，日本金澤文庫藏）。

資料

2 宗鏡錄卷九八、宋高僧傳卷一一、景德傳燈錄卷七、宗門統要卷三、聯燈會要卷四、大光明藏卷中、禪門拈頌集卷八、五燈會元卷三、大梅山常禪師語錄。

3 景德傳燈錄卷七、宗門統要卷三、聯燈會要卷四、大光明藏卷中、禪門拈頌集卷八、五燈會元卷三、大梅山常禪師語錄。

4 景德傳燈錄卷七鹽官章、宗門統要卷三、聯燈會要卷四、禪門拈頌集卷八、大光明藏卷中鹽官章、五燈會元卷三鹽官章。

5 宋高僧傳卷一一、景德傳燈錄卷七、宗門統要卷三、聯燈會要卷四、大光明藏卷中、禪門拈頌集卷八、五燈會元卷三、大梅山常禪師語錄。

一八三　永泰和尚靈瑞〔一〕，七六一—八二九

1 永泰和尚嗣馬大師。師諱靈瑞，姓黃，衡陽人也〔二〕。年十一出家於南嶽；年十八為沙弥，問津於大寂，嘿領心要；年二十四，進具於雙峯寺，却歸大寂法會。貞元二年丙寅歲遊青州〔三〕，州牧張胤請止龍興寺。元和中，青州人大飢，人多殍仆。師脇不至席，視人如傷，乃率富屋俾行檀度。繇是淨名、給孤，競垂乘下。師左臂有肉環，臥常右脇。占者曰：「寔人天師也。」後尚書薛平侍以為師〔四〕。凡二十三年大化青社，故号青州和尚焉。

2 及遊襄陽，廉使牛元翼礼重，曰：「人中師子王也。」請止感通寺。又至荊渚，僕射王潛請住永泰寺〔五〕。布金闡道，大展化度。

〔一〕瑞：宋高僧傳作「象」；景德傳燈録卷七目録作「湍」。
〔二〕宋高僧傳作「姓蕭氏，蘭陵人也」。
〔三〕貞元二年丙寅歲：原作「貞元一年」，然元年乙丑，二年丙寅，且例稱「元年」，不稱「一年」，「一」爲破字。
〔四〕侍：或爲「待」字之譌。尚書：舊唐書憲宗紀下，薛平於元和十四年（八一九）至寶曆元年（八二五）爲青州刺史、平盧軍節度使，歸朝進檢校左僕射兼戶部尚書。
〔五〕舊唐書穆宗紀：「（長慶元年正月癸卯）以涇原節度使王潛檢校兵部尚書、江陵尹充荊南節度使。」未見加使相僕射號，可補。

3 大和三年戊子歲六月三日順世〔一〕，春秋六十九。荼毘得舍利五千餘粒，塔于郭東。劉軻制碑文。勑謚道鏡禪師、寶真之塔。

碑誌　劉軻撰碑文(佚)。

傳記　宋高僧傳卷一一曇藏傳附傳、傳法正宗記卷七、閩書卷一三七。

考證　宋高僧傳所載靈象傳謂：「荊州永泰寺釋靈象，姓蕭氏，蘭陵人也。……象父居長沙爲編户矣，生象，宛有出塵之誓。遇諸禪會，罕不登臨，止泊維、青，優遊自得。長慶元年住百家巖寺。未幾，洑步江陵，太守王潛請居永泰寺。太和三載六月二十三日終于住寺，春秋七十五。建塔于州北，存焉。」該靈象與此永泰和尚生平、行跡大體相當，應爲一人。所傳法號不同，未知孰是。

一八四　東寺和尚 如會，七四四—八二三

1 東寺和尚嗣馬大師，在潭州。師諱如會，韶州始興曲江縣人也。大曆八年止國一禪師門下，

〔一〕戊子歲：大和三年爲己酉而非戊子，戊子爲元和三年；據舊唐書，王潛治荊州至大和三年，「戊子」誤計。

後歸大寂。衆皆仰德，臻湊如林，榻為之折，時稱「折床會」也。後止長沙東寺，大播洪規。

2　每曰：「自大寂禪師去世，常病好事者録其語本，不能遺筌領意，認即心即佛，外無別說。曾不師於先匠，只徇影跡。且佛於何住，而曰即心？心如畫師，貶佛甚矣。」遂唱于言：「心不是佛，智不是道。釼去遠矣，尒方刻舟。」時号東寺為「禪窟」。

3　承相崔公群高其風韻〔二〕，躬問師曰：「師以何得？」師曰：「見性為得。」公云：「師見性不？」師曰：「見性。」師當時方病眼。相公譏曰：「既言見性，其眼奈何？」師云：「見性非眼，眼病何害？」相公喜而礼拜。更与師到佛殿，見雀兒在佛頭上放糞。相公問：「者个雀兒還有佛性也無？」師云：「有。」相公云：「既有，為什麼向佛頭上屙？」師云：「他若無，因什麼不向鷂子頭上屙？」相公從此礼拜為師。

自後長慶聞云：「嶮。」

4　師問南泉：「近離什麼處？」對曰：「近離江西。」師云：「還将得馬大師真来不？」對云：「將得来。」師云：「将来則呈似老僧看。」對云：「只這个是。」師云：「背後底。」南泉登時休。

〔二〕承，「丞」通。崔公群：原作「崔公胤」；據舊唐書憲宗紀下：崔群元和十二年入相，十四年出爲潭州刺史兼湖南觀察使；景德傳燈錄作「崔公群」。

後長慶云：「和尚太似不知。」

保福代云：「洎不到和尚此間。」〔一〕

5　師問仰山：「離什摩處？」對曰：「離廣南。」師曰：「見説廣南有鎮海明珠，還是也無？」對曰：「是也。」師云：「此珠作摩生？」對曰：「白月則隱，黑月則現。」師曰：「還将得此珠来也無？」對云：「将得来。」師云：「若将来，則呈似老僧看。」對云：「昨日到潙山，潙山和尚就某甲索此珠，直得無言可對。」師一跳，撫背云：「真師子兒！真師子兒！」又云：「慙愧！慙愧！老僧不如潙山。汝便是潙山弟子也。」

6　仰山受戒後，再到相見。纔入法堂，師便云：「已相見了也，不用更上来。」對云：「與摩相見，莫不當摩？」師便入法堂，閇却門。

仰山後舉似潙山。潙山云：「子是什摩心行？」

7　師長慶癸卯歲終，春秋八十。時井泉涸，異香馥郁。塔于城南，故廉使李公翺盡毀近城塔，唯留師塔，筆書曰：「獨留此塔，以別賢愚。」劉軻撰碑文矣。

〔一〕　本條所載景德傳燈錄卷五、卷七重出，分別作慧忠、東寺與南泉對問。

碑誌

劉軻撰碑文（佚，見宋高僧傳卷一一）。

傳記

宋高僧傳卷一一、傳法正宗記卷七、釋氏通鑑卷一〇、釋氏稽古略卷三、六學僧傳卷六、李翰章等（光緒）湖南通志卷二四一仙釋、張希京等（光緒）曲江縣志卷一六外教錄。

資料

1 宋高僧傳卷一一、景德傳燈錄卷七、聯燈會要卷五、大光明藏卷中、五燈會元卷三。
2 景德傳燈錄卷七、聯燈會要卷五、大光明藏卷中、五燈會元卷三。
3 宋高僧傳卷一一、景德傳燈錄卷七、宗門統要卷三、聯燈會要卷五、大光明藏卷中、五燈會元卷三。
4 本書卷一一保福和尚章、景德傳燈錄卷五慧忠章、宗門統要卷二慧忠章、聯燈會要卷三慧忠章、大光明藏卷中、禪門拈頌集卷七南泉章、五燈會元卷二慧忠章。
5 景德傳燈錄卷九東邑懷政禪師章、宗門統要卷三、聯燈會要卷五、禪門拈頌集卷一四仰山章、五燈會元卷三。
6 景德傳燈錄卷七、宗門摭英集卷上、聯燈會要卷五、大光明藏卷中、禪門拈頌集卷一四仰山章、五燈會元卷三。
7 宋高僧傳卷一一、景德傳燈錄卷七、五燈會元卷三。

一八五　鄧隱峯和尚生卒年未詳

1 鄧隱峯和尚嗣馬大師，建州邵武縣人也。

2 因南泉示衆曰：「銅瓶是境，瓶中有水。我要水，不得動境，將水来！」師便将瓶到南泉前，寫出水〔二〕。

3 師因行至五臺山金剛窟前，倒立而逝。衆妨聖窟，擬易處荼毗，竟莫能動。先有親妹出家為尼在彼，及諳其兄行跡，遂近前呵云：「師兄！平生為人不依法律，死後亦不能徇於世情！」以手推倒，衆獲闍維，塔于北臺之頂。

4 平生在世唯留一偈曰：

「獨絃琴子為君彈，松柏長青不怕寒。
金鑛相和性自別，任向君前試取看。」

傳記

孫光憲北夢瑣言卷四、錢易南部新書己卷、宋高僧傳卷二一、林間錄卷下、祖庭事苑卷一、隆興編年通論卷二二、釋氏通鑑卷九、佛祖歷代通載卷一五、釋鎮澄清涼山志卷三高僧懿行、六學僧傳卷六、宗統編年卷一二、郝玉麟等福建通志卷六〇方外、石麟等山西通志卷一六〇仙釋、曾國荃等山西通志卷一六〇方外錄、沈瑜慶福建通志福建高僧傳卷一。

〔二〕　寫、「瀉」古今字。

2 宋高僧傳卷二一、景德傳燈錄卷八、宗門摭英集卷上南泉章、聯燈會要卷五、大光明藏卷中、禪門拈頌集卷七南泉章、五燈會元卷三。

3 宋高僧傳卷二一、景德傳燈錄卷八、廣清涼傳卷上、聯燈會要卷五、大光明藏卷中、五燈會元卷三。

4 宋高僧傳卷二一。

一八六 歸宗和尚智常，生卒年未詳

1 歸宗和尚嗣馬大師，在江州廬山。師諱智常，未詳姓氏。師久与南泉同道，神彩奇異，時人猜之，合有一人之分。師遂以藥熏其眼令赤，時人号為赤眼歸宗和尚焉。

2 白舍人為江州刺史〔一〕，頗甚殷敬。舍人參師，師泥壁次，師迴首云：「君子儒？小人儒？」白舍人云：「君子儒。」師以泥鎗敲泥板。侍郎以泥挑挑泥送与師〔二〕，師便接了，云：「莫是俊機白侍郎以不？」對云：「不敢。」師云：「只有送泥之分。」

3 有李万卷〔三〕，白侍郎相引，礼謁大師。李万卷問師：「教中有言：『須弥納芥子，芥子納須

〔一〕白舍人：指白居易，元和十年（八一五）出爲江州司馬，非刺史。白居易長慶元年（八二一）任中書舍人，次年除杭州刺史。

〔二〕侍郎：指白居易；然白任刑部侍郎在大和二年（八二八）至三年，在江州不應稱「侍郎」。

〔三〕李万卷：景德傳燈錄等並作「江州刺史李渤」。

弥。』須弥納芥子，時人不疑；　芥子納須弥，莫成妄語不？」師却問：「於國家何藝出身？」抗聲對云：「和尙豈不知弟子万卷出身？」師云：「公因何誑勅？」公云：「云何誑勅？」師云：「公四大身若子長大，万卷何處安著？」李公言下礼謝而事師焉。万卷讃曰：

「出廓送錢嫌不要，手提蔞笠向廬山。
昔日曾聞青霄鶴，更有青霄鶴不如。」

4 師偈曰：

「歸宗事理絶，日輪正當午，
自在如師子，不与物依怙。
獨步四山頂，優遊三大路，
吹噓飛禽墮，嚬呻衆獸怖。
機竪箭易及，影沒手難覆，
施張如工伎，剪截成尺度。
巧鏤万盤名〔一〕，歸宗還似土，
語密音聲絶，理妙言難措。

〔一〕　盤，「般」通。

弃箇耳還聾，取箇眼還瞽，
一鏃破三關，分明箭後路。
可怜个丈夫，先天為心祖。」

5 師有時拈起帽子，問：「會麼？」對曰：「不會。」師曰：「莫恠老僧頭風不下帽子。」

6 問：「如何是諸佛玄旨？」師云：「無人能會。」僧云：「向者如何？」師云：「有向則乖。」僧云：「無向者如何？」師云：「誰求玄旨？」其僧于時無語。師云：「去！無子用功處。」僧云：「豈無方便門，令學人得入？」師曰：「有。」僧云：「如何是方便門？」師云：「『觀音妙智力，能救丗間苦。』」僧云：「如何是『觀音妙智力，能救丗間苦』？」師敲鼎盖三下，却問：「子還聞麼？」云：「聞。」「我為什麼不聞？」僧無對。師打之。

7 李万卷問：「大藏教明得个什麼邊事？」師竪起拳，却問：「汝還會麼？」李公對云：「不會。」師云：「者李公，拳頭也不識！」李公云：「某甲不會，請和尚指示。」師云：「遇人則途中授与，不遇人則丗諦流布。」

8 師為衆曰：「吾今合説禪，諸子惣近前来。」大衆盡近前。師云：
「汝聽觀音行，善應諸方所，
弘誓深如海，歷劫不思議。
侍多千億佛，發大清淨願。」

師又問〔一〕：「阿郝个是観音行？」師却彈指一下，問：「諸人還聞摩？」衆皆云：「聞。」師云：「者一隊漢！向這裏覓什摩？趁出了！」呵呵大笑。

9 師入園中，見一株菜，畫圓相裹却〔二〕，謂衆曰：「輒不得損著者个。」衆僧更不敢動著。師于時却来，見菜株猶在，便把杖趁打，呵云：「者一隊漢！無一个有智慧。」

10 師問僧：「從什摩處来？」對云：「某處来。」師云：「還將得郝个来不？」對云：「將得来。」師云：「在什摩處？」僧以手從頂上擎出，呈似師。師舉手抛向後。僧無對。師云：「者野狐兒！」

11 師剗草次，有一座主来相看。忽見一條虵，師便钁断〔三〕。座主云：「久嚮歸宗，元来只是麁行沙門。」

後有人舉問長慶：「歸宗钁虵，意作摩生？」長慶云：「錯。」

明真舉似瑫庵主。庵主云：「把將性命来！」明真不肯。石門代云：「專甲在庵中，只是劈柴種菜。」

〔一〕師又問：景德傳燈録、聯燈會要作「僧問」，五燈會元作「問」。
〔二〕畫：原作「盡」；景德傳燈録、五燈會元作「畫圓相」。
〔三〕钁：原作「鑺」，下同。

12 時有江州東林寺長講維摩經并肇論座主神建問：「如何是觸目菩提？」師乃蹺起一脚示他。座主云：「莫無礼！」師云：「不無礼。三个現在，座主一任揀取。」座主不會，遂置狀於江州，陳論判史李万卷。李公判云：「伏以三乘至教，一藏嚴持，所載文詞，唯窮佛性。事能幽現，理實通玄。統三教之根源，作群迷之依仰。既有辭親棄俗，被褐講經，經有明文，疏無不盡。自是智辯不到，謬判三身；體解不圓，濫轉八識。將智辯智，狂用功夫〔一〕；將文執文，豈非大錯？況師乃深窮肇論，洞達維摩。肇有『青青翠竹，盡是真如；鬱鬱黃花，無非般若』；大士有『菩提是障，能障諸願』。此之兩教，既非謬詞。且師辯菩提之路，尚未分明；鬱鬱黃花，爭能見性？如斯之見，何用講經？高座宣揚，欺他中下。何不自玄究竟，擅騁愚聡？抱垢問禪，發言不諦。尊宿垂念，觸目相呈。理既共通，何不自會？只如三个，何異法身？師鑒了能，略無般若。何不頓惺，便見無生？假相菩提，空有名字。信有法身，只共一源，改換形儀，凡心自乱。真心了了，無字無名；見性惺惺，何言何說？如師只問菩提之處，将言對敵，埋沒達摩来蹤；若領寂嘿為宗，維摩一生受屈。師豈不見肇有四不遷之義，生有六不空之談？乃知觸目之義，不干智慧；不遷之理，永在恒沙。躰似瑠璃，色如啐啄，隨其大小，好醜何安？即色即空，將何言對？奇哉！空門弟子，不會色空，却置狀詞，投公断理。只如

〔一〕 狂，「枉」通。

儒教，尚有不出戶而知一切事，不窺牖而知天下明。知之爲知之，不知爲不知〔二〕，俱歸智也。辯智之義，尚以如斯；學佛之人，何迷佛性？見師之皃，舉意昂藏，將為業蘊無生，道弘大覺。及乎動用，全是凡情。詞狀但有誹謗之言，出口全乖聲聞之行。再三奉勸，且自思惟：知識不屈於學徒，真如豈隨於言句？真見無像，其像分明；實聽無聲，其聲不絕。洞達如之，莫非一切。師之不肯，再把狀来！忽以公窮，必無好事，聊申一判〔三〕，略表玄猷。不出詞鋒，安能辯正？但執此判，将歸寺中，集衆聲鍾，詮諦真實。汝若不信，再將狀来；若也定實，便自礼佛一百拜，仍更具威儀，往彼礼問知識。造罪懺悔，衆罪如霜露，慧日忽頓消前罪去。」

報慈拈問僧：「作摩生道，則得不屈得古人？」僧對云：「這个僧将狀出去。」報慈云：「據个什摩道理？」對云：「若是別人，大家喫飰。」

傳記

白居易晚春登大雲寺南樓贈常禪師（白氏長慶集卷一六）、宋高僧傳卷一七、傳法正宗記卷七、林間錄卷上、下、隆興編年通論卷二二、釋氏通鑑卷一〇、佛祖歷代通載卷一五、釋氏稽古略卷三、六學僧傳卷六、陳霖等

〔二〕此句原作「知之爲知知之不知爲知」。論語爲政：「知之爲知之，不知爲不知，是知也。」據改。

〔三〕申：原作「中」，當爲破字，據高麗大藏經補遺本校定。

（正德）南康府志卷六仙釋、謝旻等（雍正）江西通志卷一〇五仙釋、釋德清等廬山歸宗寺志卷一傳燈人物考、吳宗慈廬山志卷九歷代人物。

著作

牛皮靴露柱偈（景德傳燈錄卷七）。

資料

1 宋高僧傳卷一七、景德傳燈錄卷七、大光明藏卷中、五燈會元卷三。

2 宗門統要卷三、聯燈會要卷四。

3 宋高僧傳卷一七、景德傳燈錄卷七、宗門統要卷三、正法眼藏卷上、聯燈會要卷四、大光明藏卷中、禪門拈頌集卷八、五燈會元卷三。

4 景德傳燈錄卷二九、祖庭事苑卷二。

5 景德傳燈錄卷七、五燈會元卷三。

6 景德傳燈錄卷七、宗門統要卷三、正法眼藏卷上、聯燈會要卷四、大光明藏卷中、五燈會元卷三。

7 景德傳燈錄卷七、宗門摭英集卷上、宗門統要卷三、正法眼藏卷上、聯燈會要卷四、大光明藏卷中、禪門拈頌集卷八、五燈會元卷三。

8 景德傳燈錄卷七、聯燈會要卷四、五燈會元卷三。

9 景德傳燈錄卷七、宗門統要卷三、聯燈會要卷四、五燈會元卷三。

10 景德傳燈錄卷七。

11 景德傳燈錄卷七、汾陽頌古第七九則、宗門摭英集卷上、宗門統要卷三、正法眼藏卷上、聯燈會要卷四、大光明藏卷中、禪門拈頌集卷八、五燈會元卷三。

12 宋高僧傳卷一七、禪門拈頌集卷八。

一八七　汾州和尚無業，七六〇—八二一〔一〕

1 汾州和尚嗣馬大師。師諱無業，姓杜，商州上洛人也〔二〕。初，母李氏忽聞空中有言曰：「寄住，得不？」已而方娠。誕生之夕，異光滿室。及至成童，不為兒戲。行必直視，坐則跏趺。商之緇徒，見皆歎曰：「此無上法器也。速令出家，紹隆三寶。」九歲啓父母，依商州開元寺志本禪師。禪師授以金剛、法華、維摩、涅槃等經，一覽無遺。年十二剃落，具戒於襄州幽律師，稟四分律疏，一夏肆習，便能敷演；長講花嚴、涅槃等經。時謂生、肇不泯，林、遠再興〔三〕。

2 後聞洪州馬大師禪門上首〔四〕，特往瞻礼。師身逾六尺，屹若立山。馬大師一見異之，曰：「魏魏佛堂，其中無佛。」師礼而問曰：「三乘至教，粗亦研窮，常聞禪門即心是佛，實未能了。伏願指示。」馬大師曰：「即汝所不了心即是，更無別物。不了時即是迷，了時即是悟；迷即是衆生，悟即

〔一〕陳垣釋氏疑年錄卷五：「隆興通論、釋氏通鑑、佛祖統紀均作長慶二年卒。」

〔二〕商州：原作「啇州」；唐山南東道有商州，治上洛縣（今山西商州市）。

〔三〕林：原作「琳」；此指支道林。

〔四〕馬大師：「馬」原爲破字，下缺一字，據文意校補。

是佛道。不離衆生別更有佛也。亦如手作拳、拳作手也。」師言下豁然大悟，涕淚悲泣，白馬大師言：「本将謂佛道長遠，懃苦曠劫，方始得成。今日始知法身實相本自具足，一切万法從心化生，但有名字，無有實者。」馬大師云：「如是，如是。一切心性不生不滅，一切諸法本自空寂。是故經云：『諸法從本来，常自寂滅相。』又云：『畢竟空寂舍。』又云：『諸法空為坐。』此則諸佛如来住無所住處。若如是知，即是住空寂舍，坐法空座，舉足下足，不離道塲，言下便了，更無漸次，所謂不動足而登涅槃山。」

3 大師直造寶所，不棲化城。於元和皇帝御宇三年〔一〕，兩度詔請，師辝病不赴。至穆宗即位，重降旨，使曰：「此度聖恩不並常時。」師笑云：「貧道有何德，累煩聖主？行則行矣，道途恐殊。」乃作行次，剃髮沐浴，至中夜，告徒弟等云：「汝等見聞覺知之性〔二〕，与虚空同壽，猶如金剛，不可破壞。一切諸法如影如響，無有實者。是故經云：『唯此一事實，餘二則非真。』」言已跏趺，奄然而化。長慶三年癸丑歲十二月二十一日茶毗，塔于城西。勅謚大達禪師、澄源之塔。汾州刺史楊潛撰碑文〔三〕。

〔一〕宋高僧傳作「御宇十有四年」。
〔二〕汝：原作「女」，當爲破字。
〔三〕楊潛：原作「楊潸」；宋高僧傳作「楊濳」；太平廣記卷三七八張汶云：「右常侍楊濳，嘗自尚書郎出刺西河郡。」汾州即西河郡。白居易集卷四八有「揚濳可洋州刺使……制」。

碑誌　楊濬撰碑文(佚，見宋高僧傳卷一一)。

傳記　傳法正宗記卷七、祖庭事苑卷二、隆興編年通論卷二三、釋氏通鑑卷一〇、六學僧傳卷六、禪門拈頌集卷八、賢奕編卷三、宗統編年卷一二、石麟等(雍正)山西通志卷一五九仙釋、曾國荃等(光緒)山西通志卷一六〇方外錄。

著作　汾州大達無業國師語(景德傳燈錄卷二九)。

資料
1 宋高僧傳卷一一、景德傳燈錄卷八、五燈會元卷三。
2 宗鏡錄卷九八、宋高僧傳卷一一、景德傳燈錄卷八、宗門統要卷三、聯燈會要卷五、五燈會元卷三。
3 宗鏡錄卷九八、宋高僧傳卷一一、景德傳燈錄卷八、聯燈會要卷五、大光明藏卷中、五燈會元卷三。

一八八　大同和尚廣澄，生卒年未詳

1 大同和尚嗣馬大師。師諱廣澄。未覩行録，不决化緣終始。

2 問：「如何是玄？」師云：「返去。」「如何是玄中又玄？」師云：「不返去。」

一八九　金牛和尚生卒年未詳

1 金牛和尚嗣馬大師。

2 師尋常自作飯供養衆僧。将飯来堂前了，乃撫掌作舞大笑，云：「菩薩子，喫飯来！」後有僧舉問長慶：「古人撫掌大笑，意作摩生？」長慶云：「太似因齋慶讃。」僧問洞山：「撫掌大笑，是奴兒婢子不？」洞山云：「是。」僧云：「向上事請師直指。」洞山云：「惣未曾見你問在。」僧云：「只今現問。」洞山云：「咄！這奴兒婢子！」

資料

2 景德傳燈錄卷八、雪竇頌古第七六則、宗門統要卷三、聯燈會要卷五、大光明藏卷中、禪門拈頌集卷八、五燈會元卷三。

一九〇　龜洋和尚無了，七八七—八六七〔一〕

1 龜洋和尚嗣馬大師。師諱無了，俗姓沈，莆田縣壺公宏塘人也。七歲出家，君挈白之重院，遽

〔一〕此據福建通志卷二六三。

視院之如家〔一〕；十八落髮，清源靈泉寺受具〔二〕。好遊山水，院之北樵採而無徑，師乃振錫而行，遇六眸巨龜，須臾而失，乃結庵居。有一塵被虎逐来，師以杖約住其虎，後号龜洋也。

2 續有一僧，近從鍾陵至，舉馬大師意旨。師曰：「吾得馬大師之旨。」

3 臨遷化時垂訓，有偈曰：

「八十年来辯東西〔三〕，如今不要白頭公。
非長非短非大小，還与諸人性相同。
无来無去兼無住，了却本来自性空。」

偈畢，儼然而寂，塔於正堂。

4 後二十載，塔下有水淹浸，乃發看，見師全身水中而浮。閩王聞之，将輦取於府庭供養，擬造塔安畐〔四〕，士庶瞻敬。師放氣，闔府皆聞。閩王乃焚香啓告：「如若却復故山，乞收氣。」師乃放香氣，闔廓皆瞻礼。當時厚宣什物仍安存，現在本塔。

〔一〕景德傳燈錄作「父攜入白重院，視之如家」。張華謂「原本『君』前疑脱『家』字。」
〔二〕靈泉寺：景德傳燈錄、五燈會元並作「靈巖寺」，即黄滔靈巖寺塔銘之「靈巖寺」；清源屬泉州，與莆田臨界。
〔三〕東西：景德傳燈錄、五燈會元並作「西東」；「西東」諧韻。
〔四〕畐：疑爲「置」字之譌。

碑誌

薛承裕撰塔銘（佚，見（乾隆）興化府莆田縣志卷四龜山寺）、黃滔莆山靈巖寺塔銘（唐黃先生文集卷五、全唐文卷八二五）、黃滔龜洋靈感禪院東塔和尚碑（唐黃先生文集卷五、全唐文卷八二六）。

傳記

廖必奇等（康熙）莆田縣志卷三二仙釋、方鼎等（乾隆）晉江縣志卷一五雜志、郝玉麟等（雍正）福建通志卷六〇、懷蔭布等（同治）泉州府志卷六五釋衲、沈瑜慶福建通志福建高僧傳卷一。

資料

1 黃滔東塔和尚碑、景德傳燈錄卷八、五燈會元卷三、福建通志卷二六三。

3 景德傳燈錄卷八、五燈會元卷三。

4 景德傳燈錄卷八、五燈會元卷三、福建通志卷二六三。

一九一　陳禪師慧忠，八一七—八八二〔一〕

1 陳禪師同住。師諱慧忠〔二〕，仙遊縣人也，俗姓陳。九歲詣龜洋庵出家剃度，後便遊方。

〔一〕此據塔銘。

〔二〕慧忠：碑銘作「志忠」。

2 遇庵和尚〔一〕，問：「離自何方？」師云：「六眸峯庵。」「還具六通不〔二〕？」師云：「患非重瞳。」便復故山。

3 遇會昌沙汰，避而幾乎五六年。後宣宗中興，師曰：「古之有言：『上昇道士不受籙，成佛沙弥不具戒。』」遂午而不粒〔三〕，不宇而禪，終此山。

4 門人葬於沈禪師塔之東隅二百步。士庶皆云「龜洋二真」，至今香燈不絶，祈禱靈應不少。亦是黃瑫先輩製碑文。

碑誌

黃滔龜洋靈感院東塔和尚碑（唐黃先生文集卷五、全唐文卷八二六）。

傳記

禪林僧寶傳卷一〇、釋氏通鑑卷一一、宗統編年卷一三、一五、補續高僧傳卷六、徐象梅兩浙名賢錄外錄卷五、沈瑜慶福建通志福建高僧傳卷一。

〔一〕庵和尚：碑銘、景德傳燈錄、五燈會元並作「草庵和尚」；禪林僧寶傳作「草庵法義道人」。景德傳燈錄卷二〇有華州草庵法義禪師。

〔二〕六通：五燈會元作「六眸」。

〔三〕遂午而不粒：「遂午」原文漫漶，據高麗大藏經補遺本校定。碑銘作「不粒而午」，景德傳燈錄作「遂過中不食」。

著作

偈三首（景德傳燈錄卷二三）。

資料

1 2 3 黄滔碑銘、景德傳燈錄卷二三、禪林僧寶傳卷一〇、五燈會元卷一四。

4 景德傳燈錄卷二三、禪林僧寶傳卷一〇、五燈會元卷一四。

一九二 黑磵和尚生卒年未詳

1 黑磵和尚嗣馬大師〔一〕，在洛京。

2 問：「如何是密室？」師云：「截耳臥街。」「如何是密室中人？」師以手掫胷。

資料

1 2 景德傳燈錄卷八、聯燈會要卷五、五燈會元卷三。

〔一〕 磵：景德傳燈錄等並作「澗」。

一九三　閇魔巖和尚生卒年未詳

1 閇魔巖和尚嗣馬大師。

2 師常提杈子，每見僧參，驀項便杈，云：「郍个魔魅教伱出家？郍个魔魅教伱受戒？郍个魔魅教伱行脚？道得亦杈下死，道不得亦杈下死〔一〕。速道！速道！」其無對。師便打趂出。

考證

此閇魔巖和尚即五臺秘魔巖常遇，景德傳燈錄等均作永泰靈湍法嗣。永泰靈湍生卒年爲公元七六一年至八二九年，永泰示寂時常遇十三歲，則生於公元八一七年。又有清涼山秘魔巖常遇，見宋高僧傳卷二一、廣清涼傳卷下、釋鎮澄清涼山志卷三高僧懿行，生卒年爲公元八一七至八八八年。宋高僧傳卷二一常遇傳云：「范陽人也，出家於燕北安集寺……大中四年（八五〇），杖錫離燕。」二者是否同一人，待考。祖庭事苑卷三秘魔巖條持同一人之説。

資料

2 景德傳燈錄卷一〇五臺山秘魔巖章、汾陽頌古第一一則、聯燈會要卷七五臺山秘魔巖章、大光明藏卷中五臺山秘魔巖章、禪門拈頌集卷一三五臺山秘魔巖章、五燈會元卷四五臺山秘魔巖章。

〔一〕自本節「不得」至下龐居士章「了事凡夫。又偈曰」原版一頁破損嚴重，據高麗大藏經補遺本、禪文化研究所本判讀校定。

一九四　龐居士 龐蘊，生卒年未詳

龐居士嗣馬大師。居士生自衡陽。

1

因問馬大師：「不與万法為侶者是什摩人？」馬師云：「待居士一口吸盡西江水，我則為你說。」居士便大悟。便去庫頭借筆硯，造偈曰：

「十方同一會，各各學無為。
此是選佛處，心空及第歸。」

2

而乃駐泊參承。一二載間，遂不變儒形，心遊像外。曠情而行符真趣，渾跡而卓越人間，寔玄學之儒流，乃在家之菩薩。

3

初住襄陽東巖，後居郭西小舍，唯將一女扶侍，製造竹漉籬，每令女市貨以遣日給。平生樂道偈頌可近三百餘首，廣行於世。皆以言符至理，句闡玄猷，為儒彥之珠金，乃緇流之篋寶。略陳一二，餘不盡書。偈曰：

「心如境亦如，無實亦無虛。
有亦不管，無亦不居。
不是賢聖，了事凡夫。」

又偈曰：

「看經須解義，解義始修行，
若依了義教，即入涅槃城。
如其不解義，多見不如盲，
緣文廣占地，心牛不肯耕。
田田皆是草，稻從何處生？」

又偈曰：

「易復易，即此五蘊有真智。
十方世界一乘同，無相法身豈有二？
若捨煩惱覓菩提，不知何方有佛地？」

又偈曰：

「無貪勝布施，無癡勝坐禪，
無嗔勝持戒，無念勝求緣。
盡現凡夫事，夜来安樂眠，
寒時向火坐，火寔本無煙。
不怕黑暗女，不求功德天，
任運生方便，皆同般若舡。

若能如是學，功德實無邊。」

又偈曰：

「世人嫌龐老，龐老不嫌他。
開門待知識，知識不来過。
一丸療万病，不假藥方多。」

又偈曰：

「心若如，神自虛，
不服藥，病自除。
病既除，自見蓮華如意珠。
無勞事，莫駈駈，
智者観財色，了知如幻虛。
衣食支身命，相勸學如如，
時至移庵去，無物可盈餘。」

又偈曰：

「貪嗔不肯捨，徒勞讀釋書，
看方不服藥，病從何處除？

取空空是色，取色色無常，

色空非我有，端坐見家鄉。」

又偈曰：

「人有一卷經，無相復無名，

無人解轉讀，有我不能聽。

如能轉讀得，入理契無生，

非論菩薩道，佛亦不要成。」

4　居士臨遷化時，令女備湯水，沐浴著衣，於床端然趺坐。付囑女已，告曰：「你看日午則報来！」女依言看已，報云：「日當已午，而日蝕陽精。」居士云：「豈有任摩事？」遂起來自看。其女尋則據床端然而化。父迴見之云：「俊哉！吾說之在前，行之在後。」因此居士隔七日而終矣。

傳記

錢易南部新書己卷、宗門摭英集卷上、新唐書卷五九藝文志三、計有功唐詩紀事卷四九、林間錄卷下、祖庭事苑卷三、雪竇祖英集卷上、拈八方珠玉集卷上、晁公武郡齋讀書志卷一六、隆興編年通論卷二一、釋氏通鑑卷九、一〇、佛祖歷代通載卷一五、釋氏稽古略卷三、南村輟耕錄卷一九、居士分燈錄卷上、楊珮等（嘉靖）衡州府志卷九仙釋、陳宏緒江城名蹟卷三、宗統編年卷一一、邁柱等（雍正）湖廣通志卷七四仙釋、魯之裕（乾隆）湖北下荊南道志卷二一襄陽府仙釋、廣志繹卷四江南諸省、姚富青溪暇筆卷上、彭際清居士傳卷一七、李翰章等（光緒）湖南通志卷二四一仙釋、同德齋主人廣湖南考古略卷二六金石唐龐蘊故居記、張仲炘等湖北通志卷一六九仙釋。

著作

于頔編龐居士語錄（日本西明寺藏文明六年〔一四八六〕抄本〔俗語言研究創刊号，一九九三年〕、續藏經本、柳田聖山編禪學叢書之三）、偈七首（全唐詩卷八一〇）。

入矢義高日譯龐居士語錄（禪の語錄之七，日本筑摩書房，一九七三年）。

Sur quelques textex anciens de chinois parlé, Bulletin de l'Ecole Française l'Extrême-Orient, XⅣ-4 1914.

Sasaki, R. F. et al, *A Man of Zen, Recorded Sayings of Laynan Pang* New York/Tokyo: Weatherhill 1971(Complete translation; English)

資料

2 宗鏡錄卷一八、景德傳燈錄卷八、宗門統要卷三、聯燈會要卷六、大光明藏卷中、禪門拈頌集卷五馬祖章、卷八、五燈會元卷三、龐居士語錄卷上。

3 宗鏡錄卷一六、三三、景德傳燈錄卷八、祖庭事苑卷二、聯燈會要卷六、禪門拈頌集卷八、大光明藏卷中、五燈會元卷三、龐居士語錄序、卷上、中、下。

4 宗鏡錄卷二二、景德傳燈錄卷八、聯燈會要卷六、禪門拈頌集卷八、五燈會元卷三、龐居士語錄序、卷上。

祖堂集卷第十六

江西下卷第三曹溪第三代法孫

一九五　南泉和尚普願，七四八—八三四

1　南泉和尚嗣馬大師，在池州。師諱普願，姓王，新鄭人也。母孕之時，不喜葷血。至德二年，投密縣大隗山大慧禪師受業。後參大寂，密掌靈符。池陽、宣城廉使陸亘請下礼事〔一〕，大弘真教。

2　師每上堂云：「近日禪師太多生，覓一个癡鈍底不可得。阿你諸人莫錯用心。欲躰此事，直須向佛未出世已前，都無一切名字，密用潛通，無人覺知，與摩時躰得，方有小分相應。所以道：『祖、佛不知有，狸奴、白牯却知有。』何以如此？他却無如許多般情量〔二〕，所以喚作如如，早是變也，直須向異類中行。又如五祖大師下有五百九十九人，盡會佛法，唯有盧行者一人不會佛法，他只會道。

〔一〕據舊唐書文宗紀下：「（大和七年閏七月癸未）以陸亘爲宣歙觀察使。」八年，卒於任所。唐中葉宣歙觀察使轄宣、歙、池三州，駐宣州（今安徽宣州市）；池州又名池陽，治秋浦縣（今安徽貴池市）。

〔二〕情量：原版漫漶，據高麗大藏經補遺本校定。

直至諸佛出世来，只教人會道，不為別事。江西和尙說『卽心卽佛』，且是一時間語，是止向外馳求病，空拳黃葉止啼之詞。所以言『不是心，不是佛，不是物』。如今多有人喚心作佛，認智為道，見聞覺知皆云是佛。若如是者，演若達多將頭覓頭，設使認得，亦不是汝本来佛。若言即心即佛，如兔、馬有角；若言非心非佛，如牛、羊無角。你心若是佛，不用卽他；你心若不是佛，亦不用非他。有無相形，如何是道？所以若認心，決定不是佛；若認智，決定不是道。大道無影，真理無對。等空不動，非生死流；三世不攝，非去来今。故明暗自去来，虛空不動搖；万像自去来，明鏡何曾鑒？阿你今時盡說我修行作佛，且作摩生修行？但識取無量劫来不變異性，是真修行。」有人拈問：「三世諸佛為什摩不知有？」師云：「爭肯你喃喃！」進曰：「狸奴、白牯爲什摩却知有？」師云：「似他即會。」師又時謂衆曰：「會即便會去，不會即王老師罪過。」

3 師初住庵時，有一僧到。師向僧云：「某甲入山去，一餉時為某送茶飦来。」其僧應喏。其僧待師去後，打破家具殺却火，長伸瞌睡。師小時歸，見僧睡。師向他身邊伴睡。其僧便起發去。師後住得數年，謂衆曰：「我初住庵時有个靈利僧，如今却不見。」

4 師問僧：「空劫中還有人修行也無？」對云：「有。」師云：「是阿誰？」對曰：「良欽。」師曰：「居何國土？」僧無對。

曹山代云：「若与摩，不是良欽。」

報慈代云：「若与摩，則自出来相訪。」

長沙代云：「居常寂光土。」

5　師有時云：「我行脚時，有一个老宿教某甲道：『返本還源。』噫！禍事也。我十八上解作活計，三乘十二分教因我所有，如今我向三乘十二分教且不是。所以解修行底人不落因果，不解修行底人落他因果。」

6　陸亘大夫問：「弟子從六合来，彼中還有專甲身也無？」師云：「分明記取，已後舉似作家。」

7　千頃寺院主到，師問：「汝和尚在日如許多債負，教什摩人還？」院主無對。師代云：「教和尚一時還却。」

道吾代云：「把将来。」

石霜代云：「他無人天，懏什摩債負〔二〕？」

8　師欲順世時，向第一座云：「百年後，第一不得向王老師頭上污。」第一座對云：「終不敢造次。」師云：「或有人問：王老師什摩處去也？作摩生向他道？」對云：「歸本處去。」師云：「早是向我頭上污了也。」却問：「和尚百年後向什摩處去？」師云：「向山下檀越家作一頭水牯牛去。」第一座云：「某甲隨和尚去，還許也無？」師云：「你若隨我，銜一莖草来。」

〔二〕懏：廣韻霽部，周祖謨校曰：「懏當是憯字之譌。」

僧問逍遙：「如何是一頭水牯牛？」逍遙云：「一身無兩役。」進曰：「如何是銜一莖草來？」逍遙云：「新舊添不得。」僧云：「還許學人承當也無？」逍遙云：「伱若承當，銜鐵負鞍。」

又僧問曺山：「只如水牯牛，成得个什摩邊事？」曺山云：「只是飲水喫草底漢。」僧云：「此莫便是沙門邊事也無？」曺山云：「此是沙門行李處，不是沙門邊事。」僧云：「如何是沙門邊事？」曺山云：「不見有祖、佛。」進曰：「如何是沙門行李處？」曺山云：「常在塵中。」又問：「如何是沙門相？」曺山云：「盡眼看不見。」僧云：「還被搭也無？」曺山云：「若被搭則不是沙門相。」「如何是沙門行李處？」曺山云：「頭上戴角，身上被毛。」僧云：「此人得什摩人力？」曺山云：「終日得他力，只是行不住。」僧云：「此人以何為貴？」曺山云：「頭上不戴角，身上不被毛。」又問：「沙門行与行李處是一是二？」曺山云：「亦一亦二。」「如何是一？」曺山云：「殺佛殺祖。」「如何是二？」曺山云：「被毛戴角。」又問：「從凡入聖則不問，從聖入凡時如何？」曺山云：「成得个一頭水牯牛。」「如何是水牯牛？」曺山云：「朦朦朣朣地。」僧云：「此意如何？」曺山云：「但念水、草，餘無所知。」僧云：「成得个什摩邊事？」曺山云：「只是逢水喫水，逢草喫草。」又問：「如何是一頭水牯牛？」曺山云：「不證聖果。」「如何是銜一莖草来？」曺山云：「毛羽相似。」

9 師又時拈起毬子問僧：「那个何似這个？」對云：「不似。」師云：「你什摩處見那个，便道不似？」對云：「若約某甲見處，和尚亦須放下手中物。」師云：「許你具一隻眼。」

洞山代云：「若見，則似他去。」

10 師行脚次，問村路：「此路到什摩處？」村公對云：「脚下底是什摩？」師云：「到岳不？」村公〔一〕：「如許多時，又覓在。」師云：「有茶不？」對云：「有。」師云：「覓一垸茶得不？」對云：「覓則不得，但来。」

11 師示衆曰：「王老師要賣身，阿誰買？」僧對云：「某甲要買。」師云：「他不作賤，亦不作貴，你作摩生買？」僧無對。

安國代云：「与摩則囑專甲去也〔二〕。」

12 問：「師歸丈室，将何指南？」師云：「昨夜三更失却牛，天明失却火。」「作摩生是失却牛？」師云：「未問已前會取。」「作摩生是失却火？」師云：「但知就人覓取。」

13 問：「祖祖相傳，合傳何法？」師云：「一二三四五。」

〔一〕「公」下疑脱「云」字。

〔二〕囑：景德傳燈録等並作「屬」。

14 師問陸亘太夫：「十二時中作麼生？」對云：「寸絲不掛。」師云：「堪作什麼！」夫云〔二〕：「什麼處有過？」師云：「還聞道：有道之君，不納有智之臣。」

15 問：「牛頭未見四祖、百鳥銜花供養時如何？」師云：「只為步步踏佛堦。」「見後為什麼不来？」師云：「直饒不来，猶較王老師一線道在。」

16 師与歸宗同行二十年。行脚煎茶次，師問：「從前記持商量語句已知，離此後有人問畢竟事作麼生？」歸宗云：「這一片田地好个卓庵。」師云：「卓庵則且置，畢竟事作麼生？」歸宗把茶銚而去〔三〕。師云：「某甲未喫茶在。」歸宗云：「作這个語話，滴水也消不得。」

17 有人問：「和尚住此間来，還見作家也無？」師云：「作家則不見。兩个石牛鬬入海，直至如今不得迴。」

有人拈問龍花：「只如南泉与摩道，意作摩生？」龍花云：「誰敢向這裏出頭？」

18 師持錫到韶州，剌史問：「十二種頭陁，和尚是第幾種？」師乃振錫一下。剌史再問。師云：「大鈍生！」

19 師敲繩床，謂衆云：「大衆，共他語話！」對云：「却請和尚共他語話。」師云：「我不共他

〔二〕「夫」前疑脫「大」字。

〔三〕把茶銚而去：景德傳燈錄作「打却茶銚便起」。

語話。」僧云：「為什摩不共他語話？」師云：「不辝共他語話，恐他不解語。」

20 師又時曰：「若是文殊、普賢，昨夜三更各打二十棒，趂出院了也。」趙州對云：「和尚合喫多少棒？」師云：「王老師有什摩罪過？」趙州礼拜出去。

21 師謂趙州云：「江西馬大師道『即心即佛』，老僧這裏則不与摩道。不是心，不是佛，不是物。与摩道還有過也無？」趙州礼拜出去。

22 趙州在樓上打水，師從下過。趙州以手攀欄縣脚云〔一〕：「乞師相救。」師踏道上云〔二〕：「一二三四五。」趙州云：「謝師指示。」

23 南泉山下有僧住庵。有人向他道：「此間有南泉，近日出世，何不往彼中礼拜去？」庵僧云：「任你千聖現，我終不疑得。」有僧舉似師。師令趙州看他。趙州到庵，便礼拜，起来，從東邊過西邊立，從西邊過東邊立。此僧惣不動。趙州又拔破簾。其僧亦不動。趙州歸，舉似師。師云：「我從来疑他。」

24 師問黃蘗：「笠子太小生？」黃蘗云：「雖然小，三千大千世界惣在裏許。」師云：「王老

〔一〕 縣、「懸」古今字。

〔二〕 踏道上：宗門統要作「於踏梯上打」；拈八方珠玉集作「敲胡梯」；聯燈會要作「以手敲扶梯」。

師伱〔一〕？」黃蘗無對。

後有人舉似長慶。長慶代云：「欺敵者亡。」

保福代云：「洎不到和尚此間。」

25 有人問曰：「三身中阿那个最尊？」師云：「三隻投子擲下，失却一个。」

26 有僧問：「古人道：『摩尼珠，人不識，如来藏裏親收得。』如何是如来藏？」師云：「王老師共伱与摩来去是藏。」進曰：「不来不去時如何？」師云：「亦是藏。」「如何是珠？」師喚僧。僧應喏。師云：「去！伱不會。」

27 有人到歸宗。歸宗問：「從什摩處来？」對云：「從南泉来。」歸宗云：「有什摩佛法因緣？」對云：「和尚上堂告衆曰：『夫沙門者，須行畜生行，若不行畜生〔二〕，無有是處。』」歸宗沉吟底。僧便問：「只如南泉意如何？」歸宗云：「雖然畜生行〔三〕，不受畜生報。」其僧却歸，舉似師。師云：「實与摩道摩？」僧云：「實也。」師云：「孟八郎又与摩去！」

28 趙州問：「知有底人向什摩處休歇去？」師云：「向山下作一頭水牯牛去。」趙州云：「謝

〔一〕伱：東禪寺本景德傳燈錄、天聖廣燈錄等作「吥」；四部叢刊本景德傳燈錄、傳燈玉英集作「底」；高麗大藏經本景德傳燈錄、聯燈會要、五燈會元作「聻」。

〔二〕「畜生」下似缺「行」字。

〔三〕「畜生」上景德傳燈録等有「行」字。

和尚指示。」

29 問：「如何是菩薩意旨？」師云：「黑如漆。」僧云：「眼在何處？」師云：「明如日。」

30 僧辭時問：「學人到山下，有人問著和尚近日如何，作摩生祗對？」師云：「但向他道：解相撲。」僧云：「作摩生相撲？」師荅云：「一拍雙泯。」

31 問：「父母未生時，鼻孔在什摩處？」云：「如今已生也，鼻孔在什摩處？」

溈山別云：「則今阿那个是鼻孔？」

32 有僧在師身邊叉手立〔一〕。師云：「太俗生！」僧又合掌。師云：「太僧生！」僧無對。

33 問：「十二時中以何為境？」師云：「何不問王老師？」僧云：「問了也。」師云：「還曾与伱為境摩？」

34 師見院主，遂喚。院主便近前，叉手而立。師云：「佛九十日在忉利天為母說法，優填王思佛故，教目連神通三轉，攝匠人往彼，彫得三十一相，唯有梵音相彫不得。」院主便問：「如何是梵音相？」師云：「賺殺人。」

35 僧見雀兒啄生，問師：「為什摩得与摩忙？」師便脫鞋打地一下。僧云：「和尚打地作什摩？」師云：「趂雀兒。」

〔一〕叉：原作「又」，當爲破字。據高麗大藏經補遺本校定。

36 師問院主：「忽有人問王老師什摩處去，伱作摩生道？」院主無對。

曹山代云：「但道：作摩？」

疎山代云：「待有去處，則向和尚道。」

37 問：「如何是涅槃？」師云：「清猶清，急猶急，浮沙何處停？」僧拈問：「如何是清猶清？」師云：「混他一點不得〔一〕。」「如何是急猶急？」師云：「轉目看不見。」「如何是浮沙何處停？」師云：「金屑雖貴，眼裏著不得。」

38 師問黃蘗：「『定、慧等學，明見佛性。』此理如何？」黃蘗云：「不依一物。」師云：「莫便是長老家風也無？」蘗云：「不敢。」師云：「漿水錢則且置，草鞋錢教阿誰還？」

39 師又問：「長老什摩年中受戒？」蘗云：「威音王佛同時受戒。」師云：「威音王佛是我兒孫。」黃蘗却問：「和尚什摩年中受戒？」師云：「這後生，莫礼〔二〕！」黃蘗無對。

40 師又問：「白銀為地，黃金為壁，此是什摩人居止處？」蘗云：「聖人居止處。」師曰：「更有一人居什摩處？」蘗云：「我則道不得。」師云：「王老師却道得。」蘗云：「便請道。」師云：「王老師罪過。」

〔一〕混，「渾」通。
〔二〕莫礼：中間疑脫「無」字。

41　師共歸宗行次，歸宗先行，師落後。忽見大蟲草裏出，師怕，不敢行，便喚歸宗。歸宗轉来一喝，大蟲便入草。師問：「師兄見大蟲似个什摩？」歸宗云：「相似猫兒〔一〕。」師云：「与王老師猶較一線道。」歸宗却問：「師第見大蟲似个什摩〔二〕？」師云：「相似大蟲。」

42　道吾到南泉。師問曰：「闍梨名什摩？」道吾對云：「圓智。」師云：「智不到處作摩生？」道吾對云：「切忌説著。」師問曰〔三〕：「灼然説著則頭角生也。」却後三五日間，道吾与雲嵒相共在僧堂前把針。師行遊次，見道吾，依前問：「智闍梨，前日道：『智不到處切忌説著，説著則頭角生也。』如今合作摩生行李？」道吾便抽身起，却入僧堂內，待師過後却出来。雲嵒問道吾：「和尚適来問，何不祗對？」道吾云：「師兄得与摩靈利！」雲嵒却上和尚處問：「適来和尚問智師弟這个因緣，合作摩生祗對？」師云：「他却是異類中行。」雲嵒云：「作摩生是異類中事？」師云：「豈不見道：『智不到處切忌説著，説著則頭角生。喚作如如早是變，直須向異類中行』。」雲嵒亦不先陁。道吾念言：他与藥山有因緣矣。便却共他去藥山。藥山問：「闍梨到何處来？」嵒云：「此迴去到南泉来。」藥山云：「南泉近日有什摩方便示誨學徒？」雲嵒舉似前話。藥山云：「汝還會他

〔一〕猫：原作「苗」，俗寫；景德傳燈錄卷六杉山章等並作「貓」。
〔二〕第、「弟」古今字。
〔三〕師問曰：宗門統要、聯燈會要、五燈會元均無「問」字。

這个時節也無？」雲嵒云：「某甲雖在他彼中，只為是不會他這个時節，便特歸来。」藥山大笑。雲嵒便問：「作摩生是異類中行？」藥山云：「我今日困。汝且去，別時来。」嵒云：「某甲特為此事歸来，乞和尚慈悲。」藥山云：「闍梨且去。老僧今日身躰痛，別時却来。」雲嵒礼拜了，便出去。道吾在方丈外立聽，聞他不領覽，不覺知咬舌得血。却後去問：「師兄去和尚處問因緣，和尚道个什摩？」嵒云：「和尚並不為某甲說。」道吾當時佤頭不作聲，在後各在別處住。至臨遷化時，見洞山、密師伯来。道吾向師伯說：「雲嵒不知有這一則事。我當初在藥山時悔不向他說。雖然如此，不違於藥山之子。」道吾却為師伯子細說此事。

43 師問僧：「什摩處去？」對云：「山下去。」師云：「第一不得謾王老〔二〕。」僧對云：「終不敢謾和尚。」師遂将瓶噴水，云：「是多少？」僧無對。師代云：「非師本有〔三〕。」又云：「非和尚境界。」

保福代云：「和尚啚他一㪷米，失却半年粮。」

44 師問黃蘗：「去什摩處？」對云：「擇菜去。」師云：「將什摩擇？」黃蘗竪起刀子。師云：「只解作客，不解作主。」自代云：「更覓則不得。」

〔二〕「老」下疑脱「師」字。
〔三〕此句景德傳燈錄作「先雲居曰：『非師本意。』」宗門統要、五燈會元略同。

有僧拈問長慶：「与古人作主，如何道？」長慶便咄之。

僧拈問順德：「南泉見黄蘗去什摩處？意旨如何？」順德云：「也是黄蘗招致得。」僧云：「只如黄蘗後与摩祇對南泉，還得也無？」德云：「且自付則得。」僧云：「只如對南泉，作摩生道？」德云：「汝作南泉来。」僧云：「將什摩擇？」德放下刀。

45 師有一日法堂上坐，忽然喝一聲。侍者驚訝，上和尚處看，並無人。大師曰：「汝去涅槃堂裏，看有一僧死也無？」侍者到於半路，逢見涅槃堂主著納衣走上来。侍者云：「和尚教專甲看涅槃堂裏有一人死也無。」堂主對曰：「適来有一僧遷化，特来報和尚。」兩人共去向和尚説。停騰之間，更有一人来報和尚云：「適来遷化僧却来也。」和尚問其僧：「病僧道什摩？」其僧云：「要見和尚。」師便下涅槃堂裏，問病僧：「適来什摩處去来？」病僧云：「冥中去来〔一〕。」師曰：「作摩生？」僧云：「行得百里地，脚手疼痛，行不得，又渴水。忽然有玉女喚入大樓臺閣上。某甲行乏辛苦，欲得上樓閣。始上次，傍有一个老和尚喝某甲：『不許上！』纔聞喝聲，則便驚訝，抽身仰倒，今日再得見和尚也。」師喝責云：「可謂好樓閣！若不遇老僧，洎入火客屋裏造猪。」從此後，其僧修福作利益，日夜不停，直到手指三分只有一分底。年到七十後，坐化而去也。呼為南泉道者也。有一日，其道者提藍子摘梨，盛藍次，師問：「籃裏底是什摩？」道者便覆却籃子。

〔一〕中：原爲破字，據高麗大藏經補遺本校定。

僧拈問龍花：「只如道者覆却籃子，意旨如何？」龍花云：「闍梨舉不圓。」

46 有講經論大德来參師。師問：「教中以何為躰？」對云：「如如為躰。」師云：「以何為極則？」對云：「法身為極則。」師云：「實也無？」對云：「實也。」師云：「喚作如如，早是變也，作摩生是躰？」大德無對。因此索上堂云：「今時學士類尚辯不得，豈弁得類中異？類中異尚弁不得，作摩生辯得異中異？喚作如如，早是變也，直須向異類中行。」

趙州和尚上堂，舉者个因緣云：「這个是先師勘茱萸師兄因緣也。」有人便問：「如何是異中異？」趙州云：「直得不被毛，不戴角，又勿交涉。」

47 師大和八年甲寅歲十二月二十五日遷化〔二〕。春秋八十七，僧夏五十九矣〔三〕。劉軻撰碑銘矣。

48 淨修禪師讚曰：

出世南泉，為大因緣，
猫、牛委有，佛、祖寧傳？
高提線道，異却言詮，

〔二〕陳垣釋氏疑年錄卷五：「隆興通論作太和五年卒，佛祖通載作太和九年卒，禪燈世譜作太和十二年卒。」
〔三〕五十九：宋高僧傳、景德傳燈錄作「五十八」；祖源通錄撮要作「五十七」。

趙州入室，其誰踵焉？

碑誌

劉軻撰碑銘（佚，見宋高僧傳卷一一）。

傳記

宋高僧傳卷一一、祖庭事苑卷三、七、林間錄卷上、隆興編年通論卷二四、釋氏通鑑卷一〇、佛祖歷代通載卷一六、釋氏稽古略卷三、六學僧傳卷六、李思恭等（萬曆）池州府志卷七通考、宗統編年卷一二、李敏迪等（康熙）太平府志卷三四仙釋、趙宏恩等（雍正）江南通志卷一七五方外、劉權之等（乾隆）池州府志卷五八方外、李應泰等（光緒）宣城縣志卷二八仙釋。

著作

答南泉久住投機偈（景德傳燈錄卷一〇長沙章、五燈會元卷四長沙章）、池州南泉普願和尚語（景德傳燈錄卷二八）、池州南泉普願和尚語要（古尊宿語要卷一）、池州南泉普願和尚語要（古尊宿語錄卷一二）。

資料

1 宋高僧傳卷一一、景德傳燈錄卷八、五燈會元卷三。

2 南泉語要、宗鏡錄卷六、宏智頌古第六九則、禪門拈頌集卷七。

3 景德傳燈錄卷八、宗門統要卷三、聯燈會要卷四、禪門拈頌集卷七、五燈會元卷三。

49 景德傳燈錄卷八、聯燈會要卷四、五燈會元卷三。

5 南泉語要、禪門拈頌集卷七。

6 景德傳燈錄卷八、宗門統要卷四陸大夫章、拈八方珠玉集卷中、禪門拈頌集卷七、五燈會元卷三。

8 景德傳燈錄卷八、汾陽頌古第八八則、祖源通錄撮要卷二、禪門拈頌集卷七、五燈會元卷三。

11 景德傳燈錄卷八、雪竇明覺禪師語錄卷三、宗門統要卷三、拈八方珠玉集卷中、聯燈會要卷四、禪門拈頌集卷六、大光明藏卷中、五燈會元卷三。

12 景德傳燈錄卷八、宗門摭英集卷上、聯燈會要卷四、禪門拈頌集卷七、五燈會元卷三。

13 30 31 33 景德傳燈錄卷八、五燈會元卷三。

14 景德傳燈錄卷八、宗門摭英集卷上、聯燈會要卷四、五燈會元卷三。

15 景德傳燈錄卷四牛頭章、雲門廣錄卷中、宗門統要卷三、聯燈會要卷四、禪門拈頌集卷七。

16 景德傳燈錄卷七歸宗章、宗門摭英集卷上歸宗章、宗門統要卷三歸宗章、拈八方珠玉集卷中、聯燈會要卷四歸宗章、禪門拈頌集卷七、五燈會元卷三歸宗章。

20 本書卷一一保福和尚章、景德傳燈錄卷八、雲門廣錄卷中、宗門統要卷三、拈八方珠玉集卷中、圜悟語錄卷一七、一九、聯燈會要卷四、禪門拈頌集卷七、大光明藏卷中、五燈會元卷三。

21 景德傳燈錄卷八、宗門統要卷三、聯燈會要卷四、禪門拈頌集卷七、大光明藏卷中、五燈會元卷三。

22 宗門摭英集卷上、宗門統要卷四趙州章、拈八方珠玉集卷中、聯燈會要卷六趙州章、禪門拈頌集卷一一趙州章、趙州錄卷上、虛堂錄卷六。

23 雪竇拈古第五六則、宗門統要卷三、聯燈會要卷四、禪門拈頌集卷七、五燈會元卷三。

24 景德傳燈錄卷九黃蘗章、傳燈玉英集卷五黃蘗章、天聖廣燈錄卷八黃蘗章、宗門統要卷四黃蘗章、聯燈會要卷七黃蘗章、五燈會元卷四黃蘗章。

26 景德傳燈錄卷一〇終南山師祖章、傳燈玉英集卷五終南山師祖章、宗門統要卷四終南山師祖章、圜悟語錄卷一六、聯燈會要卷六終南山師祖章、禪門拈頌集卷七、五燈會元卷四終南山師祖章。

27 景德傳燈錄卷八、祖源通錄撮要卷二、宗門統要卷三、拈八方珠玉集卷中、聯燈會要卷四、五燈會元卷三。

28 景德傳燈錄卷一〇趙州章、傳燈玉英集卷五趙州章、宗門統要卷四趙州章、拈八方珠玉集卷中、正法眼藏卷下、聯燈會要卷四、禪門拈頌集卷七、趙州錄卷上、五燈會元卷四趙州章。

32 景德傳燈錄卷八、聯燈會要卷四、禪門拈頌集卷七、五燈會元卷三。

34 景德傳燈錄卷八、禪門拈頌集卷七、大光明藏卷中、五燈會元卷三。

38 景德傳燈錄卷八、天聖廣燈錄卷八黃蘗章、宗門統要卷四黃蘗章、正法眼藏卷上、聯燈會要卷七黃蘗章、禪門拈頌集卷六、五燈會元卷三。

39 景德傳燈錄卷八、天聖廣燈錄卷八黃蘗章、宗門摭英集卷上、雪竇語錄卷二、宗門統要卷四黃蘗章、正法眼藏卷下、聯燈會要卷七黃蘗章、禪門拈頌集卷一〇黃蘗章、五燈會元卷三。

40 景德傳燈錄卷八、宗門統要卷四黃蘗章、聯燈會要卷七黃蘗章、大光明藏卷中、五燈會元卷三。

41 景德傳燈錄卷六杉山章、宗門統要卷三杉山章、聯燈會要卷五杉山章、禪門拈頌集卷七、五燈會元卷三杉山章。

42 景德傳燈錄卷一四道吾章、大愚芝和尚語錄、宗門統要卷七道吾章、聯燈會要卷一九道吾章、禪門拈頌集卷一三道吾章、五燈會元卷五道吾章、虛堂集第一〇則、從容錄第六九則評唱。

43 景德傳燈錄卷八、宗門統要卷三、聯燈會要卷四、五燈會元卷三、曹山語錄。

44 景德傳燈錄卷九黄蘗章、傳燈玉英集卷五黄蘗章、天聖廣燈錄卷八黄蘗章、宗門摭英集卷上黄蘗章、宗門統要卷四黄蘗章、聯燈會要卷七黄蘗章、五燈會元卷四黄蘗章。

46 拈八方珠玉集卷中、禪門拈頌集卷七、從容錄第六九則評唱。

47 宋高僧傳卷一一、景德傳燈錄卷八、祖源通錄撮要卷二、祖庭事苑卷七。

一九六　潙山和尚靈祐，七七一—八五三

1　溈山和尚嗣百丈，在潭州。師諱靈祐，福州長溪縣人也，姓趙。師小乘略覽，大乘精閱。年二十三，乃一日歎曰：「諸佛至論，雖則妙理淵深，畢竟終未是吾棲神之地。」於是杖錫天台，礼智者遺跡，有數僧相隨。至唐興路上，遇一逸士，向前執師手，大笑而言：「余生有緣，老而益光，逢潭則止，遇溈則住。」逸士者，便是寒山子也。至國清寺，拾得唯喜重於師一人。主者呵責偏黨，拾得曰：「此是一千五百人善知識，不同常矣。」自尒尋遊江西，礼百丈，一湊玄席，更不他遊。

2　師有時謂衆曰：「是你諸人，只得大識〔二〕，不得大用。」有一上座在山下住，仰山自下来問：「和尚与摩道，意作摩生？」上座云：「更舉看。」仰山舉未了，被上座踏倒。却歸来，舉似師。師吽吽

〔二〕大識：延祐本、高麗本景德傳燈錄、宗門統要、聯燈會要等並作「大機」。景德傳燈錄卷一一九峰慈慧章、禪門拈頌集作「大體」。下文有「只得其用，不得其躰（體）」等句，或作「大體」爲是。

而笑。

3　師与仰山語話次，師云：「只聞汝聲，不見子身。出来！要見！」仰山便把茶樹搖對。師云：「只得其用，不得其躰。」仰山却問：「某甲則任摩，和尚如何？」師良久。仰山云：「和尚只得其躰，未得其用。」師云：「子与摩道，放你二十棒！」

4　師問道吾：「見火不？」吾云：「見。」師云：「見從何起？」道吾云：「除却行住坐臥，更請一問。」

5　有僧礼拜師，師作起勢。僧云：「請和尚不起。」師云：「未曾坐，不要礼。」僧云：「某甲未曾礼。」師云：「何故無礼？」

6　師臨遷化時示衆曰：「老僧死後，去山下作一頭水牯牛，脇上書兩行字云：『溈山僧某專甲。』与摩時喚作水牯牛？喚作溈山僧某專甲？若喚作溈山僧，又是一頭水牯牛；若喚作水牯牛，又是溈山僧某專甲。汝諸人作摩生？」

後有人舉似雲居。雲居云：「師無異号。」

曺山代云：「喚作水牯牛。」

7　師有時与仰山淨瓶。仰山纔接，師乃縮手，云：「是什摩？」仰山云：「和尚見什摩？」師云：「你若任摩，因何更就我覓？」仰山云：「雖然如此，人義途中〔一〕，与和尚提瓶挈水，亦是本分〔二〕。」師過淨瓶与仰山。

8 又問：「如何是西来意？」師云：「太好燈籠。」山云：「莫只這个便是也無？」師云：「這个是什摩？」仰山云：「太好燈籠。」師云：「果然不見。」

9 師与仰山行次，師指枯樹子云〔三〕：「前頭是什摩？」仰山云：「只是个枯樹子。」師指背後插田公云：「這个公向後亦有五百衆。」

10 隱峯到溈山，於上座頭放下衣鉢。師聞師叔来，先具威儀来相看。隱峯見師来，便倒佯睡。師歸法堂，隱峯便發去。師問侍者：「師叔在摩？」對云：「去也。」師云：「師叔去時道什摩？」對云：「無語。」師云：「莫道無語，其聲如雷。」

11 德山行脚時到溈山，具三衣，上法堂前，東覷西覷了，便發去。侍者報和尚云：「適来新到不參和尚，便發去。」師云：「我早个相見了也。」

12 師令侍者喚第一座，第一座来。師云：「我喚第一座，干闍梨什摩事？」

〔一〕人義途中：景德傳燈録等並作「仁義道中」；人、「仁」通。

〔二〕分：原爲破字；據高麗大藏經補遺本校定。

〔三〕枯：景德傳燈録、傳燈玉英集、五燈會元等並作「栢」，下同。

曺山代云：「和尚若教侍者喚，但恐不来。」

13 師問雲嵓：「承你久在藥山，是不？」對云：「是。」師云：「藥山大人相如何？」對云：「涅槃後有。」師云：「如何是涅槃後有？」對云：「水洒不著。」雲嵓却問：「百丈大人相如何？」師云：「魏魏堂堂〔一〕，煒煒煌煌，聲前非聲，色後非色，蚊子上鐵牛，無你下觜處。」

14 溈山提物，問仰山：「正与摩時作摩生？」仰山云：「和尚還見摩？」溈山不肯，却教仰山問：「正与摩時作摩生？」師云：「正与摩時亦無，作摩生？」師却云：「与摩道亦不得。」從此而休。隔數年後，仰山有語舉似師云：「切忌教素著〔二〕。」師聞云：「停囚長智。」

15 仰山在溈山時，看牛次，第一座云：「百億毛頭百億師子現。」仰山与第一座便舉前話問：「適来道『百億毛頭百億師子現』，豈不是？」上座云：「是。」仰山云：「毛前現？毛後現？」上座云：「現時不説前後。」仰山便出去。師云：「師子腰折也。」

16 洞山問：「和尚在此間住，有什摩學禪契會底人？」師云：「某甲初住此山有一人，是石頭之孫、藥山之子。」

〔一〕魏魏，「巍巍」通。

〔二〕教素：景德傳燈錄、宗門統要作「勃塑」；五燈會元作「勃訴」。「教」同「勃」、「悖」；「素」通「窣」、「摗」。祖庭事苑卷六：「和盲悖訴：『和盲』當作『如盲』，『悖訴』當作『悖摗』；悖，亂也；摗，暗取物也。『悖素』亦方言，謂摸摗。」

17 仰山從田中歸。師云：「田中有多少人？」仰山遂插下鍬子，叉手而立。師云：「今日南山大有人刈茆。」

有人問順德：「只如潙山道南山大有人刈茆，意作麼生？」順德云：「狗銜赦書，諸臣避路。」

18 師問雲嵓：「尋常道什麼？」對云：「某甲父母所生口，道不得。」

19 僧問：「某甲欲奉師去時如何？」師云：「向他道：直須絕滲漏去，始得似他。」僧云：「還得不違於尊旨也無？」師云：「向他道：第一不得道老僧在這裏。」

20 雲嵓到潙山。潙山泥壁次，問：「有句無句，如藤倚樹。樹倒藤枯時作麼生？」雲嵓無對。舉似道吾，道吾便去到潙山。師便置前問。問未了，道吾便奪云：「樹倒藤枯時作麼生？」師不對，便入房丈。

21 師向仰山云：「寂闍梨，直須學禪始得。」仰山便吩：「作麼生學？」師云：「單刀直入。」

僧拈問石門：「只如潙山与摩道，意作麼生？」石門便顧示。

22 有京中大師到潙山。參和尚後，對座喫茶次，置問：「當院有多少人？」師云：「有千六百人。」大師云：「千六百人中，幾人得似和尚？」師云：「大師与摩問，作什麼？」大師云：「要知和尚。」師云：「於中也有潛龍，亦有現人。」大師便問衆僧：「三界為鼓，須弥為槌〔一〕，什摩人擊此鼓？」仰山云：「誰擊伱破鼓？」大師搜覓破處不得，因此被納學禪。

有人拈問報慈：「什摩處是破處？」報慈云：「什摩年中向伱与摩道？」僧云：「畢竟作摩生？」報慈便打一下。

23 師与仰山遊山，一處坐。老鵶銜紅柿子来，放師面前。師以手拈来，分破一片与仰山。仰山不受，云：「此是和尚感得底物。」師云：「雖然如此，理通同規。」仰山危手接得了，便礼謝喫。

24 師匡化四十二年，現揚宗教。自大中七年癸酉歲示化〔二〕。春秋八十三，僧夏六十四〔三〕。勑謚大圓禪師、清淨之塔。

碑誌

鄭愚潭州大溈山同慶寺大圓禪師碑銘並序（唐文粹卷六三、全唐文卷八二〇）。

傳記

周朴贈大溈和尚（全唐詩卷六七三）、宋高僧傳卷一一、陳耆卿嘉定赤城志卷三五、林間錄卷下、祖庭事苑卷

〔一〕槌：原作「搥」。
〔二〕隆興通論作大中八年卒。
〔三〕碑文作「五十五」，宋高僧傳作「五十九」。

七、隆興編年通論卷二五、釋氏通鑑卷一一、佛祖歷代通載卷一六、釋氏稽古略卷三、六學僧傳卷七、閩書卷一三七、徐象梅兩浙名賢錄外錄卷四、釋傳燈天台山方外志卷八高僧、宗統編年卷一二、郝玉麟等（雍正）福建通志卷六〇、邁柱等（雍正）湖廣通志卷七四仙釋、嵇曾筠等（雍正）浙江通志集一九八仙釋、謝旻等（雍正）江西通志卷一〇四仙釋、徐景熹等（乾隆）福州府志卷七一釋老、李翰章等（光緒）湖南通志卷二四一仙釋、福建通志福建高僧傳卷一、趙亮熙等台州府志卷一四〇方外紀下。

著作

仰山潙山語（佚，宋史卷二〇五藝文四）、潙山大圓禪師警策（敦煌遺書P.4638，宗門摭英集卷上，佛祖三經、禪門諸祖師偈頌卷二）、潭州潙山靈祐禪師語録（五家語錄卷二）、御選靈覺大圓潙山祐禪師語錄（御選語錄卷四）。

柳田聖山潙山宗のテキスト（柳田聖山集第二卷，寶藏館，二〇〇一年）。

資料

1 鄭愚碑銘、宋高僧傳卷一一、景德傳燈錄卷九、傳燈玉英集卷五、祖源通錄撮要卷二、聯燈會要卷七、五燈會元卷九。

2 景德傳燈錄卷九、卷一一九峰慈慧章、宗門統要卷五仰山章、圜悟拈古第一四則、聯燈會要卷七、禪門拈頌集卷一〇、正法眼藏三百則卷下第七九則、五燈會元卷九。

3 景德傳燈錄卷九、汾陽頌古第九五則、傳燈玉英集卷五、宗門統要卷四、拈八方珠玉集卷上、聯燈會要卷七、禪門拈頌集卷一〇、大光明藏卷中、五燈會元卷九。

4 景德傳燈錄卷一四道吾章、拈八方珠玉集卷上、五燈會元卷五道吾章。

5 景德傳燈錄卷九、五燈會元卷九。

6 景德傳燈錄卷九、汾陽頌古第七則、傳燈玉英集卷五、宗門統要卷四、碧巖錄第二四則評唱、聯燈會要卷七、禪門拈頌集卷一〇、正法眼藏三百則卷下第九則、五燈會元卷九。

7 景德傳燈錄卷九、傳燈玉英集卷五、五燈會元卷九。

8 景德傳燈錄卷九、傳燈玉英集卷五、祖源通錄撮要卷二、五燈會元卷九、大光明藏卷中。

9 景德傳燈錄卷九、傳燈玉英集卷五、宗門統要卷四、聯燈會要卷七、禪門拈頌集卷一〇、五燈會元卷九。

10 景德傳燈錄卷八鄧隱峰章、宗門統要卷四、聯燈會要卷五鄧隱峰章、五燈會元卷三鄧隱峰章。

11 景德傳燈錄卷一五德山章、宗門摭英集卷上德山章、宗門統要卷七德山章、碧巖錄第四則、圜悟頌古第二則、正法眼藏卷下、聯燈會要卷二〇德山章、禪門拈頌集卷一七德山章、五燈會元卷七德山章。

12 景德傳燈錄卷九、正法眼藏三百則卷下第六六則、五燈會元卷九。

13 景德傳燈錄卷九、傳燈玉英集卷五、宗門統要卷四、聯燈會要卷七、大光明藏卷中、五燈會元卷九。

14 景德傳燈錄卷九、宗門統要卷四、五燈會元卷九。

15 本書卷五雲嵒和尚章、景德傳燈錄卷一一仰山章、宗門統要卷五仰山章、聯燈會要卷八仰山章、五燈會元卷九仰山章。

16 正法眼藏卷中、聯燈會要卷二〇洞山章、五燈會元卷一三洞山章、洞山錄。

17 景德傳燈錄卷一一仰山章、傳燈玉英集卷六仰山章、宗門統要卷五仰山章、正法眼藏卷上、擊節錄第八八則、從容錄第一五則、空谷集第九一則、聯燈會要卷八仰山章、禪門拈頌集卷一〇、正法眼藏三百則卷上第六八則、五燈會元卷九仰山章。

18 本書卷五雲嵒和尚章、正法眼藏卷中、聯燈會要卷二〇洞山章、五燈會元卷一三洞山章、洞山錄。

19 五燈會元卷一九洞山章、洞山錄。

20 宗門摭英集卷上、宗門統要卷五長慶大安章、從容錄第八七則、聯燈會要卷七長慶大安章、禪門拈頌集卷九、五燈會元卷一三疎山章。

23 景德傳燈錄卷一一仰山章、汾陽頌古第九四則、傳燈玉英集卷六仰山章、禪門拈頌集卷一〇、五燈會元卷九仰山章。

24 鄭愚碑銘、宋高僧傳卷一一、景德傳燈錄卷九、祖源通錄撮要卷二、五燈會元卷九。

一九七　黃蘗和尚 希運，?—大中中〔八四七—八五九〕卒〔一〕

1 黃蘗和尚嗣百丈，在高安縣。師諱希運，福州閩縣人也。自少於黃蘗寺出家。身長七尺，額有肉珠，閑閬天生，不拘小節。

2 初，与二三時流遊天台山，在途偶接一僧，与師同道，言笑便同囊故〔二〕。道到溪硐，遇時水汎漲，遂阻步而暫息。其僧頻催師而共渡，師不疑之，云：「要渡但自渡。」其僧斂衣躡波而渡。至彼岸

〔一〕陳垣釋氏疑年錄卷五：「隆興通論、釋氏通鑑作大中四年卒，佛祖統紀作大中九年卒，佛祖通載作大中三年卒，宗統編年作大中二年卒。」

〔二〕同囊故：「囊」疑爲「曩」字之譌。景德傳燈錄、傳燈玉英集、五燈會元作「如舊相識」；天聖廣燈錄作「如舊識」。

已，迴顧招手，令師渡焉。師乃呵云：「這賊漢，悔不預知！若知則便打折脚。」其僧嘆曰：「大乘器者哉！吾輩不及也。」言已，忽然而隱。

3　後遊上都，因行分衛而造一門，云：「家常。」屏後有老女云：「和尚太無猒生！」師聞其言異，探而拔之，云：「飦猶未得，何責無猒？」女云：「只這个，豈不是無猒？」師聞，駐而微笑。阿婆覩師容儀堂堂，特異常僧，遂命入內，供以齋。食畢，詢問參學行止。師不能隱，竭露見知。阿婆提以再舉微開，師則玄門頓而蕩豁。師重致言謝，擬欲師承。阿婆曰：「吾是五障之身，故非法器。吾聞江西有百丈大師，禪林郢匠，特秀群峯，師可詣彼參承。所貴他日為人天師，法不輕来耳〔一〕。」後人傳說，此婆少年曾參見忠國師也。

4　師遂依言而造百丈，礼而問：「從上相承之事，和尚如何指示於人？」百丈良久。師曰：「不可教後人断絶去也。」百丈云：「我本将謂汝是一个人。」遂起入丈室，欲掩其戶。師云：「□□□□〔二〕，某甲□来〔三〕，只要這个印信足矣。」丈迴言：「若然者，他後不得辜負於吾。」師遂駐泊，延於時歲。

〔一〕来：原作「未」，當爲破字。
〔二〕此處景德傳燈錄等並作「師隨後入云」。
〔三〕此空字處景德傳燈錄等並作「特」。

5 後居黃蘗山〔一〕。玄徒競湊，法鼓震於寰中；緇素奔風，智炬揚于海內。高安縣令見已〔二〕，方乃稽首泯伏而有詩讚曰：

「曾傳達士心中印〔三〕，額有圓珠七尺身。
掛錫十年棲蜀水，浮盃今日渡章濱〔四〕。
一千龍象隨高步，万劫香花結勝因〔五〕。
願欲事師為弟子，不知將法付何人？」

6 僧問：「如何是西来意？」師打之。

7 師謂衆曰：「是你諸人患顛那？作麼？」把棒一時趁出，云：「盡是一隊喫酒糟漢！与摩行脚，笑殺人去。兄弟，莫只見八百一千人處。去郍裏，不可只啚熱鬧。這个老漢行脚時，或遇著草

〔一〕黃蘗山：傳燈玉英集作「洪州大安寺」。

〔二〕此處宋高僧傳作「昇平相裴公休欽重躬謁」；景德傳燈錄、傳燈玉英集作「裴相國休鎮宛陵，建大禪院，請師說法……」。

〔三〕景德傳燈錄等並作「自從大士傳心印」。

〔四〕章：原作「漳」；「章」指豫章（洪州治所，今江西南昌市）。延祐本景德傳燈錄夾注云：「『浮杯今日渡章濱』者，謂自黃蘗請師來至洪城也。按前漢地理志，豫章水出贛縣西南，北入大江，洪州城在章水之濱而郡名豫章也。」

〔五〕万劫：景德傳燈録等並作「萬里」。

根下有个老漢〔一〕，便從頂顖上啄一下錐〔二〕，看他若識痛癢，便將布袋盛米供養他。古人个中惣似你与摩容易〔三〕，何處更有今日事也？兄弟，行脚人亦須著些子精神好。汝還知大唐國内無禪師？」有人問：「諸方尊宿盡皆匡化，和尚為什摩道無禪師？」師云：「不道無禪，只道無師。」又云：「闍梨可不見馬大師下有八十八人坐道場，得馬大師真正法眼者只有一二？廬山是一人。夫出家者，須知有從上来事。不見四祖下有牛頭融大師，横説竪説，未知有向上一關捩子？若有此眼腦，不妨弁得邪正宗儻〔四〕。當人事不能會得，但知念言語學向皮袋裏，到處便道：『我會禪會道。』還替得你輪迴摩？輕忽老宿，入地獄如箭射。我亦見汝行脚人，入門便識得汝了也。還知摩？諸人亦須在意，急急努力！莫只擬取次容易事，持一片衣，口食過一生〔五〕。明眼人笑你，久後惣被俗漢弄將去在。切須自看近遠，且是阿誰面上事？若會則便會，若不會則散去。珎重！」

保福舉師語云：「不道無禪，只道無師。」福拈問殿主：「作摩生是与禪為師底人？」殿主指和尚手中杖云：「某甲惜這个柱杖。」保福不肯。殿主却問：「作摩生是与禪為師底

〔一〕老：疑涉上文而衍。
〔二〕啄、「卓」通。
〔三〕个中：景德傳燈録等並作「可中」。
〔四〕儻、「黨」通；景德傳燈錄等並作「黨」。
〔五〕「口食」上疑脱「一」字；景德傳燈錄、傳燈玉英集、五燈會元作「片衣口食」。

人？」福云：「我不惜這個柱杖。」

蓮花在漳州報恩時，僧問：「只如保福道不惜柱杖，意作摩生？」報恩云：「他大意則是，只是無憑執。」僧云：「只如有憑執，意作摩生？」報恩云：「惜柱杖則不肯。」僧却問：「作摩生是与禪為師底人？」報恩乃放下柱杖，歸方丈。

僧問鼓山：「只如蓮花放下柱杖，意作摩生？」師云：「什摩所在？」僧云：「只如事在放下柱杖處？事在歸方丈處？」鼓山趂出云：「莫向這裏出頭！」

保福聞舉云：「更有一般底，錐又錐不動，召又召不應，此人作摩生委得虛之与實？」翠嵓云：「兄則乞米，某甲則拾柴。」保福云：「与摩則拆布袋造浴裙著。」

8 師行脚時到塩官。塩官有一日云：「色即是空，空義不成；空即是色，色義不成。」師出来問：「承和尚有言：『色即是空，空義不成；空即是色，色義不成。』豈不是和尚与摩道？」塩官云：「是也。」師敲禪床云：「這个是色，阿那个是空？」塩官不對。

9 師令八百来人到洪州見州主〔一〕。州主手執越杖，便問師：「這个是什摩字？」師云：「欠一點。」便掴。州主便礼拜為師。

10 裴相公有一日微微底不安，非久之間便死。師恰在宅裏，不抛相公，頭邊底坐看相公。相公

〔一〕令、「領」通。

無限時却惺〔二〕，惺後説冥中事：「某一入冥界，有脚不曾行，有眼不曾見，行得个四五十里，困了，忽然見一池水。某甲擬欲入池，有一个老和尚，不与某甲入池裏，便喝。因此再見和尚。」師云：「若不遇老僧，相公洎合造龍。」

11 師又時握拳云：「諸方老宿性命揔在這裏，放也得，不放也得。」僧拈問招慶：「『諸方老宿性命揔在這裏，要放也得，不要放也得。』如何是要放底事？」慶云：「恕你此問。」「如何是不要放底事？」招慶云：「好与二十打〔三〕。」

12 自餘未覩行録。勑謚斷際禪師、廣業之塔。

傳記

宋高僧傳卷二〇、宗門摭英集卷上、林間錄卷上、下、祖庭事苑卷三、慧洪題斷際禪師語録（石門文字禪卷二五）、隆興編年通論卷二五、佛祖統紀卷四二、釋氏通鑑卷一〇、一一、佛祖通載卷一六、釋氏稽古略卷三、六學僧傳卷七、陳宏緒江城名蹟卷三、宗統編年卷一二、一三、葉舟等（康熙）南昌郡乘卷四一仙釋、嵇曾筠等（雍正）浙江通志卷二〇〇仙釋、趙宏恩等（雍正）江南通志卷一七五方外、謝旻等（雍正）江西通志卷一〇三仙釋、許瑤光等（光緒）嘉興府志卷六二方外、曾國藩等（光緒）江西通志卷一七八仙釋、釋隱元等黃檗山志卷三僧、

〔二〕惺、「醒」通，下同。

〔三〕十：原爲破字，據高麗大藏經補遺本校定。

紹誠等(光緒)安徽通志卷三四八仙釋、李應泰等(光緒)宣城縣志卷二八仙釋、李翰章等(光緒)湖南通志卷二四一仙釋、江紹棠等南昌縣志卷四四人物。

著作

裴休集並序筠州黄蘗山斷際禪師傳心法要(開元寺本天聖廣燈錄卷首、元延祐本景德傳燈錄卷九末、四家語錄卷四)、黄蘗斷際禪師宛陵錄(開元寺本天聖廣燈錄卷首、四家語錄卷四)、黄蘗斷際語錄(古尊宿語錄卷三)、答裴相國休詩(天聖廣燈錄卷八)。

入矢義高譯註傳法心要・宛陵録(禅の語録八,筑摩書房,一九六九年;世界古典文學全集三六A,筑摩書房,一九七二年)

Chu Ch'an(= Blofeld), *The Huang Po Doctrine of Universal Mind*, London, The Buddhist Society 1947 (Complete translation, English).

Suzuki, D. T, *Huang—po's serman* in *Manual of Zen Buddhism*, pp. 112—119, London, Rider, 1974(first published 1950, reprint 1980)(Partial translation, English).

His Yun, Maitre, *Le Mental Cosmiqueselon la Doctrine de Huang Po*, Paris, Adyar, 1951 (Comlete translation, French).

Blofeld, John, *The Zen Teachings of Huang˙Po on the Translation of Mind*, New York (London), Grove Press (Rider), 1958(Complete translation, English).

Carre, Patrick, *L' Essentiel de lamethode de transmission de la esprit* in: *Les Entretiens de Huang—po*, pp. 17—58,

Paris, Editions des Deux Oceans, 1985(Complete translation, Franch).

Wang, L, *de la transmission de l'esprit* in: *Tch'an Zen: Racines et floraisons* (Hermes: Recherches sur l' experience spirituelle, Nouvelle serie vol. Ⅳ). Paris: Deux Oceans, 1985, pp. 218—234(Partial translation, English).

Carre, Patrick, *Le Resueil de Wan — ling* in: *Les Entretiens de Huang—po*, pp. 17—58, Paris, Editions des Deux Oceans, 1985(Complete translation, Franch).

資料

1 宋高僧傳卷二〇、景德傳燈錄卷九、傳燈玉英集卷五、天聖廣燈錄卷八、祖源通錄撮要卷二、五燈會元卷四。

2 宋高僧傳卷二〇、景德傳燈錄卷九、傳燈玉英集卷五、天聖廣燈錄卷八、五燈會元卷四。

3 宋高僧傳卷二〇、聯燈會要卷七。

4 景德傳燈錄卷九、傳燈玉英集卷五、天聖廣燈錄卷八百丈章、宗門統要卷四、聯燈會要卷七、禪門拈頌集卷一〇、五燈會元卷四。

5 宋高僧傳卷二〇、景德傳燈錄卷九、傳燈玉英集卷五、天聖廣燈錄卷八、碧巖錄第一一則評唱、大光明藏卷中、五燈會元卷四。

6 景德傳燈錄卷九、五燈會元卷四。

7 景德傳燈錄卷九、傳燈玉英集卷五、天聖廣燈錄卷八、雪竇頌古第一一則、祖源通錄撮要卷二、宗門統要卷四、碧巖錄第一一則、正法眼藏卷中、宏智頌古第五三則、聯燈會要卷七、禪門拈頌集卷一〇、五燈會元卷四。

11 睦州語錄上堂對機第一、雲門廣錄卷中、宗門統要卷四、聯燈會要卷七、五燈會元卷四。

一九八　西林操和尚生卒年未詳

1　西林操和尚嗣百丈。

2　師与大潙行次，忽然見驢喫草。師取驢喫底草，向大潙云：「吽吽！」大潙兩手托地，便造驢聲。師喝云：「這畜生！」大潙云：「適来見什摩？」師便摑。

3　有人拈問龍花：「作摩生道則免得操禪師摑？」花云：「洎一向。」自餘不究化緣終始矣。

資料

1　景德傳燈錄卷九標目、傳法正宗記卷七。

一九九　古靈和尚神讚，生卒年未詳

1　古靈和尚嗣百丈，在福州。師自少於福州大中寺出家。及至為僧，遊參百丈，盤泊數年，密契玄旨。

2　後歸省，侍本師，思欲發悟，以報其恩，而俟方便。偶因一日為師澡浴，去垢之次，撫師背曰：「好个佛殿，而佛不聖。」其師乍聞異語，迴頭看之。弟子曰：「佛雖不聖，且能放光。」師深疑而不能問。

3　後得一日新糊窓，其日照窓陪明〔一〕。師於窓下看經次，蠅子競頭打其窓，求覓出路。弟子侍立，云：「多少世界如許多廣闊而不肯出頭！撞故紙裏，驢年解得出摩？」師聞此語，放下經卷問：「汝行脚来見何人？得何事意？前後見汝發言，盖不同常，汝子細向吾説看！」弟子見問，恰稱本意，為説百丈大師指授禪門心要：「靈光洞耀，逈脱根塵；躰露真常，不拘文字。心性無染，本自圓明，離却妄緣，則如如佛。」師於言下万機頓息〔二〕，嘆曰：「不可思議！吾本聞佛，將謂獨一，今始返照心源，有情皆尒。」因為同流曰〔三〕：「我弟子行脚得上人法。我欲返荅其恩，汝當佐助。」衆為俻筵，敷法座畢，請弟子昇座，略演百丈宗教。衆聞所未聞，悉皆忻慶。師謂弟子曰：「吾為汝剃髮之師，汝今為吾出世之師。吾今返礼汝，以荅其恩耳。」弟子下座曰：「此乖世礼，事不可也。師若然者，當應面西，遙礼百丈為師，即是同道不異也。」師則從之，遙礼百丈為師。

4　弟子後住古靈山，因為古靈和尚焉。聚徒十數年間，臨遷化時，剃髮澡浴，焚香聲鐘，集衆告云：「汝等諸人還識得無聲三昧不？」衆曰：「不識，請師指示。」師曰：「汝等靜思靜慮，諦聽諦

〔一〕陪、「倍」通。
〔二〕言：原爲破字，據高麗大藏經補遺本校定。
〔三〕為、「謂」通。

聽！」師乃端坐而告寂。

傳記　祖庭事苑卷七、隆興編年通論卷二三、釋氏通鑑卷一〇、閩書卷一三六。

資料　1 景德傳燈錄卷九、正法眼藏卷下、聯燈會要卷七、五燈會元卷四。

2 景德傳燈錄卷九、傳燈玉英集卷五、正法眼藏卷下、聯燈會要卷七、五燈會元卷四、大光明藏卷中。

3 景德傳燈錄卷九、傳燈玉英集卷五、正法眼藏卷下、聯燈會要卷七、禪門拈頌集卷一〇、五燈會元卷四、大光明藏卷中。

4 景德傳燈錄卷九、聯燈會要卷七、禪門拈頌集卷一〇、五燈會元卷四。

二〇〇　石霜性空和尚 生卒年未詳

1 石霜性空和尚嗣百丈，在吉州〔一〕。

2 僧問：「如何是西来意？」師曰：「如人在百丈井中，不假寸繩出得此人，我則為荅西来意。」僧云：「与摩則湖南近日亦有暢和尚，為師僧東話西話。」師喚沙弥：「拽出這個死屍著！」

〔一〕吉州：應作「潭州」。

3 自外未究終始矣。

考證

此性空乃百丈弟子，住潭州石霜山。另有丹霞天然弟子性空住吉州孝義寺，見景德傳燈錄卷一四、聯燈會要卷一九、五燈會元卷五。

資料

2 景德傳燈錄卷九、傳燈玉英集卷五、宗門統要卷七吉州性空章、正法眼藏卷下、聯燈會要卷七、大光明藏卷中、五燈會元卷四。

祖堂集卷第十六

祖堂集卷第十七

江西下卷第四曹溪第四代法孫

二〇一 大慈和尚寰中，七八〇—八六二〔一〕

1 大慈和尚嗣百丈，在撫州〔二〕。師諱寰中。

2 有僧辭。師問：「什摩處去？」對云：「江西去。」師云：「將取老僧去，得摩？」對云：「非但和尚，更有過於和尚者，不能得將去。」

後有人舉似洞山。洞山云：「但道：得。」

3 師上堂云：「說取一丈，不如行取一尺；說取一尺，不如行取一寸。說取郍行處，行取那說處。」

有人舉似洞山，洞山便歡喜，云：「大慈和尚為物情切。」僧便問：「彼中則如此，此間還有

〔一〕此據宋高僧傳、景德傳燈録。

〔二〕撫州：應爲「杭州」之譌；大慈山在杭州餘杭縣。以「杭」與「撫」俗體（「抚」）形近致誤。

也無？」洞山云：「有。」僧云：「若与摩，則便請。」洞山云：「行取那説不得處，説取那行不得處。」洞山又云：「離此二途作摩生？」僧對云：「離此二途，請師不問。」洞山云：「海上功秀又作摩生〔一〕？」對云：「石人唱歌，幻人撫掌。」

有人舉似雲居。雲居云：「行時無説路，説時無行路。不説不行，合行什摩路？」

有人舉似樂浦。樂浦云：「行、説俱到本事無，行、説俱不到本事在。」又云：「大慈和尚則古佛，洞山和尚則細懦。」師又聞舉云：「作家！」

4 師行脚時，三人同行，逢見女人收稻次，問：「退山路何處去〔二〕？」女人云：「驀底去！」師云：「前頭水深，過得摩？」女云：「不濕脚。」師云：「上岸稻得与摩好，下岸稻得与摩勿次第？」女云：「下岸稻惣被螃蠏喫却。」師云：「太香生！」女云：「無氣息。」師云：「住在什摩處？」女云：「只在這裏。」三人到屋裏。其女見来，點一瓶茶，排批了，云：「請上座用神通喫。」三

〔一〕海上功秀又作摩生：景德傳燈録卷一六鳳翔府石柱和尚有云：「洞山曰：『只如海上明公秀又作摩生？』師曰：『幻人相逢，拊掌呵呵。』」「海上明公秀」又見宏智禪師廣録卷一泗州大聖普照禪寺上堂語録、碧巖録卷七十五則頌著語、偃溪廣聞禪師語録卷上廣元府阿育王廣利禪寺語録、少林無空笛卷四道秀禪門下火等。

〔二〕退山：疑當作「徑山」；景德傳燈録卷二七：「昔有三僧雲遊，擬謁徑山和尚。」禪林類聚作「麻谷徹和尚同南泉二三人雲遊，擬謁徑山」。

人不敢傾茶。女云：「看老婆呈神通去也。」拈起盞子便瀉行茶〔二〕。

5 自外未覩行録，不決化緣終始〔三〕。勑謚性空禪師、定慧之塔。

傳記

宋高僧傳卷一二、傳燈玉英集卷五、宗門摭英集卷上、釋氏稽古略卷三、宗門統要續集卷七、釋氏通鑑卷一一、佛祖歷代通載卷一七、武林西湖高僧事略、六學僧傳卷七、徐一夔重修大慈定慧禪寺記（始豐稿卷一一）、徐象梅兩浙名賢錄外錄卷五、聶心湯等（萬曆）錢塘縣志外紀紀釋、宗統編年卷一五、嵇曾筠等（雍正）浙江通志卷一九八仙釋、謝旻等（雍正）江西通志卷一〇五仙釋、龔嘉儁等（清）杭州府志卷一七一方外、釋常仁杭州大慈山虎跑泉定慧寺志卷二。

資料

2 景德傳燈錄卷九、宗門統要卷四、聯燈會要卷七、禪門拈頌集卷一〇、大光明藏卷中、五燈會元卷四。

3 景德傳燈錄卷九、宗門統要卷四、宏智拈古第九三則、聯燈會要卷七、禪門拈頌集卷一〇、正法眼藏三百則卷上第七七則、大光明藏卷中、五燈會元卷四。

4 景德傳燈錄卷二七諸方雜舉徵拈代別語、禪林類聚卷一八糧食。

〔二〕茶：原作「荼」；瀉行茶：景德傳燈錄作「傾茶行」。

〔三〕決：原爲破字，據高麗大藏經補遺本校定。

二〇二　福州西院和尚大安，七九三—八八三

1　福州西院和尚嗣百丈〔一〕。師諱大安，福州福唐縣人也。未覩行狀，不知姓族〔二〕。自少於黄蘗寺出家，乃至為僧。本擬聽習，因在洪州招提偶聞行脚僧舉百丈一二句玄機，似少省覺，從尒便造百丈。既覩盛筵，深稱志慕。

2　礼問百丈曰：「學人欲求識佛，如何是佛？」百丈云：「太似騎牛覓牛。」師云：「識得後如何？」百丈云：「如人騎牛至家。」師云：「未審始終如何保任則得相應去？」百丈云：「譬如牧牛之人，執鞭視之，不令犯人苗稼。」師從兹領旨，頓息万緣。性好辛勤，少親言論，更不尋經討論，放曠任情。夜則山野頭陁，晝則倍加執役。

3　後隨祐禪師同創溈山，則十數年間，僧衆猶小。師乃頭頭耕耨，處處勞形，日夜忘疲，未嘗輒暇。溈山見而語曰：「安，汝少勞役。」師云：「待和尚覩五百衆〔三〕，安則休也。」不久之間，僧衆果至五百，師乃勞心頓擺〔四〕。或坐房廊，凝如株杌；或入靈洞，月十不歸。如癡似狂，三十余祀。夜在

〔一〕按宗門統要卷五目錄，西院大安爲潙山靈祐法嗣。
〔二〕按真身記謂「陳氏儒學之家」。
〔三〕覩、「構」、「搆」通。
〔四〕擺、「罷」通。

第二第三座間，有同流私覩其身，餤尒通光。衆人僉曰：「定光佛矣。」

4 問：「黃巢軍来，和尚向什摩處迴避？」師云：「五蘊山中。」僧云：「忽被捉著時作摩生？」師云：「惱乱將軍！惱乱將軍！」

5 問：「此陰已謝、彼陰未生時，其中事如何？」師曰：「此陰未謝時，阿那个是大德？」對云：「不會。」師云：「此陰未謝尚不會，問与摩時事作什摩？」

6 有俗官問：「佛在什摩處？」師云：「不離心地。」

7 又問：「雙峯上人有何所得？」師云：「法無所得。設有所得，得於本得〔二〕。」

8 問：「大用現前、不存軌則時如何？」師云：「用得便用。」其僧裸形遶師三匝。師云：「向上何不道取？」僧纔擬開口，師打之，云：「這野狐精〔三〕！」

羅漢和尚拈問僧：「當此之時，作摩生免得被他喝出？」僧對云：「便抽身出去。」羅漢云：「落脊棒又作摩生？」僧却迴頭：「今日賴遇某甲。」羅漢云：「識得闍梨骨也。」

9 問：「一切施為盡是法身用，如何是法身？」師云：「一切施為盡是法身用。」問：「離却

〔二〕得於本得：景德傳燈錄等並作「得本無得」。
〔三〕精：原作「情」。

五蘊，如何是本来身？」師云：「地、水、火、風，受、想、行、識。」「這个是五蘊〔一〕。」

10 有僧到大潙。師指面前狗子云：「明明个，明明个。」僧便問師：「既是明明个，為什摩剗頭在裏許？」師云：「有什摩罪過？」

有人舉似雪峯。雪峯云：「潙山是古佛也。」

11 師又時上堂云：「汝諸人来就安，覓什摩？若欲得作佛，汝自是佛。擔却一个佛，傍家走颾颾，渴鹿趂陽燄相似，何時得相應去？阿你欲得作佛，汝但無如許多顛倒攀緣、妄想惡覺、垢欲不淨衆生之心，則汝便是初心正覺佛，更去何處別討？所以安在潙山，三十年来喫潙山飰，屙潙山屎〔二〕，不學潙山禪，只是長看一頭水牯牛，落路入草便牽出，侵犯人苗稼則鞭打，調来伏去，可憐生受人言語。如今一時變作个露地白牛，常在面前，終日露逈逈地，趂亦不肯去。汝道什摩語話？汝諸人各自身中有無價大寶，從眼門放光，照山河大地；耳門放光，領覽一切善惡音響；六門晝夜常放光明，亦名放光三昧。汝自有，何不識取影在四大身中〔三〕，內外扶持，不教傾側。兩脚若子大，擔得二碩，從獨木橋上過，亦不教伊倒地，且是什摩物？汝若覓，毫髮則不可見。故志公云：『內外追尋覓惣無，境上施

〔一〕這个是五蘊：按景德傳燈錄，此句前有「僧云」；五燈會元有「曰」字。二者句下並有「師云：『這箇異五蘊。』」
〔二〕屙：原作「痾」，下同。
〔三〕影：聯燈會要作「隱」。

為渾大有。』」

有人拈問石門：「古人有言：『安在溈山，三十年来喫溈山飰，屙溈山屎，不學溈山禪，只是長看一頭水牯牛，落路入草便牽出，侵犯人苗稼則鞭打，調来伏去，可憐生受人言語。如今一時變作露地白牛，常在面前，終日露逈逈地，趂亦不肯去。』只如今古人与摩道，意作摩生？」石門云：「昔日話虎尚乃驚，如今見虎也不怕。」僧云：「古人分上則与摩，學人分上如何？」石門云：「取我与食，驢年得味摩！」

12 師垂化閩城二十載，至中和三年癸卯歲十月二十一日順化〔二〕。勑謚圓智大師、正真之塔〔三〕。

碑誌

允明唐福州延壽禪院故延聖大師塔內真身記（石井修道溈山教團の動向について福州大安の「真身記」の介紹に因んで，印度學佛教學研究第四〇卷第一號，一九九一年）、崔胤大溈山延聖禪師碑（佚，見閩中金石志卷二，寶刻叢編卷一九）。

〔二〕二十一日：真身記、宋高僧傳、景德傳燈錄、五燈會元並作「二十二日」。

〔三〕正真：宋高僧傳、景德傳燈錄並作「證真」。

傳記

宋高僧傳卷一二、釋氏通鑑卷一一、六學僧傳卷七、宗統編年卷一六、釋法緯西禪長慶寺志卷二禪宗志、釋隱元等黃檗山志卷三僧、釋證亮西禪小記卷三宗傳、沈瑜慶福建通志福建高僧傳卷一。

資料

2 11 景德傳燈錄卷九、宗門統要卷五、聯燈會要卷七、大光明藏卷中、五燈會元卷四。

3 景德傳燈錄卷九、聯燈會要卷七、大光明藏卷中、五燈會元卷四。

4 5 6 7 景德傳燈錄卷九、五燈會元卷四。

8 景德傳燈錄卷九、聯燈會要卷七、五燈會元卷四。

9 景德傳燈錄卷九、大光明藏卷中、五燈會元卷四。

11 景德傳燈錄卷九、傳燈玉英集卷五、聯燈會要卷七、大光明藏卷中、五燈會元卷四。

12 允明真身記、宋高僧傳卷一二、景德傳燈錄卷九、五燈會元卷四。

二〇三　處微和尚 生卒年未詳

1 處微和尚嗣西堂。

2 師問仰山：「汝名什摩？」對曰：「慧寂。」師曰：「阿那个是惠？阿那个是寂？」對云：「只在目前。」師曰：「伱猶有前後在。」對曰：「前後則且置，和尚還曾見未？」師曰：「喫茶去！」

3 問：「三乘十二分教躰理得妙，是祖師意？為復不是祖師意？」師云：「三乘十二分教躰理得妙，何處更有祖師意？雖然与摩，須向六句外鑒。若也鑒不得，隨聲色轉也。」僧云：「作摩生是六句？」師曰：「語底，嘿底，不嘿底，不語底，惣是，惣不是〔一〕。」

傳記　俞文龍（明）贛州府志卷一七仙釋。

資料　2 景德傳燈錄卷九、聯燈會要卷七、五燈會元卷四。

3 景德傳燈錄卷九、宗門統要卷四、聯燈會要卷七、五燈會元卷四。

二〇四　雪岳陳田寺元寂禪師 道義，生卒年未詳

1 雪岳陳田寺元寂禪師嗣西堂，在溟州。師諱道義，俗姓王氏，北漢郡人。未妊之前，其父見白虹入室，又母夢中見僧同床而寢，覺聞香氣芬馥。父母愕然，共相謂曰：「據斯嘉瑞，必得聖子。」經於半月知有身，因在胎三十九月，方始產生。分免之旦〔二〕，忽有異僧杖錫到門，曰：「今日所產兒

〔一〕此下景德傳燈録有「『汝合作麼生？』僧無對。」宗門統要、聯燈會要、五燈會元略同。

〔二〕免、「娩」通。

胎，可置臨河之岪。」言畢，忽然不見。遂從僧言，將胎埋之。大鹿來守，終年不去。經歷人見，不起害心。因瑞出家，法号明寂。

2　以建中五年歲次甲子〔二〕，隨使韓粲号金讓恭過海入唐，直往臺山，而感文殊。空聞聖鍾之響，山見神鳥之翔。遂届廣府寶壇寺，始受具戒。後到曺溪，欲礼祖師之堂。門扇忽然自開，瞻礼三遍而出，門閉如故。次詣江西洪州開元寺，就於西堂智藏大師處，頂謁為師，決疑釋滯。大師猶若摭石間之美玉，拾蚌中之真珠，謂曰：「誠可以傳法，非斯人而誰？」改名道義。於是頭陁而詣百丈山懷海和尚處，一似西堂。和尚曰：「江西禪脉，捴屬東國之僧歟？」餘如碑文。

碑誌

有碑文（佚）。金穎新羅國武州迦智山寶林寺謚普照禪師靈塔碑銘（海東金石苑卷一、唐文拾遺卷六八）、崔致遠大唐新羅國故鳳巖山寺教謚智證大師寂照之塔碑銘並序（海東金石苑卷二、唐文拾遺卷四四）。

傳記

景德傳燈錄卷九標目、傳法正宗記卷七、天頙禪門寶藏錄（海東七代錄，續藏經第一輯第二編第一八套）。

〔二〕　唐德宗建中年號僅四年，第五年甲子（七八四）正月癸酉朔改元興元。

二〇五　東國桐裏和尚慧徹〔一〕，七八五—八六一

1 東國桐裏和尚嗣西堂。師諱慧徹。謚号寂忍禪師、照輪清浄之塔。

碑誌　崔賀武州桐裏山大安寺寂忍禪師碑頌（朝鮮金石總覽）。

傳記　孫紹唐高麗大安寺廣慈禪師碑銘（海東金石苑卷三、唐文拾遺卷七〇）、景德傳燈錄卷九標目、傳法正宗記卷七、崔維清玉龍寺先覺國師證聖慧燈塔碑（東文選卷一一七、朝鮮金石總覽）、朴永善朝鮮禪教考。

二〇六　東國實相和尚洪直〔二〕，生卒年未詳

1 東國實相和尚嗣西堂。師諱洪直。謚号證覺大師、凝寂之塔。

〔一〕慧徹：崔賀碑頌作「惠哲」。

〔二〕洪直：朴永善朝鮮禪教考、東國僧尼録作「洪陟」。

傳記

崔致遠大唐新羅國故鳳巖山寺教諡智證大師寂照之塔碑銘並序（海東金石苑卷二、唐文拾遺卷四四）、景德傳燈錄卷九標目、傳法正宗記卷七、朴永善朝鮮禪教考。

二〇七　東國慧目山和尚玄昱，七八七—八六八

1 東國慧目山和尚嗣章敬。師諱玄昱，俗姓金氏，東溟冠族。父諱廉均，官至兵部侍郎；妣朴氏。胎孕之際，夢得殊常，以貞元三年五月五日誕生。纔有童心，便知佛事。每汲水以供魚，常聚沙而為塔。年至壯齒，志願出家。既持浮海之囊，遂落掩泥之髮。元和三年遂受具戒；長慶四年入於大唐。至太原府，歷居二寺，頗志已成〔一〕。隨本國王子金義宗奉詔東歸，以開成二年九月十二日達於本國，武州會津南岳實相安之。敏哀大王〔二〕、神武大王、文聖大王、憲安大王並執師資之敬，不徵臣伏之儀。每入王宮，必命敷座誦法〔三〕。自開成末結茆於慧目山埵〔四〕，景文大王命居高達寺。奇香妙藥，聞闕必供；暑臈寒裘，待時而授。九年秋解夏之始，忽告門人曰：「我今歲內法緣當盡，你等宜

〔一〕頗：疑爲「願」字之譌。
〔二〕敏哀大王，即閔哀王，唐開成三年（八三八）即位。
〔三〕命：原爲破字，據高麗大藏經補遺本校定。
〔四〕埵，「陲」通。

設無遮大會，以報百巖傳授之恩，終吾志也。」十一月十四日中夜，忽尒山谷震動，鳥獸悲鳴，寺鍾擊而不響三日。十五日未曙，遽命侍者撞無常鍾，脇席而終。亨年八十二〔一〕，僧臘六十耳。

傳記

新羅景明王朴昇英有唐新羅國故國師諡真鏡大師寶月淩空之塔碑銘（海東金石苑卷二、唐文拾遺卷六八、朝鮮金石總覽）、景德傳燈錄卷九標目、傳法正宗記卷七、朴永善朝鮮禪教考。

二〇八　公畿和尚 生卒年未詳

1 公畿和尚嗣章敬，在河中府。

2 有人問：「如何是禪？如何是道？」師云：「有名非大道，是非俱不禪。欲知此中意，黃葉止啼錢。」

〔一〕亨，「享」通。

著作

偈一首（景德傳燈錄卷九）。

資料

1 傳法正宗記卷七。

2 景德傳燈錄卷九、傳燈玉英集卷五、五燈會元卷四。

二〇九　關南和尚道常，生卒年未詳

1 關南和尚嗣塩官，在襄陽。師諱道常。

2 有樂道歌曰〔一〕：

「三界兮如餤，六道兮如幻，聖賢出世兮同電。
國土猶如水上泡，無常生滅頻遷變。
唯有摩訶大般若，堅如金剛是可羨。
軟似兜羅大等空，極小纖塵不可見。
擁之令聚而不聚，撥之令散而不散。

〔一〕樂道歌：景德傳燈錄等並作獲珠吟。

側耳欲聞而不聞，瞪目觀之不能見。
歌復歌，盤陁石上笑呵呵。
笑復笑，青蘿松下高聲叫。
自從頓獲此明珠，帝釋、輪王都不要。
不是山僧獨施為，自古先賢作此調。
不坐禪，不修道，任運逍遥只麼好。
但知万法不干懷，無始何曾有生老！」

著作

獲珠吟（景德傳燈録卷三〇）。

資料

1 景德傳燈録卷九、傳法正宗記卷七、聯燈會要卷七、五燈會元卷四。

2 景德傳燈録卷三〇、傳燈玉英集卷一五。

二一〇　溟州崛山通曉大師梵日〔一〕，八一〇—八八九

1　溟州崛山故通曉大師嗣塩官。法諱梵日，雞林冠族金氏〔二〕。祖諱述元，官至溟州都督，廉平察俗，寬猛臨人，清風尚在於民謠，餘列備於傳乎〔三〕。其母支氏，累葉豪門，世稱婦範。及其懷娠之際，夢徵捧日之祥。爰以元和五年庚寅正月十辰〔四〕，在胎十三月而誕生。螺髻殊姿，頂珠異相。年至十五〔五〕，誓願出家。諮于父母，二親共相謂曰：「宿緣善果，不可奪志。汝須先度吾未度也。」於是落采辭親，尋山入道。年至二十，到於京師，受具足戒。淨行圓備，精勤更勵，為緇流之龜鏡，作法侶之楷模〔六〕。洎乎大和年中，私發誓願，往遊中華，遂投入朝王子金公義琮，披露所懷。公以重善志，許以同行。假其舟檝，達于唐國。既諧宿願，便發巡遊，遍尋知識。

2　參彼塩官齊安大師〔七〕。大師問曰：「什摩處來？」荅曰：「東國來。」大師進曰：「水路

〔一〕梵日：景德傳燈錄卷一〇、朝鮮禪教考作「品日」。
〔二〕雞林：原作「鳩林」；新羅古稱雞林。
〔三〕列、「烈」古今字。
〔四〕十：原爲破字作「丄」；下「十三月」之「十」同。
〔五〕十：原爲破字作「一」。
〔六〕楷：原作「揩」。
〔七〕齊安：原作「濟安」；濟、「齊」通。

来？陸路来？」對云：「不踏兩路来。」「既不踏兩路，闍梨争得到這裏？」對曰：「日月東西，有什摩障㝵？」大師曰：「實是東方菩薩。」梵日問曰：「如何即成佛？」大師荅曰：「道不用修，但莫汙染〔一〕。莫作佛見、菩薩見，平常心是道。」梵日言下大悟，殷懃六年。

3 後師到藥山。藥山問：「近離什摩處？」師對曰：「近離江西。」藥山曰：「作什摩来？」師對曰：「尋和尚来。」藥山問：「此間無路，闍梨作摩生尋〔二〕？」師對曰：「和尚更進一步即得，學人亦不見和尚。」藥山曰：「大奇！大奇！外来青風凍殺人。」

4 欲恣遊方，遠投帝里。値會昌四年沙汰僧流，毁坼佛宇。東奔西走，竄身無所。感河伯之引道，遇山神之送迎。遂隱商山，獨居禪定。拾墜菓以充齋，掬流泉而止渴。形容枯槁，氣力疲羸。未敢出行，直踰半載。忽夢異人云：「今可行矣。」於是強謀前行，力未可支〔三〕。須臾，山獸口銜餅食，放於座側，慮其故与，收而喰焉。後以誓向韶州，礼祖師塔，不遙千里，得詣曹溪。香雲忽起，盤旋於塔廟之前；靈鶴倏来，嘹唳於樓臺之上。寺衆愕然，共相謂曰：「如此瑞祥，實未曾有。應是禪師来儀之兆也。」

〔一〕汙：原爲破字。
〔二〕闍：原作「門」。
〔三〕支：原作「丈」。

5　於是思歸故里弘宣佛法。却以會昌六年丁卯八月，還涉鯨浪，返于鷄林。亭亭戒月，光流玄菟之城〔二〕；皎皎意珠，照徹青丘之境。暨大中五年正月，於白達山宴坐。溟州都督金公仍請住崛山寺。一坐林中，四十餘載，列松為行道之廊，平石作安禪之座。

6　有問：「如何是祖師意旨？」答曰：「六代不曾失。」又問：「如何是納僧所務？」答曰：「莫踏佛堦級，切忌隨他悟。」

7　咸通十二年三月景文大王、廣明元年憲康大王、光啓三年定康大王，三王並皆特迂御礼，遙申欽仰，擬封國師，各差中使迎赴京師。大師久蘊堅貞，確乎不赴矣。忽於文德二年己酉四月末，召門人曰：「吾將他往，今須永訣。汝等莫以世情淺意，乱動悲傷，但自修心，不墜宗旨也。」即以五月一日右脇累足，示滅于崛山寺上房。春秋八十，僧夏六十。謚号通曉大師，塔名延徽之塔。

傳記

崔仁渷新羅國故兩朝國師教謚朗空大師白月棲雲之塔碑銘（海東金石苑卷二、全唐文卷一〇〇〇、朝鮮金石總覽）、崔彥撝高麗國溟州普賢山地藏禪院故國師朗圓大師悟真之塔碑銘（海東金石苑卷三、唐文拾遺卷七〇、朝鮮金石總覽）、景德傳燈錄卷一〇標目、傳法正宗記卷七、三國遺事卷三洛山二大聖條、禪門寶藏錄卷

〔二〕　玄菟：　原作「玄兔」；　玄菟，漢郡名，治高句驪（今遼寧新賓縣），地當今朝鮮北部和遼寧東部一帶，此指新羅。

上（海東七代錄，續藏經第一集第二編第十八套）、朴永善朝鮮禪教考。

二一一　普化和尚 ？—咸通初卒〔一〕

1 普化和尚嗣盤山，在鎮州。未覩行録，不決化緣始終。

2 師在市裏，遇見馬步使，便相撲勢〔二〕。馬步使便打五棒。師云：「似則似，是則不是。」

3 師尋常暮宿塚間，朝遊城市，把鈴云：「明頭来也打，暗頭来也打。」林際和尚聞此消息〔三〕，教侍者探師。侍者来問師：「不明不暗時事作摩生？」師曰：「明日大悲院有齋。」侍者歸来，擧似林際，便歡喜云：「作摩生得見他？」

4 非久之間，普化自上来林際。林際便歡喜，排批餅食，對坐喫。師凡是下底物惣喫却。林際云：「普化喫食似一頭驢。」師便下座，兩手托地，便造驢聲。林際無語。師云：「林際廝兒只具一隻眼。」

後有人擧似長慶。長慶代林際進語云：「也且從，更作摩生？」又代普化云：「被長老申此一問，直得酩酩酊酊。」

〔一〕宗統編年作大中十三年卒，釋氏稽古略作咸通元年卒。
〔二〕撲：原作「樸」。
〔三〕林際：景德傳燈録等並作「臨濟」，本書卷一九亦作「臨濟」。

5　林際又問：「大悲菩薩分身千百億，便請現。」師便擲地卓子，便作舞勢云：「吽！吽！」便去。

6　又林際上堂，師侍立次，有一僧在面前立。師驀推倒林際前。林際便把杖子打三下。師云：「林際廝兒只具一隻眼。」

7　又林際与師看聖僧次，林際云：「是凡是聖？」師云：「是聖。」林際便喝：「咄！」師便撫掌大笑。

8　師得一日手擎函板遶郭辞人，云：「我遷化去。」衆人雲集，相隨東門而出。云：「今日不好。」二日南門，三日西門〔二〕。人衆漸小，不信。第四日北門而出，更無一人隨之，自髭毿墜門而卒矣。

傳記

鎮州臨濟慧照禪師語錄（古尊宿語錄卷四）、宋高僧傳卷二〇、錢易南部新書庚卷、釋氏通鑑卷一一、釋氏稽古略卷三、宗門統要續集卷六、六學僧傳卷七、宗統編年卷一四、智樸（康熙）盤山志卷二高僧、蔣溥（乾隆）盤山志卷八方外。

〔二〕　三：原作「二」，當爲破字。

著作 少室人不識偈（宗門統要卷四、聯燈會要卷七）、河陽新婦子偈（景德傳燈錄卷一〇、臨濟錄勘弁）。

資料 2 景德傳燈錄卷一〇、汾陽頌古第三二則、聯燈會要卷七、五燈會元卷四。

3 景德傳燈錄卷一〇、天聖廣燈錄卷一〇臨濟章、宗門摭英集卷上、宗門統要卷四、正法眼藏卷中、聯燈會要卷七、禪門拈頌集卷一三、正法眼藏三百則卷上第二二則、五燈會元卷四、臨濟錄勘弁。

4 景德傳燈錄卷一〇、天聖廣燈錄卷一〇臨濟章、宗門統要卷四、聯燈會要卷七、禪門拈頌集卷一三、五燈會元卷四、臨濟錄勘弁。

8 宋高僧傳卷二〇、景德傳燈錄卷一〇、天聖廣燈錄卷一〇臨濟章、聯燈會要卷七、五燈會元卷四、臨濟錄勘弁。

二一二　嵩嚴山聖住寺故兩朝國師 無染，七九九—八八八

1 嵩嚴山聖住寺故兩朝國師嗣麻谷。法号無染，慶州人也。俗姓金氏，以武烈大王為八代之祖。大父名周川，品在真骨，位居韓粲；高、曾皆為相為將。父名範清，族品降於真骨一等，鄉談得難。母華氏，夢感修臂天人垂授藕花，因此有娠；又時夢中胡道人授十戒為胎教，過朞而誕焉。以十二歲落染於雪岳五色石寺。有法性禪師，嘗扣楞伽門于其中夏，大師事師數年。

2　長慶之初入唐，到佛光寺問道〔一〕。如滿印可於江西之印，而應對有慙色，曰：「吾閲人多矣，罕有如是東國人。他日中國失禪之時，將問之東夷焉。」又到麻谷寶徹和尚處服勤執役，無看所擇〔二〕，人所難者，必能易之，衆人目曰：「禪門之中，異德高行。」徹公曰：「我師馬和尚訣我曰：『若得東人可目擊者，畎渠道中〔三〕，俾慧水丕冒於海隅〔四〕，為德非淺。』師言在耳。吾喜汝来，今印焉，俾冠禪侯于東土〔五〕。往欽哉！」

3　已得心珠於麻谷，會昌六年迴歸本國〔六〕。大中元年，始就居於嵩嚴山聖住寺。僧徒千衆，名震十方。於是大師吐珠於嵩嚴寺內，授印於祖師根中。繇是兩朝聖主，天冠傾於地邊；一國臣寮，頭面礼於足下。大師禪定之餘暇，應求之機緣，有人問曰：「無舌土中，無師无弟，何故從西天二十八代至于唐代六祖傳燈相照，至今不絕耶？」荅曰：「皆是世上流布，故不是正傳。」問曰：「一祖師中具二土耶？」荅曰：「然也。是故仰山云：『兩口一無舌，即是吾宗旨。』」問曰：「一祖師中見二

〔一〕佛光寺：原作「佛爽寺」；碑銘作「佛光寺」；佛光寺在洛陽龍門，爲馬祖弟子如滿住寺。
〔二〕看：疑爲「有」字之譌；碑銘作「服勤無所擇」。
〔三〕碑銘作「畎道之」；崔文昌侯全集卷二注：「畎，田中溝；取其流引之意。『道』、『導』同。」
〔四〕冒：原作「冐」；碑銘作「冒」。
〔五〕侯：原作「俟」，據碑銘校定。
〔六〕六年：碑銘作「五年」。

土如何？」答曰：「正傳禪根不求法。故師亦不餉，是為無舌土也；應實求法之人，用假名言之說，是名有舌土矣。」

4 然則文孝康王以為事師；然後定康大王即位，皆承前規奉迎。然而年當九十〔三〕，不能上闕。國師以文德元年暢月二十七日示滅。謚号大朗慧大師、白月葆光之塔。

碑誌 崔致遠有唐新羅國故兩朝國師教謚大朗慧和尚白月葆光之塔碑銘（海東金石苑卷三、唐文拾遺卷七〇、朝鮮金石總覽）。

著作 無舌土論（天頙禪門寶藏錄卷上，續藏經第一輯第二編第十八套）。

傳記 無染國師行狀（天頙禪門寶藏録卷上、續藏經）。

資料 1 2 4 崔致遠碑銘。

3 無舌土論、崔致遠碑銘。

〔二〕 碑銘作「應東身者八十九春，服西戒者六十五夏」。

二一三　天龍和尚生卒年未詳

1　天龍和尚嗣大梅。未覩行録，不決化緣始終。

傳記

景德傳燈錄卷一〇、聯燈會要卷七、五燈會元卷四、釋常仁杭州大慈山虎跑泉定慧寺志卷二。

二一四　正原和尚〔一〕七九二—八六九〔二〕

1　正原和尚嗣五洩，同住龜山。姓蔡，宣州南陵縣人也。貞元十五年落髮於當州籍山〔三〕；元和丁酉歲建州乹元寺受具。師靈苗間出，道器混成，桂芳少以呈香，松柏新而見節。始從稚子，不狎朋遊。尋會稽之藥林，契五泄之密印。

2　師有偈曰：

「滄溟幾度變桑田，唯有虛空獨湛然。

〔一〕正原：五燈會元作「正元」；淳熙三山志作「正源」。

〔二〕此據景德傳燈錄；又據淳熙三山志卷三七，卒于咸通十一年（八七〇），生年未詳。

〔三〕籍山：原作「藉山」；據大明一統志卷一五：「籍山在南陵縣治東北。」

已到岸人休戀筏，未曾度者任須舡。」〔一〕

又云：「尋師認得本心源，兩岸俱玄一不全。是佛何須更求佛？只因從此便忘言。」

又云：「忍仙林下坐禪時，曾被歌王截四支。況我聖明無此事，只令休道亦何悲。」〔二〕

又云：「心本絕塵何用洗，身中無病豈求醫？欲知是佛非身處，明鏡高懸未照時。」〔三〕

3 師亨齡七十八〔四〕，為僧五十四夏〔五〕。勑謚性空大師、惠觀之塔。後至天祐二年龍集乙丑八

〔一〕此偈淳熙三山志作龜山智真作。

〔二〕此偈景德傳燈錄卷九、五燈會元卷四並作龜山智真作。

〔三〕此偈景德傳燈錄卷九、五燈會元卷四、淳熙三山志卷三七並作龜山智真作。

〔四〕亨、「享」通。

〔五〕景德傳燈錄、五燈會元並作「師咸通十年終於本山」；淳熙三山志作「蔡師咸通十一年九月坐化」。

月，閩王重建塔。凡是國家祈禱，靈應生民，迄至于今，香燈續焰，天龍仰衛，士庶傾瞻，号龜山二真身。至梁開平四年庚午歲，省郩製碑文矣。

碑誌　省郩撰碑文（佚）。

著作　與智真共作偈頌十首（存五首，見淳熙三山志卷三七）。

資料　1 景德傳燈錄卷一〇、傳燈玉英集卷五、五燈會元卷四。

2 景德傳燈錄卷一〇、傳燈玉英集卷五、淳熙三山志卷三七、五燈會元卷四。

3 景德傳燈錄卷一〇、淳熙三山志卷三七、五燈會元卷四。

二一五　芙蓉和尚 靈訓，生卒年未詳

1 芙蓉和尚嗣歸宗，在福州。師諱靈訓，福州侯官縣人也，姓危。

2 初，參見歸宗，問：「如何是佛？」宗云：「向你道，你還信不？」對曰：「和尚若道，那敢不信！」宗云：「信即是佛，即汝便是。」師云：「如何保任？」宗云：「一翳在目，空花乱墮。」

3 師領受玄旨，便創芙蓉，住持嚴整，海内聞名。入滅之後，勅謚弘照大師、圓相之塔。

傳記

宗門統要卷四、淳熙三山志卷三八、閩書卷一三六、宗統編年卷一三、釋德清等盧山歸宗寺志卷二雜志機緣考、沈瑜慶福建通志福建高僧傳卷一。

資料

2 景德傳燈錄卷一〇、正法眼藏卷下、聯燈會要卷七、五燈會元卷四。

3 景德傳燈錄卷一〇、淳熙三山志卷三八、五燈會元卷四。

二一六　岑和尚 景岑，生卒年不詳

1 岑和尚嗣南泉，在湖南。未覩實録，不決化緣始終。

2 問：「如何是諸佛師？」師云：「不可拗直作曲。」

3 問：「如何是向上一路？」師云：「一里二里。」僧云：「請師道。」師云：「三里四里。」

4 問：「如何是學人心？」師云：「盡十方世界是汝心。」僧云：「与摩則學人無著身處。」師云：「是汝著身處。」僧云：「如何是學人著身處？」師云：「大海水深又更深。」僧云：「學人不會。」師云：「魚龍出沒任昇沉。」

5 問：「古人有言：『動是法王苗，寂是法王根。』如何是法王根？」師指露柱云：「何不問取大士？」僧云：「如何是法王苗？」師云：「道什摩？ 道什摩？」

6 問：「學人不據地時如何？」師云：「向什摩處安身立命？」僧云：「學人却據地時如何？」師云：「拽出死屍。」

7 問：「如何是本来地？」師云：「一步兩步。」僧云：「本来地是地不是地？」師云：「三步四步。」

8 會和尚云：「未有諸聖已前作摩生？」師云：「魯祖開堂，亦与師僧東話西話。」

9 三聖和尚問：「請和尚説向上。」師云：「闍梨眼瞎耳聾，作什摩？」

10 問：「如何是玄旨？」師云：「虛空道得。」僧云：「虛空常道，還有断時也無？」師云：「徒勞念靜。」

11 問：「請和尚道。」師云：「不可重道。」

12 問：「如何是沙門眼？」師云：「長長出不得。」又云：「成佛成祖出不得，六道輪迴亦出不得。汝道出什摩不得？」僧便問：「未審出什摩不得？」師云：「晝見日，夜見星。」僧云：「學人不會。」師云：「妙高山色青又青。」

13 問：「如何是異類？」師云：「尺短寸長，寸長尺短。」

14 問：「上上人相見時如何？」師云：「如死人手。」「如何是上上人行李處？」師云：「如死人眼。」

15 問：「如何是無情説法？」師指東邊露柱云：「這个師僧説得。」僧云：「什摩人得聞？」師指西邊露柱云：「這个師僧得聞。」僧云：「師還聞摩？」師云：「我若聞，則教誰舉？」

16 師示衆云：「富貴則易，貧窮則難。」又云：「今時禪師只識得天子，終不識未作天子已前〔二〕。」

17 師勸學偈曰：

「万丈竿頭未得休，堂堂有路少人遊。

禪師欲達南泉去，滿目青山万万秋。」

18 問：「如何是平常心？」師云：「要眠則眠，要坐則坐。」僧云：「學人不會。」師云：「熱則取凉，寒則向火。」

19 問：「有人問和尚，和尚則隨問答話。惣無人問時和尚如何？」師云：「困則睡，健則起。」僧云：「教學人向什摩處領會？」師云：「夏天赤骨身，冬天須得被」。

20 問：「南泉遷化，向什摩處去？」師云：「東家作驢，西家作馬。」僧云：「學人不會。」師云：「要騎則騎，要下則下。」

〔二〕 作天子：原爲破字，據高麗大藏經補遺本校定。

21 師誡斫松竹人偈曰：

「千年竹，万年松，枝枝葉葉盡皆同。
為報四方參學者，動手無非觸祖翁。」

22 師投機偈曰：

「處處真，處處真，塵塵盡是本来人，
真實説時聲不現，正躰堂堂沒却身。」

23 問：「如何是西来祖教？」師良久。學人不敢進語。

24 師令侍者去會和尚處問：「和尚見南泉後如何？」會和尚良久。侍者進云：「未見南泉已前事如何？」會和尚云：「不可別更有也。」侍者却歸，舉似師。師當時有偈曰：

「百尺竿頭不動人，雖然得入未為真。
百尺竿頭須進步，十方世界是全身。」

三聖和尚問：「承師有言：『百尺竿頭須進步。』百尺竿頭則不問，百尺竿頭如何進步？」師云：「朗州山，澧州水〔二〕。」進曰：「更請和尚道。」師云：「四海五湖王化裏。」

〔二〕澧州：原作「禮州」。唐江南西道有澧州，治澧陽（今湖南澧縣）。

25 「亡僧遷化，向什摩處去？」〔一〕師云：「歷劫無言真性命，解語能行却死人。」

26 三聖和尚令秀上座問師：「南泉遷化，向什摩處去也？」師云：「石頭作沙弥時參見六祖。」上座云：「不問石頭作沙弥時參見六祖，南泉遷化向什摩處去也〔二〕？」師云：「教伊尋思去。」上座云：「雖有千尺之松，且無抽條石笋。」師嘿然。上座礼拜，起云：「謝師荅話。」師又嘿然。上座却歸，舉似三聖〔三〕。三聖云：「若實如此，勝林際七步。雖然如此，待我更驗看。」至明日，三聖問訊曰：「昨日荅那个師僧一轉因緣，為只是光前絶後，古今罕聞。」師又不語。

27 師因事頌曰：

「自覺開佛堂，慧放五道光。

無人不佛佛，不悟意中藏。」

28 師問僧：「從什摩處来？」對云：「從洞山来。」師云：「何不教洞山自来？」對云：「只与摩。」師云：「彼自無瘡，勿以傷之。」

29 有人問：「如何是第二月？」師云：「正是第二月。」又云：「恰是。」師乃頌曰：

〔一〕此問句前疑脱「問」字。

〔二〕化：原作「俱」；景德傳燈錄等並作「化」。

〔三〕三：原作「二」，爲破字；景德傳燈錄等並作「三」。

「也大奇，也大奇，一月之中兩月疑。見与見緣無自性，常寂誰是復誰非？」

30 又須弥納芥子頌曰：

「須弥本非有，芥子元来空。將空納非有，何處不相容。」

31 晧月供奉問曰：「教中說幻意，是有耶？」師曰：「大德是何言歟？」云：「是無耶？」云：「是何言歟？」云：「与摩則幻意是不有不無耶？」師曰：「大德是何言歟？」大德進曰：「如某甲三明〔一〕盡不契聖意。未審和尚如何明教中幻意？」師曰：「大德信一切法不思議不？」大德云：「佛之誠言，那敢不信！」師云：「大德言信，二信之中是阿那个信？」大德云：「如厶甲所信，二信之中，名為緣信。」師云：「依何教文，得生緣信？」大德云：「花嚴經云：『菩薩摩訶薩無障無㝵智慧〔二〕，信一切世間境界是如来境界〔三〕。』又曰：『諸佛世尊悉知世間法性無差別〔四〕，決定無二。』又曰：『佛法、世間法，若見真實，一切無差別。』」師曰：「所起緣信，所引教文，甚有来處。

〔一〕甲：原作「田」，爲破字。
〔二〕「無障」上景德傳燈錄等並有「以」字；文出八十卷本華嚴經卷五二如來出現品，有「以」字。
〔三〕信：八十卷本華嚴經作「知」。
〔四〕世間法性無差別：景德傳燈錄等並作「世法及諸佛法性無差別」，八十卷本華嚴經同。

老僧与大德明教中幻意。」偈曰：

「若人見幻本来真，是即名爲見佛人。
圓通法界無生滅，無滅無生是佛身。」

32 問：「蚯蚓斬兩段，兩頭俱動，佛性在阿个頭〔一〕？」師荅曰：「動与不動，是何境界？」大德云：「言不闕典，非智者之所談。只如和尚言『動与不動，是何境界』，出自何經？」師荅曰：「灼然『言不闕典，非智者之所談』。大德豈不見道首楞嚴經云：『當知十方無邊不動虛空，并動搖地、水、火、風，均名六大，性真圓融，皆如来藏，本無生滅。』」師有偈曰：

「最甚深，最甚深，法界人身便是心。
迷者迷心為衆色，悟時刹海是真心。
身、界二塵無實性〔二〕，分明達此号知音。

33 有大德問：「虛空為定有耶？虛空為定無耶？」師荅曰：「言有亦得，言無亦得。虛空有時，但有假有；虛空無時，但無假無。」大德再問：「只如和尚所說，有何教文？」師荅曰：「大德豈

〔一〕「阿」下疑脫「那」字，本卷下堂和尚章作「佛性在阿那个頭？」。
〔二〕無實性：宗鏡錄卷九八作「元實相」。

不聞首楞嚴經云：『十方虛空生汝心內，猶如片雲點大清裏〔一〕。』豈不是虛空生時但有假有？『汝等一人發真歸源，此十方虛空悉皆消殞。』豈不是虛空滅時但滅假滅？老僧所以道：有時假有，無時假無。」

34 問：「天下善知識為證大涅槃不〔二〕？」師云：「為問因中三德？為問果上三德？」大德云：「為問果上三德〔三〕。」師云：「若問果上三德，天下善知識未證大涅槃。」又問：「何故未證大涅槃？」師云：「功未齊於諸佛，所以未證大涅槃。」又問：「既功未齊於諸佛，何故名為善知識？」師荅曰：「明見佛性，名為善知識。」皓月云：「若与摩，則功齊何道名為證大涅槃？」以偈曰：

「摩訶般若照，解脫甚深香。
法身寂滅躰，三一理圓常。
欲識功齊處，此名常寂光。」

皓月再問：「果上涅槃已蒙和尚指示，如何是本来涅槃〔四〕？」師荅曰：「大德是。」

35 問：「和尚承嗣何人？」師云：「我無人承嗣。」云：「師還參學不？」師云：「我自參。」

〔一〕大、「太」通；景德傳燈錄等並作「太」；引文見首楞嚴經卷九，同。
〔二〕大涅槃：景德傳燈錄等並作「三德涅槃」。
〔三〕「為」字疑衍；景德傳等錄等並無。
〔四〕本来：景德傳燈錄等並作「因中」。

「師意如何？」師偈曰：

「虚空問万像，万像荅虚空。
何人得親問〔二〕，木叉丫角童。」

36 問：「如何是教？」師云：「五千四十八卷。」「如何是教意？」師曰：「祖意即是。」問：「如何是祖師意？」師云：「教意即是。」學云：「与摩即教意与祖意無二去也。」師云：「『十方佛土中，唯有一乘法，無二亦無三。』」大德便礼拜。師偈曰：

「祖心即教意，教意即祖意。
欲識祖師意，祖師傳佛心。
祖意与教意，一性一真心。」

37 問：「第八識及七、六識等，畢竟無躰。云何得言轉第八識為大圓鏡〔三〕？」師荅曰：「豈不聞轉名不轉體？」師偈曰：

「七生依一滅，一滅持七生。
一滅滅亦滅，七、六永無生。

〔二〕問：景德傳燈錄等並作「聞」。

〔三〕「鏡」後疑脫「智」字；景德傳燈錄等並有「智」字。

第九真常識，非後亦非先。
非後非先義，常住永無遷。」

38 問：「古人有言：『了即業障本来空，未了應須償宿債。』師子尊者与二祖大師為甚摩却償債？」師云：「大德不識本来空。」皓月云：「如何是本来空？」師云：「業障是。」「如何是業障？」師云：「本来空是。」皓月礼謝。師偈曰：

「假有元非有，假滅亦非無。
涅槃償債義，一性更無殊。」

39 問：「本心何故不離生滅心？生滅心何故不當本来心？」師以偈荅曰：

「妙空妙用不思議，無滅無生無所依。
本覺性真為智父，父生智子妙難思。
智智不覺元来妙，達見無觀即本如。
父子本来无二相，即今即本更无時。」

40 問：「如何是陁羅尼？」師云：「大德無問，老僧無荅。」又問：「是何人誦得？」師指禪床左臂云：「這个師僧誦得。」又問：「何人得聞？」師指禪床右臂云：「這个師僧得聞。」大德云：「某甲為什摩不聞？」云：「豈不聞『真誦无響，真聽無聞』？」大德云：「与摩則音聲不入法界性耶？」師云：「大德豈不聞道『離色求観非正見，離聲求聞是邪聞』？」又問：「如何是不離色是正見，不離聲是真聞？」師云：「大德聽老僧相助。」明以頌曰：

「滿眼本非色，滿耳本非聲。
文殊常觸目，觀音塞耳根。
會三元一躰，達四本同真。
堂堂法界性，無佛亦無人。」

41 問：「善財童子為什摩無量劫遊普賢身中世界不遍？」師云：「從無量劫来，還遊得遍摩？」又問：「如何是普賢身？」云：「含元殿裏更覓長安。」

42 問：「如何是文殊？」師云：「墻壁瓦礫即是。」問：「如何是觀音？」師云：「音聲語言即是。」問：「如何是普賢？」云：「衆生心即是。」問：「如何是佛？」師云：「衆生色身是佛。」問：「恒沙諸佛躰皆同，何故説有種種名号？」師云：「眼根返源，名為文殊；耳根返源，名為觀音；意識返源，名為普賢。文殊是佛妙觀察智，觀音是佛無緣大悲，普賢是佛無為妙行。三聖是佛之妙用，佛是三聖之真躰。用有恒沙假名，躰惣名為一博伽梵。」又問：「四聖為定是四耶？」師云：「燈分千室，元是一光；潮應万波，本来一水。迷人差別，智者同真。是故先德云：『非唯我今獨達了，恒沙諸佛躰皆同。』」

43 問：「教中有言：『十劫坐道場，不得成佛道。』未審此意如何？」師云：「佛是果，菩薩是因。釋迦如来於果地談，大通智勝佛因中事。大通智勝佛雖十劫在菩提樹下、金剛座上結跏趺坐，猶是菩薩，未成佛故；為彼時衆生壽命長故，根未熟故。過十劫已，衆生根始熟。大凡菩薩須待衆生根熟，如雞伺啐，啐啄同時。衆生根熟，便成佛、菩提。故言過十劫已證得無上菩提。所以經曰：『佛知時未至，受請嘿然坐。』」

44 有人問：「如何是觸目菩提？」師荅曰：「一切法常住。」「如何是一切法常住？」師曰：「觸目菩提。」

45 問：「如何轉得山河大地歸於自己去？」師荅曰：「我却憂轉自己歸山河大地去。」學人礼謝。師偈曰：

「誰問山河轉？山河轉向誰？
圓通無兩畔，法性本無歸。」

46 問：「如何是『色本殊質像』？」師曰：「盡十方世界是什摩？」進曰：「如何是『聲元異樂苦』？」師荅曰：「将来！将来！」

47 問：「教中有言：『色不異空〔二〕，空不異色。』未審教意如何？」師以偈荅曰：

「凝處無墻壁，通處勿虛空，
若能如是解，心、色本来同。」

〔二〕色：原爲破字。

48 自外具載別録。謚号拈賢大師。

傳記 錢易南部新書辛卷、林間錄卷上、下、祖庭事苑卷七、隆興編年通論卷二七、釋氏通鑑卷一一、佛祖歷代通載卷一七、高自位南嶽志卷四仙釋、邁柱等(雍正)湖廣通志卷七五仙釋、李翰章(光緒)湖南通志卷二四一仙釋。

著作 別錄(佚)、偈二六首(宗鏡錄卷九八,二首; 景德傳燈錄卷三慧可章一首; 卷一〇岑長沙景章十七首; 傳燈玉英集卷五,六首、宗門摭英集卷上,一首; 林間錄三首; 正法眼藏卷下一首; 聯燈會要卷六,四首; 禪門拈頌集卷十三,四首; 五燈會元卷一慧可章一首; 卷四,十七首)。

資料 2 4 5 6 9 17 21 31 34 41 景德傳燈錄卷一〇、五燈會元卷四。

8 景德傳燈錄卷一〇、宗門摭英集卷上、禪門拈頌集卷一三、五燈會元卷四。

12 景德傳燈錄卷一〇、宗門摭英集卷上、祖源通錄撮要卷三、正法眼藏卷中、聯燈會要卷六、五燈會元卷四。

3 19 景德傳燈錄卷一〇、宗門摭英集卷上、五燈會元卷四。

14 景德傳燈錄卷一〇、聯燈會要卷六、五燈會元卷四。

18 景德傳燈錄卷一〇、傳燈玉英集卷五、宗門摭英集卷上、聯燈會要卷六、五燈會元卷四。

20 47 景德傳燈錄卷一〇、傳燈玉英集卷上、祖源通錄撮要卷三、聯燈會要卷六、禪門拈頌集卷一三、五燈會元卷四。

24 大光明藏卷中、禪門拈頌集卷一三、五燈會元卷四。

26 景德傳燈錄卷一〇、汾陽頌古第八三則、宗門摭英集卷上、聯燈會要卷六、五燈會元卷四。

32 宗鏡錄卷九八、景德傳燈錄卷一〇、祖源通錄撮要卷三、五燈會元卷四。

33 景德傳燈錄卷一〇、傳燈玉英集卷五、聯燈會要卷六、五燈會元卷四。

35 37 景德傳燈錄卷一〇、傳燈玉英集卷五、五燈會元卷四。

38 景德傳燈錄卷三慧可章、林間錄卷下、聯燈會要卷六、禪門拈頌集卷一三、五燈會元卷一慧可章。

40 景德傳燈錄卷一〇、祖源通錄撮要卷三、宗門統要卷四、聯燈會要卷六、五燈會元卷四。

42 景德傳燈錄卷一〇、傳燈玉英集卷五、祖源通錄撮要卷三、聯燈會要卷六、五燈會元卷四。

45 景德傳燈錄卷一〇、宗門摭英集卷上、祖源通錄撮要卷三、圜悟拈古第六〇則、宏智頌古第六四則、聯燈會要卷六、禪門拈頌集卷一三、五燈會元卷四。

二一七　白馬和尚 曇照，生卒年未詳

1 白馬和尚嗣南泉，在江陵。師諱曇照。未覩實録。

問曰：「如何是學人自己？」師以杖當面指學人。

2 長慶和尚舉此因緣，以手指面前云：「古人只与摩。」又竪起指云：「何似与摩？」順德大師云：「蝦跳不出斗。」慶不肯，自代云：「是什摩心行？」

資料

2 景德傳燈錄卷一〇、傳燈玉英集卷五、傳法正宗記卷七、宗門統要卷四、聯燈會要卷六、五燈會元卷四。

二一八　下堂和尚 義端，生卒年未詳

1 下堂和尚嗣南泉，在襄州。

2 有俗官問：「蚯蚓断，兩頭惣動，佛性在阿那个頭？」師展開兩手而示。洞山和尚云：「即今問底在阿那个頭？」

資料

1 景德傳燈錄卷一〇、傳燈玉英集卷五、傳法正宗記卷七、聯燈會要卷六、五燈會元卷四。

2 景德傳燈錄卷一一延慶法端（嗣溈山）章、卷一二延慶法端（嗣香巖）章、聯燈會要卷八延慶法端章、五燈會元卷九延慶法端章。

二一九　雙峯和尚道允〔一〕，七九八—八六八

1　雙峯和尚嗣南泉。師諱道允，姓朴，漢州鵂巖人也。累葉豪族，祖考仕宦，郡譜詳之。母高氏，夜夢異光熒煌滿室，愕然睡覺，有若懷身。父母謂曰：「所夢非常。如得兒子，盍為僧乎！」寄胎十有六月載誕。尒後日將月就，鶴皃鸞姿，舉措殊儕，風規異格。竹馬之年，摘花供佛；羊車之歲，累塔娛情。玄關之趣昭然，真境之機卓尒。年當十八，懇露二親，捨俗為僧。適於鬼神寺，聽於花嚴教。禪師竊謂曰：「圓頓之筌罣，豈如心印之妙用乎！」遂被毳挈瓶，栖雲枕水。洎于長慶五年，投入朝使，告其宿志，許以同行。既登彼岸，獲覲于南泉普願大師。伸師資之礼，目擊道存。大師歎曰：「吾宗法印歸東國矣！」以會昌七祀夏初之月，旋届青丘，便居楓岳。求投者風馳霧集，慕來者星逝波奔。於是景文大王聞名歸奉，恩渥日崇。

2　咸通九載四月十八日，忽訣門人曰：「生也有涯，吾須遠邁。汝等安栖雲谷，永耀法燈。」語畢，怡然遷化。報年七十有一，僧臘四十四霜。五色之光從師口出，蓬勃而散漫于天。伏以今上寵褒法侶，恩霈禪林，仍賜謚澈鑒禪師、澄昭之塔矣。

〔一〕道允：景德傳燈錄卷一〇標目作「道均」。

傳記

崔彥撝新羅國師子山興寧寺澄曉大師寶印之塔碑銘（朝鮮金石總覽卷上）。

資料

1 2 禪門寶藏録卷上梵日國師條引海東七代録。

祖堂集卷第十七

祖堂集卷第十八

江西下卷第五曹溪四、五代法嗣

二二〇　趙州和尚全諗〔一〕，七七八—八九七〔二〕

1 趙州和尚嗣南泉，在北地。師諱全諗，青社淄丘人也〔三〕。少於本州龍興寺出家〔四〕，嵩山瑠璃壇受戒。不味經律，遍參藂林，一造南泉，更無他往。既遭盛筵，寧無扣擊。

2 師問：「如何是道？」南泉云：「平常心是道。」師云：「還可趣向否？」南泉云：「擬則乖。」師云：「不擬時如何知是道？」南泉云：「道不屬知不知。知是妄覺，不知是無記。若也真達

〔一〕全諗：行狀、宋高僧傳等並作「從諗」。

〔二〕陳垣釋氏疑年錄卷五：「青州臨淄郝氏。唐乾寧四年丁巳卒，年一百二十（七七八—八九七）。宋僧傳十一無卒年，語錄附行狀，作戊子歲卒，佛祖綱目作光化元年戊午卒，宗統編年因之，今據景德錄十。」

〔三〕淄：原作「緇」，淄丘即臨淄；宋高僧傳作「青州臨淄人」。行狀、景德傳燈錄、五燈會元並作「曹州郝鄉人」；聯燈會要作「曹州郝氏子」。

〔四〕龍興寺：景德傳燈錄、五燈會元作「扈通院」。

不擬之道〔一〕，猶如太虛，廓然蕩豁〔二〕，豈可是非？」師於是頓領玄機，心如朗月。自尒隨緣任性，笑傲浮生，擁毳攜筇，周遊煙水矣。

3. 師問座主：「所業什麼？」對云：「講維摩經。」師云：「維摩還有祖父也無？」對云：「有。」師云：「阿那是維摩祖父〔三〕？」對云：「則某甲便是。」師云：「既是祖父，爲什麼却与兒孫傳語？」座主無對。

4 問：「學人擬作佛去時如何？」師云：「費心力。」僧云：「不費心力時如何？」師云：「作佛去。」

5 問：「夜昇兜率，晝降閻浮，其中摩尼為什麼不現？」師云：「道什麼！」僧再問。師云：「不見道：毗婆尸佛早留心，直至如今不得妙？」

6 有僧辭。「什麼處去？」對云：「南方去。」師云：「三千里外，逢人莫喜。」僧云：「學人不會。」師云：「柳絮！柳絮！」

7 問第一座：「堂中還有祖父摩？」對云：「有。」師云：「喚来，与老僧洗脚！」

〔一〕不擬之道：景德傳燈錄、傳燈玉英集、宗門統要、五燈會元、無門關等並作「不疑之道」；祖源通錄撮要作「無礙」。
〔二〕豁：原作「谿」；據張涌泉敦煌俗字研究，「豁」俗字。
〔三〕「那」下疑脱「個」字；趙州錄卷下作「那箇」。

8　師示衆云：「我這裏亦有在窟師子，亦有出窟師子，只是無師子兒。」有僧出来，彈指兩三下。師云：「作什摩？」僧云：「師子兒。」師云：「我喚作師子，早是罪過。伱又更蹴踏作什摩？」

9　問：「与摩来底人，師還接也無？」師云：「接。」「不与摩来底人，師還接也無？」師云：「接。」僧云：「与摩来底人從師接，不与摩来底人師如何接？」師云：「『止止不須説，我法妙難思。』」

10　問：「如何是平常心？」師云：「虎狼、野干是。」僧云：「還教化也無〔一〕？」師云：「不歷伱門戸。」僧云：「与摩莫平沉郝个人也無？」師云：「太好平常心！」

11　大王礼拜師，師不下床。侍者問：「大王来，師為什摩不下地？」師云：「汝等不會。上等人来，上繩床接；中等人来，下繩床接；下等人来，三門外接。」

12　師問座主：「久蘊什摩業？」對云：「涅槃經。」師云〔二〕：「問座主一段義，得不？」對云：「得。」師以脚剔空中〔三〕，口吹，却問：「這个是涅槃經中義不？」云：「是。」師云：「會

〔一〕趙州錄作「還受教化也無」。
〔二〕原脱「云」字，諸本並作「師云」，據補。
〔三〕剔、「踢」通。

摩？」「不會。」師云：「這个是五百力士揭石之義〔一〕。」〔二〕

13 師示衆云：「我三十年前在南方，火炉頭舉無賓主話，直至如今無人道著。」有人舉問雪峯：「趙州無賓主話，作麼生道？」雪峯便踏倒。

14 師又到一老宿處〔三〕。老宿云：「老大人何不覓取住處？」師云：「什麼處是某甲住處？」老宿云：「老大人住處也不識！」師云：「三十年學騎馬，今日被驢撲。」

15 問：「離教，請師決。」師云：「与摩人則得。」僧纔礼拜。師云：「好問！好問！」僧云：「諮和尚。」師云：「今日不荅話。」

16 問：「澄澄絶點時如何？」師云：「我此間不著這个客作漢。」

17 問：「如何是和尚家風？」師云：「不向伱道。」僧云：「為什摩不道？」師云：「是我家風。」

18 問：「如何得報國王恩？」師云：「念佛。」僧云：「街頭貧兒也念佛。」師拈一个錢与。

19 問：「如何是本分事？」師指學人云：「是伱本分事。」僧云：「如何是和尚本分事？」師

〔一〕揭石：原作「結成」；五百力士揭石典出大般涅槃經卷一六梵行品；景德傳燈録等諸本並作「揭石」。

〔二〕此節睦州語録、雪竇語録卷四、五燈會元卷四睦州章等並作睦州機緣語句。

〔三〕一老宿：諸本並作「茱萸」。

云：「是我本分事。」

20 問：「如何是佛向上事？」師云：「我在你脚底。」僧云：「師為什摩在學人脚底？」師云：「為伱不知有佛向上事。」

21 問：「如何是密室中人〔一〕？」師展手云：「茶塩錢布施。」

有人問雲居：「趙州与摩道，意作摩生？」雲居云：「八十老公出場屋。」

22 問：「栢樹子還有佛性也無？」師云：「有。」僧云：「幾時成佛？」師云：「待虛空落地。」僧云：「虛空幾時落地？」師云：「待栢樹成佛。」

23 新到展座具次，師問：「近離何方？」僧云：「無方面。」師起，向僧背後立。僧把座具起。師云：「太好，無方面！」

24 僧辝次，師問：「外方有人問：還見趙州也無？作摩生向他道？」僧云：「只道見和尙。」師云：「老僧似一頭驢，汝作摩生見？」僧無對。

25 師問新到：「近離什摩處？」云：「近離南方。」師云：「什摩人為伴子？」僧云：「畜生為伴子〔二〕。」師云：「好个闍梨！為什摩却与畜生作伴子？」僧云：「無異故。」師云：「太好畜

〔一〕密室中人：趙州錄作「塵中人」。
〔二〕畜生：趙州錄作「水牯牛」。

生！」僧云：「争肯？」師云：「不肯則一任，還我伴子来。」僧無對。

26 有僧纔礼拜，師云：「珎重！」僧申問。師云：「又是也！又是也！」

27 問：「學人去南方，忽然雪峯問趙州意，作麼生祇對？」師云：「遇冬則寒，遇夏則熱。」進曰：「究竟趙州意旨如何？」師云：「親從趙州来，不是傳語人。」其僧到雪峯，果如所問。其僧一一如上舉對。雪峯曰：「君子千里同風。」

28 問：「如何是祖師西来意？」師云：「亭前栢樹子〔一〕。」僧云：「和尚莫將境示人。」師云：「我不將境示人。」僧云：「如何是祖師西来意？」師云：「亭前栢樹子。」

29 問：「如何是學人師？」師云：「雲有出山勢，水無投澗聲。」僧云：「不問這个。」師云：「是你師，不問！」

30 問：「頭頭到這裏時如何？」師云：「猶較老僧一百步。」

31 問：「方圓不就時如何？」師云：「不方不圓。」云：「与摩時作摩生？」師云：「是方是圓。」

32 師有時云：「佛之一字，吾不喜聞。」僧問：「師還為人不？」師云：「佛也！佛也！」

33 問：「『一燈燃百千燈。』未審一燈是什摩燈？」師跳出隻履，又云：「若是作家，不与摩問。」

〔一〕亭、「庭」通；景德傳燈錄等諸本並作「庭」；下同。

34　問：「如何是本来人？」師云：「自從識得老僧後，只這个漢更無別。」僧云：「与摩則共和尚隔生也。」師云：「非但今生〔一〕，千生与万生，也不識老僧。」

35　師問溈山：「如何是祖師意？」溈山喚侍者：「將床子来！」師云：「自住已来，未曾遇著一个本色禪師。」時有人問：「忽遇時如何？」師云：「千鈞之弩，不為奚鼠而發機。」

36　有人問：「諸佛還有師也無？」師云：「有。」僧進曰：「如何是諸佛師？」師云：「阿弥陁佛！」又師云：「佛是弟子。」

有僧問長慶：「趙州与摩道『阿弥陁佛』，是道底語？是嗟底語？」長慶云：「若向兩頭會，盡不見趙州意。」僧進云：「趙州意作摩生？」長慶便彈指一聲。

37　鎮州大王請師上堂。師昇座，便念經。有人問：「請和尚上堂，因什摩念經？」師云：「佛弟子念經，不得摩？」

38　又別時上堂，師念心經。有人云：「念經作什摩？」師云：「賴得闍梨道念經，老僧洎忘却。」

39　問：「如何是玄中又玄？」師云：「那个師僧若在，今年七十四也。」

40　問：「如何是玄中一句？」師云：「不是『如是我聞』。」

〔一〕原脱「今生」二字，據趙州錄校補。

41 問：「寸絲不掛時如何？」師云：「不掛什麼？」僧云：「不掛寸絲。」師云：「太好不掛！」

42 問：「迦葉上行衣〔一〕，什麼人合得被？」師云：「七佛虚出世，道人都不知。」

43 師問僧：「還曾到這裏麼？」云：「曾到這裏。」師云：「喫茶去！」師云：「還曾到這裏麼？」對云：「不曾到這裏。」師云：「喫茶去！」又問僧：「還曾到這裏麼？」對云：「和尚問作什麼？」師云：「喫茶去！」

44 師問僧：「伱在這裏得幾年？」對云：「五六年。」師云：「還見老僧也無？」對云：「見。」師云：「見何似生？」對云：「似一頭驢。」師云：「什麼處見似一頭驢？」對云：「入法界見。」師云：「去！未見老僧在。」

有人舉似洞山。洞山代云：「喫水喫草。」

45 問：「朗月處空，時人盡委，未審室內事如何？」師云：「自少出家，不作活計。」學曰：「与摩則不為今時去也。」師云：「老僧自疾不能救，争能救得諸人疾？」學曰：「与摩則来者無依。」師云：「依則榻著地〔二〕，不依則一任東西。」

〔一〕趙州錄此句下有「不踏曹溪路」五字。

〔二〕榻：趙州錄作「踏」。

46 師問僧：「從什摩處来？」對云：「從五臺山来。」師云：「還見文殊也無？」對云：「文殊則不見，只見一頭水牸牛。」師云：「水牸牛還有語也無？」對云：「有。」師曰：「道什摩？」對云：「孟春猶寒，伏惟和尚尊躰起居万福！」

47 師有一日向七歲兒子云：「老僧盡日来心造，与你相共論義。你若輸，則買餬餅与老僧；老僧若輸，則老僧買餬餅与你。」兒子云：「請師立義。」師云：「以劣為宗，不得諍勝：老僧是一頭驢。」兒子云：「某甲是驢糞。」師云：「是你与我買餬餅。」兒子云：「不得，和尚。和尚須与某甲買餬餅始得。」師与弟子相争，断不得。師云：「者个事軍國事一般，官家若判不得，須喚村公断。這裏有三百来衆，於中不可無人。大衆与老僧断：賔主二家，阿那个是有路？」大衆断不得。師云：「須是具眼禪師始得。」三日以後，沙弥覺察，買餬餅供養和尚矣。

48 古時有官長教僧拜，馬祖下朗瑞和尚不肯拜。官長便嗔，當時打殺。有人問師：「瑞和尚為什摩却被打殺？」師云：「為伊惜命。」龍花拈問僧：「惜个什摩命？」無對。龍花代云：「嗔我不得。」問：「正与摩時作摩生？」師云：「生公忍死十年，老僧一時不可過。」

49 師喚沙弥，沙弥應喏。師云：「煎茶来！」沙弥云：「不辞煎茶。与什摩人喫？」師便動口。沙弥云：「大難得喫茶。」

有人拈問漳南：「又須教伊煎茶，又須得喫茶，合作摩生道？」

保福云：「雖然如此，何不學観音？」

50 有人問老婆：「趙州路什摩處去〔一〕？」婆云：「驀底去。」僧云：「莫是西邊去摩？」婆云：「不是。」僧云：「莫是東邊去摩？」婆云：「也不是。」有人舉似師。師云：「老僧自去勘破。」師自去問：「趙州路什摩處去？」老婆云：「驀底去。」師歸院，向師僧云：「勘破了也〔二〕。」

51 院主請上堂。師昇座，唱如来梵。院主云：「比来請上堂，這个是如来梵。」師云：「佛弟子唱如来梵，不得摩？」

52 問：「開口是一句。如何是半句？」師便開口。

53 三峯見師云〔三〕：「上座何不住去？」師云：「什摩處住好？」三峯指面前山。師云：「此是和尚住處。」

54 師為沙弥，扶南泉上胡梯，問：「古人以三道寶堦接人，未審和尚如何接？」南泉乃登梯，云：「一二三四五。」師舉似師伯。師伯云：「汝還會摩？」師云：「不會。」師伯云：「七八九十〔四〕。」

〔一〕趙州：諸本並作「臺山」。
〔二〕勘：原作「敢」。
〔三〕三峯：景德傳燈錄等並作「雲居」；三峯即雲居，本書卷八雲居和尚章：「初住三峯，後住雲居。」
〔四〕「七」上疑脫「六」字。

55 南泉指銅瓶問僧：「汝道內淨外淨？」僧云：「內外俱淨。」却問師。師便剔却〔一〕。

56 師問南泉：「古人道：『道非物外，物外非道。』如何是物外非道〔二〕？」泉便棒。師云：「莫錯打！」南泉云：「龍蛇易弁，納子難謾。」

57 問：「如何是西来意？」師云：「仲冬嚴寒。」有人舉似雲居，便問：「只如趙州与麼道，意作麼生？」居云：「冬天則有，夏月則無。」僧舉似師：「只如雲居与麼道，意作麼生？」師因此便造偈曰：

「石橋南，趙州北〔三〕，中有觀音有弥勒〔四〕。
祖師留下一隻履，直到如今覓不得。」

傳記

闕名趙州真際禪師真讚（全唐文卷九八八）、趙州真際禪師行狀（趙州真際禪師語錄附錄、全唐文卷九九七）、宋高僧傳卷一一、林間錄卷上、祖庭事苑卷三、七、隆興編年通論卷二八、釋氏通鑑卷一一、佛祖歷代通載卷一

〔一〕剔，「踢」通。

〔二〕物外非道：諸本並作「物外道」。

〔三〕趙州錄作「趙州南，石橋北」；今栢林禪寺（舊稱觀音院）在趙縣縣城（古趙州）東南、安濟橋北。

〔四〕趙州錄作「觀音院裏有彌勒」。

七、釋氏稽古略卷二、六學僧傳卷七、釋秋厓(正德)清涼山志卷八歷代高僧傳下、釋鎮澄清涼山志卷三高僧懿行、宗統編年卷一二、一五、一七、李衛等(雍正)畿輔通志卷八五仙釋、岳濬等(雍正)山東通志卷三〇仙釋、石麟等(雍正)山西通志卷一六〇仙釋、曾國荃等(光緒)山西通志卷一六〇方外錄、李鴻章等(光緒)畿輔通志卷二九〇雜傳、張傳栻等(光緒)趙州志卷一一人物。

著作

趙州從諗和尚語(景德傳燈錄卷二八)、趙州真際禪師語錄三卷(古尊宿語要卷一)、趙州真際禪師語錄(古尊宿語錄卷一三、一四)、十二時歌(聯燈會要卷三〇、禪門諸祖師偈頌卷上之下)、頌五首(景德傳燈錄卷八浮盃和尚章)。

秋月龍珉日譯注趙州錄(禪の語錄一一,筑摩書房,一九七二)。

Hoffman Yoel, *Radical Zen*, Brooklin, MA: Autumn Press 1978(Complete translation English).

資料

1 行狀、宋高僧傳卷一一、景德傳燈錄卷一〇、傳燈玉英集卷五、聯燈會要卷六、五燈會元卷四。

2 景德傳燈錄卷一〇、傳燈玉英集卷五、祖源通錄撮要卷三、宗門統要卷四、趙州錄卷上、聯燈會要卷六、大光明藏卷中、禪門拈頌集卷一〇、正法眼藏三百則卷上第一九則、五燈會元卷四、無門關第一九則。

3 趙州錄卷下。

4 *17* *20* *35* *39* *41* *45* 趙州錄卷上。

5 景德傳燈錄卷一〇、傳燈玉英集卷五、宗門統要卷四、趙州錄卷中、聯燈會要卷六、禪門拈頌集卷一二、五燈會元卷四。

6 宗門統要卷四、趙州錄卷中、聯燈會要卷六、禪門拈頌集卷一二、五燈會元卷四。

7 8 15 23 24 25 26 44 46 57 趙州錄卷下。

9 景德傳燈錄卷一〇、傳燈玉英集卷五、趙州錄卷中、禪門拈頌集卷一二、五燈會元卷四。

10 趙州錄卷上（分爲兩段）。

11 景德傳燈錄卷一〇、傳燈玉英集卷五、趙州錄卷下、聯燈會要卷六、五燈會元卷四。

12 景德傳燈錄卷一〇、傳燈玉英集卷五、宗門統要卷四、聯燈會要卷六。

13 雪峰語錄卷上、趙州錄卷中、聯燈會要卷六、禪門拈頌集卷一二、五燈會元卷四。

14 景德傳燈錄卷一〇茱萸章、傳燈玉英集卷五茱萸章、宗門統要卷四、正法眼藏卷上、趙州錄卷下、禪門拈頌集卷一二、五燈會元卷四茱萸章。

16 景德傳燈錄卷一〇、傳燈玉英集卷五、趙州錄卷中、聯燈會要卷六、禪門拈頌集卷一二、五燈會元卷四。

18 21 29 30 31 32 33 34 36 42 趙州錄卷中。

22 大慧禪師語錄卷一九法語示妙證居士、趙州錄卷中、禪門拈頌集卷一二、五燈會元卷四。

27 景德傳燈錄卷一〇、傳燈玉英集卷五、雪峰語錄卷上、宗門統要卷四、聯燈會要卷六、五燈會元卷四。

28 汾陽頌古第五四則、宗門摭英集卷上、祖源通錄撮要卷三、宗門統要卷四、正法眼藏卷上、大慧禪師語錄卷八、趙州錄卷上、聯燈會要卷六、大光明藏卷中、禪門拈頌集卷一一、正法眼藏三百則卷中第一九則、從容錄第四七則、五燈會元卷四、無門關第三七則。

43 宗門摭英集卷上、祖源通錄撮要卷三、宗門統要卷四、正法眼藏卷下、趙州錄卷下、禪門拈頌集卷一一、正法眼藏三百則卷下第三三則、五燈會元卷四、空谷集第二一則。

47 宗門統要卷四、趙州錄卷下、聯燈會要卷六、禪門拈頌集卷一二、五燈會元卷五、請益錄第八〇則。

50 景德傳燈錄卷一〇、汾陽頌古第四七則、傳燈玉英集卷五、宗門摭英集卷上、宗門統要卷四、正法眼藏卷中、趙州錄卷下、聯燈會要卷六、禪門拈頌集卷一一、正法眼藏三百則卷中第三三則、五燈會元卷四、無門關第三一則。

53 景德傳燈錄卷一〇茱萸章、傳燈玉英集卷五茱萸章、宗門統要卷四、正法眼藏卷上、趙州錄卷下、聯燈會要卷六、禪門拈頌集卷一一、五燈會元卷四茱萸章。

56 景德傳燈錄卷八南泉章、宗門摭英集卷上南泉章、雪竇語錄卷三、祖源通錄撮要卷三、宗門統要卷四、趙州錄卷中、聯燈會要卷四南泉章、禪門拈頌集卷七南泉章、五燈會元卷三南泉章。

二二一　紫胡和尚〔一〕利蹤〔二〕，八〇〇—八八〇〔三〕

1 紫胡和尚嗣南泉，在衢州。未覩實録，不決化緣始終。

2 師因勘劉鐵磨云：「見說有劉鐵磨，莫便是不？」尼云：「什摩處得這个消息来？」師云：「左轉右轉？」尼云：「莫顛倒！」師打之。

〔一〕景德傳燈錄等並作「子湖」；以住衢州子湖山得名。拈八方珠玉集作「子胡」，祖庭事苑卷二謂「紫胡，本作『子湖』，巖名也」。

〔二〕僧沖莅碑銘作「文樅」（輿地紀勝卷一六）；慧覺神力禪師語錄序作「文縱」。

〔三〕此據景德傳燈録、祖庭事苑。

南泉代云：「貫得此便〔一〕。」

3 師有時云：

「從来事非物，方便名為佛。
中下競是非，上士始知屈。」

4 又云：

「三十年来住紫胡，二時餐粥氣力龎〔二〕。
每日上山三五轉，迴頭問汝會也無？」

5 師於半夜時叫唤：「賊也，賊也！」大衆皆走。師於僧堂後遇一僧，攔胷把住〔三〕，叫云：「捉得也，捉得也。唤維那来！」僧云：「不是賊，某甲。」師云：「你正是賊。只是你不肯承當。」有人拈問漳南：「紫胡捉賊，意作摩生？」云：「還肯受与摩波吒摩？」又拈問石門：「紫胡捉賊，意作摩生？」云：「承當則駭漢〔四〕，不承當則紫胡打汝。」

〔一〕貫：「慣」古今字。
〔二〕餐：龍龕手鑑食部：「餐，正作『齋』。」
〔三〕住：原作「柱」，景德傳燈録等並作「住」，據改。
〔四〕承：原字漫漶，據高麗大藏經補遺本校定。

碑誌　僧沖苍開山文梲碑銘（佚，王象之輿地碑記目卷一、佩文齋書畫譜卷六三）。

傳記　祖庭事苑卷二、七、釋氏通鑑卷一〇、徐象梅兩浙名賢錄外錄卷五、宗統編年卷一六。

著作　衢州子湖山定業禪院第一代神力禪師語錄（古尊宿語要卷四、古尊宿語錄卷一二）。

資料　1景德傳燈錄卷一〇、祖庭事苑卷七、五燈會元卷四。
2景德傳燈錄卷一〇、傳燈玉英集卷五、宗門統要卷四、子湖語錄、祖庭事苑卷二、拈八方珠玉集卷中、碧巖錄第一七則頌評、聯燈會要卷四、大光明藏卷中、禪門拈頌集卷一三、從容錄第六〇則本評、五燈會元卷四。
3子湖語錄。
4景德傳燈錄卷一〇、子湖語錄、正法眼藏卷下、聯燈會要卷六、大光明藏卷中、禪門拈頌集卷一三、五燈會元卷四。
5景德傳燈錄卷一〇、傳燈玉英集卷五、宗門統要卷四、子湖語錄、祖庭事苑卷七、聯燈會要卷六、禪門拈頌集卷一三、大光明藏卷中、五燈會元卷四。

一二二二　陸亘大夫七六四—八三四

1陸亘太夫嗣南泉和尚。公親受南泉心戒。

2　大夫問南泉：「弟子家中有一片石，或坐或踏，如今鐫作佛像，還坐得不？」南泉云：「得，得。」陸亘云：「莫不得不？」泉云：「不得，不得。」

雲嵒云：「坐則佛，不坐則非佛。」

洞山云：「不坐則佛，坐則非佛。」

3　南泉云：「摘一个字，添兩字，佛法大行。有人摘得摩？」無人對。泉代云：「只今是有是無？」

4　大夫問南泉：「為大衆請和尚說法。」泉云：「教老僧作摩生說？」大夫云：「豈無和尚方便？」泉云：「大夫道他个欠少什摩？」

5　大夫別時云：「則今和尚不可思議，到處世界成就。」師云：「適来問底，惣是大夫分上事。」

6　大夫又因拈起擲投，問南泉〔二〕：「与摩又不得，不与摩又不得。正与摩信彩去時如何？」南泉拈擲投抛□下云：「臯骨頭打十八。」

有人舉似石霜：「只如臯骨頭打十八，意作摩生？」霜云：「汝道一半，我道一半。」進曰：「請師全道。」云：「怕汝。」

〔二〕擲投：景德傳燈錄等並作「陸大夫與師見人雙陸，拈起骰子云」。

僧拈問長慶：「南泉与摩道，意作摩生？」慶便摑之，云：「今日非唯明古人。」又云：「一彩兩塞〔二〕。」

傳記

舊唐書卷一六二、新唐書卷一五九、祖庭事苑卷二、七、范成大吳郡志卷一一、施宿嘉泰會稽志卷二、孔延之會稽掇英總集卷一八、居士分燈錄卷上。

著作

詩一首（會稽掇英總集卷八）。

資料

2 景德傳燈錄卷八南泉章、宗門統要卷四、聯燈會要卷四南泉章、禪門拈頌集卷七南泉章、五燈會元卷三南泉章。

4 景德傳燈錄卷八南泉章、五燈會元卷三南泉章。

5 景德傳燈錄卷八南泉章。

6 景德傳燈錄卷八南泉章、拈八方珠玉集卷中、聯燈會要卷四南泉章、禪門拈頌集卷七南泉章、五燈會元卷三南泉章。

〔二〕 塞、「賽」通；例又見本書卷三破竈墮和尚章。

二二三　仰山和尚慧寂，八〇七—八八三〔一〕

1 仰山和尚嗣溈山，在懷化。師諱慧寂，俗姓葉，韶州懷化人也。

2 年十五求出家，父母不許。年至十七，又再求去，父母猶悋。其夜有白光二道，從曺溪發来，直貫其舍。父母則知是子出家之志，感而許之。師乃断左手無名指及小指〔二〕，置父母前，荅謝養育之恩。初於南花寺通禪師下剃髮。年十八為沙弥，行脚先參宗禪師；次礼耽源〔三〕，在左右數年，學境智明暗一相，一聞而不再問〔四〕。

3 後捨之而造大溈。初到，自參溈山。溈山曰：「者沙弥是有主沙弥，無主沙弥？」師云：「有主沙弥。」溈山云：「主在什摩處？」師在西邊立，却向東邊立。溈山察其異器，与言引接。師

〔一〕陳垣釋氏疑年錄卷五：「唐中和三年卒，年七十七（八〇七—八八三）。宋僧傳十二無卒年，隆興通論、釋氏通鑑、佛祖統紀作大順二年卒，佛祖通載作大順元年卒，稽古略作梁貞明二年卒，今據陸希聲撰塔銘及祖庭事苑七。」

〔二〕手：原作「丁」，當爲「手」字缺損上半，據高麗大藏經補遺本校定。

〔三〕源：原作「原」；「原」、「源」古今字。據景德傳燈錄等校定。

〔四〕關於仰山出家因緣諸書記載不同。祖庭事苑謂：「依番禺安和寺不語通出家。年十四，父母欲奪其志，遂斷二指以爲誓，因從剃落。通累加接引，而師無所啓發。年十八，通卒。」五燈會元、祖源通錄撮要略同。

問：「如何是佛〔一〕？」溈山云：「以思無思之妙，返靈燄之無窮〔二〕，思盡還源，性相常住，理事不二，真佛如如。」師於語下頓悟，礼謝指要。在溈山盤泊十四、五年間，凡在衆中衹對溈山，談揚玄秘，可謂鶖子之利辨，光大雄之化哉！

4 年三十五，領衆出世住，前後諸州府節、察、刺使相継一十一人礼爲師。師三處轉法輪，勑錫澄虚大師並紫衣矣。

5 每日上堂，謂衆云：「汝等諸人，各自迴光返顧，莫記吾語。吾慜汝無始曠劫来〔三〕，背明投暗，逐妄根深，卒難頓拔。所以假設方便，奪汝諸人塵劫来麁識，如將黄葉止啼，亦如人將百種貨物雜渾金寳，一鋪貨賣，衹擬輕重来機。所以道：石頭是真金鋪，我者裏是雜貨鋪。有人来覓雜貨鋪，則我亦拈他与〔四〕；来覓真金，我亦与他。」時有人問：「雜貨鋪則不問，請和尚真金。」師云：「齧鏃擬開口，驢年亦不會。」僧無對。又云：「索喚則有，交易則無〔五〕。所以我若説禪宗旨，身邊覓一人相伴亦無，説什麼五百七百？我若東説西説，則競頭向前採拾，如將空拳誘誑小兒，都無實處。我今分

〔一〕此句宗鏡録作「真佛住何處？」景德傳燈録等並作「如何是真佛住處？」

〔二〕返：景德傳燈録等並作「返思」。

〔三〕始：原字破損，據高麗大藏經補遺本校定。

〔四〕他与：疑二字誤倒。景德傳燈録等並作「與他」。

〔五〕此二句聯燈會要作「我若索喚則有交易，若不索喚即無交易」；景德傳燈録等略同。

明向汝説聖邊事，且莫將心湊泊，但向身前義海〔一〕，如實而修。不要三明六通，此是聖末邊事。如今且要識心達本。但得其本，不愁其末，他時後日，自具足去在；若未得其本，縱饒將情學他亦不得。汝何不見溈山和尚云：『凡聖情盡，躰露真心常住，理事不二，即是如如佛矣。』珎重！」

6 問：「法身還解説法也無？」師云：「我則説不得，別有人説得。」進曰：「説得底人在什摩處？」師乃推出枕子。

僧後舉似溈山。溈山云：「寂子用劒刃上事。」

有人舉似雪峯。雪峯云：「溈山和尚背後与摩道則得。」

有人拈問：「當衙時作摩生？」福先代，以手作打勢。報恩代云：「誰敢出頭？」

7 師共僧説話次，傍僧云：「語是文殊〔二〕，嘿底是維摩。」師云：「不語不嘿，莫是公不？」其僧良久。師問曰：「何不現神通？」其僧云：「不辞現神通，恐和尚收入教。」師云：「鑒公来處，未有教外之眼。」

8 師問俗官：「至个什摩？」對云：「衙推。」師拈起柱杖云：「還推得這个不？」無對。師代云：「若是這个，待別時来。」

〔一〕此句景德傳燈録等並作「但向自己性海」。
〔二〕「語」下景德傳燈録等並有「底」字。

興化代云：「和尚有事在。」

9 師問上座：「『不思善，不思惡。』正与摩時作摩生？」上座云：「正与摩時，厶甲放身命處。」師云：「何不問某甲？」云：「与摩時，不見有和尚。」師云：「扶我教不起。」

10 師洗納衣次，耽源問：「正与摩時作摩生？」師云：「了然二俱無為。」又云：「正与摩時，某甲不思量渠。」又云：「正与摩時，向什摩處見渠？」

11 師見景岑上座在中庭向日次〔一〕，師從邊過，云：「人人盡有這个事，只是道不得〔二〕。」云：「恰似〔三〕，請汝道。」師云：「作摩生道？」岑上座便攔胸与一踏。師倒，起來云：「師叔用使，直下是大虫相似。」

12 師在東平看經時，有僧侍立。師卷却經，迴頭問：「還會摩？」對云：「某甲不曾看經，爭得會？」師云：「汝向後也會去在。」

13 師与韋宙相公相見後〔四〕，問：「院中有多少人？」師云：「五百人。」公云：「還切看讀不？」師云：「曺溪宗旨，不切看讀。」公云：「作摩生？」師云：「不收、不攝、不思。」

〔一〕景：原作「京」。向日：正法眼藏、聯燈會要等作「翫月」。

〔二〕道不得：景德傳燈錄作「用不得」；下二「道」字同。

〔三〕似：景德傳燈錄等並作「是」。

〔四〕宙：原作「亩」。韋宙，新唐書卷一九七有傳，咸通年間曾爲嶺南東道節度使。

14 相公就溈山乞偈子。溈山云：「覿面相呈，猶是鈍漢，豈況上於紙墨？」又就師乞偈子。師将紙畫圓相，圓相中著某字，謹答：「左邊，思而知之，落第二頭；右邊，不思而知之，落第三首。」乃封与相公。

15 問：「彎弓滿月齧鏃意如何？」師云：「嚙鏃擬開口，驢年也不會。」

南泉對：「側身立。」

強大師拈問：「『嚙鏃擬開口，驢年也不會？』國師云損益只可句安在？」淨修禪師荅曰：「仰山嚙鏃話，擬議都難會。指擬益後来，言損這邊在。」

石門拈問僧：「古人留會？不留會？」無對。門代云：「不留會。」進曰：「作摩生會？」

16 雙峯離溈山，到仰山。師問：「兄近日作摩生？」雙峯云：「某甲所見，無有一法可當情。」師云：「伱所見不出心境。」進曰：「某甲所見不出心境，和尚所見如何？」師云：「豈無能知寔無一法可當情乎？」

有僧舉似溈山。溈山云：「寂子此語，迷却天下人去在。」

順德頌：

「雙峯覽自龜〔一〕，非是仰山屈。
挑汝解繩抽，把當宗徒說。
一盲引衆盲，會古在今日。」

17 師有時正与摩閉目坐次，有一僧潛步到師身邊侍立。師開門〔二〕，便於地上作圓相，圓相中書「水」字，顧示其僧。無對。

18 問：「如何是祖師意？」師以手作圓相，圓相書「佛」字對。

19 有行者隨法師入佛殿，行者向佛唾。法師云：「行者少去就，何以唾佛？」行者云：「還我無佛處来唾〔三〕。」溈山聞云：「仁者却不仁者，不仁者却是仁者。」師代法師：「但唾行者。」行者若有語，即云：「還我無行者處来唾。」

20 有俗官送物，充溈山贖鍾。溈山謂仰山云：「俗子愛福也。」仰山云：「和尚將什摩酬他？」師把柱杖，敲丈牀三兩下〔四〕，云：「將這个酬得他摩？」仰山云：「若是這个，用作什摩？」師云：「汝嫌个什摩？」仰山云：「專甲即不嫌。這个是為大家底。」師云：「汝既知大家底，更就我

〔一〕覽：原作「覧」，俗「覽」字，見羅振玉增訂碑別字。
〔二〕門：景德傳燈錄等並作「目」。
〔三〕此句景德傳燈錄等並作「將我無佛處來，與某甲唾」。
〔四〕丈牀：景德傳燈録等並作「禪牀」。

覓什摩酬他？」仰山云：「恠和尚把大家底行人事。」潙山云：「汝不見達摩從西天來，亦將此物行人事？汝諸人盡是受他信物者。」

21 師示衆云：「与摩時且置，不与摩時作摩生？」

有人舉似潙山。潙山云：「寂子為人太早。」

22 因潙山与師遊山，說話次，云：「見色便見心。」仰山云：「承和尚有言『見色便見心』，樹子是色，阿那个是和尚色上見底心？」潙山云：「汝若見心，云何見色？見色即是汝心。」仰山云：「若与摩，但言先見心，然後見色。云何見色了見心？」潙山云：「我今共樹子語，汝還聞不？」仰山云：「和尚若共樹子語，但共樹子語，又問某甲聞与不聞作什摩？」潙山云：「我今亦共子語，子還聞不？」仰山云：「和尚若共某甲語，但共厶甲語，又問某甲聞与不聞作什摩？若問某甲聞与不聞，問取樹子聞与不聞始得了也。」

23 師在潙山時，雪下之日，仰山置問：「除却這个色，還更有色也無？」潙山云：「有。」師云：「如何是色？」潙山指雪。仰山云：「某甲則不与摩。」潙山云：「是也，理長則就。除却這个色，還更有色也無？」仰山云：「有。」潙山云：「如何是色？」仰山却指雪。

24 洞山遣人問師：「作摩生即是，作摩生則不是？」師云：「是則一切皆是，不是則一切不是。」洞山自云：「是則一切不是，不是則一切是。」師偈曰：

「法身無作化身作，薄伽玄應諸病藥。

啀喍聞響擬嘷吠，焰水覓魚癡老鶴〔一〕。」

25 師為沙弥時，在宗和尚處〔二〕，童行房裏念經。宗和尚問：「誰在這裏念經？」對云：「專甲獨自念，別無人。」宗和尚喝云：「什麼念經！恰似唱曲唱歌相似，得与麼不解念經。」師便問：「某甲則如此，和尚還解念經也無？」云：「我解念經。」師曰：「和尚作麼生念？」宗和尚念：「如是我聞。」師便云：「住！住！」

26 問：「今日設潙山齋，未審潙山還来也無？」師云：「来則有去，去則有来。」

27 潙山喚師。師喏。潙山云：「速道！速道！子莫落陰〔三〕。」云：「專甲信亦不立。」云：「汝何故不立信？」云：「若是專甲，更信阿誰？」云：「汝解故不立？不解故不立？」云：「若不立，不説解不解。」云：「汝是定性聲聞。」云：「專甲佛亦不見。」

28 師舉起一物，問潙山云：「与摩時如何？」潙山曰：「分別屬色塵。我到這裏，与摩不与摩？」仰山云：「和尚有身而無用。」潙山云：「子如何？」仰山云：「某甲信亦不立。」潙山云：

〔一〕焰：禪文化研究所本校記謂：「疑是『蹈』字歟？『老鶴入枯池，不見魚蹤跡』（會元卷六洪州鳳棲同安院常察禪師章），『渡水覓魚蹤』（五家正宗贊卷四雪峰慧章）。」顧之川逕校爲「蹈」。此句「焰」謂陽焰，「焰水」取「初見陽焰，妄以爲水」（釋一如三藏法數大乘十喻條）義。

〔二〕宗和尚：宗門摭英集作「鵶山」；祖源通録撮要作「浮源」。

〔三〕落陰：景德傳燈錄等並作「入陰界」。

「為什摩不立信？」仰山云：「若是某甲，更信阿誰？」溈山云：「有不立？無不立？」仰山云：「不立，不説有無。」溈山云：「子是定性聲聞。」仰山云：「專甲到這裏，佛尚不見。」溈山云：「子向後傳吾聲教，行步闊狹，吾不及子也。」

29　師為沙弥時，在耽源唱礼次，耽源問：「作什摩？」師云：「唱礼。」源云：「礼文道什摩？」對云：「一切恭敬。」源云：「忽遇不淨底作摩生？」師曰：「不審。」

30　第一，韋中承問和尚曰〔一〕：「五祖云何分付衣鉢与慧能〔二〕，不分付神秀？既分付後，云何慧明又從五祖下趂到大庾嶺頭，奪其衣鉢？復有何意，不得衣迴？某甲在城曾問師僧，悉各説不同。某甲常疑此事。和尚稟承有師，願垂一決。」師答曰：「此是宗門中事，曾於先師處聞説。登時五祖下有七百僧。五祖欲遷化時，覓人傳法及分付衣鉢。衆中有一上座，名曰神秀，遂作一偈上五祖：

『身是菩提樹，心如明鏡臺。
時時勤拂拭，莫遣有塵埃。』

「後磨坊中盧行者聞有此偈，遂作一偈上五祖，曰：

『菩提本無樹，明鏡亦非臺。

〔一〕承，「丞」通。韋中丞即韋宙，韋宙爲嶺南東道節度使，例帶御史中丞憲銜。
〔二〕付：原字漫漶，據高麗大藏經補遺本校定。

本来無一物，何處有塵埃？』

「五祖亦見此偈，並無言語，遂於夜間教童子去碓坊中喚行者来。行者随童子到五祖處。五祖發遣却童子後，遂改盧行者名為慧能，授与衣鉢，傳為六祖，向行者云：『秀在門外，能得入門，得座被衣，向後自看。二十年勿弘吾教，當有難起。過此已後，善誘迷人。』慧能便問：『當往何處而堪避難？』五祖云：『逢懷即隱，遇會即逃，異姓異名，即當安矣。』行者既得付囑衣鉢，五祖發遣，于時即發去嶺南。五日後，五祖集衆人告曰：『此間無佛法也。』此語意顯六祖。衆僧問五祖：『衣鉢分付何人？』五祖云：『能者即得。』衆僧商議：碓坊中行者。又被童子泄語，衆僧即知盧行者將衣鉢歸嶺南。衆僧遂趂。衆中有一僧捨官入道，先是三品將軍，姓陳，字慧明，星夜倍程〔二〕，至大庾嶺頭。行者知来趂，遂放衣鉢，入林向磻石上坐。其慧明嶺上見其衣鉢，向前已手攄之，衣鉢不動，便自知力薄，即入山覔行者。於山高處林中，見行者在石上坐。行者遙見惠明，便知来奪衣鉢〔三〕，即云：『我祖分付

〔二〕程：原作「裎」。

〔三〕「来」字原缺，本書卷二弘忍和尚章：「便知来奪我衣鉢。」據補。高麗大藏經補遺本補作「欲」，佛光大藏經禪藏本從之；禪文化研究所本補作「来」；京都大學人文科學研究所祖堂集索引補作「要」，顧之川同。

衣鉢，我苦辝不受，□□將来〔一〕，見在嶺頭。上坐欲要〔二〕，便請將去。』慧明荅：『我不為衣鉢来〔三〕，只為法来。不知行者離五祖時，有何密意密語，願為我說。』行者見苦求〔四〕，□即与說〔五〕。先教向石上端坐〔六〕：『靜思靜慮，不思善〔七〕，不思惡〔八〕，正与摩思不生時，還我本来明上座面目来〔九〕。』惠明問云：『上来密意即這个是〔一〇〕？為當別更有意旨？』行者云：『我今分明与汝說著，却成不密。汝若自得自己面目，密却在汝邊。』慧明問行者云：『汝在黃梅和尚身邊，意旨復如何？』行者云：『和尚看我對秀上座偈，即知我入門意，即印慧能云：「秀在門外，能得入門，得座被衣，向後自看。此衣鉢從上来分付，切須得人。我今付汝，努力將去，二十年勿弘吾教，當有難起。過此已後，善誘迷情。」』

〔一〕此句缺損二字，下似「雖」字破損；本書卷二弘忍和尚章作「雖則將來」。高麗大藏經補遺本、佛光大藏經禪藏本、京都大學人文科學研究所祖堂集索引、顧之川並補作「雖」。

〔二〕坐，「座」通。

〔三〕我：原字缺損；高麗大藏經補遺本、佛光大藏經禪藏本並校作「能」。

〔四〕求：原字破損；高麗大藏經補遺本、佛光大藏經禪藏本並校作「來」。

〔五〕即：原字缺損；據殘劃校定；「即」上缺字疑爲「便」字。

〔六〕石：原字破損，缺下半。

〔七〕思善：二字原缺損。

〔八〕不：原缺損。

〔九〕此句原文漫漶，據本書卷二弘忍和尚章校定。

〔一〇〕来：原字缺損。

慧能問云：「當於何處而堪避難？」五祖云：「逢懷即隱，遇會即逃。懷即懷州，會即四會縣〔一〕異姓異名，當即安矣。』時慧明〔二〕：『雖在黄梅剃髮，實不知禪宗面目。今蒙指授入處，如人飲水，冷暖自知〔三〕。從今日向後，行者即是慧明師。今便改名，号為道明。』行者曰：『汝若如是，吾亦如是。与汝同師黄梅不異，善自護持。』道明曰：『和尚好速向南去在，後大有人来趂和尚，待道明盡却指迴。今便礼辞和尚，向北去。』道明在嶺頭分首，便發向北去。于虔州果見五十餘僧来尋盧行者〔四〕。道明向僧曰：『我在大庾嶺頭懷化鎮左右五六日等候，借訪諸關津，並不見此色目人過。』諸人却向北尋覓，云：『其人石碓磓損腰〔五〕，行李恐難。』衆人分頭散後，道明獨往廬山布水臺〔六〕。經三年後，歸蒙山修行〔七〕。後出徒弟，盡教嶺南礼拜六祖處。至今蒙山靈塔見在。」

〔一〕此二句當是行文注。

〔二〕「慧明」下疑脱「云」字。

〔三〕冷：原作「泠」。

〔四〕虔：原作「虎」；本書卷二弘忍和尚章：「便迴向北去，至於虔州……」，據以校改。

〔五〕碓：原作「磓」。

〔六〕廬：原作「盧」；布水臺：曹溪大師傳作「峰頂寺」。

〔七〕歷代法寶記作「後居象山」。

31 第二，宛陵僧道存問曰〔一〕：「和尚沙汰後再到湖南，礼覲潙山和尚，復有何微妙言說？」〔二〕

㈠和尚云：「我難後到潙山，得一日問我：汝在仰山住持及說法，莫誑惑他人否？」仰山云：「隨自己眼目。」潙山云：「汝爭辯得諸方師僧，知有師承？知無師承？知是義學？知是禪學？宗門事宜說似我看。」仰山諮和尚云：「辯得也。」潙山云：「有諸方學人来，問汝曺溪意旨，汝如何荅渠？」仰山云：「『大德近從何處来？』學人荅：『近從諸方老宿處来。』仰山即舉一境問云：『諸方老宿還說這个，不說這个？』或時舉一境云：『這个則且置，還諸方老宿意旨如何？』已上兩則境智也。」潙山聞說，歎曰：「大好！此亦是從上来宗門牙爪。」

㈡潙山又云：「忽有人問：一切衆生，但有忙忙業識，無本可據。汝云何荅？」仰山云：「驀呼於學人名，學人應諾。仰山問：『是什摩物？』學人荅云：『不會。』仰云〔三〕：『汝亦無本可據，非但忙忙業識。』」潙山云：「此是師子一滴乳，六斛驢乳一時迸散。」

㈢潙山又問仰山：「身邊還有學禪僧不？」仰山云：「還有一兩个，只是面前背後。」潙山問：「云何面前背後？」仰山云：「人前受持聲教，祇對別人即似；背後楷定著渠自己照用處，業性亦不

〔一〕宛：原作「菀」，下同；據通典卷一八一州郡一一，唐宣州治宣城縣，古稱宛陵。
〔二〕自此以下㈠至㈥段均屬「和尚云」對答道存語，爲使標點層次清晰，茲把仰山大段對答劃分六個段落，各段獨立加以標點。
〔三〕「仰」下疑脫「山」字。

識。」〔一〕溈山云：「我身邊還有學禪人不？」仰山荅云：「出山日早，有亦不識他。」溈山云：「以汝在日眼目，且溈山有不？」仰山荅：「山中縱有諸同學兄弟，不曾子細共他論量，並不知眼目深淺。」溈云〔二〕：「大安如何？」荅云：「不識他。」「全諗如何？」「亦不識他。」「志和如何？」「亦不識他。」「志遇如何？」「亦不識他。」「法端如何？」「亦不識。」溈山咄云：「我問，汝惣道不識，什摩意？」仰山諮和尚：「為當欲得記他見解？為當欲得行解？」溈山云：「汝云何說他見解？云何說他行解？」仰山云：「若欲記他見解，上来五人向後受持和尚聲教，為人善知識，説示一切人，如瀉之一瓶，不失一滴，為人師有餘，此是見解。」溈山云：「行解如何？」仰山云：「未具天眼、他心，不知他照用處，緣行解自辯清濁業性，屬於密意，所以不知他。只如慧寂在江西時，盡頭無慙無愧。今時和尚見了，喚作學禪人不？」溈山云：「是我向一切人前説汝不解禪，得不？」仰山云：「慧寂是何蝦蟆蛐蟮，云何解禪？」溈山云：「是汝光明，誰人障汝？」

〔四〕仰山問溈山云：「西天二十七祖般若多羅玄記禪宗向後三千年事〔三〕，時至分寸不移。只如和尚今時還得不？」溈山云：「此是行通邊事，我今未得。我是理通，學亦是通自宗，所以未具六通。」

〔一〕此處文意難解，句讀從佛光大藏經禪藏本。
〔二〕「溈」下疑脫「山」字。
〔三〕玄、「懸」通，下同。

仰山諮溈山云：「只如六祖和尚臨遷化時，付囑諸子：『取一鍉鋌可重二斤，安吾頸中，然後漆之。』諸子問曰：『安鐵頸中，復有何意？』六祖云：『將紙筆來，吾玄記之：五六年中，頭上養親，口裏須飡，遇滿之難，楊柳為官。』」溈山云：「汝還會祖師玄記意不？」仰山云：「會，其事過也。」溈山云：「其事雖則過，汝試說看。」仰山云：「『五六年中』者，三十年也；『頭上養親』者，遇一孝子；『口裏須飡』者，數數設齋也；『遇滿之難』者，是汝州張淨滿也〔一〕，被新羅僧金大悲將錢雇，六祖截頭兼偷衣鉢；『楊柳為官』者，楊是韶州刺史，柳是曲江縣令〔二〕，驚覺後於石角臺捉得〔三〕。和尚今時有此見不？」溈山云：「此是行通，我亦未得。此亦是六通數。」仰山云：「諮和尚：和尚今時若記人見解即得。若記人行解，即屬人情，不是佛法。」溈山喜云：「百丈先師記十數人會佛法會禪，向後千百人圍遶，及其自住數不？」仰山云：「慮恐如此。然則聖意難測，或逆或順，亦非慧寂所知。」溈山云：「汝向後還記人不？」仰山云：「若記，只記見解，不記行解。見解屬口密，行解屬意密。未齊曹溪，不敢記人。」溈山云：「子何故不記？」仰山云：「燃燈身前事，這邊屬衆生。行解無憑。」溈山云：「燃燈後汝還記得渠不？」仰山云：「若燃燈後，他自有人記，亦不到慧寂記。」

〔一〕張淨滿：祖庭事苑引寶林傳作「張行滿」。
〔二〕此二句景德傳燈錄、傳法正宗記並作「縣令楊侃，刺史柳無忝」；祖庭事苑引寶林傳同，唯「侃」作「淈」，「忝」作「添」。
〔三〕石角臺：景德傳燈錄、傳法正宗記、祖庭事苑引寶林傳並作「石角村」。

㈤仰山又問潙山：「和尚浮漚識，近來不知寧也未？」潙山云：「我无来經五六年。」仰山云：「若与摩，如今和尚身前應普超三昧頂也〔一〕。」潙山云：「未。」仰山云：「性地浮漚尚寧，燃燈身前何故未？」潙山云：「雖然，理即如此，我亦未敢保任。」仰山云：「何處是未敢保任處？」潙山云：「汝莫口解脫。汝不聞安、秀二禪師，被則天一試，下水始知有長人？到這裏鐵佛亦須汗流。汝大須修行，莫終日口密密底。」又云：「汝三生中，汝今在何生？實向我說看。」仰山云：「想生、相生，仰山今時早已淡泊也。今正在流注裏。」潙山云：「若与摩，汝智眼猶濁在。未得法眼力人，何以知我浮漚中事？」仰山云：「大和三年奉和尚處分，令究理，頓窮實相性實際妙理。當刹那時，身性清濁辨得理行分明。從此已後，便知有師承宗旨。雖則行理力用卒未可說，如今和尚得与不得即知。以海印三昧印定，前學後學無別有路。」潙山云：「汝眼目既如此，隨處各自修行，所在出家一般。」

㈥仰山諮潙山云：「初礼辞和尚時，和尚豈不有語處分？」潙山云：「有語。」云：「雖是機理，不無含其事。」潙山云：「汝也是秦時鐸落鑽。」仰山云：「此行李處，自謾不得。」潙山云：「仁子之心，亦合如此。」〔二〕

㈦道存問曰：「礼辞潙山時，有何言語？」仰山云：「我辞和尚時處分：五六年聞吾在，即歸

〔一〕據後文「身前」上疑脫「燃燈」二字。

〔二〕至第㈥段結尾，仰山對答道存第一問結束。

来：「聞吾不在，即自揀生路行。努力好去！」道存問云：「和尚今時傳持祖教，若不記，向後學人如何？」和尚云：「我分明向汝道：今時即試人見解，不試人行解。他行解屬意密，正涉境時，重處偏流，業田芽出，別人爭知？何處記他？汝不聞大耳三藏從西天来，得對肅宗，肅宗問云：『三藏解何法？』三藏云：『善解他心。』肅宗遂令中使送到國師忠和尚處，請試三藏實解他心不。國師遂將涉境心試三藏。三藏果見知心念去處，緣為涉境。後國師入三昧，心不涉境，三藏覓國師意不得，被呵云：『這野狐精！聖在何處？』若入自受用三昧去，玄誰得知？所以行解難知。故云：證者非見知，不證者非見知。」

㈧道存問云：「如何得行解相應？」和尚云：「汝須會得禪宗第三玄。初心即貴入門第一玄，向後兩玄是得座被衣，汝須自看，亦須自知有種覺種智。種覺者，即三身如一，亦云理無諍，亦云遮那湛寂；種智者，即得身性圓明，後却向身前照用，不染不著，亦云舍那無依智〔一〕，亦云一躰三身，即行無諍。如是身性圓明，漏盡意解，身前無業，不住動靜〔二〕，出生入死，接物利生，亦云正行，亦云無住車。他時自具宿命、他心、三明、八解，此是聖末邊事，汝莫將心湊泊。我分明向汝道：却向性海裏修行，不要三明六通。何故如此？然則有清有濁，但二俱是情。汝不見溈山道：『凡聖情盡，躰露真性常住，事用不二，即是如如佛。』」

〔一〕無依智：高麗本拈頌說話卷一四引古祖堂作「無垢智」。
〔二〕靜：原字破損，缺右旁。

32　第三，宛陵僧道存問和尚：「諸方大家説達摩將四卷楞伽經来，未審虛實耶？」仰山云：「虛。」道存問：「云何知虛？」和尚云：「達摩梁時来，若將經来，在什摩朝翻譯？復出何傳記？其楞伽經前後兩譯，第一譯是宋朝求那跋摩三藏〔二〕，於南海始興郡譯，梵云『質多』，此云『數數生念』；又云『乾栗』，此云『無心』。此是一譯，見上目録。又江陵新興寺截頭三藏譯，胡云『質多』，此云『數數生念』；胡云『乾栗』，此云『無心』。此是二譯。義即一般，胡云、漢云則有差別。若言達摩將經来，具翻譯義，復是何年？又復流行何土？汝不聞六祖在曺溪説法時，『我有一物，本来無字，無頭無尾，無彼無此，无内无外，無方圓，無大小，不是佛，不是物。』返問衆僧：『此是何物？』衆僧無對。時有小師神會出来，對云：『神會識此物。』六祖云：『這饒舌沙弥！既云識，喚作什摩物？』神會云：『此是諸佛之本源，亦是神會佛性。』六祖索杖打沙弥數下：『我向汝道無名無字，何乃安置本源佛性？』登時神會喚作本源佛性，尙被与杖；今時説道達摩祖師將經来，此是謾糊達摩，帶累祖宗，合喫其鐵棒。只如佛法到此土三百餘年，前王後帝翻譯經論可少郁？作摩？達摩特来，為汝諸人貪著三乘、五性教義，汩沒在諸義海中，所以達摩和尚救汝諸人迷情。初到此土時，唯有梁朝寳志禪師一人識。梁帝問寳志曰：『此是何人？』寳志荅：『此是傳佛心印大師、觀音聖人乎！』不云傳

〔二〕求那跋摩：應作「求那跋陀羅」。

楞伽經聖人也。」道存問和尚云：「達摩五行論云『借教悟宗』〔一〕，復借何教？」仰山云：「所言『借教悟宗』者，但借口門，言語牙齒，咽喉脣吻，云口放光，即知義也。『悟宗』者，即荅梁帝云：『見性曰功，妙用曰德。功成德立，在於一念。如是功德，淨智妙用，非是世求。』只如曺溪六祖對天使云：『善惡都莫思量，自然得入，心躰湛然常寂，妙用恒沙。』天使頓悟，歎曰：『妙盡！故知佛性不念善惡，妙用自在。待某甲若見聖人，与傳妙旨。』皇帝聞之，當時頓悟，亦歎曰：『朕在京城，不曾聞說此語，實為明據。謹敬頂礼修行。』」道存問曰：「達摩和尚既不將楞伽經来，馬大師語本及諸方老宿數引楞伽經，復有何意？」仰山云：「從上相承，說達摩和尚說法時，恐此土衆生不信玄旨，數數引楞伽經来，緣經上有相似處，宗通、說通誘童蒙。宗通修行者及聽惠婆羅門来〔二〕，問佛三十六對，世尊並撥入世論，又有相似處。從緣所得覺及本住法，如金、銀等性，如来出世及不出世，本性常住。故云：『有佛無佛，性相常住』。此是閑暇語話引来，非是達摩將此為祖宗的意。汝不聞達摩在西天時問般若多羅云：『我今得法，當往何土而可行化？』般若多羅云：『汝今得法，且莫遠去。待吾滅度後六十一年〔三〕，當往震旦，只得一九。如今便去，衰於日下。』亦不聞分付將楞伽經来此土。我今告汝：

〔一〕五行論當指四行論。

〔二〕此處疑有脫誤。參閱求那跋陀羅譯楞伽經卷三：「謂我二種通，宗通及言言。說者授童蒙，宗爲修行者。」（大正藏第六卷第五〇三頁上、中）。

〔三〕六：本書卷二菩提達摩章作「七」。

若學禪道，直須隱審。若也不知原由，切不得妄説宗教中事。雖是善因，而招惡果。」

33 第四，幽州僧思鄰問和尚：「畢竟禪宗頓悟入理門的的意如何？」仰山云：「此意甚難。若見他祖宗苗裔〔一〕，上上根性，如西天諸祖、此土從上祖相承，或一玄機，或一境智，他便肯去。玄得自理，不居惑地，更不隨於文教。故相傳云：『諸佛理論，不干文墨。』此一根人難得。向汝道：少有學禪師僧。何處有不得佛法？只為無志。汝不聞先德道：『若不安禪靜慮，到這裏惣須忙然〔二〕。』」思鄰問云：「除此一格，別更有入處不？」仰山云：「有。」「如何即是？」仰山云：「汝是何處人？」思鄰云：「幽燕人。」仰山云：「汝還思彼處不？」荅云：「思。」仰山云：「彼處是境，思是汝心。如今返思个思底，還有彼處不？」荅云：「到這裏非但彼處，一切悉無。」仰山云：「汝見解猶有心境在。信位即是，人位即不是。」思鄰問：「除却這裏，別更有意旨不？」仰山云：「別有別無，即不安也。」思鄰問：「到這裏作摩生即是？」仰山云：「據汝解處，還得一玄。得坐披衣，向後自看。汝不聞六祖云『道由心悟』，亦云『悟心』，又云『善惡都莫思量，自然得入，心躰湛然常寂，妙用恒沙』。若實如此，善自保任，故云『諸佛護念』。若有漏不忘，意根憶想在身前義海，被五陰身所攝，他時自不奈何，故云『如象溺深泥』。並不見禪，亦非師子兒也。」

〔一〕若見他：景德傳燈錄、五燈會元、五家語錄並作「若是」。

〔二〕忙，「茫」通，景德傳燈録等作「茫」。

34　第五，海東僧亭育問：「和尚禪決名函，不知所措：仰山集雲峯，迦葉弥伽舍那，遮那，三摩鉢底，師地靜慮沙門慧寂。」和尚云：「『仰山集雲峯』者，即是盧舍那本身，及現在業根分段身所招外依報也，亦云僧寶住持處所。『迦葉弥迦』者，惣也；迦葉者，禪宗初祖，從婆伽婆處密傳三昧也，故云弥伽也〔一〕。『舍摩』者〔二〕，密受三昧也。」亭育問：「和尚禪決中云：『還我本来面目』，莫是此三昧以不？」仰山云：「若是汝面目，更教我說？如石上栽花〔三〕，亦如夜中樹影。」問云：「夜中樹決定信有，其樹影為有為無？」仰山云：「有無且置。汝今見樹不？『遮那』者，身性如也。『三摩鉢底』者，即戒、定、慧，亦云菩提妙花，亦云花藏莊嚴，即內依報招外果者，即人相成佛是也。『師地』者，通自宗，自宗通，即三十三祖。『靜慮』者，即四種無受三昧。」問：「此三昧有出入不？」仰山云：「有病即有出入，無病藥還祛。初心即學出入，熟根即淨明無住。」問：「出入其意如何？」仰山云：「入人如無受，即法眼三昧起，離外取受；入性如無受，即佛眼三昧起，即離內取受；入一躰如無受，即智眼三昧起，即離中間取受，亦云不著無取受。自入上来所解三昧，一切悉空，即惠眼所起；入無無三昧，即道眼所起，即玄通無导也。譬如虛空，諸眼不立，絕無眼翳。讃如上三昧，畢竟清淨無依

〔一〕弥：原作「弘」，據上文校改。
〔二〕舍摩：據前文，當作「舍那」。
〔三〕栽：原作「裁」。

住，即淨明三昧也。告諸學人：莫勸精進，懈怠嬾墮，空心靜坐，想一个無念無生，想一个無思無心。論他身前不生不滅二邊中道義海，是他人光影。拋却身前義海，緊抱執一个黑山，此是癡界，亦不是禪。『沙門』者，達本性，息緣慮，勤修上来三昧，則通達一切三昧，故云沙門。天、人、阿修羅頂戴恭敬，故云道德圓偹。執此向後，堪受人天供養；若不如此修行，受人天供養，一生空過，大難！大難！『惠寂』者，在住持三寶中，与初解外招依報不別，並屬假名空。」

35 自餘法要及化緣之事，多偹仰山行録。勑謚智通大師、妙光之塔。東平遷化，後歸仰山矣。

碑誌

陸希聲仰山通智大師塔銘（全唐文卷八一三）。

傳記

仰山行録（佚，見本章）、宋高僧傳卷一二、林間錄卷下、祖庭事苑卷七、隆興編年通論卷二八、釋氏通鑑卷一一、佛祖歷代通載卷一七、六學僧傳卷七、徐璉等（正德）袁州府志、陳宏緒江城名蹟卷三、釋鎮澄清涼山志卷三高僧懿行、宗統編年卷一二、李芳春等（康熙）袁州府志卷一三仙釋、葉舟等（康熙）南昌郡乘卷四一仙釋、謝旻等（雍正）江西通志卷一〇三仙釋、金鉷等（雍正）廣西通志卷八七仙釋、顧光光孝寺志卷七名釋志、釋法緯西禪長慶寺志卷二禪宗志、釋證亮西禪小記卷三宗傳、李翰章等（光緒）湖南通志卷二四一仙釋、沈瑜慶等福建通志福建高僧傳卷一。

著作

仰山潙山語(佚,宋史二〇五藝文四)、仰山辨宗論一卷(佚,見通志卷六七藝文略五、宋史卷二〇五藝文四)、袁州仰山慧寂禪師(五家語錄卷二)、御選真證通智仰山慧寂禪師語錄(御選語錄卷四)、偈五首(本章一首,景德傳燈錄一首,祖庭事苑卷四一首、五燈會元二首)、禪決名函(佚,見本章)。

柳田聖山潙仰宗のテキスト(柳田聖山集第二卷,寶藏館,二〇〇一年)。

資料

1 景德傳燈錄卷一一、傳燈玉英集卷六、祖源通錄撮要卷三、聯燈會要卷八、五燈會元卷九、五家語錄卷二。

2 宋高僧傳卷一一、景德傳燈錄卷一一、祖源通錄撮要卷三、祖庭事苑卷七、五燈會元卷九、五家語錄卷二。

3 宗鏡録卷一四、景德傳燈錄卷一一、傳燈玉英集卷六、祖源通錄撮要卷三、聯燈會要卷八、大光明藏卷中、五燈會元卷九、五家語錄卷二。

4 景德傳燈錄卷一一。

5 景德傳燈錄卷一一、聯燈會要卷八、大光明藏卷中、五燈會元卷九、五家語錄卷二。

6 景德傳燈錄卷一一、傳燈玉英集卷六、宗門統要卷五、正法眼藏卷中、聯燈會要卷八、禪門拈頌集卷一五、正法眼藏三百則卷中第四二則、五燈會元卷九、五家語錄卷二。

7 景德傳燈錄卷一一、傳燈玉英集卷六、聯燈會要卷八、五燈會元卷九、五家語錄卷二。

8 雲門廣錄卷中、天聖廣燈錄卷一二三聖章、碧巖錄第六八則本評、正法眼藏卷中、聯燈會要卷一〇三聖章、五燈會元卷一一三聖章。

9

18 景德傳燈錄卷一一、五燈會元卷九、五家語錄卷二。

10 景德傳燈錄卷一一、祖源通錄撮要卷三、五燈會元卷九、五家語錄卷二。

11 景德傳燈錄卷一〇長沙景岑章、祖源通錄撮要卷三長沙景岑章、正法眼藏卷上、聯燈會要卷八長沙章、禪門拈頌集卷一三長沙章、五燈會元卷四長沙章、五家語錄卷二。

12 景德傳燈錄卷一一、聯燈會要卷八、五燈會元卷九、五家語錄卷二。

14 宋高僧傳卷一一、景德傳燈錄卷一一、傳燈玉英集卷六、宗門統要卷八、宗門圓相集、五家語錄卷二。

15 景德傳燈錄卷二七諸方雜舉徵拈代別語。

16 景德傳燈錄卷一一、傳燈玉英集卷六、五燈會元卷九、五家語錄卷二。

17 景德傳燈錄卷一一、宗門統要卷五、宗門圓相集、五燈會元卷九、五家語錄卷二。

19 景德傳燈錄卷二七諸方雜舉徵拈代別語、禪門拈頌集卷三〇東土應化賢聖、五家語錄卷二。

20 景德傳燈錄卷一一、傳燈玉英集卷六、宗門統要卷四潙山章、聯燈會要卷七潙山章、正法眼藏三百則卷上第五六則、五燈會元卷九、五家語錄卷二。

25 景德傳燈錄卷八乳源章、宗門摭英集卷上、祖源通錄撮要卷三、宗門統要卷五、聯燈會要卷五乳源章、正法眼藏三百則卷下第四七則、五燈會元卷三乳源章、五家語錄卷二。

27 景德傳燈錄卷九潙山章、宗門統要卷四潙山章、正法眼藏卷下、聯燈會要卷七潙山章、五燈會元卷九潙山章、五家語錄卷二。

30 神會和尚語錄、歷代法寶記、曹溪大師別傳、敦煌本壇經、本書卷二弘忍和尚章、宋高僧傳卷八蒙山慧明章、景德傳燈錄卷三弘忍章、卷四蒙山道明章、祖源通錄撮要卷二蒙山明章、聯燈會要卷二弘忍章、卷三蒙山道明章、五燈會元卷一弘忍章、卷二蒙山道明章。

31 ㈠景德傳燈錄卷一一、宗門摭英集卷上、碧巖錄第三四則本評、正法眼藏卷上、五燈會元卷九、五家語錄卷二。㈡景德傳燈錄卷一一、宗門摭英集卷上、宗門統要卷五、正法眼藏卷下、聯燈會要卷七、禪門拈頌集卷一〇潙山章、正法眼藏三百則卷中第三〇則、五燈會元卷九、五家語錄卷二。㈣曹溪大師別傳、宋高僧傳卷八慧能傳、景德傳燈錄卷五慧能章、傳法正宗記卷六慧能章、寶林傳佚文（祖庭事苑卷六張行滿條）。㈦景德傳燈錄卷五慧忠章、宗門統要卷二慧忠章、聯燈會要卷三慧忠章、禪門拈頌集卷四慧忠章、五燈會元卷二慧忠章、五家語錄卷二。

32 曹溪大師別傳、寶林傳卷八達摩章、本書卷二菩提達摩和尚章、景德傳燈錄卷五慧能章、神會章。

33 景德傳燈錄卷一一、正法眼藏卷中、從容錄第三二則、聯燈會要卷八、禪門拈頌集卷一四、五燈會元卷九、五家語錄卷二。

35 景德傳燈錄卷一一、傳燈玉英集卷六、祖源通錄撮要卷三、聯燈會要卷八、五燈會元卷九、五家語錄卷二。

祖堂集卷第十八

祖堂集卷第十九

江西下卷第六曹溪第五代法孫

二二四　香嚴和尚智閑，？—八九八〔一〕

1 香嚴和尚嗣潙山，在鄧州〔二〕。師諱智閑。未覩實録。時云青州人也。

2 身方七尺，博聞利辯，才學無當。在潙山衆中時，擊論玄猷，時稱「禪匠」。前後數數扣擊，潙山問難，對荅如流。潙山深知其浮學未達根本，而未能制其詞辯。後因一朝，潙山問曰：「汝從前所有學解，以眼耳於他人見聞及經卷冊子上記得来者，吾不問汝。汝初從父母胞胎中出，未識東西時本分事，汝試道一句来，吾要記汝。」師從兹無對，俛頭良久。更進數言，潙山皆不納之，遂請為道。潙山云：「吾道不當。汝自道得，是汝眼目。」師遂歸堂中，遍撿冊子，亦無一言可對，遂一時爁之。有學人近前乞取，師云：「我一生来被他帶累，汝更要之奚為？」並不与之，一時爁矣。師曰：「此生不

〔一〕陳垣釋氏疑年録卷五：「唐光化元年（八九八）卒。宋僧傳十三、景德録十一無卒年，宗統編年作光化元年卒，未審何據。」

〔二〕鄧：原作「登」，宋高僧傳「梁鄧州香嚴山智閑」，據校改。

學佛法也。余自生来，謂無有當，今日被潙山一撲淨盡，且作一个長行粥飯僧過一生。」遂礼辞潙山，兩淚出門。

3 因到香嚴山忠國師遺跡，棲心憩泊，併除草木散悶。因擊擲瓦礫次，失笑，因而大悟。乃作偈曰：

「一挃忘所知〔二〕，更不自修持。
處處無蹤跡，聲色外威儀。
十方達道者，咸言上上機。」

便罷歸室，焚香具威儀，五躰投地，遙礼潙山，讚曰：「真善知識！具大慈悲，拔濟迷品。當時若為我道却，則無今日事也。」

4 便上潙山，具陳前事，並發明偈子呈似和尚。便上堂，令堂維那呈似大衆，大衆惣賀。唯有仰山出外未歸。仰山歸後，潙山向仰山説前件因緣〔三〕，兼把偈子見似仰山。仰山見了，賀一切後，向和尚説：「雖則与摩發明，和尚還驗得他也無？」潙山云：「不驗他。」仰山便去香嚴處，賀喜一切後，

〔二〕挃：景德傳燈錄、大光明藏等作「擊」；祖庭事苑卷二：「挃，當作抶，知栗切，擊也。莊子：『抶其背。』挃，穫，禾聲，非義。」

〔三〕潙：原作「撝」。

便問：「前頭則有如是次第了也。然雖如此，不息衆人疑。」「作摩生疑聻？」「將謂預造。師兄已是發明了也，別是氣道造道將來〔一〕。」香嚴便造偈對曰：

「去年未是貧，今年始是貧；
去年無卓錐之地，今年錐亦無。」

仰山云：「師兄在知有如来禪〔二〕，且不知有祖師禪。」

5 師問僧：「如人在高樹上，口銜樹枝，脚下踏樹〔三〕，手不攀枝，下有人問：『如何是西来意？』又須向伊道。若道又被撲殺，不道違於他問。汝此時作摩生指他，自免喪身失命？」虎頭招上座返問：「上樹時則不問，未上樹時作摩生？」師笑：「噓！噓！」

6 問：「如何是據現在學〔四〕？」師以扇子旋轉示云：「見摩？見摩？」

7 問：「如何是無表戒？」云：「待闍梨還俗則為伱說。」

8 問：「如何是聲色外相見一句？」云：「某甲未住香嚴時，且道在什摩處？」「与摩時亦不敢道在。」云：「如幻人心心所念法。」

〔一〕氣道：疑爲「舉道」之譌，以「氣」与「舉」俗字「炁」、「兲」相混致誤，下同。

〔二〕在、「纔」通。有「僅」義，見王念孫讀書雜志卷五；景德傳燈錄卷一一仰山章、宗門統要卷五仰山章作「汝只得如來禪」。

〔三〕下：疑爲「不」字之譌；祖源通錄撮要、正法眼藏等此句作「脚不踏樹」，景德傳燈録作「脚無所蹋」。

〔四〕景德傳燈錄等並無「據」字。

9 問：「如何是聲前一句？」師云：「大德未問時則荅。」進曰：「即今時如何？」云：「即今時問也。」

10 問：「如何是『直截根原佛所印』？」師把杖拋下，撮手而去〔一〕。

11 指古人跡頌曰：

「古人語，語中骨。

如雲暎秋月，光明時出沒。

句裏隱，不當當，

人玄會，暗商量。

唯自肯，意不傷，

似一物，不相妨。」

12 師与樂普同行。欲得相別時，樂普云：「同行什摩處去？」師云：「去東京。」普曰：「去作什摩？」師云：「十字路頭卓庵去。」普曰：「卓庵作什摩？」師云：「為人。」普曰：「作摩生為

〔一〕撮：景德傳燈錄作「撒」。

人？」師便舉起拂子。普〔一〕：「舉拂子作麼生為人？」師便拋下拂〔二〕。普云：「荒處猶過在，淨地為什麼却迷人？」師云：「恠伊作什麼？」

13 勵學吟：

「滿口語，無處說，明明向道人不決。
急著力，勤咬囓，無常到来救不徹。
日裏話，暗嗟切〔三〕，快磨古錐淨挑揭。
理盡覺，自護持，此生事，吾不說。
玄旨求他古老吟，禪學須窮心影絕。」

14 師誡宗教接物頌曰：

「三句語，究人玄，
迅面目，示豁然。
開兩路，俻機緣，

〔一〕「普」下疑脱「云」字。
〔二〕「拂」下疑脱「子」字。
〔三〕嗟：景德傳燈錄作「瑳」。

投不遇，説多年。」

15 洞山問僧：「離什摩處来？」對云：「離香嚴来。」山云：「有什摩佛法因緣？」對云：「佛法因緣即多，只是愛説三等照。」山云：「舉看！」學人舉云：「恒照、常照、本来照。」洞山云：「有人問此三等照也無？」對云：「有。」山云：「作摩生問？」對云：「『作摩生是恒照？』」又問常照。」山云：「好問處不問。」僧問：「請師垂个問頭。」洞山云：「問則有，不用拈出。緣作摩故？闍梨千鄉万里来，乍到者裏，且歇息。」其僧纔得个問頭，眼淚落。洞山云：「哭作什摩？」對云：「啓和尚：末代後生，伏蒙和尚垂方便，得這个氣道，一則喜不自勝，二則戀和尚法席，所以与摩淚下。」洞山云：「唐三藏又作摩生從唐國去西天十万八千里？為這个佛法因緣不惜身命，過得如許多嶮難！所以道：『五天猶未到，兩眼淚先枯。』雖則是從此香嚴千鄉万里，為佛法因緣，怕个什摩？」其僧下山，却歸香嚴。從容得二日，師戴帽子上堂，其僧便出来，問：「承師有言：恒照、常照、本来照。』三等照則不問，不照時喚作什摩？」師便却下帽子，抛放衆前。其僧却歸洞山，具陳前事。洞山却伍頭，後云：「實与摩也無？」對云：「實与摩。」洞云：「若也實与摩，斫頭也無罪過。」其僧却歸香嚴，具陳前事。師下牀，向洞山合掌云：「新豊和尚是作家。」

16 最後頌曰〔二〕：

〔二〕頌：景德傳燈錄、傳燈玉英集、禪門諸祖師偈頌並作「語」。

「有一語，全規矩，
休思量，不自許。
路逢同道人〔二〕，揚眉省来處〔三〕。
踏不著，多疑慮，
却思量，帶伴侶。
一生參學事無成，慇懃抱得栴檀樹。」

17

常在頌：

「管帶歷歷，諸邊寧息，
平常見聞，不入榛棘。
四威儀中，淨潔析析，
機感相投，一時拋擲。
嘿處對緣，聲前顯跡，
同道相知，不勞勢力。」

〔二〕同：景德傳燈錄、傳燈玉英集、禪門諸祖師偈頌並作「達」。
〔三〕揚：原作「楊」。

18 修行頌曰：

「天寒宜曝日，歸堂一食傾，
思著未生時，宜然任他清。
只麼尋時〔二〕，明鏡非明鏡，
獨坐覺靈涼〔三〕，行時也只寧。」

19 鄭郎中問頌：

「既無人解，又無人縛，
出此路歧，人何城廓？」

師頌答：

「語中埋跡，聲前露容，
即時妙會，古人道同。
嚮應機勸，無自他宗，

〔二〕此句脫一字，疑「只」下有「与」字。
〔三〕涼：疑爲「源」字之譌。

訶起駭蹟〔一〕，嚬迅成龍。」

鄭郎中又問：

「来無他徹跡〔二〕，去是非我途，

併逐猿猴盡〔三〕，山川境在無？」

大師以發機頌荅：

「語裏埋筋骨，音聲染道容，

即時纔妙會，拍手趁乖龍。」

20 清思頌曰：

「盡日坐虛堂，靜思絶參詳。

更無迴顧意，争肯置平常？」

21 談玄頌曰〔四〕：

「的的無兼帶，獨運何依賴？

〔一〕駭：景德傳燈録、禪門諸祖師偈頌作「駛」。

〔二〕徹、「轍」通。

〔三〕據高麗大藏經補遺本補「逐猿」二字。

〔四〕談玄：景德傳燈録、傳燈玉英集、禪門諸祖師偈頌並作「譚道」。

路逢達道人，莫將語嘿對。」

22 与學人玄機頌曰：

「妙旨迅速，言説来遲，
纔隨語會，迷却神機。
揚眉當問〔一〕，對面熙怡，
是何境界？同道方知。」

23 渾淪語頌曰：

「一束茆，草六分，
盖得庵，無子門。
藏頭人，入去却，
轉頭来，語渾淪。」

24 師為衆曰：「此世界日月短促，則須急急底事了却去。平治如許多不如意事，直須如地相似，安然不動。一切殊勝境不隨轉，只摩尋常，不用造作，獨脱現前，不帶伴侶。皎然秋月明，内外通透。尅念寸陰，直須此生了却。今生不了，阿誰替代？大德，莫待頭白齒黄，耳聾眼暗，無常到来，悔

〔一〕揚：原作「楊」。

當何及？大德，身上是他衣，堂裏是他食，燈油火炭、床榻臥具，什方信心供須，將何道業消受？一念跡不盡，个个是債負。特達丈夫氣志堅固，心如断繩休去。三界因果無断，現時富貴、貧窮苦樂之事，盡未來際縱恣貪愛，織造有漏，至于今日，應當知足。過去諸佛還從凡夫中修持去〔一〕，無天生聖人。大德，本離㱕中〔二〕，抛却父母出家，為什摩事？莫因循，莫猶預虛度光陰。古人道：『寄語參玄人，光陰莫虛度。』百丈云：『努力一生須了却，誰能累刧受諸殃。』」

25 明古頌曰〔三〕：

「古人骨，多靈異，
賢子孫，密安置。
此一門，成孝義，
人未達，莫差池。
須志固，遣狐疑，
得安靜，不傾危。

〔一〕凡夫：原字漫漶，據高麗大藏經補遺本校定。
〔二〕㱕：柳田聖山祖堂集索引校作「鄉」，佛光大藏經禪藏本校作「歸」。
〔三〕明古：景德傳燈錄等並作「授指」。

向即遠，求即離，
取即失，急即遲。
無計校〔一〕，忘覺知，
濁流識，今古僞。
一刹那，通變異，
嵯峨山，石火起。
内裏發，焚巔崇，
無遮欄，燒海底。
法網踈，靈餤細，
六月卧，去被衣。
蓋不得，無假僞，
達道人，唱祖意。
我師宗，古来諱，
唯此人，善安置。

〔一〕校：原作「挍」；景德傳燈録等並作「校」，據改。

足法財，具慙愧，
不虛施，用處諦。
有人問，小呵氣，
更尋来，説米貴。」

26 与崔大夫暢玄頌曰：
「達人多隱顯，不定露形儀。
語下不遺跡，密密潛護持。
動容揚古路，明妙乃方知。
應物但施設，莫道不思議。」

27 寶明頌曰：
「思清人少慮，風規自然足。
影落在音容，孤明絶撑觸。」

28 出家頌：
「從来求出家，未詳出家稱。
起坐只尋常，更無小殊勝。」

29 寄法堂頌：

「東間裏入寂，西間裏語話，
中間裏睡眠，通間裏行道。
向前即檢校〔一〕，向後即隱形，
時人都不措，問什摩精靈？」

荅曰：

「淨地上鼓怒，怡然中伴嗔，
平坦處不守，危嶮中藏身。
盲聾遇之眼開，僧繇駐筆凝神〔二〕。」

30 玄旨頌曰：

「去去無標的，来来只摩来。
有人相借問，不語笑咳咳。」

31 贈同住歸寂頌：

「同住道人七十餘，共辞城郭樂山居。

〔一〕檢校：原作「撿挍」。
〔二〕繇：原作「瑤」；僧繇，梁畫家張僧繇。

身如寒木心芽絶，不話唐言休梵書。
心期盡處身雖喪，如来弟子沙門樣。
深信共崇鉢塔成，巍巍置在青山嶂。
觀夫參道不虛然，脫去形骸甚高上。
從来不説今朝事，暗裏埋頭隱玄暢。
不留蹤跡異人間，深妙神光飽明亮。」

32 勸學頌曰：

「出家修道莫求安，失念求安學道難。
未得直須求大道，覺了無安無不安。」

33 志守得破頌云：

「十五日已前，師僧莫離此間；
十五日已後，師僧莫住此間。
去即打汝頭破，住即亦復如然。
不去不住，事意如何？
是即是，擬即差。」

34 辞見聞頌曰：

「好住迳分離〔二〕，幽宗人跡稀。
從来未登陟，無計遣狐疑。」

35 分明頌：

「頓喪命根，威德自足。
一物不似，規矩現前。」

36 遵古路頌与郎中：

「虛心越境淨思量，句裏無蹤聲外詳。
文字影像駭驚覺，動容彈指飽謦香。」

37 与董兵馬使説示偈：

「宿靜心意到山中，為求半偈契神蹤。
向道却思思不得，却被尋思㝵不通。」

38 專志頌：

「宛轉宛轉，究盡疑見，
只摩分明，無生己戀。

〔二〕迳：疑爲「逕」字之譌。

內外不思，未露眉面，
如夢踏虵，驚人頓變。」
39 与學人宗教宗如：
「滿寺釋迦子，未詳釋迦經。
喚来試共語，開口雜音聲。」
40 三句後意頌：
「書出語多虛，虛中帶有無。
却向書前會，放却意中珠。」
41 自餘化緣終始、年月，悉彰實録。勑謚襲燈大師、延福之塔。

碑誌
陸希聲撰碑銘（佚，見陸希聲仰山智通大師塔銘）。

傳記
司空圖香巖長老讚（司空表聖文集卷九）、宋高僧傳卷一三、宗門摭英集卷上、六學僧傳卷八、宗統編年卷一七、謝旻等（雍正）江西通志卷一〇五仙釋、李翰章等（光緒）湖南通志卷二四一仙釋。

著作　偈頌二百餘首(見新唐書卷五九藝文志三、景德傳燈錄等;現佚存一百一十八首,見景德傳燈錄卷一一、二九、三〇,宗鏡錄卷六、二四,宗門統要卷五仰山章,日本神奈川縣立金澤文庫編金澤文庫資料全書第一卷禪籍篇收錄香嚴頌七十五首)、實錄(佚)。

考證　敦煌遺書S.5558録香嚴和尚嗟世三傷吟二首,實爲伏牛自在所作,詳徐俊敦煌詩集殘卷輯考(中華書局,二〇〇〇年)。

資料　1宋高僧傳卷一三、景德傳燈錄卷一一、傳燈玉英集卷六、聯燈會要卷八、五燈會元卷九。
2宋高僧傳卷一三、景德傳燈錄卷一一、傳燈玉英集卷六、祖源通錄撮要卷三、宗門統要卷五、正法眼藏卷中、聯燈會要卷八、正法眼藏三百則卷上第一七則、五燈會元卷九。
3宋高僧傳卷一三、景德傳燈錄卷一一、傳燈玉英集卷六、祖源通錄撮要卷三、正法眼藏卷中、聯燈會要卷八、大光明藏卷中、正法眼藏三百則卷上第一七則、五燈會元卷九。
4祖源通錄撮要卷三、宗門統要卷五仰山章、正法眼藏卷中、聯燈會要卷八、禪門拈頌集卷一五、五燈會元卷九。
5景德傳燈錄卷一一、祖源通錄撮要卷三、宗門統要卷五、正法眼藏卷中、大慧語録卷四、聯燈會要卷八、大光明藏卷中、禪門拈頌集卷一五、請益錄第七則、五燈會元卷九。
6景德傳燈錄卷一一、五燈會元卷九。

7本書卷一二黄龍和尚章、景德傳燈錄卷一一、大光明藏卷中、五燈會元卷九。
8景德傳燈錄卷一一、祖源通錄撮要卷三、大光明藏卷中、五燈會元卷九。
9景德傳燈錄卷一一。
10景德傳燈錄卷一一、傳燈玉英集卷六、五燈會元卷九。
13 31景德傳燈錄卷三〇。
16景德傳燈錄卷二九、傳燈玉英集卷六、禪門諸祖師拈頌卷三。
19 25景德傳燈錄卷二九、傳燈玉英集卷一五、禪門諸祖師拈頌卷三。
21景德傳燈錄卷二九、傳燈玉英集卷一五、祖庭事苑卷二、林間録卷下、禪門諸祖師偈頌卷三。
22景德傳燈錄卷二九、祖源通錄撮要卷三、禪門諸祖師偈頌卷三。
26 30 40景德傳燈錄卷二九、禪門諸祖師偈頌卷三。
28宗鏡錄卷二四。
41宋高僧傳卷一三、景德傳燈錄卷一一、祖源通錄撮要卷三。

二二五　徑山和尚鴻諲〔一〕，？—九〇一〔二〕

1 徑山和尚嗣潙山。師諱鴻諲，未覩實録。師兩浙尚父大王礼重為師，賜号法濟大師。

2 師初出世時，未具方便，不得隱便，因此不說法。過得兩年後，忽然迴心，向徒弟曰：「我聞湖南石霜是作家知識。我一百来少師中，豈無靈利者？誰去彼中，勲學彼中氣道〔三〕，轉来密救老漢？」時有一僧名全表，便辞發，到石霜。恰遇上堂日，便置問曰：「三千里外，久響石霜〔四〕。到来為什摩寸步千里？」霜云：「我道落帶手不長。」從此親近石霜四十餘日。後却歸本山，成持和尚。便有来由，上堂說法。時有人問：「如何是短？」師云：「蟭螟眼裏著不滿。」進曰：「如何是長？」師云：「千聖不能量。」全表却歸石霜，舉似前話。石霜微笑曰：「是伱和尚真實道人。」全表却問石霜：「如何是短？」霜云：「莫屈曲。」進曰：「如何是長？」霜云：「雙陸盤中不喝彩。」全表持此

〔一〕鴻：宋高僧傳、景德傳燈錄等並作「洪」。

〔二〕陳垣釋氏疑年錄卷五：「唐光化四年（九〇一）卒。佛祖綱目作乾寧二年卒，宗統編年因之，今據宋僧傳十二、景德錄十一。但光化四年四月改元天復，諲卒於九月，當云天復元年也。」據徑山志卷一，生於元和八年（八一三），卒於乾寧二年（八九五）九月三十日，俗壽八十三，僧臘六十一。

〔三〕氣道：應爲「舉道」，考見前香嚴和尚章。

〔四〕響、「嚮」通。

因緣來舉似師。師歡喜，便上堂告衆曰：「南風吹来飽齁齁底。任伱横来竪来，十字縱横，也不怕你〔一〕。」時有人問：「与摩去底人，還有却来分也無？」師云：「我道金鏁閇不得。」全表持此話来舉似石霜。石霜當日便上堂告衆曰：「今日有徑山消息来，諸上座揔去徑山。徑山是真善知識。」具舉前話後，却向衆曰：「只如徑山与摩道，還得十成也無？雖然如此，只道得八分。」全表便出来，問：「与摩去底人還有却来分也無？」云：「金鏁閇不得，来作什摩？」

3 石霜久住道明上座欲去徑山〔二〕，辞石霜。臨發時，便問：「一毫穿衆穴時如何？」霜云：「須得万年。」進曰：「直得万年後如何？」霜云：「光靴聽伱光靴，白俊聽伱白俊〔三〕。」明上座持此問来徑山，便問曰：「一毫穿衆穴時如何？」云：「須得老。」進曰：「直得老後如何？」云：「登科聽你登科，拔髓聽伱拔髓〔四〕。」

〔一〕 怕：原作「帕」。

〔二〕 道明：景德傳燈錄、傳燈玉英集、五燈會元並作「許州全明上座」；徑山志作「許州金明上座」。

〔三〕 此二句景德傳燈錄等並作「登科任汝登科，拔萃任汝拔萃」。

〔四〕 拔髓：疑爲「拔萃」之譌。此二句景德傳燈錄、傳燈玉英集、五燈會元等並作「光靴任汝光靴，結果任汝結果」；武林梵志卷一〇「結果」作「結裹」。

碑誌

僧師烈撰碑文(佚,見徑山志卷一)。

傳記

徑山三祖實録(佚文見祖庭事苑卷七)、宋高僧傳卷一二、宗門摭英集卷上、祖庭事苑卷七、禪門拈頌集卷一五、釋氏通鑑卷一一、六學僧傳卷七、明吴之鯨武林梵志卷一〇、釋宗淨徑山志卷中、宗統編年卷一七、張吉安等(乾隆)餘杭縣志卷二九方外、釋廣賓西天目祖山志、宗源翰等(同治)湖州府志卷九一方外、李翰章等(光緒)湖南通志卷二四一仙釋、釋松華東天目昭明禪寺志卷四尊宿。

著作

偈一首(見景德傳燈録卷一一、傳燈玉英集卷六、宗門統要卷五、聯燈會要卷八、五燈會元卷九)。

資料

1 宋高僧傳卷一一、景德傳燈録卷一一、傳燈玉英集卷六、宗門統要卷五、聯燈會要卷八、五燈會元卷九、徑山志卷一。

2 景德傳燈録卷一一、宗門統要卷五、聯燈會要卷八、五燈會元卷九、徑山志卷一。

3 景德傳燈録卷一一、傳燈玉英集卷六、五燈會元卷九、拈八方珠玉集卷中、徑山志卷一。

二三二六　靈雲和尚 志懃〔一〕，生卒年未詳

1 靈雲和尚嗣溈山〔二〕，在福州。師諱志懃，福州人也。

2 一造大溈，聞其示教，晝夜亡疲，如喪考妣，莫能為喻。偶覩春時花蘂繁花，忽然發悟，喜不自勝，乃作一偈曰：

「三十年来尋釰客，幾逢花發幾抽枝。
自從一見桃花後，直至如今更不疑。」

因白溈山和尚，說其悟旨。溈山云：「從緣悟達，永無退失。汝今既尒，善自護持！」遂而返錫甌閩，舉似玄沙。玄沙云：「諦當甚諦當，敢保未徹在。」僧進問：「正是也。和尚還徹也無？」玄沙云：「須与摩始得。」師云：「亘古亘今。」玄沙云：「甚好！甚好！」師云：「諾，諾。」玄沙送師，頌曰：

「三十年来只如常，幾迴落葉放毫光。
從此一去雲霄外，圓音躰性應法王。」

中塔頌曰：

〔一〕懃，「勤」同；景德傳燈錄等並作「勤」。

〔二〕聯燈會要、五燈會元並作福州長慶大安法嗣。

「諦當恒然亘古今〔一〕，未徹見聞實甚深。
現現運轉三十載，春盡萎花示君心。」

師初創靈應，後住靈雲，玄徒臻湊矣。

3 長慶初參見，問：「如何是佛法大意？」師云：「驢使未了，馬使到来〔二〕。」

4 雪峯僧来，問：「如何是佛出世時事？」師竪起拂子。進曰：「如何是佛未出世時事？」師又竪起拂子。其僧便發，上雪峯。雪峯問：「迴太速乎？」其僧云：「問佛法不相當，所以却歸来。」雪峯云：「你舉看！」其僧便舉前話。雪峯云：「你問我，我与你道。」僧便問：「如何是佛出世時事？」雪峯竪起拂子。進曰：「如何是佛未出世時事？」雪峯放下拂子。僧便礼拜。雪峯便打之，喝出。僧舉似玄沙。玄沙云：「譬如一片地，作契賣与你惣了，東西四畔並屬你了也，唯有中心一樹由属我在〔三〕。」

5 雪峯示衆云：「山上鳥，水裏魚，什摩人取得？」有僧舉似師，云：「前三三，後三三。」雪峯

〔一〕亘：原字破損，缺上劃，據高麗大藏經補遺本校定。
〔二〕此二句景德傳燈錄、禪門拈頌集、五燈會元、雪峰語錄、玄沙廣錄並作「驢事未去，馬事到來」；宗門摭英集作「驢事未了，馬事到來」。
〔三〕由，「猶」通。

聞舉云：「靈雲頂上孤月明〔一〕。」

6 問：「諸方盡皆雜食，未審和尚如何？」師云：「唯有閩中異，雄雄鎮海涯。」

7 問：「如何是西来意？」師云：「彩氣夜常動，精靈日少逢。」

8 問：「久戰沙場，為什摩功名不就？」師云：「君王有道三邊静，何勞万里築長城？」進曰：「罷息干戈，縮手皈朝時如何？」師云：「慈雲普潤無邊際，枯樹無花争奈何？」

9 問：「混沌未分時如何〔二〕？」師云：「如露柱懷兒。」進曰：「含生来後如何？」師云：「如一片雲點大清。」進曰：「只如大清，還受點也無？」師云：「与摩則含生不来。」進曰：「直得純清絶點時如何？」師云：「由是真常流注。」進曰：「如何是真常流注？」師云：「如鏡常明。」進曰：「未審向上還有事也無？」師曰：「有。」進曰：「如何是向上事？」師云：「打破鏡来相見。」

10 問：「摩尼不隨衆色，未審作什摩色？」師云：「作白色。」進曰：「這个是衆也〔三〕？」師云：「玉本無瑕，相如誑於秦主。」

11 問：「君王出陣時如何？」師云：「呂才葬虎耳〔四〕。」進曰：「如何是呂才葬虎耳？」師

〔一〕孤月明：景德傳燈錄、五燈會元作「古月現」。

〔二〕此句東禪寺版景德傳燈錄、五燈會元並作：「混沌未分時，含生何來？」

〔三〕「衆」下疑脱「色」字。此句景德傳燈録等並作「恁摩即隨衆色也」。

〔四〕虎：東禪寺版景德傳燈録作「龍」；此句聯燈會要作「郭璞葬熊耳」。

云：「坐見白衣天〔二〕。」進曰：「王今何在？」師云：「莫觸龍顏。」

傳記　祖庭事苑卷三、五、七、三山志卷三四、釋氏通鑑卷一一、釋氏稽古略卷二、閩書卷一三七、湯斌等（康熙）吳郡志卷五八仙釋、李翰章等（光緒）湖南通志卷二四一仙釋、吳之秀等吳縣志卷七七上釋道。

著作　偈一首（本章、景德傳燈錄卷一一）。

資料　1景德傳燈錄卷一一、傳燈玉英集卷六、聯燈會要卷一〇、五燈會元卷四。

2本書卷一〇玄沙和尚章、景德傳燈錄卷一一、汾陽頌古第二三則、傳燈玉英集卷六、祖庭事苑卷三、宗門統要卷五、正法眼藏卷上、聯燈會要卷一〇、大光明藏卷中、禪門拈頌集卷一五、正法眼藏三百則卷中第五五則、五燈會元卷四、玄沙廣錄卷上。

3景德傳燈錄卷一一、汾陽頌古第五則、宗門摭英集卷上、卷中玄沙章、大光明藏卷中、禪門拈頌集卷一五、五燈會元卷四、雪峰語錄卷下、玄沙廣錄卷上。

4景德傳燈錄卷一六雪峰章、宗門統要卷五、聯燈會要卷一〇、禪門拈頌集卷一五、五燈會元卷七雪峰章、雪峰

〔二〕白：原作「自」；據景德傳燈錄、五燈會元校改。

語錄卷上、玄沙廣錄卷中。
5 景德傳燈錄卷一一、傳燈玉英集卷六、宗門摭英集卷上、聯燈會要卷一〇、五燈會元卷四、雪峰語錄卷上。
6 景德傳燈錄卷一一、宗門摭英集卷上、五燈會元卷四。
7 景德傳燈錄卷一一、宗門摭英集卷上、大光明藏卷中、禪門拈頌集卷一五、五燈會元卷四。
8 景德傳燈錄卷一一、傳燈玉英集卷六、五燈會元卷四。
9 景德傳燈錄卷一一、祖庭事苑卷五、宗門統要卷五、正法眼藏卷中、聯燈會要卷一〇、大光明藏卷中、禪門拈頌集卷一五、五燈會元卷四。
10 景德傳燈錄卷一一、傳燈玉英集卷六、聯燈會要卷一〇、大光明藏卷中、五燈會元卷四。
11 景德傳燈錄卷一一、聯燈會要卷一〇、大光明藏卷中。

二二七 王敬初常侍生卒年未詳

1 王敬初常侍嗣潙山〔二〕。
2 因見米和尚来，公竪起筆。米和尚云：「還解判得虛空不？」天官抛筆案上，便入宅，更不出見。米乃致疑。
3 公制襄州延慶寺祖師堂雙聲碑文者是也。稱揚祖教，洞契玄猷，理含金石之聲，文抱風雲之

〔一〕景德傳燈録、傳法正宗記、大光明藏等並作「襄州王敬初常侍」；據宗門摭英集王敬初爲襄州刺史。

韻，廣行于世矣。

傳記　居士分燈錄卷上、彭際清居士傳卷一八。

著作　襄州延慶寺祖師堂雙聲碑文（佚，見本章）。

資料　2景德傳燈錄卷一一、傳燈玉英集卷六、宗門摭英集卷上、宗門統要卷五、正法眼藏卷下、聯燈會要卷八、大光明藏卷中、正法眼藏三百則卷下第六三則、五燈會元卷九。

二三八　臨濟和尚義玄？—八六六〔一〕

1　臨濟和尚嗣黃蘗，在鎮州。師諱義玄，姓邢〔二〕，曺南人也〔三〕。自契黃蘗鋒機，乃闡化於河

〔一〕陳垣釋氏疑年錄卷五：「唐咸通八年丁亥（八六七）卒。宋僧傳十二、景德錄十二、祖庭事苑二均作咸通七年卒，今據古尊宿語錄附延沼撰塔記。」今一般據祖堂集、景德傳燈錄、五燈會元采用咸通七年說。

〔二〕邢：原作「刑」；宋高僧傳等並作「邢」，據改。

〔三〕宋高僧傳、景德傳燈錄等並作「曹州南華人」。

北，提綱峻速〔二〕，示教幽深。其於樞秘，難陳示誨，略申少分。

2 師有時謂衆云：「山僧分明向伱道：五陰身田內，有無位真人，堂堂露現，無毫髮許間隔〔三〕，何不識取！」時有僧問：「如何是無位真人？」師便打之，云：「無位真人是什麼不淨之物！」

雪峯聞舉云：「林際太似好手。」

3 師問落浦：「從上有一人行棒，有一人行喝，還有親踈也無？」落浦云：「如某甲所見，兩个惣不親。」師云：「親處作麼生？」落浦遂喝。師便打之。

4 因德山見僧參，愛趓打。師委得，令侍者到德山：「打汝，汝便接取柱杖，以柱杖打一下。」侍者遂到德山，皆依師指。德山便歸丈室。侍者却歸，舉似師。云：「從来疑這个老漢。」

5 因僧侍立次，師竪起拂子。僧便礼拜。師便打之。後因僧侍立次，師竪起拂子。其僧並不顧。師亦打之。

雲門代云：「只宜專甲。」

6 黃蘗和尚告衆曰：「余昔時同參大寂道友名曰大愚，此人諸方行脚，法眼明徹，今在高安，

〔二〕綱：原作「網」。

〔三〕間：原作「聞」；據宗鏡錄、景德傳燈錄校改。

願不好群居〔一〕，獨栖山舍〔二〕。与余相別時叮囑云：『他後或逢靈利者，指一人来相訪。』」于時師在衆，聞已，便往造謁。既到其所，具陳上説。至夜間，於大愚前説瑜伽論，譚唯識，復申問難。大愚畢夕悄然不對〔三〕。及至旦来，謂師曰：「老僧獨居山舍，念子遠来，且延一宿。何故夜間於吾前無羞慚放不淨？」言訖，杖之數下，推出，關却門。師迴黄蘗，復陳上説。黄蘗聞已，稽首曰：「作者如猛火燃。喜子遇人，何乃虚往？」師又去，復見大愚。大愚曰：「前時無慚愧，今日何故又来？」言訖便棒，推出門。師復返黄蘗，啓聞和尚：「此迴再返，不是空歸。」黄蘗曰：「何故如此？」師曰：「於一棒下入佛境界。假使百劫粉骨碎身，頂擎遶須彌山經無量帀，報此深恩，莫可酬得。」黄蘗聞已，喜之異常，曰：「子且解歇，更自出身。」師過旬日，又辞黄蘗，至大愚所。大愚纔見，便擬棒師。師接得棒子，則便抱倒大愚，乃就其背毆之數拳。大愚遂連點頭曰：「吾獨居山舍，將謂空過一生，不期今日却得一子。」

先招慶和尚舉終，乃問師演侍者曰：「既因他得悟，何以却將拳打他？」侍者曰：「當時教化全因佛，今日威拳惣屬君。」

〔一〕願：疑爲「顧」字之譌。
〔二〕栖：原作「拪」。
〔三〕悄：原作「峭」；顧之川：「『峭』疑應爲『悄』。」

師因此侍奉大愚，經十餘年。大愚臨遷化時，囑師云：「子自不負平生，又乃終吾一世，已後出世傳心，第一莫忘黃蘗〔一〕。」自後師於鎮府匡化，雖承黃蘗，常讚大愚。至於化門，多行喝棒。

7　有時謂衆云：「但一切時中，更莫間斷，觸目皆是，因何不會？只為情生智隔，想變體殊，所以三界輪迴，受種種苦。大德，心法無形，通貫十方，在眼曰見，在耳曰聞，在手執捉，在脚雲奔〔二〕。本是一精明，分成六和合。心若不生，隨處解脫。大德，欲得山僧見處，坐断報、化佛頭，十地滿心猶如客作兒。何以如此？蓋為不達三祇劫空，所以有此障。若是真正道流，盡不如此。大德，山僧略為諸人大約話破綱宗，切須自看。可惜時光，各自努力！」

8　自餘應機對荅，廣彰別録矣。咸通七年丙戌歲四月十日示化。謚号慧照大師、澄虛之塔〔三〕。

碑誌　延沼臨濟慧照禪師塔記（鎮州臨濟慧照禪師語錄，參閱陸游老學庵筆記卷一〇）。

傳記　宋高僧傳卷一二、林間錄卷上、下、祖庭事苑卷二、隆興編年通論卷二八、釋氏通鑑卷一一、佛祖歷代通載卷一

〔一〕蘗：原作「葉」。

〔二〕雲奔：諸本並作「運奔」。

〔三〕澄虛：景德傳燈錄、天聖廣燈錄、祖源通錄撮要、臨濟塔記、五燈會元並作「靈虛」。

七、釋氏稽古略卷二、六學僧傳卷七、宗統編年卷一三、一四、一五、李衛等(雍正)畿輔通志卷八五仙釋、丘濬等(雍正)山東通志卷七〇仙釋。

著作

鎮州臨濟義玄和尚語(景德傳燈録卷二八)、鎮州臨濟慧照禪師語録(四家語録卷六)、臨濟慧照禪師語(續刊古尊宿語要第一集天)、鎮州臨濟慧照禪師語録(咸淳重刊古尊宿語録卷二)、鎮州臨濟慧照禪師語録(古尊宿語録卷四、五)、鎮州臨濟義玄禪師(五家語録卷一);偈二首(景德傳燈録卷一二、林間録卷上)。

柳田聖山訓註臨濟録(佛典講座三〇,大藏出版,一九七二)、柳田聖山譯注臨濟録(世界の名著續三,中央公論社,一九七四—二〇〇四年)、秋月龍珉譯註臨濟録(禪の語録一〇,筑摩書房,一九七九年)、入矢義高譯註臨濟録(岩波文庫,一九九〇年)。

Demiéville, Paul, *Entretiens de Lin - tsi*, Paris: Fayard, 1972(Complete, translation, French).

Sasaki, Ruth F. et al, *The Record of Lin - chi*, Kyoto, The Institute for Zen Studies, 1975(Complete translation; English).

Schloegl, Irmgard, *The Zen Teaching of Rinzai*, Berkeley: Shambhala, 1976(Complete translation; English).

Brun, Pierre, *Meister Linji*, Zurich Ammann Verlag, 1986(Complete translation, German).

Mörth, Robert Christian, *Das Lin - chi lu des Ch'an Meisters Lin - Chi Yi - Hsüan*(*g est* 866), Hamburg: Mitteilungen der Gesellschaft für Natur und Völkerkunde Ostaiens, 1987 (Complete but entirely rearranged translation; German).

Miklós, Pāl, *Kapujanincs Atjáró* Budapest Helikon Publishing House 1987 (Partial translation; Hungarian).

Schloegl Irmgard, *Das Zen von Meister Linzai*, Leiman: Werner Kristkeitz Verlag, 1990(Translation based on the English version; German).

Waston, Burton, *The Zen Teachings of Master Lin－chi*, Boston & London: Shambhala, 1993 (Complete translation; English).

Gurevich, I. S, *Zapisi besed linchi* (*The Recorded Sayings of Lin－chi*), in Obshchestvoi gosudaratvov Kitae (Society and the State in China [abstracts and lectures of the conference], vol. 19, pp. 173—178 (Patrial translation; Russian).

資料

1 宋高僧傳卷一二、景德傳燈錄卷一二、天聖廣燈錄卷一〇、祖源通錄撮要卷四、祖庭事苑卷二、臨濟塔記、聯燈會要卷九、五燈會元卷一一。

2 宗鏡錄卷九八、景德傳燈錄卷一二、二八、傳燈玉英集卷六、天聖廣燈錄卷一〇、祖源通錄撮要卷四、宗門統要卷五、從容錄第三八則、聯燈會要卷九、大光明藏卷下、禪門拈頌集卷一六、臨濟錄上堂。

3 景德傳燈錄卷一二、傳燈玉英集卷六、大光明藏卷下、禪門拈頌集卷一六、臨濟錄勘弁、五燈會元卷一一。

4 景德傳燈錄卷一五德山章、天聖廣燈錄卷一〇、宗門統要卷五、聯燈會要卷九、臨濟錄勘弁、五燈會元卷七德山章。

5 天聖廣燈錄卷一〇、宗門統要卷五、聯燈會要卷九、禪門拈頌集卷一六、臨濟錄勘弁、五燈會元卷一一。

6 景德傳燈錄卷一二、天聖廣燈錄卷一〇、祖源通錄撮要卷四、宗門統要卷五、祖庭事苑卷二、正法眼藏卷下、聯燈會要卷九、禪門拈頌集卷一五、正法眼藏三百則卷上第二七則、從容錄第八六則、臨濟錄行錄、五燈會元卷一一。

7 宗鏡錄卷九八、景德傳燈錄卷二八、傳燈玉英集卷一四、天聖廣燈錄卷一一、聯燈會要卷九、臨濟錄示衆。

8 宋高僧傳卷一二、景德傳燈錄卷一二、天聖廣燈錄卷一〇、祖源通錄撮要卷四、聯燈會要卷九、臨濟塔記、五燈會元卷一一。

二三九 觀和尚 烏石靈觀，？—八七八

1 觀和尚嗣黃蘗，在福州。師出家黃蘗寺，密承黃蘗宗教。後復甌閩，於丁墓山居小蘭若，每扃其户〔一〕。學者無由輒造其門。唯有日給餉食清信儒流至時則号扣之，乃一開耳。

2 後因雪峯和尚初入嶺，久欽高峻，遂往祇候，手扣其門。師纔出門，雪峯一見，攔胷把住，便問：「是凡是聖？」師驀面与一唾，云：「者野狐精！」便推出，却閇其戶。雪峯云：「只要識老兄。」

3 曺山到洞山。洞山問：「近離什摩處？」對云：「近離閩中。」洞山云：「有什摩佛法因緣？」對云：「某甲問西院：『如何是大人相？』西院云：『安三歲時則有〔二〕。』洞山向西院合掌云：『作家！』」洞山又云：「某甲行脚時，遇著南泉。南泉也有似這个因緣。有僧問：『如何是大人相？』南泉荅曰：『王老師三歲時則有，如今無。』」洞山又問：「什摩處人？」對云：「莆田縣

〔一〕扃：原作「扃」，俗「局」字；據景德傳燈錄等校改。

〔二〕歲：原作「藏」；據下文「王老師三歲時則有」校改。

人。」洞山云：「什麼處出家？」對云：「碎石院。」山云：「碎石院近黄蘗，伱曾到不？」對云：「曾到。」洞山云：「有什麼佛法因緣？」對云：「某甲自問：『如何是毗盧師、法身主？』云：『我若向伱道，則別更有也。』」洞山聞此語，便合掌云：「伱見古佛。雖然如此，只欠一問。」曹山礼拜，便請問頭。曹山再三苦切問，三度方得問頭。入嶺參師，舉前話，進問：「為什麼故不道？」師云：「若道我不道，則啞却我口；若道我道，則禿却我舌〔一〕。」曹山便歸洞山，具陳前事。洞山執手撫背云：「汝甚有彫啄之分〔二〕。」便下牀，向黄蘗合掌云：「古佛！古佛！」

4 師問安和尚：「只這一片田地，合著什麼人好？」安和尚云：「好著个無相佛。」師云：「早是污却也。」

5 師住庵時，有一僧喫粥了，便辝師。師問：「汝去什麼處？」僧云：「礼拜大溈。」師云：「近那，喫飰了去也。」其僧便住，喫飰了，便辝。師恰得見庵前樹上有青虵開口，便指云：「汝若去大溈，只這青虵是。」

6 自外樞要不一，故不盡彰。乹符五年〔三〕，遇黄巢兵馬，償債而終。臨刃之時，白乳涌高數尺，

〔一〕禿：景德傳燈録、五燈會元作「審」。
〔二〕啄、「琢」通。
〔三〕符：原作「府」；乾符爲唐僖宗年號。

盖大權化，跡莫可測〔一〕。

資料

1 4 景德傳燈錄卷一二、傳燈玉英集卷六、聯燈會要卷八、五燈會元卷四。

2 景德傳燈錄卷一二、宗門摭英集卷上、宗門統要卷五、正法眼藏卷中、聯燈會要卷八、五燈會元卷四、雪峰語錄卷上。

3 景德傳燈錄卷一二、宗門統要卷五、聯燈會要卷八、五燈會元卷四。

5 景德傳燈錄卷一二、五燈會元卷四。

二三〇　陳和尚 睦州道蹤〔二〕，乾符中卒〔三〕

1 陳和尚嗣黃蘗，在睦州龍興寺〔四〕。師平生行密行，常製造蒲鞋〔五〕，暗遺於人，因此稱為陳蒲

〔一〕測：原作「惻」。

〔二〕宗統編年作「道明」。

〔三〕陳垣釋氏疑年錄卷五：「唐乾符中卒，年九十八。景德錄十二無卒年及年歲，釋氏通鑑敘其事於乾符四年，非謂其卒於是年也，今作乾符中。年歲五燈會元同通鑑。」

〔四〕龍興寺：睦州語錄序、聯燈會要、五燈會元等並作「觀音院」。

〔五〕蒲：原作「莆」；據景德傳燈錄等校改；下文同。

鞋和尚是也。

2 有時謂衆曰：「汝諸人還得个入處摩？若未得入，即向這裏入。向後不得辜負老僧。珎重！」

3 師有時云：「明明向伱道，尚乃不知。豈況盖覆将来！」

4 時有一座主問：「三乘十二分教，某甲粗已留心。宗門中事，乞師提綱〔一〕。」師云：「問著宗門中事，有什摩難道？恰問著老僧鼻孔。頭上漫漫，脚下底漫漫，教家喚作什摩？」座主〔二〕：「教家無這个意旨〔三〕。」師便打之。

5 師問：「大德講什摩經論？」荅曰：「講十本經論。」「作摩生講？」云：「依文講。」「伱不解講經。」「某甲則不解講，請師講。」云：「伱不是聽經人。」「某甲不會，乞師説教。」云：「三段不同，今當第一。」

6 又問：「大德講什摩經論？」云：「曾講十數本經論。」「何得妄説？」對云：「某甲實語。」師云：「雪上更加霜，擔枷過狀來〔四〕。我与伱道不妄語。近前来！」便近前。師云：「得与摩

〔一〕綱：原作「網」。

〔二〕「座主」下疑脱「云」字。

〔三〕旨：原作「日」，當爲破字；據高麗大藏經補遺本校定。

〔四〕擔：原字漫漶，據高麗大藏經補遺本校定。

墨？」大德隔三月後便悟。

7　又問：「什摩處来？」云：「江西来。」「夏在什摩處？」云：「雲居。」「雲居切要處作摩生？」云：「只今作摩生？」「拈上大人。」對云：「有什摩罪過？」師云：「雲居与摩道？是伱与摩道？」云：「雲居与摩道。」師云：「三家村裏老婆禪。造主不得，自領出去！」

8　師見僧上来，云：「破也。」「什摩處是破處？」師云：「破也。」

9　臨濟見僧上来，便喝。有僧問：「古人纔見人便喝，意作摩生？」師喚：「僧正！」僧正應喏。師云：「有什摩共語處？」又云：「来！来！會摩？」對云：「不會。」「不會則念經持齋。」

10　又問僧：「什摩處来？」云：「遊臺山去来。」「還見文殊摩？」云：「見。」「什摩處見？」對云：「臺閣上見。」師云：「見泥堆。」又云：「近前！伱識文殊摩？」云：「不識。」師云：「年高臈長，占得上座頭，並無氣息。」

11　問：「祖意与教意還同別？」師云：「教意是教意，祖意是祖意。」

12　問：「如何是學人自己？」師云：「一怕伱不問，二恐伱不會。」「便請！」師云：「心不負人，靣無慚愧。」

傳記

雷岳雲門山光泰禪院匡真大師行錄、宗門摭英集卷上、惠洪陳尊宿讚（石門文字禪卷一八）、陳尊宿影堂序（同上卷二三）、釋氏通鑑卷一一、釋氏稽古略卷二、宗統編年卷一三、一六、彭際清居士傳卷一八陳操傳。

著作 睦州和尚語錄並序（古尊宿語要卷一、古尊宿語錄卷六）。

資料 1景德傳燈錄卷一二、傳燈玉英集卷六、睦州語錄序、聯燈會要卷八、五燈會元卷四。

2景德傳燈錄卷一二、傳燈玉英集卷六、宗門統要卷五、睦州語錄、正法眼藏卷中、聯燈會要卷八、禪門拈頌集卷一六、五燈會元卷四。

3睦州語錄、正法眼藏卷中、聯燈會要卷八。

4 5 7睦州語錄。

二三三一　大隨和尚〔一〕法真，八三四—九一九

1 大隨和尚嗣安和尚。師諱法真，俗姓陳，東川人也〔二〕。心行慈愍，道德高峻，賑飢卹儉，割己於人。而天性敖於林巒，守道不趣於浮世也。大蜀皇帝響其德高〔三〕，勑書請詔。師辝老病不赴，渥澤

〔一〕隨：大隋語要作「隋」。
〔二〕行狀作「劍南梓州鹽亭縣人」。
〔三〕響、「嚮」通。

須送紫衣，法号神照大師。

2 問僧：「什摩處去？」對云：「去娥媚礼拜普賢。」師提起拂子云：「文殊、普賢，惣在這裏。」其僧便作圓相，抛向背後。師喚侍者。師云：「將一貼茶来，与師僧。」

3 師欲順世時患口喎〔二〕。師乃集衆上堂，告云：「還有人醫得吾口摩？有人醫得，出来！」再三徵，無人祇對。師云：「若無人解醫，老僧自醫。」師遂以手推正，告寂。

傳記

王宗壽祭文（佚，大隋開山神照禪師語要、大隨開山神照禪師語錄）、大隋開山神照禪師行狀（見大隋開山神照禪師語要、大隨開山神照禪師語錄）。

著作

大隋開山神照禪師語要（古尊宿語要卷四）、大隨開山神照禪師語錄（古尊宿語錄卷三五）。

資料

1 景德傳燈錄卷一一、行狀、五燈會元卷四。

2 雲門廣錄卷中、景德傳燈錄卷一一、宗門摭英集卷上、宗門統要卷六、大隋語要、聯燈會要卷一〇、大光明藏卷中、禪門拈頌集卷二〇、五燈會元卷四。

〔二〕景德傳燈錄作「口作患風勢」，他本略同。

3 景德傳燈錄卷一一、傳燈玉英集卷六、大隋語要、聯燈會要卷一〇、五燈會元卷四、大光明藏卷中。

二三三一 靈樹和尚 如敏，？—九一八

1 靈樹和尚嗣西院安禪師，在韶州。師諱如敏，冥州人也〔一〕。自四十餘年，大化漢國。其道行孤峻，一方賢儒敬重極矣。多有異行，南朝礼為師，賜號知聖大師。

2 有僧問：「和尚生緣在什麼處？」云：「日出東方，月落西山。」「年多少？」師云：「今日生，明日死。」

3 問：「如何是法身？」云：「鼓鳴也，喫飯去。」

4 問：「佛法畢竟事如何？」師展開兩手。

5 鎮州大王請趙州共師齋次，師問趙州：「大王請和尚齋，和尚將何報荅？」趙州云：「念佛。」師云：「門前乞兒也解与摩道。」州云：「大王，將錢來，与靈樹！」

傳記

雷岳雲門山光泰禪院匡真大師實性碑（南漢金石志、唐文拾遺卷四八）、宋高僧傳卷二二、宗門統要卷六、禪門

〔一〕景德傳燈錄作「閩川人」；宋高僧傳、五燈會元等作「閩人」。

拈頌集卷二〇、閩書卷一三六、十國春秋卷六六。

資料

1宋高僧傳卷二二、景德傳燈錄卷一一、聯燈會要卷一〇、五燈會元卷四、十國春秋卷六六。
2景德傳燈錄卷一一、傳燈玉英集卷六、宗門摭英集卷上、大光明藏卷中、五燈會元卷四、十國春秋卷六六。
4景德傳燈錄卷一一、大光明藏卷下、十國春秋卷六六。
5本書卷一八趙州和尚章、趙州録卷中。

一一三三 嶢山和尚生卒年未詳

1 嶢山和尚嗣西院安禪師，在饒州。未覩行録，不決化緣終始。
2 問：「如何是西来意？」云：「中冬嚴寒。」
3 問：「如何是深深處？」師云：「待伱舌頭落地，則向伱道。」

傳記

謝旻等（雍正）江西通志卷一〇四仙釋。

資料

2景德傳燈錄卷一一、宗門摭英集卷上、五燈會元卷四。
3景德傳燈錄卷一一、五燈會元卷四。

二三四　道吾休和尚 生卒年未詳

1 道吾休和尚嗣關南。師每日上堂，戴蓮花笠子，身著襴簡〔一〕，擊鼓吹笛，口稱魯三郎〔二〕，云：「打動關南鼓，盡唱德山歌，法樂自娛者是也。」

有人拈問東山：「古人有言：『打動關南鼓，盡唱德山歌。』如何是關南鼓？」云：「聽。」「如何是德山歌？」云：「還解和得摩？」「忽遇同道者，作摩生？」云：「教他作舞。」「應聲便作舞時作摩生？」云：「知音者不無，亦須諱却。」「諱却後如何？」云：「萎萎羸羸，且与摩過時。」

2 師入僧堂，問第一座：「上座是什摩人？」對云：「東國人。」「彼中還有這个様人也無？」對云：「有。」「既有，来這裏作什摩？」對云：「只為有，所以迴避来。今日恰遇著。」師便呵呵大笑，却歸房丈。

〔一〕襴簡：景德傳燈錄等並作「披襴執簡」。

〔二〕五燈會元作「魯三郎神」。

傳記
南部新書己卷、釋氏通鑑卷一一。

資料
1 景德傳燈録卷一一、傳燈玉英集卷六、正法眼藏卷中、聯燈會要卷一〇、大光明藏卷中、五燈會元卷四。

二三五　俱胝和尚生卒年未詳

1 俱胝和尚嗣天龍，在婺州〔二〕。未覩行録，不決始終。

2 師因住庵時，有尼衆名實際，戴笠子執錫，遶師三帀，卓錫前立，問師曰：「和尚若荅，某甲則下笠子。」師無對。其尼便發去。師云：「日勢已晚，且止一宿。」尼云：「若荅得則宿，若荅不得則進前行。」師歎曰：「我是沙門，被尼衆所笑。濫處丈夫之形，而無丈夫之用。」欲出山參尋知識。宴寂之中，忽然神人報言：「三五日間有大菩薩人到来，為和尚説法。」未逾旬日，天龍和尚到来。師接足前迎，侍立之次，具陳上事：「未審如何對他？」天龍竪起一指。師當時大悟。後来為衆云：「某甲得天龍和尚一指頭禪，一生用不盡。」

〔二〕婺州：原作敬安州：敬安州無考，「敬安」誤分「婺」字爲二。景德傳燈録等並作「婺州金華山」。

傳記

祖庭事苑卷三、吳之鯨武林梵志卷一〇、陳善等（萬曆）杭州府志卷九〇仙釋、謝旻等（雍正）江西通志卷一〇三仙釋、嵇曾筠等（雍正）浙江通志卷二〇〇仙釋、徐景熹等（乾隆）福州府志卷七一釋老、張吉安等（乾隆）餘杭縣志卷二九方外、龔嘉儁等（清）杭州府志卷一七一方外、鄧鍾玉等（光緒）金華縣志卷一一人物、李翰章等（光緒）湖南通志卷二四一仙釋。

資料

2景德傳燈錄卷一一、傳燈玉英集卷六、祖源通錄撮要卷三、宗門統要卷五、祖庭事苑卷三、碧巖錄第一九則、正法眼藏卷中、從容錄第八四則、大光明藏卷中、禪門拈頌集卷一四、正法眼藏三百則卷下第四五則、無門關第三則、五燈會元卷四。

二二三六 勝光和尚 生卒年未詳

1 勝光和尚嗣紫湖，在台州。

2 問：「如何是和尚家風？」云：「福州荔枝〔一〕，泉州刺桐。」

3 問：「如何是佛法兩字？」云：「即便道。」進曰：「請師道。」云：「穿耳胡僧笑點頭。」

〔一〕荔：原作「㭇」；據景德傳燈錄等校改。

資料

2 3 景德傳燈錄卷一一、傳燈玉英集卷六、大光明藏卷中、五燈會元卷四。

二三七　資福和尚 貞邃，生卒年未詳

1 資福和尚嗣仰山和尚〔一〕，在吉州。師諱貞邃，韶州湞昌縣人也。

2 師有時把團子向面前云〔二〕：「諸佛、菩薩及入理聖人皆從這裏出。」却折破拋下，拍開胷云：「作摩生？」

3 問：「如何是古佛心？」云：「山河大地。」

4 問：「如何是納僧切急處？」云：「不過於此。」

5 問：「室內呈喪時如何？」師云：「好个問頭。」學人礼拜。師云：「苦痛，蒼天！」學人云：「此時學人重撲，和尚如何？」云：「明日来，向你道。」學人云：「苦痛，蒼天！」師便打之。

6 問：「古人拈槌竪拂〔三〕，此理如何？」「噁〔四〕。」

〔一〕據景德傳燈錄、五燈會元，資福貞邃爲資福如寶法嗣，仰山下第三代。
〔二〕團子：景德傳燈錄、五燈會元並作「蒲團」。
〔三〕槌：原作「搥」。
〔四〕「噁」：景德傳燈錄作「瘂」，雲門廣錄作「嗄」。

7　又僧過夏，問師：「某甲新入藂林，在此間過夏，未曾蒙和尚指教，亦須往問。」遂至和尚所述其意，則被師攔胷托出，云：「某甲自住此山，未曾瞎却一箇師僧眼。」

8　問：「如何是一路涅槃門？」師彈指一下，却展手。「如何領會？」云：「不是秋月不明，子自横行八九。」

傳記

宗門摭英集卷上、禪門拈頌集卷二六。

考證

據景德傳燈錄，資福貞邃法系爲：仰山慧寂—仰山西塔光穆—資福如寶—資福貞邃。又本書錄貞邃語錄七則，僅一則見景德傳燈錄貞邃章，五則見如寶章，可知二人資料混淆，本書形成時已難以辨析。

資料

1 3 景德傳燈錄卷一三、五燈會元卷九。

2 景德傳燈錄卷一二資福如寶章、傳燈玉英集卷六資福如寶章、五燈會元卷九資福如寶章。

4 7 8 景德傳燈錄卷一二資福如寶章、五燈會元卷九資福如寶章。

6 景德傳燈錄卷一二資福如寶章、雲門廣錄卷中。

祖堂集卷第十九

祖堂集卷第二十

江西下卷第七曹溪第六代法孫

一二三八　五冠山瑞雲寺和尚順之〔一〕，八五八？—八九三？

1 五冠山瑞雲寺和尚嗣仰山寂禪師〔二〕。師諱順之，俗姓朴氏，浿江人也。

2 祖考並家業雄豪，世為邊將，忠勤之譽，遺慶在鄉。母昭氏，柔範母儀，芬芳閭里，懷娠之日，頻夢吉祥；免腹之時，即多異瑞。昔賢如此〔三〕，今又徵焉。及乎竹馬之期，漸有牛車之量，凡為嬉戲，必表殊常。已至十歲，精勤好學，囑詞詠志，即見凌雲；剖義談玄，如同照鏡。既登弱冠，道牙早熟，猒處喧華之地，長遊靜默之中。遂乃懇告二親，將隨緇侶。志不可奪，所天容許，便投五冠山剃髮，仍適俗離山，受具足戒。行同結草，心比護鵝，因遊公岳，忽遇神人邀請，化成宮闕若兜率天，說法應

〔一〕順之：景德傳燈錄、五燈會元均作「順支」。

〔二〕五冠山：景德傳燈錄、五燈會元均作「五觀山」。

〔三〕如此：原作「知此」，據碑文校改。

緣，倏焉殄滅。若非德至行圓，孰能致感如此也。洎乎大中十二年，私發誓願，擬遊上國。隨入朝使利涉雲溟，乘一隻之舡，過萬重之浪，曾無懼念，不動安禪，逕到仰山慧寂和尚處，虔誠礼足，願為弟子。和尚寬尒笑曰：「来何遲？緣何晚？既有所志，任汝住留。」禪師不離左右，諮禀玄宗，若顏回於夫子之下，如迦葉於釋尊之前。彼中禪侶，皆增歎伏。乹符初，松岳郡女檀越元昌王后及子威武大王施五冠山龍嚴寺，便往居焉。今改瑞雲寺也。

3 師有時表相現法〔一〕，示徒證理遲疾。此中四對八相：

○：此相者，所依涅槃相，亦名理佛性相，与群生、衆聖，皆依此相。相雖不異，迷悟不同。故有凡夫、有聖。謂識此相者，名為聖人；迷此相者，名為凡流。是故龍樹在南印土，則為説法，對諸大衆而現異相，身如月輪，當於坐上，唯聞説法，不見其形。彼衆之中有一長者，名曰提婆，謂諸衆曰：「識此瑞不？」衆曰：「非其長聖，誰能辯耶？」尒時提婆心根宿靜，亦見相，默然契會，乃告衆曰：「今此瑞者，師現佛性，非師身者〔二〕。無相三昧，形如滿月，佛性之義。」語猶未訖，師現本身座上。偈曰：

「身現圓月相，以表諸佛躰，

〔一〕相：原字破損，據高麗大藏經補遺本校定。
〔二〕者：寶林傳卷三龍樹章作「也」。

說法無其形，用辯非聲色。」

若有人將此月輪相来問，相中心著牛字對也。

(牛)：此相者，牛食忍草相，亦名見性成佛相。何以故？經云：「雪山有草，名為忍辱，牛若食者，則出醍醐。」又云：「衆生若能聽受、諮啓大涅槃，則見佛性。故當知草喻妙法，牛喻頓機，醍醐喻佛。如是則牛若食草，則出醍醐；人若解法，則成正覺。故云牛食忍草相，亦名見性成佛相也。

○犇：此相者，三乘求空相。何以故？三乘人聞說真空，有心趣向，未證入真空，故表圓相下畫三牛也。若將此相来問，以漸次見性成佛相對之。

(牛)：此相者，露地白牛相。謂露地者佛地，亦名第一義空；白牛者，諸法身之妙慧也。是故表一牛入圓相也。問：「何故月輪相下著三獸？又月輪相中心著牛字對之耶？」答：「月輪相下三獸，是表三乘；月輪相中心一牛，是表一乘。是故舉權乘来，現實入證對之。」問：「向前已說月輪相中心著牛，是牛食忍草相。何故又言月輪相中心著牛者露地白牛相也？兩處皆是同相同牛，何故說文不同耶？」答：「說文雖別，相及牛則不異。」問：「若也不異，何故兩處各現同相同牛耶？」答：「雖相及牛則不異，見性遲疾不同故，兩處各現同相同牛。」問：「若論見性遲疾各別者，食忍草牛与露地白牛誰遲誰疾耶？」答：「食忍草牛，則明花嚴會中頓見實性之牛，故疾；露地白牛，則明法華會中會三歸一牛，故遲〔一〕。是故說文雖則不同，證理不異。故舉同相同牛，明理智不異，不言来處全同也。」

牛○：此相者，契果修因相。何以故？初發心住，雖成正覺，而不㝵衆行。慧等佛地，行不過位，故表此相也。古人云：「履踐如来所行之跡。」則此相也。若有人將此相来問，又作月輪相中心著卍字對之。

㉆：此相者，因圓果滿相也。問：「何故月輪相上頭著牛字来，月輪相中心著卍字對之？」荅：「月輪相上頭著牛者，契果修因相；月輪相中心著卍字者〔二〕，因圓果滿相。舉因来，現果對之。」

○牛：此相者，求空精行相。謂門前草庵菩薩求空故。經云：「三僧祇修菩薩行，難忍能忍，難行能行。」求心不歇，故表此相也。若有人將此相来問，月輪相中心著王字對之。

㊀：此相者，漸證實際相。何以故？若有菩薩經劫修行，壞四魔賊，始得無漏真智，證入佛地，更無餘習所怚〔三〕；似聖王降伏群賊，國界安寧，更無怨賊所怚。故表此相也。

此下兩對四相，遣虛指實：

〔一〕「故」下原脫「遲」字，據宗門圓相集校補。
〔二〕月：原作「日」，當爲「月」之破字；宗門圓相集作「月」，據改。
〔三〕怚：原作「恒」；下文作「怚」，據改；「怚」通「阻」。

牛人⃝：此相者，想解遺教相。謂若有人依佛所説一乘普法，善能討尋，善能解脱〔一〕，實不錯謬，而不了自己理智，全依他人所説，故表此相也。若有人將此相来問，則祛上頭牛字對之。

人⃝：此相者，識本還源相。經云「迴神住空窟，降伏難調伏。解脱魔所縛，超然露地坐。識陰般涅槃」者，即此相也。問：「何故祛上頭牛字〔二〕，不祛圓相中心人字耶？」荅：「圓相中心人字者，表理智；上頭牛字者，喻人想解。若有人雖依教分析三藏教典，而未顯自己理智者，盡是想解。想解不生，則理智現前。故祛上頭牛字，不祛圓相中心人字。是故經云：『但除其病，而不除法。』」問：「何故不許凡人依教學法耶？」荅：「若是智者依教，何用識心？凡人依教無益。」問：「諸佛所説三藏經典有所用不？」荅：「不是不許依教悟入。依教想解，祇是虚妄。是故佛告阿難：『雖復憶持十方如来十二部經清淨妙理如恒河沙，只益戲論。』當知依教想解無益。」問：「何故教云『聞佛教者，盡成聖果』？又云『一毫之善，發跡駐佛』？」荅：「約上根人依教便悟〔三〕，直現理智，決定明了。若約下根依教不悟，想解無益。此下根人依教勳種待後世者〔四〕，誰言無益？『聞佛教者，盡成聖果』；『一毫之善，發跡駐佛』。何況廣學經論，及講説者？」

〔一〕脱：宗門圓相集作「説」。
〔二〕上：原字破損，據高麗大藏經補遺本、宗門圓相集校定。
〔三〕根：原作「恨」，據宗門圓相集校改。
〔四〕勳、「薰」通；宗門圓相集作「薰」。

〇(人)牛：此相者，迷頭認影相。何以故？若有人不了自己佛及淨土，信知他方佛、淨土，一心專求往生淨土，見佛聞法，故勤修善行，念佛名号及淨土名相，故表此相也。志公笑云「不解即心即佛，真似騎驢覓驢」者，即此相也。若有人將此相来問，則祛圓相下牛字對之。

〇(人)：此相者，背影認頭相。問：「何故祛下頭牛字，不祛圓相中心人字耶？」荅：「衆生未發真智〔一〕，未達真空，故專求他方淨土及佛，往生淨土，見佛聞法。衆生若迴光發智，達得真空，自己佛及淨土一時齊現，不求心外淨土佛，故不祛圓相中心人字，祛下牛字也。」問：「如何是自己佛及自己淨土？」荅：「衆生若發真智，達得真空，即真智是佛，空是淨土〔二〕。若能如是躰會，何處更求他方淨土及佛也？是故經云：『將聞持佛佛，何不自聞聞？』」

又此下四對五相：

∪：此相者，舉函索盖相，亦名半月待圓相。若有人將此相来問，更添半月對之。此則問者舉函索盖，荅者將盖著函，函盖相稱，故已現圓月相也。圓相則表諸佛躰也。

〇：此相者，把玉覓契相〔三〕。若有人將此相来問，圓月中心著某對之。此則問者把玉覓契〔四〕，

〔一〕真：原字破損，據高麗大藏經補遺本校定。
〔二〕「空」前疑脫「真」字。
〔三〕把玉覓契相：人天眼目作「抱玉求鑑相」。
〔四〕玉：原字破損作「王」，據高麗大藏經補遺本改。

故荅者識珠便下手。

(厶)：此相者，鈞入索續相〔一〕。若有人將此相来問，某字邊添著人字對之。此則問者鈞入索續，故荅續成寶器也〔二〕。

(佛)：此相者，已成寶器相。若有人將此相来問，又作圓月相中心著土字對之。

(土)：此相者，玄印旨相〔三〕，迥然超前現衆相，更不屬教意所攝。若有人似个對面付，果然不見〔四〕。故三祖云：「毫釐有錯〔五〕，天地玄隔。」然不無玄會之〔六〕，誰能識此相也？若是其人，見而諳會，如子期聽伯牙之琴〔七〕，提婆見龍樹之相。不是其人，對面不識，似巴人聞白雪之歌，鶖子入淨名之會。假使後學根機玄利，將是則頓曉，如鷄把卵〔八〕，啐啄同時。根性遲鈍者〔九〕，學而難曉，似盲人相

〔一〕鈞：人天眼目作「鉤」。
〔二〕「荅」下疑脫「者」字，宗門圓相集有「者」字；此二句人天眼目作「乃問者鉤入，答者索續，乃云續成寶器相也」。
〔三〕玄印旨相：人天眼目作「玄印玄旨相」。
〔四〕此二句人天眼目作「若是靈利底，對面分付，擬之則不見也。」
〔五〕錯：信心銘、人天眼目均作「差」。
〔六〕此句人天眼目作「若不具正眼」。
〔七〕伯牙：原作「百牙」；人天眼目作「伯牙」。
〔八〕把：人天眼目、宗門圓相集均作「抱」。
〔九〕根性：原作「相性」，據宗門圓相集校改。

色而轉錯耳〔一〕。

4 師有時説三遍成佛篇。於中有三意。云何為三？ 一者證理成佛，二者行滿成佛，三者示顯成佛。

言證理成佛者，知識言下迴光返照自己心原本無一物，便是成佛，不從萬行漸漸而證，故云證理成佛。是故經云：「初發心時，便成正覺。」又古人云：「佛道不遠，迴心即是。」即此義也。此證理成佛中，若説體、性，都無一物；通論三身，不無一佛二菩薩。雖有三人，而今見性成佛。故得成佛，功在文殊。故古人云：「文殊是諸佛母。」所謂諸佛從文殊生故。言文殊者，即實智也。一切諸佛，因其實智而證菩提，是故文殊是諸佛母耳。

言行滿成佛者，雖已窮其真理，而順普賢行願，歷位廣修菩薩之道，所行周備，悲智圓滿，故云行滿成佛也。故古人云：「行到處即是從来處。」是故明知所行已周，還至本處。本處者即理也。此行滿成佛所證之理，不異於前證理成佛之理。理雖不異，行因至果，故云行滿成佛也。此行滿成佛中，若舉果德，但以普賢行成佛道，論三身亦有一佛二菩薩。雖有三人，而今別取行滿成佛。故得成佛，功在普賢。故古人云：「普賢是諸佛父也。」所謂諸佛從普賢生故。言普賢者，即萬行也。一切諸佛因其萬行而證菩提，是故普賢是諸佛父耳。言一佛二菩薩者，遮那是理，文殊是智，普賢是行。此理、智、

〔一〕 相：人天眼目作「視」。

行，三人同體故，一不可捨也。又一佛二菩薩互為主伴。以本體無上，遮那為主；以見性智功，文殊為主；以萬行福力，普賢為主。是故李通玄云〔一〕：「一切諸佛，皆以文殊、普賢二大士成佛菩提也。」又云：「文殊、普賢，為諸佛作少男長子。」故知三人互為主伴耳。

言示顯成佛者，如前證理行滿，自行成佛已畢，今為衆生示顯成佛、八相成道矣。言八相者，從兜率天退、入胎、住胎、出胎、出家、成道、轉法輪、入涅槃等，八相成佛，故云示顯成佛。當知八相成道是報化非真。是故經云：「如来不出世，亦無有涅槃。以本願力故，示顯自在法。」此經報化佛中指真佛也。又經云：「吾從成佛已来，經無量阿僧祇劫。」故知釋迦如来，無量劫前已成行滿大覺，而為衆生故，示顯始成正覺。今此釋迦，是賢劫千佛之中第四佛也〔二〕。過去莊嚴劫中一千佛，現在賢劫中一千佛，未来星宿劫中一千佛。如是三劫中，一切諸佛出現於世，攝化群生，相傳授記，分毫不錯矣。觀看教典〔三〕，推尋古跡，通觀一人成佛方樣，應知三遍成佛耳。伏請欲磨佛位者〔四〕，略看筌蹄，却自

〔一〕李通玄：原誤作「李玄通」；李通玄（六四六—七四〇），唐居士，事跡見宋高僧傳卷二二、佛祖統紀卷三〇、佛祖歷代通載卷一三。下引文見所撰新華嚴經論卷三。
〔二〕之中：原字破損，據高麗大藏經補遺本校定。
〔三〕觀：原作「歡」。
〔四〕磨：佛光大藏經禪藏本校記曰：「『磨』，當作『歷』。」

思惟前佛後佛，皆同此路，如人行路新舊同轍。故而記之也〔二〕。

5 師有時説三篇，於中有三意。第一頓證實際篇，第二迴漸證實際篇，第三漸證實際篇。

廣野中有一仙人，名曰該通，為大衆説：「若有衆生，無始已来不悟性地，輪迴三界，隨緣受報。忽遇智者演説真教，頓悟性地，便成正覺，不依漸次，故名為頓證實際。是故經云：『雪山有草，名曰忍辱。牛若食者，即出醍醐。』是其意也。」

衆中有一隱士，名曰智通，啓仙人曰：「信知群品自有性地，又一切智者，演説真教，不為一人。何以故同聞真教，悟与不悟各各不同？」仙人告隱士言：「衆生雖有自性清淨圓明之躰，背本逐末，多劫多時，受別異身，根性利鈍不等，故同聞真教，悟与不悟各各不同，不是智者説真教禍。故經云：『猶如明淨日，瞽者莫能見。無有智慧心，終不能見〔三〕。』」隱士啓仙人曰：「諦觀高指，且尋来言：智者説法，不為一人；悟與不悟，唯在愚智。然則愚智本来各各不同，説法有何所用？」仙人告隱士言：「汝今諦聽，吾為汝説。智人不是本悟，愚人不是長迷。愚人忽悟真説，智人不是外来。若也不用真教，愚爭成智人？若也不用真教，何處辯得利鈍？是故衆生若是根鈍者，再聞真教，不曉性地；衆生若是利根者，忽聞真教，頓曉性地，便是智人也。何處愚智有隔？是故當知凡聖不隔，根

〔二〕故而記之也：原作「故記而之也」；顧之川校記曰：「據文意，疑當為『故而記之也』。」是。
〔三〕終不能見：新譯華嚴經卷一六作「終不見諸佛」（大正藏第十卷第八二頁上）。

有利鈍。智者說法，亦不為一人，猶如母鷄抱卵，衆卵皆發，贅窠不發〔一〕。可即母鷄唯不愛衆卵愛贅窠〔二〕？是則發与不發，唯在卵性，不是母鷄抱卵之禍。一切智者亦復如是，廣為大衆演說真教。根利者頓曉，根鈍者不曉，可則智者唯愛利根？不愛鈍根？是即曉与不曉，唯在根性，不是智者說教之禍。是故經云：『所有聞法不由他悟。』〔三〕然即知假方便，智者常說妙法，悟与不悟，此在學人，不在智者。」隱士問曰：「衆生若是利根，忽聞真教，言下慧發，頓悟性地，此是何人？」仙人荅曰：「此是智照文殊。」隱士問曰：「文殊智照在何處？」仙人荅曰：「文殊智照，是在性地〔四〕。」隱士問曰：「照智与性地同異若何〔五〕？」仙人荅曰：「智照与性地不同不異。」隱士問曰：「智照与性地不同不異，其義如何？」仙人荅曰：「智照是能證之人，性地是所證之法，故不無能、所。是故古人云：『以此無知之般若，證彼無相之真諦。』故智与性不同。又能證智照無知，所證性地無躰，不有能、所。是故古人云：『智窮真際，能、所兩亡。』故智照与性地不異照〔六〕。」隱士智通聞仙人說，奉契高指，頓決

〔一〕贅窠：顧之川校記曰：「『贅』疑應為『佔』。」
〔二〕可即母鷄唯不愛衆卵愛贅窠：據下文「可則智者唯愛利根不愛鈍根」，疑應作「可則母鷄唯愛衆卵不愛贅窠」。
〔三〕晉譯華嚴經卷八：「所有聞法，即自開解，不由他悟。」（大正藏第九卷第四四五頁下）
〔四〕性地：原作「性之」，據上下文意校改。
〔五〕智照：原誤倒，據文意校改。
〔六〕「照」字疑衍。

疑網也。

于時該通仙人為大衆説：「先為智通已説見性。若論衆行，不必如此。」此衆中有遊子，名曰行通，啓仙人曰：「見性如此，衆行若何？」仙人告遊子言：「若有衆生忽聞真教，頓見性地，不住此處，隨緣行自利利他悲智，故名為衆行。」遊子啓仙人曰：「我等曾聞仙人演説法，忽聞真教，頓悟性地，名為智照文殊。今承仙人説頓悟性地，不住此處，隨緣行自利利他悲智，故名為衆行。行此行者，此是何人？」仙人荅曰：「行此行者，寄位普賢。」遊子問曰：「普賢大士，寄何等位？」仙人荅言：「寄因五位乃至果位。雖寄此位，不住此位。衆行行時，三等普賢。」遊子問曰：「寄位於因位乃至果位，何等名為三等普賢？」仙人荅曰：「一者出纏普賢，二者入纏普賢，三者果後普賢。」遊子問曰：「此三普賢勝劣等級其義如何？」仙人荅言：「此三普賢勝劣等級，其義不同。謂所言出纏普賢者，見性之後，行於衆行。對前万境，不無瞥起之心；已達心源，不滯幻化之境。故古人云：『不無所断之鄣，還有能断之智。』」遊子問曰：「古人云：『若發能證之智，全無所断之障。』其義如何？」仙人荅曰：「『若發能證之智，全無所断之鄣』者，此是文殊断惑。何以故？文殊當性之時，躰中不有異相故。今言『不無所断之障，還有能断之智』，此是普賢断惑。何以故？普賢歷位之時，不無断惑成德故。是故兩人断惑成德不同。不會兩人断惑成德，相諍断惑成德之義。」遊子問曰：「已知文殊断惑如此。若論普賢断惑，断現行耶？断習氣耶？」仙人荅言：「若言普賢位中，全無現行煩惱，普賢寄位断惑，此是習氣煩惱。」遊子問：「現行与習氣，如何普賢全無現行之惑，唯有習氣之障？」仙人荅言：「凡夫對境起心，不識前境後境，作業即是現行；智者對境起心，知境虛幻，不滯前境，習氣故〔一〕。是普賢是見性之後行行之人，故全無現行之惑，唯有習氣之障。若無習氣可断，何用難忍能忍？若無悲智成佛，何用難行能行？雖行悲、智二門，所作依躰成行。是故古人云：『所作皆依性，修成功德林。終無取寂意，唯有濟群心。行悲悲廣大，用智智能深。利他兼自利，少聖詎能任〔二〕？』然即知出纏普賢，衆行悲智而依躰修行。又細說普賢衆行，即行布圓融齊現，断惑成德俱有，自利利他雙修，智門悲門並成。言行也，繁興大用，起必全真；言行相也，不無依位断惑。位高則習氣漸薄，行廣則悲智增深。從十住乃至十地，出纏菩提已滿也。所言入纏普賢者，一切群品中同類大悲是。前出纏普賢位中，廣行悲智而自利利他行故，不無断惑成德之功。雖断惑成德之功，出纏已滿，而不信出纏無患之處〔三〕，故於四生六趣廣行大悲，同断化物〔四〕之名入纏普賢〔五〕。以此入纏化物之德，與前出纏成行之功〔六〕，二一心功齊平等，故名為等覺；悲智圓滿，故名為等覺；不取出纏入纏，不

〔一〕據前文「如何普賢全無現行之惑，唯有習氣之障？」，「習氣」上疑脫「唯有」二字。
〔二〕少，「小」同；引文出梁朝傅大士頌金剛經，此句作「小聖詎能任」（大正藏第八五卷第六頁下）。
〔三〕不信：疑當作「不住」。
〔四〕同断：據前文「入纏普賢者一切群品同類大悲是」，疑爲「同類」之譌。
〔五〕之名：疑爲「名之」誤倒。
〔六〕成行：疑當作「衆行」。

取大智大悲，故名為妙覺。雖不取悲智出纏入纏，若論果德，無行不取，無位不收也。所言果後普賢者，遍行三昧是也。謂妙覺位中，雖不取出纏入纏大智大悲〔一〕，而不住此，還向出纏入纏大智大悲，逆順蹤橫〔二〕，於諸位中同類同心，亦不定守□位〔三〕，隨緣任運，廣作大悲，於諸類中，何位定不受？於能作能受，不作不受，故名為果後普賢也。若定取此人所行者，未會此人行處也。所言三等普賢者，不是三人，一人行行，依行勝劣大義，三等普賢也〔四〕。所言一人者，初頓證實際之時即文殊，今隨緣行行之時即普賢，故名為一人也。此是通取內證外化也。若以內證外化不同，故文殊、普賢兩人；若以通取能證所證及衆行不同，即為三人也。此大教意説也。謂大經題云『大方廣』者，所説之法，故即遮那是也；『佛』者，能證之人也，故即文殊是也；『花嚴』者，隨緣之行，故普賢是也。此且一佛二菩薩即為三人也。若欲修行普賢行者，先窮真理，隨緣行行，即今行与古跡相應，如似閉門造車，出門合轍耳。」

迴漸證實際篇第二。時該通仙人為大衆説法：「若有衆生，無始已來，不悟性地，輪迴三界，聞三乘漸教，悟三乘法、三界患故，有三乘人。此忽聞真教，迴成妙惠，窮證實際，故名為迴漸證實際

〔一〕原脫「入纏」二字，據文意（「不取出纏入纏，不取大智大悲，故名爲妙覺」）校補。

〔二〕蹤，「縱」通。

〔三〕此句空格高麗大藏經補遺本補「一」字，韓國佛教全書祖堂集所載順之和尚説、佛光大藏經禪藏本同。

〔四〕三：原爲破字作「二」，據高麗大藏經補遺本校定。

也。是故古人云：『門前三駕車是權乘，露地白牛方明實證[一]。』即其意也。」

隱士智通啓仙人曰：「此迴漸證實際之者，与彼頓證實際之人，同異如何？」仙人荅曰：「雖先已落三乘，不在三乘，故来處玄殊[二]，而今迴漸證實際，故与彼頓證實際者不異。是故古人云『百川歸大海，無百川名；三乘歸一乘，無三乘名』也。然即知此迴漸證實際之人，与彼頓證之人不異也。莫愁迴漸与頓證同異，自迴隨緣之心，還照實際之理也。」隱士智通奉領真説，寂然無言也。

于時遊子行通啓仙人曰：「我等曾聞仙人演説：『若有衆生，頓證悟性地，不住此處，隨緣行行，名為衆行；行此行者，名為普賢。』今此迴漸證實之後，有人行衆行耶？無人行衆行耶？」仙人荅曰：「不無行衆行者。所以者何？迴漸證實者，即露地白牛故；白牛運轉，不住露地，故不無行衆行人。所言露地白牛者，露地是所證之法故，即遮那是也；白牛是能證之人故，即是文殊是也；白牛運轉不住此處故，即普賢是也。普賢所行，即是衆行也。二篇大意如此，汝自諦觀，同異自看耳。」

漸證實際篇第三。時該通仙人為大衆説：「若有衆生，無始已来，不悟性地，輪迴三界，隨緣受報。忽聞漸教，信解漸發，寄因六位，經三祇劫，難忍能忍，難行能行，断惑成德，始得無漏真智，露現法身，故名為漸證實際也。是故古人云：『信根生一念，諸佛盡應知。修因於此日，證果未来時。三

〔一〕牛：原字破損，據高麗大藏經補遺本校定；引文出新華嚴經論卷一：「門前三駕且受權乘，露地白牛明實德。」

〔二〕玄殊：祖庭事苑卷一：「玄殊當作懸殊。懸，遠也。」

大僧祇劫〔二〕，六度久安施。薰成無漏種，方号不思議。』是其意也。」

時隱士智通啓仙人曰：「今此漸證實際之人，頓悟實際之人，同異如何？」仙人告隱士言：「雖漸頓不同，而終歸一耳。所以者何？小川歸海，全同一味；漸解歸源，豈有兩般也？是故漸頓雖異，歸源無二耳。」隱士智通奉仙人教，不生異解，退身默然也。

于時遊子行通啓仙人曰：「於前篇中，聞仙人説頓證實際後有行人，此篇所明漸證實際之者。漸證實際已後，有行人耶？」仙人荅曰：「雖不無行行，不同前篇所明者。頓證實際已後，隨位行時，出纏入纏，乃至果後三等普賢行。今此漸證實際篇意者，依漸教方便，經三僧祇，修菩薩行，始得無漏真智。以此無漏真智，露現法身，故名為漸證實際。漸證實際已後，雖不無行行，而全依位等級故，是故不同前篇所明也。」遊子問曰：「曾聞前兩篇中，俱明能證之人、所證之法〔三〕，乃至隨緣行人，各各有名。此篇中還有能證所證及隨緣行人名耶？請為指出。」仙人荅曰：「不。無能證所證及隨緣行人名也。謂能證之人者，即是無漏真智，亦報身佛是也；所證之法者，即是實際，亦名法身佛是也；行之人即是無漏真智，不守果位，隨緣利物，名為行人，亦名化身佛是也。」

〔二〕三：原爲「二」之破字，據高麗大藏經補遺本校定；引文出梁朝傅大士頌金剛經，原作「三代經多劫」（大正藏第八五卷第二頁下）。

〔三〕法：原爲破字作「去」，據高麗大藏經補遺本校定。

6 和尚亨年六十五遷化也〔一〕，謚号了悟禪師、真原之塔。

碑誌

瑞雲寺了悟和尚真原塔碑文（黄壽永編韓國金石遺文，一志社，韓國京城，一九七六年；李智冠編校勘譯註歷代高僧碑文高麗篇2，伽山佛教文化研究院，一九九五年）。

資料

2 碑文。
3 宗門圓相集（見曉城先生八十頌壽高麗佛籍集佚，東國大學校，韓國京城，一九八五年；禪學古典叢刊第六卷上，日本臨川書店，二〇〇一年）、人天眼目卷四。
6 碑文、景德傳燈錄卷一二、五燈會元卷九。

二三九　米和尚米胡和尚，米七師；生卒年未詳〔二〕

1 米和尚嗣襄州王敬初常侍〔三〕，在西京。未覩行録，莫窮氏族。

〔一〕亨、「享」通。
〔二〕景德傳燈錄、禪門拈頌集、五燈會元並注「亦謂米七師」；宗門統要注「或謂米七師，或曰米胡者」。
〔三〕景德傳燈錄等並作潙山靈祐法嗣。

2　師因教僧問仰山：「今時還假悟也無〔二〕？」仰山云：「悟則不無，爭奈落第二頭何？」師肯之。

3　有老宿屈師齋。師来，不排座位。老宿在一邊坐，師便展座具，礼拜老宿。老宿便起，師便坐。老宿都不作聲，乃展席地上而坐。到夜間，告衆曰：「他家若在佛法中用心三日，便合見；若不見，則不知。」師到三日後來云：「前日著賊。」

僧問鏡清：「米和尚迴，意如何？」云：「只見錐頭利，不見鑿頭平。」

4　臨濟問師：「十二面觀音豈不是聖？」師云：「是也。」「作摩生是本来面？」臨濟一摑。師云：「長老且寬寬。」濟側掌。

5　師歸受業寺，有老宿問：「『月中断井索，時人喚作蛇。』未審吾師喚作甚摩？」師云：「若有佛見，則同衆生見。」其老宿云：「千年桃核。」

資料

1 景德傳燈錄卷一一、傳燈玉英集卷六、宗門統要卷五、聯燈會要卷八、禪門拈頌集卷一五、五燈會元卷九。

2 景德傳燈錄卷一一、傳燈玉英集卷六、宗門統要卷五、聯燈會要卷八、禪門拈頌集卷一五、真字正法眼藏三百

〔二〕今時：景德傳燈錄等作「今時人」。

則卷上第七則、從容錄第六二則、五燈會元卷九。

3 景德傳燈錄卷九金州操禪師章、宗門統要卷四金州操禪師章、聯燈會要卷七金州操禪師章、五燈會元卷四金州操禪師章。

5 景德傳燈錄卷九、傳燈玉英集卷六、碧巖錄第四八則本則評唱、五燈會元卷九。

二四〇　寶壽和尚沼，生卒年未詳〔一〕

1 寶壽和尚嗣臨濟。師諱沼，在鎮州。未覩行録，不决化緣終始。

2 師問胡釘鉸：「見説解釘鉸，是不？」對曰：「是也。」師曰：「還解釘鉸得虛空摩？」對曰：「請和尚打破將来。」師便打之。對曰：「莫錯打厶甲。」師云：「向後有多口阿師与伱點破在。」

有人舉似趙州。趙州云：「只者一縫，尚不奈何。」東山代第一云：「若是某甲手裏，阿那个縫閅不釘？」

3 師初開堂時，三聖推出一僧，師便打之。三聖云：「長老与摩識弁人，瞎却鎮州城裏人眼去在。」

〔一〕寶壽：宗門統要、聯燈會要、趙州錄作「保壽」。

著作

臨濟塔銘（陸游老學庵筆記卷一〇、明版古尊宿語録卷五）。

資料

1 景德傳燈錄卷一二、傳燈玉英集卷六、天聖廣燈錄卷一二、宗門統要卷六、聯燈會要卷一〇、禪門拈頌集卷一八、五燈會元卷一一。

2 景德傳燈錄卷一二、傳燈玉英集卷六、天聖廣燈錄卷一二、宗門統要卷五、碧巖錄第四八則、正法眼藏卷中、聯燈會要卷一〇、禪門拈頌集卷一八、五燈會元卷一一、趙州錄卷下、禪林類聚卷一。

3 景德傳燈錄卷一二三聖章、汾陽頌古第三一則、天聖廣燈錄卷一四第二代寶壽章、宗門摭英集卷上第二代寶壽章、宗門統要卷六第二代寶壽章、佛果擊節錄第一五則、正法眼藏卷下、聯燈會要卷一一第二世保壽章、禪門拈頌集卷二六第二世寶壽章、五燈會元卷一一第二世寶壽章、禪林類聚卷一〇。

二四一　灌溪和尚志閑？—八九五

1 灌溪和尚嗣林濟，在潭州〔一〕。師諱志閑。未覩行録，不決化緣始終。

〔一〕在潭州：天聖廣燈錄、宗門摭英集、宗門統要、聯燈會要、禪門拈頌集並作「鄂州灌溪」；輿地紀勝卷六六鄂州：「灌溪山在崇陽西北十五里，唐閑禪師所居，有漚麻地、劈箭橋。」陳垣釋氏疑年錄卷五作「鄂州灌谿志閑」。本章末云「師初住灌溪山，次化嶽麓」，嶽麓在潭州。

2 後道吾參師，不礼拜，便問：「什摩生？」師云：「無位。」吾云：「与摩則同空去也。」師云：「咄！這屠兒！」吾云：「有生可殺則不倦。」

3 師到末山師姑處。師姑問：「從什摩處来？」師云：「露口来〔一〕。」師姑云：「何不盖覆？」師却問：「如何是末山？」師姑云：「不露頂。」進曰：「如何是末山中人？」姑云：「非男非女相。」進曰：「還變也無？」姑云：「不是鬼神，變什摩！」師肯之。

4 洞山問夾山：「作摩生？」對云：「只与〔二〕。」洞山肯之。有人舉似師。師云：「金打金，水洗水。」

雲門拈問僧：「作摩生是金打金，水洗水？」僧云：「喫餬餅。」「与摩道，還得摩？」僧云：「揑了，莫鬧。」雲門肯之。

5 問：「如何是不傷之句？」師云：「滿口道不觸。」

6 師初住灌溪山，次化嶽麓。每有一言：「五陰山中古佛堂，毗盧晝夜放圓光。」

7 塔于嶽麓山。

〔一〕露口：景德傳燈錄、聯燈會要、五燈會元並作「路口」。

〔二〕「与」下疑脱「摩」字。

傳記

錢易南部新書己卷、傳法正宗記卷七、祖庭事苑卷三、釋氏通鑑卷一二、宗統編年卷一七、智樸（康熙）盤山志卷二高僧、蔣溥等（乾隆）盤山志卷八方外。

著作

偈一首（宗鏡録卷九八、本章）。

資料

1 景德傳燈錄卷一二、傳燈玉英集卷六、天聖廣燈錄卷一三、宗門摭英集卷上、宗門統要卷五、聯燈會要卷一〇、禪門拈頌集卷一九、五燈會元卷一一。

2 景德傳燈錄卷一一關南道吾章、正法眼藏卷中、五燈會元卷四關南道吾章。

3 景德傳燈錄卷一一末山尼了然章、天聖廣燈錄卷一三、宗門統要卷五末山尼了然章、禪門拈頌集卷一四末山尼了然章、五燈會元卷四末山尼了然章。

6 7 宗鏡錄卷九八。

二四二一 興化和尚存獎，八三〇—八八八

1 興化和尚嗣林濟。師在魏府。師諱存獎。未覩行録，莫决終始。勑謚廣濟大師、通寂之塔。

2 師問僧：「甚摩處来？」對云：「崔禪師處来。」師云：「還將得喝来也無？」對云：「不將来。」師云：「与摩則不從崔禪師處来。」僧便喝。師便棒打。

3 師又時喚僧，應喏。師云：「點則不到。」又喚別僧。僧云：「作摩？」師云：「到則不點。」

4 問：「國師喚侍者，意作摩生？」師云：「一盲引衆盲。」

恰山拈問衆：「什摩處是國師盲處？」自代云：「他家欠少甚摩？」

5 同光帝問師〔一〕：「朕昨來河南，取得一个寶珠，無人著價。」師云：「請皇帝寶珠看。」帝以兩手撥開幞頭角。師云：「皇帝是万代之寶珠，誰敢著價？」

碑誌　公乘億魏州故禪大德獎公塔碑（文苑英華卷八六八、全唐文卷八一三）。

傳記　傳法正宗記卷七、祖庭事苑卷四、歷代佛祖通載卷一七、釋氏通鑑卷一二、宗統編年卷一四、智樸（康熙）盤山志卷二高僧、蔣溥等（乾隆）盤山志卷八方外。

著作　興化禪師語錄（古尊宿語錄卷五）。

〔一〕同光帝：景德傳燈錄、傳燈玉英集、五燈會元並作後唐莊宗；同光爲後唐莊宗年號。

資料

1 景德傳燈錄卷一二、傳燈玉英集卷六、天聖廣燈錄卷一二、宗門摭英集卷上、宗門統要卷五、聯燈會要卷一〇、禪門拈頌集卷一九、五燈會元卷一一、興化語錄。

2 4 景德傳燈錄卷一二、五燈會元卷一一。

3 景德傳燈錄卷一二、天聖廣燈錄卷一二、宗門統要卷六、正法眼藏卷中、聯燈會要卷一〇、五燈會元卷一一。

5 景德傳燈錄卷一二、傳燈玉英集卷六、天聖廣燈錄卷一二、宗門統要卷六、聯燈會要卷一〇、從容錄第九七則、禪門拈頌集卷一九、五燈會元卷一一、禪林類聚卷一、興化語錄。

二四三　後魯祖和尚 教和尚，生卒年未詳

1 後魯祖和尚嗣灌溪，在鄧州〔一〕。

2 問：「如何是雙林樹？」師云：「有相身中無相身。」進曰：「如何是無相身？」師云：「金香炉下鐵崐崘。」

3 問：「如何是高峯獨宿底人？」師云：「夜半日頭明，午時打三更。」

4 問：「格外事如何？」師云：「化道緣終後，虛空更那邊？」

〔一〕景德傳燈錄、天聖廣燈錄、五燈會元作「池州魯祖山教和尚」，宗門摭英集作「池州魯祖山第二代教禪師」；鄧州疑爲後住之地。

5　僧問：「進向無門時如何？」師云：「太鈍生。」進曰：「不是鈍生，直下進向無門時如何？」師云：「靈機未曾論邊際，執法无来在暗中〔一〕。」

6　問：「如何是學人著力處？」云：「春来草自青，日上已天明〔二〕。」進曰：「如何是不著力處？」云：「山頭石崩落，平川燒火行。」

資料

1 景德傳燈錄卷一二、傳燈玉英集卷六、天聖廣燈錄卷一四、宗門摭英集卷上、五燈會元卷一一。

2 景德傳燈錄卷一二、傳燈玉英集卷六、聯燈會要卷五魯祖寶雲章、五燈會元卷一一、禪林類聚卷一九。

3 5 景德傳燈錄卷一二、天聖廣燈錄卷一四、五燈會元卷一一。

4 景德傳燈錄卷一二、五燈會元卷一一。

6 景德傳燈錄卷一二、宗門摭英集卷上、五燈會元卷一一。

〔一〕无来：景德傳燈錄作「無邊」，天聖廣燈錄、五燈會元作「無門」，禪文化研究所祖堂集索引校作「元來」。

〔二〕日上：景德傳燈錄、五燈會元作「月上」；宗門摭英集作「月落」。

二四四　隱山和尚龍山；生卒年未詳〔一〕

1 隱山和尚，洞山行脚時，迷路入山，恰到師處。師問：「此山無路，從什麼處来？」對云：「来處則不無。和尚從什麼處入此山？」隱山云：「我不從雲水来。」「和尚是先住？此山是先住？」云：「不知。」「和尚為什麼不知？」云：「春秋不到来。」

2 洞山便問：「如何是賔中主？」云：「白雲盖青山。」「如何是主中主？」云：「長年不出戸。」「賔主相去幾何？」云：「長江水上波。」「賔主相見，有何言説？」云：「清風拂白月。」又偈曰：

「青山白雲父，白雲青山兒。
白雲終日依，青山都不知。
欲知此中意，寸步不相離。」

洞山因此頌曰：

「道無心合人，人無心合道。
欲知此中意，一老一不老。」

〔一〕景德傳燈錄、五燈會元並謂「潭州龍山和尚亦云隱山」。

因此，龍牙大師造頌曰：

「心空不及道空安，道与心空狀一般。

參玄不是道空士，一乍相逢不易看。」

因此，𡍼山大師造頌曰：

「今年田不熟，来年種有期。

愛他年少父，須得白頭兒。」

傳記 張雲璈(嘉慶)湘潭縣志卷三三仙釋、李翰章(光緒)湖南通志卷二四一仙釋。

著作 偈頌二首(景德傳燈錄卷八、聯燈會要卷五、五燈會元卷三)。

資料 1 景德傳燈錄卷八、慧洪智證傳、聯燈會要卷五、禪門拈頌集卷八、真字正法眼藏三百則卷下第二二則、五燈會元卷三、禪林類聚卷一一、洞山錄。

2 景德傳燈錄卷八、智證傳、禪門拈頌集卷八、五燈會元卷三、禪林類聚卷一一。

二四五　興平和尚〔一〕生卒年未詳

1　興平和尚，洞山礼拜。師云：「莫礼老朽。」洞云：「礼非老朽者。」師云：「他不受礼。」洞山云：「亦未曾止。」

2　洞又辞。師云：「何處去？」云：「沿流無所止。」師云：「法身沿流，報身沿流？」云：「惣不作如是見解。」師拍掌訝之。保福云：「覓不得幾个。」

3　又問：「如何是古佛心？」師云：「即汝心是。」「雖然如此，猶未是厶甲問處。」師云：「若与摩，問取木人去。」「厶甲有一句子，不借諸聖口。」師云：「汝試道看。」洞山云：「不是厶甲。」

資料

1 本書卷一二禾山和尚章、景德傳燈錄卷八、聯燈會要卷五、禪門拈頌集卷八、五燈會元卷三、禪林類聚卷一一、洞山錄。

2 本書卷一一保福和尚章、景德傳燈錄卷八、聯燈會要卷五、五燈會元卷三、洞山錄。

〔一〕景德傳燈錄等並作「京兆興平和尚」。

3 景德傳燈錄卷八、聯燈會要卷五、五燈會元卷三、禪林類聚卷一〇、洞山錄。

二四六　米嶺和尚生卒年未詳

1 有人問米嶺和尚。問：「如何是納衣下事？」師云：「醜陋任君嫌，不掛雲霞色。」

著作

遺偈一首（景德傳燈錄卷八、五燈會元卷三）。

資料

1 景德傳燈錄卷八、五燈會元卷三。

祖堂集卷第二十

附錄一： 異體字對照表

一，本書文字（包括異體字）字型基本按原版過錄，某些特殊異體字型改用規範字體。爲讀者了解原版面貌和具體過錄情況，製作此表。

二，本表在常用本字之後列出《祖堂集》所用異體字，廣義的異體字包括一般異體字、簡體字、通借字、古今字、俗寫字、通用訛字等。

三，本書過錄原版異體字大體有三種情況： 至今仍使用的常見異體字，按原字型過錄，在本表中旁劃竪綫（—）； 少數特殊型的異體字，本書改爲規範字體過錄，在本表中不做標誌； 通借字（包括古今字），按原字型過錄，在本表中用空圍（□）括出。

四，本書對於原版文字字型與標準字型筆劃小有差異者，及原版部分字型偏旁混用如「木」和「扌」、「⺮」和「艸」等，一般情況下統一爲標準字體過錄，表中不具列。

五，本表部首和字序按筆劃多少排列，順序依照漢語大字典編輯委員會編著《漢語大字典》（四川辭書出版社、湖北辭書出版社，一九九三年第一版）。

部首索引

一部

互：彑

世：|丗

丞：[承]

再：爯

甫：[哺]

爾：|尒

丿部

久：乆 又

乖：乖

乘：|乗

乙部

乾：|乹 乾 乹 乾

亂：|乱

十部

直：[直]

卑：卑

南：南

博：傅

厂部

雁：|鴈

厭：|猒

壓：壓

匚部

匝：|帀 迊 迊

匡：迋 匡

匠：近

匣：迊 匣

冂部

册：冊

罔：冈

人部

仁：[人]

以：[已]

今：[令]

令：[零] [今]

伏：伏

件：件

伊：伊

伯：|佰
低：|伍伭伭
伽：[茄]
你：|伱
來：|来 [倈]
倚：倚
倍：[陪]
侯：矦㑋候 [候]
條：絛
俗：俗
俜：俜
促：促
俟：俟俟
俊：俊峻 [㑺]
修：修

候：候候
偓：偓
偃：偃
傀：傀
傲：|傲傲
備：|偹
傅：傅
傳：傳
儁：儁
傷：傷傷
僞：|偽
僧：僧
僕：僕
儀：儀

八部

兮：兮
谷：[浴]
並：|竝 |并 |併
真：|眞
兼：兼
與：|与 |与 |與
興：典
冀：冀

勹部

匆：蝂

儿部

兀：兀

允：允
兆：兆
免：免
兎：兔 兎
兜：兠

几部

凡：凣 凢

亠部

亦：亦
亥：亥 亥
京：京
享：享
率：率
商：商

冫部

凌：淩
凝：凝

冖部

冠：冦
冥：冥 冥
冤：冤

凵部

凶：凶
函：圅

卩部

卯：夘 戼

印：印
即：卽
却：卻
卹：卹
卷：卷

刀部

刃：刄
刈：刈 刈
判：判 判
制：制
刺：刺
剎：剎 剎 剎
刻：刻
剉：剉
剛：剛 剛 剛 剛

創：刱
劍：釼 劔

力部

劫：刼 刦
勃：敎 教
勁：勁 勁
勘：勘 [敢] [堪]
勤：懃 勤
勢：势 勢
勸：勧 勧

厶部

參：叅 叅

又部

友：犮 支
取：耴
叢：藂 藂

廴部

廷：迋 [庭]
廻：廻 迴
建：律

工部

巧：巧
巫：巠
差：差

土部

土：圡
坑：坈 坈
坐：坐 㘸 [座]
坼：塀 [㡳]
垂：垂
堂：[當]
場：塲 塲
塊：塊
壽：壽
塼：塼
墮：墮
墀：墀
墻：廧 牆 墻
壅：壅

壓：壂
壞：｜壊

寸部

專：専
尉：[慰]
對：對 剅

大部

太：[大] [泰]
夾：[俠] ｜夾
奈：柰
奇：｜竒
契：𢍺 𢍺
奪：奪 奪
奮：奮
奰：奰

尢部

尤：[由]
就：就 就

小部

少：[小]

口部

可：𢗌 𢗌
叫：呌
吐：吐
吳：｜吴
否：[不]
局：局 局
吝：｜悋 悋
咎：咎
哉：㦲 哉
咽：咽 咽
咬：｜齩
啄：啄
哭：哭 哭
啞：啞 [噁]
喉：喉
啓：啔
喏：吩
喚：喚
喪：喪 喪 喪
喂：[餧]
喝：喝
嗣：嗣 嗣

嗔： 恴
嘆： ｜歎
嘴： ｜觜
器： ｜噐
囑： ｜嘱

囗部

因： ｜囙 ⿴囗工 囯
國： 𢧐
園： ⿴囗袁
圓： 圎
圖： ｜啚

巾部

帥： ⿰目帀
師： ⿰目帀

帽： ⿰忄冒
幞： ⿰忄菐
幡： 憣

山部

岐： ｜歧 岥
峽： ｜峡
峻： 峻
嵯： ⿰山差
嶢： 峣
嶠： 嵪
嶽： ｜岳 嶽
嶺： 【領】
巖： ｜嵒 巗

彳部

役： 伇 伇 伇
徒： 徒
徑： ｜俓 ⿰亻圣
從： 従
循： 【修】
銜： ｜啣
德： 徳

彡部

影： 影
鬱： 欝

夂部

夔： 夒

广部

底：底 底
座：座 [坐]
庾：庾
庶：|庶
廖：廖
廚：厨
廣：[匡]

宀部

牢：窂
宜：宜
宗：宋
定：㝎
宛：宛
宧：宧
宴：宴
寂：|宋 家 寐 尗 㝋 𡧨
寤：寤
寬：寛
賓：|賔 賔
寢：寑 寝
寰：寰
竈：竈

尸部

尼：𡰥
屆：|届
局：|局 局
展：展
屙：[痾] 屙
屬：|属

己部

己：[巳] [巳]

弓部

弘：弘
彌：|弥 旀

子部

孤：孤
學：斆 斅

女部

奴：奴
妖：妖

姊：姉
姻：姻 姻
姬：姬
娱：娱
娩：[免]
娉：[姆] 娉
媚：媚
媾：媾
嫡：嫡
嬌：嬌
嬾：嬾 懶

幺部

幾：幾

巛部

巢：[窠]

王部

玲：[聆]
珍：珎
琢：[啄]
現：[見]
環：環
璨：璨 璨
瓏：[朧] 瓏

木部

札：[劄]
本：夲 夲
朽：朽 朽
枉：[狂]
松：枀
某：厶
柱：[住]
柳：栁 栁
柏：栢
桃：桃
梨：棃
桀：桀
棲：栖 捿 栖
棄：弃
楪：楪
概：槩
榜：牓 牓

橫：墴　撗
槽：槽
榻：㯓
槃：槃　𣚍
標：摽
櫨：|柤
樵：藮
機：機
檢：撿
權：攉
樵：蕉
鬱：|欝　鬰

犬部

狀：|状
狐：狐　[孤]

狹：[俠]
猶：[由]
獄：[嶽]
猿：猨
獵：獵　獦
獲：獲
獸：獸

歹部

殄：殄
殘：殘　残
殞：殞

戈部

戒：戒
或：戓　或

戲：|戯　戲

牙部

牙：牙

瓦部

瓶：瓶　瓶

止部

止：止
正：正
些：|些　些
步：步
武：武
歲：歳
歷：|歴　曆

歸：埽婦[皈][皈]

攴部

收：|収収
敖：敖
致：致
敕：|勅勑
敲：敲
敵：敵敵
整：整整整
數：數數數
斂：斂

日部

旨：亩
映：暎[暎][暵]
時：[亩]
晚：晚
曹：|曺[漕]
最：冣冣
景：景
暇：暇暇
會：會
暗：暗
嘗：[常][尚]
曉：暁

水部

污：|汙
沙：[砂]
決：[泱]
沌：沌
沈：[沉]
沱：靇
沿：沿
沃：泼
沒：没没
注：[柱]
沮：[爼]
泊：[洎]
泉：泉
泥：泥
泐：[沥]
派：·泒
浸：侵
涶：涶

涼：涼
淪：淪
淘：[濤]
淮：[淮]
淵：｜渕
湛：湛
滓：滓
滿：滿 蒲
漆：[柒]
滴：滴 滴
滏：[塗]
潙：｜溈
漕：漕
澮：[淡]
澁：｜澀
濟：[齊]
澤：澤
灌：灌
瀉：[寫]
瀰：｜沵
瀟：[蕭]

牛部

牟：牟
牢：窂 [勞]
物：物
牽：牽 牽

手部

托：托
投：投
把：把
拋：拋
披：[被]
拗：抝
抵：扺 抵 抵
挑：挑
拿：[拏]
指：指
按：按
挾：扶 [俠]
揲：揲
換：換
掠：掠
掩：掩
捩：捩

插：揷
損：𢴨
摘：擿
擔：㨾 檐
摑：摑 掴 撼
撲：樸
撮：掫
撥：撥 撥
攜：擕 携
據：攄
擯：擯
擻：擻
攢：攅
攬：攬

气部

氣：炁 氣

片部

牓：牓

斤部

斤：釿
斫：斵
斷：断 新

爪部

爭：争
爲：為

月部

有：㕛
肚：肚
肥：肥
服：服
朝：朝
胡：蝴 鬍
胤：胤
胝：胘
朕：眹 眹
能：能 能
脈：脉 咏
胸：胷 胷
脂：脂
脣：唇

勝：滕
腰：膂
腦：[惱]
臂：辟
羸：羸
臘：|臈

欠部

款：欵歀
歡：歓

殳部

段：叚叚
殺：|煞殺殺煞
毀：譭毁
殼：殸
穀：槃
毆：|敺

方部

方：[房]
於：|于扵
旋：旋
旌：旌
族：族
旗：旗
旖：旖

火部

灼：[酌]
烟：烟
烹：烹[亨]
焰：|焔燄燄
無：|无[旡][兼]嘸
然：[燃]
煞：煞
煉：[練]
熏：熏
煎：煎
熱：熱熱爇
熟：熟熟熟
燒：|焼
燦：燦
爐：|炉爐

斗部

斗：㪷

户部

所：所
扃：扃 [扄]
扁：｜楄

心部

怏：怏
怨：惌
忽：忩
怪：｜恠
恆：｜恒
恩：恖 恩
悤：｜忩
悄：[峭]
恪：悋

悅：｜悅
悉：悉
惠：｜恵 ｜慧
惑：惑
惡：悪
悴：悴
悽：｜悽
愕：愕
愧：愧
愍：｜愍
惱：惱 惱
愆：愆
慈：[慈]
慮：慮
慚：｜慙
慢：慢 慢

憐：｜怜
懷：｜懷
懿：懿
懦：｜懦

爿部

將：｜将 將
牆：｜墻 ｜墻 墻 墻

示部

示：示 固
祇：祗 祗
禪：禪
禮：｜礼

甘部

甚：甚

石部

碎：碎
碗：|盌 埦
碟：揲
磁：|礠
確：|礭
礙：|导 㝵 [得]
礦：|鑛

目部

看：看
眉：眉
睬：[彩]
睹：|覩
睡：睡
睺：睺
睛：睛
瞥：|覕 瞥
瞻：瞻
瞽：瞽

田部

由：[繇]
畝：畂
留：畱 留
畢：畢
疆：|壃

皿部

盧：盧
鹽：|塩 塩

禾部

禿：秃
科：科
秏：秏
乘：|乗
程：|程
稀：稀
稟：稟
穆：穆 穆
穩：|稳 穏

白部

的：的
皈：皈
皆：背
皓：|皓

瓜部

瓜：朮
瓢：瓢

疒部

癘：癘
癢：|痒
癡：|癡

立部

竟：竟竞
競：競競

穴部

突：突㚓
窄：|迮
窗：|窓|𢠹𢡖
窠：窠
竈：竈

疋部

疏：|踈|疎疏

皮部

皺：皺

癶部

發：㶁發

耒部

耗：秏秏

耳部

耽：|躭
聲：|声
聽：聽
聯：聮
聰：|聦|𪆫聡

職：軄
聾：龓
聽：聼

臣部

臨：[林]

襾部

覆：覆[復]
覇：覇

至部

臺：臺

虍部

虎：乕虎

虔：[虎]
虛：虚虗虚
處：䖏
號：号𧇊𧇊號
虧：虧

虫部

蛇：虵虵
蝶：蝶
融：螎
蟆：蟇
蟲：虫䖵蟲
蠅：蝇蠅
蠶：蚕

网部

罔：冈罓㓁
置：置置
罰：罸
罷：罢罷[節]
罽：罽
羅：[囉]
羈：羇

肉部

肉：肉

竹部

竺：竺
笑：咲咲

等：|荨 苆

第：|苐 [弟]

答：|荅

策：|筞

筋：莇

管：[觀]

箇：个

劄：劄

筵：|莚

節：|莭

算：|筭

篋：篋

篙：[槁]

籍：藉

籃：藍

籮：[蘿]

臼部

舉：汛 汛 氣

自部

臭：|臰

血部

血：皿

舟部

般：舨 般

船：|舡 舩

色部

色：色

衣部

衰：褰

衲：[納]

裔：裒 裒

製：|制

褌：|裩

褰：寒

襟：幯

羊部

美：美

義：義

羣：群
羶：膻

米部

粳：稉
粗：麄 麁
精：情
糟：糟
糧：粮 糧

艸部

芍：芍
若：若
茅：茆
若：若 若
苑：菀 菀 菀

范：氾
茂：茷
荆：荊
茫：恾 忙 茫 茫
荔：栛
莖：茎
莊：庄 荘
華：花
萬：万
葉：菜 葉
著：者
葱：蒸
蓋：盖
葦：簟
蒙：朦

蒲：蒱 蒱
蕙：慧
蔬：蔬
蔽：弊
薊：薊
薛：薛 薩 薩
藉：籍 藉 藉
薦：薦
藴：藴
薩：薩
藍：藍
藏：藏
藝：埶
藤：籐
蘇：蘓 蘓

孽：孽孽
蘗：|檗
蕭：簫

羽部

翠：|翆
翫：|玩
翻：|飜翻

糸部

索：|㨨索
紙：帋
終：|冬
絲：丝
絳：絳
經：經經

綱：網
綠：[淥]
網：|網網網網
綵：|采
緩：[款]
縣：懸
繩：|縄縄
縫：|縫
縱：縦
總：|惣揔揔惣捴
繼：|継
纏：|緾
纔：纔

走部

趁：|趂趂

趨：趍

赤部

赧：赧

車部

軌：軓
軫：|軨軫
輒：輙
較：較[教][交]
輕：軽
轄：|鎋
輾：[展]
轉：轉

豆部

豎：竪

豐：豊

酉部

醉：酔

醒：惺

醸：儮

豕部

象：爲 象

豬：猪

豫：預

貝部

員：貟

責：嘖

賜：錫

賚：賫

賓：賔 賔

贈：贈

贊：賛

見部

規：䂓

覷：覰

覽：覧 覽

觀：観 觀 管

里部

量：量

釐：𨤲 釐

足部

足：𧾷

跎：跑

跳：跳

跨：踤

踏：蹯 蹹

蹉：蹉

蹤：踨

躔：躔

邑部

那：郍 郍 𨚲
郭：【廓】
鄉：【嚮】
鄽：𨛷 【纏】

辵部

迎：迎
迤：㢮
迴：廻
迥：逈
逃：迯 逃
逕：逕 逕
逢：逢 逢

這：【者】
道：噵
透：【秀】
達：達
遞：遆 遆
適：適 適
違：迖
遷：遷 遷
遭：遭
遲：遅 遅
遶：遶
還：【環】
邃：邃
邈：邈
邇：迩 迩

釆部

采：采
釋：釋

谷部

谷：【浴】
豁：豁 【豁】

豸部

貌：皃 皃
貓：猫 【苗】

角部

觸：𧢻

言部

託：托託
訝：訮
訶：呵
誤：悮
詣：詣
說：説
諂：謟
謔：謔
談：譚
謚：謚
講：謫講
譏：譏
議：議
譬：辟
識：識
讚：讃

辛部

辨：弁〔辯〕
辦：弁〔辯〕
辯：弁辯〔辦〕〔辨〕
辭：辞辤辭

雨部

雪：雪䨮
震：〔振〕
霑：霑
霢：霢霢
靂：靂
靈：霊靈

隹部

雕：彫
雜：雜雜
離：离

阜部

阿：〔婀〕
附：〔覆〕
陀：陁
陷：陥陷
隋：陏
陰：陰
隔：隔
障：鄣

隧：|墜
階：|堦
險：[嶮]
隨：|随
隱：隠 穏

金部

鉤：|鈎
鋩：|釯 鋩
銚：銚
銜：|啣
鋒：鏠
鍊：錬
鎖：|鏁
鎗：[鏘]
鐘：|鍾
鐵：鐡
鑒：|鍳 鑑
鑿：鑿 鑿
钁：鑺

門部

門：[間]
閉：|閇
開：開
閣：閤
闔：闔
關：|関 閞

頁部

頓：頓 頓
煩：煩
願：|願 顚
類：類 類
顛：顛
顧：|頋
顯：[現]

面部

面：|靣

骨部

骨：骨
體：|躰 軆

鬼部

鬼：鬼
魏：魏

食部

食：喰
飯：飰
飾：餙
餐：飡
餧：唩
饈：羞
饒：饒
饑：飢

風部

颯：颯
飄：飃

門部

鬧：閙
鬪：閗

髟部

髮：髪
鬐：鬐

馬部

罵：駡
騁：騁
騎：騎
驅：駈
驢：驢

麥部

麥：麦 麦 麦
麪：麺

鹵部

鹵：滷
鹽：塩 盐
鹹：醎

鳥部

鵂：鵂
鶴：靏 鶴

魚部

鯉：鯉

鯨：鯨

鹿部

麤：麄

黑部

黑：|黒

默：|嘿黙[墨]

黨：[儻]

黯：黯

鼓部

鼓：皷鼓皷

齊部

齊：[濟][際]

齋：|齋[齊]

齒部

齣：[出]

龍部

龍：龍

龜部

龜：龜

附錄二：關於祖堂集的校理

衣川賢次

一、祖堂集的校勘

（1）八萬大藏經中的祖堂集

現在韓國慶尚南道伽耶山海印寺藏經閣中存留的八萬大藏經經板，恰在一百年前由一位日本建築學家關野貞介紹到學術界。他於一九〇四年發表的韓國建築調查報告中的一條有關記載立即引起佛學家、歷史學家的關注。經過文獻研究和板木調查，解明所謂八萬大藏經便是再雕版高麗大藏經。在初雕版（一〇八七年刻成）被蒙古軍焚毁板木（一二三二年）之後，爲祈願降伏當時入侵的蒙古軍，高麗高宗決定再次雕造大藏經（高宗二十三年，一二三六），設立大藏都監於江都，分司大藏都監於晉州南海縣，從事雕造。全藏經過十六年完録（高宗三十八年，一二五一）。其經板先安置於江都大藏經板堂，至十四世紀中葉，爲避開入侵倭寇焚燒經板的危險，移置於海印寺，直到現在（1）。現存八萬大藏經經板由三部分組成：一部分是大藏目録所録高麗大藏經本藏一五一三部六八〇七卷

（2）；第二部分是清同治四年（李朝李大王二年，一八六五年）海冥壯雄撰補遺目錄所列補板十五部二三六卷；其它還有爲數將近一萬塊雜板（包括十八部文集版和散版）。所謂補板十五部，本來屬於藏外雜板，是在同治四年印刷大藏經時從中摘善補入的（3）。

祖堂集二十卷是補板十五部中的一部，即原屬雜板，藏在規模比大藏板堂較小的雜板庫裏。現存祖堂集是刻在一百九十九塊經板兩面共計三百八十五張的大約二十萬字文獻。版式匡郭，天地單邊，縱二十一公分，横五十二公分，一張二十三行行十八字，與高麗大藏經本藏版式一張二十三行行十四字顯然有異。雖然第一卷尾有「乙巳歲分司大藏都監彫造」字樣，表明係高麗高宗三十二年（一二四五年）由南海分司雕造的，但從版式看，祖堂集的雕造與刊刻高麗大藏經事業本來沒有直接關係（4）。

（2）祖堂集的印本和影印本

衆所周知，祖堂集是現存最早一部完整的南宗禪燈史，它包含着禪宗史、漢語史等領域研究中十分豐富的學術信息，目前計有十種影印本、四種排印本（包括抄錄本）、一種韓文譯本、三種日文抄譯本和三種索引出版。這些書的底本用的都是海印寺藏板本。

既然祖堂集海内只有一個祖本，即高麗高宗三十二年開板本，那麽祖堂集是不是存在校勘問題？回答是肯定的，而且很有必要。

現在中國大陸和臺灣、韓國、日本流布的諸多祖堂集影印本，底本系統主要有二：一是日本花園大學所藏本，一是韓國東國大學校於一九七六年作爲影印高麗大藏經補遺出版的影印本所據本（影印高麗大藏經共四十八卷，祖堂集收於第四十五卷的補遺部分）。花園大學本原爲海印寺住持幻鏡法師舊藏，可能是二十世紀初印成的後印本。一九七二年柳田聖山主持影印，列爲禪學叢書唐代資料編之一，由京都中文出版社出版。後來大陸、臺灣流布的其實即是此影印本的覆印本；影印高麗大藏經補遺所據底本，不知何時印成，但時間比花園大學所藏本要早（目前沒有發現早期印本的遺存）。根據後者可以辨識花園大學本中一些漫漶缺損的字（5）。海印寺所藏原板已經過七百年，雖然保存尚稱完好，但有些板塊腐蝕嚴重。問題更出在影印出版時，編者或出版社對漫漶不清部分進行了加工。影印高麗大藏經補遺本有些缺損的字，編者或添墨補筆，或用鉛字補上，已發現妄改二十多個字；臺灣佛光大藏經禪藏本據影印高麗大藏經補遺本排印時（一九九四年）承襲了這些錯誤。中文出版社影印再版本（一九七四年）也有幾處加工補筆，已證明改錯了幾個字。

這樣，閱讀祖堂集時，就需要選擇沒有被加工過的影印本。日本禪文化研究所出版的基本典籍叢刊本（一九九四年），底本用花園大學藏本，部分用東京大學東洋文化研究所藏本相配補，並在書眉標示出校勘意見。比較之下這是當前合用的版本。本次校訂即是以基本典籍叢刊本爲底本，參校影印高麗大藏經補遺本來進行的。

（3）祖堂集高麗引文的處理

雖然現存有公元一二四五年開板的祖堂集原板木，但開版後罕有印刷，印本流行不廣。這和流傳甚廣、衍出了幾個異本的高麗版景德傳燈錄成爲鮮明對比。但正因此祖堂集卻免遭後人杠改，沒有衍出異本，還保留着原始形態。這個事實也表明祖堂集對朝鮮禪宗沒有產生值得注意的影響。

但最近，日本學者中島志郎在高麗時代的禪籍拈頌說話中發現了五條叫做古祖堂的引文。拈頌說話是對慧諶（一一七八—一二三四）所編增補版禪門拈頌集三十卷的注釋。據中島的研究，增補版禪門拈頌集在公元一二四二—一二四九年之間成書，撰注者是慧諶的門弟（6）。由此可知拈頌說話是距離祖堂集開版（一二四五）後不久撰著的。拿五條引文和原文對比就能發現有些不同的字。例如第一條拈頌說話卷十四石霜和尚注引古祖堂，對照祖堂集卷六石霜和尚章雪峰拈舉一節：

石霜病中時，有新到二百人未參見和尚，惆悵出聲啼哭。霜問監院：「是什麼人哭聲？」院云：「二百新到不得參見和尚，因此啼哭。」師喚他来隔窓相見，侍者便喚。他新到一齊上来，隔囱禮拜。問云：「咫尺之間……」

石霜病重時，有新到二百来人，未參見和尚，惆悵出聲啼哭。石霜問監院：「是什摩人哭聲？」對云：「二百来个新到不得參見和尚，因此啼哭。」師云：「喚他来隔窓相看。」侍者便喚他新到一際上来，隔窓礼拜，問：「咫尺之間……（第三二一頁）

又如第五條拈頌說話卷二十三玄沙和尚注引古祖堂的一段和祖堂集卷二惠能和尚章相應處對照：

> 六祖見僧来，豎起拂子云：「還見麽？」對曰：「見。」祖抛向背後，云：「見麽？」對曰：「見。」祖云：「身前見，身後見？」僧云：「見時不說前後。」祖云：「如是，如是！此是妙空三昧。汝既如是，吾亦如是。」

> 六祖見僧，豎起拂子，云：「還見摩？」對云：「見。」祖師抛向背後，云：「見摩？」對云：「見。」師云：「身前見，身後見？」對云：「見時不說前後。」師云：「如是，如是！此是妙空三昧。」（第一一九頁）

對比可見，上引拈頌說話和今本祖堂集之間文字出入較多，因此令人疑惑世上或許存在過兩種祖堂集。不過祖堂集中疑問代詞「什摩」、「作摩（生）」和語氣詞「～摩」是它的一個重要詞匯特點（7），拈頌說話引述時一律改「摩」作「麽」，大概反映了拈頌說話時代的用字法；又如祖堂集裏的「一際」反映南方方音特點（聲母清濁互用），拈頌說話徑校改爲「一齊」。可見拈頌說話作者引述祖堂集時往往隨意改字，上引第五條最後溢出八個字很可能是隨意加上的。稱爲古祖堂，大概意謂是比景德傳燈錄更古老的燈史。值得注意的是，這拈頌說話裏的五條都不見景德傳燈錄，而只見於祖堂集。這樣可以推論，由於拈頌說話作者熟悉祖堂集，所以特意叫做古祖堂，而不表示存在另一種祖堂集。不過高麗版祖堂集從一二四五年開板後，極少印刷過，這也是原經板經過七百六十年仍能遺存的原因之一。

又增補版禪門拈頌集在高麗高宗三十年（一二四五）由南海分司都監開板，後來板木安置於海印寺雜板庫，到一八六五年由海冥壯雄從雜板選入補遺目錄，因而收錄於影印高麗大藏經補遺中（第四十六卷）。祖堂集和禪門拈頌集這兩種禪籍，開板和流傳過程有非常相似之處。

（4）祖堂集校勘舉例

校勘祖堂集的困難在於它只有一個版本而沒有可參校的本子。儘管它沒有經受後人改動，還保存着高麗高宗三十二年（一二四五）開板真面目，但它包含有很多誤衍脱倒的文字以及通假字、俗寫詞，這帶來了閱讀上的困難。又雖然是由南海分司大藏都監刊刻，但它不像高麗大藏經本藏那樣開板前經過有系統的校勘工作。因而應用時，應利用一些重要禪籍作爲參校本進行校勘，這些書重要的有：

敦煌本六祖壇經（周紹良編敦煌寫本壇經原本　文物出版社）
寶林傳［八〇一］（宋藏遺珍、椎名宏雄寶林傳逸文の研究）
宗鏡錄［九六一］（高麗藏第四四册、大正藏第四八册）
宋高僧傳［九八八］（大正藏第五十册、中國佛教典籍選刊）
景德傳燈錄［一〇〇四］（日本禪文化研究所基本典籍叢刊、日本中文出版社禪學叢書）
雪竇頌古［一〇二四］（四部叢刊續編雪竇顯和尚明覺大師頌古集）
傳燈玉英集［一〇三四］（宋藏遺珍、禪學叢書）

天聖廣燈錄[一〇三六](禪學叢書所收福州開元寺版、續藏經第一三五冊)
宗門摭英集[一〇五三](曉城先生八十頌壽高麗佛籍集佚、日本臨川書店禪學典籍叢刊)
傳法正宗記[一〇六一](大正藏第五一冊)
宗門統要集[一〇九三](禪學典籍叢刊)
建中靖國續燈錄[一一〇一](福州開元寺版、續藏經第一三六冊)
祖庭事苑[一一〇八](日本五山版、續藏經第一〇三冊)
禪林僧寶傳[一一二四](禪學典籍叢刊所收五山版、續藏經第一三七冊)
碧巖錄[一一三五以前](大正藏第四八冊、基本典籍叢刊)
正法眼藏[一一四一以後](禪學典籍叢刊所收宋版、續藏經第一一八冊)
古尊宿語要[一一四四以前](禪學叢書)
聯燈會要[一一八三](元版、續藏經第一三六冊)
嘉泰普燈錄[一二〇四](宋版、續藏經第一三七冊)
大光明藏[一二一六](續藏經第一三七冊)
從容錄[一二二三](大正藏第四八冊、基本典籍叢刊)
禪門拈頌集[一二二六](高麗藏補遺第四六冊、禪學典籍叢刊)
禪門諸祖師偈頌[一二四七](五山版、續藏經第六六冊)

五燈會元［一二五二］（元版、續藏經第一三八册、中國佛教典籍選刊）
拈八方珠玉集［一二五七］（續藏經第一一九册）
佛祖統紀［一二六九］（大正藏第四九册）
古尊宿語錄［一六一九］（明版、中國佛教典籍選刊）
以下試用這些禪籍作爲參證，校勘祖堂集中的兩段文字：

師每上堂云：「夫出家人，但據自己分上決擇，切不得分外。到者裏合作摩生行李？身上被什摩衣服？喫什摩飯食？合作什摩聲音？身被高上衣，須取高事。道尒千鄉万里行脚来，為個什摩事？更向這裏容易過，則知不得。莫為小小因緣妨於大事。大事未辦，日夜故合因修，所以道：『如對尊嚴，長須得兢兢底』。決擇之次，如履輕氷；勤求至道，如救頭然。更有什摩餘暇？如火逼身，便須去離；一切事来，惣須向這裏邌羅取。頭頭上須及，物物上須通。若有毫髪事及不盡，則被沉累，豈況於多？道伱一步纔失，便須却迴一步。若不迴，冥然累劫，便是隔生隔劫，千生万生。事祇為一向。若向這裏不得，万劫千生著鈍。」（卷八雲居和尚章，第三六五—三六六頁）

這是雲居道膺和尚（？—九〇二）的一段說法。雲居弘覺禪師語錄（見石門文字禪卷二十五）已佚失不傳。關於他的示衆，景德傳燈錄卷十七、禪林僧寶傳卷六、聯燈會要卷二十二收有幾段，都和此段不一致。但其中也有同一内容的，如禪林僧寶傳卷六：

又曰：「汝等直饒學得佛法邊事，早是錯用心了也。不見古人講得天花落、石點頭，尚不干自己事，自餘是什麼閑？如今擬將有限身心向無限中用，有什麼交涉？如將方木逗圓孔中，多少聱訛？若無與麼事，饒汝說得簇花簇錦，也無用處，未離情識在。若一切事須向這裏及盡，始得無過，方得出身。若有一毫髮去不盡，即被塵累。豈況更多？差之毫釐，過犯山岳。不見古人道：「學處不玄，盡是流俗。」閨閤中物捨不得，俱為滲漏，直須向這裏及取去，及去及來，併盡一切事，始得無過。如人頭頭上了，物物上通，秖喚作了事人，終不喚作尊貴……」

對照兩段文字，可以明白祖堂集「被沉累」的「沉」是「塵」的近音借字（廣韻：沈，直深切，臻攝澄母侵韻；塵，直珍切，臻攝澄母真韻。侵（—m）真（—n）代用）；又祖堂集「乃不盡」，禪林僧寶傳作「去不盡」。同書同卷中還有例子：

又曰：「了無所有，得無所圖，言無所是，行無所依，心無所託，及盡始得無過。……」

乃曰：「若有一毫許去及不盡，即被塵累，豈況更多？……」

根據這兩條可以發現「乃不盡」是「及不盡」的形誤。「去及」一詞同義連文，義為去掉（和「併當」近義）。「閨閤中物捨不得，俱爲滲漏，直須向這裏及取去，及去及來，併盡一切事，始得無過」，是說把煩惱的殘滓徹底去掉。其他禪籍中還有：

功夫、智識盡屬第二頭，及盡功夫，不可智知，始得少分相應。（從容錄第六十二則評唱）

舉德山圓明大師示眾云：「及盡去也，直得三世諸佛口掛壁上，猶有一人呵呵大笑。若識

此人，參學事畢。」（宏智廣錄卷二）

古人及盡玄微，猶恐走作。（虛堂錄卷一）

這些例子說的都是要求除掉有意識的努力（「功夫」）或玄妙的觀念（「玄微」）。「及」有「去」義，應是當時的口語。王念孫讀書雜志已指出「乃」、「及」二字因形似易混（卷三史記五、卷十二淮南内篇第二）。

（香嚴）便上溈山，具陳前事，并發明偈子呈似和尚。便上堂，令堂維那呈似大衆，大衆惣賀。唯有仰山出外未歸。仰山歸後，溈山向仰山說前件因緣，兼把偈子見似仰山。仰山見了，賀一切後，向和尚說：「雖則与摩發明，和尚還驗得他也無？」溈山云：「不驗他。」仰山便去香嚴處，賀喜一切後，便問：「前頭則有如是次第了也。然雖如此，不息衆人疑。」「作摩生疑？」「將謂預造。師兄已是發明了也，別是氣道造道將來。」香嚴便造偈對曰：「去年未是貧，今年始是貧；去年無卓錐之地，今年錐亦無。」仰山云：「師兄在知有如來禪，且不知有祖師禪。」（卷十九香嚴和尚章，第八二八—八二九頁）

上文中「氣道」一詞可疑。祖堂集凡三見此詞，其他二例是：

其僧纔得个問頭，眼淚落。洞山云：「哭作什摩？」對云：「啓和尚：末代後生，伏蒙和尚垂方便，得這个氣道，一則喜不自勝，二則戀和尚法席，所以与摩淚下。」（卷十九香嚴和尚章，第八三二頁）

師初出世時，未具方便，不得隱便，因此不說法。過得兩年後，忽然迴心，向徒弟曰：「我聞湖南石霜是作家知識。我一百来少師中，豈無靈利者？誰去彼中，懃學彼中氣道，轉來密救老漢？」（卷十九徑山和尚章，第八四六頁）

從上面兩例可見「氣道」爲名詞，前一例指「問頭」，後一例謂石霜門下的問答商量語句。仰山所說「將謂預造。師兄已是發明了也，別是氣道造道將來」，聯燈會要卷八香嚴章作「此是宿習記持而成。若是有正悟，更別說看」，此「氣道」指的是「偈子」。「氣道」的這種用法讓人想起禪籍中提到別人（或本人）說過的語句時稱其爲「舉」的常見例子，如：

因于頔相公問紫玉：「佛法至理如何？」玉召相公名，相公應喏。玉曰：「更莫別求。」師聞舉曰：「搏殺這个漢！」（卷四藥山和尚章，第二二八頁）

此是龍花舉也。若依祖堂舉者……（同上，第二三二頁）

因此可以推斷「氣道」的「氣」應該是和「舉」字的俗體「𥝢」、「⿱爫⺄」相混致誤。「舉」、「氣」二字易混，例見張涌泉敦煌俗字研究導論（敦煌俗字研究一二七頁）。「舉道」是「舉」的複音形式，和「舉唱」、「舉提」於義相似，是一個唐五代禪僧用的口語詞。

通過以上兩段文字實例，也可以知道祖堂集校勘的必要性及其艱難。

二、祖堂集的成書

（1）祖堂集成書過程

唐五代時期是中古漢語演進到近代漢語的一個重要階段。口語成分本是語言演變的一個重要指標，近代發現的涉及這個時期的語言資料，西北有敦煌的變文、講經文、曲子詞等，東南有泉州編纂的祖堂集，都包含有豐富的口語材料。敦煌遺書大部分是在唐末五代、宋初書寫的，封閉在藏經洞裏沒經過後人改動，直到二十世紀初被發現；祖堂集有五代南唐保大十年（九五二）紀年，中國國内流傳不廣，傳到朝鮮，在高麗高宗三十二年（一二四五）開板爲二十卷本，直到二十世紀初有報告其板木遺存消息，始引起學術界關注。這兩種資料形成和再發現的年代非常近似，説起來令人感到奇異。研究、解明這些語言材料的特點，有助於我們了解唐末五代時期的實際語言情況。敦煌遺書的文獻和語言研究，二十世紀中葉以降有了長足進步。而祖堂集的研究，相對來説，還没有得到充分進展。主要原因之一是本書本爲集成當年禪僧們答非所問式對話的一部燈史書，人們已難以理解他們每一則對話的準確意義，因而成爲研究上的阻礙。作爲文獻與語言研究的前提，應對本書的成書過程進行探索。

本書卷首泉州招慶寺主淨脩禪師文僜序云：

今則招慶有静、筠二禪德，袖出近編古今諸方法要，集為一卷，目之祖堂集。

高麗釋匡儁開板序云：

已上序文并祖堂集一卷，先行此土。尔後十卷齊到。謹依具本，爰欲新開印版，廣施流傳，分為二十卷。

從上面兩篇序文，可以知道祖堂集原來是由名叫靜、筠的兩位禪僧在泉州招慶寺編成一卷本，而後傳到高麗； 後來又傳來十卷的增廣本，匡儁就將十卷本再編成二十卷開板印行。 現行二十卷本是經過這三個階段成立的。

第一階段一卷本的成立年代是南唐保大十年壬子歲（九五二），而此年號只見於二十卷本前兩卷的一些章節（卷一釋迦牟尼佛章、卷二第二十八祖菩提達摩和尚章、第二十九祖師慧可禪師章、第三十祖僧璨章、第三十二祖弘忍和尚章、第三十三祖惠能和尚章）。 由此推想靜、筠二禪德袖出所示的一卷本大概相當於現行二十卷的前兩卷。 二禪德的生平、法系均不詳（8）。 他們在招慶寺編纂祖堂集時所據的主要材料有寶林傳（智炬撰，原十卷，今存七卷）。 另外敦煌遺書中與祖堂集直接相關的寫卷，可看作是同一時代資料的，有泉州千佛新著諸祖師頌一卷（斯一六三五號），前有終南山僧慧觀序，序後有內題「西國二十八代祖師及唐土六祖」和作者名「後招慶明覺大師述」，中間有西國二十七祖、唐土六代祖師頌，後面還有「南嶽讓和尚」、「吉州行司（思）和尚」、「國師惠忠和尚」、「石頭和尚」、「江西馬和尚」等五頌共三十八首，背面有道真題記。 祖堂集從第一祖大迦葉到第三十三祖惠能和尚章尾所附「淨修禪師讚」，與泉州千佛新著諸祖師頌所錄相一致，另外還有靖居和尚、慧忠國師（卷三）、道吾和尚、德山和尚（卷五）、洞山和尚（卷六）、玄沙和尚、長慶和尚（卷十）、江西馬祖（卷十四)、南泉和尚(卷十六)等讚九首,共四十二首。泉州千佛新著諸祖師頌是文僜(也就是省僜明覺大師、淨修禪師)在泉州開元寺千佛院住持時(九四四年以前的十多年間)所作作品。慧觀序謂文僜是根據寶林傳撰寫諸頌的。可見靜、筠二禪德編祖堂集所據也是寶林傳。但有些讚的內容和祖堂集所述不盡相符,又文僜序中一字都沒提到他自己所作的讚。由此推想九五二年編成一卷本時似未編入「淨修禪師讚」。

第二階段十卷本何時期成立也不可知。祖堂集立傳禪師二百四十六位中,卒年最晚的是爲本書撰序的淨脩禪師文僜(八九二—九七二,見元釋大圭撰紫雲開士傳卷二釋省僜傳),而這篇傳記即卷十三福先招慶和尚章只記錄了他在招慶寺開堂時(九四九)的示衆說法,未言及宋朝所贈「真覺禪師」號和他的遷化。本書中所存紀年最晚的是南唐保大九年辛亥歲(九五一)發給五位禪師的詔勅(卷十二荷玉和尚章、禾山和尚章、光睦和尚章、汸潭和尚章、龍光和尚章)。這都是保大十年(九五二)以前的記錄。然而有一些記載明顯是在此後成立的。卷十一雲門和尚章有一段記載:

辞入閩嶺,纔登象骨,直奮鵬程。三礼欲施,雪峯便云:「何得到与摩?」師不移絲髮,重印全機,雖等截流,還同戴角。(第五一二頁)

這裏「纔登象骨」到「還同戴角」三十八字抄自南漢大寶元年(九五八)雷岳撰大漢韶州雲門山光泰禪院故匡真大師實性碑并序(9)。這證明雲門和尚章的成立時間應當在九五八年以後。這是屬於一卷增廣到十卷的部分。另外英人阿瑟・韋利(Arthur Waley,一八八九—一九六六)在他的遺稿中有一篇札記祖堂集裏的一篇宋代白話故事，注意到避宋諱的例子：

禪師曰：「汝還聞曹溪麼？」子曰：「不知曹溪，是什麼州界？」禪師曰：「廣南曹溪山有一善知識，喚作六祖，廣六百衆。你去那裏出家。某甲未曾遊天台。你自但去。」（卷三慧忠國師章，第一六二頁）

他指出「廣」應是宋太祖諱「匡」的避忌字，并舉出卷十玄沙章「匡八百眾」例爲證。改「匡」爲「廣」例，還見於卷十三報慈和尚章：「如何是和尚廣化？」與此相反，卷十四大珠和尚章「稠人匡眾」乃是編者錯誤回改的結果。可見慧忠國師章、報慈和尚章都是到宋代寫定，而大珠和尚章則是到高麗再編時改動的。

第二階段從一卷本增廣到十卷本的內容應當說是現行二十卷本的主要部分。雖然缺乏文獻證據無法解明增廣的過程，但從祖堂集本身記載看，所依據的大概是「行狀」、「行錄」、「實錄」和碑文、塔銘以及「別錄」（語錄）等當時（九、十世紀）江南、福建一帶禪林流布的材料。記述最豐富的自然是前後住持在泉州招慶寺的長慶慧稜、招慶文僜的雪峰一系。而馬祖法系中潙山、仰山一系篇幅較大，也應反映了當時南方禪宗僧人活動的實況。祖堂集的增廣時間，從這些材料來源看，大概在道原景德傳燈錄（經楊億、李維、王曙刊定後，宋大中祥符四年（一〇一一）入藏）流行以前。

第三階段二十卷本爲高麗高宗三十二年寫定。日本學者椎名宏雄曾經指出祖堂集傳到高麗再編時對所收十位新羅、高麗禪師的章節有所增補的可能。因爲卷十七所收的七位禪師都是後來列爲高麗禪門九山的開山大師，所記偏於傳記性敘述，卷二十五冠山瑞雲寺和尚章中又編入教理性著作，都越出祖堂集全書體例(10)。高麗匡儁在高宗三十二年(一二四五)開板時，將原來的十卷本再編成二十卷，此時他是否有所加工、增補，目前還沒能查找到直接的記錄，但就祖堂集文本可以看出增補痕跡：

伏以今上寵褒法侶，恩霈禪林，仍賜謚澈鑒禪師、澄昭之塔矣。(卷十七雙峯和尚章，第七八二頁)

禪師不離左右，諮稟玄宗，若顏回於夫子之下，如迦葉於釋尊之前。彼中禪侶，皆增歎伏。(卷二十五冠山瑞雲寺和尚章，第八七五頁)

此所謂「今上」指新羅景文王(在位自八六一年至八七四年)，此段應當抄自雙峯道允碑文(已佚)；五冠山瑞雲寺和尚章所云「彼中禪侶」謂唐朝仰山門下的禪僧，此段正是抄襲自故了悟和尚碑銘(11)。從這兩章的寫法可看出編者是立足於海東的立場撰寫的。再看元寂禪師章：

於是頭陁而詣百丈山懷海和尚處，一似西堂。和尚曰：「江西禪脉，摠屬東國之僧歟？」餘如碑文。(卷十七雪岳陳田寺元寂禪師章，第七五〇頁)

這說明元寂禪師章是在當時還能看到元寂禪師碑(已佚)的海東寫成的。海東禪師的章節中，除只記載法諱和謚號的東國桐裏和尚章、東國實相和尚章以外，其它大多採用年譜式寫法，強調他們出生時的異瑞、名族出身、歸國後受到國王的尊重、法系的正統等，大體均是抄襲碑文寫成的。還有類似「江西禪脉，捴屬東國之歟」的讚辭，如：

如滿印可於江西之印，而應對有慙色，曰：「吾閱人多矣，罕有如是東國人。他日中國失禪之時，將問之東夷焉。」（卷十七嵩嚴山聖住寺故兩朝國師章，第七六二頁）

洎于長慶五年，投入朝使，告其宿志，許以同行。既登彼岸，獲覲于南泉普願大師。伸師資之礼，目擊道存。大師歎曰：「吾宗法印歸東國矣。」（卷十七雙峯和尚章，第七八二頁）

這些記載有意張揚洪州禪正統正在海東，嵩嚴山聖住寺故兩朝國師章還記錄了馬祖禪師曾經親自向麻谷和尚囑託東國弘禪的話：

「我師馬和尚訣我曰：『若得東人可目擊者，畎渠道中，俾慧水丕冒於海隅，為德非淺。』師言在耳。吾喜汝來，今印焉，俾冠禪侯於東土。往欽哉！」（第七六二頁）

由上引諸條記載，不難推斷匡儁是要再編、楷定「江西禪脉」（馬祖禪的系譜），並將之接連到海東。「祖堂」謂祖師堂，是排列并祭祀佛祖、開山大師以及歷代住持的木牌或畫像的場所。祖堂集二十卷展現的即是排列過去七佛、天竺二十七代、中國、東國十四代共四十八代二百四十六位祖師的木牌，把它們井然有序地擺佈在祖師堂裏的情景。這就是高麗禪僧匡儁所重新楷定的系譜。因此他特意管它叫做「海東新開印版祖堂集」。

(2)祖堂集的研究價值

祖堂集是一部禪宗燈史書。它記錄了二百四十六位印度、中國、朝鮮僧人的宗教性言行，上遡自公元前，下止於晚唐五代，歷時一千九百多年。雖然所述不盡是歷史事實，又包含許多宗教傳説，但其作爲寶貴的宗教、語言、歷史文獻的價值是衆所公認的。即使是那些宗教玄想的成分，作爲時代精神的產物，也具有相當的價值。

自二十世紀初年祖堂集被介紹到學術界以後，有關研究主要集中在禪宗思想史和漢語史兩個方面。

日本學者穴山孝道早在三十年代在矢吹慶輝和小野玄妙的指導下發表了高麗版祖堂集與禪宗古籍(一九三三年)，初步介紹了祖堂集，並指出它和寶林傳、泉州千佛新著諸祖師頌有承襲關係。到二戰後，柳田聖山在五十年代至七十年代前後幾次組織祖堂集研究班，在入矢義高的指導下進行集體研究(12)，發表了祖堂集的資料價值(一九五三年)、祖堂集本文研究(一九六四年)等紮實而細密的論文，并編成索引(一九八四年)，從而爲進一步研究打下了深厚基礎，還翻譯部分章節出版了日文版(一九七四、一九九〇年)。柳田的學術貢獻在於通過分析祖堂集的時代背景，解明它在禪宗史上的重要地位并揭示出嚴密的校讀方法。因爲祖堂集相對來説比較忠實地保存了唐五代的原始資料，應當把它做爲思想史研究的基點，定下這個基點之後，纔能弄清唐宋禪學的歧異與發展的軌跡。

祖堂集所記錄的語言，跨中古到近代漢語兩大階段。尤其可貴的是它反映着唐五代南方語言的特徵。太田辰夫早在五十年代也注意到祖堂集在漢語史上的重要性，獨立編寫了中國語歷史文法（一九五八年）、中國歷代口語文（一九五七年）、唐宋俗字譜祖堂集篇（一九八二年）、祖堂集語法概說（一九八八年）等一系列經典性著作。到了九十年代，入矢義高、古賀英彥編寫出版了禪語辭典（一九九一年），給閱讀禪籍提供了極大方便。東京大學東洋文化研究所祖堂集研究班，由小川隆、丘山新主持，二〇〇二年以後陸續發表了綜合部分章節的詳細譯注和有關學術論文。日本學者做學問着重基礎研究，並把思想史與漢語史結合起來進行研究。

八十年代大陸出版祖堂集影印本以後，中國語言學者迅速地開展了研究工作。語言學界集中在其詞匯、語法問題，陸續有研究成果發表，出版了曹廣順近代漢語助詞（一九九五年）、吳福祥敦煌變文語法研究（一九九六年）、孫錫信近代漢語語氣詞（一九九九年）、馬貝加近代漢語介詞（二〇〇二年）、張美蘭祖堂集語法研究（二〇〇三年）等語法專著；詞典則有袁賓禪宗著作詞語匯釋（一九九〇年）、董志翹、蔡鏡浩中古虛詞語法例釋（一九九四年）、江藍生、曹廣順唐五代語言詞典（一九九七年）等。這些著作對閱讀祖堂集具有參考價值。還有一批相關論文，對研究有所開拓。

如上所述祖堂集本是禪宗文獻，但由於它保存了多方面原始資料，涉及內容十分廣闊、豐富，不僅在佛教史（禪宗史）、語言學研究方面具有重大價值，對於史學、文學、歷史文獻學、國際文化交流史等衆多學科的研究均具有重要意義。學術界對這部書的認識時間還不是太久，應當說認真的研究工作方興未艾。就語言研究説，現階段應在已有成果基礎上注重綜合探討祖堂集本身的語言性質，並從方言史角度印證祖堂集中遺留的南方語言、閩語成分，這方面的工作已經起步，其成果一定會對於解決祖堂集的資料來源、編者背景、成立年代等問題提供重要綫索。在文獻本身的研究方面，祖堂集在高麗開板的歷史與宗教背景則是應當先行解決的一大課題。至於多方面的涉及歷史、語言、文學、宗教等領域的研究課題，内容無限廣闊，有待開發。

作爲已有千年左右歷史的宗教文獻，祖堂集的研究存在諸多困難。這也是多年來研究工作進展遲遲的重要原因之一。但正因爲困難重重，卻增添了研究工作的無盡魅力。研究工作的必要前提條件是有一個可靠的文本。本書校訂者的工作就是想給學術界提供一個可用的文本。我們雖然做了長期、巨大的努力，但各方面水平有限，希望方家指正垂教。

［注］

（1）關於海印寺八萬大藏經經板對學術界的介紹及其爲再雕高麗大藏經的考證，參看池内宏高麗朝的大藏經上下篇，東洋學報十三之三、十四之一（一九二三、一九二四年）。關於經板移置於海印寺的時間，參看高橋亨高麗大藏經板印出顛末，朝鮮學報二（一九五一年）。

（2）部卷數字據金潤坤高麗大藏經雕成名録集（二〇〇一年）。

（3）對補板、雜板的文獻研究，參看大屋德城朝鮮海印寺經板攷——對大藏經補板及藏外雜板的佛教文獻學研究，東洋學報十五之三（一九二六年）；藤田亮策海印寺雜板攷，朝鮮學報一三八—一四〇（一九九一年）。

（4）祖堂集的開板和雕造高麗藏事業原初沒有直接關係，理由有二：一，華嚴宗僧人守其主管雕造的高麗藏本來不包含禪籍（守其編大藏目錄亦不列出任何一部禪籍）；二，補板中除祖堂集以外還有宗鏡錄一百卷、華嚴經搜玄記五卷、華嚴經探玄記二十卷、金剛三昧經論三卷、證道歌事實三卷、禪門拈頌集三十卷等，均爲南海分司大藏都監所雕刻。其中金剛三昧經論係鄭晏（？—一二五一）家刻本。雜板中同樣性質的還有法華經等四種。高麗史鄭世裕傳稱鄭晏「退去南海，好佛，遊遍名山勝刹，捨私貲與國家，約中分藏經刊之」，可知他大力支持南海分司都監，分管一半雕造事業，同時也刊刻他自己所需的一些經論。因此藤田亮策認爲祖堂集也有可能是鄭晏私刻的（海印寺雜板攷）。

（5）影印高麗大藏經補遺本中匡僞高麗開版序中的一個「十」字十分寶貴：「已上序文并祖堂集一卷，先行此土。尔後十卷齊到，謹依具本，爰欲新開印版，廣施流傳，分為二十卷。」「十卷」，其他所有印本均作「一卷」，「一」原是「十」的壞字。這個字的考訂涉及到祖堂集成書過程問題。已往的討論都根據「一卷」來思考分卷，以爲原始一卷本是長卷子，沒能考慮到增廣的問題。

（6）中島志郎高麗中期禪宗史——以崔氏武臣政權下的教宗與禪宗的動向為中心，西口芳男編禪門寶藏錄的基礎研究，花園大學國際禪學研究所研究報告第七冊（二〇〇〇年）。拈頌說話有李朝中期重印本（寶蓮閣影印，一九七〇年），排印本禪門拈頌拈頌說話會本收錄於韓國佛教全書第五冊。

（7）祖堂集通篇用「摩」字，與景德傳燈錄用「麼」字有區別。但只有一處出現「為什麼」（卷五華亭和尚章第十一張第一行），需要注意。

（8）楊曾文唐五代禪宗史指出：「省僜尊稱二人為『禪德』，說請他寫序是『命余為序』，也許他們不是他的直系弟子，而是住在招慶寺中的與他輩份相仿佛的有相當名望學問的禪師」（五九八頁）。

（9）參閱常盤大定支那佛教史蹟紀念集評解（一九三一年）收錄拓片、校錄和與南漢金石志所收本異同表。

（10）椎名宏雄祖堂集的編成，宗學研究二一（一九七九年）。

（11）黄壽永韓國金石遺文（一九七六年）、李智冠校勘譯註歷代高僧碑文高麗篇一（一九九四年）。

（12）此爲研究班集體閲讀的成果，後來由成員之一古賀英彦整理出版（訓注祖堂集，花園大學國際禪學研究所研究報告第八冊（二〇〇三年）。

衣川賢次

記於二〇〇四年五一節

中華書局
初版責編　李森